159792   86

ELISABETH BRONFEN

Heimweh: Illusionsspiele in Hollywood

Verlag Volk & Welt
Berlin

Copyright © 1999 by Verlag Volk und Welt GmbH, Berlin.
Alle Rechte vorbehalten.
Schutzumschlag: Philippa Walz und Andreas Opiolka, Stuttgart
Satz: deutsch-türkischer fotosatz, Berlin
Druck und Bindearbeiten: Wiener Verlag, Himberg
Printed in Austria
ISBN 3-353-01104-8

Inhalt

Einleitung. Der Gang in die Bibliothek
Seven (David Fincher)
9

1. Nicht Herr im eigenen Haus
Geheimnisse einer Seele. Ein psychoanalytischer Film
(G. W. Pabst)
39

2. Vertreibung aus dem vertrauten Heim
Der blaue Engel (Josef von Sternberg)
95

3. Aneignung der Fremde auf unheimliche Art
Rebecca (Alfred Hitchcock)
143

4. »There's no place like home« – Die Aporie der Heimkehr
The Wizard of Oz (Victor Fleming)
199

5. Zwischen Heimat und Fremde
La Habanera (Detlev Sierck) und *Imitation of Life* (Douglas Sirk)
245

6. Hybride Heimat des Westerns
The Searchers (John Ford) und *Lone Star* (John Sayles)
327

7. Liebe als Rückkehr zu heimlichem Leid
Secret Beyond the Door (Fritz Lang)
409

8. Das Heimatlose schlägt zurück
Batman Returns (Tim Burton)
465

Epilog. »Operator« – »I need an exit!«
Matrix (Larry und Andy Wachowski)
527

Benutzte Literatur
551

George Cukor hat mich zum Essen eingeladen. Rund um den Tisch sitzen die großen Namen der Filmgeschichte: Billy Wilder, William Wyler, Fred Zinnemann, Roubn Mamoulian, Vincente Minelli ... Ich wußte nicht, wohin schauen. Cukor sagt mir auf ungarisch: »Komm, setz dich zu mir ... Hast du gern Hühnersuppe?« ... Und ich fühlte mich wie zu Hause.

An diesem Tisch hatte ich das Gefühl, daß Hollywood nichts anderes als eine große Endeckung Mitteleuropas sei. Alle diese Menschen, die gekommen waren, ohne die Sprache des Landes zu sprechen, haben eine andere erfunden, die ihnen gemeinsam ist. »Human touch«, dies ist das Geheimnis dieser neuen Sprache. Sie kommt aus dieser Welt Mitteleuropas, wo Österreicher, Ungarn und Kroaten, Serben, Slowaken, Tschechen, Ruthenen und Rumänen friedlich miteinander leben; in einer Welt, in der sich diese Sprachen auf den Märkten, in den Schulen, auf der Post, in Kirchen, Synagogen, Moscheen vermischten. Die Menschen verstanden sich gut. Sie wußten, wie man sich »Guten Tag«, »Guten Abend«, »Zum Wohl« oder »Träume süß« wünscht. Genauso wie wir, als wir an diesem Tisch saßen und die Hühnersuppe nach der Art der Großmutter Cukor aßen.

Istvan Szabo

Einleitung. Der Gang in die Bibliothek

Seven (David Fincher)

Das Bewußtsein hat erst in dem Selbstbewußtsein, als dem Begriffe des Geistes, seinen Wendungspunkt, auf dem es aus dem farbigen Scheine des sinnlichen Diesseits und aus der leeren Nacht des übersinnlichen Jenseits in den geistigen Tag der Gegenwart einschreitet.
Hegel (Phänomenologie des Geistes)

An einem regnerischen Abend entschließt sich der von Morgan Freeman gespielte Detektiv William Somerset, noch einmal sein behagliches Wohnzimmer zu verlassen. In fünf Tagen wird er vorzeitig seinen Dienst am Morddezernat eines Polizeireviers in einer amerikanischen Großstadt quittieren, doch der Fall, der den krönenden Abschluß seiner Karriere bilden soll, läßt ihm keine Ruhe. Am Tag zuvor wurde er an einen Tatort gerufen, wo man einen monströs fettleibigen Mann, mit nichts als seiner Unterwäsche bekleidet, am Tisch in seiner Küche sitzend ermordet aufgefunden hatte. Seine Hände wie seine Füße waren mit Draht gefesselt worden, so daß er nicht mehr von dem vor ihm aufgetischten Mahl aufstehen konnte. Offenbar mußte er so lange das ihm vorgesetzte Essen zu sich nehmen, bis sein Magen barst und sein Kopf mit dem Gesicht voran auf den vor ihm stehenden Spaghettiteller fiel.

Somerset hatte sofort bemerkt, daß diese genau geplante Mordtat, deren Vollzug mehr als zwölf Stunden dauerte, keine zufällige Tötung sein konnte. Nicht zuletzt das Risiko, das der Mörder einzugehen bereit war, ließ darauf schließen, daß die Handlung selbst eine Bedeutung haben mußte. Tatsächlich ergab der Laborbefund, daß dem Essen kleine Plastikstreifen beigemischt waren, deren Herkunft der an den Tatort zurückgekehrte routinierte Detektiv aufgrund von schmalen Kratzern auf dem Boden vor dem Eisschrank rasch ausmachen konnte. Nicht um das Opfer zu quälen, hatte ihm der Mörder diese Fremdkörper verabreicht, sondern um den Detektiv nachträglich zu den von ihm zurückgelassenen Zeichen zu führen, damit dieser den Mord genau so deuten würde, wie er es wünschte. Der Spur folgend, hatte Somerset dementsprechend auch den Eisschrank verschoben und an der Wand das mit Fett geschriebene Wort »Völlerei« entdeckt sowie unter diesem hängend ein Blatt, auf dem der Mörder ein Zitat aus Miltons *Paradise Lost* notiert hatte: »Lang ist der Weg und schwer, der aus der Hölle ans Licht führt.«

Als an dem darauffolgenden Tag die Leiche eines reichen jüdischen Rechtsanwaltes in seinem Büro gefunden wird, der starb, weil er versucht hatte, sich aus seiner Seite ein Pfund Fleisch zu schneiden, begreift Somerset das Muster. Die Leiche des Eli Gould lag kniend vor dem mit seinem eigenen Blut geschriebenen Wort »Geiz«, als wäre sie eine leibhaftige Verkörperung des Sünders, der aus Furcht Reue empfindet und vor seinem Richter um Gnade bittet. Seinem Chef sowie seinem Nachfolger, dem von Brad Pitt gespielten Detektiv David Mills, der sich aus einer Kleinstadt an das Morddezernat dieser Großstadt hat versetzen lassen, zählt Somerset die sieben Todsünden auf. Er versichert ihnen, sie dürften sich auf fünf weitere Mordfälle gefaßt machen. Denn diese zwei aufgefundenen Leichen stellten nur die ersten beiden Szenen in einem allegorischen Trauerspiel dar, das vom Tod des Menschen handele, der wegen seiner Sünden sterben müsse.

Weil er nun aber befürchten muß, daß die Ermittlungen sich weit über die ihm noch in seinem Amt verbleibende Zeit hinaus erstrecken werden, versucht Somerset zuerst, sich von diesem Fall zurückzuziehen. Es drängt ihn, diese von willkürlicher und sinnloser Gewalt regierte Stadt um jeden Preis zu verlassen. Erstaunt hatte er seinen Nachfolger bei ihrem ersten Treffen gefragt, warum er sich ausgerechnet an diesen von ihm wie eine Vorstufe der Hölle empfundenen Ort habe versetzen lassen. Dem von naiver Vitalität strotzenden David Mills, der seinem väterlichen Kollegen erklärt, er sei davon überzeugt, hier Gutes tun zu können, da er nicht zuletzt dank seiner bisherigen Tätigkeit als Detektiv mehr als ausreichend für den Kampf gegen das Verbrechen in einer Großstadt vorbereitet sei, vermag Somerset nicht klarzumachen, daß hier eine andere Welt als die ihm bekannte Kleinstadt herrscht: Eine Welt, in der sittliche Werte keinen Schutz mehr bieten gegen den Zusammenbruch der Gemeinschaft und in der die so beliebig wirkende Gewalt im Gegenzug eine Kultur der menschlichen Apathie erzeugt hat, in der niemand mehr für seine Mitmenschen Verantwortung übernehmen will und keiner mehr dem anderen traut.

Dieser von seinem Held monierte Zusammenbruch urbaner Kultur erhält in Finchers Inszenierung eine architektonische Entsprechung. In seiner düsteren, postmodernen Großstadt bieten selbst die Häuserwände keinen Schutz gegen fremde Übergriffe. In dieser Welt grassierender Anonymität kann ein Verbrecher offenbar mühelos in die Wohnungen seiner Opfer eindringen, um deren Wohnzimmer zu Schauplätzen der Gewalt zu machen. Aber auch der von Verbrechen verschonte Bürger muß aufgrund des ständigen Lärms erkennen, wie fragil jeder Versuch ist, in dieser Stadt eine sichere, Geborgenheit vermittelnde Wohnstätte zu errichten: Nur der konstante Takt eines Metronoms läßt Somerset nachts einschlafen, während David Mills und seine Frau Tracy sich damit abfinden müssen, daß die Wände ihrer Wohnung jedesmal zu beben beginnen, wenn ein Zug vorüberfährt.

Vielleicht aus resignierter Empathie für den verblendeten Enthusiasmus seines Nachfolgers, vielleicht aber auch, weil er ihm eine frühe Enttäuschung ersparen möchte, hat sich Somerset, nachdem er noch am Nachmittag jede weitere Mitarbeit an diesem Fall dezidiert abgelehnt hatte, plötzlich doch entschlossen, dem jungen Detektiv zu helfen. Auf der Straße vor seiner Haustüre angelangt, hält er sofort ein Taxi an, um sich vor dem Unwetter zu schützen, und blickt, nachdem er auf dem Rücksitz Platz genommen hat, traurig auf die regennasse nächtliche Fahrbahn, wo Polizisten soeben eine Leiche in einem Plastiksack verstauen. Als ihn der Taxifahrer fragt, wohin die Reise gehen soll, schüttelt er nur den Kopf und antwortet nachdenklich: »Weit weg von hier.«

Tatsächlich aber führt ihn sein nächtlicher Ausflug in die Bibliothek des Polizeipräsidiums, wo er, wie er dem Pförtner erklärt, ein paar Dinge nachschlagen will. Bei seinem Eintritt in den Hauptsaal begrüßt ihn das fröhliche Lachen der Nachtwächter. Diese sitzen an einem Tisch auf einer Zwischenetage, der neben der großen Treppe, die in das erste Stockwerk führt, liegt und mit einer Balustrade von der Haupthalle abgetrennt ist. Dort spielen sie Karten und essen Pizza. Somerset grüßt die Männer kameradschaftlich, bevor er seine Sachen auf einen Tisch des völlig leeren Lesesaals niederlegt. Dann jedoch wendet er sich ihnen erneut zu, und als wäre dieser hohe Raum seine Bühne und sie das Publikum, das von den Rängen des Theaters auf ihn herunterblickt, fragt er sie, indem er mit seinen Händen auf die sie umgebenden Wände zeigt: »Meine Herren, ich werde es nie verstehen. All diese Bücher. Eine Welt des Wissens, die in Ihrer Reichweite liegt. Und was machen Sie? Sie spielen die ganze Nacht Poker.« Den Vorwurf lassen diese alten Bekannten, die seine nächtlichen Besuche in der Bibliothek offenbar gewohnt sind, nicht auf sich beruhen. Ohne sich von ihrem Spiel abbringen zu lassen, erwidern sie ihm gemeinsam: »Wir haben Kultur!« Und als wollten sie es ihm beweisen, steht einer der Nachtwächter nochmals vom Spiel auf, stellt seinen Ghettoblaster auf die steinerne Balustrade und bietet dem belesenen Detektiv als Replik die barocken Klänge an, die er für seine Recherche in das europäische Bildrepertoire der Todsünden braucht. »Wie wäre das als Beispiel für Kultur?« fragt er ihn herausfordernd, während er andachtsvoll J. S. Bachs »Air« im leeren Saal ertönen läßt.

Nachdem die Wächter sich wieder ihrem Spiel zugewandt haben, sucht Somerset in der Bibliothek nach Büchern, die ihm einen ikonographischen Bezugspunkt für die ausdrücklich als Bedeutungsträger inszenierten Leichen bieten könnten: Chaucers *Canterbury Tales*, Dantes *Göttliche Komödie* sowie eine *Enzyklopädie des Katholizismus*. Die dort enthaltenen Bilder wie auch Erzählungen von den Qualen, die Sünder durch den Zorn Gottes erleiden müssen, erlauben ihm nachzuvollziehen, wie der Mörder aus der Kontingenz des Todes eine sinnstiftende Geschichte zu erschaffen sucht, die sich aus einer langen kulturellen Tradition der menschlichen Einbildungskraft ableiten läßt.

Im Gegenschnitt zeigt David Fincher uns immer wieder den jungen David Mills, der ratlos auf die Tatortfotos blickt und stur die jedem Bild beigefügte Bestandsaufnahme liest, ohne mit diesen Zeichen einen Sinn verbinden zu können. Auch die Körperhaltung dieser beiden Männer ist aussagekräftig. Der eine ist gelassen in die Lektüre altvertrauter Bücher versunken, fühlt sich in der von ihnen aufgerufenen imaginären Landschaft wohl. Der andere sitzt verkrampft vor dem Bild- und Textmaterial, das sich ihm nicht erschließen will. Er kann sich nur immer wieder nach hinten strecken, um zu versuchen, die Anspannung seiner Schulter- und Nackenmuskeln zu lösen oder auf das auf seinem Fernsehbildschirm ablaufende Fußballspiel zu blicken, dessen Regeln ihm im Gegensatz zu dem vom belesenen Mörder anzitierten kulturellen Kode vertraut sind. Um dem jüngeren Mann auf die Sprünge zu helfen, macht Somerset Fotokopien der Pläne der Konzeption des Jenseits, wie Dante es in der *Göttlichen Komödie* entwickelt hat, und legt diese, bevor er in seine Wohnung zurückkehrt, auf den Schreibtisch seines Nachfolgers.

Während für Somerset die Stadt zunehmend zu einem Schauplatz geworden ist, auf dem die Gestalten, die das Verbrechen annimmt, immer weniger lesbar werden und er deshalb auch immer weniger fähig ist, sich vor der alltäglich erfahrenen beliebigen Gewalt zu schützen, indem er ihr mit seinen erklärenden Fallbeschreibungen nachträglich einen Sinn verleiht, dient ihm die Bibliothek als Zufluchtsort, an dem er sich heimisch fühlen kann. Dort nämlich ist das Wissen aufbewahrt, das es ihm erlaubt, für die Anwesenheit des Verbrechens in der Welt eine allgemeine ethische Begründung zu erstellen, auch wenn er die einzelnen Verbrechen häufig nicht lösen kann, die Motive der Täter nicht eindeutig zu bestimmen vermag oder das von ihm angesammelte Beweismaterial im Gerichtsverfahren nicht eingesetzt wird. Die Gänge der Bibliothek stellen für ihn eine bekannte Landschaft dar, und die dort aufbewahrten Bücher entfalten ein ihm vertrautes Gedankengebäude: Eine Erzählung über den Kampf zwischen den Kräften des Bösen und des Guten, der teleologisch auf eine Auflösung dieses Kampfes hinweist, auch wenn diese Auflösung in einem Bereich jenseits der irdischen Existenz angesiedelt ist. Innerhalb dieses kulturellen Bildrepertoires wird die Gleichgültigkeit, die er in seiner Arbeit täglich erfährt, in einer Denkfigur aufgefangen, die um die Gewißheit kreist, daß selbst der kontingenteste Akt in einem von Gott geschaffenen Universum Bedeutung annehmen muß.

Eine befriedigende Zuflucht bieten diese als gedankliche Heimat empfundenen Texte des Christentums dem alten Detektiv jedoch nicht deshalb, weil dort die Tilgung des Bösen versprochen wird, sondern weil sie gerade den emotionalen Widerspruch bestätigen, der ihn in der Schwebe zwischen Resignation und Hoffnung hält. Somerset will an die Möglichkeit einer von den Spuren des Bösen befreiten Welt glauben, weiß aber im Gegensatz zu seinem naiven Nachfolger Mills, daß man sich in der Landschaft der postmodernen Großstadt nur zurechtfinden kann, wenn man sich der kontingenten Allgegenwart einer jede Art der Behausung potentiell gefährdenden Kraft stellt, wenn man die moralische Verwüstung, die die Gegenwart des Verbrechens in der Gemeinschaft mit sich bringt, anerkennt und dennoch nie aufhört, eine Erklärung für diesen Zustand der Versehrtheit zu suchen. Somerset weiß zwar, daß jede Lösung eines Falls zugleich zum Scheitern verdammt ist, weil sie nie allumfassend sein kann, aber er glaubt dennoch an die schützende Kraft der Bilder. Wie ein Schutzschild schirmt die Heimat des tradierten kulturellen Bildrepertoires den der irdischen Existenz innewohnenden traumatischen Kern eines nie aufzulösenden Antagonismus ab, indem es diesen in einen von einer göttlichen Macht geführten Kampf zwischen Gut und Böse übersetzt. Dank der Übertragung materialisierter Gewalttaten in das Reich der Zeichen wirkt das Verbrechen, als sinnstiftende Geschichte umformuliert, erbaulich und erhaben, auch wenn sich die zersetzende Kraft der Gewalttaten nie ganz auflöst, durch jede symbolische Repräsentation hindurchschimmert und überhaupt den Auslöser *par excellence* für das Entwerfen und Umsetzen von kulturellen Bildern darstellt.

Somerset kann aber auch deshalb so gelassen in der Bibliothek bei den Erzählungen vom Kampf zwischen den Lastern und den Tugenden im Menschen verweilen, weil er in dem ihm noch unbekannten Mörder sofort einen Gleichgesinnten entdeckt hat. Die von ihm gelegten Spuren kann der belesene Detektiv deshalb so mühelos entziffern, weil das Anliegen des Mörders – die Erscheinung der irdischen Gewalt aus einer bedeutungslosen Handlung in einen bedeutsamen Akt zu überführen – sich mit Somersets Anliegen deckt, die Beweggründe für ein Verbrechen zu verstehen. Mit anderen Worten: Beide bewegen sich bevorzugt auf der Ebene der Repräsentationen, was bedeutet, daß sie leibliche Körper immer auch als zeichenhafte Gestalten begreifen wollen. Gleichzeitig haben sie auch eine Gattung gemein: die Moralität, das mittelalterliche *morality play*. Stellt innerhalb der christlichen Theologie die Sünde eine wider den Heiligen Geist agierende Verhärtung im Bösen dar, die nicht vergeben werden kann und die den Verlust des Zustandes der Gnade mit sich bringt, wurden die einzelnen Ausprägungen ethisch verwerflicher Verhaltensweisen ab dem frühen Mittelalter in sieben Personifikationen übersetzt und von Prudentius in seiner für die Bildwelt des Christentums ausschlaggebenden *Psychomachia* als Widerspiegelung des Seelenkampfes zwischen Gut und Böse festgelegt. Genau auf diese kulturell tradierten dramatischen Umsetzungen eines fundamental unlösbaren Kerns in eine Inszenierung des agonalen Wettkampfes zwischen Tugend und Sünde greifen sowohl der Mörder wie auch der Detektiv zurück, um jeweils für sich ein ihrem Aufklärungsanliegen angepaßtes Phantasieszenarium zu entwerfen: Sei es die monströse Offenbarung des Bösen im Fall des Verbrechers, sei es das Beharren auf Nächstenliebe im Falle Somersets. Wenngleich aus unterschiedlichen Gründen, tut sich mit diesem Rückgriff auf das von Prudentius entwickelte Modell eines moralisch motivierten ritterlichen Zweikampfes für beide inmitten der versehrten und bestimmungslosen urbanen Landschaft des kontingenten Verbrechens, von der sie sich entfremdet fühlen, eine vertraute Bühne auf.

Noch am Vormittag hatte der Polizeichef während einer Unterredung Zweifel angemeldet, daß Somerset wirklich seine Arbeit als Detektiv aufgeben und die Stadt verlassen könne. Daraufhin hatte der ältere Mann von einem erschütternd sinnlosen Gewaltakt erzählt, der sich in der vorhergehenden Nacht nur wenige Häuser vom Polizeipräsidium entfernt abgespielt hat, um hieraus den Grund seines Rücktrittes abzuleiten: »Ich verstehe diesen Ort nicht mehr.« Die die christliche Ikonographie nachahmende Todesinszenierung hingegen erlaubt es ihm, eine ihm vertraute Geographie auf den ihm kontingent erscheinenden Schauplatz der alltäglichen urbanen Gewalt zu übertragen. Auch wenn er dies weder seinem jüngeren Partner noch seinem Chef gegenüber offen zugeben kann, nimmt er die Herausforderung des Mörders willentlich an, in diesem auf so schauerliche Weise körperlich materialisierten Trauerspiel die Rolle des entziffernden Zeugens und Kommentators zu spielen. Indem der ihm unverständliche Ort zur Bühne einer ihm bekannten Moralität wird, kann er sich dort wieder heimisch fühlen und faßt erneut Vertrauen in seine hermeneutischen Fähigkeiten, die als die einzige Waffe erscheinen, mit der sich der Mörder aufspüren lassen könnte. Und weil dieser seine traumatisierenden Handlungen auf eine eindeutig lesbare Botschaft hin ausrichtet, hat Somerset auch guten Grund, seinem Begehren nachzugeben, inmitten einer Welt kontingenter Gewalt, deren Unbestimmbarkeit er sich hilflos ausgesetzt fühlt, wieder etwas verstehen zu wollen.

Dabei bleibt jedoch der unheilvolle und unheilbare Widerspruch des Antagonismus erhalten, der Somerset von der ersten Sequenz dieses Films an umtreibt. Die Vorstellung, einer Gewalttat Sinn zu verleihen, bietet sich ihm wie eine Schutzdichtung, die als Garant dafür einsteht, daß die Kontingenz der Welt verstanden werden kann. Die von der Lektüre humanistischer Texte gespeiste Gewißheit, daß es ein unversehrtes Wissen gibt, zu dem man einen Zugang hat, wenn man nur die Schwelle zu ihrem Wohnsitz findet, bietet ihm einen psychischen Schutz gegen die Fragilität seines Lebens in der Großstadt. Doch als Beobachter des von einem Unbekannten inszenierten tödlichen Gesamtkunstwerkes ist er auch immer selbst in dieses versehrte Leben mit einbezogen. Denn wie er im Verlauf der Ermittlung feststellen wird, kann der Mörder ohne seine Zeugenschaft sein monströses Werk nicht verwirklichen. Das Szenarium der Todsünden, das gegen ein traumatisches Wissen von der Untilgbarkeit einer Verhärtung im Bösen gerichtet ist, entpuppt sich auch als der Text, der seine Inszenierung des Bösen anhand von sieben Einzelfällen überhaupt erst möglich macht.

Es zeigt sich, daß sich das hermeneutische Heilmittel gegen den menschlichen Seelenkampf (die detektivische Arbeit) und die mörderischen Darstellungsmittel, die dieser offenbart (das Werk des Mörders), gegenseitig bedingen. Obgleich die Botschaft des Mörders nicht dem hoffnungsvollen Glauben an eine bessere Welt dient, sondern der gnadenlosen Offenbarung der Sünde im Diesseits, fühlt auch er sich im Haus der humanistischen Texte heimisch und setzt dieses Gedankengebäude dazu ein, die Versehrtheit aufzuzeigen, die auch seinen privilegierten Beobachter Somerset quält: Die Überzeugung nämlich, daß es in der postmodernen urbanen Welt keinen eigentlichen Schutz vor dem Zusammenbrechen der Ordnung aufgrund von kontingenter Gewalt geben kann. Auch ihm bietet sich als einzige Zuflucht eine Form der Anteilnahme. Aber kein sich seines Scheiterns immer auch bewußter Deutungsversuch ist sein Anliegen, sondern das Errichten eines unübersehbar bedeutsamen anderen Schauplatzes inmitten der von bedeutungsloser Kontingenz geprägten Großstadtlandschaft, in der es nichts mehr zu verstehen gibt, weil ihre verbindlichen kulturellen Gesetze zusammengebrochen sind. Mit dem direkten Verweis auf Miltons *Paradise Lost* und die vom englischen Puritanismus geprägte Ikonographie der Todsünden bietet der Verbrecher seinem das Gesetz vertretenden geistigen Bruder einen verbindlichen semiotischen Kode, der es ihnen beiden erlaubt, willkürliche Gewalt sinnvoll zu verwalten. Nicht nur ahmt das von ihm geschaffene tödliche Gesamtkunstwerk die erhabenen Bilder der bestrafungswürdigen Sünden, die Somerset in den in der Bibliothek aufbewahrten Bänden wiederfindet, direkt nach, sondern wie diese reagiert es auch auf die Verhärtung des Bösen, die wie ein traumatischer Kern der christlichen Lehre von der Erlösbarkeit des Menschen innewohnt, indem es dieser unbestimmbaren Gewalt eine repräsentatorische Gestalt verleiht: Eine eindeutig interpretierbare Nachstellung des Kampfes zwischen dem Bösen und dem Guten im Menschen, vor dem selbst die abgestumpften Bewohner der Stadt die Augen nicht verschließen können.

In dem von David Fincher dargebotenen Filmszenarium stellt

sich der Mörder durchgängig als das obszöne Gegenstück zu dem von allen Illusionen ernüchterten Detektiv dar. Dieser versucht drei Tage nach seinem Gang in die Bibliothek seinem Nachfolger während eines Gesprächs in einer Bar noch einmal zu erklären, daß er deshalb der Großstadt den Rücken zukehren will, weil er nicht weiter an einem Ort leben kann, der sich die Apathie bereitwillig zu eigen macht, als wäre sie eine Tugend. Gerade im Hinblick auf sein Anliegen, die Bewohner der Stadt aus ihrer Gleichgültigkeit gegenüber dem Verbrechen und dem menschlichen Elend wachzurütteln, ähnelt er jedoch dem Mörder, wie dieser seinen beiden Beobachtern in einer Beichtszene erklärt. Die Apathie erweist sich also als der eigentliche traumatische Kern, der die aufklärerischen Projekte der beiden Männer vorantreibt. Der Mörder dringt in die intimsten Sphären seiner Opfer vor, um haßerfüllt jene Zeichen zu setzen, die im Verlauf seiner monströsen Tat ganz im Sinne des lateinischen Ursprungs des Wortes Monstrum ein göttliches Wahrzeichen liefern werden: das Ungeheuerliche als eine Mahnung, die sich sowohl an seine Opfer als auch an das diesen Tod nachträglich miterlebende Publikum richtet. Somerset hingegen nimmt für sich nur die Position dessen in Anspruch, der mit Empathie auf die ihm vorgeführte Gewalt reagiert. Ebenso geduldig wie sein Kontrahent geht er den ihm angebotenen Spuren nach, nimmt die ihm übermittelte Botschaft ernst und versucht, diese zu deuten.

Doch obwohl er zusammen mit dem von ihm gesuchten Mörder das Archiv der christlichen Literatur wie eine gemeinsame Heimat bewohnt, nimmt er in dieser tödlichen Inszenierung nicht die Haltung des Künstlers ein, der eine klare Vorgabe gibt, wie sein Werk zu deuten sei, um sicherzustellen, daß die moralische Botschaft genau so aufgenommen wird, wie er es möchte. Somerset verkörpert eher den psychoanalytisch geschulten Hermeneutiker, der zwar durchaus selbst eine Deutung für das Böse in der Welt anbieten will, diese aber eher umschreibt, als daß er sie direkt benennen würde. Immer wieder stellt er Fragen, auf die es keine eindeutigen und keine abschließenden Antworten gibt, und versucht seine Mitmenschen dadurch zu belehren, daß er sie in eine Gesprächssituation bringt, in der sie gezwungen sind, die unlösbaren Widersprüche und Unbestimmtheiten, die dem Leben in einer symbolischen Gemeinschaft innewohnen, selbst zum Ausdruck zu bringen. So wie der Mörder das Böse als Spiel der sieben Todsünden sichtbar machen will, erkennt auch Somerset an, daß man bei einer Auseinandersetzung mit dem Antagonistischen verweilen muß, gerade weil selbst die monströseste Offenbarung dadurch, daß sie kontingentes Material in Szene setzt und auf einen einfachen Widerspruch reduziert, dieses in seinem traumatischen Kern verfehlt. Vor allem aber weigert er sich, den Mörder ausschließlich mit allegorischen Maßstäben zu messen und ihn als Teufelsfigur oder als Psychopathen auf eine eindeutige Figuration des Bösen zu reduzieren.

Sein Anliegen besteht eher darin, der grassierenden Apathie eine Haltung der Empathie entgegenzuhalten und sich darüber hinaus jedem Versuch zu verweigern, der die kontingente Gewalt als Szenarium eines einfachen Kampfes begreifen will, in dem alle Helden eindeutig gut und alle Täter ausschließlich böse sind. Er besteht auf der Menschlichkeit des Anderen, nicht zuletzt, um sich der eigenen zu versichern. So erweist sich der Kampf zwischen einer Semiotik, die von eindeutig bestimmbaren, transparenten Zeichen ausgeht, und einer, die auf der grundsätzlichen Trübheit des Zeichens besteht, als der eigentlich brisante Angelpunkt in dem von David Fincher in *Seven* durchgespielten humanistischen Projekt. Der belesene Detektiv begreift, daß die Bibliothek, so befriedigend sie mitsamt ihrem allegorischen Bildmaterial auch sein mag, eine provisorische Heimat bleibt, deren aufklärerische Kraft immer wieder in der Auseinandersetzung mit einer jenseits ihrer Wände liegenden Wirklichkeit verhandelt werden muß. Eine schlüssige Lösung kann es für die irdische Erscheinung des Antagonistischen der menschlichen Seele nicht geben, da die Verhärtung des Bösen nie verziehen und somit auch nie aufgelöst werden kann.

Der Streitpunkt, ob eine vollkommene Offenbarung möglich ist oder ob selbst am Ende eines Sieges über das Böse nicht ein untilgbarer Rest übrigbleibt, prägt nicht nur das Verhältnis zwischen Somerset und dem von ihm gesuchten Mörder, sondern auch das Verhältnis zwischen ihm und seinem Nachfolger. Im Verlauf der Ermittlung zeigt sich, daß auch David Mills im Mörder einen unheimlichen Gleichgesinnten hat. Zwar scheint er anfangs auf doppelte Weise dem Mörder entgegengesetzt. Einerseits kann er dessen Spuren nicht lesen, weil er im Archiv des christlichen Bildrepertoires nicht zu Hause ist und Somerset benötigt, um sich im Labyrinth der Zeichen zurechtzufinden. Andererseits führt er als einziger ein scheinbar intaktes Familienleben mit seiner Frau Tracy, deren Liebe ihre laute Wohnung in ein ihn provisorisch schützendes Zuhause verwandelt. Im Gegensatz zu Somerset versperrt er sich aber gegen die Einsicht, daß nur eines ihn davor bewahren könnte, selbst in eine aphatische Haltung zu verfallen, nämlich die Fähigkeit zu begreifen, daß für die Gegenwart des Verbrechens in der Stadt keine einfache und eindeutige Lösung gefunden werden kann. Ein für Finchers ethische Botschaft bezeichnendes Gespräch zwischen den beiden so unterschiedlichen Vertretern des Gesetzes findet in einer Bar statt, nachdem sie zwei weitere Opfer gefunden haben: Einen über ein Jahr an sein Bett gefesselten Kriminellen, dessen Körper in Gestalt der »Sündhaften Trägheit des Herzens« langsam zu Tode verfault ist, und eine Prostituierte, die als Figur der »Sündigen Unzucht« von einem Freier getötet wurde, den der Mörder dazu gezwungen hatte, während des sexuellen Aktes ein Lederkostüm zu tragen, bei dem an der Stelle des Penis ein Messer angebracht war. Somerset versucht den jüngeren Mann davon zu überzeugen, daß es in diesem Fall kein Happy-End in Form einer schlüssigen Lösung geben kann. Als Mills ihm versichert, sie würden den Mörder fassen, erklärt der ältere Mann ihm, daß selbst das Auffinden des Täters keine wirkliche Aufklärung für das von ihm vollbrachte monströse Gesamtkunstwerk bedeuten kann. Auch wenn er die diversen Tatorte in einen Schauplatz für den Kampf zwischen Tugend und Laster verwandelt, ließe sich sein Verbrechen nicht anhand eines einfachen Widerspruches zwischen Gut und Böse beurteilen. Selbst als Liebhaber alter Mysterienspiele stelle er keine allegorische Figurierung des Teufels dar, sondern bleibe ein Mensch. Mills jedoch braucht die Sicherheit, der gesuchte Verbrecher sei ausschließlich als Psychopath zu begreifen, damit er sich in seiner eigenen auf Selbsterhöhung angelegten Phantasie bestätigt fühlt, er werde auf dieser Bühne urbaner Gewalt als der Retter der Bedrohten und als der Verteidiger des Guten figurieren. Das bedeutet aber auch: Für ihn muß dieser Verbrecher als widerspruchsfreie Materialisierung des boshaft Pathologischen festgelegt werden, damit er sich durch den Sieg über ihn davon überzeugen kann, daß all jene unbestimmbaren, widersprüchlichen Ausprägungen des Antagonistischen, für die es keine einfachen Lösungen gibt und die deshalb jeden Versuch, einen sicheren Ort in der Welt zu erlangen, vereiteln, auf einen eindeutigen Nenner gebracht und somit auch getilgt werden können.

Gegen die geduldige Empathie Somersets, der den Widerspruch auszuhalten versucht, daß ein Verbrecher einen monströsen Gewaltakt vollbringen kann und dennoch als Mensch in all seiner komplexen Widersprüchlichkeit begriffen werden muß, daß dessen gesetzwidriges Verhalten Teil des Alltags ist und nicht etwas Abartiges darstellt, setzt Mills zwei auf eindeutige Transparenz der Bedeutung ausgerichtete Emotionen. Einerseits nimmt er aufgrund seiner Naivität für sich in Anspruch, der gerechte Vollstrecker des Gesetzes zu sein und darüber entscheiden zu können, wann jemand als Figur des Krankhaften begriffen werden muß und keinen Anspruch mehr auf Verständnis hat. Andererseits reagiert er auch mit Zorn auf die Gestalt, über deren Benennung als Inbegriff des Bösen er sich selbst die Sicherheit zu verschaffen erhofft, daß nicht die kontingente Gewalt, sondern der heldenhafte Vertreter des Gesetzes diesen Wettstreit gewinnen wird.

Doch gerade in dieser gedanklichen Geste trifft er sich auch auf beunruhigende Weise mit dem Mörder, der wie er die Menschlichkeit seiner Opfer ignoriert, um sie als allegorische Figuren in seinem schaurigen Schauspiel einzusetzen. Indem sie die unbestimmbare Vieldeutigkeit eines einzelnen Menschen ignorieren, damit dieser in ihr jeweiliges Phantasieszenarium paßt – das Szenarium des allmächtigen Detektivs, der jeden Mörder zur Strecke bringt, einerseits, und das des Leichenkünstlers, der jeden Sünder entlarven will, andererseits –, machen sich beide genau jener Apathie schuldig, die sie mit ihren Taten anzuprangern suchen. Denn jeder von ihnen genießt das Böse, gegen dessen Verhärtung sie mit ihren Taten vorgehen wollen, und lassen sich somit auf die Sünde ein.

Freilich mit einem bedeutsamen Unterschied: Der Mörder hält bis zum Schluß die Fäden in der Hand, während seine beiden Verfolger unweigerlich genau jenen Platz in seinem Gesamtkunstwerk einnehmen, den er für sie vorgesehen hat. Während Somerset als empathischer Spurenleser im Zuschauerraum bleibt, tritt Mills selbst auf die Bühne des monströsen Schauspiels, mit dem der Mörder seine Predigt von der Gleichgültigkeit des postmodernen Großstadtbewohners verkündet. Wie in dem auf die *Psychomachia* zurückgreifenden Epos des englischen puritanischen Dichters Milton erfährt auch in diesem *morality play* die Verhärtung im Bösen eine dramatische Umsetzung in eine Inszenierung eines einfachen Kampfes, in deren Verlauf der unlösbare Kern des Antagonistischen zu einer allegorischen Personifikation umgestaltet wird. Doch im Gegensatz zu Miltons Vorlage unterliegt in der Predigt des Finchschen Mörders die Tugend immer dem Laster. Mit anderen Worten: Wie in den klassischen theologischen Texten, auf deren Folie er sein Todeskunstwerk entwirft, ist eine Lösung zwar vorgesehen, doch diese erweist sich als die unausweichliche Verstrickung der beiden Detektive in die gewaltige und gewalttätige Kraft der Sünde. Den beiden als privilegierte Beobachter auserwählten Teilnehmern dieses Spektakels bleibt nur eine ihnen von außen aufgezwungene Wahl. Sie können, die Stelle der Tugend vertretend, den Kampf gegen die Sünde auf sich nehmen, laufen dann aber Gefahr, auf der vom Mörder festgelegten Bühne der von ihm vorgegebenen Logik, daß die Verstrickung in die Sünde unvermeidlich ist, selbst anheimzufallen. Oder sie können die Position des Zeugen einnehmen, der zwar in das Geschehen mit einbezogen ist, aber als einer, der sich nicht anmaßt, handeln zu können, sondern lediglich die verbliebenen Spuren der Gewalt verwaltet.

Während sie im Polizeipräsidium darauf warten, daß ein Labortechniker die am Tatort des ermordeten Rechtsanwaltes gefundenen Fingerabdrücke mit seiner Datenbank vergleicht, in der Hoffnung, auf diese Weise den Täter identifizieren zu können, versucht Somerset, seinen Nachfolger davon abzubringen, auf die sinnstiftende Kraft der Auflösung dieses Falls zu bauen. Er könne, erklärt er David Mills, nicht mehr daran glauben, daß es bei ihrer Arbeit darum gehe, den Verbrecher zu fangen. Auf dessen Frage, worin seiner Meinung nach ihre Arbeit statt dessen bestünde, erwidert Somerset: »Wir heben die einzelnen Teile auf. Wir sammeln das ganze Beweismaterial. Nehmen alle Bilder und Zeichen auf. Notieren, wann etwas stattgefunden hat. Das ist alles. Wir legen alles säuberlich auf einen Haufen, ordnen es ein und legen es zu den anderen Akten, damit es – was eher unwahrscheinlich ist – im Gerichtsverfahren benutzt werden kann. Es ist vergleichbar damit, Diamanten auf einer verlassenen Insel aufzulesen und sie aufzubewahren, für den Fall, daß wir doch gerettet werden.« Dem wütenden Protest seines Gesprächspartners begegnet er mit jener Denkfigur, die sich im Verlauf des Filmes als die übergreifende erweisen wird: »Selbst die vielversprechendsten Spuren führen meistens nur zu uns selbst zurück.«

David Mills, der diesem ernüchternden Szenarium nicht länger zuhören möchte, wendet sich vom älteren Detektiv ab, legt seinen Kopf auf die Lehne des Sofas und schläft ein. Somerset starrt noch eine Weile stumm in die Leere des Raums, bevor auch er einschläft. Er ist bereit, sich damit abzufinden, daß er bei dem Unterfangen, die ihm angetragenen Verbrechen aufzulösen, nur verlieren kann. Doch obgleich er die Zwecklosigkeit einer jeden Ermittlung anerkennt, hält er auch an einem ihr innewohnenden Widerspruch fest: Einerseits nimmt er demütig die eigene Belanglosigkeit an, da er als Verwalter des Verbrechens Information nur ansammeln, regeln und überwachen kann. Andererseits aber gibt er auch den Glauben an den Wert dieses Wissens nie ganz auf. So unnütz die einzelnen angehäuften und abgelagerten Stücke auch sein mögen, sie sind vergleichbar mit Diamanten, die im Falle einer Rettung plötzlich eine ungeheure Bedeutung annehmen könnten. Mills hingegen träumt weiterhin davon, ein bedeutender Akteur im Vermittlungsgeschehen zu sein, dessen Einsatz tatsächlich den Ausgang beeinflussen und den »Entscheidungskampf« zu seinen Gunsten beeinflussen wird.

Aufgeweckt werden die beiden Detektive durch den Polizeichef, der wie David Mills auf eine eindeutige Lösung des Falles hofft. Begeistert erklärt er ihnen, die Fingerabdrücke würden mit denen eines seit langer Zeit überwachten Verbrechers übereinstimmen. Doch der Polizeieinsatz, mit dem in dessen Haus eingedrungen wird, bestätigt nur ein weiteres Mal die Richtigkeit von Somersets Demut, die ihn die Tugend der ruhigen Gelassenheit üben läßt. Dort finden die Beamten eine weitere Todesskulptur – die seit einem Jahr an ein Bett gefesselte Gestalt der »Trägheit des Herzens«, der der Mörder eine Hand abgeschnitten hatte, um eine Spur in das Büro seines späteren Opfers, der Figur des Geizes, zu legen.

Bei dieser Suche kommen die beiden Detektive bezeichnenderweise in dem Augenblick weiter, als Somerset in dem gesuchten Mann einen Besucher der öffentlichen Bibliotheken erkennt. Mit der kühnen Spekulation, es müsse möglich sein, diesen Verbrecher anhand der ausgeliehenen Bücher ausfindig zu machen, geht er ein zweites Mal in die Bibliothek und läßt sich dort eine umfassende Liste an Büchern erstellen, die sich mit den Todsünden und mit Serienmord befassen. Zudem schaltet Somerset heimlich einen befreundeten FBI-Agenten in die Ermittlung ein. Dieser leitet ein geheimes Sicherheitsprogramm, das die ausgeliehenen Bücher der öffentlichen Bibliotheken registriert, in der Hoffnung, Lesegewohnheiten von potentiell gefährlichen Bürgern zu bestimmen. Im Gegensatz zur falschen Fährte der Fingerabdrücke liegt Somerset mit seiner Intuition weiterhin richtig. Die Suche nach dem Leser, der die von ihm ausgewählten Bücher in den letzten Monaten ausgeliehen hat, ergibt tatsächlich den gesuchten Mann: John Doe. Daß Fincher in seinem Film mit den allegorischen Mitteln des mehrfachen (Schrift-)Sinns operiert und sich auf die lange Tradition der Allegorie bezieht, wird nicht zuletzt auch in seiner Namensgebung des Mörders deutlich: Der Name »John Doe« bezeichnet den anonymen Durchschnittsmenschen, den Mann von der Straße, den *everyman* also. *Everyman* ist aber auch der Titel der wohl berühmtesten Moralität in englischer Sprache, so daß die Figur des John Doe auf ein didaktisches allegorisches Genre verweist, in dem freilich üblicherweise nicht der Protagonist die Todsünden in der Produktion fataler Kunstwerke zur Darstellung bringt, sondern seine Seele selbst zum Schauplatz des allegorisch verkörperten Widerstreits zwischen Tugenden und Lastern wird.

Angesichts seines unmittelbar bevorstehenden Todes wird *Everyman* von *Fellowship, Kindred, Cousin, Goods, Beauty, Strength, Discretion* und den *Five-Wits* (den fünf Sinnen) verlassen und kann sich nur mehr auf *Good Deeds* und *Knowledge* verlassen. Mit dem unausweichlichen Realen konfrontiert, findet er – ähnlich wie Finchers Detektiv William Somerset – bei *Knowledge* Unterstützung, um seine Aufgabe, nämlich die Erreichung des Seelenheils, zu lösen. An diesen unübersehbar didaktischen Impetus lehnt sich die sogenannte *Everyman's Library* an, eine bibliophil gestaltete, zum Sammeln einladende Reihe von Klassikerausgaben, die aber – aufgrund ihrer Erschwinglichkeit – tatsächlich zur Bibliothek des »Jedermann« werden kann. Laut Verlagsprospekt werden die »hardback classics at collectable prices« mehrere »generations« überdauern, während die Reihe zugleich jedes Jahr mit einhundert Titeln aus der Weltliteratur fortgesetzt wird, »until Everyman's Library ... is, in principle, complete«.

Doch nicht nur Bücher soll der *everyman* sammeln, sondern auch das Wissen, das seine Bibliothek für ihn birgt. Das suggerieren zumindest die berühmten Zeilen der allegorischen Figur *Knowledge*, die auf dem Innenumschlag jeder Ausgabe zitiert werden: »Everyman, I will go with thee, and be thy guide, / In thy most need to go by thy side.« Während die *Everyman's Library* auf der Vorstellung eines abschließbaren – und das heißt sowohl eines vollständigen als auch eines endlichen – Wissensarchivs aufbaut, ist sich im Gegensatz hierzu William Somerset der Begrenztheit seines humanistischen Wissens bewußt. Auch ein noch so umfassendes Repertoire an kulturellem Wissen muß sich letztlich auf das Dekodieren der fatalen Allegorien beschränken, die von den antagonistischen Kräften im Menschen zeugen. Sowohl Does allegorische

Kunstwerke als auch Somersets Lektüren umschreiben diese Antagonismen, indem sie sie beide in bedeutungsvolle Narrative übersetzen, die freilich die kontingent ausbrechende Gewalt dieser Antagonismen weder erfolgreich bannen noch aufheben können – genauso wenig wie die *morality plays*, welche die Verhärtung des Bösen im Menschen letztlich nicht erklären können und sie immer wieder aufs neue bekämpfen müssen, weil jeder auf einen einfachen Widerspruch angelegte Kampf an diesem Antagonismus notwendigerweise scheitern muß.[1]

Als Mills und Somerset an die Wohnungstüre des identitätslosen John Doe klopfen, werden sie von ihm überrascht. Mit einer Einkaufstasche in der linken Hand nähert er sich ihnen langsam von der hinteren Seite des Korridors und schießt mit seiner Pistole auf sie. Im Verlauf der anschließenden Verfolgungsjagd wird Mills, der dem Mörder auf eine regenüberströmte Seitenstraße nachgelaufen ist, von diesem zusammengeschlagen. Während er hilflos am Boden liegt, hält der hinter ihm stehende John Doe seinen Revolver an dessen Schläfe, entschließt sich aber, diesmal seinen Gegner zu verschonen. Von diesem entwürdigenden Erlebnis zusätzlich provoziert, bricht David Mills ohne Haussuchungsbefehl in die Wohnung des vermeintlichen Mörders ein und findet dort die unheimliche Gegenseite der Bibliothek vor: Ein Arsenal an Werkzeugen, Medikamenten, Gegenständen, die auf die bereits entdeckten Tatorte verweisen und auch weitere Tatorte ankündigen, eine umfassende Fotodokumentation seiner Mordinszenierungen und schließlich nicht nur die von ihm zur Anregung ausgeliehenen Bücher, sondern die 2000 Tagebücher, in denen er sein aufklärerisches Projekt beschreibt, dokumentiert und kommentiert – undatiert und ohne ersichtliche Ordnung auf das Regal gestellt, ein verschriftetes Lebenswerk, von dem Somerset bemerkt, es sei »ein einziger, auf das Papier ergossener Gedankenstrom«.

Doch auch diese Spuren führen sie letztlich nur wieder zu sich selbst zurück. In der ganzen Wohnung findet die eingesetzte Polizi-

---

1 Für diese Ausführungen danke ich Barbara Straumann.

stentruppe nichts, was auf die Identität des Mörders schließen
ließe – keine Bankauszüge, kein Adreßbuch, nicht einmal Fingerabdrücke. Sie können lediglich die Spuren verwalten, die auf vergangene und zukünftige Verbrechen hinweisen: Das Einsammeln, Beschriften, Ordnen, Sichten, Auswerten und Aufbewahren des Materials, das auf die von religiösem Fanatismus und künstlerischem Größenwahn geprägte geistige Landschaft John Does schließen läßt, ohne daß sich zu dieser ein direkter Zugang finden ließe.

Für die Lösung des Falles bedürfen sie auch weiterhin der Hilfe des Verbrechers. Während sie noch mit der Spurensicherung beschäftigt sind, ruft John Doe sie in seiner Wohnung an und erklärt ihnen, wie sehr er sie bewundere und ihre Arbeit als Vertreter des Gesetzes schätze. Daß sie seine Werkstatt gefunden hätten, zwinge ihn zwar, seinen Plan diesem unerwarteten Ereignis anzupassen, aber nicht, sein Werk abzubrechen.

Nachdem er zwei weitere Morde begangen hat – an der Prostituierten, die die Wollust darstellt, und an einer anderen, die Eitelkeit repräsentierenden Frau –, stellt er sich der Polizei, um mit den von ihm als Zeugen für die Vollendung seines tödlichen Meisterwerkes auserwählten Männern einen Pakt zu schließen.

Durch seinen Rechtsanwalt läßt er den Polizeichef wissen, daß er am siebten Tag, nachdem seine erste Inszenierung aufgedeckt wurde, zwei weitere, von ihm versteckte Leichen preisgeben möchte. Seine Bereitschaft, ein volles Geständnis abzulegen, ist jedoch davon abhängig, daß die Vertreter des Gesetzes auf seine Bedingung für diese Offenbarung eingehen. In der Abenddämmerung will er, nur von Somerset und Mills begleitet, mit einem Auto in die Wüstenlandschaft vor der Stadt gebracht werden, um ihnen dort persönlich die endgültige Auflösung seines Werkes zu präsentieren. Er braucht sie beide – Somerset, weil dieser als Mitbesucher der Bibliothek seine Inszenierung der Todsünden verstehen und seinem Publikum verständlich machen kann; und Mills, weil dieser sich im Verlauf der Ermittlung als geeigneter Kandidat für die Figur des Zorns erwiesen hat. John Doe wird in seiner Vorahnung nicht enttäuscht, daß Mills widerspruchslos auf die ihm angebotene Bühne steigen wird, da auch der junge Detektiv sich nichts sehnlicher als eine Auflösung wünscht. Aber auch Somerset behält in seiner Gewißheit recht, daß es für diesen Fall kein Happy-End geben kann. Beide nehmen den vorgeschlagenen Pakt an, lassen sich aber über versteckte Mikrofone von der ihnen in einem Hubschrauber folgenden Polizeitruppe abhören. Zu erwarten bleibt ein öffentlicher Zweikampf, der aufgrund dieser Aufzeichnungen nachträglich verwaltet werden kann.

Während der Autofahrt findet das letzte Streitgespräch zwischen den beiden Detektiven statt, in dem ein weiteres Mal verhandelt wird, ob sich der Antagonismus im Subjekt als ein einfacher Widerspruch zwischen Gut und Böse, zwischen Gesetzmäßigkeit und Krankhaftigkeit verhandeln läßt oder ob stets ein nicht auflösbarer Rest der Verhärtung des Bösen wie eine traumatische Spur bestehen bleibt und sich dem Gesetz entzieht. In einem gewissen Sinn unterstützt John Doe die von Somerset mehrmals verkündete Anklage gegen die Apathie des postmodernen Großstadtmenschen. Auch er, erklärt er den beiden Detektiven, verfolge ein aufklärerisches Projekt: »Wenn man heute Menschen dazu bewegen will, einem zuzuhören, reicht es nicht mehr aus, ihnen sachte auf die Schulter zu klopfen. Man muß auf sie mit einem Vorschlaghammer einschlagen.« Mills weigert sich weiterhin, in der Mordserie ein bedeutungsstiftendes Schauspiel zu erkennen, mit dem dem sündhaften Menschen ihre Sündhaftigkeit entgegengehalten wird. Er wirft John Doe vor, er habe im Verlauf seiner Darbietung unschuldige Menschen getötet. Daraufhin bietet dieser eine Erläuterung des Verfahrens seines mörderischen Gesamtkunstwerkes an, die wie das toxische Gegenstück zu Somersets Rede gegen die Apathie wirkt. Nur in einer von Gleichgültigkeit geprägten Welt könne man von den von ihm ausgewählten Mitspielern seiner Inszenierung als unschuldigen Opfern sprechen: »Wir sehen eine Todsünde an jeder Straßenecke, in jedem Wohnzimmer, aber wir tolerieren es, weil es uns vertraut ist, weil es eine alltägliche Gewohnheit, eine akzeptierte Trivialität geworden ist.« Gegen diese Blindheit, erklärt er, wolle er sein warnendes Beispiel setzen, mit dem man sich beschäftigen und gegen das man ankämpfen werde.

Im Streit zwischen Somerset und Mills bildet John Doe genau die Schnittstelle. Er prangert die moralische Gleichgültigkeit seiner Mitmenschen an, gibt aber durchaus zu, daß er selbst gegen die Versuchung des Bösen nicht gefeit ist. Damit hat er in David Mills seinen perfekten Mitspieler gefunden. Während der Autofahrt beharrt der jüngere Detektiv noch darauf, daß John Doe sich von ihm durch sein psychopathologisches Verhalten radikal unterscheide. Does Einwand, es sei einfach nur bequemer für Mills, seine Verbrechen dem Wahnsinn zuzuschreiben, als die von ihm verübten Verbrechen als eine Form der Gewalt zu begreifen, zu der auch er fähig wäre, lehnt Mills ebenso ab wie Does Vorwurf, ihm selbst habe das Quälen seiner Opfer keinen größeren Genuß bereitet, während Mills es genießen würde, ungestraft seinen Zorn an ihm auszulassen. An ihrem Ziel angelangt, läßt er zuerst die beiden Detektive ratlos in die Wüste starren.

Die Ankunft eines Transportwagens veranlaßt Somerset schließlich, diesem eilig entgegenzulaufen, da er nicht ausschließen kann, daß der Gefangene einen Fluchtversuch geplant hat. Mills bleibt unterdessen bei John Doe, zwingt diesen aber, neben ihm auf dem Boden zu knien, während seine Hände weiterhin in Handschellen hinter seinem Rücken zusammengebunden sind. Beim Wagen angekommen, wird Somerset von einem Boten ein an David Mills adressiertes Paket ausgehändigt, in dem der Detektiv zu seiner Erschütterung den Kopf der einzigen Figur findet, die im Verlauf der Ermittlung als eindeutig unschuldige Protagonistin aufgetreten war: Tracy Mills. Nun findet ganz im Sinne der traditionellen Moralität ein Kampf um die Seele des jungen Detektivs statt, auch wenn Somerset ahnt, daß sein Gegner bereits endgültig den Sieg davongetragen hat.

Während Somerset sich vom Paket abwendet, um zu den beiden Männern zurückzugehen, beginnt John Doe mit seinem letzten und perfidesten Akt der Quälerei. Er erzählt dem noch ahnungslosen David Mills, wie er am Vormittag in sein Haus eingedrungen sei und versucht habe, an seiner Stelle das Glück des häuslichen Lebens zu erfahren, und, nachdem ihm dies nicht gelingen wollte, als Erinnerung den Kopf seiner Gattin mitgenommen habe. Der ältere Mann kommt erst in dem Augenblick wieder bei den beiden anderen an, als Mills bereits seine Waffe auf den Kopf des zu seinen Füßen knienden wehrlosen Mannes gerichtet hat. Während Somerset ihn anfleht, die Waffe fallen zu lassen, fährt John Doe leise, aber eindringlich in seiner Rede fort. Er habe ihn um sein normales Leben beneidet. Gelassen richtet er sich nun, da er sich der Vollendung seines Werkes sicher ist, in der allegorischen Rolle ein, die er für sich selbst auserwählt hat: Der Neid. Da er nun weiß, daß ihm die Verführung gelingen wird und somit seine eigene Überzeugung von der Dominanz des Sündhaften über die Tugend an genau der Figur materialisiert werden kann, die sich dieser Vorstellung immer widersetzt hat, blickt er zufrieden auf den Schauplatz, auf dem sich vor seinen Augen der heldenhafte Vertreter des Guten übergangslos in die Verkörperung des Zorns verwandelt.

Somersets Warnung »Wenn Sie ihn töten, dann wird er gewonnen haben« kann Mills nicht mehr hören, so übermächtig ist sein Wunsch, Rache am Mörder seiner Frau zu nehmen. Die Spuren haben tatsächlich nur zu ihnen selbst zurückgeführt. Entgegen seiner Hoffnung, daß es aus dem Kreislauf der Apathie einen Ausweg gibt, muß Somerset erkennen, was er schon immer wußte: daß es leichter ist, sich einer blinden Leidenschaft hinzugeben als sich auf die mühevolle Arbeit der Nächstenliebe einzulassen, so wie es leichter ist, das Antagonistische als einen einfachen agonalen Kampf auszutragen als den unlösbaren Widerspruch anzuerkennen, der jeder irdischen Erscheinung des Verbrechens innewohnt. Mills wird nun tatsächlich den Unterschied in dieser Ermittlung ausmachen und seinen Traum davon, daß er eine Veränderung bewirken kann, bestätigt finden, und zwar auf derart traumatische Weise, daß er bei der Rückfahrt an genau der Stelle im Polizeiauto sitzt, die er während der Hinfahrt so dezidiert von der seinen abzugrenzen suchte, indem er John Doe einen Psychopathen nannte. Er erschießt den Mörder und macht sich somit nicht nur selber strafbar, sondern liefert damit auch den Beweis für die von seinem Gegner intendierte Botschaft: Die alltägliche Vertrautheit mit der Sünde führt zu einer

Blindheit gegenüber der Menschlichkeit des Nächsten, die jeden zum Sünder werden läßt. Nun muß er das Fremde, das er im Verlauf der Ermittlung so hartnäckig von sich gewiesen hat, als den eigenen intimsten Kern seiner selbst anerkennen.

In David Finchers postmodernem Moralitätenspiegel kann man den Spuren der Verhärtung des Bösen so wenig entkommen, wie man es in Form eines offen ausgetragenen Kampfszenarios auflösen kann. Man kann zwar in der von John Doe vollzogenen Geste der Materialisierung dem Antagonistischen eine leibliche Gestalt verleihen oder aber an dem von Mills vertretenen naiven Glauben festhalten, daß man die Vertreter des Bösen fassen und mit ihrer Festnahme auch dessen Gegenwart in der Welt tilgen kann. Aber in beiden Fällen verliert man sich selbst im dargebotenen Kampf. Doch dieser fordert eben auch einen Zeugen, der nicht nur das Geschehen im Sinne der Spieler kommentieren und damit dessen intendierte Botschaft verkünden wird, sondern auch eine Differenz zum schaurigen Moralspiel darstellt. Er beharrt bis zum Schluß darauf, daß ihm nur die Rolle des Verwalters von Verbrechen zukommt. Er erträgt den Widerspruch, der ihn einerseits die gesamte Ermittlung als ein allegorisches Schauspiel begreifen läßt, dessen moralischer Impetus in einer Welt der Beliebigkeit eine Sinnstiftung durchzusetzen versucht. Andererseits hält er dieser intendierten Bedeutung die ernüchternde Tatsache entgegen, daß auch in diesem Fall ein weiteres Verbrechen erfolgt ist und in den Aktenarchiven abgelagert werden muß, ohne daß der Zirkel des Verbrechens zu Ende gebracht oder aufgelöst worden wäre.

In diesem Widerstand gegen eine alles einschließende Offenbarung entsteht aber auch die Menschlichkeit, die den einzigen Schutz in der von Kontingenz zersetzten postmodernen urbanen Landschaft darstellt: Somersets geduldiger und demütiger Versuch, bei den Darstellungen der Gewalt, die sich ihm alltäglich bieten, zu verweilen und den Versuch zu unternehmen, sie zu verstehen, obwohl er weiß, daß dieses Unterfangen zum Scheitern verurteilt ist. Am Ende behält sein Chef recht. An den Tatort gerufen, von dem aus bei Anbruch der Dunkelheit sein jüngster Detektiv in Handschellen in die Stadt zurückgefahren wird, fragt er seinen alten Mitarbeiter, dessen Dienst an diesem Sonntag zu Ende gegangen ist, wo er in Zukunft sein werde. »In der Nähe«, antwortet dieser, auf den Boden blickend, »ich werde in der Nähe sein.«

Mit seinem Plädoyer dafür, daß der postmoderne Mensch sich zwar der allegorischen Figurierung bedienen muß, um einer von Gleichgültigkeit geprägten Welt Sinn zuschreiben zu können, gleichzeitig aber nicht vergessen darf, daß jede eindeutige, auf eine endgültige Auflösung von Widersprüchen gerichtete Darstellung einer Situation die Seelenkämpfe des Menschen verfehlt, ist David Finchers *Seven* nicht nur eine humanistische Predigt, sondern verweist auch bewußt auf sein Medium: das Erzählkino Hollywoods. Dieses, so Finchers Prämisse, bildet den Knotenpunkt der von ihm skizzierten Wege, wie ein Bildschaffender den traumatischen antagonistischen Kern verhandeln kann, um den unser Geschichten- und Bildrepertoire seit dem frühen Christentum kreist: Einerseits eine Inszenierung des Bösen, die sich ein bereits existierendes Bildmaterial aneignet und dieses seinem Anliegen entsprechend umgestaltet; andererseits ein von Sympathie getragenes Verwalten dieses Bildmaterials, das sich nur zu bewußt ist, daß es in seiner hermeneutischen Suche immer wieder auf sich selbst zurückgeworfen sein wird und sich der Versuchung widersetzt, die angestrebte Deutung einem eindeutigen Erklärungsmuster unterzuordnen, um gegenüber der Widersprüchlichkeit, die sich aus komplexen Beschreibungen eines Ereignisses ergeben, nicht gleichgültig zu werden.

In dem von Kyle Cooper entworfenen Vorspann von *Seven* zeigt uns Fincher, was wir erst nachträglich beim zweiten Betrachten des Films entziffern können: das Entstehen der Notizhefte, die John Does mörderisches Gesamtkunstwerk dokumentieren. Zuerst sehen wir eine Nahaufnahme eines Heftes, während eine nur schemenhaft wahrnehmbare Hand einige leere Seiten umblättert. Darauf folgt eine Kohlezeichnung von zwei Händen, die auf kariertes Papier geklebt worden ist, als solle der Hintergrund ein Raster bieten. Zugleich wirkt es aber so, als würden die extrem naturalistisch gezeichneten Hände das Papier nach unten drücken, einen Abdruck hinterlassen wollen.

Mit dem nächsten Schnitt wird nochmals auf diese körperlichen Werkzeuge des Künstlers verwiesen, diesmal aber, um zu zeigen, wie er seine Unterschrift auszulöschen sucht. In einer extremen Nahaufnahme sehen wir eine Rasierklinge, die zwischen den Fingerkuppen einer Hand hin und her gleitet. Aus dem Film wissen wir, daß John Doe sich regelmäßig die Haut von seinen Fingerkuppen abgeschnitten hat, um seine Fingerabdrücke und mit diesen seine Identität auszulöschen. Dann springt Fincher zurück zum Bild eines Notizheftes, das wir nun von vorne sehen, bevor es in der nächsten Einstellung erneut geöffnet wird. Dann sehen wir, wie eine Hand in minutiöser Schrift Sätze zu Papier bringt.

Diese Bildsequenz wird immer wieder abrupt von Einstellungen unterbrochen, die sich nicht auf die Arbeit des Mörders, sondern auf Finchers eigenes Werk beziehen – das Verzeichnis der Personen, die an *Seven* mitgewirkt haben. Auf schwarzem Hintergrund sind die Namen in rauhen weißen Buchstaben wie auf den Film eingeritzt. Manchmal sind sie verwackelt, manchmal überlagern sie sich, manchmal wird ihnen für wenige Sekunden altes Filmmaterial beigefügt, auf dem nur bedeutungslose Spuren zu erkennen sind.

Der schreibenden Hand fügt Fincher Darstellungen davon hinzu, wie diese Hand Fotografien entwickelt, eine Reihe Negative in einzelne Bilder schneidet, den Rand einer Fotografie abschneidet, Fotografien in die dicht beschriebenen Seiten einklebt, mit einem Filzstift einzelne Satzstücke auf einer bedruckten Seite durchstreicht, die Augen eines gezeichneten Gesichts mit einem Balken versieht, Zeichnungen bearbeitet, mit Klarsichtfolien überdeckt und sie so in die Notizbücher einklebt. Immer wieder werden diese verschiedenen Arten der Abbildung – die Schrift, die Zeichnungen, die Negative, die Abzüge – von Fincher übereinandergeblendet.

Gleichzeitig fügt der Regisseur in diese Bildsequenz immer wieder Blicke auf weitere leere Seiten ein und zeigt uns zudem, was diese Notizbücher zusammenhält. Hände führen einen Faden durch ein Nadelöhr und nähen die bis an den Rand beschriebenen Seiten aneinander. Weil die Kamera ganz nahe bei diesem Prozeß des Verarbeitens verharrt, jede einzelne Handlung aber nur für wenige Sekunden zeigt und durch die Überblendungen die unterschiedlichen Bilder auf unbestimmbare Weise miteinander verschränkt, entsteht der Eindruck extremer Beunruhigung. In diesem Prozeß des Anordnens kann sich der Zuschauer nur schlecht zurechtfinden, fühlt sich befremdet, aber zugleich auch aufgerüttelt. Dann beginnt die Kamera den Rücken der in einem Regal aufgestellten Notizbücher entlangzufahren, bevor sie ein weiteres Mal in extremer Nahaufnahme zur Hand des Künstlers zurückkehrt. Aus einer Dollarnote schneidet diese das Wort »Gott« heraus und hebt es mit einer Pinzette vorsichtig auf. Ein letztes Mal fährt die Kamera an den im Regal angesammelten Notizbüchern entlang, bis sie mit dem Erscheinen des Namens des Regisseurs, der ebenfalls ruckartig verschoben und somit schwer lesbar wird, am Ende des Vorspanns angelangt ist.

Mit dem Verweis auf die Entstehung der Notizbücher macht Fincher von Anfang an deutlich, daß auf diese beunruhigende Bildsequenz ein Phantasieszenario folgen wird, in dem entfaltet werden soll, wie ein Mörder vorgegebene Texte vereinnahmen und in einer blasphemischen Imitation des Schöpfungsmythos sein eigenes, unheimliches Gegenuniversum entstehen lassen wird: Eine Inszenierung, mit der er seine Mitmenschen bestrafen, ihnen eine Predigt halten und ihnen eine Offenbarung verkünden will. Gleichzeitig verweist Fincher aber auch darauf, daß Hollywood von Anfang an der Ort war, an dem Geschichten entwickelt und in Umlauf gebracht wurden, die unsere Angst- und Wunschträume realisieren und uns diese über den uns vor einer direkten Berührung schützenden Umweg der bewegten Bilder erleben lassen. So wie Fincher in diesem Vorspann die Ähnlichkeit zwischen seinem Mörder und seinem belesenen Detektiv sichtbar werden läßt, läßt sich auch die Tatsache, daß beide Protagonisten ein vorgegebenes Bildmaterial verwalten, auf die Tätigkeit des Unterhaltungskinos beziehen. Auch dieses greift nämlich auf das tradierte Bild- und Geschichtenrepertoire der westlichen Kunst zurück, zitiert es, eignet es sich an, wandelt es um, damit tradierte Erzählmuster dem Zeitgeist angepaßt, den Anliegen der Zeit angemessen umkodiert, allgemeinere Wunsch- und Angstphantasien lesbar und somit auch kulturell verhandelbar werden.

Wenn von der Traumfabrik Hollywood gesprochen wird, dann nicht zuletzt deshalb, weil die dort produzierten Filmszenarien wie auf der Leinwand materialisierte und in die Öffentlichkeit getragene Tagträume erscheinen, in denen die Stars den Gesetzen der Phantasiearbeit folgend immer erhabene Gestalten darstellen, die Handlungsabfolge vom Genre vorgegeben ist und wir zu Recht auf eine unsere Wünsche befriedigende Auflösung hoffen können. Die Landschaft der Filmphantasien ist dem regelmäßigen Kinogänger ebenso vertraut wie Finchers belesenem Mörder und Detektiv die Welt der humanistischen Bibliothek. Die Spieler sind uns als Prototypen bekannt, und wir wissen, wie die Erzählhandlung ausgehen wird. Diese Welt bildet die Folie für unsere private Phantasiearbeit, aber auch das Bildraster, das unsere Erinnerungen mitgestaltet.

Aber noch ein weiterer Verweis auf das Medium des Hollywood-Kinos kündigt sich im Vorspann an. Unser Wunsch, die uns angebotenen befremdenden und gleichzeitig auf unheimliche Weise vertrauten Bilder zu verstehen, deckt sich mit der Haltung, die der belesene Detektiv Somerset im Verlauf des Filmszenarios einnimmt. Wie er nehmen wir die von der uns dargebotenen Inszenierung bewußt gesetzten Spuren auf, können diese nur so zusammensetzen, wie das Genre oder der Filmautor es vorgibt, können aus der vom Regisseur entworfenen virtuellen Landschaft nie heraustreten. So wie das Erzählkino das uns aus Literatur und bildender Kunst vertraute Bildmaterial verwaltet, indem es dieses umgestaltet, können auch wir, vor eine hermeneutische Aufgabe gestellt, die uns dargebotenen Szenen nur sammeln, für uns sinnvoll zusammensetzen und zu den Akten der bereits gesehenen Filme legen. Zugleich stellen diese Filmszenarien auch für uns scheinbar nutzlose Diamanten dar, an die das Versprechen geknüpft ist, sie könnten irgendwann von großer Bedeutung sein.

Finchers weiser Detektiv geht in die Bibliothek und findet dort die Denkfigur bestätigt, die ihm als Raster zur Deutung eines ihm dargebotenen Schauerspiels dienen wird, obschon er die vorgesehene tragische Auflösung dadurch nicht abwenden kann. Wie er kehren wir – so die These, die in den folgenden acht Kapiteln durchgespielt werden soll – in das Archiv des uns vertrauten Erzählkinos zurück, um dort für die widersprüchlichen, unlösbaren und nie eindeutig bestimmbaren Gegebenheiten unserer gelebten Wirklichkeit ein sinnstiftendes Gedankengebäude zu finden. Auch uns führt der Wunsch, etwas zu verstehen, zu der Erkenntnis, daß wir das uns dargebotene Bildmaterial nur verwalten und aufbewahren können. Auch für uns ist der Eintritt in das Filmarchiv ein Versuch, eine Konsistenz herzustellen, damit wir vom Eigentlichen, das nicht repräsentierbar ist, geschützt sind – unabhängig davon, ob dieses als fundamental Antagonistisches, als traumatische Kontingenz oder als reines Genießen begriffen wird. Doch dieser Kern entzieht sich nicht einfach nur jeder Repräsentation und jeder Deutung, sondern die Verwaltung der dargebotenen Bilder bedeutet für uns wie für Finchers Detektiv auch, diese so zu vernetzen, daß dieser Kern nicht durch die schützende Verknotung hervordringen kann. Auch wir wissen, daß sich diesem Deutungsakt etwas entzieht und daher alle Fäden immer wieder zu uns zurückführen. Dennoch geht es bei diesem Projekt, einem von Sympathie geleiteten Betrachten vertrauter Filmszenarien, nicht darum, daß wir uns in diesen Inszenierungen immer nur selbst spiegeln und unsere eigenen Phantasien oder die von uns bevorzugten interpretatorischen Denkfiguren wiederfinden. Sondern darum, daß der Eintritt in die Landschaft des Erzählkinos uns auffordert, den nicht erschließbaren Kern durch seine refigurierende Umsetzung in die bildliche und erzählerische Figuration in den Griff zu bekommen, gleichzeitig aber auch die diese Selbstversicherung vereitelnde Tatsache auszuhalten lernen, daß er sich diesem Zugriff immer widersetzen wird. Wie jede andere Bibliothek bietet uns das Geschichten- und Bildrepertoire des Kinos letztlich vielleicht gerade deshalb eine so verläßliche Heimat, weil es das eigene Scheitern mit inszeniert. Der Pakt, auf den wir uns einlassen, wenn wir uns über die Schwelle in diese virtuelle Heimat begeben, bleibt nicht mehr, aber auch nicht weniger als das Versprechen eines provisorischen Glücks.

1. Nicht Herr im eigenen Haus

Geheimnisse einer Seele. Ein psychoanalytischer Film
(G. W. Pabst)

Das Innere oder das übersinnliche Jenseits ist aber entstanden, es kommt aus der Erscheinung her, und sie ist seine Vermittlung; oder die Erscheinung ist sein Wesen und in der Tat seine Erfüllung. Das Übersinnliche ist das Sinnliche und Wahrgenommene, gesetzt, wie es in Wahrheit ist; die Wahrheit des Sinnlichen und Wahrgenommenen aber ist, Erscheinung zu sein. Das Übersinnliche ist also die Erscheinung als Erscheinung

Hegel (Phänomenologie des Geistes)

Die Gestalten der Phantasie

In der antiken griechischen Kultur stellte man sich Phantasien als kleine Gestalten vor, die sich auf den verschiedenen Sinnesorganen der Menschen niederlassen, auf den Augen, den Ohren, der Nase, der Zunge, den Fingern. Die derart konzeptualisierten Phantasien versperren – zwischen den Wahrnehmenden und der Welt der Objekte plaziert – den Zugang zu einer empirischen Wirklichkeit. Der Wahrnehmende bleibt ganz in seiner Welt der Einbildungen gefangen, oder die Einbildungen prägen allein schon durch ihre vermittelnde Gestalt das Bild, das sich der Wahrnehmende von der Welt stets neu entwirft. Nun glauben wir seit dem Anbruch der Moderne nicht mehr an eine so plastische Gestalt der Einbildungskraft. Dennoch wissen auch wir nur allzu gut, daß Wahrnehmung immer ein medialer Prozeß ist. Es schiebt sich ständig etwas zwischen unsere Sinne und die Objekte der Erscheinungswelt. Allerdings ziehen wir es heute vor, dieses Dazwischen strukturell zu begreifen. Die derzeit gängige Zeichentheorie betont, daß sich zwischen dem Erleben eines Ereignisses, unserer Erinnerung daran und unseren Darstellungen davon eine Lücke auftut, die den semiotischen Kreislauf überhaupt erst in Gang setzt. Dieses Verfehlen kommt daher, daß wir das Wahrgenommene immer erst nachträglich zum Ausdruck bringen können. Es bezeichnet also eine räumlich-zeitliche Verschiebung. Im Zuge der Repräsentation wird das wahrgenommene Phänomen zudem nicht in seiner ganzen disparaten Komplexität, sondern als ein reduziertes, aber dafür kohärentes visuelles oder sprachliches Bild wiedergegeben. Die Lücke der Wahrnehmung ist also auch das Ergebnis einer Übersetzung von inkohärentem Material in ein sinnvolles Gebilde, wobei ein Rest immer ausgespart bleibt.

Ferner sind wir heute mehr denn je davon überzeugt, daß nur bewußt wahrgenommen werden kann, was sich sprachlich oder bildlich erfassen läßt. Erst der Rückgriff auf kulturell erlernte Mustergeschichten, Typologien und Kategorien befähigt uns, unsere Wahrnehmung der Wirklichkeit so zu ordnen, daß sie uns sinnvoll erscheint. Zu dieser Ausstattung gehört das persönliche Bildrepertoire, das sich zusammensetzt aus der jedem Individuum innewohnenden spezifischen Einbildungskraft einerseits, die von Geburt an Eindrücke der erlebten Welt sinnvoll zusammenfügt, und phylogenetisch vererbten Denkmuster andererseits. Dieses persönliche Bildrepertoire ist immer schon geprägt von gesellschaftlich kodifizierten Erklärungsmustern – aus Kinder-, Gebets- und Schulbüchern, es ist aber auch geprägt von Bildwelten unserer Alltagsrituale und Alltagsmythen, durch die dem Individuum die symbolischen Gesetze seiner Kultur aufgepfropft werden.

So ergibt sich ein ständiges Wechselspiel: Die Welt der Phänomene wird uns dadurch zugänglich, daß wir sie mit dem Maßstab vertrauter Denkmuster und Sprachbilder messen. Entweder spiegelt die Welt unsere Erwartungen wider, oder sie enttäuscht das Verlangen nach Vertrautem und zwingt uns, bekannte Muster zu überdenken oder neue Sprachbilder zu gestalten. Deshalb suchen wir gleichzeitig eine Zuflucht im kodifizierten Bildrepertoire unserer Kultur, dem Bereich der Ästhetik im weitesten Sinne. Dort hoffen wir, unsere Erlebnisse bestätigt zu finden; dort können wir zudem stets unsere Sprache der Wahrnehmung erneuern. Jedoch wird dieses Wechselspiel wahrscheinlich nirgends so deutlich verhandelt wie im Kino.[1] Filme funktionieren wie private Träume, d. h. wie die

---

1 Für einen Überblick darüber, wie in den neueren Arbeiten im Bereich Filmstudien Psychoanalyse diskutiert und eingesetzt wird, siehe E. Ann Kaplans Aufsatz »From Plato's Cave to Freud's Screen«, in: *Psychoanalysis & Cinema*, Hg. E. Ann Kaplan, London 1990, S. 1–23. Zu Recht schlägt sie vor, man müsse unterscheiden, ob Psychoanalyse dafür eingesetzt wird, um literarische Bezüge, Handlungen und Motive zu erklären; ob Psychoanalyse den ästhetischen Diskurs in dem Sinne strukturiert, daß sowohl der Analytiker und sein Analysand wie auch die literarische bzw. die Filmsprache Fiktionen herstellen; ob die Psychoanalyse im narrati-

Szenen unseres inneren psychischen Theaters: Sowohl der Film als auch der Tag- und der Nachttraum versprechen uns die Erfüllung intimster Wunschvorstellungen, indem sie uns erlauben, Phantasieszenen der Angst oder des Begehrens durchzuspielen. Deshalb bietet sich das Kino auch scheinbar besonders dafür an, die Vorgänge des psychischen Apparates zu repräsentieren – das Verdrängen von traumatischem Wissen wie auch das Aufzeichnen von Erinnerungsspuren, die nach der Verdrängung zurückbleiben und die durch Symptombildung und Phantasiearbeit zu nachträglichen, wenn auch nur bruchstückhaften Erkennungsmomenten führen. Die Kinoleinwand fungiert wie ein *mind screen*,[2] auf dem das verdrängte, verborgene Wissen umgewandelt und neugestaltet wie eine halluzinatorische Wunsch- oder Wahnvorstellung zurückkehrt. Andererseits ist das Kino öffentlich, Produkt eines komplexen Apparates, der sowohl wirtschaftlichen Interessen dient als auch auf die Bedürfnisse eines äußerst heterogenen Publikums ausgerichtet ist. Deshalb kann zu Recht die Frage aufgeworfen werden, wer oder was der Ursprung einer dargebotenen Phantasieszene sei und wessen Phantasie diese darstellt – die des Betrachtenden, des Regisseurs, des kollektiven Bildrepertoires einer von spezifischen Werten geprägten Kultur? Oder bietet sich das Kino möglicherweise als eine changierende Schnittstelle zwischen intimen und öffentlich hergestellten und vertriebenen Phantasieszenarien an, zwischen einem individuellen Genießen und einem kollektiv anerkannten Gesetz, so daß sich die Positionen des Erzeugenden und des

  ven Diskurs als Handlungsthema fungiert, als historischer, ideologischer und kultureller Intertext; oder ob Psychoanalyse der Filmerzählung erlaubt, textuelle Prozesse der Bedeutungsstiftung, der Repräsentation, des Verhältnisses zwischen betrachtendem Leser und Text zu inszenieren. Natürlich können diese unterschiedlichen Aspekte in einer Filmerzählung oft gleichzeitig auftreten.
2 Bruce Kawin (in: *Mindscreen: Bergman, Godard, and First-Person Film*, Princeton 1978) prägt diesen Begriff, um zu beschreiben, wie die Filmsprache die Gedanken einer Figur zum Ausdruck bringen kann. Mit dem Begriff *mind screen* bezieht er sich auf die Szenen des inneren Auges, die mentale Phantasieszene, um dies von dem Begriff der subjektiven Kamera abzugrenzen, der auf jenen Ausschnitt der Wirklichkeit verweist, welchen das konkrete Auge des Protagonisten wahrnimmt.

Betrachtenden dieser »Wahn«- und Wunschvorstellungen auf äußerst ambivalente Weise überlagern?

Wenn im folgenden ein Dialog zwischen psychoanalytischer Deutung und der Bildsprache und Handlungsabfolge ausgewählter Spielfilme durchgeführt werden soll – genauer der Figurenkonstellation, dem Spannungsaufbau und der sinnstiftenden Auflösung von Erzählsträngen – geht es also darum, Repräsentation als eine Verschränkung von semiotischem und sozialem Ausdruck zu begreifen. Da seit der Antike die Kunst als Darstellung oder Wiedergabe des Lebens bzw. der Realität begriffen wird, versteht man Repräsentation als grundlegenden Begriff der Ästhetik und der Semiotik, der sich entweder auf ein externes oder ein mentales Bild bezieht. Seit Platon muß die Repräsentation wie die Imagination und die Dichtkunst verteidigt werden gegen das Vorurteil, sie sei lediglich Substitution für die Dinge oder Ideen an sich, und zwar eine falsche und trügerische. Mit dem Aufkommen demokratischer Regierungsformen wurde Repräsentation zudem als konstitutiver Teil politischer Theorie begriffen. So wirft W. J. T. Mitchell für zeitgenössische Theorien der Repräsentation die Frage nach der Beziehung zwischen ästhetischer oder semiotischer Repräsentation und politischer Repräsentation auf. Denn für die politische wie die ästhetische Repräsentation ist die Abwesenheit des Repräsentierten Voraussetzung für den Vertretungs- bzw. Darstellungsvorgang: Der politische Repräsentant spricht und handelt für eine schweigende Gruppe, der ästhetische Repräsentant stellt einen abwesenden Gegenstand oder eine abstrakte Vorstellung dar. Die diesen diskursiven Bereichen gemeinsame Struktur ist laut Mitchell triadisch: »Repräsentation ist immer *von* einer Sache oder einer Person, *durch* eine Sache oder eine Person, *für* jemanden.«[3] Das repräsentatorische Zeichen ist jedoch nicht nur immer auf einen Rezipienten gerichtet, es entsteht auch nie in Isolation, sondern als Teil eines semiotischen Netzwerkes, eines kulturell geregelten Kodes. Da für

---

3 Mitchell, W. J. T., »Representation«, *Critical Terms for Literary Study*, Hg. Frank Lentricchia und Thomas McLaughlin, Chicago 1990, S. 12.

eine Analyse der Repräsentation nun vor allem das Verhältnis zwischen dem repräsentativen Material (der Signifikanten-Ebene) und dem Repräsentierten (der Signifikaten-Ebene) ausschlaggebend ist, betont Mitchell die unauflösliche Verflechtung des semiotisch-ästhetischen Begriffs der Repräsentation mit dem politischen Akt des Vertretens. »Repräsentation, sogar die rein ›ästhetische‹ Repräsentation fiktionaler Gestalten und Ereignisse, kann nie gänzlich abgetrennt werden von politischen und ideologischen Fragen; man könnte sogar behaupten, die Repräsentation mache genau jenen Punkt aus, an dem diese Fragen am ehesten ihren Eingang in das literarische Werk finden.«[4]

Gleichzeitig basiert jedoch jede Repräsentation immer auch auf einem notwendigen Ausschluß und verweist auf das, was jenseits des ästhetisch-politischen Systems liegt. Denn dadurch, daß etwas durch ein Zeichen vertreten wird, entsteht im Zuge dieser Substitution nicht nur eine Auslassung, eine Reduktion, sondern auch eine Entstellung. Das zu Repräsentierende ist nie identisch mit der Repräsentation; die Rezeption durch den Angesprochenen führt eine weitere Unsicherheit ins semiotische Spiel ein. So folgert Mitchell: »Repräsentation erlaubt uns, unsere Wünsche zum Ausdruck zu bringen, und zeigt gleichzeitig auf, daß wir uns in unseren Wünschen entfremdet sind, sowohl im ästhetischen wie im politischen Bereich. Jede Repräsentation hat ihren Preis, einen Verlust an Unmittelbarkeit, Gegenwart oder Wahrheit in der Form einer Lücke zwischen Intention und Realisation, zwischen Original und Kopie. Aber die Repräsentation bietet uns auch etwas im Austausch für diesen Verlust, für die Lücke, die sie öffnet – den künstlerischen Text.«[5]

Nun spielt der Begriff »Repräsentation« nicht nur auf die Schnittstelle zwischen der politischen und der zeichenhaften Vertretung an, sondern auch auf die psychoanalytische Implikation des Substitutionsvorgangs, denn das Ungenügen, das vom unausweich-

---

4 Ebd., S. 15.
5 Ebd, S. 21.

lichen Scheitern der Repräsentation hervorgerufen wird, öffnet auch den Raum des Begehrens, des Aufschubs und der Wiederholung. Die Kluft, die die Repräsentation öffnet, löst gleichzeitig ein nie gänzlich zu befriedigendes Begehren danach aus, diese Kluft wieder zu schließen. Die Kluft zwischen Zeichen und Bezeichnetem ist sowohl Ursprung als auch Telos des Repräsentierens, eine konstitutive Leerstelle. Weil jede Bezeichnung ihr Bezeichnetes verfehlt, verweist dieser Vorgang aber auch auf einen fundamentalen psychischen Zustand der menschlichen Existenz: nämlich auf das Verlangen nach einem verlorenen Ursprung, dessen Mangel die Bedingung für jegliche Form des Begehrens ist; oder, anders formuliert, auf die Sehnsucht nach einer uneingeschränkten Zugehörigkeit, deren Unmöglichkeit Heimat-, Einheits- und Heilungs-Phantasien ins Leben rufen. Der psychoanalytische Diskurs antwortet scharfsinnig auf das menschliche Unbehagen an der eigenen psychischen Entortung – am Verlust der imaginierten Selbstidentität, der mit dem Erwerb der Sprache und der Annahme kultureller Gesetze und daran geknüpft mit der Verdrängung bzw. Kontrolle der verbotenen Triebe und Wünsche einhergeht. Denn das psychoanalytischen Modell lotet genau jene signifikante Trennung aus zwischen der jenseits jeglicher Darstellungsmöglichkeit liegenden realen existentiellen Wahrheit, die man auch als ein traumatisches Wissen bezeichnen könnte, einerseits und der Vielfalt an entstellten psychischen Darstellungen eines illusionären begehrten ursprünglichen Zustandes, andererseits. Diese von einer Lücke im Psychischen markierte Kluft zwischen allen nachträglichen Darstellungen (Symptomen, Traum- oder Phantasiearbeit) und dem Wissen, welches die Arbeit des psychischen Apparates auf verschobene Weise zum Ausdruck bringt, ist demzufolge sowohl Ursprung einer auf dem Wiederholungstrieb basierenden, unerschöpflichen Innovation, einer Kreativität und Selbsterneuerung als auch Auslöser von Ängsten und Enttäuschungen, einer unausweichlichen Negativität und Leere. Denn dieses Wissen um die existentielle Entortung ist dem bewußten Subjekt unweigerlich eingeschrieben und durchsetzt als Fremdkörper alle Versuche des einzelnen, für die eigenen emotionalen Widersprüche und die Kontingenzen des Lebens eine sinnstiftende Geschichte zu entwerfen. Gleichzeitig aber brauchen wir Schutzdichtungen, also Geschichten, die dieses Wissen entstellen, um weiterleben zu können und uns vor dem Chaos des Realen, der unmittelbaren Wahrheit zu schützen.

Ein Lehrstück der klassischen Psychoanalyse

Der von G. W. Pabst 1926 fertiggestellte Film *Geheimnisse einer Seele* trägt den Untertitel »Ein psychoanalytischer Film« und führt als fachwissenschaftliche Berater zum Drehbuch Dr. Karl Abraham und Dr. Hanns Sachs an. Bevor die eigentliche Filmhandlung einsetzt, blendet Pabst zudem im Vorspann einen Text ein, der uns eine Erzählung über psychische Entortung und deren Heilung ankündigt, um so die Deutung der nun folgenden Geschichte von vornherein in eine bestimmte Richtung zu lenken. Denn diese Darstellung einer Fallgeschichte neurotischer Erkrankung soll als popularisierte Wiedergabe des psychoanalytischen Anliegens verstanden werden: »Im Dasein jedes Menschen gibt es Wünsche und Leidenschaften, die dem Bewußtsein unbekannt bleiben. In dunklen Stunden seelischer Konflikte versuchen diese ›unbewußten‹ Triebe sich durchzusetzen. Aus solchen Kämpfen entstehen rätselhafte Erkrankungen, deren Aufklärung und Heilung das Arbeitsgebiet der Psychoanalyse bilden. In der Hand des ›psychoanalytisch geschulten‹ Arztes bedeutet die Lehre des Univ. Prof. Dr. Sigmund Freud einen wichtigen Fortschritt bei der Behandlung derartiger seelischer Erkrankungen. Die Vorgänge dieses Filmes sind dem Leben entnommen. In keiner wesentlichen Tatsache wurde von der Krankheitsgeschichte abgewichen.«

Weil der Film sich zum Ziel setzt, den Einbruch der Triebe in ein vermeintlich unversehrtes Menschenleben und die Heilung von diesen das Subjekt sich selbst entfremdenden Symptomen darzustellen, fungiert er wie eine Phantasieszene der Psychoanalyse. Denn die auf der Erzählebene durchgespielte Ergründung des Ursprungs eines Traumas erweist sich als Ursprung sowohl des Phantasielebens des betroffenen Mannes als auch der Filmerzählung selbst. Janet Bergstrom hat Pabst vorgeworfen, er hätte mit diesem Film eine eindimensionale Legitimation der Psychoanalyse geschaffen, deren semantische Stabilität nicht nur gänzlich im Widerspruch stehe zu der für das Weimarer Kino so bezeichnenden Tendenz zu Ambiguität und Abstraktion, sondern zudem der psychoanalytischen Arbeit eine verfälschende Oberflächlichkeit, eine Reduktion von Widersprüchen und Konflikten des Begehrens sowie einen falschen Optimismus zuschreibe, da hier die psychoanalytische Therapie so dargestellt würde, als könne sie eine befriedigende Lösung für ein gegebenes Unbehagen garantieren.[6] Im folgenden geht es mir darum zu zeigen, daß eine Unterstützung dieser Phantasieszene zu einer anderen Schlußfolgerung führen könnte. Betrachtet man nämlich vornehmlich die Widersprüche, Lücken und die nie gänzlich in eine integrierende Bedeutung aufzulösenden Details, ergibt sich durchaus eine Deutung, welche die durch die manifeste Botschaft erstrebte Stabilität untergräbt. Denn das im Epilog so redundant und plakativ inszenierte idyllische Glück, die Wiederherstellung eines trauten Heims und die »gesunde« Gründung einer Familie, ließe sich durchaus auch als ironischer Kommentar dazu lesen, daß eine Genesung nie alle Spuren der Traumatisierung tilgen, sondern diese nur mildern kann, weil die Lücke im Glück, die am Anfang unserer Symptombildungen und unserer Phantasiearbeit steht, immer nur nachträglich und stellvertretend gefüllt werden kann. Das aber heißt: Die nachträglichen Repräsentationen der »heilen« Schutzdichtung können von einem ursprünglichen traumatischen Kern zwar zehren, diesen aber nie wirklich treffen. Denn man darf nicht vergessen: Der Heilungsprozeß bzw. der geglückte Familienroman, der uns am Ende von *Geheimnisse einer Seele* vorgeführt wird, bleibt in dem Sinne eine Schutzdichtung, daß diese Phantasieszene eine Rückkehr in die heile Welt des Schutzes, der Unversehrtheit und Intaktheit verspricht. Die Auflösung der für die Filmhandlung konstitutiven Konflikte fungiert nun

---

6 Janet Bergstrom, »Psychological Explanation in the Films of Lang and Pabst«, *Psychoanalysis & Cinema*, Hg. E. Ann Kaplan, London 1990, S. 163–180.

aber nicht nur als Schutzdichtung für den von seinem traumatischen Wissen bedrängten Helden, sondern auch für die Filmerzählung und somit auch für deren psychoanalytische Botschaft. Ob wir an diese Lösung glauben wollen oder auf ihrem phantasmatischen Charakter bestehen, liegt deshalb letztendlich bei uns.

Der Film beginnt mit einer Szene, in der ein Mann sein Messer schleift, daraufhin prüfend in den Spiegel schaut und zuerst seine Augen, dann sein Kinn mustert, bevor er das Messer zur Rasur ansetzt. Ein Schnitt zeigt seine Ehefrau in einem zweiten Schlafzimmer in analoger Haltung. Auch sie schaut in den Spiegel, doch ihr Blick ist auf ihren Nacken gerichtet, wo sie eine die Symmetrie ihres Lockenkopfes störende Haarpartie entdeckt. Ungeduldig ruft sie ihren Mann zu Hilfe und zwingt ihn somit, seine Rasur zu unterbrechen, um ihr dabei zu helfen, diese wie ein Fremdkörper heraustehende Haarpartie zu entfernen, die wir in Freudscher Manier als Zeichen für einen Rest ungezügelter sexueller Triebe lesen sollen. Der Gatte folgt ihrem Hilferuf jedoch erst, nachdem er sich nochmals vergnügt mit seinem Rasierpinsel die untere Gesichtspartie eingeseift hat. Der Film beginnt also mit einer bildsprachlichen Analogie zwischen dem Bart des Ehemannes und den Nackenlocken seiner Frau. Bezeichnenderweise dient diese Analogie jedoch dazu, die Lücke im Eheglück bildlich zum Ausdruck zu bringen. Nicht nur schlafen die beiden verheirateten Menschen in durch eine geschlossene Türe getrennten Zimmern, sondern die somit unterbundene sexuelle Verbindung bzw. die dem Mann von seiner Frau auferlegte Beschneidung seines Sexuallebens wird in ein Spiel des Abschneidens ungewollter Körperteile verwandelt. Denn die Frau sträubt sich zwar gegen den Kuß ihres in ihr Schlafzimmer eingetretenen Gatten, doch zugleich bietet sie ihm bzw. stellvertretend seinem Rasierpinsel und seinem Rasiermesser fast begierig ihren Nacken mit den zu entfernenden ungelockten Haaren an. Mit anderen Worten, während der Ehemann ihre Lippen nur ganz flüchtig mit den seinen streifen darf, ermuntert sie ihn regelrecht dazu, hinter ihr stehend ihren Nacken mit dem eingeseiften Pinsel zu berühren, in ihren füllingen Lockenkopf zu greifen und diesen nach vorne zu drücken, um das Rasiermesser besser an der gewünschten Stelle ansetzen zu können. Vor dem Hintergrund von Freuds These, daß eine der Urphantasien die der Kastration sei, drängt sich uns Betrachtenden die Frage auf, ob in dieser Szene, in der ein Mann versucht, der Frau, die ihn sexuell abweist, den Nacken einzuseifen und dann die Haare abzuschneiden, eine Ersatzberührung inszeniert wird, die beide Beteiligten stellvertretend befriedigt, oder ob es sich hier um eine apotropäische Geste handelt, mit der der Mann sich seiner Potenz vergewissert und damit zugleich seine Angst bekämpft, die Frau könnte ihn dadurch entmannen, daß sie ihm nur Ersatzberührungen erlaubt.

Daß die Frage, um wessen und um welches Begehren es sich in dieser Szene handelt, jedoch noch komplexer und ambivalenter ist, zeigt die nächste Erzählsequenz, die mit einem harten Schnitt das Bild, in dem der Mann gerade beginnt, seiner Frau mit dem Messer ganz knapp über dem Haaransatz des Nackens die Haare abzurasieren, von dem darauf folgenden trennt. Denn statt uns den weiteren Verlauf der Rasur vor Augen zu führen, zeigt Pabst, wie abrupt einige Fensterläden aufgerissen werden, ein anderer Frauenkopf sich aufgeregt aus dem Fenster lehnt und um Hilfe ruft. Als nächstes sehen wir, daß der Mann einen schmalen Blutstreifen auf dem Nacken seiner Frau hinterlassen hat, bevor beide zu ihrem Fenster eilen, um zu erfahren, was dieser Hilfeschrei bedeutet. Die Fragen, um die der Rest der Filmhandlung kreisen wird, ohne sie direkt zu beantworten, sind somit folgende: Hätte der Mann der Frau den Kopf abgetrennt, wenn er durch den Hilfeschrei nicht unterbrochen worden wäre, und schreit somit die Nachbarin stellvertretend für die Ehefrau um Hilfe? Handelt es sich bei der Szene des Haarschneidens um eine umgekehrte Kastrationsszene, insofern als hier der Mann an der Frau Rache nimmt, indem er sie ganz konkret am Nacken beschneidet? Die schmale Blutspur wäre somit seine Zeichnung ihres Körpers als Antwort auf die psychische Beschneidung, die ihre Ablehnung seiner sexuellen Annäherungen für ihn bedeutet, damit aber auch das Zeichen für die Wiederherstellung seiner Potenz? Oder ist diese Szene insofern als umgewandelte Kastrationsszene zu verstehen, als sie die Angst des Mannes, die Frau sei kastriert und deshalb für ihn sexuell gefährlich, zum Ausdruck bringt. Hatte doch Freud in seiner Analyse des grauenerregenden Medusenhauptes die Auffassung vertreten: »Kopfabschneiden = Kastrieren. Der Schreck der Meduse ist also Kastrationsschreck, der an einen Anblick geknüpft ist. Aus zahlreichen Analysen kennen wir diesen Anlaß, er ergibt sich, wenn der Knabe, der bisher nicht an die Kastrationsdrohung glauben wollte, ein weibliches Genitale erblickt. Wahrscheinlich ein erwachsenes, von Haaren umsäumtes, im Grunde das der Mutter.« Dem fügt Freud bezeichnenderweise folgendes Argument hinzu: Insofern der Anblick des Medusenhauptes den Beschauer vor Schreck erstarren läßt, bedeutet das Starrwerden »die Erektion, also in der ursprünglichen Situation den Trost des Beschauers. Er hat noch einen Penis, versichert sich desselben durch sein Starrwerden«.[7] Auf Pabsts Bildsprache übertragen wirft diese Formel darüber hinaus die Frage auf, ob der Ehemann mit der Einritzung seiner homoerotischen Furcht vor der weiblichen Sexualität Ausdruck verleiht, indem er durch die Andeutung der Möglichkeit, er könne seiner Frau den Kopf abschneiden, sich selbst stellvertretend versichert, er könne deren gefährliche Sexualität bändigen. Er berührt sie zwar nicht mit seinem Penis, sondern mit einem Pinsel, doch der Schnitt beweist, daß sie ihn nicht entmannen und daß er ihrer Macht auch mit diesem Ersatzglied trotzen kann. Was jedoch bei diesem vielfachen Angebot an Deutungsmöglichkeiten ungeklärt bleibt, ist die Frage der Kausalität. Denn Pabst läßt uns nicht genau erkennen, ob der Schrei der Nachbarin der Auslöser für das Mißgeschick des Mannes ist oder ob die von außen eindringende fremde Stimme als Hinweis darauf zu verstehen ist, daß das scheinbare Eheglück immer schon gefährdet war, daß der Mann immer schon bedrohliche Regungen in sich verspürte, die aber erst aufgrund des fremden Hilferufes zum Durchbruch gelangen können.

---

7 Sigmund Freud, »Das Medusenhaupt« (1922), *Gesammelte Werke*, Bd. XVII, Frankfurt a. Main 1941, S. 47.

Somit wird von Anfang an nicht nur ein Gegensatz zwischen zwei Räumen – dem vertrauten Heim des Helden und dem fremden Haus des Nachbarn – aufgebaut, sondern es wird zudem bereits innerhalb der ersten Sequenzen des Films die Grenze zwischen der Sicherheit des Bekannten und der Bedrohung durch das Fremde verflüssigt. Während sich der Mann fertig anzieht, sammelt sich vor dem Nachbarhaus eine Schar Schaulustiger, und das Dienstmädchen, das die Töpfe unbeaufsichtigt auf dem Herd stehen läßt und fasziniert den vorfahrenden Leichenwagen betrachtet, bringt dem Mann nur seinen Gehstock und Mantel, nicht aber eine Botschaft über das schreckliche Ereignis. Erst als der Mann auf seinem Weg zur Arbeit zwei Männer beobachtet, die eine Leiche in den Leichenwagen bringen, hört er dem Gerede der aufgebrachten Nachbarn zu und erhält somit die für ihn so bedeutsame traumatische Botschaft: »Mit dem Rasiermesser hat er ihr heute nacht ...« Denn die Aneinanderreihung dieser drei von außen kommenden Aussagen – der fremde Hilferuf (der auch derjenige seiner von ihm nur leicht verletzten Frau hätte sein können), das Gerede über ein tödliches Rasiermesser (das ihn an sein Messer erinnert) und der Anblick des Leichenwagens (der ihn vor den Konsequenzen einer Ausführung seiner mörderischen Triebe warnt) – lassen ihm auf einmal die vertraute Welt unheimlich erscheinen und gemahnen ihn an das verdrängte Fremde in ihm selbst.

In der darauf folgenden Szene sehen wir, wie der Mann sein Labor betritt, einen weißen Kittel anzieht, sich an seinen Schreibtisch setzt und mit einem Briefmesser seine Post zu öffnen beginnt. Bei der Lektüre des ersten Briefes wird er kurz darauf durch das Eintreten einer Mutter mit ihrem Kind unterbrochen. Der Mann bemerkt jedoch zuerst nur das kleine Mädchen und, bevor er überhaupt zu dessen Mutter aufgeblickt hat, geht er bereits mit einer Schachtel auf das Kind zu und bietet ihm daraus Schokolade an. Die weitere Handlung des Films suggeriert den Betrachtenden, daß diese spontane Zuneigung für das kleine Mädchen als Ausdruck seines Verlangens nach einem eigenen Kind zu deuten ist und daran gekoppelt auch darauf hinweist, wie sehr ihn seine scheinbare

Impotenz – seine Ehe ist kinderlos, seine Gattin verbietet ihm den Beischlaf – kränkt. Sucht man jedoch eher nach einer die manifeste Bedeutung subvertierenden, latenten Bedeutungskette, könnte man diese Annäherung an das kleine Mädchen auch als eine gescheiterte Verführungsszene interpretieren. Während die Mutter und die Laborgehilfin sich gegenseitig anlächeln und uns somit als Zeugen in eine ironische Betrachtung der zärtlichen Berührung zwischen dem Mann und dem Mädchen mit einbeziehen, bemerkt der Protagonist nur das Kind. Auch als die Mutter es mit der Erklärung »Komm, der Papa erwartet uns« wieder aus dem Zimmer entfernt, bleibt sein Blick, nachdem er die Mutter kurz ärgerlich angeblickt hat, auf das Kind gerichtet, und seine Augen ruhen auf dem ihm zuwinkenden und ihm einen Handkuß zuwerfenden Mädchen, bis die Türe sich hinter ihm geschlossen hat. Dann schlägt sein Lächeln plötzlich um in einen ärgerlich-traurigen Gesichtsausdruck und, wie aus einem Traum erwacht, kehrt er lustlos an seine Arbeit zurück. Erst dann beginnt er, mit seiner Assistentin zu sprechen.

Der Held des Films wird somit auf der manifesten Ebene des Films durch zwei Phantasieszenen eingeführt, die seine doppelte Entmachtung zur Schau stellen. Erstens verspürt er gegenüber seiner Frau keine sogenannte normale heterosexuelle Neigung, sondern möchte sie kastrieren bzw. töten. Dieser Wunsch wird uns von Pabst mit Hilfe einer entstellten Repräsentation vor Augen geführt: Die lustvolle Bereitschaft des Mannes, seiner Frau den Nacken einzuseifen und dann sein Messer anzusetzen, soll als manifeste Darstellung seines latenten Begehrens, dieser Frau den Kopf abzutrennen, gedeutet werden. Wie uns die nächsten Szenen nicht nur vorführen, sondern auch explizit erklären, kann dieser Mann aus Schuld vor diesem mörderischen Begehren bald kein Messer mehr in die Hand nehmen. Als Wunscherfüllung kompensiert die Mordphantasie sein Gefühl der Ohnmacht und der Entfremdung, und die zur Abwehr entwickelte Symptomatik übersetzt seine Schwäche erneut in Stärke. Auf der anderen Seite verbietet ihm die Mordphantasie, Gewalt an seiner Frau auszuüben, und beeinträchtigt ihn derart, daß er seine Frau verlassen muß und somit eine sexuelle Verbindung mit ihr gar nicht mehr zur Debatte steht.

Zugleich zeigt uns Pabst aber auch, daß sein Held eine etwas ambivalente Zuneigung zu kleinen Mädchen hegt. Dabei geht es weniger darum, diese Zuneigung als pädophiles Verlangen zu deuten, als darum, daß der Betrachtende *ex negativo* erkennen kann, was dieser Mann nicht oder nur auf entstellte Weise begehrt, nämlich erwachsene Frauen. Denn diese bemerkt er erst, wenn sie ihn in seiner Zuwendung zu dem Mädchen stören oder wenn sie anstelle des Kindes bei ihm bleiben. So läßt bereits das letzte Bild der Szene im Labor eine doppelte Lesart zu. Sollen wir das Lächeln der beiden Frauen als stellvertretenden Hinweis auf das nicht erkannte oder verdrängte homoerotische Begehren seines Helden lesen? Oder ist dieses Lächeln – auf seine subjektive Perspektive bezogen – Ausdruck seiner paranoiden Phantasie, die erwachsenen Frauen würden ihn für sein verbotenes Begehren bestrafen, indem sie ihn auslachen? Mit anderen Worten, der Held dieser psychoanalytischen Fallgeschichte entpuppt sich als Subjekt eines Konglomerats sich überlagernder Schutzdichtungen, die aufgrund der von ihnen zur Schau gestellten Gefühlsambivalenz nur als eine Kette von zum Teil widersprüchlichen Wunschphantasien begriffen werden können. Denn sein mörderisches Begehren gegenüber der eigenen Gattin verweist sowohl auf sein Begehren nach männlicher Ermächtigung und Vaterschaft als gleichzeitig auch auf dessen Gegenteil, sprich auf seine Angst vor der eigenen männlichen Potenz, deren gewalttätiges Potential bei ihm ein Begehren nach Verweiblichung bzw. Verkindlichung wie auch das Verlangen, anstatt zu strafen selbst bestraft zu werden, zum Ausdruck bringt.

Nach dem ersten einschneidenden Hilfeschrei drängen im Verlauf dieses verhängnisvollen Tages weitere Fremdkörper ins scheinbar so vertraute Heim ein, bis es ihm vollends unheimlich geworden ist. Zuerst zeigt ihm seine Frau nach dem Mittagessen den Zeitungsartikel, in dem der Mord im Nachbarhaus beschrieben wird. Dann kommt ein Mann vom Morddezernat, um ihn zu befragen, ob er in der vergangenen Nacht im Hinblick auf das Verbrechen im Nebenhaus irgend etwas Verdächtiges bemerkt habe. Schließlich übergibt ihm seine Frau Gastgeschenke vom Vetter Hans, der mit dieser Sendung seine Heimkehr aus Sumatra ankündigt: die Statue einer indischen Göttin, einen Brief, eine Reihe von Fotos des Vetters in Safarikleidung sowie einen Säbel, den der Mann zuerst langsam und lustvoll aus der Scheide zieht, während seine Ehefrau lachend dabei zuschaut, und den er dann, nachdem er ihn ganz aufrecht gehalten und das Licht in der Klinge hat blitzen lassen, abrupt auf den Tisch wirft. Im weiteren Verlauf der Filmerzählung präsentiert Pabst uns eine explizite Deutung der Figur des Vetters, der als ein Jugendfreund des Ehepaares dargestellt wird. Die Erkrankung des Mannes wird vor diesem Hintergrund als nachträgliche Manifestation eines frühkindlichen erotischen Traumas interpretiert, das sich als Phantasieszene des Inzests in seiner Psyche festgeschrieben hat.

Betrachtet man jedoch die Art und Weise, wie diese Gastgeschenke von dem in ihrem trauten Heim durch einen Mord verunsicherten Ehepaar aufgenommen werden, liegt es näher, die Ambivalenzen, die dieser Phantasieszene des psychoanalytischen Prozesses innewohnen, zu untersuchen, als die stabile Lösung, die auf der Ebene der Erzählung am Ende explizit vorgeschlagen wird. Die vorausgesandten Gastgeschenke sollen als eine Verdichtung dessen verstanden werden, was den in seiner Potenz bereits bedrohten Mann weiter verunsichert: Erstens die kleine Statue als Symbol weiblicher Macht, welche durch die exotische Gestalt nur noch beunruhigender wirkt, zweitens zwei Schnappschüsse des von beiden Ehegatten geliebten, aber auch verbotenen Liebesobjekts (des Vetters nämlich) und schließlich ein explizit phallisches Symbol, nämlich der funkelnde Säbel. Die unterschiedliche Mimik, mit der die Eheleute auf den Säbel reagieren, zeigt aber auch, daß nicht nur dieses dreifache Gastgeschenk eine ambivalente Bedeutung in sich birgt, sondern auch der aus der Fremde heimkehrende Vetter. Während seine Heimkehr bei der Frau erwartungsvolle Freude auslöst, ruft sie bei dem Mann eine nicht genau benennbare, trübe Vorahnung hervor. Es stellt sich daher die Frage, welche Botschaft der Vetter Hans seiner Heimkehr vorausschickt.

Die von der Filmhandlung implizit angebotene Deutung läuft darauf hinaus, daß der Protagonist zumindest die Gabe des Ersatzphallus als Zeichen dafür liest, daß der Vetter ihn mit der Mitteilung ›Du bist impotent‹ entmachten will bzw. ihm droht: ›Ich, der ich potent bin, komme und werde dir deine Macht streitig machen‹. Man könnte jedoch diese vom Film intendierte Bedeutung um eine weitere latente Ebene erweitern und in der Reaktion des Mannes auf die vorausgesandten Gastgeschenke nicht nur die Angst vor der eigenen Entmachtung, sondern auch die Scham über ein verbotenes Begehren sehen. Denn der Säbel – den der Mann zuerst genußvoll betrachtet und dann erschrocken von sich weist – könnte auch die Botschaft des Vetters verkünden: ›Ich bin auf dem Weg, um dir meinen Phallus zu geben‹. Folgt man der Spur einer solchen doppelten Deutung des Gastgeschenkes, ließe sich der plötzliche Ausbruch des Triebhaften, Unheimlichen in der Psyche des Mannes in zwei verbotene Phantasien auffächern, die nicht gänzlich miteinander übereinstimmen, sich aber auch nicht völlig widersprechen: erstens in eine Mordphantasie gegenüber seiner Frau und zweitens in eine homoerotische Phantasie gegenüber dem Vetter Hans. Bezeichnend ist nun aber die Tatsache, daß erstere im Verlauf des Films explizit thematisiert wird, während die zweite zwar latent mitschwingt, aber nie direkt angesprochen wird.

Nach der Begutachtung der Gastgeschenke verlassen die beiden Eheleute die Wohnstube und gehen in ihre Zimmer, um sich schlafen zu legen. Während sich der Mann zügig entkleidet, noch kurz in einem Buch liest, doch bald ungeachtet des Sturms, der draußen tobt, einschläft, verharrt die Frau zunächst unruhig vor der Tür, als wolle sie ihren Mann nochmals sprechen, steht dann noch eine Weile nachdenklich und sichtlich von einer Sorge geplagt vor ihrem Bett und schließt, auch nachdem sie sich ins Bett gelegt hat, die Augen nicht. Pabst macht so bildsprachlich deutlich, daß sie von der psychischen Umsetzung der Tagesreste, die in der darauf folgenden Traumsequenz dargestellt wird, ausgeschlossen ist, denn sie bleibt wach, während ihr Gatte träumt. Offenbar hätte sie eine eigene, andere Deutung der Ereignisse, doch diese wird uns vorenthalten.

Gleichzeitig aber sind es ihre in einer Nahaufnahme abgebildeten, geöffneten Augen, die zu dem Traum überleiten, als würde uns eine Identifikation mit diesem weiblichen Blick erlauben, die nötige Distanz zu der nächtlichen Phantasiearbeit des Mannes aufrechtzuerhalten; als würde ihr Blick uns in unserer Lektüre seiner psychischen Verquickung von Tagesereignissen und verborgenem, traumatischen Wissen leiten. Die Traumsequenz gibt die ambivalente Freude des Mannes, aber auch seine Angst angesichts der Heimkehr des Vetters als Phantasieszenarium seelischer Exiliertheit wieder. Hier spricht das Unbewußte, indem es dem Ich sowohl formal als auch inhaltlich vorführt, daß es nicht Herr im eigenen Hause ist.

Im ersten der vier Segmente, die den Traum konstituieren, sehen wir, wie der bedrohliche, jedoch auch begehrte Vetter Hans in seiner fremd anmutenden Safarikleidung mit einem Gewehr in der Hand in den Ästen eines Baumes sitzt und auf das Haus des Protagonisten blickt. Dieser tritt schlafwandelnd durch seine Haustür auf die Veranda heraus, bemerkt den Vetter, der ihn anlächelt, und versucht verängstigt, wieder ins Haus zurückzukehren, muß aber nun feststellen, daß die Türe verschlossen ist. In diesem Zustand der Entortung wendet er sich erneut dem Vetter zu, der inzwischen sein Gewehr auf ihn gerichtet hat. Als einzige Fluchtmöglichkeit beginnt der Mann seine Arme wie ein Vogel auf und ab zu bewegen und fängt tatsächlich an, sich in die Luft zu erheben, doch der treffsichere Vetter folgt ihm mit dem Lauf seines Gewehrs und schießt ihn ungerührt ab.

Die hier dargestellte Phantasie, von dem eigenen Haus ausgesperrt zu sein und im Flug von der Kugel des Rivalen getroffen zu werden, läßt sich auf verschiedene Weise deuten. Offensichtlich sollen wir dies als eine Umsetzung der Angst des Mannes, der Vetter werde ihm im Liebesleben seiner Frau den Platz streitig machen, verstehen. Gleichzeitig aber bedeutet diese Verlagerung mörderischer Triebe auf einen anderen auch eine Entlastung der eigenen Schuld gegenüber den Gewaltgefühlen, die ihn am vorherigen Tag so plötzlich und unerklärlich überkommen haben. In der Traumszene ist er nun nicht mehr Täter, sondern selbst Opfer eines Tötungsversuches. Zudem veranschaulicht der Schuß des Vetters aber auch, daß er der Anerkennung seiner Entortung nicht entkommen kann, da sich die Flucht vor dem verschlossenen Haus als unmöglich erweist. Als Repräsentant jenes unheimlichen Wissens, welches das Selbst im Gefühl, es sei mit sich selbst identisch und verfüge über ein sicheres Heim, stört, holt der Vetter den Mann regelrecht aus den Wolken auf den Boden der Tatsache seiner unumgänglichen psychischen Fremdheit zurück. Schließlich ist dieser Schuß sowohl ein Bild für die ambivalente Angst des Mannes vor bzw. für sein Begehren nach der Penetration durch den geliebten, aber ihm als Liebesobjekt verwehrten Vetter. Pabst beendet dieses erste Segment mit einem Schnitt, der uns zeigt, wie sich der Mann unruhig in seinem Bett umwendet, aber nicht aufwacht, sondern weiterträumt – laut Freud ein Zeichen dafür, daß dieser im Traum phantasierte Schuß zwar etwas Bedrohliches hat, aber zugleich auch eine Wunscherfüllung darstellt.

Im zweiten Segment wird das den Protagonisten aus seinem Heim entortende Fremde zuerst an einem fernöstlichen Ort festgemacht. Der Mann versucht, einen Tempel zu betreten, in dessen Innerem er die Statue der weiblichen Gottheit erblickt, die der Vetter ihm gesandt hat. Doch eine Bahnschranke versperrt ihm den Weg in diesen weiblichen Innenraum (den wir in Freudscher Manier als Repräsentation des weiblichen Geschlechts deuten sollen), und aus dem Zug, der an ihm vorbeifährt, winkt ihm der Vetter zu, so daß dieser nicht nur ein zweites Mal seine Bewegungsfreiheit einschränkt, sondern dies überdies mit Hilfe eines phallischen Symbols – nämlich des Zuges – tut. Nachdem sich die Schranke wieder geöffnet hat, kann der Mann in den Tempel eindringen. Am Fuße des indischen Götzenbildes, das, auf unheimliche Weise belebt, den Kopf schüttelt, ergreifen den Mann Zweifel an seiner Wahrnehmungsfähigkeit, und er zückt den Brief des Vetters, den er in seiner Jackentasche aufbewahrt hat, in der Hoffnung, dort näheren Aufschluß über seine Lage zu finden. Doch die Formulierung »Herzlichst Euer Vetter Hans« beruhigt ihn nicht. Wie am Vorabend die Zeitung wirft er den Brief von sich, und wie jene löst sich das Briefpapier plötzlich in Rauch auf. Der Mann verläßt nun eilig diesen exotischen Schauplatz und befindet sich am Rand eines ihm von seiner Hochzeitsreise bekannten italienischen Städtchens, dessen Papphäuser sich von hinten nach vorne aufrichten, während ein Glockenturm mit einer bohrerartigen Drehbewegung steil aus dem Boden emporwächst. Den krönenden Abschluß dieses massiven, phallischen Symbols bilden Glocken, welche sich kurz darauf in grauenhaft lachende Frauengesichter verwandeln, die an die Gesichter der Laborassistentinnen erinnern. Zuerst steht der Mann am Fuß des Turms, blickt wütend empor und droht den weiblichen Glocken, deren Klang er als Demütigung seiner Person empfindet. Dann beginnt er mit seinem Gehstock, den er wie ein Schwert in der rechten Hand hoch erhoben vor sich hin und her schwenkt, den Turm zu besteigen. Oben angelangt, nimmt er mit seinem unscheinbaren, dünnen Stock eine eine drohende Haltung gegenüber den Glocken ein, die sich knapp über seinem Kopf befinden, bis diese zum Stillstand kommen. Scheinbar in seiner Macht bestätigt, blickt der Mann vom Turm hinab, doch unten sieht er nun eine Menge verzerrter Gesichter, die ihn erst prüfend anblicken und dann schrecklich zu lachen beginnen. Verzweifelt über diese Grimassen, rauft sich der Mann die Haare, verliert seinen Hut und droht, vom Turm zu stürzen.

Diese weitere Repräsentanz völliger Entortung, einer Situation, in der der Mann weder vor- noch zurückkann, läßt sich auch als eine entstellte Verführungsphantasie lesen, in der sich der Mann bezeichnenderweise von einem weiblichen in einen männlichen Raum begibt, um dort sein gefährliches verbotenes Genießen zu finden. Denn auch wenn auf der intendierten Bedeutungsebene das Besteigen des Turms als gescheiterter Versuch des Mannes zu verstehen ist, sich die eigene Männlichkeit, die durch die angekündigte Heimkehr des Vetters bedroht wird, zurückzuerobern, ließe sich dieses Besteigen auch als Ausdruck eines homoerotischen Begehrens deuten. Die sich wild hin und her bewegenden, Gelächter verbreitenden weiblichen Glocken erinnern zunächst an die Schlangen des Medusenhauptes – der Kopf der Ehefrau hat sich hier auf überwältigende

Weise vervielfältigt – und sind somit eine weitere Darstellung der Kastrationsdrohung. Doch wie Freud in seinen Ausführungen schreibt, so schrecklich diese vielen Schlangenhaare an sich auch wirken mögen,»dienen sie doch eigentlich der Milderung des Grauens, denn sie ersetzen den Penis, dessen Fehlen die Ursache des Grauens ist«.

Auf die Traumrepräsentanz bezogen bedeutet dies nun aber, daß der Mann, insofern er seine Männlichkeit über das Erklimmen des Turms darzustellen versucht, an dessen Spitze seiner eigenen Weiblichkeit in Form von weiblich kodierten Objekten begegnet, die seinen Penis ersetzen. Das Begehren nach dem männlichen Glied – sei es dasjenige des aus der Fremde heimkehrenden Vetters, sei es das ihm fremd gewordene eigene – erweist sich als Gegenstück zu einem Begehren nach der eigenen Ohnmacht. Die als Verzweiflung inszenierte Hingabe an seine eigene Hilflosigkeit muß ebenfalls als genußvolle Wunscherfüllung begriffen werden, denn der Mann schläft auch diesmal auf dem Rücken liegend weiter, während bezeichnenderweise seine Frau an dieser Stelle vom draußen wütenden Unwetter in ihrem Schlaf gestört aufwacht. Dies ist die erste von fünf kurzen Szenen, in denen Pabst der Frau die Rolle derjenigen zuschreibt, die aus dem Bereich der männlichen Phantasie ausgeschlossen ist, die – genauer gesagt – wach und alleine abseits steht und die das auf ein Perpetuieren von Männerbündnissen angelegte Phantasieszenarium nur von außen her betrachten kann. Mit anderen Worten, während der Mann mit seiner wie Schutzdichtungen wirkenden Traumarbeit und seiner neurotischen Erkrankung die Botschaft seiner Entortung zu mildern sucht, weiß sie nicht nur, daß sie nicht Herrin im eigenen Haus ist, sondern ihre Subjektivität konstituiert sich gerade über eine derart explizit markierte Anerkennung des Fremdseins.

Auf die so ambivalent kodierte Verführungsszene folgt nun die Mordphantasie, in der sich der Mann als hilfloser Betrachter imaginiert. Durch einen Fenstervorhang sehen wir die Umrisse eines Mannes, der eine Frau erdrosselt, während unser »Held« von einem Gitterzaun daran gehindert wird, in das Geschehen einzugreifen.

Statt dessen schlägt er mit seinem Stock in der rechten Hand wild um sich und ruft vergebens um Hilfe. Auch diese von ihm betrachtete Szene kommt wieder zur Ruhe, doch auf andere Weise als in dem vorherigen Segment mit den Glocken, da in diesem Fall die Tötung gelingt. Und während er sich wütend an dem Gitterzaun festhält, wird dieser ganz analog zum sich aufrichtenden Glockenturm nach oben gezogen. Während er in der Luft schwebt, trifft der Mann nochmals auf die Gestalt des geliebten und zugleich gefürchteten Vetters, der mit seinem rechten Zeigefinger anklagend auf ihn deutet und ihn strafend anblickt. Die darauf folgende Gerichtsszene wandelt die Lust, Voyeur beim Mord eines anderen zu sein, um in eine Szene der masochistischen Befriedigung, von dem Geliebten für eine phantasierte, aber nie vollzogene Tat bestraft zu werden. Wir sehen, wie die Frau an einem Tisch ihre Zeugenaussage macht, der sie durch das Zurschaustellen ihres eingeritzten Nackens Nachdruck verleiht, wie der Vetter die Anklage formuliert und wie der Mann still in einer Ecke steht, während überdimensionale Schattenfinger auf ihn zeigen, eine Trommel geschlagen wird und schließlich festlich gekleidete Männer auf ihn zugehen, um ihn zur Hinrichtung abzuholen. Auch an dieser Stelle wacht der Mann nicht auf, als sei auch diese Anklageszene eine Wunscherfüllung und als schirme ihn die Schuldannahme von dem traumatischen Wissen ab, um das die ganze Phantasieszene kreist.

Auf diese angedeutete, jedoch nicht vollzogene Hinrichtung folgt dann die letzte Szene, die durch die Ankunft des Zuges, der direkt auf die Kamera zufährt und erst stehenbleibt, nachdem die beiden Scheinwerfer den ganzen Bildrahmen ausfüllen, eingeleitet wird. Der Schauplatz ist nun ein Labor, doch das mit Gittern versehene Fenster führt eine neue Art der Beschränkung ein. Im Gegensatz zu den ersten beiden Segmenten ist der Protagonist nun nicht in einem offenen Raum entortet, sondern die Gerichtsszene fortsetzend im Inneren seines Arbeitsplatzes eingesperrt. Seine Gehilfin weist ihn auf ein Geräusch hin, welches von außen zu ihnen dringt, und da er zu klein ist, um direkt aus dem Fenster zu blicken, holt er hastig seine Bücher und Instrumente herbei, um auf diesem wackeligen

Grund stehend durch das Gitter nach unten zu blicken. Nun wohnt er weder einer Phantasieszene bei, die ihm ein Bild für den Ursprung seiner Gewaltregungen liefert, noch einer, die den Ursprung seines sexuellen Begehrens darstellt, wie in den vorherigen Segmenten, sondern er wird zum Zeugen einer Zeugungsszene. Auf dem Wasser vor seinem Fenster fahren seine Frau und sein Vetter in einem Boot und spielen zunächst mit den Wasserlilien. Doch schon kurz danach zieht seine Frau aus dem dunklen Wasser ein Baby, das sie liebevoll in die Arme nimmt und hin und her wiegt, während der Vetter schützend seine Arme um beide legt. Der Mann steht wieder hilflos am Fenster, kann nicht eingreifen, sondern nur heftig schreien, während seine Ehefrau und sein Vetter an ihm vorbeifahren und ihm zuwinken.

Diese Szene kann als Inszenierung seiner Angstvorstellung, die Ehefrau würde ihn mit dem Vetter betrügen, gedeutet werden, aber auch als die Urszene des eigenen Ursprungs. Er, der nicht Vater werden kann, wird in diesem Familienroman zum Kind seiner Frau. Dienen die ersten beiden Segmente dazu, ihn zu verweiblichen, das dritte dazu, ihm Schuld zuzusprechen, so bewirkt das letzte Segment seine Infantilisierung – und auch dieses Segment verlängert die Wunscherfüllung, denn er träumt weiter, ohne aufzuwachen. Wütend in den Innenraum des Labors zurückgeeilt, ergreift er einen Säbel und versucht mit diesem in der rechten Hand auf der Höhe seiner Hüfte gehaltenen Ersatzglied, seine Frau, die ihm plötzlich als ein ihm zuwinkendes Phantom erscheint, zu erstechen. Doch der Säbel berührt die Erscheinung gar nicht, ein letztes Zeichen dafür, daß er nicht Herr seines psychischen Haushaltes ist. Doch nun ist er am traumatischen Nabel seiner Traumrepräsentanz angelangt, an dem die ambivalente Befriedigung von Wünschen und Ängsten in eine unerträgliche Erkenntnis umkippt. Er wacht schreiend auf und erklärt der Ehefrau, die eilends in sein Zimmer kommt: »Ich habe etwas Fürchterliches geträumt – es war grauenhaft.« Freilich schwingt in dieser Aussage die unheimliche Ambivalenz der Rhetorik psychischer Entortung mit. Während der Traum den Mann auf der manifesten Ebene mit der fürchterlichen Botschaft konfrontiert, daß es für ihn eine Wunscherfüllung wäre, seine Frau stellvertretend mit einem Säbel statt seines Gliedes zu penetrieren, kommt auf einer latenten Ebene eine weitere Dimension ins Spiel. Das Fürchterliche besteht möglicherweise darin, daß er im Traum diese Mordphantasie nicht vollziehen kann. Die Frau nimmt ihn in die Arme, und während er erschöpft und hilflos wie ein Kind sein Gesicht in ihren Schoß legt, beruhigt sie ihn.

In den nächsten Szenen wird die Bedrohung des trauten Heims als Repräsentation für die Erschütterung seiner illusionären Vorstellung, er hätte seine Triebe und sein Begehren im Griff, weiter unterstrichen. Am nächsten Morgen bringt der Postbote den Brief des Vetters, in dem dieser seine Ankunft ankündigt. Ein Blick auf das verschlossene Fenster des Nachbarhauses kennzeichnet dieses erneut als unheimlichen anderen Ort – fremd und nun gleichsam auch aus der Traumrepräsentation bekannt. Somit werden zwei Fremdkörper inszeniert, um dem Fremden in der Seele des Mannes, dessen Symptom seine Impotenz ist, eine Gestalt zu verleihen. Zum einen fungiert das unheimliche Nachbarhaus, in dem ein anderer Mann seine Frau ermordet hat, als Schauplatz für seine eigenen Gewaltphantasien gegenüber der weiblichen Sexualität, die ihm, weil er sie nicht beherrschen kann, seine eigene Fehlbarkeit vorführen. Im Verlauf der in Analogie zu diesem anderen Schauplatz gebildeten Phantasieszene des Protagonisten soll die sexuell bedrohliche Frau getötet werden, weil sie ihn ständig an seine eigene Ohnmacht erinnert. Zum anderen fungiert der Vetter, der aus der Fremde kommt, als Auslöser einer weiteren Phantasieszene, in der seine Überzeugung, Herr im eigenen Haus zu sein, nicht nur dadurch untergraben wird, daß der Vetter droht, seine Stelle im Liebesleben der Frau einzunehmen, sondern auch dadurch, daß er ihn in seinem heterosexuellen Begehren verunsichert.

Als apotropäische Geste, die ihn vor dieser Anerkennung zweier verborgener und verbotener Begehren schützen soll, entwickelt der Mann ein Symptom: Es ist ihm unmöglich, ein Messer zu berühren, so daß er sich nicht mehr selbst rasieren kann und Briefe mit den Fingern aufreißen muß. Als er von seiner Frau erfährt, daß der

Vetter angekommen ist, und er ihn bei seiner Heimkehr am Kamin, vor dem er am Vortag seine Gastgeschenke betrachtet hat, selbst antrifft, umarmt er ihn zunächst inniglich, bevor beide in einer halben Umarmung verharrend, mit großem Vergnügen Schnappschüsse aus ihrer gemeinsam verlebten Jugend betrachten. Die eintretende Ehefrau hingegen wird von ihrem Ehemann lediglich mit einem Händedruck begrüßt, bevor auch sie auf einem Stuhl leicht abseits der beiden Männer sitzend diese Fotos goutieren darf. Als nächstes betrachtet der Mann ein Foto, auf dem alle drei nebeneinander stehend direkt in die Kamera blicken, und legt daraufhin die restlichen Fotos beiseite. Beim anschließenden Abendessen realisiert der Mann erneut, daß er sein Messer nicht berühren kann, und verläßt daher seine Frau und seinen Vetter, um in eine Gaststätte zu gehen und dort allein zu Abend zu essen. Diese Symptomatik unterstützt jedoch nicht nur seine anfängliche Angstphantasie vor einer Entmachtung, indem er nun gänzlich infantilisiert seine Ohnmacht uneingeschränkt ausleben kann, sondern sie beugt auch der Furcht vor, der Vetter werde ihn aus seinem Haus verdrängen, indem er sich selbst aus seinem Haus ausschließt.

An dieser Stelle wird der Film zu einem psychoanalytischen Lehrstück, denn an dem fremden Ort trifft der Mann einen Psychoanalytiker, der ihn während des Essens beobachtet hat. Dessen wissender, Heilung versprechender Blick ersetzt sowohl den Blick des Vetters, der in der Traumphantasie zugleich als kastrierend, verführerisch und vorwurfsvoll empfunden wurde, als auch den der beunruhigten Frau, die in der vorhergehenden Nacht aufgewacht war und an diesem Abend allein vor ihrer Haustüre steht und vergeblich auf die Heimkehr ihres Mannes hofft. Denn nicht mit ihr unterhält er sich vor seinem ihm fremd gewordenen Heim, sondern mit dem Psychiater, der ihm den Schlüssel, den er im Café vergessen hatte, zurückbringt und ihm erklärt: »Sicherlich haben Sie einen Grund, Ihr Haus ungern zu betreten.« Nun schließt sich der Kreis der psychischen Entortung, der mit dem fremden Hilfeschrei und mit dem Brief des Vetters in Gang gesetzt wurde, denn seine Angstphantasie, er sei von seinem Heim, in dem er nicht einmal mehr Herr ist, ausgeschlossen, wird nun kraft seiner unbewußten Fehlleistung von ihm selbst inszeniert. Mit anderen Worten, sein Unbewußtes bringt ihn dazu, die Entortung, die gleichzeitig auch sein menschliches Schicksal darstellt, selbst zu wählen.

Diese nächtliche Anerkennung der unheimlichen Differenz, die sowohl dem vertrauten Heim wie auch der Psyche innewohnt, löst die *peripeteia* der Handlung aus. Der Mann versucht, die Mordszene, die er im Traum aufgrund seines vorzeitigen Erwachens unvollendet lassen mußte, nun in die Tat umzusetzen. Im Wohnzimmer findet seine Frau ihn erschöpft auf dem Stuhl bei den Gastgeschenken sitzend. Mitleidvoll kniet sie neben ihm nieder, woraufhin er ihre Locken liebkost, ihr Gesicht in seinen Schoß legt und gleichzeitig immer wieder begierig auf den im Licht funkelnden blanken Säbel starrt. Man könnte diese Umarmung konkret als eine dem impotenten Mann angemessenere Form der Erotik deuten oder als die fetischistische metonymische Verlagerung des weiblichen Geschlechts von unten nach oben, analog der Freudschen Deutung des Medusenhauptes. Wesentlich jedoch ist die Tatsache, daß diese Geste, die seine Impotenz so deutlich unterstreicht, zum Ausbruch seiner Gewalttriebe führt. Die Tatsache, daß er auch dieses Messer nicht berühren kann, läßt ihn erkennen, daß seine mörderischen Triebe ihn seiner Selbstkontrolle berauben und der von ihm selbst entwickelte Abwehrmechanismus ein Ausleben dieses gefährlichen Genusses verbietet. Mit anderen Worten, sein Drang zu töten und seine körperliche Untauglichkeit lassen ihn erkennen, daß er nicht mehr Herr im eigenen Heim ist, und auf diese Einsicht kann er nur mit einem bewußt gewählten Exil reagieren.

Mit dem höchst ambivalenten Ausruf »Meine liebe Frau«, der sowohl an ihn selbst als auch an sie gerichtet ist, stößt er die Gattin von seinem Schoß und verläßt fluchtartig das eigene Zuhause, in das er erst nach seiner vermeintlichen Heilung zurückkehren wird. Während seine Frau und sein Vetter ihn bei der Polizei als vermißt melden, da sie befürchten, ihm sei ein Unglück zugestoßen, begibt er sich zu seiner Mutter, der er im Gegensatz zu seiner Frau seine Phantasien und sein Symptom beschreibt. Er beendet dieses Geständnis mit dem Satz: »Heute nacht habe ich plötzlich den Zwang gefühlt, meine Frau, die ich doch über alles liebe, umzubringen.« Auf die Frage, ob er nicht jemand wüßte, der ihm helfen könnte, erinnert er sich an den Mann aus dem Café, der ihm den vergessenen Schlüssel zurückgebracht hat, und erfährt vom Wirt dessen Namen. Ein von der Mutter sanktionierter Männerpakt wird geschlossen. Dr. Orth versichert dem Mann, er könne ihn sowohl von der rätselhaften Angst, ein Messer zu berühren, heilen, wie auch von dem ebenso unheimlichen, beinahe unwiderstehlichen Zwang, seine Frau töten zu müssen.[8] Besonders prägnant bei dieser Heilung der Lücke, die in dem vermeintlichen Eheglück aufgrund der seelischen Erkrankung des Ehegatten manifest wurde, ist nicht nur die Art, wie hier eine überdeterminierte Verdichtung von Eros und Thanatos durchgespielt wird, sondern vor allem die Tatsache, daß diese nur durch den Ausschluß der Ehefrau selber möglich wird bzw. die Auslöschung der Frau im übertragenen Sinne wiederholt, mit der im konkreten Sinne die ganze Filmhandlung einsetzt. Denn nachdem der Vetter Hans der Ehefrau erklärt hat, es wäre besser, er würde im Hotel wohnen, erhält sie einen Anruf von Dr. Orth, in dem dieser ihr nicht nur mitteilt, daß er die Behandlung ihres Gatten übernehmen werde, sondern auch, daß es besser wäre, wenn er während der

---

8 Der Name ist sprechend: Der mit Dr. Orth eingegangene Vertrag verspricht dem Helden dieses psychoanalytischen Lehrstückes eine neue psychische Verortung seiner Triebe. Sein Zuhause soll wieder ein von der Drohung der Gewalt gereinigter Ort für ihn werden. Gerade über diese Figur, die dem erkrankten Helden eine sichere Verortung verspricht, kehrt auf der historisch-biographischen Ebene des Films die Entortung heimtückisch wieder zurück. Wie Martin Stingelin aufzeigt hat der russische Schauspieler Pawel Pawlow, der selbst kein Wort deutsch sprach, den Psychoanalytiker so überzeugend darzustellen gewußt, daß man ihn als Arzt nach Amerika holen wollte. Stundenlang wurden ihm Erläuterungen von Freuds Theorie ins Russische übersetzt, weil Papst das Verstehen der Psychoanalyse in seinen Augen sehen wollte. Siehe Martin Stingelin, »Ein Stummfilm über die Redekur. G. W. Pabsts ›Geheimnisse einer Seele‹ spaltete die psychoanalytische Bewegung«, in: Rainer Flöhl und Henning Ritter (Hg.), *Wissenschaftsjahrbuch '96. Natur und Wissenschaft – Geisteswissenschaft*, Frankfurt/Main–Leipzig – 1996, S. 529 532.

Behandlung, die mehrere Monate dauern werde, nicht zu Hause wohne. Pabst stellt so einen Zusammenhang mit früheren Szenen her, in denen die Frau vom Phantasieleben ihres Mannes ausgeschlossen wurde – Szenen, in denen sie ahnungsvoll in ihrem Bett liegt, auf der Veranda vor ihrem gemeinsamen Haus wartet, im Park auf einer Bank sitzt und ihren entfremdeten Ehemann betrachtet, der sie überhaupt nicht wahrnimmt. Mit anderen Worten, wenn der Ehemann vom Fremden, das in sein vermeintlich glückliches Heim vom unheimlichen anderen Schauplatz im Kern seiner Psyche aus eingebrochen ist, nur an einem fremden Ort geheilt werden kann, so impliziert die Tilgung des Fremden auch die Entfremdung von seiner Frau. Diese muß im Stich gelassen werden, damit der Mann seine mörderischen Triebe sowie sein homoerotisches Begehren zu zügeln lernen kann.

Der Patient liefert dem Arzt gleich zu Beginn der Analyse ein Bild für die Lücke im Eheglück, ein leeres Zimmer mitten im Heim, das das Ehepaar ursprünglich als Kinderzimmer einrichten wollte, das jedoch von dem Mann, nachdem er die Hoffnung auf Nachkommenschaft aufgegeben hatte, wie eine Gedenkstätte für das eigene Versagen gestaltet wurde. Da es nicht als Kinderzimmer eingerichtet werden kann, läßt der Mann es nicht nur leer stehen, sondern er zieht auch die Rolläden herunter und verriegelt die Türe von außen. Es wird somit zu einer Krypta, einem Ort also, der ein klandestines Wissen birgt und verbirgt, so daß das vermeintliche Eheglück des Protagonisten auf diesem verschwiegenen, ihm jedoch durchaus bekannten Geheimnis aufbaut.[9] Die Bildsprache des Films setzt dieses leere, abgeschlossene Zimmer in ein Analogieverhältnis zu dem verriegelten Zimmer im Nachbarhaus und arbeitet somit implizit auch mit einer Entsprechung zwischen der ermordeten weiblichen Leiche nebenan und dem nicht geborenen Baby, das als Leerstelle dieses Haus und diese Ehe wie ein Fremdkörper heimsucht. Das leere Zimmer ist also eine Art Blaubart-Zimmer, in dem

---

9 Vgl. Nicolas Abraham und Maria Toroks Diskussion der Krypta in *The Shell and the Kernel*, Chicago 1994, S. 157–161.

ein geheimes Wissen um die eigene Fehlbarkeit, in der Entmachtungs- und Tötungsphantasien eng beieinanderliegen, nicht nur beherbergt, sondern regelrecht kultiviert wird, damit es vor dem Vergessen bewahrt bleibt.

Im Zuge der Analyse bietet der Mann dem Analytiker diverse Phantasien an, die seine psychische Gespaltenheit, seinen unbewußten Seelenkonflikt auf entstellte Weise zum Ausdruck bringen. Diese kreisen vornehmlich um wüste Szenen, in denen er seine Frau in unwürdigen Situationen beobachtet, als müsse er sie in seiner Phantasie erniedrigen, weil ihre Weiblichkeit ihn zu demütigen droht. Sie erscheint ihm als eine frivole Frau, die sich freizügig einem anderen Mann hingibt, der letztlich immer die Züge des geliebten Vetters trägt. Die Deutung des Analytikers ist folgende: Der Vetter fungiere wie ein Schatten, der auf der Eheschließung der beiden liegt und somit auf ungeklärte Weise für die fehlende Nachkommenschaft mitverantwortlich sei. Aber während der Film in seinem dezidierten Anspruch, ein Lehrstück der klassischen psychoanalytischen Arbeit darzustellen, scheinbar die Interpretation des Arztes beglaubigt, baut Pabst kraft seiner Filmsprache durchaus auch Ambivalenzen in diesen Heilungsprozeß ein. So erklärt der Mann dem Arzt, daß die Ankündigung des treuen Freundes Hans, er werde in die Tropen gehen, seinerzeit bei ihm »eine seltsame Regung« bewirkt habe, wobei ungeklärt bleibt, ob dies als Linderung seiner Eifersucht zu verstehen ist, weil der als Nebenbuhler wahrgenommene Vetter folglich im Liebesleben seiner Frau keine Rolle mehr spielen kann. Folgt man diesem Deutungsstrang, so könnte der plötzliche Ausbruch gewaltsamer Regungen bei dem Mann als Erinnerung an einen früheren Verdacht verstanden werden, demzufolge er seiner Frau unterstellt, sie liebe den Vetter und nicht ihn; ein Verdacht, der ihn in seiner Schuld bezüglich der fehlenden Nachkommenschaft gänzlich entlastet. Doch diese ungeklärte »seltsame Regung« könnte sich auch auf ein nie eingestandenes homoerotisches Begehren beziehen, so daß die Abreise des Vetters, statt die Eifersucht zu lindern, Sehnsucht hervorruft, wobei nach dieser Deutung der Mann die Schuld an der verfehlten Vaterschaft selber trägt. Mit anderen Worten, während feststeht, daß die Krankheit ausbricht, weil der Mann von der Rückkehr des mit so ambivalenten Gefühlen besetzten Freundes erfährt, liegt es bei den Betrachtenden zu entscheiden, ob damit eine nicht abreagierte Eifersucht zu neuem Leben erweckt wird oder ein ebenso nie überwundenes Begehren nach dem Vetter.

Eine nachträgliche Deutung der nächtlichen Phantasie – von der der Analytiker behauptet: »Der Traum ist für uns – seit wir gelernt haben, ihn zu deuten – der wichtigste Zugang zur Erkenntnis des Unbewußten« – führt dann auch zur kathartischen Auflösung. So erklärt Dr. Orth dem Mann, daß dieser die Verletzung am Nacken seiner Frau in seinem Angsttraum mit dem Verbrechen im Nebenhaus habe zusammenfließen lassen. Deshalb habe er sich auch durch den Vetter als Mörder angeklagt gesehen: »Die Traumphantasie veranlaßte in Ihrem Bewußtsein eine krankhafte Abneigung, ein Messer zu berühren.« Daraus folgert er schließlich: »Die seelische Erkrankung hat Sie also davor bewahrt, Ihre Frau zu töten.«

Wenn man das Messer als Repräsentation für das männliche Glied deutet – egal ob damit das Glied des Mannes oder das des Vetters bezeichnet werden soll –, kommt natürlich noch ein ganz anderes Verbot mit ins Spiel. Liest man nämlich das Verbot, ein Messer zu berühren, als Entstellung eines anderen Verbotes, das sich auf die Berührung des männlichen Gliedes bezieht, ließe sich dieses Symptom durchaus mit der Ermordung der Ehefrau im Sinne ihrer Tilgung aus der Struktur des homoerotischen Begehrens vereinbaren, da sie in dieser keinen Platz hat. Die vom Film manifest angebotene Deutung läuft jedoch auf eine heterosexuelle Lösung des Seelenkonflikts des Mannes hinaus, die an einer traumatischen frühkindlichen Szene festgemacht wird. Wir werden Zeugen der Entstehungssituation des Familienfotos, das der Mann in jener Szene, als er den aus der Fremde zurückgekehrten Vetter innig umarmte, so melancholisch betrachtet hatte. Während eines Weihnachtsfestes werden die drei Kinder fotografiert – das Mädchen, mit einer Puppe im rechten Arm, steht zwischen den beiden Buben, und alle drei starren in die Kamera des Fotografen. Danach wenden sich das

Mädchen und der Vetter von dem anderen Jungen ab, spielen gemeinsam mit einer Eisenbahn, während eine Amme mit einem Baby auf dem Arm auf den Jungen zugeht. Der Junge blickt jedoch nur auf das Mädchen, das in dem Augenblick die Puppe, die eigentlich das gemeinsame Geschenk an sie und ihn war, dem Vetter gibt und mit diesem eine Szene der glücklichen Kleinfamilie nachstellt. Nachdem ihn die Amme verlassen hat, steht der Junge ganz allein im Raum, und um diese Kränkung – so das psychoanalytische Postulat des Films – kreisen alle nachträglichen Phantasieszenen. Dieses traumatische Szenarium fungiert deshalb als Ursprungsphantasie, weil es das psychische Exil des Mannes inszeniert bzw. eine Szene für seine Entfremdung von den anderen darstellt, für sein Gefühl, ausgeschlossen zu sein, unabhängig davon, ob dies nachträglich als Szene des Inzests zwischen dem Vetter und seiner Frau, als Szene des Betrugs durch seine Frau oder des Verrats durch seinen treuen Freund kodiert wird.

Ebenso bezeichnend ist jedoch die Tatsache, daß dieses traumatische Erlebnis einer psychischen Entortung an die Entstehung eines Fotos gekoppelt wird. Damit betont Pabst, wie sehr die vermeintliche Ursprungsszene des seelischen Konfliktes seines Protagonisten nicht nur als Ursprung einer Phantasie (›Ich bin aus der Paarbildung, die zu der Zeugung eines Kindes führt, ausgeschlossen‹) verstanden werden muß, denn die Rivalität der beiden Buben um die Position des Vaters wird als fotografisches Bild tradiert. Dieser brisante Augenblick, der als Ursprung des Phantasielebens des Mannes festgemacht werden kann, kreist auch um die Phantasieszene des eigenen Ursprungs, um die Identifikation mit dem Baby, das ihm die Amme entgegenstreckt. Die Frage, die er in diesem Augenblick in Form eines sehnsuchtsvollen Blickes an das Mädchen richtete, lautet nämlich möglicherweise: »Was ist der Ursprung meiner Existenz, meines Begehrens?« Zugleich stellt sich aufgrund der Tatsache, daß er von seinem Gefährten im Stich gelassen wurde, die Frage: ›Was ist der Ursprung meiner symbolischen Beschneidung, meiner Mangelhaftigkeit, meines Gefühls, versehrt und fehlbar zu sein?‹ Wie ein Fetisch erinnert das Foto als nachträgliche Repräsentation immer wieder an diese traumatische Kränkung. Bezeichnenderweise entläßt der Fotograf die drei Kinder mit einer Handgeste, die ihnen bedeutet, daß das Bild, das er von ihnen gemacht hat, nun in dem dunklen Gehäuse der Fotokamera zwar verborgen, doch zugleich für immer aufbewahrt ist. Somit wird das Foto einerseits mit dem von dem Mann erzeugten Phantasiegebilde des nie geborenen Babys, das in dem dunklen, abgeschlossenen Zimmer in seinem Haus aufbewahrt wird, verknüpft, wie auch mit dem ebenfalls von ihm erzeugten Phantasiegebilde der im Nachbarhaus ermordeten Frau. Gleichzeitig steht der Abzug des eingefangenen Augenblicks, das konkrete Foto, in Analogie zu der Puppe, die in seiner Traumdarstellung von der Frau aus dem dunklen Wasser herausgefischt und an den Vetter übergeben wird.

Dr. Orth reduziert die Ambivalenz dieser Ursprungsszene und ihrer nachträglichen Spuren im Phantasieleben des Patienten auf eine klare und stabile Bedeutung, indem er diese traumatische Kränkung ausschließlich als Auslöser von Eifersucht liest. Weil die Frau die Puppe dem Vetter gab, konnte der Protagonist die Phantasie hegen, sie begehre nicht ihn, sondern den Vetter als Vater ihres Kindes, und diese von ihm imaginierte Ablehnung seiner Vaterschaft führte dann zu seiner realen Impotenz. Dieser Reduktion würde ich entgegenhalten, daß sowohl die durchaus konkret erlebte Eifersuchtsphantasie wie auch das nie direkt eingestandene homoerotische Begehren für den Vetter als Schutzdichtungen zu verstehen sind, die einem viel bedrohlicheren, weil nicht auflösbaren Wissen um die eigene Entortung vorgeschoben werden. Das Foto – als Repräsentant des Phantasielebens des Mannes – zeigt das Mädchen zwischen den zwei Buben stehend. Doch es läßt offen, ob der Junge auf den Vetter eifersüchtig ist, weil dieser ihm die Rolle des Vaters abspenstig macht, oder aber auf das Mädchen, weil er an ihrer Stelle neben dem treuen Freund Hans stehen möchte. Die kryptisch aufbewahrte Erinnerung jedoch zeigt den Buben ganz allein stehend zwischen der Amme mit dem Kind einerseits und den zwei Spielgefährten andererseits, die sich von ihm ab- und einem Baby zugewandt haben. Mit anderen Worten, der traumatische Nabel seiner Erinnerungsspuren entwirft einen noch viel schrecklicheren Familienroman als den nostalgischen, der um ein nie geborenes Baby kreist, oder den eifersüchtigen, in dem sein Vetter und seine Frau ihn betrügen, um einen Familienroman nämlich, in dem er nicht nur verwaist ist, sondern auch keine Eltern finden kann; eine Szene, in der er genau wie in den nachträglichen Traumsegmenten weder vorwärts noch rückwärts gehen kann, sondern in seiner unabwendbaren und unausweichlichen Einsamkeit hilflos erstarrt.

Brisant für die von Dr. Orth angebotene Auflösung ist nun aber auch die Tatsache, daß der Mann unter der Leitung des Analytikers jene Handlung ausführen kann, die ihm sowohl seine bewußte als auch seine unbewußte psychische Instanz verboten hatte. Er ahmt für den Analytiker die rasende Wut, die er am Ende seines Traumes empfunden hatte, nach und sticht nun mit einem Messer nach der Phantomfrau, die wir in dieser zweiten Wiedergabe der Traumszene bezeichnenderweise nicht mehr sehen, als hätte bereits die erzählende Wiederholung des Traumes und dessen Deutung durch den Analytiker das weibliche Phantasma aufgelöst. Indem er den tätlichen Angriff gegen die Frau nachahmt – der von der Kamera, die das auf der Höhe der Hüfte nach vorne gestoßene Messer frontal aufnimmt, wie ein gewaltsamer Koitus dargestellt wird –, kann er auch plötzlich wieder ein Messer berühren. Zufrieden stellt der Arzt mit der Frage »Bemerken Sie nicht, was Sie in der Hand halten?« die Heilung seines Patienten fest. Latent vermittelt der Film jedoch eine weitaus weniger beruhigende Botschaft. Indem sich der Mann unter Anleitung des Arztes an seine Mordphantasie gegenüber seiner Frau nicht nur erinnert, sondern diese auch phantasmatisch durchführt, kehrt seine Potenz zurück: Er kann wieder ein Messer berühren. Mit anderen Worten, indem er stellvertretend den Mord an seiner Frau vollzieht, kann er für sich eine ihn wieder bemächtigende Schutzdichtung erzeugen, die ihm das Vertrauen einflößt, er sei nun endlich (wieder) Herr im eigenen Haus. Nun kann er heimkehren, doch gerade die Art, wie Pabst diese Rückkehr inszeniert, evoziert zumindest implizit weitere Ambivalenzen. Denn auf die eingebildete gelungene Penetration durch den Säbel –

für die bezeichnenderweise kein phantomartiger Frauenkörper als Objekt gezeigt wird – folgt eine Umarmung, aber nicht der Frau, sondern des treuen Freundes. Nachdem der Mann vorsichtig sein Wohnzimmer betreten hat, streckt er seiner Frau, die auf ihn zukommt, langsam beide Arme entgegen. Der eingeblendete Satz »Ich habe dir vieles abzubitten« ist jedoch nicht an sie gerichtet, sondern an den Vetter Hans, der hinter ihr erschienen ist und auf den der Mann sofort zurennt und ihn ebenso herzlich wie heftig in die Arme schließt, während nun die Frau abseits steht und der Vereinigung der beiden Männer milde lächelnd zusieht.

Der Film subvertiert also kraft seiner Bildsprache und seiner *mise en scène* die durch den Arzt manifest angebotene Deutung, von der Janet Bergstrom zu Recht behauptet, sie würde eine dem psychoanalytischen Prozeß gänzlich fremde Stabilität des Subjekts postulieren. Aufgrund der Bildabfolge ließe sich nämlich ebensogut behaupten, daß sich bei dem Mann, nachdem er von der geplanten Heimkehr des Vetters Hans gehört hat, der unheimliche Wunsch, die Frau zu töten, nicht aus Eifersucht regt, sondern aus dem Wunsch heraus, mit dem Vetter allein zu sein. Wenn uns Pabst nach der Umarmung der beiden Männer so unübersehbar direkt die abseits stehende Frau zeigt, dann vielleicht, um darauf hinzuweisen, daß jede vermeintliche Heilung die Spur des Ausschlusses und der Differenz in sich trägt. Weder die Vaterschaft, mit der der Film im Epilog schließt, noch die Versöhnung der beiden Männer, sondern das Bild dieser in ihrem eigenen Haus fremden Frau ist meines Erachtens die filmische Auflösung der traumatischen Urphantasie, aber auch deren Weiterschreibung. Zwar ist der Mann nun endlich mit dem Vetter vereint und somit nicht mehr derjenige, der verdammt ist, als Dritter zuzusehen, doch die Position der Entortung bleibt bestehen. Sie wird nur anders besetzt, und zwar bezeichnenderweise mit der Frau, deren an den Gatten gerichtete Bitte um Hilfe – auf der Ebene der chronologischen Abfolge der Ereignisse – eine Ritze im Nacken und die Entdeckung einer Frauenleiche mit sich brachte. Diese der intendierten stabilen Deutung entgegengesetzte Botschaft, die darauf besteht, daß die Spuren des Fremden inmitten des vertrauten Heims nie getilgt werden können, wird durch den Epilog des Films bedingt zurückgenommen. Während der Mann in der Nähe seines Ferienhauses Fische aus dem Wasser angelt, erhält er die Nachricht von einer weiteren Ankunft. Er läuft nach Hause, wo ihn die Amme mit einem Baby im Arm empfängt. Ob wir diese nachträgliche Szene des Epilogs als versöhnliche Geste oder als ironischen Kommentar des Filmemachers verstehen wollen – steht doch die Vaterschaft des Kindes gar nicht recht fest –, liegt letztendlich bei uns.

Nicht Herr im eigenen Haus

Die von Pabst so explizit inszenierten Bilder der von den diversen Männerbündnissen ausgeschlossenen, für sich allein stehenden Frau können durchaus im Kontext des westlichen Bildrepertoires gesehen werden, das sich häufig der Konstruktion von Weiblichkeit bedient, um, wie Theresa de Lauretis dies ausgeführt hat, dem Fluchtpunkt der Repräsentation – als Verkreuzung von Ursprung und Endpunkt konzipiert – Gestalt zu verleihen. Als Mutterleib und Muttererde wie auch als Ort der Selbstverschwendung im erotischen Akt bildet Weiblichkeit in dieser tradierten Konstruktion das Gegenstück zu Unsterblichkeit, Unfehlbarkeit und Unversehrtheit, obgleich sie auch als Erzeugerin alles Lebens, alles Begehrens und somit aller Phantasiearbeit postuliert wird.[10] Dabei stehen kulturell tradierte Darstellungen von Weiblichkeit oft für widerstreitende, einander gegenseitig ausschließende Werte – für die Sünde und eine fatale Gefährdung der Norm, aber auch für das zu schützende Heim, für die intakte, auf Fortpflanzung gerichtete Familie –, so daß über die Figur der Frau ästhetische wie kulturphilosophische Diskurse verhandelt werden, die mit einer unsauberen Überlagerung von konkretem Körper und rhetorischer Figur operieren.

In den folgenden Filmanalysen soll diese über die Geschlechterdifferenz verhandelbare Spannung zwischen dem Fremden oder Anderen und dem Bekannten oder Eigenen vor allem auf den Gegensatz zwischen Heimat (als Verortung in einer Heimstatt, einem vertrauten Ort) und Exil (als Entortung und Verlust von Zu-

---

10 Siehe Teresa de Lauretis, *Alice Doesn't. Feminism, Semiotics, Cinema*, Bloomington 1984, und Elisabeth Bronfen, *Nur über ihre Leiche. Tod, Weiblichkeit und Ästhetik*, München 1994.

gehörigkeit) zugespitzt werden. Die Fragen, die sich daran knüpfen, lauten: An welchen Figuren wird eine psychische wie auch eine konkret geographische Entortung festgemacht, an welchen Figuren kann eine Rückkehr in die vertraute Geborgenheit, die Wiederherstellung des beruhigend Bekannten verhandelt werden? Doch auch dem Wort »Figur« wohnt eine brisante Ambivalenz inne: »Figur« bedeutet einerseits »fiktionaler Charakter« (der Held oder die Heldin eines durchgespielten Phantasieszenariums), doch der Begriff »Figur« bezieht sich andererseits auch auf eine rhetorische Geste – auf einen bestimmten bevorzugten sprachlichen Zug oder auf ausgewählte Sprachbilder – etwa auf die Aporie, den Chiasmus, die Anagnorisis, die Ellipse –, durch die im übertragenen Sinne eine Bedeutung erstellt wird. Die Verschränkung von filmischem Erzählen und psychoanalytischem Deuten in den folgenden Einzelanalysen geht deshalb einerseits aus von der gegenseitigen Bedingtheit von seelischen Zuständen, deren Repräsentationen auf eine entstellte Weise intime, innere Phantasien veräußerlichen, und andererseits von den die Erzählhandlung tragenden semantisierten Figuren- oder Raumkonstellationen, die auf der Leinwand Gestalt annehmen. Mit anderen Worten, die sinnbildliche, figurale Auseinandersetzung mit diversen Phänomenen der psychischen Entortung soll in Analogie gesetzt werden zu ganz konkret erlebtem Heimatverlust und dem daran geknüpften nostalgischen Verlangen nach Heimkehr.

Bei der im Sinne eines *cross-mapping* verstandenen Analogie zwischen psychoanalytischer Begrifflichkeit und Filmsprache steht deshalb vor allem eine metaphorische Gleichsetzung auf dem Spiel. Freud benutzt Sinnbilder – wie den Begriff des einem Haushalt oder einem Zuhause gleichenden psychischen Apparates oder der Phantasiearbeit als intimer theatralischer Inszenierung – um Bewußtseinsprozesse zu beschreiben und diese diskursiv in Umlauf zu bringen. Während er dabei auf tradiertes kulturelles Bildmaterial zurückgreift, setzt das Kino die Metaphern der Freudschen Schriften in eine Filmsprache um, die ihrerseits nicht nur inhaltlich psychische Vorgänge darbietet, sondern die Phantasiearbeit der Betrachtenden erneut prägt. Von der Prämisse ausgehend, daß wir im Dialog mit den uns umgebenden visuellen und narrativen Texten träumen, geht es bei der von mir vorgeschlagenen Nebeneinanderstellung von psychoanalytischer Begrifflichkeit und Filmsprache vor allem darum, deren wechselseitige Belebung aufzuzeigen, den Austausch hochbesetzter Metaphern in diesen beiden Bereichen, welcher teils ganz explizit wie im Falle von Pabsts *Geheimnisse einer Seele*, teils eher implizit wie im Falle des kommerziellen Hollywood-Kinos mit Hilfe der cinematischen *mise en scène* durchgespielt wird.

Nun ist es bezeichnend, daß innerhalb der psychoanalytischen Deutung der Begriff Repräsentation nur in Beziehung zum Trieb zu verstehen ist, wobei Freud den Trieb als einen Grenzbegriff zwischen dem Somatischen und dem Psychischen betrachtet. Zwar hat der Trieb seine Quelle in organischen Phänomenen; weil er sich jedoch an Objekte haftet, hat er in erster Linie ein psychisches Schicksal. Durch diese Grenzsituation, so Jean Laplanche und Jean-Bertrand Pontalis, kann man die Tatsache erklären, »daß Freud auf den Begriff der Repräsentanz des Somatischen im Psychischen zurückgreift – worunter er eine Art Delegation versteht. Bald ist es der Trieb selbst, der als psychischer Repräsentant der aus dem Körperinnern stammenden, in die Seele gelangenden Reize erscheint, bald wird der Trieb dem somatischen Erregungsvorgang gleichgesetzt und dieser durch Triebrepräsentanzen im Psychischen repräsentiert, die zwei Elemente enthalten: die Vorstellungs-Repräsentanz und das Affektquantum«.[11] Den Begriff Vorstellungs-Repräsentanz (im Unterschied zum Affekt) benutzt Freud, um den Stellvertreter des Triebes innerhalb des psychischen Apparates zu bezeichnen, die Signifikantenkette, an die »sich der Trieb im Laufe der Geschichte des Subjekts fixiert und durch deren Vermittlung er in das Psychische niedergeschrieben wird«.[12] Anders gesagt: Freud setzt seiner Diskussion über die psychische Arbeit ein Delegations-

---

11 Jean Laplanche und Jean-Bertrand Pontalis, *Das Vokabular der Psychoanalyse*. 5. Aufl., Frankfurt a. M. 1982, S. 442.
12 Ebd., S. 617.

verhältnis zwischen dem Trieb und der Repräsentanz voraus. Jede Art der psychischen Darstellung steht stellvertretend für einen Trieb, denn im Unbewußten kann der Trieb, soweit er somatisch ist, keine direkte Artikulation finden. Die Arbeit des Unbewußten – die Verdrängung und die entstellte Artikulation von verdrängtem Material im Bewußten – kann sich nur an den psychischen Repräsentanzen des Triebes, den Vorstellungs-Repräsentanzen, vollziehen. Das unbewußte Begehren ist ganz wörtlich nicht bewußt, es wird erst durch eine Form der Repräsentation sichtbar, wahrnehmbar und vernehmbar. Die im Unbewußten zwar verorteten Ausprägungen sogenannt »barbarischer Triebe« und »traumatischer Eindrücke« brauchen stets wörtliche, bildliche oder somatische Darstellungen, um dort in Aktion treten zu können.

Demnach versteht Freud das Verhältnis des Körperlichen zum Psychischen analog dem Verhältnis des Triebes zu seinen Repräsentanzen, wobei die Fixierung des Triebes als dessen Niederschrift ins Unbewußte zu begreifen ist. Der körperliche Trieb kann nur als Repräsentanz verdrängt und somit dem Unbewußten eingeschrieben werden. Daraus schließen Laplanche und Pontalis, die Vorstellungs-Repräsentanzen seien »nicht nur die ›Inhalte‹ des Unbewußten, sondern auch das, was dieses konstituiert. Tatsächlich wird der Trieb in ein und demselben Akt – der Urverdrängung – an eine Repräsentanz fixiert und dadurch das Unbewußte konstituiert.«[13] Freud hatte in seiner Arbeit über die Verdrängung festgestellt: »Wir haben also Grund, eine Urverdrängung anzunehmen, eine erste Phase der Verdrängung, die darin besteht, daß der psychischen Vorstellungs-Repräsentanz des Triebes die Übernahme ins Bewußte versagt wird. Mit dieser ist eine Fixierung gegeben; die betreffende Repräsentanz bleibt von da an unveränderlich bestehen und der Trieb an sie gebunden.«[14] Verkehrt man die Kausalität in ihr Gegenteil und beginnt mit dem Phänomen einer Niederschrift, um die

---

13 Ebd., S. 618.
14 Sigmund Freud, »Die Verdrängung« (1915). *Gesammelte Werke*, Bd. X. Frankfurt a. M. 1946, S. 250.

sie konstituierenden Triebe zu erfassen, so erlaubt der Vergleich zwischen dem Verhältnis des Triebes zu seiner Repräsentanz und der Niederschrift eines Signifikanten jedoch auch, eine kulturelle Repräsentation wie das kommerzielle Unterhaltungskino auf unbewußtes, verborgenes Material, das durch dieses Medium entstellt zum Ausdruck gelangt, zu erforschen. Zwar konzentriert sich die psychoanalytische Arbeit meist darauf, latentes Wissen eines einzelnen Analysanden manifest zu machen, um somit eine Heilung der Symptome zu erlangen, doch kann für eine Deutung von Filmerzählungen ein analoges Verfahren postuliert werden: Daß nämlich die Interpretation kultureller Repräsentationen dazu dient, ein verborgenes Wissen zu analysieren, auf dem das symbolische Register basiert, welches jedoch verdrängt werden muß, damit dieses symbolische Gesetz erhalten bleiben kann. Somit werden diese kollektiven Symptome zwar nicht geheilt, jedoch durchaus sichtbar gemacht und erkannt. Mit anderen Worten, kulturelle Repräsentationen können als Symptome des kollektiven Bildrepertoires behandelt werden, d. h. als Momente, in denen das Begehren und die Ängste einer Kultur zum Ausdruck kommen, und zwar auf eine Art, die strukturell mit dem einem individuellen psychischen Apparat entstammenden Traum oder Witz vergleichbar wäre.

Die Entdeckung des Unbewußten als eines »anderen Schauplatzes«, als eines verborgenen Ortes, der auf unser Alltagsverhalten und unsere Phantasie eine nachträgliche Wirkung ausübt und zu dem wir durch Symptome wie Traumrepräsentanzen einen entstellten, nie aber einen direkten Zugang finden, führt Freud jedoch auch zu der Behauptung, daß das Triebleben der Sexualität im Individuum nicht voll zu bändigen sei, wie auch die seelischen Vorgänge an sich unbewußt seien und nur durch eine unvollständige und unzuverlässige Wahrnehmung dem Ich zugänglich gemacht und ihm unterworfen werden könnten. So besteht die Aufgabe des Analytikers nicht nur darin, das Individuum das verborgene Wissen, von dem es geprägt wird, erkennen zu lassen, sondern auch darin, dem Ich nachzuweisen, »daß es nicht einmal Herr ist im eigenen Hause, sondern auf kärgliche Nachrichten angewiesen bleibt von dem, was unbewußt in seinem Seelenleben vorgeht«[15]. Der Mensch ist sich im Kern seines Selbst fremd. Er ist seiner selbst nicht mächtig, er täuscht sich über sich selbst, er flieht vor sich selbst und vor dem traumatischen Wissen, das ihn bewegt, er kennt das Begehren, das ihn treibt, nicht.

Die filmsprachliche Umsetzung dieses psychoanalytischen Satzes wurde bereits für Pabsts *Geheimnisse einer Seele* ausgeführt. Auch in den folgenden Filmanalysen soll auf dieses Bild des seines vertrauten Heimes entfremdeten Ichs, welches Freud als privilegierte Repräsentation für die von ihm postulierte Vorstellung eines durch das Unbewußte gespaltenen Subjekts anbietet, immer wieder zurückgegriffen werden. Diesem Postulat einer psychischen Entortung soll jedoch gleichzeitig die konkrete Erfahrung des Exils gegenübergestellt werden, da auch diese einen Zustand beschreibt, in dem der Betroffene seine Heimat und seine kulturelle Zugehörigkeit verloren hat und damit durch die äußeren Umstände erfährt, was ihm auch die psychoanalytische Botschaft mitteilen würde, nämlich daß er nicht mehr Herr im eigenen Haus ist. Zugleich stellt sich aber auch die Frage, ob eine solche ungebrochene Zugehörigkeit überhaupt je existiert hat oder ob die Vorstellung einer gelungenen Verortung und einer ungetrübten Zugehörigkeit erst nachträglich als nostalgische Überwindung einer ursprünglichen Lücke im Psychischen und einer ureigenen Entortung in der Welt phantasiert wird. Die Erfahrung, daß man dem eigenen Ich fremd wird, und die Erfahrung eines Verlustes von Heimat als dem bekannten Ort erweisen sich somit nicht nur als sich gegenseitig bedingende Sinnbilder, sondern können auch, wie die folgenden Deutungen von Filmerzählungen aufzeigen werden, auf eine durchaus fruchtbare Weise rhetorisch füreinander einstehen.

In ihrer Studie über die kulturellen Konfigurationen des Fremden politisiert Julia Kristeva in diesem Sinne Freuds Entdeckung des gespaltenen Subjekts, indem sie das Diktum, das Ich sei nicht länger

---

15 Sigmund Freud, *Vorlesungen zur Einführung in die Psychoanalyse*. (1915–1916), *Gesammelte Werke*, Bd. XI, Frankfurt a. Main 1944, S. 295.

Herr im eigenen Haus, dazu benutzt, darzustellen, daß die menschliche Psyche, über alle Fragen nach kultureller und geschlechtsspezifischer Zugehörigkeit hinaus, nie in einem eigenen Heim verortet sein kann. Kristeva konstatiert eine, zugegebenermaßen verknappte, Übereinstimmung zwischen den kulturellen Prozessen der Entortung und den psychischen Prozessen des Unbewußten, eine von ihr nicht näher problematisierte Gleichung zwischen wirklicher geographischer Entortung und dem fremden, anderen Schauplatz, den Freud im Zentrum des psychischen Apparates ansiedelt. Die Erfahrung kultureller Fremdheit wird somit für sie gleichbedeutend mit der Erfahrung jener psychischen Alterität, welche das Unbewußte innerhalb eines jeden individuellen psychischen Apparates herstellt. Die Figur des Fremden wird für sie zur Chiffre für die Subversion des Individualismus. Die Verlaufskurve der psychoanalytischen Behandlung und die des Exils erweisen sich als gegenseitig austauschbar und zeigen folglich eben jenen von mir bereits angesprochenen Austausch hochbesetzter Metaphern in zwei diskursiven Bereichen auf. Mit dem Anderen leben, mit dem Fremden leben, meint Kristeva, konfrontiert uns mit der (Un-)Möglichkeit, ein Anderer zu sein und die eigene unheimliche Andersartigkeit zu erfahren.[16]

Die Situation des Fremden nachzuvollziehen, den Fremden zu verstehen, ist demzufolge für Kristeva gleichbedeutend mit der Anerkennung der Inkohärenzen, der Brüche, kurzum: der internen Differenz des Subjektes. Der Fremde wohnt uns inne. Er ist das verborgene Gesicht unserer Identität, er markiert die Stelle, die das Morsche unseres Heims aufscheinen läßt, den Zeitpunkt, an dem das Verständnis und die Sympathie kollabieren.[17] Die Erfahrung der kulturellen und geographischen Entfremdung ergeben für sie bestimmte psychische Muster, etwa eine Verortung zwischen einem »Hier«, das als fremd empfunden wird, weil es noch nicht der Ort ist, dem man sich zugehörig fühlt, und einem »Dort«, das fremd ge-

---

16 Julia Kristeva, *Étrangers à nous-mêmes*, Paris 1988, S. 25.
17 Ebd., S. 9.

worden ist, weil man sich von diesem Ort losgelöst hat, aber auch einen liminalen Zustand zwischen einer entorteten Gegenwart und einer unwiderruflich entfremdeten Vergangenheit. Der Verlust des Ursprungsortes erlaubt der entorteten Person, in einem Zustand der Gefühlsambivalenz sowie einer multiplen Identität zu verweilen, zumindest solange dieser eine neue Verwurzelung aufschiebt.

Für die von mir vorgeschlagene Analogie zwischen persönlicher Phantasiewelt und öffentlichem kulturellen Bildrepertoire ist es aber zudem brisant, daß Freud das Unbewußte als eine Stelle des Fremden inmitten des psychischen Apparates, als einen beunruhigenden, hybriden »anderen Schauplatz« oder Zwischenort begreift. Vor allem in seinem Aufsatz »Das Unheimliche« untersucht er psychische Situationen, in denen das Subjekt sich mit seiner eigenen internen Differenz auseinandersetzen muß, denn er prägt den Begriff des »Unheimlichen«, um darauf hinzuweisen, daß ein Erlebnis des Unbehagens, das einen wiederholt an den Ursprungsort – die Familie, das vertraute Heim, die Heimat – zurückführt, gerade nicht auf eine ursprüngliche Intaktheit zurückgreifen kann, sondern vielmehr immer wieder den ursprünglichen Bruch in der vertrauten Lebenswelt zum Ausdruck bringt. Das Unheimliche, folgert er, »sei jene Art des Schreckhaften, welche auf das Altbekannte, Längstvertraute zurückgeht«[18]. Es ist weder neu noch fremd, sondern etwas allzu Bekanntes, das verdrängt wurde und nun zurückgekehrt ist: »Das Unheimliche ist also […] das ehemals Heimische, Altvertraute. Die Vorsilbe ›un-‹ an diesem Worte ist aber die Marke der Verdrängung.«[19] Zu dieser Folgerung kommt er aufgrund einer semantischen Analyse des Wortes »heimlich«, die ihn entdecken läßt, daß »heimlich […] ein Wort [ist], das seine Bedeutung nach einer Ambivalenz hin entwickelt, bis es endlich mit seinem Gegensatz unheimlich zusammenfällt. Unheimlich ist irgendwie eine Art von heimlich.«[20] Während der Begriff »heimlich« entweder in Bezug

---

18 Sigmund Freud, »Das Unheimliche« (1919), *Gesammelte Werke*, Bd. XII, Frankfurt a. Main 1947, S. 231.
19 Ebd., S. 259.
20 Ebd., S. 237.

gesetzt werden kann zu einer Situation des beschützenden Altvertrauten und Bekannten oder Momente beschreibt, in denen etwas, das versteckt oder verdrängt war, wieder im Blickfeld und somit im Bewußten auftaucht, erweist sich der Begriff »unheimlich« als das Doppel von »heimlich«, als Marke für die Fremdheit, die immer schon dem Bekannten eingeschrieben ist. In der Tat ist für Freud die Doppelung das prägnanteste Merkmal für die Erfahrung des Unheimlichen – egal ob man sich mit einem anderen als seinem vermeintlichen Doppel identifiziert oder ob man von einem triebhaften Drang ergriffen wird, eine Handlung zu wiederholen. Das Aufkommen der Doppelung bewirkt, »daß man an seinem Ich irre wird oder das fremde Ich an die Stelle des eigenen versetzt, also Ich-Verdopplung, Ich-Teilung, Ich-Vertauschung – und endlich die beständige Wiederkehr des gleichen«[21].

Entscheidend ist aber auch, daß der Doppelgänger anfänglich ein Schutz gegen die mögliche Auslöschung des Selbst ist, zugleich aber, sobald er diese Funktion überwunden hat, in sein Gegenteil umschlägt: Er wird zum Vorboten des Todes. Auf ähnlich doppeldeutige Weise kennzeichnet der Doppelgänger als Marke für eine unheimliche Entstellung von Vorstellungen des bekannten, vertrauten Heimischen auch jenen Punkt, an dem das, was scheinbar überwunden wurde, nämlich eine ursprüngliche Traumatisierung (die Erfahrung von Abspaltung, Mangel, Verlust), in der Gestalt des wiedergekehrten Verdrängten erneut auftaucht. Mit anderen Worten, unheimlich wirken jene Ereignisse, bei denen das Ich auf seine eigene ursprüngliche und grundsätzliche Gespaltenheit aufmerksam gemacht wird, bei denen es von dem anderen Schauplatz des Unbewußten her eine Botschaft über die eigene unüberwindbare psychische Exiliertheit – die eigene Fehlbarkeit und Versehrtheit – erhält. Somit erweist sich das Unheimliche als bevorzugte rhetorische Figur des psychischen Exils. Doch insofern die Geste des Unheimlichen darauf angelegt ist, dem Ich die Spaltung, die es konstituiert, in verschlüsselter Form zurückzumelden, besteht die Kraft

---

21 Ebd., S. 246.

dieser Aussage auch darin, darauf zu beharren, daß das Fremde nicht nach außen verlagert werden kann, sondern im Innern des psychischen Apparats angesiedelt ist. Akzeptiert man die von mir vorgeschlagene Analogie zwischen einem individuellen psychischen Apparat und der das Subjekt prägenden symbolischen Ordnung kultureller Gesetze – egal ob sich dies auf die Familieneinheit oder eine als Heimat verstandene Gemeinschaft bezieht – ergibt sich jedoch folgende weiterführende Ergänzung: Das Fremde ist nicht in einem Draußen verortet, so daß man sich auch nicht durch einen Rückzug ins Innere des eigenen Hauses oder der eigenen Subjektivität gegen dessen Bedrohung schützen kann. Vielmehr ist das Fremde im Heideggerschen Sinn jene Bedrohung, die das Dasein von ihm selbst her trifft, die aber auch das in die Welt geworfene Subjekt grundsätzlich auszeichnet. Das Brisante an Freuds Definition des Unbewußten als eines fremden Ortes im Ich, der die Grenze zwischen dem Heimlichen und dem Unheimlichen verflüssigt, besteht nämlich gerade in seinem Beharren darauf, daß das Fremde dem Eigenen unauslöschbar innewohnt, daß sich die Spuren der Entortung aus den Vorstellungen von Zugehörigkeit und Heim nicht tilgen lassen.

Nun nimmt diese Figur des an sich vertrauten, doch fremd gewordenen Anderen in dem vom männlichen Blick geprägten kulturellen Bildrepertoire verschiedene Gestalten an. Wie Kristeva vorschlägt, wird die entortete Person mit anderen füreinander einstehenden Figuren des unheimlichen Doppelgängers gleichgesetzt: mit dem Tod, der Frau, den Trieben, dem Monster – wobei diese Figuren des Randständigen gegenseitig füreinander einstehen. In diesem Sinne erweist sich die Frau in *Geheimnisse einer Seele* als jene Figur, über die eine Überwindung gefährlicher oder verbotener Triebe verhandelt werden kann. Ihre Randständigkeit in bzw. ihr Verschwinden aus den Schlußbildern steht metaphorisch sowohl für das den Haushalt des Subjekts in seiner Stabilität und Einheitlichkeit bedrohende Andere ein als auch für den geglückten Ausschluß der dem Protagonisten eigenen Andersartigkeit. Laut Kristeva wird jede dieser randständigen Gestalten eingesetzt als veräußerlichte Repräsentation einer internen Differenz, die auf die Spaltung und die Ambivalenz verweist, die nicht nur den Phantasien von familiärer Geborgenheit und vertrauter Heimat innewohnen, sondern auch allen Erzählungen vom intakten, unversehrten, stabilen Ich.

Kehren wir nochmals zu der von mir formulierten Hypothese zurück, daß das Unterhaltungskino als eines unserer wirkungsvollsten kollektiven Kultursymptome zu verstehen ist, weil es auf entstellte Weise die gescheiterte Verdrängung von kulturell bedrohlichem Wissen artikuliert. In der psychoanalytischen Sprache wird mit dem Begriff »Symptom« eine Form des Ausdrucks bezeichnet, welche ein Wissen repräsentiert, das zwar einerseits so gefährlich für die Gesundheit der Psyche ist, daß es verdrängt werden muß, andererseits jedoch zu stark in seinem Begehren nach Ausdruck ist, als daß diese Verdrängung gelingen könnte. In der Geste eines Kompromisses gibt demzufolge der psychische Apparat dieses gefährliche und gleichzeitig faszinierende Wissen wieder – allerdings durch Mechanismen der Entstellung und der Ersetzung in der Form einer verdichteten und verschobenen Umgestaltung. Somit versteckt ein Symptom das bedrohliche Wissen und weist zugleich auf diese dem System innewohnende Fremdheit hin. In den folgenden Analysen wird es darum gehen, diese inhärente Doppeldeutigkeit in ausgewählten Filmerzählungen auszuloten. Diese Doppeldeutigkeit tritt insofern zutage, als die ambivalenten Repräsentanzen zwar darauf angelegt sind, ein Gleichgewicht aufrechtzuerhalten, unwillkürlich aber jenes Wissen mit ins Spiel bringen, das diese Stabilität zu stören droht und die entortete Repräsentation überhaupt erst in Gang gesetzt hat. Die interne Alterität oder Differenz, die bei einer Diskussion von psychischer Entortung auf dem Spiel steht, repräsentieren in diesen Filmerzählungen zwei Figurengruppen, und zwar sowohl im semiotischen wie auch im politischen Sinne: einerseits die von der zur Norm deklarierten heterosexuellen bürgerlichen Männlichkeit aus betrachtete andere Geschlechtlichkeit – unabhängig davon, ob es sich dabei um eine unabhängige, selbst-ermächtigte weibliche Sexualität, die Homosexualität oder eine psychopathische Perversion handelt. Anderseits der in der Perspektive des weißen Bürgertums aufgrund seiner Hybridität zum Anderen Deklarierte – der Mischling, der monströse Tiermensch. Bezeichnenderweise rückt Freud selbst bei seiner Definition der Phantasie deren undefinierbare Zugehörigkeit an einen bestimmten Ort in den Vordergrund: Diese »Abkömmlinge« des Unbewußten, erklärt er, »sind einerseits hochorganisiert, widerspruchsfrei, haben allen Erwerb des Systems Bewußtsein verwertet und würden sich für unser Urteil von den Bildungen dieses Systems kaum unterscheiden. Anderseits sind sie unbewußt und unfähig, bewußt zu werden. Sie gehören also qualitativ zum System Vorbewußtsein, faktisch aber zum Unbewußten. Ihre Herkunft bleibt das für ihr Schicksal Entscheidende. Man muß sie mit den Mischlingen menschlicher Rassen vergleichen, die im großen und ganzen bereits den Weißen gleichen, ihre farbige Abkunft aber durch den einen oder anderen auffälligen Zug verraten und darum von der Gesellschaft ausgeschlossen bleiben und keines der Vorrechte der Weißen genießen. Solcher Art sind die Phantasiebildungen der Normalen wie der Neurotiker, die wir als Vorstufen der Traum- wie der Symptombildung erkannt haben und die trotz ihrer hohen Organisation verdrängt bleiben und als solche nicht bewußt werden können.«[22]

Wurde bereits festgehalten, daß das Unheimliche als Kreuzung von Bekanntem und Fremdem die Rhetorik der psychischen Exilerfahrung kennzeichnet, zeigt sich nun, daß Phantasiearbeit von ihrer Struktur her nicht nur eine doppeldeutige Repräsentation von Alterität zum Ausdruck bringt, sondern selbst keinen klaren Ort hat und statt dessen auf unheimliche Weise zwischen verschiedenen Räumen oszillierend die klare Grenzziehung zwischen diesen unmöglich macht. So wird es im folgenden immer auch darum gehen, den selbstreferentiellen Punkt dieser Filmerzählungen über die Entortung der Phantasie auszuloten, genauer den Moment, in

---

22 Sigmund Freud, »Das Unbewußte« (1915), *Gesammelte Werke*, Bd. X, Frankfurt a. Main 1946, S. 288.

dem das Medium der Filmsprache seine eigene Hybridität, seine eigene Ortlosigkeit in Form einer *mise en abyme*[23] selbst inszeniert. Indem nun diese interne unheimliche Differenz, die das Subjekt konstituierende Entortung an Bildern des randständigen oder exilierten Anderen festgemacht wird – etwa der sexuell freizügigen Frau oder des Mischlings –, kann ein beunruhigendes Wissen auf einen Stellvertreter, genauer auf den dargestellten Repräsentanten des Anderen, verlagert und somit vom Ich abgespalten werden. Im Verlauf eines solchen Phantasieszenariums wird dann die Figur des Anderen verworfen, ausgeschlossen oder ganz ausgelöscht. Der von diesen Filmerzählungen in Szene gesetzte Kompromiß beinhaltet demzufolge eine doppelte Substitution: erstens den Umweg in den Mischlingsbereich der Phantasie und zweitens – innerhalb dieses filmsprachlich zu Schau gestellten Szenariums – die Verlagerung des bedrohlichen Wissens auf einen Repräsentanten des unheimlichen Mischlings, der dann stellvertretend verworfen werden kann.

Wenn Freud die Phantasie, als Abkömmling des Unbewußten, mit der Figur des nicht klar zuzuordnenden Mischlings gleichsetzt, so bezieht er sich mit diesem Begriff auf ein imaginäres Szenario, in dem das Subjekt anwesend ist und das in einer durch die Abwehrvorgänge mehr oder weniger entstellten Form die Erfüllung eines letztlich unbewußten Wunsches darstellt. Für Freud stellt der Tagtraum die wichtigste Ausprägung dieser Phantasiearbeit dar, denn hier entwirft das Subjekt für sich Szenen, Episoden oder auch ganze Drehbücher, die, analog dem nächtlichen Traum, auf entstellte Weise eine Korrektur der unbefriedigenden Wirklichkeit inszenieren. Denn wenn jeder Traum in verschlüsselter Sprache ein Wissen darstellt, welches das Subjekt zu verneinen sucht, so gibt auch jeder phantasierte Tagtraum kraft eines Kompromisses etwas

---

23 Damit ist jenes aus der Heraldik bekannte Verfahren gemeint, bei dem in einem Wappen eine genaue Wiedergabe des Gesamtmusters als verkleinertes Teil eingebaut ist, um das Ganze zu spiegeln – ein Bilder-Verfahren, auf das André Gide in seinen poetischen Schriften zu Beginn der Moderne hingewiesen hat, um den Einsatz von eingeschobenen Texten zu benennen, in denen das poetologische Programm des vorliegenden Textes erläutert wird.

als Mangel Empfundenes wieder. Die meisten Phantasien kreisen laut Freud um »ehrgeizige Wünsche, welche der Erhöhung der Persönlichkeit dienen, oder erotische«.[24] Ganz dem Mischlingsstatus entsprechend schweben solche Phantasien auch zwischen drei Zeitmomenten, denn sie verknüpfen einen aktuellen Eindruck, der Unbehagen hervorgerufen hat, mit einer »Erinnerung eines früheren, meist infantilen Erlebnisses, in dem jener Wunsch erfüllt war«, und schaffen gleichzeitig eine »auf die Zukunft bezogene Situation, welche sich als Erfüllung jenes Wunsches darstellt, eben den Tagtraum oder die Phantasie, die nun die Spuren ihrer Herkunft vom Anlasse und von der Erinnerung an sich trägt«.[25] Obgleich jeder Tagtraum seine ihm ganz eigene Geschichte erzählt, glaubte Freud dennoch einen gemeinsamen Nenner für die ihm von seinen Patienten erzählten Phantasien feststellen zu können. In der auf die Zukunft bezogenen erfundenen Szene entwirft der Tagträumer eine Situation, in der er das wiedergewonnen hat, »was er in der glücklichen Kindheit besessen: das schützende Haus, die liebenden Eltern und die ersten Objekte seiner zärtlichen Neigung«.[26]

Bezeichnenderweise nennt Freud dieses paradigmatische Szenarium den »Familienroman der Neurotiker«, der letztendlich als »Ablösung des heranwachsenden Individuums von der Autorität der Eltern« zu begreifen ist. Weil es leichter ist, etwas aufzugeben, das man geringschätzt, bietet der Familienroman dem Tagträumer ein Szenarium, das ihm sein Unbehagen an der momentan erlebten Familienbindung zum Ausdruck bringen läßt. Unzufriedenheit mit der eigentlichen Familie wird übersetzt in die Phantasie, man sei ein Stiefkind oder ein angenommenes Kind, während die Eltern, deren man sich entledigen möchte, als Stiefeltern einer sozial niederen Schicht entworfen und durch vornehmere ersetzt werden. Die Trennung von der vertrauten Familie wird zu etwas Wünschenswertem, doch diese Geringschätzung deutet Freud als einen nostalgischen

---

24 Sigmund Freud, »Der Dichter und das Phantasieren« (1908), *Gesammelte Werke*, Bd. VII, Frankfurt a. Main 1941, S. 217.
25 Ebd., S. 218.
26 Ebd.

Wunsch, in das vermeintliche Glück der Kindheit zurückzukehren: »Das ganze Bestreben, den wirklichen Vater durch einen vornehmeren zu ersetzen, ist nur der Ausdruck der Sehnsucht des Kindes nach der verlorenen glücklichen Zeit, in der ihm sein Vater als der vornehmste und stärkste Mann, seine Mutter als die liebste und schönste Frau erschienen ist.«[27] Dennoch erkennt Freud an, wie sehr diese vermeintliche Erinnerung des verlorenen Glücks eine Schutzdichtung darstellt, denn der vornehme Vater ist eine Wiederholung des Vaters, »an den er in früheren Kinderjahren geglaubt hat«, und die Wiederherstellung der vollständig befriedigenden Familie »eigentlich nur der Ausdruck des Bedauerns, daß diese glückliche Zeit entschwunden ist«.[28]

Diese Glücksphantasie drückt nicht nur immer auch den Mangel aus, den sie zu überwinden sucht, sondern sie verweist auch nachträglich auf die Fehlbarkeit des Einschätzungsvermögens des Kindes, denn Freud schließt seine Überlegung mit der Folgerung, »die Überschätzung der frühesten Kindheitsjahre tritt also in diesen Phantasien wieder in ihr volles Recht«. Erweitert man den Begriff des Familienromans um größere Einheiten wie trautes Heim oder Heimat, so könnte man den Tagtraum allgemeiner verstehen als einen Versuch, ein befriedigendes Phantasieszenarium zu entwerfen, das wie eine Schutzdichtung gegen ein Wissen um die Lücke im Sein, um das dem Subjekt untilgbar innewohnende Unheimliche gerichtet werden kann. Somit markiert das auf der Handlungsebene erlangte Glück am Ende der Filmerzählung – etwa die Rückkehr an den vertrauten Ort, in den Schoß der Familie oder die geglückte Paarbildung – sowie die visuelle Lust, mit der das Unterhaltungskino unseren Wunsch nach Voyeurismus befriedigt, gleichzeitig immer auch eine Lücke im Glück, d. h. die unumgängliche Entortung des menschlichen Daseins.[29]

---

27 Sigmund Freud, »Der Familienroman der Neurotiker« (1909), *Gesammelte Werke*, Bd. VII, Frankfurt a. Main 1941, S. 231.
28 Ebd.
29 Die Vorstellung einer das Glück konstituierenden Lücke verdanke ich Jochen Hörisch; vgl. *Die Andere Goethezeit: poetische Mobilmachung des Subjekts um 1800*, München 1992.

Insofern in den folgenden Einzelanalysen die filmischen Phantasieszenarien als kulturelle Symptome eines verborgenen Wissens wie auch als Ausdruck von dessen Verdrängung verstanden werden, soll auch für jede einzelne Filmerzählung eine auf die Wiederherstellung von Glück gerichtete Abfolge der Handlungsereignisse herausgearbeitet werden. Erstens soll ein anfängliches und in diesem Sinne auch für die filmische Darstellung konstitutives, traumatisches Ereignis festgemacht werden, wobei es nicht darum geht, dieses als wahren Ursprung der darauf folgenden individuellen oder kollektiven Störungen festzusetzen, sondern es als Katalysator für das Spiel der Phantasie und deren Repräsentanz zu begreifen. Hierauf stellt sich dann die Frage, wie der analytische Deutungsprozeß, der auf die Traumatisierung reagiert und diese nicht nur zum Ausdruck bringt, sondern auch zugunsten einer sinnstiftenden Lösung zu tilgen sucht, in filmsprachliche Bilder umgesetzt wird. Zu fragen ist also, wie man die Filmhandlung als Sinnbild für diesen Interpretationsvorgang lesen kann, egal ob dieser, wie in *Geheimnisse einer Seele*, explizit als therapeutische Heilung thematisiert oder nur im Handlungsablauf durchgespielt wird. In einem letzten Schritt soll dann jeweils die vom Film angebotene Auflösung untersucht werden, und zwar im Hinblick darauf, ob hier eine Wiederherstellung von Ordnung, eine Art Heilung erreicht wird, die die psychische oder konkrete Entortung aufhebt, oder ob über die Lösung hinaus eine Differenz erhalten bleibt, ein beunruhigender Rest, der nicht in der Heilung aufgeht. Denn häufig wird im kommerziellen Erzählkino auf der manifesten Ebene des Films eine Heilung propagiert, die dieser auf einer latenten untergräbt, so daß die Rhetorik des Unheimlichen, die eine vollständige Tilgung des Fremden im Bekannten verbietet, im Gegensatz zu der intendierten Sinnlösung durchgehalten wird.

Obgleich sie von Freuds Postulat ausgehen, der Tagtraum sei wesentlich mit dem Begehren verknüpft, haben Laplanche und Pontalis auf eine für die psychoanalytische Diskussion von Filmerzählungen äußerst fruchtbare Weise darauf hingewiesen, daß die Phantasiearbeit nicht die Objekte des Begehrens, sondern dessen Szenarien darstellt.³⁰ Demzufolge bieten Phantasien Drehbücher organisierter Szenen, die in einer meist visuellen Form dramatisch dargeboten werden können. Das Subjekt ist in solchen Szenen immer gegenwärtig, sowohl in der Rolle des Beobachters als auch in der des Beteiligten. Es wird nicht ein vom Subjekt angestrebtes Objekt vorgestellt, sondern eine Szene, zu der das Subjekt selbst gehört und in der Substitutionen der Rollen und der Funktionen möglich sind. In dem Maße, in dem der Wunsch in die Phantasie verwoben ist, wird diese auch zum Ort von Abwehrprozessen, und solche Abwehrvorgänge sind ihrerseits unauflöslich mit der Hauptfunktion der Phantasie – der Wunschinszenierung – verbunden, einer Inszenierung, bei der das Verbot in der Position des Wunsches immer gegenwärtig ist. Nun war Freud davon überzeugt, er könne im Kern der Phantasien, die ihm seine Patienten erzählten, eine »wirkliche« Urszene aufdecken, die alle nachträglichen, nachdrängenden Repräsentationen dieses traumatischen Ereignisses strukturiert und semantisch färbt. Dieses von ihm als typische Phantasie deklarierte Szenarium liegt jedoch nicht nur den einzelnen Geschichten zugrunde, sondern überschreitet auch das vom einzelnen erlebte Ereignis. Diese Urphantasien als Nabel aller Symptombildungen bezeichnete Freud als phylogenetischen Besitz, denn hier greife das Individuum »über sein eigenes Erleben hinaus in das Erleben der Vorzeit, wo sein eigenes Erleben allzu rudimentär geworden ist«. Mit anderen Worten, das Individuum übersetzt traumatische Eindrücke in Phantasieszenarien, indem es sich vererbter Erinnerungsspuren bedient. »Es scheint mir sehr wohl möglich«, erklärt Freud, »daß alles, was uns heute in der Analyse als Phantasie erzählt wird, die Kinderverführung, die Entzündung der Sexualerregung an der Beobachtung des elterlichen Verkehrs, die Kastrationsdrohung – oder vielmehr die Kastration –, in den Urzeiten der menschlichen Familie einmal Realität war und daß das phantasierende Kind einfach die Lücken der individuellen Wahrheit mit prähistorischer Wahrheit ausgefüllt hat.«³¹

30 Siehe Elizabeth Cowie, *Representing the Woman: Cinema and Psychoanalysis*, London 1977.
31 Sigmund Freud 1916–1917, S. 386.

In ihren eigenen Ausführungen betonen Laplanche und Pontalis, daß diese von Freud postulierte Urphantasie unbedingt als eine Phantasie zu begreifen sei, die zwar einerseits jenseits der Geschichte des betroffenen Subjekts liegt, andererseits aber dennoch auch Teil seiner Geschichte ist, als eine Art Sprache, eine mit Elementen der Einbildungskraft besetzte symbolische Sequenz. Ebenso bedeutend ist für Laplanche und Pontalis jedoch auch die Tatsache, daß der Ursprung der Phantasie in die Struktur der Urphantasie integriert ist, da alle drei Urphantasien – die des Erbes, die der Kastration und die der Verführung – um das menschliche Begehren kreisen, das Rätsel des eigenen Ursprungs zu erforschen und zu lösen: Wer bin ich in bezug auf mein Familienerbe? Was ist der Ursprung meiner körperlichen Versehrtheit und Sterblichkeit? Was ist der Auslöser meiner Triebe, meines Begehrens, meiner Phantasien? Ursprungsphantasien, so ihre für die Analyse für Filmerzählungen so brisante Schlußfolgerung, bedienen sich der Nachträglichkeit und beziehen sich auf Ursprünge: »Wie die kollektiven Mythen, so nehmen auch sie für sich in Anspruch, eine Beschreibung und eine ›Lösung‹ für das, was sich dem Kind als Haupträtsel darbietet, bereitzuhalten. Als Momente eines Erscheinens, als Ursprung einer Geschichte dramatisieren sie das, was dem Subjekt als eine Realität erscheint, die nach einer Erklärung verlangt, nach einer ›Theorie‹. In der ›Urszene‹ ist es der Ursprung des Subjekts, der dargestellt wird; in den Verführungsphantasien der Ursprung, das Auftauchen der Sexualität; in den Kastrationsphantasien der Ursprung des Geschlechtsunterschieds.«[32]

Phantasien, die um die Frage des eigenen Ursprungs kreisen, um die Frage nach dem befriedigenden Heim, kippen somit nicht nur unweigerlich in eine Begegnung mit der eigenen internen Fremdheit um, sondern sie führen auch zu einer Reflexion über die eigene Medialität, d. h. die eigene Vermitteltheit. Urphantasien erweisen sich

---

[32] Jean Laplanche und Jean-Bertrand Pontalis, »Fantasy and the Origins of Sexuality«, *Formations of Fantasy*, Hg. Victor Burgin, James Donald und Cora Kaplan, London 1986, S. 19.

nicht nur als der Ursprung jeder Phantasiearbeit, sondern dieser Ursprung ist immer auch schon von sich selbst her entortet, die Phantasiearbeit eine Antwort auf eine Lücke, die erst durch die nachträglich erschaffene Schutzdichtung sichtbar wird. Denn Repräsentationen schützen uns zwar vor dem traumatischen Wissen der existentiellen Exiliertheit, aber dieses unheimliche Unbehagen kann auch dank der Phantasiearbeit zum Ausdruck gebracht werden. Ob wir dieses verborgene Wissen um das eigene Fremdsein, um die Lücke im glücklichen Heim, annehmen oder es auf einen Anderen verlagern, ob wir uns der von diesem Wissen ausgehenden Entmächtigung hingeben oder ihm Vorstellungen von Ermächtigung und Kontrolle entgegensetzen, ob wir das Gesetz der Entortung genießen oder ein Phantasieszenarium kultivieren, das sich gegen dieses Gesetz der Kontingenz wehrt, und schließlich inwieweit es sich bei der Tilgung von Differenz am Schluß der Filmerzählung um eine Frage nach der vom jeweiligen Zuschauenden bevorzugten Lektüre handelt – um diese Frage und Themen kreisen die folgenden Lektüren.

2. Vertreibung aus dem vertrauten Heim

Der blaue Engel (Josef von Sternberg)

Diese neue Gestalt ist hierdurch ein solches, welches für sich das gedoppelte Bewußtsein seiner als des sich befreienden, unwandelbaren und sichselbstgleichen und seiner als des absolut sich verwirrenden und verkehrenden und das Bewußtsein dieses seines Widerspruchs ist. Die Verdopplung des Selbstbewußtseins in sich selbst, welche im Begriffe des Geistes wesentlich ist, ist hiermit vorhanden, aber noch nicht ihre Einheit, und das unglückliche Bewußtsein ist das Bewußtsein seiner als des gedoppelten, nur widersprechenden Wesens.

Hegel (Phänomenologie des Geistes)

Der geschlechtsspezifische Blick

In seiner Essaysammlung *Wege des Sehens* plädiert der Kulturkritiker John Berger dafür, den in der westlichen Kunst implizierten und von ihr tradierten Blick auf den weiblichen Körper als einen geschlechtsspezifischen zu begreifen. Die Frau – so seine These – wird immer in einen ihr zugewiesenen Raum hineingeboren, der nicht nur eine beschränkte, sondern auch eine vom männlichen Blick beherrschte Szene darstellt. Die visuelle Anwesenheit von Frauen im öffentlichen Bildrepertoire konnte sich demzufolge nur dank einer listigen Geste entwickeln, die den Frauen zwar erlaubte, sich innerhalb der kulturell vorgeschriebenen Beschränkungen zu bewegen und zu entfalten – allerdings nur auf Kosten einer Selbstspaltung: Während Männer handeln, so Berger, treten Frauen in Erscheinung. Männer sehen Frauen an, während Frauen sich als Betrachtete wahrnehmen. Aufgrund dieser Aufspaltung in zwei Blickpositionen ist jener Teil der Frau, der sich selbst betrachtet, männlich, jener, der betrachtet wird, weiblich. Somit verwandelt sich die Frau unwillkürlich in das Objekt eines fremdbestimmten Blickes. Wie Berger hinzufügt, muß sie sich, um im öffentlichen Raum erfolgreich wirken zu können, ständig selbst beobachten. Sie ist stets begleitet von einem Wissen um den Eindruck, den sie macht, um das Bild, welches sie von sich am eigenen Leibe herstellt. Betritt sie einen Raum oder weint sie am Sterbebett des Vaters, so kann sie es kaum vermeiden, sich visuell als Eintretende oder Trauernde vorzustellen. Denn von Kindheit an ist sie dazu erzogen worden, sich selbst zu betrachten.

Insofern nun aber die Frau nur in Abhängigkeit von einem männlichen Blick in Erscheinung treten kann, besteht ihre Macht gerade darin, die Art, wie sie betrachtet wird, zu manipulieren, indem sie sich mit dem Blick des Mannes identifiziert und sich zugleich davon distanziert, indem sie das Begehren dieses Blickes analysiert. Nur wenn sie begreift, wie der männliche Blick sie sehen möchte, kann sie sich dessen Erwartungen anpassen und das an sie herangetragene Begehren sowohl befriedigen als auch steuern. Während Berger diese kulturelle Verdinglichung des weiblichen Körpers eindeutig verurteilt, kann im Hinblick auf das psychoanalytische Modell, welches ein dem Ich inhärentes Fremdsein postuliert, dieser scheinbaren Entmächtigung durchaus auch eine Komponente der Macht hinzugefügt werden. Denn wenn die Frau immer von ihrem auf den Mann gerichteten Bild begleitet wird, dann inszeniert sie, zumindest für sich selbst, eine unheimliche Selbst-Verdoppelung. Nimmt sie sowohl die Position des männlichen Betrachters wie auch die der weiblichen Betrachteten ein, bedeutet dies nämlich auch, daß sie das ihr fremde männliche Begehren kennen muß, um dessen Objekt mit ihrem Auftritt simulieren zu können. In der ihr abverlangten Komplizenschaft mit der ihr kulturell zugewiesenen Rolle muß sie zwischen männlichem Blick und weiblichem Angeblickt-Werden oszillieren. So kann sie niemals ganz in sich beheimatet sein, weil sie immer auch den männlichen Blick mit einbezieht, der sie zu etwas anderem macht, als sie selbst es ist.

Apodiktisch formuliert, operiert sie gerade dann, wenn sie erfolgreich in der Öffentlichkeit erscheinen möchte – d. h. den ihr zugewiesenen gesellschaftlichen Raum erwartungsgemäß füllen will – mit einer Bewußtseinsspaltung, mit einer auf einen Zuschauer gerichteten Inszenierung des psychischen Exils. Aufgrund der Art, wie sie an ihrem Körper eine Vorstellung von Schönheit, welche von außen an sie herangetragen wird, verdinglicht, wird sie von einem Selbstbewußtsein getragen, das nicht von ihrem Sein, sondern von ihrem Aussehen bestimmt ist. Weil sie diesen anderen Blick verinnerlicht hat, beruht ihr Selbstverständnis zwangsläufig auf der Spannung zwischen ihrem »wahren« Selbst und dem Bild, dem sie entsprechen soll, und führt diese unheimliche Doppelung auch ganz bewußt bei allen öffentlichen Auftritten fort. Dabei geht es nicht darum zu behaupten, daß nur Frauen dieser Art Blickökonomie unterworfen sind, gibt es doch in der Malerei genügend Bei-

Der blaue Engel

spiele für einen sich auch dem männlichen Blick anbietenden männlichen Körper – nicht zuletzt die vielen Gestaltungen des gemarterten Körpers Christi. Von Bedeutung ist vielmehr die Tatsache, daß die Position desjenigen, der sich einem fremdbestimmten Blick unterwirft und somit sich selbst immer auch fremd ist, in unserem Bildrepertoire vornehmlich weiblich kodiert wird.

Im Zuge dieser kulturellen Konstruktion ist die Frau sich selbst unheimlich, weil sie zwar einerseits die Wahrnehmungsweise des männlichen Blickes verinnerlicht, andererseits aber auch ihren eigenen weiblichen Blick auf ihren Körper und auf ihre öffentliche Erscheinung kennt. Diese unheimliche Selbstwahrnehmung bringt es aber auch mit sich, daß man weder ein sogenanntes genuines weibliches Wissen, Sehen oder Sprechen postulieren kann noch die ausschließliche Vereinnahmung des weiblichen Körpers durch den männlichen Blick. Gerade jene Visualisierungen, in denen über die Inszenierung des weiblichen Körpers die Frage nach Männlichkeit und Weiblichkeit verhandelt wird, enthalten immer auch subversive Momente, die eine auf der manifesten Ebene vertretene hegemonische Art des Blickens wie des Erzählens unterlaufen und somit den Zuschauenden die Möglichkeit einer verhandelbaren Lektüre eröffnen. Ob man sich auf die implizierte Reduktion des weiblichen Körpers auf ein Objekt der Betrachtung einläßt oder anerkennt, daß der Inszenierung des weiblichen Körpers eben auch die Rhetorik der Selbstentfremdung innewohnt, liegt demzufolge bei den Betrachtenden. Denn wenn die Frau nur dadurch das an sie herangetragene Begehren des männlichen Betrachters befriedigen kann, daß sie sich bewußt in die Chiffre seines Blickes verwandelt, bringt sie diese ihr abverlangte Entstellung – wenn auch nur implizit – immer mit zum Ausdruck. Analog dazu reflektiert jede filmische Inszenierung des weiblichen Körpers die von ihr vollzogene Unterwerfung des Körpers unter seine ästhetischen Figurationen mit. Anders formuliert, nur weil die Repräsentation die ihr unweigerlich eingeschriebene Rhetorik der Verfremdung und Entstellung immer auch mit artikuliert, können wir an unserem kulturellen Bildrepertoire überhaupt eine Geschichte der weiblichen Marginalität und der männlichen Dominanz festmachen. So hat die im Bild eingefangene Frau immer auch die Möglichkeit, über ihren Rahmen hinauszublicken, indem sie bewußt auf ihre Einrahmung durch das Bild verweist, wie auch jeder Betrachter die Möglichkeit hat, sich der kulturellen Konstruktion des weiblichen Körpers bewußt zu werden, mit der jede Visualisierung operiert, um so der intendierten Lektüre eine privilegierte eigene entgegenzuhalten.

Berger, der die subversive Kraft einer verhandelbaren Lektüre nicht mit reflektiert, beschränkt sich hingegen darauf, vom männlichen Blick zu behaupten, er besitze den weiblichen Körper als Objekt, während das in der Öffentlichkeit verbreitete Bild der Frau dazu diene, den männlichen Betrachter in seiner Potenz zu bestätigen, ihm zu schmeicheln. Der als Ikone weiblicher Schönheit und Verführungskraft gehandelte weibliche Star wird deshalb in letzter Instanz als Chiffre für Männlichkeit und männliche Macht eingesetzt. Marlene Dietrichs *screen presence*, vor allem in den Sternberg-Filmen der dreißiger Jahre, soll im folgenden als paradigmatisches Beispiel für die Inszenierung des vereinnahmenden Blickes des Mannes und der aufgrund der filmischen Zurschaustellung sich selbst entfremdeten Frau dienen. Dabei soll jedoch vor allem der Frage nachgegangen werden, ob im Zuge einer solchen cinematischen Verdinglichung ausschließlich die männliche Macht eine verschobene Darstellung findet oder ob diese selbstgenügsame Stabilität des Blickens nicht auch entlarvt und regelrecht entwertet wird, weil sie so offensichtlich Teil der Inszenierung ist. Wenn das männliche Subjekt den Umweg über den zum privilegierten Objekt seines Blickes erwählten weiblichen Körper benötigt, um sich seiner Selbstvorstellungen zu vergewissern, wird nämlich – auch wieder auf verschobene, entstellte Art – die Fragilität und fehlende Selbständigkeit dieses Subjektes mit ins Spiel gebracht. So können wir in den cinematischen Inszenierungen weiblicher Ikonen der Verführung nicht nur die Entfremdung der Frau von ihrem in der Öffentlichkeit verbreiteten Bild ablesen, sondern auch die Selbstentfremdung des scheinbar so unhinterfragbar selbstermächtigten männlichen Subjektes des kulturell dominanten Blickes.

Der internationale Star Marlene Dietrich

Zu Recht weist Klaus-Jürgen Sembach im Rahmen seiner Überlegungen zu den Porträts Marlene Dietrichs darauf hin, daß jeder Star ein industrielles Produkt sei, dann erst die technische Vervielfältigung jene weitreichende Wirkung möglich macht, die Voraussetzung für Startum ist. Dem fügt er hinzu, daß der Star nie etwas Natürliches ist, sondern eine Verschränkung von technischer Herstellung und individueller Gegebenheit darstellt: »Das Produkt muß richtig entworfen sein, um sich durchsetzen zu können, und eine Grundvoraussetzung dafür ist, daß es ein Gefühl für seine Notwendigkeit erzeugt hat. Kein Star ist je das Ergebnis seiner selbst gewesen, stets ist er von mehreren geschaffen worden – ein Vorgang, der mit dem Zuschlag des Entdeckers beginnt und bei der bemühten Handlung jenes Wesens endet, das die letzte Puderschicht aufträgt. Denn das Individuum allein genügt nicht, erst seine bewußte Stilisierung ist geeignet, ein weitreichendes Interesse zu wecken.« Mit anderen Worten, Startum bedeutet die Umwandlung einer Persönlichkeit in eine von diversen Instanzen – dem Regisseur, dem Kostümbildner, der Kamera – geschaffenes Bild, das deshalb eine morbide Form der Unsterblichkeit darstellt, weil es ihm in der Regel nicht erlaubt ist, diese Erscheinungsform später zu korrigieren oder zu verändern.[1] Ganz im Sinne dieser Vorstellung des Stars hat die Filmkritik oft behauptet, Marlene Dietrich sei die Schöpfung Josef von Sternbergs gewesen, das Medium, an dem er seine ästhetischen Wunschphantasien verwirklichen konnte. Denn mit dem Film *Der blaue Engel* wird nicht nur der deutsche Star Marlene geboren, son-

---

1 Klaus-Jürgern Sembach, »Einleitung«, *Marlene Dietrich. Portraits 1926–1960*, München 1984, S. 9, 19. Siehe auch: Steven Bach, *Marlene Dietrich. Life and Legend*, London 1992.

dern dieser Film markiert auch die Verschränkung der Entfremdung der historischen Frau Marie Magdalene Dietrich-Sieber in die zum Mythos erhobene Rolle des internationalen Stars mit dem konkreten Heimatverlust der beiden. Tatsächlich konnte von Sternbergs Verwandlung bezeichnenderweise nur an einem anderen, fremden Schauplatz – den Paramount-Studios in Hollywood – vollzogen werden und, so Sembach, auch wenn der Regisseur »die Kreation seines neuen Produktes ganz alleine betreiben wollte«, leugnete er doch nie die Herkunft seines Geschöpfes. Der amerikanische Star Marlene war also von Anfang an als ein hybrides Wesen konzipiert: Die – nicht zuletzt mittels der Sprache – deutlich ihren deutschen Ursprung zur Schau stellende weibliche Ikone der Verführung, die gekonnt einem zweifach fremden Blick – dem männlichen und dem amerikanischen – das an sie herangetragene Begehren widerzuspiegeln wußte.

Marjorie Rosen hat vorgeschlagen, die Filme dieses Duos als Kanonisierung Dietrichs zum Sternbergschen Ideal zu lesen, während Claire Johnston in ihnen weniger eine Zurschaustellung des männlichen Ideals von Weiblichkeit erkennt als eine Verneinung von weiblicher Präsenz: »Damit der Mann im Zentrum eines Filmuniversums bleiben kann, welches sich um das Bild einer Frau dreht, muß der Autor die Idee der Frau als soziales und geschlechtliches Wesen unterdrücken (ihre Andersartigkeit) und den Gegensatz zwischen Männlichkeit und Weiblichkeit gänzlich verneinen. Die zum Zeichen gewordene Frau fungiert als Pseudozentrum des filmischen Diskurses. Der wirkliche Gegensatz, der von dem zum Zeichen transformierten weiblichen Körper dargeboten wird, ist der zwischen Männlich/Nicht-Männlich. Dieses etabliert Sternberg dadurch, daß er das Bild Dietrichs in männliche Kleidung hüllt. Diese Maskerade weist auf die Abwesenheit des Mannes hin, eine Abwesenheit, die gleichzeitig von dem Mann verneint und wieder eingeholt wird. Das zum Star geborene Bild der Frau fungiert nur als Spur einer Ausschließung und einer Verdrängung der Frau.«[2]

2 Marjorie Rosen, *Popcorn Venus*, New York 1973, S. 174. Claire Johnston, *Notes on Women's Cinema*, London 1973, S. 26.

Die Vorstellung, daß Dietrich in diesen Filmen *doppelt abwesend* ist – nämlich abwesend als die Schauspielerin Marlene Dietrich-Sieber und abwesend als konkrete historische Frau – wurde bezeichnenderweise durch von Sternberg selbst proklamiert, denn dieser behauptete gerne: »In meinen Filmen ist Marlene nicht sie selbst. Vergessen Sie das nicht, Marlene ist nicht Marlene. Ich bin Marlene, und sie weiß das besser als alle anderen.« Gleichzeitig gab von Sternberg aber auch zu, daß er – obgleich er der Schöpfer des Stars Marlene war – dieser keine fremde Persönlichkeit einverleibte. Er verstand es lediglich besonders gut, die ihr eigenen Attribute zu dramatisieren, um diese Seiten seiner Schauspielerin für ein breites Publikum sichtbar zu machen, was aber auf der anderen Seite auch bedeutete, daß er jene Charaktereigenschaften, die nicht in sein Konzept paßten, zu verbergen suchte.[3] Die vielzitierte Nachtclub-Szene aus Dietrichs erstem amerikanischen Film *Morocco* (1930), in der sie in der Rolle der Kabarett-Sängerin Amy Jolly zum erstenmal den von Gary Cooper gespielten Fremdenlegionär Tom Brown trifft, bietet ein besonders anschauliches Beispiel dafür, daß die Frage nach der Position, welche die Frau, die sich den Blicken eines männlich kodierten Publikums anbietet, einnimmt, nie ganz eindeutig zu beantworten ist. Denn insofern Voyeurismus als eine Verschränkung von sich dem anderen uneingeschränkt hingebenden masochistischen Regungen einerseits und sich der eigenen Macht über den anderen versichernden sadistischen Regungen andererseits begriffen wird, erscheint gerade in einer solchen Szene die klare Zuweisung unmöglich.

Die Sequenz beginnt damit, daß der Nachtclubbesitzer die von ihm soeben engagierte Newcomerin ankündigt, und zwar mit der Bitte, man solle sie mit der für dieses Etablissement »üblichen wohlwollende Freundlichkeit« begrüßen. Doch bevor uns diese Sängerin vorgeführt wird, schaltet Sternberg zwei kurze, ihren ersten Auftritt umrahmende Szenen ein, in denen die ambivalente

---

3 Tom Flinn zitiert von Sternberg in seinem Artikel »Jo, Where Are You? (Marlene Dietrich)«, in: *The Velvet Light Trap* 6, Herbst 1972, S. 9. Siehe auch Josef von Sternberg, *Fun in a Chinese Laundry*, London 1965.

Erwartungshaltung der Zuschauer dargestellt wird. Einerseits hören wir den zynischen Kommentar des Millionärs La Bessière, der schmunzelnd-sadistisch seinen Gefährten, den Admiral, daran erinnert, daß die Begrüßung dieses Publikums für Newcomer üblicherweise unangenehm ist. Andererseits sehen wir den sich inmitten der raunenden Menge zurücklehnenden und selbstgefällig eine Zigarette rauchenden Tom Brown, der einer mit ihm verabredeten Zigeunerin, die sich aufgeregt für ihre Verspätung entschuldigt, einen Stuhl anbietet, sich aber dann sadistisch von ihr ab- und der Bühne zuwendet. Beide Männer – dies wird von Sternbergs *mise en scène* deutlich zum Ausdruck gebracht – meinen, ihre Rolle in der folgenden Darbietung genau zu kennen. Zwischen ihnen und der Frau, auf deren Auftritt der erwartungsvolle Blick aller gerichtet ist, verläuft eine scheinbar unüberschreitbare Grenze. Die Männer posieren als ermächtigte und unverletzbare Zuschauer, ihre jeweiligen Begleiterinnen als bloße Ergänzungen dieses Blickes, weibliche Komplizinnen des vom männlichen Blick ausgehenden Spiels, jedoch passiv ihm ergeben. Ihre Funktion ist auch die unsere: Sie dürfen dem Mann dabei zusehen, wie er dem für seinen Blick inszenierten Star zusieht. Teil der Erwartungshaltung ist gleichzeitig somit jedoch auch, daß die zur Schau gestellte Frau sich diesem sadistischen Verlangen unterwerfen wird, welches das Objekt des Blickes auf Distanz zu genießen sucht, ohne dieses direkt zu berühren.

Mit dem Song »Quand l'amour meurt« wird dieses Wechselspiel der Blicke von Sternberg jedoch nicht nur bestätigt, sondern auch ironisch durchbrochen, indem die verschwiegene Prämisse eines bemächtigten männlichen Blickens genau in jenem Moment filmsprachlich entlarvt wird, in welchem sie aufgrund der *mise en scène* auch produziert wird. Die mit Frack und Zylinder bekleidete Amy Jolly schlendert auf die Bühne und wirft einen kühl taxierenden Blick auf das grölende Publikum. An dieser Stelle ließ sich der zögerliche Schritt noch als Ausdruck von Zaghaftigkeit oder Ängstlichkeit deuten, als ginge es darum, das Publikum davon zu überzeugen, diese hilflose Sängerin sei in ihrer Selbsteinschätzung von seinem Wohlwollen abhängig und wolle alles tun, um ihm zu gefallen. Sternberg schneidet auf eine Nahaufnahme des Blickes, der fortan sein implizierter Betrachter sein wird. Einige Sekunden lang prüft Tom die weibliche Erscheinung kritisch, die er nun gänzlich auf sein Begehren bezieht, und wird, nachdem er zu dem Entschluß gekommen ist, daß sie ihm gefällt, übergangslos in ihren verführerischen Bann gezogen. Demonstrativ beginnt er zu klatschen, doch schon bald veranlassen ihn die ständigen Zwischenrufe der ihn umgebenden Menge dazu, handgreiflich zu werden. Um sich einen ungestörten Genuß zu sichern, droht er den um ihn herum tobenden Soldaten mit Faustschlägen und bringt seine aufgebrachte Begleiterin brutal zum Schweigen, indem er sie mit beiden Händen würgt und auf ihren Stuhl zurückdrängt, bevor er sich selbst wieder an seinen Platz setzt.

Doch von Anfang an wohnt dem kühlen Schlendern Marlene Dietrichs auch ein kalkulierter Widerstand gegen die erwartete weibliche Hingabe inne. Selbstbewußt hält Amy Jolly bei ihrem Auftritt in der rechten Hand eine Zigarette, während die linke nur halbverborgen in der Hosentasche steckt. Zielsicher steuert sie auf den Stuhl zu, zieht mit einem sicheren Griff der rechten Hand ihre Hose zurecht, setzt sich dann rittlings auf den Stuhl, während sie sich mit der linken Hand auf die Lehne stützt und süffisant die aufgebrachte Menge betrachtet und dabei in aller Ruhe ihre Zigarette weiterraucht. Nichts stört diesen Blick. Keine Ungeduld, keine Verunsicherung, kein Zweifel ist hier zu erkennen. Gleich einer Mutter, die milde ihre ungehorsamen Kinder belächelt und sich an den Verteidigungsversuchen des Lieblingskindes erfreut, wartet sie, bis sich die Aufregung des Vorspiels gelegt hat, steht dann ebenso souverän wieder auf, geht langsam auf eine Balustrade zu, lehnt sich gemächlich an diese und beginnt dann endlich zu singen.

Sternberg lokalisiert mit Nahaufnahmen nochmals die zwei Männer, deren sadistische Reden diesem Lied vorausgegangen waren – den Millionär und den Soldaten –, zwischen denen Amy Jolly am Ende der Filmhandlung wählen wird. Beide haben sich, ganz in ihren jeweiligen Genuß versunken, zurückgelehnt. Doch die Doppelung des männlichen Blickes läßt uns, die außerhalb der Geschichte lokalisierten Betrachtenden, nicht nur erkennen, wie beschränkt jedes dieser um den betrachtenden Mann kreisenden Phantasieszenarien ist, sondern sie läßt auch den Verdacht aufkommen, daß es im Spiel des Begehrens auch immer mehr gibt als die Position des privilegierten, dominierenden männlichen Blickes. Die Tatsache, daß wir dank Sternbergs *mise en scène* gleich zwei in ihren Genuß versunkene Männer vor Augen haben, untermauert das aufgrund dieses Blickwechsels sich seiner selbst versichernde männliche Subjekt. Die Frau, die durch ihre Erscheinung seine Macht bestätigt, befriedigt viele. Die imaginierte Einzigartigkeit dieses Verhältnisses wird so als trügerisch entlarvt.

Ganz explizit wird aber auch vorgeführt, wie sehr sich das Begehren der Betrachtenden mit dem der agierenden Betrachteten nicht nur deckt, sondern auch von diesem durchkreuzt wird. Amy Jolly demonstriert nämlich nicht nur, wie gekonnt sie sich dem männlichen Blick hingeben kann, wie genau sie ihm das vorzuspielen weiß, was er begehrt, sondern sie stellt auch unter Beweis, daß sie diese Inszenierung fest im Griff hat, daß nichts sie von der von ihr selbst ausgehenden Vorstellung abbringen kann. Deshalb wirkt sie eher wie eine hybride Erscheinung, die auf der manifesten Ebene passiv die von ihr erwartete Rolle der sich dem Blick anbietenden Frau annimmt, aber auf einer latenten, doch von Sternberg eindeutig mit inszenierten Ebene diese Darbietung meisterhaft selbst steuert. Gelassen schüttelt sie die Hand eines Zuschauers ab, der sie leicht am Arm faßt, da diese Berührung nur als kurzes Signal für ihre Begehrtheit in ihrem Spiel Platz hat, und sucht sich ein Stück weiter an der Balustrade einen neuen Sitzplatz. Ihr lächelnder Blick trifft nun die beiden privilegierten Beobachter – La Bessière, der, aufgrund der Bildkadrage von seinen Freunden gänzlich isoliert, seinen vermeintlichen Status als alleiniges Objekt ihrer Gunst genießt, und Tom Brown, der stolz um sich blickt, weil sein Genuß davon abhängt, daß ihn die anderen als den von der Sängerin auserwählten Beobachter anerkennen. In die Gesangsnummer wird ein virtuoses Zylinder-Impromptu eingebaut: Amy Jolly schiebt ihren

Zylinder zuerst mit der rechten Hand leicht aus dem Gesicht, drückt ihn dann aber am Ende des Liedes wieder fest auf den Kopf, so daß ihre Stirn erneut bedeckt ist. Um seine Zufriedenheit über den Auftritt zu manifestieren, vor allem aber auch um zu signalisieren, daß er auf das Angebot, von ihr ausgewählt worden zu sein, eingeht, salutiert Tom Amy mit einer leichten Berührung seiner Mütze und deutet dabei die Geste des Hutabnehmens an, ohne sie tatsächlich auszuführen. Amy reagiert auf dieses Zeichen, indem auch sie kurz noch einmal ihren Zylinder leicht nach oben schiebt. Dies ist die einzige verstohlene Bewegung in der ganzen Sequenz, die Andeutung Amys einer kurzen intimen Kommunikation zwischen den beiden – inmitten und zugleich auch jenseits der so raffiniert komponierten öffentlichen Zurschaustellung diverser Blicke des Begehrens.

Wie sehr Marlene Dietrich in dieser Szene gleichzeitig auch mit der Festlegung auf Geschlechterrollen spielt, wird in der Auflösung der Szene besonders geschickt inszeniert. Denn Amy Jolly bricht nicht nur die Grenze zwischen Bühne und Publikum auf, indem sie der Aufforderung des hinter ihr sitzenden Mannes, ein Glas Champagner mit ihm zu trinken, nachkommt, sich über die Balustrade schwingt und, nachdem sie einen an das versammelte Publikum gerichteten Trinkspruch ausgebracht hat, das Glas unter allgemeinem Applaus in einem Zug leert. Sondern die Haltung der sie betrachtenden Männer imitierend, betrachtet auch sie für ein paar Augenblicke die Gefährtin des Mannes und, nachdem sie sich genau wie Tom während der Gesangsnummer umgedreht und somit signalisiert hat, daß ihre Handlung ganz explizit auf den Blick der Menge zielt, geht sie auf die Frau zu und bittet sie um die Blume, die sich diese hinters Ohr gesteckt hat. Die Komplizin des männlichen Blickes ist nun wie Amy im Verlauf der Gesangsnummer ganz explizit das Objekt der Betrachtung, von allen anderen Figuren isoliert, eine Ausgewählte. Weiterhin die männliche Position einnehmend, beugt sich Amy, nachdem sie kurz an der Blume gerochen hat, vor und küßt die Frau auf den Mund. Während alle anderen wohlwollend lachen, geht sie langsam einige Schritte zurück, imitiert Tom ein weiteres Mal, indem sie ihren Zylinder mit dem rechten Zeigefinger leicht antippt, als danke sie der Frau für den Kuß. Erst dann dreht sie sich um, nimmt den Hut ab und verbeugt sich nun vor dem gesamten Publikum.

Auf die Bühne zurückgekehrt, geht sie jedoch bezeichnenderweise nicht sofort ab, sondern begibt sich zunächst zu Tom, der an einem Tisch in der ersten Reihe sitzt. Sich seiner auserwählten Stellung gewiß, steht dieser auch auf und klatscht nochmals demonstrativ. Wie sie ist er sich völlig im klaren darüber, daß er das Objekt der Blicke aller anderen ist. Doch Amy Jolly unterminiert die Selbstversicherung, die dieser Blickwechsel bestätigen soll, indem sie den privilegierten Träger des männlichen Blickes in das Spiel einbezieht und die Grenzen zwischen den diversen Spielern durchlässig werden läßt. Sie riecht nochmals an der Blume und wirft sie dann Tom anstelle eines Kusses zu. Hatte sie seine männlich kodierte Körpersprache imitiert, um die Komplizin des männlichen Blickes zu verführen, während die betrachtenden Männer darüber lachten, führt sie nun vor, daß im Zuge dieses *cross-dressing* der Mann selbst in die weibliche Position geraten kann. Bei ihm kommt nicht nur die Blume der passiv zusehenden Frau an, sondern er muß Amy Jollys stellvertretendes Geschenk ebenso hilflos akzeptieren wie die Frau die direkte erotische Berührung. Wie sehr sich Tom nun in der Position der masochistischen Betrachteten befindet, zeigt nicht zuletzt die Tatsache, daß die weiterhin männlich kodierte Menge lacht und klatscht, während Amy Jolly, nachdem sie sich nochmals mit gezücktem Hut verbeugt hat, mit forschem Schritt die Bühne verläßt. Die Männer sind, ohne es bemerkt zu haben, in die Position von Amys kollektiver Komplizin gerutscht. Doch bezeichnenderweise beendet von Sternberg die Sequenz erst, nachdem er uns nochmals eine Nahaufnahme Toms gezeigt hat. Zuerst verwirrt, dann verärgert, lehnt sich dieser an der Blume riechend wieder in seinem Stuhl zurück: Auch er genießt das Changieren der Rollen.

Als diejenigen, die dieses Wechselspiel bedeutsamer Blicke betrachten, können wir nicht sicher sein, wessen Macht zur Schau gestellt wird. Ist die Frau wirklich nur das passive Objekt der sie betrachtenden Männer, oder muß man nicht auch von den Betrachtern als Objekten der betrachteten Frau sprechen? Geht es womöglich bei dieser Szene genauso um die Frage nach einer weiblichen Macht, die gerade in dem Wissen um die Fremdheit im Ich und in der Inszenierung dieser Selbstspaltung zum Ausdruck kommt? Ist das *cross-dressing*, das Marlene Dietrich und Josef von Sternberg hier auf so schillernde Weise inszenieren, nur eine Auslöschung des Weiblichen oder nicht gleichzeitig auch eine »Verunheimlichung« des Männlichen? Denn als Chiffre für die männliche Selbstversicherung intendiert – ihn in seinem Begehren perfekt widerspiegelnd –, wird die explizit als Mann verkleidete Frau auch zur Chiffre für den beunruhigenden unheimlichen Kern, der jeder festen Geschlechterdefinition eingeschrieben ist. Im Zuge dieser Verflüssigung der Geschlechtergrenzen wird es jedoch nicht nur immer schwieriger festzulegen, wer wen verführt, und somit auch unklar, für wen Amy Jolly als Chiffre dient: für den Regisseur Josef von Sternberg, für den Star Marlene Dietrich oder für jene Art Frauenbild, das als Ikone der Verführung bezeichnet wird?

Es bleibt aber auch unentscheidbar, welches geschlechtliche Begehren in dieser Szene befriedigt wird. Andrea Weiss argumentiert, daß von Sternberg bewußt mit der Möglichkeit eines lesbischen Blickes spielte, als er Paramount erlaubte, mit dem *publicity slogan* »Dietrich – die Frau, die alle Frauen sehen wollen« für seinen Film zu werben. In diesem Sinne bietet sich die Gesangsnummer nicht nur für eine Lektüre an, die im Sinne Hollywoods eine heterosexuelle Trajektorie privilegiert und somit den Kuß als verschobenes Zeichen für Dietrichs Verführungskraft deutet – als Herausforderung an, aber auch als Anregung für den männlichen Blick. Sondern die Szene erlaubt auch eine homoerotische Lesart, die sich dieser favorisierten Lesart widersetzt, und zwar nicht nur, weil für einen Augenblick Marlene Dietrich aus der Rolle der *femme fatale* herauszutreten scheint und eine andere, lesbische Sexualität inszeniert, sondern auch, weil ihr Changieren zwischen der Rolle der Verführenden und der Rolle der Verführten eine Fluidität und

Transzendenz aller Beschränkungen zum Ausdruck bringt, die jeden Zuschauenden, auch den Homosexuellen, verführt. Um die Vielzahl an oft widersprüchlichen Lektüren, die aus einem Film gewonnen werden können, zu erklären, weist Richard Dyer zu Recht darauf hin: »Das Publikum kann den medial vermittelten Bildern nicht willkürlich irgendeine Bedeutung zuschreiben, aber es kann aus der Komplexität des Bildes jene Bedeutungen und Gefühle auswählen, jene Variationen, Modulationen und Widersprüche, die ihm sinnvoll und brauchbar erscheinen.«[4]

Im Sinne dieser Überzeugung, es ginge, was das Hollywood-Kino anbelangt, vor allem um die Frage nach einer verhandelbaren Lektüre, d. h., um die Möglichkeit, eine vom Entstehungsumfeld hervorgehobene oder privilegierte Lektüre abzulehnen und diese durch eine andere, eher unterschwellig vermittelte zu ersetzen, lassen sich diverse Deutungen Marlene Dietrichs ausmachen. So behauptet beispielsweise Molly Haskell, daß Marlene Dietrich sich von Anfang an allen Versuchen, sie in ein Bild einzufangen, mit ihrer starken physischen Präsenz auf der Leinwand zu widersetzen wußte. Aufgrund ihrer genau kalkulierten Körpersprache, die ihr erlaubte, jene von ihr erwartete weibliche Schönheit mit selbstironischer Distanz zu inszenieren, habe sie sich immer auch der ihr zugeschriebenen stereotypen Rolle entziehen können: »Im Glanz ihrer Schönheit wäre die Dietrich beinahe eine Göttin geworden, aber sie lehnte dies ab. Sie lehnte es ab, die verallgemeinerten Vorstellungen von Liebe und Leid auf sich zu nehmen, mit denen sich ein Massenpublikum leicht identifizieren konnte, und weigerte sich, zur Befriedigung eines männlichen Ichs so zu tun, als würde die Liebe nicht sterben und als könne sie ihr Leben lang nur dieses männliche Subjekt lieben.«[5] Für Haskell ist Dietrich eine Chiffre für die realisti-

---

4 Andrea Weiss, »›A Queer Feeling when I look at you‹. Hollywood stars and lesbian spectatorship in the 1930s«, *Stardom. Industry of Desire*, Hg. Christine Gledhill, New York/London 1991, S. 286 f., Richard Dyer, *Heavenly Bodies: Film Stars and Society*, New York 1986, S. 5.
5 Molly Haskell, *From Reverence to Rape. The Treatment of Women in the Movies*, New York 1974, S. 109.

sche, ja fatalistische Frau, die menschliche Schwäche kennt und akzeptiert, die sowohl ihre eigene Fehlbarkeit als auch den Wunsch nach Erlösung zum Ausdruck bringt. Dietrich ist in der von ihr bevorzugten Lesart immer als Geschöpf des Mythos zu begreifen – und niemals in einem soziologischen Sinne eine reale, historisch verankerte Frau –, gleichzeitig aber entmythisiert dieser Star auch jene Bildwelt, als deren Produkt er überhaupt erst in Erscheinung tritt. Die Schauspielerin ist eine wissende, keine unschuldige Trägerin des auf sie projizierten Blickes, eine pragmatische Mitspielerin bei der Zurschaustellung und Vermarktung ihres Startums.

Ähnlich subversiv deutet auch Tom Flinn Dietrichs Auftritte in den Sternberg-Filmen: »Von primärer Wichtigkeit bei der Schöpfung des Stars ›Dietrich‹ war Marlene Dietrich selber, ihre distanzierte Gleichgültigkeit, ihre Unabhängigkeit selbst von den Tabus ihrer Gesellschaft – vorgeführt durch ihre gelegentliche Aneignung männlicher Kleider, meist um das ›starke Geschlecht‹ zu parodieren, welches sie unweigerlich auf die eine oder andere Weise übertrumpfte.«[6]

Mit anderen Worten, die Wirkungskraft der Filmikone Marlene Dietrich ergibt sich aus dem Spannungsverhältnis zwischen zwei diametral entgegengesetzten Lesarten: einerseits der Überzeugung, Dietrich fungiere als leeres Vehikel für die Phantasien ihres Schöpfers, des Regisseurs Josef von Sternberg, und andererseits der Auffassung, Dietrich habe sich immer auch von der von ihrem Regisseur intendierten Reduktion auf eine Chiffre für männliche Träume zu widersetzen gewußt. Brisant daran bleibt die Tatsache, daß die Entstehung eines Stars davon abhängig ist, daß zwei nach Selbstdarstellung strebende Subjekte zusammentreffen – die Schauspielerin und der Regisseur. Der daraus entstehende Dialog mag die gegensätzlichen Interessen unter einen Hut bringen, kann aber den Wettstreit dieser Andersartigkeit auch gerade betonen. Auf keinen Fall aber wird er die homogenisierende Auslöschung der

---

6 Tom Flinn, 1972, S. 14. Eine Auseinandersetzung mit dieser Debatte findet sich bei Richard Dyer, *Stars*, London 1979.

einen Stimme zugunsten der anderen bewirken. Die Entscheidung, welche Stimme wir, sofern wir solch eine harmonische Auflösung aller Konjunktionen und Disjunktionen überhaupt anstreben, für die dominante halten, liegt letztlich bei uns.

Ein Wechselspiel von Sadismus und Masochismus

Während ich im vorhergehenden Kapitel die These vertreten habe, Pabsts *Geheimnisse einer Seele* könne als cinematische Ursprungsphantasie der Psychoanalyse verstanden werden, in der uns die Geburt des heterosexuellen, männlichen Subjekts vorgeführt wird, so möchte ich in diesem den Vorschlag machen, daß *Der blaue Engel* als eine Ursprungsphantasie der Traumfabrik Hollywood fungiert, in der uns die Geburt der Frau als Filmikone vorgeführt wird, und zwar ebenfalls als Resultat diverser Unterwerfungs- und Bemächtigungsphantasieszenen. Doch *Der blaue Engel* ist, wie Gertrud Koch ausgeführt hat, nicht nur ein Film, der zwischen zwei Welten angesiedelt ist, zwischen Deutschland und den USA, ein Film, in der eine alte, vom Stummfilm geprägte Schauspielkunst – die von Emil Jannings – durch Ton und eine andere Form des Schauspielens – nämlich des Stars Dietrich – ersetzt wird. Sondern dieser Film markiert auch jene Grenzüberschreitung Marlene Dietrichs, die erst in den neunziger Jahren mit der Beisetzung ihres Leichnams auf einem Berliner Friedhof ein Ende fand, wenngleich eine wahre Heimkehr unmöglich war, da die Trauerfeier in letzter Minute abgesagt werden mußte.

Auch wenn es nie direkt ausgesprochen wurde, ahnten die Organisatoren des Begräbnisses wohl, daß die Bevölkerung Berlins, die auf Marlene Dietrichs erste Deutschland-Tournee nach dem Krieg mit wütenden Beschimpfungen reagierte, sie bis zum Schluß als eine Verräterin am deutschen Vaterland begriff. Sie hatte nicht nur die Paramount-Studios der Ufa vorgezogen, sondern war nach ihrem Abschied von Deutschland noch dazu in der Uniform der US-Army nach Europa zurückgekehrt, um dieser beim Kampf gegen den Nationalsozialismus beizustehen. Die Tatsache, daß ihre Abreise nach Hollywood mit dem Anfang der NS-Zeit in Deutschland zusammenfällt, läßt laut Koch ihre Darstellung der Lola jedoch auch zu einem Bild werden, welches sowohl eine Erinnerung an Vergangenes wie auch einen Abschied und ein Weggehen markiert. Denn Dietrichs Lola verkörpert im *Blauen Engel* noch ein Frauenbild, in dem sexuelle Freizügigkeit und erotische Lust durchaus mit Mütterlichkeit vereinbar sind, ein Bild also, das zusammen mit der Weimarer Republik abstirbt und aus dem Bildrepertoire der Nationalsozialisten vollständig getilgt wird.[7]

Unheimlich am letzten deutschen Film Marlene Dietrichs ist nun aber die Tatsache, daß das amerikanische Exil, das aufgrund ihres Erfolges im *Blauen Engel* überhaupt erst möglich wurde, hier inhaltlich vorweggenommen wird, jedoch so, daß es auf die beiden Hauptdarsteller verteilt nur indirekt zum Ausdruck kommt. Denn einerseits wird im Verlauf des Films gezeigt, wie der anfänglich ganz noch in seiner Heimat verortete »Professor am hiesigen Gymnasium« ins psychische und konkrete Exil geht. Von unerklärlichen und bis dahin unterdrückten Trieben überwältigt, betritt er das Kabarett »Der blaue Engel«. Er tut dies unter dem Vorwand, seine Schüler disziplinieren zu wollen, doch nachdem er vom Blick einer Frau gefangengenommen und zur Heirat verführt wird, zieht er mit der Theatertruppe durch die Lande und wird zum Schluß als ein in seine ihm nun gänzlich entfremdete Heimat Zurückgekehrter, selbst zu einem für den Blick des Theaterpublikums inszenierten Objekt öffentlicher Demütigung und Bestrafung. Im Clown-Kostüm sitzt er auf der Bühne und soll den Kikeriki-Ruf des Hahns nachahmen, während der als Zauberer verkleidete Direktor der Schauspieltruppe ein Ei über seinem Kopf zerschlägt. Er, der in seiner Funktion als Gymnasialprofessor zunächst meinte, er habe als Repräsentant symbolischer Gesetze und Verbote den männlichen Blick auf die Frau unter Kontrolle, wird selbst Opfer ihres verfüh-

---

[7] Gertrud Koch, »Exorcised: Marlene Dietrich and German Nationalism«, *Women and Film. A Sight and Sound Reader*, Hg. Pam Cook und Philip Dood, London 1993.

rerischen Spiels. So inszeniert von Sternberg in *Der blaue Engel* das Thema, zwischen zwei Welten hin und her gerissen zu sein, indem er die nostalgische Vorstellung, es gäbe eine intakte, glückliche, unversehrte Heimat, als Phantasiegebilde entlarvt. Denn ähnlich wie in den *Geheimnissen einer Seele* führt uns auch sein Held Prof. Rath die unvermeidliche Entfremdung und Entortung des Subjekts vor Augen. Auch seine Geschichte erzählt davon, daß das Ich nie Herr im eigenen Hause ist, doch im Gegensatz zu Pabst zeigt von Sternberg auch, daß der Wunsch, nach Hause zurückzukehren, tödlich sein kann.

Andererseits kann man das Schicksal der Lola nachträglich auch als Chiffre für die Situation der ins Exil gegangenen Deutschen lesen, die nach Anbruch der NS-Zeit nicht mehr nach Hause zurückkehren und sich nur in einer vom bekannten kulturellen Umfeld isolierten und in der Fremde noch nicht heimisch gewordenen Position entwerfen konnten. Wie in *Geheimnisse einer Seele* sehen wir am Ende des *Blauen Engels* eine Frau, die ziellos und einsam vor sich hin starrt, mit einem Blick, der auf zugleich vorwurfsvolle wie

verführerische Weise die Haltung der Macht mit der der Entmachtung verbindet. Doch anders als Pabst inszeniert von Sternberg keinen ambivalenten und zugleich in sich harmonisch geschlossenen Raum als Lösung seiner Phantasieszene. Als Zeichen dafür, daß die Heimkehr unmöglich geworden ist, steht statt dessen nun eine doppelte Versteinerung: die des weiblichen Stars und die der männlichen Leiche.

Der Film beginnt mit einer Ortsangabe. Wir sehen die Dächer eines kleinen Dorfes, dann eine Marktstraße, in der eine Bäuerin ihre Gänse in einen großen Pferch wirft, um sie ihren Kunden zu präsentieren. Gleich darauf sehen wir eine Putzfrau den Rolladen eines

Schaufensters hochziehen, hinter dem sich ein Reklameplakat befindet: Das gemalte Bild einer Frau, die mit gespreizten Beinen ihren Unterleib leicht nach vorne schiebt, den Rock weit über die Knie hochgezogen hat und beide Arme auf die Hüften stemmt. Ihr Gesicht ist von Locken umrahmt. Stolz trägt sie einen kaum angedeuteten runden Federhut. Am rechten Bein klammert sich ein kleiner Engel fest, über das linke Bein ist ihr Name »Lola Lola« geschrieben. Die mit einer Schürze bekleidete Frau betrachtet das Plakat kurz, wirft dann einen Kübel Seifenwasser gegen die Glasscheibe und beginnt diese zu putzen. Dann hält sie inne, dreht sich mit dem Rücken zum Schaufenster und ahmt am eigenen Leibe die gezeichnete Pose der Kabarett-Sängerin nach. Auch die Putzfrau spreizt nun ihre Beine und stemmt ihre beiden Arme in die Hüften, während sie nochmals kurz auf das Plakat in ihrem Rücken blickt. Auf den Schnitt folgt die Nahaufnahme eines Türschildes, auf dem wir den Namen Prof. Dr. Rath erkennen.

Bezeichnend an dieser Exposition des *Blauen Engels* ist vor allem die Tatsache, daß die Heldin ausdrücklich als Bild eingeführt wird, etwa zwanzig Minuten bevor ihr Körper ins Blickfeld des Kinobetrachters und einige Minuten später dann in das Prof. Raths eintreten wird. Sie erscheint uns in der Sternbergschen *mise en scène* zuerst als Identifikationsangebot, als Bild der verführerischen Frau, welches – stellvertretend von der Putzfrau – nachgeahmt werden kann. Zudem wird sie aber von Anfang an auch als Fetisch eingeführt. Ihre herausfordernde Pose betont ihre verführerischen Beine ebenso wie der kleine Engel, der diese umschlingt. Sie stehen bildlich im Vordergrund des Plakates, sind das Merkmal, das die Putzfrau bemerkt, das sie ihre Handlung abbrechen läßt, um schließlich die Pose dieses privilegierten Körperteils der gemalten Frau nachzuahmen. Durch den Schnitt wird aber gleichzeitig an den Namen der weiblichen Ikone »Lola Lola« – der darauf hinweist, daß es sich hier um den Typ der verführerischen Frau und nicht um eine wirkliche Frau mit einem gesetzlichen Familiennamen handelt – ein zweiter Name geknüpft: Prof. Dr. Rath. Somit bietet uns Sternberg in seiner Exposition die Fragekonstellation des Familienromans an, der im Verlauf der Filmhandlung durchgespielt werden soll. Das Plakat von »Lola Lola« funktioniert wie eine Pervertierung des mütterlichen Bildes, denn obgleich die schöne Frau von oben auf uns herabblickt, tut sie dies nicht in Anlehnung an die tradierten Bilder der Mutter Maria mit Kind, sondern eher in der Gestalt der Venus mit Amor. Die von ihr repräsentierte Welt, für die mit diesem Plakat geworben werden soll, ist demzufolge der verführerische, lustvolle Bereich, der der von Einbildungen und Wunschphantasien geprägten psychischen Realität entspricht. Diesem Register des Imaginären entgegengesetzt, jedoch gleichzeitig mit ihm verbunden, ist der männlich kodierte Bereich des Gesetzes, stellvertretend dargestellt nicht durch ein Körperbild, sondern ausschließlich durch Schrift (das Namensschild des Prof. Dr. Rath), die sowohl seine Position innerhalb eines symbolischen Systems als auch seine Funktion, nicht aber seine Gestalt verrät: Ohne Körper und ohne Gesicht vertritt er die lehrende und strafende Institution der Schule.

Mit anderen Worten, so wie die Heldin durch ein gemaltes Bild eingeführt wird, das sie ihrer historischen Wirklichkeit beraubt und zum Mythos erhebt, wird der Held durch ein entleertes Zeichen eingeführt, das ihn seiner Persönlichkeit beraubt und ihn auf seine symbolische Funktion reduziert. Von Anfang an sind die Protagonisten der Tragödie nicht primär als Individuen zu sehen, sondern als allegorisierte Stellvertreter zweier Bereiche. Über ihre Gestalten wird im Verlauf des Films ein Wechselspiel zwischen Sadismus und Masochismus ausgetragen, das eine Parabel von der Entmachtung des Symbolischen durch das Imaginäre erzählt: Die Verortung der im Imaginären schwebenden Sängerin durch ihre Gesangskunst, die Entortung des im Symbolischen fest verankerten Professors durch seinen Schautrieb. Und auch wenn die Schlußsequenz die Geburt des internationalen Stars zelebriert, offeriert uns von Sternberg mit der letzten Einstellung des Films auch eine neue Verankerung der paternalen Instanz. Eingeleitet wird diese Rückführung der väterlichen Figur in seine symbolische Heimat aber bezeichnenderweise dadurch, daß das Bild der Frau, das die Entortung überhaupt erst ausgelöst hat, durchbrochen wird. In Anlehnung an die Eingangsszene wird nun auf einem zweiten Werbeplakat das  Abbild des verführerischen weiblichen Körpers durch seinen Namen ersetzt. Der Streifen, der über den weiblichen Körper geklebt wird, verkündet das »Persönliche Auftreten von Professor Immanuel Rath«. Ganz getilgt ist die mütterliche Verführerin jedoch nicht aus diesem Spiel entmachtender und bemächtigender Blicke. Von der linken Seite des Plakats schaut sie weiterhin über die linke uns zugewandte Schulter von oben auf uns herab. Auf der rechten Seite des Plakates ragt nun über seinem Namen der ihrige – »Lola Lola«.

So zeichnet sich in der Bewegung vom ersten zum zweiten Plakat eine weitere Verschiebung ab. Die Durchstreichung des gezeichneten weiblichen Körpers betont ihren symbolischen Wert. Der auf der Bühne des »Blauen Engels« sich zur Schau stellende weibliche Fetisch wird, wie von Misha Kavka ausgeführt, zur Ikone, die bezeichnenderweise nun auch auf eine Welt außerhalb der Filmhandlung verweist – nämlich auf die internationale Bühne Hollywoods. Lola hat sich über die Vereinnahmung durch den männlichen Blick erhoben und singt als ein den Bühnenraum des Kabaretts sprengender internationaler Star. Mit anderen Worten, die Frau, die in dieser letzten Gesangsnummer in Erscheinung tritt, wird von Sternberg explizit als unheimliche Doppelung inszeniert – als die zum letztenmal auf der Bühne des »Blauen Engels« singende Lola und als seine für das fremde Hollywood auserwählte Schöpfung, Marlene Dietrich. Auch diese unheimliche Gestalt verweist auf keine wirkliche historische Frau, aber als Ikone weiblicher Verführung hat sie im Gegensatz zum zu Tode erstarrten Prof. Rath/Emil Jannings eine eindeutige Verortung, eine feste Position und einen klaren Auftrag innerhalb der symbolischen Ordnung des internationalen Film- und Entertainmentgeschäfts.[8]

Dieser kurze Ausbruch aus der Handlungsebene knapp vor Ende des *Blauen Engels* ist nun aber deshalb so wirkungsvoll, weil die Schlußszene uns nicht nur zurück in die Welt der Filmhandlung, genauer in die von Prof. Rath verlassene Heimat – das Gebäude des Gymnasiums – führt, sondern weil sich in ihr eine spiegelverkehrte Bewegung auf seiten der väterlichen Figur abzeichnet. Denn nun wird an Stelle des weiblichen der männliche Körper zum Fetisch, und zwar in einem Akt, der das Imaginäre (dem Körperbereich Zugeschriebene) dem Symbolischen (dem Sprachbereich der Gesetze und Verbote Zugeordnete) gänzlich überlagert. Hier wird mit tödlichem Ausgang die Differenz zwischen diesen beiden Bereichen aufgehoben, indem nicht mehr das Begehren, das durch ein Bild ausgelöst wird, im Zentrum steht – sei es im Fall der Putzfrau die Phantasie, sie könne die verführerische Frau imitieren, sei es im Fall der Schüler die Phantasie, sie könnten diese besitzen –, sondern indem sich mit der Rückkehr des Prof. Rath in den verlassenen symbolischen Ort des Gymnasiums, den er mit seinem Namen repräsentiert, eine reale Verkörperung des Wortes, die Substitution des Namensschildes durch den Leib vollzieht. Nachdem er sich in einen schäbigen Mantel gehüllt aus dem Nachtklub davongeschlichen hat, findet er sich ein letztes Mal an seinem alten Arbeitsplatz ein. Der Nachtpförtner, der ihm die Tür geöffnet hat, folgt ihm mit seiner Taschenlampe und findet ihn schließlich über dem Pult seines ehemaligen Klassenzimmers zusammengebrochen. In dieser Haltung ist sein Körper mit der Position des Gesetzes, dessen Mandat er zugunsten seiner Liebe zu einer Frau aufgab, auf unauflösbare Weise verschmolzen. Die Versuchung, die vom Bild der verführerischen Frau ausgeht, hat das Morsche im Gesetz in Gestalt des fehlenden Durchsetzungsvermögens des Professors aufgezeigt, und dieser Mangel kann, zumindest in der Logik des von Sternberg inszenier-

---

8 Misha Kavka, »When Women Look: Rethinking Fetishism in Film«, MS.

ten Phantasieszenariums, nur durch den toten Körper der väterlichen Instanz wieder verdeckt werden. Seine bereits leichenstarren Hände umklammern die Tischplatte so fest, daß der Pförtner ihn nicht davon lösen kann. Es ist, als ersetze ihm diese Geste die ihm inzwischen verleidete Umarmung des weiblichen Körpers, die er sich damals in diesem Klassenzimmer so sehnlichst gewünscht hätte. Der Pförtner läßt seine Lampe auf den Toten gerichtet liegen und verläßt den Raum, während die Kamera zurückfährt, um die erleuchtete Leiche inmitten des leeren Klassenzimmer in einem Schlußbild einzufangen. Hatte Lola ihn einst mit dem auf ihn gerichteten Lichtzirkel eines Scheinwerfers in der Menge ausgemacht und durch diese Verlängerung ihres Blickes für sich als privilegierten Liebhaber ausgewählt, wird er nun im Lichtzirkel der Taschenlampe ein letztes Mal hervorgehoben: Ein Leib, der sich selbst ein Denkmal setzt, indem er in ein und derselben Geste die Fehlbarkeit seines symbolischen Mandats und seine radikale Unterwerfung unter dessen Gesetz zum Ausdruck bringt.

Auch wenn es bei der Sternbergschen Inszenierung des durch seine Triebe von seiner Heimat und seiner symbolischen Stellung entorteten Subjektes in letzter Konsequenz um eine fatale Verschränkung von Selbstverständnis und öffentlicher Erscheinung geht, die der selbstentfremdeten Erscheinung des Stars völlig entgegengesetzt ist, darf nicht außer acht gelassen werden, daß es zuerst das Bild der Verführerin Lola ist, also die Repräsentation und nicht der konkrete Leib, das zwischen und in den drei zentralen Räumen der Erzählhandlung – dem Heim des Professors, dem seiner Herrschaft unterworfenen Klassenzimmer und dem ihm völlig fremden Kabarett »Der blaue Engel« – zirkuliert, bevor es dann an Lolas bzw. Marlene Dietrichs Gestalt festgemacht wird. Zuerst sehen wir nur, wie Raths Schüler mit Ausnahme des Primus um einen Jungen herum stehen und auf die Postkarte schauen, die dieser in seiner Hand hält und leicht anhaucht. Gleichzeitig wird über dem Jungen eine zweite Karte weitergereicht, doch die Kamera verrät nicht, was auf diesem verbotenen Foto zu sehen ist. Dann wird die Postkarte im Verlauf der Unterrichtsstunden von Prof. Rath in der Hand des Schülers ent-

Der blaue Engel

deckt, konfisziert und in die Brieftasche gesteckt mit der Drohung, er werde den Schüler für den Besitz dieses Fotos bestrafen, wobei weiterhin das Bild selbst verborgen bleibt. Schließlich schmuggeln die anderen Schüler zwei weitere Postkarten zwischen die Schulhefte des Primus und stellen ihm beim Verlassen des Gymnasiums ein Bein, so daß dieser infolge seines Sturzes die Hefte fallen läßt und die Fotos auf dem Pflaster liegenbleiben. Jetzt sehen

wir, wenngleich nur ungenau, eine Ganzkörperaufnahme und eine Nahaufnahme des Gesichtes einer mit Federn geschmückten Frau. Doch erst nachdem Prof. Rath im Arbeitszimmer seines Heims den unglücklichen Primus zur Rede gestellt und auf diese Weise erfahren hat, daß seine Schüler sich nachts im »Blauen Engel« herumtreiben, bekommen wir selbst die Gestalt auf diesen verbotenen Fotos zu sehen.

Nachdem ihn der Schüler verlassen hat, sitzt Dr. Rath nun allein in seiner Wohnstube und bläst, die Geste des Schülers imitierend, die in seiner Hand wie ein Fächer angeordneten drei beschlagnahmten Fotos an, wobei er sich verstohlen umschaut, um sicherzugehen, daß ihn niemand bei diesen verbotenen Blicken beobachtet. Der Schnitt zeigt drei Bilder der Verführerin Lola, wobei auf jenem, das wir bis zu diesem Punkt nicht sehen konnten, ein aus wirklichen Federn zusammengesetzter Rock auf das Foto geklebt ist, so daß der männliche Atem den verbotenen Anblick des weiblichen Unterleibes freigibt. Als würde Prof. Rath diese Repräsentation mit seinem Atem beleben, folgt auf die Nahaufnahme dieser drei Fotos nach einem Schnitt sofort ein Bild der Sängerin Lola, die gerade mit gespreizten Beinen und hin und her schwingenden Hüften ihr Publikum verführerisch anblickt und zu singen beginnt: »Ich bin die fesche Lola.«

Dieses Triptychon wirkt wie eine verbotene weibliche Anrufung, aufgrund deren der Professor ins Kabarett eindringt, explizit mit dem selbstauferlegten Auftrag, seine Schüler zu strafen, doch implizit, weil er sich auf unheimliche Weise von der abgebildeten Gestalt angezogen fühlt. Aufgrund dieses Bildes wird sowohl sein Heim wie auch seine symbolische Heimat, das Klassenzimmer, unheimlich, denn durch die Einführung dieses »Frauenzimmers« in beide Räume kommt Unruhe in seine vertraute Welt. Zum erstenmal verbringt er die Nacht nicht in seinem Schlafzimmer, sondern in einem fremden Bett, und die Störung seiner Alltagsroutine aufgrund des gemeinsamen Frühstücks mit der Geliebten hat zur Folge, daß er zum erstenmal zu spät zum Unterricht kommt. Dort erwartet ihn eine weitere Störung der ihm vertrauten Situation, denn auf beiden Tafeln entdeckt er Karikaturen seiner frisch entflammten Liebe zu Lola, und die Schüler beginnen kurz nach seinem Eintreten in das Klassenzimmer zu rufen: »Herr Professor, es riecht nach Unrat.«

Die Filmsprache verdeutlicht, daß Rath auf doppelte Weise nicht länger Herr im Haus ist. Denn so wenig er das Begehren überwinden kann, das ihn beim Anblick der verführerischen Lola auf so unerwartete Weise überwältigt und von sich selbst entfremdet hat, so wenig kann er die Zeichen, die diesen Einbruch der sexuellen Triebe öffentlich machen, von der Tafel wegwischen. Der Preis dafür, daß er von der von allen begehrten Frau auserwählt wurde und die auf der Bühne des »Blauen Engels« vorgeführten erotischen Phantasien vollziehen durfte, besteht im Verlust seiner unhinterfragten Autorität im symbolischen Raum. Die Grenzverwischung zwischen dem verführerischen Bild und seinem leiblichen Modell, die zu einer klaren Verortung in einem erotischen Phantasieszenarium führt, geht Hand in Hand mit einer Entortung aus dem Schauplatz der vertrauten Arbeitswelt, so als würden die Zeichnungen der Schüler auf der Tafel des Klassenzimmers jene unheimliche Differenz sichtbar machen, die seinem psychischen Apparat immer schon eingeschrieben war, die jedoch erst durch seine imaginäre Belebung der Postkarte an die Oberfläche seines Bewußtseins drängen konnte. Die unflätigen Schimpfrufe der Schüler wirken daher wie eine veräußerlichte Artikulation der gewaltigen Umwälzungen seines libidinösen Haushaltes, die dazu führen, daß er sein trautes Heim und sein Dorf verlassen muß. Auf seine Entlassung aus dem Gymnasium folgt jedoch nicht nur der Auszug aus der vertrauten Welt, sondern auch der Eintritt in eine in mehrerer Hinsicht fremde – die Heirat mit Lola, das Reisen von einer fremden Stadt zur nächsten und schließlich auch sein Auftritt als Clown.

So ist es nur konsequent, daß sich der erste Streit zwischen den frisch Vermählten um den Verkauf jener Postkarten dreht, die Prof. Raths psychische und gesellschaftliche Entortung auslösen. In der Hochzeitsnacht erfüllt er Lolas Bitte, ihr etwas aus den noch unausgepackten Koffern zu holen; zusammen mit diversen Klei-

dungsstücken fällt dabei auch ein ganzes Bündel Postkarten auf den Boden. Während er Lola vorwurfsvoll anblickt und erklärt, diese Karten würden, solange er noch einen Pfennig besitze, nicht mehr verkauft, lächelt sie den zu ihren Füßen knienden Mann mitleidig an und erwidert: »Na, man kann nie wissen. Heb' sie lieber auf.« Der zugleich liebevolle und ironische Blick, den Lola auf den ihr ergebenen Mann richtet, während sie mit dem das Schlafzimmer vom Wohnzimmer trennenden Vorhang bedeckt bleibt, wobei sie den Stoff so an sich schmiegt, daß die Konturen ihres Körpers sich verführerisch abzeichnen, verdeutlicht die unheimliche Doppelfiguration, die sie im Phantasieleben ihres Gatten einnimmt. Denn in ein und demselben Moment verkörpert sie sowohl den begehrenswerten mütterlichen Körper, dessen Anblick die Erfüllung jeder denkbaren Lust verheißt, als auch den strafenden mütterlichen Körper, der das Kind in seinem Wunsch nach uneingeschränkter Befriedigung beschneidet, indem er auf die dieses Begehren beschränkenden Verbote hinweist. In diesem ersten Streit wird explizit inszeniert, was von der ersten Szene an, in der Prof. Rath der körperlichen Realität des von ihm begehrten Bildes begegnet, mitschwingt, nämlich die Tatsache, daß in diesem erotischen Szenarium der Mann keineswegs eine sadistische Macht über den von ihm genießerisch betrachteten weiblichen Körper ausübt, sondern vielmehr der Verführungskraft des durch seine Einbildungskraft zum Leben erweckten weiblichen Bildes masochistisch unterworfen ist und dabei vor allem die eigene Entmachtung genießt. Ebenso konsequent ist die Tatsache, daß von Sternberg die fatale Entwürdigung seines Helden durch eine Szene einleitet, in der wir den verhärmten Prof. Rath beim Verkauf genau dieser Postkarten beobachten, die ihn im einzigen Heim, das ihm geblieben ist, narzißtisch kränken, nämlich in seiner Heirat mit Lola und der an dieses Bündnis geknüpften Vorstellung, er besäße sie uneingeschränkt.

Ganz im Sinne dieser Fremdheit, die dem Bild des sowohl erotisch freizügigen wie auch mütterlich schützenden Körpers innewohnt, zeichnet die erste Szene, in der von Sternberg Marlene Dietrich als privilegiertes Objekt des männlichen Blickes inszeniert, nicht nur ein höchst ambivalentes Wechselspiel des Blickens auf, sondern auch einen Diebstahl der Macht, in dem der Blickende wie die Angeblickte auf unheimliche Weise zwischen einer sadistisch ermächtigenden und einer masochistisch entmächtigenden Haltung changieren. Mit anderen Worten, in dieser Szene werden – ganz im Sinne der von Laplanche und Pontalis formulierten Struktur der Phantasieszene – die Rollen insofern austauschbar, als alle Figuren sowohl Objekte als auch Träger des Blickes sind. Nun zirkuliert nicht mehr ein Bild, sondern der Blick selbst, und insofern dieser eine verbotene, grenzüberschreitende Handlung darstellt, wird dabei die Grenze zwischen Macht und Entmachtung brüchig.

Der »Blaue Engel« ist an dieser Stelle im Film noch ein karnevalesker Raum des Imaginären: Die Sängerin steht nicht alleine auf der Bühne, sondern ist von trinkenden und sie betrachtenden Frauen umgeben, die Grenze zwischen der Bühne und dem Publikum ist durchlässig, die Distanz zwischen Auftretenden und Publikum aufgehoben, denn wir hören immer wieder aufmunternde oder kritische Zwischenrufe. Ganz im Sinne einer heterogenen Raumgestaltung holt sich Lola, die singt, sie werde sich heute nacht einen Mann aussuchen, bei dem Satz »irgendeinen trifft die Wahl« ihren »rich-

tigen Mann« mit dem Scheinwerfer. Auf die Unruhe im Publikum, die durch ihre Ankündigung und das Eintreten des Prof. Rath entstanden ist, reagiert sie souverän, indem sie das Licht des Scheinwerfers auf ihn richtet. So steht er gefangen in dem von ihr ausgehenden erotisch kodierten Licht, während er gleichzeitig mit seinem wie ein Ersatzpenis wirkenden Gehstock drohend um sich schlägt und die Worte des strafenden Gesetzes an seine Schüler richtet: »Halt, stehen bleiben.« Das Publikum genießt die Grenzverwischung, lacht über die Einbeziehung einzelner Zuschauer in das Spektakel – den schimpfenden Professor, die vor ihm fliehenden Schüler – und beginnt schließlich, mit Lola mitzusingen, womit von Sternberg die Totalität dieses karnevalesken Ortes nochmals verdeutlicht.

In der darauf folgenden Sequenz, in der Prof. Rath Lolas Umkleidekabine betreten hat und ihr zuerst Vorwürfe macht, sie verführe seine Schüler, sich dann aber, von ihren Verführungsversuchen verwirrt, ihrem Anblick hingibt, betritt und verläßt ein Clown unablässig die Szene. Mit seinem schweigenden Gesichtsausdruck kommentiert er das Wechselspiel der Blicke, das sich zwischen den Figuren abzeichnet: dem Schüler, der sich hinter einem Paravent versteckt, Lola, die sich dessen bewußt ist und deshalb die Aufmerksamkeit des Professors auf sich lenkt, aber auch ihre Verführungsszene zur Belustigung des Schülers durchspielt, dem Professor, der verwirrt um sich blickt, unsicher, ob seine Anwesenheit die Sängerin oder ihn kompromittiert, und die verschiedenen Mitglieder der Schauspieltruppe, die sich über seine Anwesenheit schmunzelnd mokieren oder ihn, wie der Direktor der Truppe, zu hofieren suchen.

Der stumme Blick des Clowns läßt die verschwiegenen Prämissen deutlich werden, auf denen das Zirkulieren der Blicke beruht. Denn er veranschaulicht den anderen Figuren nicht nur die eigene Aktivität des Blickens, sondern auch die Tatsache, daß sie – ins Wechselspiel des Blickens eingetreten – unwillkürlich verdoppelt und somit unheimlich sind. Alle haben in dieser Sequenz eine doppelte Position inne – sie übernehmen gleichzeitig die Rolle dessen, von dem der Blick auf ein fremdes Objekt ausgeht, und dessen, der als das Objekt eines fremden Blickes ausgewählt worden ist. Gleichzeitig sind sie sich auch bewußt, daß sie in ein Spiel des Blickens eingetreten sind, beobachten sich also selbst beim Blicken. Mit anderen Worten, der stumme Blick des Clowns wirkt in dem Sinne selbstreflexiv, als er für alle Figuren festlegt, daß es noch einen Blick außerhalb des Gegensatzes zwischen aktivem Subjekt und passivem Objekt gibt, zwischen Blickendem und Angeblicktem; einen anderen Blick, den man sich einverleiben kann, der aber immer auch das durch den Akt des Blickens scheinbar bemächtigte Subjekt übertrifft. Er führt die Selbstreflektion als Moment der Trennung und der Distanz ein, und er tut dies bezeichnenderweise genau in jenem Moment, in dem der Held der Handlung, Prof. Rath, sich anschickt, seine kritische Vernunft aufzugeben und mit dem libidinösen Gehalt des Theaterraums, der für ihn an der Figur der Lola festgemacht wird, zu verschmelzen.

In dieser Sequenz schafft der Kreislauf des Blickens jedoch nicht nur eine Verbindung zwischen den diversen Spielern, die Komplizen bei dieser schillernden Verwechslung des Akts des Anblickens mit dem des Besitzens eines erotisch anziehenden weiblichen Körpers sind. Sondern hinzu kommt, daß Sternberg, im Gegensatz zur Szene aus *Morocco*, die bereits eingeleitete Heterogenität des Kabarettraumes konsequent weiterführt, indem er diese Verführungsszene in die Ankleidekabine der Sängerin verlegt und somit die vermittelnde Instanz des Publikums ausblendet. Dieses tritt erst bei den letzten Gesangsnummern wieder in Erscheinung, um, wie später noch erläutert wird, die Umwandlung einer durchlässigen in eine feste Grenze zwischen Zuschauenden und Star zu markieren. In dieser für die Entwicklung des Protagonisten bzw. seine Entortung aus der doppelten Heimat seines psychischen Apparates und seines Heims so zentralen Szene ist für den Zuschauenden des Films kein über ein Publikum umgeleitetes Blicken möglich. Weil Sternberg uns keinen anderen Identifikationspunkt als den Blick des einen oder die Blicke mehrerer Mitspieler anbietet, sind wir in das gefährliche Wechselspiel des Blickes direkt mit einbezogen. Es gibt keine Betrachterposition außerhalb dieses Kreislaufes des begehrenden Blickens, sondern nur die des ebenso komplizenhaften ironischen Blickes des Clowns.

Wie sehr damit auch die Ausweglosigkeit der Bahn der Entortung, die durch den Blick aktiviert wurde, zum Ausdruck gebracht wird, zeigt der Wortwechsel zwischen dem Direktor und dem Professor. Ersterer verkündet seine Freude über die Anwesenheit Raths und erklärt ihm: »Dann passen wir beide ja zusammen. Kunst und Wissenschaft.« Erschüttert über das Mißverständnis beginnt Prof. Rath zu erklären »Ich bin hier ...«, doch der Direktor fällt ihm ins Wort: »Ich weiß: wie zu Hause.« »Nein, ich bin hier ...«, erwidert der andere und wird nochmals unterbrochen: »Aber ich sehe ja, daß Sie hier sind. Ich freue mich ja darüber.« Erst nachdem Lola den Raum verlassen und der Direktor den Professor direkt auf sein Begehren angesprochen hat, gelingt es Rath zu erklären, daß er wegen seiner Schüler in den »Blauen Engel« gekommen sei. Die Ironie der

Szene basiert natürlich auf einer doppelten Unheimlichkeit, die mit dem Satz des Direktors zur Sprache kommt. Zwar ist der Professor an diesem Ort gerade nicht »wie zu Hause«, sondern – ähnlich wie der Held in *Geheimnisse einer Seele* – nicht mehr Herr im eigenen Hause, weil er in einen fremden, verführerischen, aber auch verbotenen Raum eingedrungen ist. Doch gleichzeitig ist mit dieser Grenzüberschreitung der fremde Ort für ihn zum einzigen Zuhause geworden, das ihm, dem psychisch Entorteten, im Exil bleiben wird.

Changierende Komplizenschaft im Verführungsspiel

Im *Blauen Engel* bedient sich von Sternberg der psychoanalytischen Unterscheidung zwischen aktivem und passivem Schautrieb bzw. zwischen Voyeurismus und Exhibitionismus. Im Sinne dieser Unterscheidung stellt Freud den Schautrieb nicht nur als einen von vielen Trieben dar, der seine Quelle in der infantilen sexuellen Entwicklung hat, sondern er macht das Besondere des Schautriebes daran fest, daß dieser Trieb eine direkte Verknüpfung zwischen dem Blicken und dem Begehren nach Herrschaft herstellt, die von ihm als Verwandlung von Passivität in Aktivität verstanden wird. Durch den Blick, so meint der Voyeur, kann man Herr einer Situation werden, der man sich ausgeliefert fühlt. Die der Freudschen Theorie eingeschriebene Aporie, die von Sternberg anhand der *mise en scène* des *Blauen Engels* verdeutlicht wird, ist jedoch folgende: Sobald man selbst Teil der Ökonomie des Blickens geworden ist, beherrscht man nicht nur, sondern ist auch entmächtigt. Dem Gegensatz von Voyeurismus und Exhibitionismus wohnt eine unheimliche Bedeutungsambivalenz inne, die Schaulust bringt zwangsläufig ein widersprüchliches Begehren zum Ausdruck. Im »Blauen Engel« genießt Prof. Rath die scheinbar nur für ihn singende Lola und gibt sich der Illusion hin, sie in Besitz zu nehmen. Doch bevor diese Phantasieszene durchgespielt wird, genießt er bezeichnenderweise gerade seine Ohnmacht. Im Lichtstrahl des Scheinwerfers und dann in der Umkleidekabine stellt er – völlig im Bann ihres mütterlich verführerischen Blickes stehend – die ganze Fehlbarkeit und Inkonsistenz seiner Macht zur Schau.

Ganz in diesem Sinne unterscheidet Freud zwischen einem aktiven Schautrieb, bei dem das Subjekt ein Objekt betrachtet, und einem passiven, bei dem das Subjekt sich wünscht, von einem anderen betrachtet zu werden. Aber er behauptet auch, beide Aspekte der Schaulust hätten ihren Ursprung in einer frühkindlichen narzißtischen Phase, in der sich das Kind der eigenen unheimlichen Selbstspaltung durchaus bewußt ist, so daß es einen Teil seines eigenen Körpers als sein exhibitionistisches Objekt annimmt. In dieser autoerotischen Skopophilie ist also die Grenze zwischen aktivem Subjekt des Blickens und passivem Objekt des Blickes verschwommen und eine eindeutige Zuweisung unmöglich, da das Kind ständig zwischen diesen beiden Positionen oszillieren kann. Obgleich sich nachträglich eine Trennung von aktivem und passivem Schautrieb entwickelt, hält Freud auch an der Überzeugung fest, daß diese ursprüngliche Skopophilie ihre Spuren im Phantasieleben des Erwachsenen hinterläßt. In diesem Sinne ergibt sich eine bezeichnende Übereinstimmung zwischen Sternbergs *mise en scène* des Wechsels verführerischer Blicke und Freuds theoretischem Entwurf der Schaulust. Beide stellen das unentscheidbare Oszillieren zwischen Selbstbemächtigung und Ohnmacht ins Zentrum ihrer um den Blick kreisenden Phantasieszenarien.

Laut Freud bleiben der Voyeurismus und der Exhibitionismus zwangsläufig immer miteinander verbunden, weil die ursprünglicheren Ebenen des Bewußtseins erst nachträglich zugänglich werden, dank der Einflüsse und Wirkungen späterer Bewußtseinsschichten. Die Wirkungen einer solchen rückwirkenden Wiedereinschreibung verleiht zwar jedem früheren Phantasieszenarium eine neue Bedeutung, doch dies geschieht am wirkungsvollsten im Zuge der ödipalen Refiguration der Triebe – jener für die Psychoanalyse so zentralen Triangulation, die einerseits ein ursprüngliches Begehren zwischen Kind und Mutter postuliert, andererseits eine Störung dieser narzißtischen Einheit durch die Intervention des strafenden Vaters, auf den dann von seiten des Kindes Zerstörungsphantasien gerichtet werden. Während der Knabe das Verbot des mütterlichen Körpers dadurch verarbeiten kann, daß er dieses begehrte Objekt als mit einem Mangel behaftetes wahrnimmt und somit die Kastrationsdrohung aktiv überwindet – er identifiziert sich nicht mit dem scheinbar beschnittenen weiblichen Körper und entkommt somit auch der ihn bedrohende Beschneidung durch den Vater –, muß das Mädchen laut Freud die Kastration passiv als ihr Schicksal annehmen. Ebenso wie sie sich dem Wissen um den eigenen, beschnittenen Körper fügen muß, hat sie sich auch der durch den Vater verkündeten Beschränkung ihres Verlangens nach aktivem Handeln zu beugen. Auf die Frage der Schaulust übertragen, ergibt das ödipale Grundschema eine geschlechtsspezifische Aufteilung, derzufolge ein aktives Blicken männlich, ein passives Betrachtetwerden weiblich kodiert wird.[9]

Damit legt Freud theoretisch jene Prämisse der westlichen Ikonographie fest, die John Berger mit der Formel »Männer beobachten, Frauen treten in Erscheinung« charakterisiert. Von Sternberg hingegen entlarvt in seiner tragischen ödipalen Wiedereinschreibung frühkindlicher Triebe diese geschlechtsspezifische Festlegung, indem seine beiden Helden männlichen Voyeurismus und weiblichen Exhibitionismus auf unheimliche Weise miteinander verschränken. Interessanterweise deckt sich bei Fragen der geschlechtlichen Zuordnung von Exhibitionismus der kriminologische Diskurs nicht mit dem der Psychoanalyse: Das Strafgesetz kennt keinen Paragraphen für weiblichen Exhibitionismus. Für das Gesetz ist dessen weibliches Äquivalent die Kleptomanie. Auch in diesem Punkt erweist sich von Sternberg als unheimlicher Kenner seiner kulturellen Kodes. Von Prof. Raths Ursprungsszene könnte man denn auch sagen, daß die ihren Körper so exhibitionistisch zur Schau stellende Lola eigentlich einen Diebstahl begeht, und zwar aus Lust am Stehlen, nicht weil sie das gestohlene Objekt benötigt. Sie beraubt den Professor seiner phallischen Macht und seines Verstandes. Ihre eigene Verwandlung zum selbstbemächtigten Star verläuft aber auf einer von ihm völlig unabhängigen Bahn.

Bekanntlich hat Siegfried Kracauer ein vernichtendes Urteil über den *Blauen Engel* gefällt, dessen Erfolg er unter anderem mit Marlene Dietrichs Verkörperung einer leidenschaftslosen weiblichen

---

9 Sigmund Freud, »Trieb und Triebschicksale« (1915), *Gesammelte Werke Bd. X*, Frankfurt a. Main 1946, S. 210–232.

Sexualität erklärte. Diese schien hinter der gefühllosen Maske aus Egoismus und Unverfrorenheit ein Geheimnis zu verbergen, das bei den Zuschauern nostalgische Erinnerungen und verlorene Hoffnungen weckte. Kracauer führte den Erfolg aber auch auf den offenkundigen Sadismus der Filmhandlung zurück. Das Publikum, so seine Mutmaßung, fühlte sich unwiderstehlich angezogen von dem Spektakel der Folter und Demütigung, mit dem der in seine Heimat zurückgekehrte Prof. Rath seinen ehemaligen Mitbürgern entgegentreten muß, und diese sadistische Tendenz steigere von Sternberg noch dadurch, daß Lola nicht nur ihren Gatten, sondern seine ganze Lebenswelt zerstört. Ihr letztes Lied besiegt die mit dem Professor assoziierten Kirchenlieder, mit seiner Leiche wird ein mit ihnen anklingendes Wertesystem, das Treue und Redlichkeit preist, mit zu Grabe getragen.[10] Kracauer zielt mit seiner pointierten, aber auch vereinfachenden Kritik auf die politische Dimension des Verhältnisses zwischen Star und Zuschauer, und zwar explizit in bezug auf den Übergang von der Weimarer Republik zum Nationalsozialismus. Aber auch in der feministischen Filmtheorie wird dem Erzählkino eine sadistische Tendenz unterstellt: Laura Mulvey vertritt die These, der weibliche Star sei als exhibitionistisches Objekt eines voyeuristischen männlichen Blickes zu begreifen: dem Betrachtenden bleibe keine andere Wahl, als sich zum Komplizen dieses über den Helden vermittelten sadistischen Blicks zu machen. Bedenkt man jedoch, daß der Phantasierende laut Freud in seinem Wunschszenarium mehrere Positionen einnimmt, läßt sich die Vermutung aufstellen, daß analog dazu nicht nur die ins Spiel des Blickens einbezogenen Figuren nie ausschließlich eine einzige Haltung einnehmen, sondern auch die Identifikation mit den Protagonisten in dem auf der Filmleinwand dargestellten Phantasieszenarium wesentlich ambivalenter verläuft.

So bezieht die Gesangsnummer, während der Lola zum erstenmal »Ich bin von Kopf bis Fuß auf Liebe eingestellt« singt, für den

---

10 Siegfried Kracauer, *From Caligari to Hitler. A Psychological History of the German Film*, Princeton 1947, S. 217.

Zuschauenden ihre Wirkungskraft vor allem daraus, daß uns Sternberg ein Identifikationsangebot macht, das die von der traditionellen Ikonographie implizierte Rollenaufteilung gleich doppelt stört. Sowohl der Professor als auch Lola erscheinen abwechselnd als Voyeur und als Exhibitionist. Den Zuschauenden wird somit nahegelegt, sich sowohl an der doppelt kodierten männlichen wie auch an der doppelt kodierten weiblichen Position zu orientieren. Nachdem der Direktor Lolas Gesang unterbrochen hat, um ihr und ihrem Publikum Prof. Rath, der gerade in der Loge direkt über der rechten Seite der Bühne Platz genommen hat, als den heutigen Ehrengast anzukündigen, beginnt ein Verführungsspiel, das sowohl einen heterogenen wie auch einen ambivalent kodierten Raum entfaltet. Lola klatscht dem Professor zu, als wäre er die Attraktion, die ihr und ihrem Publikum vom Theaterdirektor präsentiert wird, so daß uns von Sternberg durchaus die Möglichkeit gibt, uns mit der auf der Bühne stehenden Lola zu identifizieren. Doch genausogut können wir uns mit Prof. Rath in der Gastloge identifizieren, der sich als privilegierter Gast geschmeichelt fühlt, gleichzeitig aber auch den Blicken des anonymen Publikums, der anderen Sängerinnen auf der Bühne und des Direktors preisgegeben ist, so daß seine Verliebtheit in die eigene Macht des Blickens genau in jenem Moment unterminiert wird, in dem sie vollends befriedigt scheint. Schließlich können wir uns aber auch mit dem schweigenden Clown identifizieren, dessen Blick von der Bühne nach oben schweift und dabei die vorgespielte Blickachse ironisch kommentiert. Jede bevorzugte Lesart erscheint demzufolge wie eine Reduktion der von Sternberg inszenierten Ambivalenz und Heterogenität.

Mulvey geht es bei ihrer Analyse der Sternbergschen Inszenierung seines Geschöpfs Marlene Dietrich darum zu zeigen, wie sehr der männliche Blick, dem sie eine sadistisch geprägte Phallizität unterstellt, vom Postulat einer kastrierten mütterlichen Figur abhängig ist. Gerade der ihr zugeschriebene kastrierte Körper, der auf den Blick des Kindes so bedrohlich wirkt, weil an ihr auch ein Gefühl von Unversehrtheit, Allmacht und Fülle verhandelt wird, garantiert die Stabilität des männlich strukturierten symbolischen Raums.

Doch da ihre Funktion im kollektiven Bildrepertoire sich darin erschöpft, zwischen einem glückverprechenden Körper der Fülle und der enttäuschenden Enthüllung von Mangel zu oszillieren, ist die im Bild zur Schau gestellte Frau für Mulvey ausschließlich Trägerin, nicht Produzentin von Bedeutung. Sie markiert den Zustand des »Angesehen-Werdens« (*to-be-looked-at-ness*): Sie fesselt den Blick, spielt mit ihm, doch da sie somit weder eine eigene Handlungsfähigkeit noch ein eigenes weibliches Begehren zum Ausdruck bringt, liegt ihre Bedeutung darin, stellvertretend für das auf sie gerichtete männliche Begehren einzustehen. Zwar gesteht Mulvey der filmisch inszenierten Frau durchaus eine eigenständige Wirkung zu, die sie wie einen Fremdkörper erscheinen läßt, wenn für einige Augenblicke ihre erotische Ausstrahlung die Szene der Filmhandlung entortet und eine unheimliche Störung der männlichen Vereinnahmung des weiblichen Anderen bewirkt, doch diese Brüche werden meist mit der Lösung der Handlungsstränge in das Schlußbild einer wiederhergestellten Ordnung integriert. Der in der Filmhandlung inszenierte Mann hingegen ist laut Mulvey sowohl derjenige, der bewußt und aktiv dem Blick Ausdruck verleiht, der die Handlung mit seinem Blick beherrscht, als auch Träger des Blickes des Zuschauenden, die bemächtigte Instanz, mit der der Betrachter sich identifiziert.

Dies führt Mulvey dazu, zwei Modalitäten des männlichen Blickes zu isolieren. Die erste meint den schaulustigen Betrachtenden, der einen direkten Kontakt zu der weiblichen Gestalt zu haben scheint, die ihm für seinen Genuß vorgeführt wird und die in dieser Funktion nicht ihr Begehren, sondern seine Phantasie zum Ausdruck bringt: Der in der Ehrenloge sitzende Prof. Rath, der sich während Lolas Gesangsnummer wie ein Kind an der Brust der Mutter geborgen fühlt. Die zweite Modalität betrifft einen Betrachtenden, der sich mit dem Helden, den er als seinesgleichen wahrnimmt, identifiziert und durch diese Identifikation die auf der Handlungsebene zur Schau gestellte Frau besitzt und beherrscht: Wir, die wir uns vorstellen können, an Raths Stelle die singende Lola/Marlene Dietrich zu genießen. In ihrer Kritik an Laura Mulveys These wertet Gaylyn

Studlar dagegen die masochistische Position auf, indem sie die an der mütterlichen Gestalt orientierte Frau als zugleich gefährlich und beruhigend bemächtigt interpretiert. Dem Blick, der auf diesen unheimlichen, weil doppelt kodierten Körper fixiert ist, sind demzufolge immer auch passive Elemente mit eingeschrieben, so daß der den Blick tragende Mann die Unterwerfung unter und den Verlust der Kontrolle an die vergötterte Frau ebenso genießen kann wie den imaginären Besitz dieser von ihm angeblickten Frau. Im Einklang hiermit betonen von Sternbergs Filme geradezu den aktiven Aspekt des weiblichen Blickes und das passive Element des männlichen, die auf unheimliche Weise den Gegensatz der Geschlechter mit genau jener rhetorischen Geste unterminieren, mit der dieselbe sinnstiftende (Geschlechter-)Opposition auch errichtet wird. Folglich ist der Zuschauer eher als ein passiv empfangendes Objekt zu begreifen, das sich im Akt der Hingabe zum Subjekt des angebotenen Phantasieszenariums macht und sich mit beiden Geschlechterpositionen sowie mit deren unheimlicher Vermischung identifiziert: Der Zuschauer verschränkt Lust mit Unlust, identifiziert sich auf bewegliche und multiple Weise mit der überwältigenden Fülle des vergötterten Objekts und hält gleichzeitig Distanz zu dem Körper, der ihn auch zu überwältigen droht.[11]

In der durch Mulveys Thesen ausgelösten Kontroverse wird zu Recht betont, daß es sowohl erforderlich ist, für die drei von ihr als verschränkt begriffenen Ebenen des Betrachtens Ambivalenzen und Widersprüche herauszuarbeiten, als auch die Ausweglosigkeit der in

---

11 Einen Einblick in diese Debatte vermitteln: Laura Mulvey, »Visual Pleasure and Narrative Cinema«, in: *Movies and Methods*, Band II, Hg. Bill Nichols, Berkeley 1985, S. 303–315. Gaylyn Studlar, »Masochism and the Perverse Pleasures of the Cinema«, in: *Movies and Methods*, Band II, Hg. Bill Nichols, Berkeley 1985, S. 602–621. Gaylyn Studlar, *In the Realm of Pleasure. Von Sternberg, Dietrich and the Masochistic Aesthetic*, New York 1988. Maggie Humm, *Feminism and Film*, Edinburgh 1997. Jackie Stacey, »Desperately Seeking Difference«. *The Sexual Subject. A Screen Reader in Sexuality*, London/New York 1992, S. 244–257. Annette Kuhn, *Women's Pictures. Feminism and Cinema*, London 1994. Renate Lippert, »Männlicher Blick und feministische Filmtheorie«, *Psyche* 11, 48. Jahrgang (November 1994), S. 1088–1100.

die Ökonomie des männlich dominierenden Blickes eingefangenen weiblichen Gestalt theoretisch weiterzuschreiben. Denn der von Mulvey hervorgehobene männliche Blick bezieht sich sowohl auf die Art, wie im filmischen Text Männer den weiblichen Körper betrachten und sie damit zu Blickobjekten machen, als auch darauf, wie der Zuschauer sich mit diesem männlichen Blick identifiziert und dadurch die auf der Leinwand zu sehende Frau zum Blickobjekt macht. Gleichzeitig wird damit jedoch immer auch auf den Blick der Kamera verwiesen, der von der Inszenierung nie wegzudenken ist. Auf jeder Ebene könnte man sich deshalb fragen, ob man die vom Film oder die von dem ihm entsprechenden kulturellen Umfeld bevorzugte Lesart akzeptiert oder die von ihnen suggerierten Deutungen ablehnt. Zu Recht stellt E. Ann Kaplan die Frage, ob der Blick zwangsläufig männlich sein muß oder ob es nicht möglich wäre, den Blickwechsel so zu strukturieren, daß auch die inszenierte Frau den Blick besitzt. In ihrer Analyse der Kollaboration zwischen von Sternberg und Dietrich hebt sie deshalb auch hervor, daß im *Blauen Engel* und in späteren Filmen die von Marlene Dietrich gespielten Sängerinnen ganz bewußt ihren Körper zu einem Spektakel machen, das es ihnen erlaubt, ihren Lebensunterhalt zu verdienen.

Mit anderen Worten, diese Filmgestalten wissen, daß sie das von ihnen inszenierte männliche Begehren auch für ihre eigenen Interessen und zu ihrem Vorteil manipulieren können. Auch Marlene Dietrich war sich offenbar völlig im klaren darüber, wie sehr von Sternberg von ihrem Bild fasziniert war. Ihr äußerst diszipliniertes Spiel wirkt so, als gelte es explizit von Sternberg, als mache sich die Schauspielerin vorsätzlich zum Objekt seines Kamerablickes jenseits der Filmhandlung. Dank diesem Selbstbewußtsein kommt es zu einem Bruch im Bild, da die Dietrich zugleich die passive, ausgenutzte Frau spielt und das Wissen artikuliert, daß sie vereinnahmt wird. Als unheimliche Gestalt, die sowohl die zum Objekt des Blickes verwandelte Frau zeigt und zugleich mit dieser Vergegenständlichung spielt inszeniert sie auch eine Lücke in der Filmerzählung, die eine widerständige, subversive Lektüre erlaubt. Mary Anne Doane hat in diesem Zusammenhang festgestellt, daß sich die weibliche Zuschauerin aufgrund dieser Kodierung des Blickes in einer unheimlichen, entorteten Zuschauerposition befindet – schwebend zwischen einer Identifikation mit der Heldin, die ihr als weiblicher Bezugspunkt nur eine passive/masochistische Phantasie erlaubt, und einer Identifikation mit dem aktiven/schaulustigen Helden, die sie als Zuschauende vermännlicht.

Warum aber, ließe sich nun fragen, ist diese Zwischenposition so genußvoll, da doch ein großer Teil des Filmpublikums weiblich ist? In der Tat bezweifelt Teresa de Lauretis die Gültigkeit einer allgemeinen Theoretisierung des filmischen Betrachtens und betont, wie sehr die Frage danach, wie man einen Film betrachtet und wie man sich mit dem Phantasieszenarium identifiziert, viel individueller begriffen werden muß. Insofern es eine durchlässige Grenze zwischen dem in einem Film dargebotenen Phantasieszenarium und der persönlichen Phantasiewelt des einzelnen Betrachtenden gibt, muß laut de Lauretis immer mitbedacht werden, in welchem Sinne öffentlich produzierte Phantasieszenen die Begehrensstrukturen des einzelnen Betrachters verfehlen. Daraus folgert sie, daß keine einzelne Lesart oder Identifikation mit einer dargestellten Szene verallgemeinert und als Eigenschaft des Texts postuliert werden kann, sondern daß die heterogenen, partikularen Wirkungen hin einer Phantasie auf den Betrachtenden kontingent auf die Subjektivität des jeweiligen Zuschauers bezogen werden müssen. Ein solches viel nuancierteres Verständnis der filmischen *mise en scène* des Begehrens weist auf die heterogenen und oft widersprüchlichen Wirkungen hin, die öffentlich produzierte und vertriebene Phantasieszenarien auf das sie konsumierende Subjekt haben, und betont die Möglichkeit multipler Positionen der Identifikation.[12]

So stellt uns die in ihrer gemeinsamen Arbeit zur Schau gestellte, changierende Komplizenschaft zwischen von Sternberg und Marlene Dietrich vor die Aufgabe, für uns zu entscheiden, ob die angeblickten

---

12 Suzanna Danuta Walters, *Material Girls. Making Sense of Feminist Cultural Theory*, Berkeley 1995. Mary Ann Doane, *Femmes Fatales. Feminism, Film Theory, Psychoanalysis*, New York/London 1991. Teresa de Lauretis, *The Practice of Love. Lesbian Sexuality and Perverse Desire*, Bloomington 1994.

Frauen ausschließlich masochistisch und jeglicher Handlungsfähigkeit und Selbstbestimmung beraubt und die blickenden Männer ausschließlich Träger von Handlungsmacht und Besitz sind oder ob sich im Akt des Blickens diese Positionen nicht nur konstituieren, sondern zugleich auch auflösen. Darin nehmen diese cinematischen Phantasieszenen teilweise Lacans Unterscheidung des Blickes von der von Sartre postulierten Phänomenologie des Sehens vorweg. In seinen *Vier Grundbegriffen der Psychoanalyse* beschreibt Lacan den Schautrieb als ein Zeichen des Exzesses, als einen Überschuß des reinen Sehens, der, wie alle anderen Triebe auch, auf einen Mangel gerichtet ist. Blicken ist laut Lacan sowohl eine Funktion des Subjekts, das von einem einzigartigen perspektivischen Punkt aus betrachtet, wobei jedoch das, was es sieht, außerhalb seines Blickfelds liegt. Gleichzeitig bedeutet für Lacan Blicken jedoch immer auch die Möglichkeit, angeblickt zu werden. Das Subjekt definiert sich dadurch, daß es dargestellt und betrachtet werden kann, ohne daß es notwendigerweise selbst den Betrachter sieht noch sich selbst sehen kann. Im Gegensatz zu der von Sartre postulierten Gegenseitigkeit des Blickens besteht Lacan darauf, daß die Möglichkeit betrachtet zu werden, ursprünglicher und grundsätzlicher ist als die des Betrachtens.[13] Bezeichnend an diesem theoretischen Entwurf für eine Diskussion der geschlechtlichen Kodierung des Blickes ist nun aber die Tatsache, daß Lacan somit die Position des Subjekts mit der von unserer Kultur weiblich kodierten Position verknüpft. Tatsächlich erscheint die Sternbergsche Inszenierung seines Stars Marlene Dietrich am Ende des *Blauen Engels* wie ein unheimlicher Vorläufer der Lacanschen Theorie, denn die letzte Gesangsnummer kann als eine Visualisierung dessen gelesen werden, was für Lacan ein Subjekt ausmacht: die Tatsache, daß es Objekt der Betrachtung durch den unsichtbaren Anderen ist, sich dessen Blick bewußt ist, ohne seine Gestalt zu kennen.

Noch einmal singt Lola davon, daß sie »von Kopf bis Fuß auf Liebe eingestellt« sei und für das Verderben ihrer Liebhaber nichts

---

13 Jacques Lacan, *Les quatre concepts fondamentaux de la psychoanalyse. Le Séminaire livre XI*, Paris 1973.

könne, weil nur die Liebe ihre Welt ausmache. Die Gegenschnitte zu dem vor dieser lustverheißenden und ihn zugleich entwürdigenden weiblichen Verführerin fliehenden Prof. Rath verdeutlichen, daß seine masochistische Demütigung und sein Wahnsinn – der ihn endlich zurück in seine verlorene Heimat, aber auch in den Tod führt – die Vorbedingung für ihren sadistischen Triumph als einmaliger Star sind. Die erste Einstellung der Szene zeigt sie alleine auf der Bühne sitzend, die Stuhllehne zwischen ihren in schwarzen Netzstrümpfen steckenden Beinen, den runden Hut wie auf dem Werbeplakat am Anfang des Films auf dem Kopf. Sie ist von allen anderen Mitspielern isoliert. Kein Musiker und keine anderen Sängerinnen stehen neben ihr. Ein Publikum wird zwar vorausgesetzt, doch weder sie noch wir können es sehen.

Die nächste Einstellung fährt näher an sie heran, so daß die Beine, die im Werbeplakat in den Vordergrund gerückt waren und auf die die Kamera in der ersten Gesangsnummer so penetrant fokussiert war, aus der Bildkadrage herausfallen. Am Ende ihres Lieds angekommen blickt sie selbst-ermächtigt und gelassen auf das klatschende Publikum. Sie genießt sich als angeblicktes Objekt und weiß gleichzeitig, daß dieser Blick sie auf einen Ort fixiert, der ihr auch fremd ist – die abgeschirmte Bühne, auf der sie sich ungeschützt für einen nicht mehr lokalisierbaren Anderen inszeniert. Nun ist der ursprüngliche heterogene Raum des Kabaretts, in dem die Grenze zwischen den Spielenden und den Betrachtenden durchlässig war, überwunden und durch einen homogen strukturierten Theaterraum ersetzt, in dem sie ihr symbolisches Mandat des internationalen Startums annimmt – in einer Gegenbewegung zu der über die Leiche des Prof. Rath zum Ausdruck gebrachten Wiederherstellung seiner symbolischen Position.

Das Exil und die Geburt der Ikone weiblicher Verführung

Wie Klaus-Jürgen Sembach betont, zeichnet diese Geburt des Hollywood-Stars eine unheimliche Figur aus, die zwischen Selbsttötung und Neubelebung anzusiedeln wäre. Als statisches, marmorblasses und nur auf die Emotionen des Eros fixiertes Geschöpf, das sie über Jahrzehnte zu erhalten wußte, steht die reale Person Marie Magdalene Dietrich-Sieber »nicht als Rest neben ihrem zweiten Leben, sondern ist darin aufgegangen und führt somit eine besondere Existenz. Diese hat durchaus noch die menschliche Dimension des Vorbilds, aber sie ist nicht mehr frei und willkürlich. Zufälle sind ihr fremd geworden. Für diese Erlösung von den irdischen Wechselfällen ist jedoch die Umwandlung in ein menschliches Kunstwesen nur ein geringer Preis gewesen.«[14] An der Szene, die den Tod des Prof. Rath einleitet, ist vor allem die Tatsache auffällig, daß von Sternberg weder an seinem tragischen Helden noch am skrupellosen Theaterdirektor, sondern am Körper der mütterlichen und gleichzeitig erotisch freizügigen Sängerin die Position des überlebensfähigen Subjekts festgemacht hat. Als Trägerin des Blickes eines Anderen – des unsichtbaren Publikums, des Regisseurs wie auch der implizierten Betrachtenden des Films – verkörpert sie jene unheimliche Ergebenheit vor dem fremden Blick, die das Subjekt laut Lacan ausmacht. In der Anerkennung der Tatsache, daß man immer schon das Objekt eines fremdbestimmten Blickes ist, nämlich der Anrufung durch die symbolische Ordnung des Gesetzes, ist auch jenes Handeln verortet, das als einzig authentische Handlung dem kulturierten Subjekt möglich ist. In ihrer Funktion als hybrides Geschöpf, das unablässig zwischen einer voyeuristischen und

---

14 Klaus Jürgen Sembach 1984, S. 30.

einer exhibitionistischen Haltung changiert, demontiert Marlene Dietrich nicht nur die Gleichung Frau = Objekt des Blickes, indem sie uns unter von Sternbergs Leitung vorführt, wie mächtig die Frau, die Blicke auf sich zieht, sein kann. Sondern sie führt uns auch vor Augen, auf welch bedrohliche Weise die ermächtigte Frau als sadistische Verführerin des Mannes phantasiert wird, und zwar im gleichen Zuge, in dem sie die sadistische Tendenz des Betrachters, sich der Frau zu bemächtigen, zu befriedigen scheint. Mit dieser Geburt eines Stars bringt von Sternberg aber auch zum Ausdruck, daß die einzige Position, die ein Überleben im Bereich symbolischer Gesetze sicherstellt, die des sich dem Blick des Anderen hingebenden Subjekts ist. Denn gerade diesem Blick – der immer auch die Entmächtigung, die Entfremdung des Subjekts aufscheinen läßt – entzieht sich der Professor mit seiner Flucht aus dem »Blauen Engel«. Die nächtliche Rückkehr in die Schule vollzieht die Flucht in einen anderen imaginären Raum – in ein Phantasieszenarium, in dem der Tod als beschützender Schoß der Geborgenheit erscheint, als allumfassende und vollends befriedigende Figur, der er sich nicht nur uneingeschränkt hingeben kann, sondern die sowohl das mütterliche Lustversprechen als auch das väterliche Gesetz in sich vereint. Im Gegensatz dazu erträgt Lola, die immer schon von ihrer Selbstentfremdung weiß, die Situation angeblickt zu werden, und demonstriert mit der Annahme dieser unumgänglichen Entortung ihre wirkliche Macht. Um John Berger in diesem Sinne umzuformulieren: Die Frau tritt in Erscheinung, und deshalb handelt sie.

Wie Steven Bach in seiner Biographie ausführt, hat von Sternberg zwar immer behauptet, er habe Marlene Dietrich seinem künstlerischen Projekt vollkommen untergeordnet, ihre Gestalt mit seinen filmischen Bildern derart verwoben und sie mit seiner Beleuchtung so gekonnt überflutet, bis die Alchemie perfekt gewesen sei und sie an ihrem Körper seine Vorstellungen materialisierte, statt ihren eigenen Ideen Ausdruck zu verleihen. Dennoch fragt sich der Biograph auch, was Marlene Dietrich zur Rolle der Lola selbst beigetragen hat, ist sie doch im *Blauen Engel* mit ihrem Körper und ihrer Stimme ebenso überzeugend wie mühelos unmittelbar präsent. Dietrich selbst hat von ihrer Darstellung der Lola behauptet, daß ihr, der wohlerzogenen, schüchternen, noch gänzlich unverdorbenen Tochter aus gutem Hause, beim Spielen dieser Rolle unbeabsichtigt eine einzigartige Leistung geglückt sei, die sie nie wieder so erfolgreich habe wiederholen können. Ist man bereit, die letzte Gesangsnummer – in der Lola so selbstsicher und zufrieden auf ihr Publikum herabblickt – als Chiffre zu lesen für den Sieg von Marlene Dietrichs Ambition, den Durchbruch als Star zu schaffen nach einer Dekade entwürdigender Kämpfe um künstlerische Anerkennung in der Berliner Theater- und Filmwelt der zwanziger Jahre, erlaubt dieses Schlußbild der Verführerin eine letzte Assoziation. Wie Steven Bach erklärt, sehen wir die Geburt des Stars und übersehen gleichzeitig, daß mit dieser Transformation auch etwas verlorengegangen ist. Lola war die letzte Rolle, die Marlene Dietrich gespielt hat, die nicht für sie geschaffen, die nicht ganz auf ihren Körper, ihr Charisma und ihre Stimme zugeschnitten war. In dieser Darbietung lag noch eine Herausforderung, der sie sich danach nie wieder stellen mußte, nämlich sich als Schauspielerin eine fremde Welt anzueignen. Als Star sollte sie in den nächsten Jahren nur noch die ihr vertraute, für sie von Sternberg geschaffene Ikone weiblicher Verführung verkörpern, und es ist dieser Rest an Fremdheit in der deutschen Filmheimat, der auf der Bühne des »Blauen Engels« zurückbleibt, während Marlene Dietrich, von diesem Schauplatz entortet, ihre Reise nach Hollywood antritt. Nur als Fremde – als am Ende ihres Lebens in Paris wohnhafte Amerikanerin – kehrt sie viele Jahre später endlich an diesen Schauplatz zurück, in einem Sarg, der auf dem Flug von Paris nach Berlin noch in eine amerikanische Flagge gehüllt war, um dann doch noch von einer deutschen Flagge bedeckt neben ihrer Mutter begraben zu werden.

3. Aneignung der Fremde auf unheimliche Art

Rebecca (Alfred Hitchcock)

Die kraftlose Schönheit haßt den Verstand, weil er ihr dies zumutet, was sie nicht vermag. Aber nicht das Leben, das sich vor dem Tode scheut und von der Verwüstung rein bewahrt, sondern das ihn erträgt und in ihm sich erhält, ist das Leben des Geistes. Er gewinnt seine Wahrheit nur, indem er in der absoluten Zerrissenheit sich selbst findet. Er ist diese Macht nur, indem er dem Negativen ins Angesicht schaut, bei ihm verweilt. Dieses Verweilen ist die Zauberkraft, die es in das Sein umkehrt.

Hegel (Phänomenologie des Geistes)

Hitchcock: Fremd in Hollywood

In seinen Gesprächen mit François Truffaut gesteht Alfred Hitchcock, er habe erst mit seiner Umsiedlung nach Hollywood jene Ideen fruchtbar machen können, die er bereits während seiner Tätigkeit für die britische Filmindustrie zu konzipieren begonnen hatte. Er war 1939 von dem Produzenten David O. Selznick an die Selznick International Studios eingeladen worden, um einen Film über den Untergang der Titanic zu drehen. Bei seiner Ankunft in Hollywood erfuhr er jedoch, daß ihm statt dessen ein ganz anderes Projekt anvertraut werden sollte: Die Verfilmung von Daphne du Mauriers Bestseller *Rebecca*, für den er ein Jahr vorher selbst versucht hatte, die Rechte zu erwerben, was ihm jedoch aus Kostengründen nicht möglich gewesen war. Den in England praktizierten Umgang mit Kino, den er mit seiner Übersiedlung in die USA aufgeben mußte, bezeichnet er hier nachträglich als einen Lebensabschnitt, in dem es ihm hauptsächlich um eine »*sensation of cinema*« ging. So unterscheidet Hitchcock gegenüber seinem jüngeren französischen Kollegen zwischen einer anfänglichen, europäischen und einer zweiten, reifen, amerikanischen Phase zum einen deshalb, um zu betonen, wie sehr seine Arbeit im Kontext der britischen Filmindustrie mit einem Erwachen seiner Sinneswahrnehmung für das filmische Medium gleichgesetzt werden muß. Zum anderen geht es ihm aber auch darum hervorzuheben, daß das Kino der dreißiger Jahre für ihn von Erwartung geprägt war, aber noch keine Perfektionierung seines Metiers bedeutete.[1]

Im folgenden möchte ich diesen ersten amerikanischen Psycho-

---

[1] François Truffaut, *Hitchcock*, New York 1984, S. 123. Alle Übersetzungen sind von mir nach der amerikanischen Ausgabe erstellt.

thriller Hitchcocks als eine besonders prägnante filmsprachliche Inszenierung des Freudschen Diktums, das »Ich müsse erkennen, daß es nicht Herr im eigenen Haus ist«, lesen. Dieses *cross-mapping* eines cinematischen und eines psychoanalytischen Einsatzes von Bildsprache bietet sich nun aber nicht nur deshalb an, weil Hitchcock sich immer wieder als Kenner psychoanalytischer Theorie erweist. Psychoanalytische Denkfiguren stellen in seinen Filmen der vierziger und fünfziger Jahre die zentrale Bildsprache für die Wahnvorstellungen, psychischen Erkrankungen und Perversionen seiner Helden dar, von dem expliziten Einsatz psychologische Schriften lesender Protagonisten in *Suspicion*, *Spellbound* und *Marnie* zu der impliziten Umarbeitung psychischer Störungen in *Rear Window*, *Vertigo* und *Psycho*. In diesem Sinne verläuft der auf der Handlungsebene vollzogene detektivische Prozeß, in dessen Verlauf die Heldin das schreckliche Geheimnis ihres Gatten Maxim de Winter entdeckt, analog zum analytischen Prozeß. Wie in Pabsts *Geheimnisse einer Seele* kann nach einer Phase wiedergewonnener Erinnerungen der traumatische Gehalt des verdrängten psychischen Materials zutage gefördert und somit durchgearbeitet und abgelegt werden. Jedoch erscheint mir Hitchcocks filmsprachliche Umsetzung der Freudschen Überzeugung, das erwachsene Subjekt sei eines, das sich der Tatsache bewußt ist, daß es nicht Herr im eigenen Haus ist, für eine Lektüre von *Rebecca* vor allem auch deshalb so brisant, weil dieser Film nicht nur das erste Produkt von Hitchcocks äußerst ergiebiger amerikanischer Schaffensperiode darstellt, sondern auch, weil dies der erste ist, den er nach seiner selbstgewählten kulturellen Entortung an einem fremden Ort dreht.

Denn auffallend an *Rebecca* ist nicht zuletzt die Tatsache, daß dieser Film Hitchcocks Tätigkeit als Regisseur innerhalb eines Produktionssystems entspringt, das ihn nie vergessen läßt, daß er nicht länger Herr im eigenen Filmstudio ist. Meine spekulative Lektüre setzt sich zum Ziel, die Analogie zu erörtern, die sich zwischen dem freiwillig ins Exil Hollywood gegangenen britischen Regisseur und seiner Heldin ergibt, welche von der ebenfalls in einem fremden

Umfeld arbeitenden britischen Schauspielerin Joan Fontaine gespielt wird. Einerseits haben wir es also mit einem Szenarium zu tun, in dem Hitchcock, fremd in dem mit Phantasien und imaginären Erwartungen überlagerten Hollywood, sich unter dem Blick des fast allmächtigen und ihm an Macht weitaus überlegenen Produzenten Selznick behaupten muß, einer Instanz paternaler Autorität, die die harten symbolischen Gesetze und Codes der Filmindustrie Hollywoods mitschreibt sowie in Form der von ihm produzierten Filme in Umlauf bringt und somit die Tradierung dieses kommerziellen Bildrepertoires sicherstellt. Andererseits haben wir es analog dazu mit einem um die namenlose Heldin kreisenden Filmszenarium zu tun, in dessen Verlauf sich diese ebenfalls an einem mit imaginären Phantasien und Erwartungen überlagerten fremden Ort, dem herrschaftlichen Wohnsitz Manderley, durchsetzen muß, hier jedoch gegen den strafenden Blick der Haushälterin Mrs. Danvers. Diese fungiert als Stellvertreterin einer subversiven maternalen Autorität, die in ihrer Insistenz, die Erinnerung an die verstorbene Herrin Rebecca am Leben zu halten, die paternalen Gesetze des Hausherrn Maxim de Winter überschreitet bzw. beiden Eheleuten nur allzu deutlich vor Augen führt, wie sehr sie im eigenen Heim entortet sind.

Die von mir als Spekulation angebotene Analogie lebt davon, daß Hitchcock mit bemerkenswerter Beharrlichkeit ausschmückt, wie sehr Amerika für ihn, lange bevor er dorthin emigrierte, immer schon als ein imaginierter Ort existiert hat. Auf Truffauts Frage, warum er, der während seiner Zeit in England immer davon geträumt hatte, Filme amerikanischen Stils zu machen, nie versucht habe, in Hollywood den britischen Filmtypus zu imitieren, antwortet Hitchcock mit einer langen Beschreibung, wie er sich in England hauptsächlich für amerikanische Filme interessiert habe und dort immer nur für amerikanische Firmen habe arbeiten wollen, so daß seine Ausbildung eigentlich seiner eigenen Kultur fremde gewesen sei. Selbst in den britischen Studios in Islington seien die Ausstattung, die Kameras, das Kodak-Filmmaterial alles amerikanisch gewesen. Es folgt eine Beschreibung, wie er als junger Mann immer schon eine ganz präzise Vorstellung davon gehabt habe, wie der ersehnte Ort Amerika aussehe, analog seiner namenlosen Heldin, die in ihrer Phantasiewelt ein ebenso präzises Bild vom Landsitz Manderley hegt, lange bevor sie dort ankommt und lange nachdem sie diesen Ort wieder verlassen muß. So erklärt Hitchcock seinem französischen Gesprächspartner: »Später habe ich mich oft darüber gewundert, daß ich nie den Versuch unternommen hatte, vor 1937 Amerika zu besuchen. Es bleibt mir bis heute ein Rätsel. Ich traf ständig Amerikaner, und der Stadtplan New Yorks war mir völlig vertraut. Ich habe damals gerne die Zugpläne angefordert – das war mein Hobby –, und ich wußte die Abfahrts- und Ankunftszeiten oft auswendig. Ja, lang bevor ich hierher gekommen bin, konnte ich New York beschreiben, Ihnen sagen, wo sich gewisse Theater und Läden befinden. Wann immer ich mit Amerikanern redete, fragten diese mich ›Wann waren Sie zuletzt drüben?‹, und ich antwortete ihnen dann ›Ich bin überhaupt noch nie dort gewesen!‹. Merkwürdig, finden Sie nicht?«[2]

Wenn ich nun im folgenden die *gothic-romance*-Handlung der Filmerzählung *Rebecca* als Denkbild für Hitchcocks eigene Liebesaffäre mit dem Hollywood-Kino lese, geht es mir mit dieser spekulativen Analogie zwischen der kulturellen Entortung des Regisseurs und der Heimatlosigkeit seiner namenlosen Heldin um zweierlei. Zum einen ist die Wahl des *romance*-Genres deshalb so bedeutsam, weil sich die von dieser Gattung vorgegebene Handlungsabfolge einer Dialektik von Heimatverlust, Entortung und Heimweh bedient, wobei in der Erzählung du Mauriers sowohl die das Konzept der höfischen Liebe tragende mittelalterliche Queste anzitiert wird wie auch die Reisegeschichten der Schauerliteratur, in der eine junge, meist von ihren Stiefeltern verstoßene Waise auf Wanderschaft geht, bis sie in der bürgerlichen Ehe eine neue Heimat findet. Die literarischen Vorbilder des *romance*-Genres spielen ein Phantasieszenarium durch, in dem zwar einerseits die Hindernisse, die eine geglückte Ehe verhindern, überwunden werden können, in dem

---

2 Truffaut, *Hitchcock* 1984, S. 125.

sich aber andererseits die Rückkehr an einen Ort des ursprünglichen Glücks als unmöglich erweist. Darüber hinaus läuft die Handlungsabfolge der *romance* aber immer auch auf eine Auseinandersetzung mit dem Anderen hinaus, sei dies die göttliche Macht des Schicksals oder die irdische Macht der symbolischen Gesetze. Im Fall von *Rebecca* bezieht sich diese Konfrontation mit dem Anderen auf die den Regisseur prägende, aber in seinem Schaffen auch beschränkende kulturelle Macht des Studiosystems von Hollywood. Seine Umwandlung der literarischen Vorgabe von Daphne du Maurier in eine Filmerzählung, die schließlich ganz eindeutig seine Unterschrift trägt, konnte nur mit dem, aber auch gegen den von seinem Produzenten Selznick vorgegebenen kulturellen Erwartungshorizont der amerikanischen Filmsprache und Produktionsbedingungen hergestellt werden.

Auf der Ebene der Filmhandlung hingegen ergibt sich als Gegenspielerin in dieser Konfrontation mit dem radikal Anderen die Figurierung einer mütterlichen Autorität in der Gestalt von Maxim de Winters erster Frau – Rebecca –, die dank ihrer Stellvertreterin Danvers auch nach ihrem Tod als unheimliche Wiedergängerin die Bewohner von Manderley heimsucht. Es geht mir also in den folgenden Überlegungen darum, eine von Hitchcock stets verneinte Identifikation zwischen ihm und der von seiner Landsmännin Joan Fontaine gespielten Heldin zu postulieren, einer Schauspielerin, der er, wie er Truffaut erklärte, gerne Rollen in seinen ersten amerikanischen Filmen gab, weil sie wie er fremd in Hollywood war. Der Zustand, nicht länger Herr oder Herrin im eigenen Hause zu sein, wird – so meine These – rhetorisch umgesetzt in die Geschichte dieser entorteten jungen Frau, die durch eine Heirat versucht, sich wieder zu verorten bzw. die durch das Exil entstandene Lücke zu schließen.

Die zweite Mrs. de Winter: Fremd in Manderley

An dieser Stelle sollen zunächst die Handlungsereignisse unter besonderer Berücksichtigung der Frage der Entortung nacherzählt werden. Die junge Waise (Joan Fontaine), deren Mutter schon seit vielen Jahren tot ist, hat, nachdem auch ihr Vater im vergangenen Jahr gestorben ist, eine Stelle als »*paid companion*« bei der vulgären amerikanischen Millionärin Mrs. van Hopper angenommen und hält sich mit dieser in Monte Carlo auf. Dort trifft sie den reichen, attraktiven Maxim de Winter (Laurence Olivier), der sich sehr bald als Melancholiker erweist. Er hält vor ihr, wie vor seinen anderen Mitmenschen, ein geheimes traumatisches Wissen verborgen, das auf mysteriöse Weise mit seiner im vergangenen Jahr ertrunkenen Frau Rebecca in Verbindung steht, die ihn emotional weiterhin besetzt. Maxim und die namenlose Heldin finden zueinander, weil beide sich aufgrund ihrer Trauer in dieser schillernden Stadt des zufälligen Glücks wie Fremdkörper fühlen. Zudem ist aber auch für beide dieses erste Jahr der Trauer mit einer Erfahrung der Entortung verknüpft. Die Heldin, die den Film hindurch weder bei ihrem Vor- noch ihrem Familiennamen genannt wird, als solle somit verdeutlicht werden, wie sehr sie von ihrer symbolischen Herkunft abgekoppelt ist, hat durch den Tod ihres Vaters auch im ganz konkreten Sinn ihr Heim verloren. Maxim de Winter hingegen ist nach dem Segelbootunfall seiner Frau von seinem Gut Manderley geflohen. Der ältere Mann beginnt sich für die junge, unerfahrene und auf ihn so unschuldig wirkende Frau zu interessieren und macht ihr ganz unerwartet einen Heiratsantrag. Dieser erfolgt, nachdem er von ihr erfahren hat, daß sie zusammen mit ihrer Geldgeberin plötzlich abreisen muß, da die in New York lebende Tochter von Mrs. van Hopper sich endlich entschlossen hat, den Termin ihrer Hochzeit bekanntzugeben.

Verständlicherweise spricht die entrüstete Mrs. van Hopper angesichts dieser unerwarteten Wendung der Ereignisse von einer »whirlwind romance«. Die Hochzeitsfeier wirkt improvisiert und findet im verborgenen statt: Die Braut trägt kein festliches Kleid, und es gibt weder einen Brautvater noch eine Brautjungfer. Maxim reicht der bereits im Auto sitzenden namenlosen Heldin lediglich ein riesiges Blumenbouquet, als wolle er sie mit diesem Hochzeitsgeschenk zudecken. Zudem hat es den Anschein, als sei der Ehevertrag nicht gänzlich autorisiert, denn in Hitchcocks *mise en scène* wird die überstürzte Eheschließung dadurch verbildlicht, daß Maxim die Heiratsurkunde im Standesamt vergißt und, bereits auf der Straße angelangt, vom Richter zurückgerufen wird, der ihm die Urkunde, die diese Ehe beglaubigt, aus dem Fenster zuwerfen muß. Erst im weiteren Verlauf der Filmhandlung werden wir erfahren, daß dies eine stellvertretende Zeremonie war, denn Maxims Begehren hängt weiterhin an der verstorbenen Rebecca, wenn auch nicht, wie die namenlose Heldin meint, weil er sie über den Tod hinaus liebt, sondern weil er für ihren Tod mitverantwortlich ist. Schließlich stellt Hitchcock diese Eheschließung aber auch dadurch als eine unautorisierte Vereinigung dar, daß wir die Hochzeitsreise nur nachträglich und nur als eine eingeschobene Repräsentation zu sehen bekommen, und zwar in der Form eines *home movies*, dessen Bilder des Eheglücks in den dunklen Hallen von Manderley – aber eben auch in dem von Hitchcocks Film dargebotenen Phantasieszenarium – wie Fremdkörper wirken.

Aber die Tatsache, daß diesem vermeintlichen Eheglück von Anfang an ein zerstörerischer Kern innewohnt, der auch nach seiner Tilgung durch Rebeccas Tod wie ein Wiedergänger an diesem Paar zehrt und ihrer Stellvertreterin Danvers nicht auszutreiben ist, wird von Hitchcock nirgends so deutlich inszeniert wie bei der Ankunft der Heldin in Manderley. Von dem Pförtner an dem großen Eisentor mit dem Satz »Willkommen zu Hause, Mr. de Winter« begrüßt, fährt Maxim bei strahlendem Sonnenschein mit seiner Braut in seinem Cabriolet den langen Weg durch die Parkanlage, der zu seinem Haus führt. Die Heldin wirkt nervös, verunsichert darüber, was sie in ihrem neuen Heim erwartet, und selbst Maxims beruhigende Worte, sie brauche sich keine Sorgen zu machen, denn Mrs. Danvers habe alles im Griff, scheinen ihr Unbehagen nicht zu lindern.

Plötzlich beginnt es zu regnen, worauf er sie mit seinem auf dem Rücksitz verstauten Regenmantel bedeckt. Doch daß es Hitchcock nicht um eine Etablierung seines Helden als Beschützerfigur geht, wird in den nächsten Einstellungen deutlich. Die Musik wirkt an dieser Stelle zunächst fröhlich und zitiert ein Vogelgezwitscher an, doch dann steigert sie sich zum eigentlichen Leitmotiv des Films. Damit bildet die Musik das akustische Pendant zu den Gefühlen der Heldin, die sowohl durch die Mimik Joan Fontaines wie auch durch die Bildschnitte visualisiert werden. Zeitgleich mit dem ekstatischen Höhepunkt der musikalischen Phrase sehen wir in der Nahaufnahme das erschrockene, nach wie vor verwirrte Gesicht der Heldin, doch bezeichnenderweise seufzt sie plötzlich auf, als würde ihr kurzes, aber intensives Ringen nach Luft ein Sehnen zum Ausdruck bringen, das weniger auf ein vorausgeahntes Entsetzen schließen läßt als auf die Erwartung eines in Erfüllung gehenden Genusses. Während Maxim erklärt »Das ist es, das ist Manderley«, sehen wir aus der Perspektive ihres subjektiven Blickes dieses neue Zuhause imposant und mächtig zwischen den Bäumen hervorragen. Hitchcock schneidet nochmals zurück zu einer Nahaufnahme der Heldin, die nun mit offenem Mund staunend, zwar noch beunruhigt, aber vor allem begeistert auf diesen von ihr so stark ersehnten Ort blickt. Doch besonders brisant an Hitchcocks *mise en scène* ist die Art, wie er ganz explizit den phantasmatischen Charakter Manderleys betont. Der plötzliche Regenschauer führt dazu, daß die Heldin diesen so ambivalent erwarteten Ort nicht nur zum erstenmal durch die Scheibe des Autofensters sieht, sondern daß sie ihn erst, nachdem diese Scheibe vom Scheibenwischer teilweise freigemacht wurde, erblickt: Sie sieht Manderley wie in einem Rahmen, wie auf einer inneren Filmleinwand. Von ihrem subjektiven Blick gelöst, schwenkt die Kamera über die Vorderseite des Hauses, während die Musik ausklingt, als solle uns verdeutlicht werden, daß auch für die Heldin dieser kurze ekstatische Ausbruch abgeklungen

ist, bevor sie in ihrem neuen Heim empfangen wird. Gleichzeitig wird jedoch zum Ausdruck gebracht, daß dieser quasi-erotische Genuß auch die Empfindung ist, mit der sie ihr neues symbolisches Mandat als »die zweite Mrs. de Winter« antreten und die Stellvertreterin ihrer Vorgängerin konfrontieren wird.

Die Tatsache, daß Manderley, wie in der Romanvorlage, einen unheimlichen Ort darstellt, der den Schauplatz eines Wunschtraumes mit der eines Alptraumes verschränkt, wird von Hitchcock dadurch untermauert, daß seine Heldin lange bevor sie in Wirklichkeit Herrin von Manderley wird, bereits eine Phantasievorstellung dieses Ortes besitzt.[3] Während eines der vielen gemeinsamen Ausflüge in Monte Carlo erzählt sie Maxim auf dessen Frage, ob sie schon einmal in Cornwall gewesen sei, sie habe dort einst mit ihrem Vater Urlaub gemacht und in einem Laden eine Postkarte von einem wunderschönen Haus direkt am Meer gesehen. Als sie die alte Verkäuferin danach fragte, habe ihr diese erklärt, das abgebildete Anwesen sei Manderley. Die Heldin erinnert sich, daß es ihr in diesem Moment sehr peinlich gewesen sei, das nicht bereits vorher gewußt zu haben. Bezieht man dieses Geständnis auf das Phantasieleben der Heldin, könnte man die These aufstellen, daß es sich hier um die Wiedergabe einer Urszene der Phantasie handelt: Aufgrund des Ge-

---

3 Avril Horner und Sue Zlosnik bieten in ihrem Buch *Daphne du Maurier, Writing, Identity and the Gothic Imagination* (London 1998) eine überzeugende Deutung von Manderley als Phantasieort.

spräches mit der Verkäuferin setzt sich in ihrer Einbildung eine visuelle Vorstellung von Manderley fest, an der sie sowohl den Wunschtraum eines vornehmeren Lebens festmacht wie auch die masochistische Phantasieszene der eigenen Minderwertigkeit. Bezeichnend ist nun die Tatsache, daß auf der Bühne ihres privaten Phantasieszenariums Maxim – der rechtmäßige Besitzer Manderleys – nachträglich diesen Ort und die damit verbundene Gefühlsambivalenz verkörpert. Innerhalb der Logik dieses Phantasieszenariums ist er *der* Repräsentant Manderleys, wenn auch als Stellvertreter zweiten Grades. Er vertritt bereits eine Repräsentation – das Postkartenabbild von Manderley, das für sie den Tagtraum eines glücklicheren Heims darstellt.

Mit anderen Worten, ähnlich wie in von Sternbergs *Der blaue Engel* die Sängerin Lola zuerst als Bild eingeführt wird, um dann zwanzig Minuten später wie eine Materialisierung verschiedener visueller Wiedergaben ihres verführerischen Körpers vor dem erstaunten Auge des Prof. Rath leibhaftig aufzutreten, fungiert der wirkliche Ort Manderley für die Heldin wie eine Materialisierung eines viel früher inkorporierten Bildes. Wenn also die Heldin Manderley durch die Glasscheibe hindurch erst wahrnehmen kann, nachdem der Scheibenwischer den Blick auf den so sehnsuchtsvoll erwarteten Ort freigemacht hat, verdeutlicht Hitchcock mit diesem filmsprachlichen Detail, daß sich der Blick seiner Heldin verlagert hat. Ihr Eintritt in Manderley, den sie als die Materialisierung eines Wunschtraumes, als den Eintritt in eine Phantasiewelt erfährt, bedeutet – so meine These – eine Verflüssigung der Grenze zwischen einer empirischen und einer imaginären Realität. Oder anders formuliert, die von ihr insgeheim gehegte Vorstellung eines für sie nie erreichbaren Ortes kehrt als eine Halluzination im Realen in ihr Leben zurück. Innerhalb der psychischen Ökonomie der Heldin funktioniert nun bezeichnenderweise der Inhaber dieses Ortes – ihr Gatte Maxim de Winter – wie ein Symptom der durch eine Postkarte ins Leben gerufenen, aber dann wieder verdrängten Phantasieszene. Wie Slavoj Žižek bemerkt, bildet das Symptom eine Kompromißlösung. Im Symptom erhält das Subjekt in verschlüsselter

Form eine von ihm nicht anerkannte Botschaft über die Wahrheit seines oder ihres Begehrens, welche das Subjekt entweder verleugnet hat oder nicht konfrontieren konnte.[4] Überträgt man das auf die Phantasieökonomie der Heldin, könnte man die Vermutung anstellen, daß Maxims Heiratsangebot von ihr wie eine verschlüsselte Botschaft über ihr Begehren nach diesem geheimnisvollen, anziehenden, jedoch bis zu diesem Punkt scheinbar unerreichbaren Ort Manderley aufgenommen wird.

Folgt man dieser von Hitchcock durch das visuelle Detail des Scheibenwischers eingeführten Lesart, könnte man den manifesten Liebesplot als Schutzdichtung lesen. Während auf der vordergründigen Handlungsebene eine Geschichte darüber erzählt wird, wie eine arme Waise einen reichen, eleganten Mann so heftig liebt, daß sie ihm sogar verzeiht, daß er ihr die Todesursache seiner ersten Ehefrau verschweigt, läßt sich daneben ein zweites, latentes Phantasieszenarium feststellen, in dem das eigentliche Objekt des Begehrens der Heldin nicht der Mann, sondern der Ort Manderley ist. Folgt man dieser Spur weiter, könnte man ferner mutmaßen, daß ihr Begehren durch die überstürzte Heirat gerade *nicht* erfüllt wurde: Wenn es in diesem Eheglück keine Lücke gäbe, wenn nach der Eheschließung kein Rest an ungebundenem Begehren übrigbliebe, hätte die auf die Trauung folgende Filmhandlung keinen Sinn. Die unheimliche Beunruhigung, welche diese Ehe von Beginn an heimsucht, bezieht sich womöglich darauf, daß Manderley für die namenlose Herrin ein begehrtes Objekt darstellt, lange bevor sie sich mit Maxim de Winter vermählt hat, und daß es daher nicht der symbolische Besitzer dieses erwünschten Ortes ist, auf den sich nun ihr Begehren richtet, sondern die weibliche Macht, die Manderley auf so unheimliche und die paternale Autorität zersetzende Weise in Besitz genommen hat – die heimatlose, nicht verortete und unverortbare Wiedergängerin Rebecca. In diesem Sinne ist es bezeichnend, daß Mrs. van Hopper den Genrevorgaben des Märchens entsprechend ihrer Reisegefährtin dreimal von Maxim de Winter und

---

4 Slavoj Žižek, *Tarrying with the Negative*, Durham 1993, S. 187.

seinem wundersamen Besitz Manderley erzählt und dessen Vorzüge jeweils mit seiner verstorbenen Herrin verknüpft.

Nach dem Gespräch zwischen Mrs. van Hopper und Maxim de Winter im Foyer des Hotels, in dem diese ihm klarmacht, daß sie, wenn sie ein solches Anwesen besäße, nie nach Monte Carlo kommen würde, da es im Ruf stände, eines der größten Güter Cornwalls zu sein, versucht die Amerikanerin eine Erklärung für die merkwürdig abrupte Art zu finden, wie er diese erste Begegnung beendet hatte. Sie bezeichnet ihn gegenüber ihrer jungen Begleiterin als einen bemitleidenswerten Mann, der offenbar nicht über den Tod seiner Frau hinwegkomme, und fügt hinzu: »Man sagt, er habe sie einfach vergöttert.« Später, nachdem Mrs. van Hopper erkrankt ist und die Heldin mit Maxim de Winter heimliche Ausflüge unternehmen kann, hört die junge Frau zufällig, wie ihre Arbeitgeberin der Krankenschwester, die ihr eine Medizin verabreicht, erklärt, sie habe die Herrin von Manderley vor ihrer Hochzeit bereits gekannt. Sie fügt dem nicht nur eine Beschreibung hinzu, wie die wunderschöne Rebecca bei einem Bootsunfall in der Nähe von Manderley ums Leben kam, sondern deutet diesen Vorfall auch im Hinblick auf den trauernden Gatten. Obgleich dieser nie davon spräche, so ihre Behauptung, sei er ein gebrochener Mann.

Als wolle Hitchcock betonen, wie sehr diese Wortfetzen als Stimme eines weiblichen Über-Ichs die Phantasiewelt der Heldin heimsuchen, zeigt er in der nächsten Einstellung Joan Fontaine, die sich nachts unruhig in ihrem Bett hin und her wälzt und die von Mrs. van Hopper geäußerten Sätze über die Schönheit der verstorbenen Rebecca und die ergreifende Trauer ihres Gatten im Geiste wiederholt, während ein Schatten wie ein Gitter über ihrem Gesicht liegt. Daß die Stimme eines strafenden mütterlichen Über-Ichs, das die Wünsche Maxim de Winters zu durchkreuzen sucht und in der Heldin ein ambivalentes Genießen jenseits des ihr durch die Heirat auferlegten symbolischen Mandates hervorruft, von Mrs. van Hopper eingeführt wird, um dann von der Haushälterin Mrs. Danvers fortgeführt zu werden, zeigt sich schließlich in jener Szene, in der die jüngere Frau ihrer Arbeitgeberin die bevorstehende Hochzeit eingesteht. Nicht nur warnt diese die Heldin davor, daß sie der neuen Aufgabe nicht gewachsen sei, weil sie keine Ahnung davon habe, wie sich eine Gutsherrin benimmt. Sondern sie weist die Heldin zudem darauf hin, daß sie lediglich als Stellvertreterin die durch die Trauer um die verstorbene Rebecca entstandene Lücke in Manderley füllen solle. Prüfend blickt sie ein letztes Mal auf die junge Frau, lacht kurz auf und nennt sie spöttisch »Mrs. de Winter«, bevor sie sich abwendet und ihr erst im Weggehen viel Glück wünscht.

Gleichzeitig aber darf nicht übersehen werden, daß Maxim der Heldin in jener Szene, in der sie ihm von ihrer ersten Begegnung mit Manderley erzählt, auch erklärt, das Gut sei für ihn der Ort seiner Geburt, der Ort, an dem er sein ganzes Leben verbracht habe. Für den gesetzmäßigen Besitzer Manderleys ist dieses Heim also der Ort einer ursprünglichen Behausung und einer authentischen Zugehörigkeit, der seiner zweiten Braut fehlt. Manderley bezieht seine Macht gerade daraus, daß es der Heldin eine überdeterminierte und widersprüchliche Repräsentation ihres eigenen Mangels bietet. Denn einerseits kann sie über die durch ihre Heirat symbolisch unterstützte Identifikation mit Maxim an jener illusionären und idealisierten Zugehörigkeit zu einem Ursprungsort teilhaben, die ihr fehlt. Als Mrs. de Winter erhält sie nachträglich und stellvertretend eine Verortung im Haus seiner Vorfahren. Ihr Eintritt in die Welt Manderleys geht von der Erwartung aus, daß sie sich lediglich ihren Tagtraum, Herrin im »eigenen« Haus zu sein, erfüllen könne, wenn es ihr gelänge, die Rolle der zweiten Mrs. de Winter erfolgreich auszufüllen. Andererseits identifiziert sie sich jedoch im Hinblick auf ihre Liebe zu Maxim auch damit, daß die Zugehörigkeit zu diesem außerordentlichen Ort prekär ist. Während Maxim in Monte Carlo um sie wirbt, betont er, daß Manderley für ihn nicht nur den wunderschönsten Besitz der Welt darstelle, sondern auch die Möglichkeit seines Verlustes. Bezeichnenderweise beendet er seine Beschreibung dessen, was Manderley für ihn so außerordentlich macht, mit einer fast zufällig hinzugefügten geheimnisvollen Vorahnung: »Ich glaube, ich werde diesen Ort nie wiedersehen.« Wenn man davon ausgeht, daß Maxim de Winter mit diesem Satz einen latenten Wunsch zum Ausdruck bringt, könnte man für die Heldin analog feststellen, daß sie sich sowohl mit der manifesten Vorstellung von Geborgenheit identifiziert, die ihr Gatte an Manderley festmacht, als auch mit seiner latenten Entortungsphantasie. Diese Gefühlsambivalenz des Besitzers eröffnet somit einen anderen Ausgang für ihren Liebesroman mit Manderley: das nostalgische Glück der entorteten Exilantin in Form der rückblickenden, verklärenden Erzählsituation, mit der Hitchcocks Film tatsächlich, wie später noch genauer ausgeführt werden soll, einsetzt.

Die Szene des Heiratsantrages spielt explizit mit der unsauberen Schnittfläche dieser doppelten Kodierung des phantasierten Ortes. Maxim spricht seine Braut von einem außerhalb des Bildrahmens gelegenen Raum an. Er befindet sich im Badezimmer, in dem er sich rasch ankleidet, während die Heldin ungeduldig auf ihn wartet. Bezeichnenderweise leitet er sein Angebot mit einer Wahlmöglichkeit ein: »Entweder du fährst mit Mrs. van Hopper nach Amerika, oder du kommst nach Hause mit mir, nach Manderley.« Erst auf ihre schüchterne Frage, ob er eine Sekretärin benötige, erklärt er sich ihr direkt: »Ich bitte dich, mich zu heiraten, du kleine Närrin.« Während er in den Raum zurückkehrt und sich an einen Tisch setzt, um sein zweites Frühstück zu sich zu nehmen, antwortet sie ihm, daß sie deshalb über sein Angebot so erstaunt sei, weil sie zu jenen Frauen gehöre, die man nicht heirate, und zwar nicht zuletzt deshalb, weil sie nicht seiner Welt angehöre und somit in Manderley immer eine Fremde bliebe. Diesem Einwand hält er die Schutzdichtung der romantischen Liebe entgegen: Er könne besser als sie beurteilen, wo sie hingehöre. Doch dann fügt er hinzu: »Natürlich, wenn du mich nicht liebst, ist das eine ganz andere Frage.« Auf seinen lakonischen Nachtrag, wenn es nicht um die Frage der Liebe ginge, verletze ihre Ablehnung ihn lediglich in seinem selbstgefälligen Eigendünkel, antwortet sie mit einer uneingeschränkten Liebeserklärung und gesteht ihm, wie schmerzhaft es für sie wäre, ihn nie wiederzusehen.

Was Hitchcock an diesem Dialog verdeutlicht, ist folglich die Art, wie in der Phantasieökonomie seiner Heldin ein Begehren nach jenem geheimnisvollen Ort, der die psychische Entortung des menschlichen Subjekts wie eine Halluzination manifest werden läßt, verschränkt wird mit dem nur scheinbar entgegengesetzten Begehren nach jenem vertrauten, heimeligen Ort der romantischen Liebe und dem an die Eheschließung gebundenen neuen Heim. Die Heldin konzipiert diesen Zustand als Heilung der von beiden in Monte Carlo erfahrenen Heimatlosigkeit, und auch Maxim de Winter verspricht sich von dieser Heirat und der Heimkehr an der Seite einer zweiten Frau eine Überwindung der durch die verstorbene Rebecca auf traumatische Weise inszenierten Entfremdung seiner selbst – der durch sie gewonnenen Einsicht, seit seiner Hochzeit nicht länger Herr im eigenen Haus zu sein. Reizvoll ist diese junge Waise für ihn gerade aufgrund ihrer scheinbar unschuldigen Kindlichkeit. Sie verheißt ihm einen Gegensatz zu dem ihm fremd gewordenen, weil von den Spuren des Streits, des Mißtrauens und des Verrats gezeichneten Heim Manderley. Ihre Naivität soll wie ein Gegengift eingesetzt werden, um das unheimliche weibliche Gesetz, das sich dort wie ein an seiner symbolischen Position zehrender Fremdkörper eingenistet hat, zu tilgen. Doch die von Hitchcock so schillernd inszenierte Rückkehr der Eheleute in das von beiden mit Phantasien überladene Anwesen lebt davon, daß die Unschuld der jungen Frau selbst gefährdet ist und an der Begegnung mit der ganz andersartigen Macht des weiblichen Über-Ichs zu zerbrechen droht. Zu spät erkennt Maxim de Winter die eigene Gefühlsambivalenz. Nachdem er sich eingeredet hatte, die Wahl seiner zweiten Braut würde es ihm erlauben, sich gegen den Zauber der Verstorbenen zur Wehr zu setzen, begreift er nun, nachdem die zweite Mrs. de Winter immer stärker in den Bann ihrer Vorgängerin gezogen wird, daß seine Brautwahl möglicherweise auch unter dem Zeichen des sadistischen Wunsches getroffen wurde, die zweite Braut als einen Köder im Wettstreit zwischen ihm und der verstorbenen Rebecca einzusetzen.

Die Aporie der von Hitchcock erzählten Geschichte ließe sich folgendermaßen formulieren: Ist Maxim vor der Macht der wie eine Wiedergängerin an seinem psychischen Apparat zehrenden ersten

Frau ins südfranzösische Exil geflohen, so muß er nun entdecken, daß eine von den Spuren dieses Streits ungetrübte Rückkehr unmöglich ist. Denn der an der unheimlichen, nicht zu bändigenden *femme fatale* Rebecca festgemachte Geist des Widerstreits hat nicht nur sein Heim Manderley besetzt und ihm seine alleinige und ausschließliche Herrschaft streitig gemacht. Sondern er bildet auch den Kern jener Liebe, die eine Heilung der von Rebeccas traumatischem Todesfall hervorgerufenen Entortung Maxims herbeiführen soll. Denn da die Liebe der Heldin von Anfang an zwischen den Objekten hin und her schwankt, dem exilierten Gutsbesitzer und dem von einer außerordentlich schönen Toten besetzten Landsitz, zeigt sich an dieser Romanze, wie sehr eine als Heilmittel konzipierte Phantasie selbst Gefahr läuft, in ihr Gegenteil umzuschlagen, da ihr eine unüberwindbare Spaltung innewohnt. Beide – der Phantasieort Manderley und der auf ihn projizierte bzw. in ihm Gestalt gewordene Liebesroman – bringen gerade nicht eine Heilung von allen Angstvorstellungen zum Ausdruck, sondern eine unsaubere Verdichtung von Wunschphantasie und Alptraum.

So bilden drei miteinander verschränkte phantasmatische Erwartungen den psychischen Rahmen für die Ankunft der Heldin in Manderley: erstens die Phantasie der Heldin, die um ein undefiniertes Begehren nach einem Zustand der Zugehörigkeit, des Schutzes, des gesellschaftlichen Aufstiegs und des romantischen Glücks kreist, das durch das Abbild eines vornehmen Hauses auf einer Postkarte ausgelöst wird; zweitens die ihr durch die Heirat von Maxim übertragene Phantasie, die um das klar definierte Begehren kreist, an den Ort des väterlichen Erbes zurückzukehren, um alle Spuren des Unheimlichen zu tilgen, welche eine fremde weibliche Macht dort hinterlassen hat; und drittens eine durch Mrs. van Hoppers Warnung ins Leben gerufene, um die verstorbene Rebecca kreisende Phantasie, daß Manderley zum Schauplatz eines Kampfes zwischen der Heldin und ihrem mütterlichen Über-Ich werden könnte. Bezeichnenderweise schreibt diese Furcht von Anfang an der mütterlichen Instanz jene allmächtige Autorität zu, die dem Vertreter des väterlichen Gesetzes fehlt. Bei diesen drei von der

Heldin getragenen Phantasien handelt es sich im Grunde nur um Modalitäten der in Anlehnung an Laplanche und Pontalis formulierten Urphantasie, nämlich um die dreifache Frage der Tochter an die zwischen einer mütterlichen und einer väterlichen Instanz aufgespaltene Stellvertretung des symbolischen Gesetzes: ›Wo komme ich her?‹ ›Worauf ist mein Begehren gerichtet?‹ Und: ›Was muß ich annehmen, was aufgeben, um Herrin im Haus des eigenen Begehrens zu werden und einen gesetzmäßigen Platz in der vorgeschriebenen Genealogie einzunehmen?‹

Nach der von solch ambivalenten Erwartungen geprägten Ankunft erlebt die Heldin Manderley ganz konkret als eine sie entmachtende Krypta, deren Zentrum das geheimnisvolle ehemalige Zimmer der gefürchteten Vorgängerin bildet. Wie sehr sie sich sowohl den räumlichen Gegebenheiten dieses neuen Heims als auch der nachhaltigen Gegenwart ihrer Rivalin unterordnen muß, wird von Hitchcock mit der für seine Handschrift so typischen Selbstreflexivität inszeniert. Vor dem ersten Abendessen begleitet Mrs. Danvers die angesichts der Höhe der Gewölbearchitektur Manderleys wie ein Kind wirkende Heldin durch die langen Gänge ihres neuen Heims und bleibt einige Meter vor dem von ihrem alten Hund bewachten Zimmer Rebeccas im westlichen Flügel des Hauses stehen. Dies sei das schönste Zimmer im ganzen Haus, erklärt sie der vor Ehrfurcht erstarrten jungen Frau, das einzige, das einen Blick aufs Meer bietet. Langsam wendet sich die Heldin ab und läuft ganz sachte aus dem Bildrahmen heraus, während Hitchcock mit der Kamera nach vorne fährt, bis die geheimnisvolle Tür den Rahmen der Leinwand füllt.[5]

Nicht der Gang der Heldin zu ihrem Ehemann zieht uns an, so die Botschaft Hitchcocks, sondern die klandestine Anwesenheit einer Verstorbenen jenseits der Tür, die ihre Spuren im ganzen Haus hinterlassen hat. Mit einer Überblendung auf die mit Rebeccas Initia-

---

[5] Eine sehr präzise Untersuchung der selbstreflexiven Kameraführung Hitchcocks findet sich in William Rothmans *Hitchcock – The Murderous Gaze*, Cambridge 1982, auch wenn der Text keine Analyse von *Rebecca* bietet.

len versehene Serviette, die die Heldin öffnet und auf ihren Schoß legt, schneidet Hitchcock dann zu der Szene dieses ersten Abendessens im neuen Heim, in dem die Heldin wie verloren an einer riesigen, prunkvoll gedeckten Tafel sitzt und Maxim nur von ferne schüchtern und verunsichert zunicken kann. Auf ähnliche Weise artikuliert Hitchcock in den darauf folgenden Sequenzen die Fremdheit seiner Heldin in diesem unbekannten Phantasieraum, wenn er sie inmitten des Reichtums und der Größe der Säle und Gänge ganz klein und verloren wirken läßt. Orientierungslos betritt sie den falschen Raum oder findet den Weg nicht mehr, so daß sie den Butler um Hilfe bitten muß.

Daß vor allem die Erinnerung an die verstorbene Rebecca, die von allen Beteiligten wie ein offenes Geheimnis behandelt wird, dafür verantwortlich ist, daß sich die Heldin nach ihrer Ankunft so wenig als Herrin im »eigenen« Haus empfindet, wird ferner von Hitchcock filmsprachlich dadurch verdeutlicht, daß er uns immer wieder Gegenstände zeigt, die mit dem Insignium »RdeW« versehen sind. Im »*morning room*« findet die Heldin das Briefpapier und das Adreßbuch ihrer Vorgängerin vor und sieht sich mit der eigenen Unbedeutsamkeit konfrontiert; in der kleinen Hütte am Strand stößt sie auf eine Decke mit diesen Initialen; später entdeckt sie im Mantel ihrer Vorgängerin, der ihr von einem Diener eigens für diesen Spaziergang aus dem *flower room* gebracht wurde, ein ebenfalls mit diesem Zeichen besticktes Taschentuch. Im Verlauf dieser Sequenzen wird uns jedoch die Allgegenwärtigkeit der Verstorbenen nicht nur dadurch vor Augen geführt, daß es vor ihrem Namen und somit vor den ihr Gesetz vertretenden Buchstaben für die Heldin kein Entrinnen gibt. Sondern die Allmacht Rebeccas wird von Hitchcock auch dadurch visualisiert, daß er wenige Sequenzen nach dem ersten Abendessen die Heldin jenen unterbrochenen Gang in das Zimmer ihrer Vorgängerin vollziehen läßt, als wäre die psychische Sogkraft der Verstorbenen ebenso unausweichlich wie die auf ihre Herrschaft verweisenden Gegenstände.

Zudem wird in dieser Szene hervorgehoben, daß Mrs. Danvers insoweit das Gegenstück zu Maxim bildet, als auch sie als ein Symptom fungiert, welches der Heldin eine Botschaft über ein Begehren übermittelt, dem sie bislang auszuweichen trachtete. Nachdem die Heldin in das nicht länger bewohnte Zimmer eingedrungen ist, erscheint die Stellvertreterin der ehemaligen Besitzerin und zeigt der neuen Herrin ihr unheimliches Kunstwerk: Das Zimmer gleicht einer Gedenkstätte, in der alle Gegenstände der Verstorbenen wie Reliquien aufbewahrt und zur Schau gestellt werden, damit die Abwesende in diesem Raum, in dem seit der Nacht des Unfalls nichts verändert wurde, durch ihre Besitztümer stellvertretend anwesend bleibt und so ihre spirituelle Gegenwart gegenüber der körperlichen Verwesung sichergestellt werden kann. In diesem prinzipiell verschlossenen, doch für ausgewählte Besucher durchaus zugänglichen Raum hält Mrs. Danvers ihre Erinnerungen an die vergötterte Herrin wach. So funktioniert er nicht nur wie das verschlossene Zimmer in Pabsts *Geheimnisse einer Seele*, nämlich als Mahnmal für einen dieses Heim und das in ihm gelebte Eheglück heimsuchenden Verlust. Noch ist der Raum lediglich der Schauplatz für Danvers' eigenes Phantasieszenarium, in dem sie sich die Rolle der die Erinnerung bewahrenden Dienerin zuweist, welche die Grenze zwischen den Lebenden und den Toten verwaltet und dem Gesetz der verstorbenen Herrin gegenüber dem Gesetz des überlebenden Herrn den Vorrang einräumt. Sondern er fungiert auch als eine *mise en abyme* für das von Hitchcock präsentierte Phantasieszenarium, als ein Pendant zu dem nicht minder selbstreflexiven Detail des Scheibenwischers, mit dem überhaupt erst der Blick auf den Phantasieort Manderley freigelegt wird. In diesem Raum dringt die Heldin endlich zum Kern ihres verbotenen und bislang vermiedenen Begehrens vor. Indem wir ihr in diesen Raum folgen, treten auch wir in den Ort der mütterlichen Allmacht ein. Doch gleichzeitig drängt Hitchcock uns förmlich dazu, die Konstruktion dieses Phantasieraumes zu erkennen. Analog zur Filmleinwand, auf der eine chimärenhafte Welt entsteht, mit der wir uns identifizieren können, stellt dieser Raum den Ort dar, an dem beide Frauen die Halluzinationen im Realen erfahren können.

Ängstlich, erstaunt und gleichzeitig erregt öffnet die Heldin die

Türe und betritt das verdunkelte Zimmer. Dort entdeckt sie, daß ein langer, halbtransparenter Vorhang den prachtvollen Raum in zwei Teile trennt, so daß das Schlafzimmer wie ein vom Empfangszimmer sichtbar abgesonderter Bühnenraum erscheint. Auch diese zweite Grenze überschreitet sie, und noch immer verunsichert, doch zugleich zielstrebig geht sie auf das Fenster zu, zieht den schweren dunklen Vorhang auf und öffnet das Fenster, so daß Licht in den Raum fällt. Ihr erster Blick fällt auf ein Foto Maxims, das auf dem Toilettentisch steht. Während sie sich, sichtlich bewegt, von diesem Bild abwendet und sich langsam dem Bett der verstorbenen Rebecca nähert, erschreckt sie ein plötzliches Geräusch – das geöffnete Fenster, welches gegen den Rahmen schlägt. Bevor sie Zeit hat, darüber nachzudenken, wer oder was diese Bewegung ausgelöst haben könnte, hört sie die Stimme von Mrs. Danvers, die sie nun ihrerseits durch den transparenten Vorhang in den Innenraum eintretend fragt, ob sie etwas wünsche. Daraufhin spricht sie direkt das uneingestandene Verlangen der Heldin nach einer Besichtigung des Raumes an und beginnt, nachdem sie den zweiten schweren Fenstervorhang aufgezogen hat, so daß der von Hitchcock explizit als Bühne für die um Rebecca kreisenden Phantasien inszenierte Raum nun gänzlich beleuchtet ist, der Heldin die intimsten Besitztümer ihrer Vorgängerin zu zeigen: die Pelzmäntel, von denen sie einen herausnimmt und damit zuerst ihre und dann die Wange der Heldin streichelt, sowie die von Nonnen für ihre Herrin hergestellte Seidenunterwäsche. Während sie der Heldin von ihrer innigen Beziehung zu der Verstorbenen berichtet und ihr erzählt, wie Rebecca nachts von ihren herrlichen Parties zurückkehrte, sich bei Danvers über die Gäste mokierte und sich dann von ihr beim Waschen und Umkleiden helfen und sich schließlich die Haare bürsten ließ, bevor sie zu Bett ging, zwingt sie die zusätzlich verunsicherte Heldin, die Gesten der Verstorbenen nachzuahmen. Joan Fontaine muß sich auf den Stuhl ihrer Vorgängerin setzen, während Mrs. Danvers, ohne ihre Haare wirklich zu berühren, die Bürste auf und ab bewegt. Zwar wird über ihrem lebenden Körper derjenige der Toten imaginär zu neuem Leben erweckt, aber nicht weil eine Ähnlichkeit

zwischen beiden besteht, sondern weil Danvers der Heldin zu verstehen geben will, wie wenig sie an die Stelle der Verstorbenen gehört, wie wenig sie in diesem Raum Herrin sein kann.

Daß Hitchcock sich das vom psychoanalytischen Diskurs in Umlauf gebrachte Erklärungsmodell des ödipalen Dreiecks aneignet, um es im gleichen Zuge zu unterlaufen, wird visuell dadurch deutlich gemacht, daß die Heldin in dieser ihre hilflose Kindlichkeit betonenden Szene eingepfercht ist zwischen zwei Elterninstanzen. Zu ihrer Rechten trifft ihr Blick wieder das stumme Bild des väterlichen Maxim, während die zu ihrer Linken sich Rebeccas Bett nähernde Mrs. Danvers die Stimme der allmächtigen und unausweichlichen mütterlichen Autorität vertritt. Vom Bild ihres Gatten wendet sich die Heldin plötzlich ab und folgt Danvers, die den von ihr mit dem Buchstaben »R« bestickten Bezug für das Schlafgewand ihrer verehrten Herrin hervornimmt und auf die zarte Transparenz des Stoffes hinweist. Die Heldin versucht zuerst noch, sich der von der suggestiven Stimme Danvers' heraufbeschworenen Vorstellung einer nur spärlich bekleideten Rebecca zu widersetzen. Doch nochmals zwingt die Haushälterin ihre neue Herrin, an dem von ihr evozierten nächtlichen Spektakel teilzuhaben. Nun nicht mehr in der Position des Kindes, das die Stelle der Mutter eingenommen hat, sondern explizit in der Position des einen klandestinen, verbotenen Anblick genießenden Voyeurs, schaut die Heldin zu, wie Mrs. Danvers ihren Arm in das Spitzenhemdchen einführt und erklärt: »Sehen Sie, man kann durch den Stoff hindurch meine Hand sehen.«

In diesem Augenblick ist die Heldin sichtlich am Höhepunkt ihrer Erregung angelangt, denn sie wendet sich langsam vom Bett ab und versucht, leicht nach Luft schnappend, aus dem Raum zu fliehen. Zwar wirkt diese Flucht auf der manifesten Ebene wie ein Zeichen dafür, daß sie sich von allen Erinnerungen an ihre Vorgängerin sowie von Danvers' Obsession, die Tote am Leben zu erhalten, befreien will. Doch wenn man die halluzinatorische Wirkung dieses Raumes akzeptiert, könnte man ebensogut die These vertreten, daß die Heldin deshalb beunruhigt aus diesem Zimmer stürzt, weil ihr der Anblick von Danvers' Hand unter dem transparenten Nachthemd eine andere, von der heterosexuellen Hegemonie verbotene Art des Genießens vor Augen führt. Damit soll nicht gesagt werden, daß sie an Danvers' obszönem Begehren für die Verstorbene als distanzierte Beobachterin teilhätte, sondern daß ihre von Danvers' gebrochener Identifikation mit der Verstorbenen eine Anerkennung ihres eigenen Begehrens nach deren verbotenem weiblichen Körper aufkommen läßt. Die Phantasie, ihre Stelle als Herrin Manderleys einzunehmen, wandelt sich in die viel beunruhigendere, weil verbotene Phantasie, in den Körper Rebeccas einzudringen und mit ihr zu verschmelzen.

Hat die Heldin anfänglich Mrs. Danvers' Angebot angenommen, sich dem scheinbar unentrinnbaren Gesetz ihrer Vorgängerin zu beugen, indem sie deren Gepflogenheiten weiterführt und die ihr zugewiesene Rolle der stellvertretenden Herrin Manderleys annimmt, entschließt sie nach dem bedrohlichen Genuß am Bette der Verstorbenen, sich gegen die Unterwerfung unter die Verbote und Vorschriften des mütterlichen Über-Ichs zur Wehr zu setzen. Am Schreibtisch im *morning room* sitzend, zitiert sie Mrs. Danvers zu sich und bittet diese, sämtliche Papiere und Gegenstände der Verstorbenen zu entfernen. Auf die entrüstete Entgegnung, diese gehörten Mrs. de Winter, antwortet sie, zum erstenmal das von der väterlichen Instanz auf sie übertragene symbolische Mandat als ihr eigenes deklarierend: »Ich bin Mrs. de Winter.« Die Unmöglichkeit, sich gegen die von der Toten ausgehenden Machtverhältnisse zu wehren, führt Hitchcock uns nun dadurch vor Augen, daß der Widerstand der Heldin gegen die sie kränkende, weil in ihrer Handlungsfähigkeit verletzende Anrufung auf unheimliche Weise umkippt in eine Aneignung des Erscheinungsbildes genau jener Figur der Identifikation, die die Heldin zu unterminieren sucht. Nachdem sie Maxim davon überzeugt hat, in Manderley wie zu alten Zeiten wieder einen Kostümball zu veranstalten, über den sie als Herrin präsidieren und so ihr neues Mandat öffentlich präsentieren wolle, läßt sich die Heldin von Mrs. Danvers überreden, für sich ein Kleid anfertigen zu lassen, bei dem es sich um eine Nachahmung des in der Ahnengalerie hängenden Porträts von Lady Caroline de Winter handelt.

Während Mrs. Danvers die Heldin zu diesem Bild führt, auf dem wir eine mit einem weißen fülligen Rock und tief ausgeschnittenen Dekolleté bekleidete Gestalt sehen, die einen großen Strohhut auf dem Kopf trägt und einen Fächer in beiden Händen hält, während die knapp unter dem Schoß, zwischen den Brüsten und unter dem linken Ohr angebrachten Zierblumen diese Körperteile betonen – eine Inszenierung weiblicher Reize, die den Gebärden der Heldin gänzlich entgegengesetzt ist –, erklärt sie der Heldin, dies sei Maxim de Winters Lieblingsporträt, und fügt hinzu, das Kleid hätte eigens für sie entworfen sein können. Danvers läuft, noch bevor die Heldin ihr für diesen Hinweis hat danken können, von links nach rechts aus dem Bild, und die neben dem riesigen Bildnis wieder wie ein hilfloses Kind wirkende Joan Fontaine folgt ihr. Die Kamera jedoch fährt auf das Porträt zu, das kurz von dem immer größer werdenden Schatten der Heldin gestreift wird, bis nur noch dieses Abbild der Ahnin den Rahmen füllt.

Mit dieser Einstellung visualisiert Hitchcock die Geste der Aneignung eines fremden Erscheinungsbildes als die Einsicht des erwachsenen Subjekts, daß die Annahme eines symbolischen Mandats sowohl eine bemächtigende wie auch eine verletzende Form der Unterwerfung unter die Gesetze des somit anerkannten Anderen darstellt. Jede Identifikation, wie Judith Butler argumentiert, hat ihren Preis, nämlich den Verlust anderer Identifikationsmöglichkeiten, die gewaltsame Annäherung an eine Norm, die man selbst nicht gewählt hat, eine Norm, die uns wählt, die wir aber auch in dem Grad umgestalten können, als uns diese fremde Norm nie gänzlich bestimmt.[6] Mit der Wahl dieses Kostümes als Insignium ihrer Herrschaft über Manderley vollzieht die Heldin jedoch auf doppelte Weise ihre eigene Ausstreichung gegenüber dem an ihrem Körper verhandelten Widerstreit zwischen zwei antagonistischen symbolischen Mandaten. Einerseits dient ihr verkleideter Körper der Wiederbelebung einer das männliche Erbe vertretenden Toten – der im Porträt dargestellten Lady Caroline. Andererseits aber bewirkt die Tatsache, daß sie sich einem fremden Bild angleicht, sich dessen Kostüm aneignet, auch die Wiederbelebung der ein verbotenes weibliches Erbe repräsentierenden Toten. Die erschütternde Erkenntnis, die ihr im Laufe des Festes zuteil wird – daß weder sie noch ihr Gatte der Macht der Verstorbenen entkommen können –, wird von Hitchcock durch die Tatsache verdeutlicht, daß Rebecca genau dieses Kleid auf dem letzten Ball in Manderley getragen hat.

Nachdem sie in das Kleid ihrer Vorgängerin geschlüpft ist, aber noch ohne sich des doppelten Erbes bewußt zu sein, hält die Heldin kurz vor dem Porträt inne, um sich nochmals der Ähnlichkeit zu vergewissern. Nun füllt *sie* den Rahmen, während vom Bild nur ein kleiner Ausschnitt des Rockes zu sehen ist. Dann zupft sie ihren Rock zurecht, als würde sie auf eine Bühne treten, kontrolliert ihre Haltung und beginnt stolz die Treppe herabzuschreiten. Sie erwar-

---

6 In ihrem Buch *Bodies that Matter. On the Discursive Limits of ›Sex‹*, (New York, London 1993) erörtert Judith Butler das philosophische Dilemma, das sich durch die Gleichsetzung von Subjektwerdung und Annahme von kulturellen Gesetzen ergibt, um Freiräume für ermächtigendes Handeln innerhalb dieser Verletzung auszuloten.

tet die Anerkennung durch den Blick ihres Mannes, seiner Schwester und seines Schwagers, trägt bereits jetzt das verführerische Lächeln der Frau, die sich der Bewunderung durch den sie konstituierenden Blick sicher ist, wenngleich die Spuren der Unsicherheit und des Zweifels sie nie ganz verlassen. Doch als sich Maxim endlich zu ihr umdreht, erkennen auch wir an der Veränderung seines Gesichtsausdrucks das Entsetzliche dieser Erscheinung, bevor uns Hitchcock das verwirrte Gesicht seiner Heldin zeigt, die auf den Befehl ihres Gatten, sofort ein anderes Kleid anzuziehen, die Treppe wieder nach oben flieht, an dem Bild der Ahnin vorbei, und der Figur Danvers in das Zimmer Rebeccas folgt, wo sie die schreckliche Bedeutung ihrer Aneignung des Kleides erfährt.

Diese narrative Einrahmung erlaubt uns, für diese Szene – in der die Hoffnung der Heldin, endlich in die ihr fremde Rolle der Herrin Manderleys hineingefunden zu haben, radikal umschlägt in ein Wissen darüber, daß sie in diesem Heim nie Herrin sein wird – zwei verschränkte Lesarten festzumachen. Einerseits führt uns Hitchcock vor Augen, wie die Heldin sich im Sinne John Bergers als das Blickobjekt des Mannes phantasiert und diese Phantasie genießt. Doch andererseits verbirgt sich hinter der Geste des verführerischen Lächelns auch jene ängstliche Erwartung, mit der sie in das Zimmer Rebeccas eingedrungen ist, ein Genießen, das sie erneut in die Flucht treibt, wobei sie nun aber spiegelverkehrt die Bewegung der vorangehenden Szene wiederholt. Auch hier wendet sie sich vom Blick Maxims ab, um an den Ort der mütterlichen Macht zu flüchten, deren Anerkennung sie ebenso begehrt wie die des Mannes. Hatte sie sich in ihrer Phantasie noch vorgestellt, sie würde im Streit um Maxims Begehren endlich den Platz der Vorgängerin in seinem Blickfeld einnehmen, erkennt sie nun, wie sehr Maxims Erinnerung an Rebecca alle gegenwärtigen Eindrücke überblendet.

Brisant ist in der von Hitchcock dargebotenen *mise en scène* jedoch vor allem die Tatsache, daß inmitten des von der Heldin am eigenen Leibe ausgetragenen Phantasieszenariums beide Blicke cinematisch wirksam sind – der des physisch anwesenden Maxim ebenso wie der von der nur durch ihre Stellvertreterin anwesenden

Rebecca. Ebenso brisant ist die Tatsache, daß im Verlauf dieses Phantasieszenariums, das analog zu der von Freud analysierten Traumarbeit eine Wunscherfüllung darstellt, die Gefühlsambivalenz der Heldin so beschaffen ist, daß sie sich zwar vordergründig von der sie verletzenden weiblichen Über-Ich-Instanz zu lösen sucht, ihr Begehren sie jedoch zunehmend in den Sog dieser bedrohlichen Anrufung geraten läßt.

So muß die gescheiterte Kostümierungsszene im Zusammenhang mit jener Einstellung gesehen werden, mit der Hitchcock uns seine melancholische Heldin vorstellt. Er leitet die erste Begegnung der beiden mit einem Blick auf die Wellen, die gegen den felsigen Strand vor Monte Carlo schlagen, ein. Dann schwenkt die Kamera langsam die Klippe empor und zeigt uns einen Mann, der wie in Trance versunken auf das stürmische Meer herabblickt. In der Nahaufnahme sehen wir zunächst Maxims Gesicht, dann, von hinten über seine Schulter aufgenommen, seine Füße, die sich langsam an den Rand der Klippe vortasten. Erst nachträglich begreifen wir, daß wir an einer Selbstmordphantasie Maxims teilhatten. Die Kamera gibt seine subjektive Wahrnehmung wieder, seine imaginative Umgestaltung des tobenden Wasserstrudels an Rebeccas Todesstätte, wobei implizit die Tote aus diesem Strudel auf ihn blickt und ihn in den Abgrund zu ziehen droht. An dieser Stelle unterbricht zwar die Stimme der Heldin seine Todesphantasie, doch dank ihrer Maskerade führt sie ihm wenige Monate später genau diesen todverkündenden Blick wieder vor Augen, nun nicht mehr als eine im Wasserstrudel imaginierte abwesende, sondern als konkrete körperliche Gestalt. Doch auch für die Heldin ist eine geglückte Identifikation mit der Vorgängerin gleichbedeutend mit der eigenen Auslöschung. Hatte sie in einer früheren Szene auf einen Telefonanruf, in dem nach Mrs. de Winter verlangt wurde, mit der Erklärung geantwortet, »Mrs. de Winter ist tot«, so zeigt sich nun, daß sie sich ähnlich wie Maxim am Rand einer Klippe befindet, hilflos dem nach ihr rufenden Strudel ergeben, der einen gefährlichen Genuß verspricht. Nachdem sie sich in Rebeccas Zimmer geflüchtet hat, wo ihr Mrs. Danvers mitteilt, sie werde niemals Herrin in Manderley sein, weil dort der unbesiegbare Wille Rebeccas herrsche, der sich nur dem Meer, aber niemals einem Menschen gebeugt habe, bricht sie verzweifelt auf dem Bett ihrer Vorgängerin zusammen. Die Aneignung der Lebenden durch die Tote scheint vollkommen. Abrupt öffnet Mrs. Danvers das Fenster und fordert die Heldin auf, sich an der frischen Luft von der Aufregung zu erholen. Mit ihrer strengen und zugleich eindringlichen Stimme suggeriert sie ihr, sie solle dieses Zuhause, in dem sie nicht nur immer fremd bleiben werde, sondern zudem überflüssig sei, verlassen. Unvermittelt schlägt ihre Stimme dann in das Flüstern der Liebhaberin, in ein stockendes, nahezu orgastisches Seufzen, und teilt der Heldin die Botschaft ihrer Todessehnsucht, die diese abzuwehren gesucht hatte, nun explizit mit: »Sie haben nichts, wofür Sie leben wollen«, flüstert sie der plötzlich begeistert in die Tiefe blickenden Heldin zu. Den letzten Schritt zu tun, legt sie ihr nahe, wäre ganz einfach.

Wie Maxim vom Wasserstrudel fühlt die Heldin sich von der Nebelwolke vor ihr angezogen, und analog zu jenem schrillen Ruf, mit dem sie einst Maxim aus seiner Trance riß, wird nun auch sie durch die Leuchtsignale, die am Himmel aufleuchten und eine Havarie verkünden, gewaltsam aus ihrer Selbstmordphantasie herausgerissen. Auch dieses Aufwachen visualisiert Hitchcock wie ein orgastisches Genießen. Das Knallen der Leuchtpistole und das darauf folgende Feuerwerk am Himmel durchfährt die Heldin wie ein Schlag, der sie für einen kurzen Augenblick erstarren läßt, bevor sie dann mit einem Seufzer aus dem Genuß des kleinen Todes erwacht, der sich soeben wie auf einer inneren Leinwand vor ihren Augen visuell gestaltet hat.

Nachdem sie diesen faszinierenden Ort eines gefährlichen Genusses verlassen hat und nach unten gerannt ist, erfährt sie, daß man nicht nur Rebeccas Boot gefunden hat, sondern in der Kabine auch die Leiche einer unbekannten Frau. Diese Mitteilung erlaubt die folgende Deutung der Ballszene: Das anfängliche Begehren der Heldin, endlich die Stelle der früheren Herrin von Manderley einzunehmen, indem sie sich deren Kleidung aneignet, schlägt um in ein Begehren, von der Vorgängerin penetriert zu werden, das in der erotisierten Repräsentation des Selbstmordversuches seinen Höhepunkt findet. An diese Sequenz schließt ein Szenarium an, in dessen Verlauf der Körper, den alle Betroffenen auf so ambivalente Weise imaginär am Leben erhalten, als unausweichliche Realität wiederkehrt. Der Kreis der Entortung schließt sich, denn die Leiche, die in dem Familiengrab beigesetzt wurde, erweist sich als ein von Maxim falsch identifizierter Körper. Sie ist genauso wenig die legitime Herrin der De-Winter-Gruft wie die Heldin die Herrin von Manderley. Es zeigt sich, daß nicht einmal das Meer Rebeccas Willen überwinden kann. Von keiner Verdrängung gehindert, kehrt sie in ihre Heimstatt zurück.

Die Peripetie dieses Phantasieszenariums setzt ein mit dem Geständnis Maxims, in dem er der zweiten Mrs. de Winter versichert, daß er weder die lebende noch die tote Rebecca je geliebt habe, aber zugleich auch zugibt, daß er sehr wohl weiterhin vom Haß gegenüber der Frau heimgesucht werde, die es gewagt habe, ihre freizügige Sexualität hinter der Maske der makellosen Ehefrau zu verbergen, und die sich in ihren intimen Momenten mit Danvers über ihn mokierte. Durch sie habe, wie er der erleichterten Heldin erklärt, sittliche Verderbnis und Betrügerei Einzug in das Haus seiner Ahnen gehalten und somit ihm, der diese Täuschung seinen Mitmenschen gegenüber aufrechterhalten mußte, seine Machtposition als Herr von Manderley streitig gemacht. Noch bevor ihn seine durch ihren Unfall verursachten Schuldgefühle aus seinem Heim vertrieben, habe bereits ihre Gegenwart ihm täglich vor

Augen geführt, wie wenig er Herr im eigenen Herrenhaus von Manderley sei. Als seine Werte radikal in Frage stellender Fremdkörper habe sich Rebecca in diesem Heim eingenistet und auf doppelte Weise einer für ihn unerträglichen Differenz Gestalt verliehen: dem seine Alleinherrschaft spöttisch verhöhnenden Widerstreit und jener anderen, in der bürgerlichen Paarbildung ausgeklammerten Erotik, einer nicht auf Fortpflanzung oder Monogamie gerichteten Sexualität.

In seinem Geständnis präsentiert Maxim der Heldin seine Version der Todesszene, und wie in der Szene, in der Danvers der Heldin ihre Erinnerungen an einen anderen intimen Austausch darbietet, lebt auch Hitchcocks Inszenierung dieser wiederbelebten, vergangenen Szene davon, daß Rebeccas abwesender Körper so dargestellt wird, als sei er phantasmatisch anwesend. Pascal Bonitzer hat sehr treffend den cinematischen *off-screen*-Raum, den wir nur erahnen, aber nicht direkt auf der Leinwand sehen, als den Raum des Horrors *par excellence* bezeichnet: »Der erblickte Raum (*specular space*) ist ein *on-screen*-Raum: Er enthält alles, was wir auf der Leinwand direkt sehen können. *Off-screen-space*, ein blinder Fleck, enthält alles, was sich jenseits der Oberfläche oder unter der Oberfläche der dargestellten Gegenstände bewegt, wie der Hai in *Jaws*. Wenn solche Filme richtig funktionieren, dann deshalb, weil wir mehr oder weniger zwischen diesen beiden Räumen schwanken. Wenn der Hai immer *on screen* wäre, würde er schnell zu einem domestizierten Tier werden. Was so beängstigend wirkt, ist die Tatsache, daß er nicht da ist! Der Moment des Horrors ist in dem blinden Fleck eines möglichen, noch nicht realisierten Raumes angesiedelt.«[7]

Ganz in diesem Sinne besteht das Unheimliche der Szene, in der Maxim seiner Gattin seine Mitschuld am Tod Rebeccas gesteht, dar-

---

[7] Pascal Bonitzer, »Partial Vision: Film and the Labyrinth«, in: *Wide Angle* 4/4 (1981), S. 58. Die Anwendung dieser Diskussion des Horror-Genres auf Hitchcocks *Rebecca* entnehme ich Tania Modleskis ausgezeichneter Lektüre dieses Films in *The Woman Who Knew too Much*, New York, London, 1988, S. 43–55, die den Film als die Inszenierung einer weiblichen Ödipus-Geschichte versteht.

in, daß Hitchcock den suggerierten *off-screen*-Raum der erinnerten Szene den realen *on-screen*-Raum überlagern läßt, so daß die abwesende Rebecca von diesem blinden Ort des Horrors aus gegenüber dem Paar, aber auch uns Zuschauenden gegenüber auf ihrer Anwesenheit insistiert. Während Maxim der Heldin erzählt, was in jener Nacht geschah – wie Rebecca ihm in der Hütte am Strand von ihrer Schwangerschaft erzählte und ihn mit dem Gedanken quälte, der zukünftige Erbe Manderleys sei nicht sein Kind, wie er ihr daraufhin eine Ohrfeige gab und sie, nachdem sie ihn triumphierend anlächelte, zu Boden fiel, wo sie mit ihrem Kopf gegen ein schweres Schiffstauwerk schlug –, folgt die Kamera aus ihrer subjektiven Perspektive den evozierten Bewegungen Rebeccas. Aber statt uns die Szene in einer Rückblende vorzuführen, präsentiert uns Hitchcock die für das Hollywood-Kino typische aus dem Off erklingende körperlose männliche Stimme. Dabei hebt die Unsichtbarkeit Maxims die körperlose Abwesenheit von Rebeccas Geist, der gerade dank dieser indirekten Evokation als aktive weibliche Kraft wahrgenommen wird, noch hervor. In dieser Szene treibt Hitchcock unseren Wunsch, die wunderschöne, mächtige Frau endlich zu Gesicht zu bekommen auf die Spitze, indem er uns den sehnlichst erwarteten Anblick weiter vorenthält. Wie Tania Modleski überzeugend argumentiert, wirkt der Psychohorror des ganzen Films deswegen so beständig, weil die Gestalt, welche auf so eindringliche und hartnäckige Weise die unumgängliche Spaltung im Heim zum Ausdruck bringt, nie direkt abgebildet wird, aber durch Andeutungen dennoch durchweg anwesend ist.

Während die Heldin mit zunehmender Verzückung dem Geständnis Maxims zuhört, da seine Fähigkeit zu Gewaltausübung für sie leichter zu ertragen ist als die Eifersucht auf eine unüberwindbare Rivalin, setzt Hitchcock in der darauf folgenden Aussprache zwischen den Eheleuten am nächsten Abend – die bezeichnenderweise nicht in der Strandhütte, sondern vor dem Kamin im fremd gewordenen Heim stattfindet – einer visuellen Abtötung der lebenden Frau die so unheimlich lebendige Wirkungskraft der Toten entgegen. Um zu betonen, wie die doppelte Botschaft von Maxims Gewalt an der ihm verhaßten Frau seine Spuren hinterlassen hat und es ihr zugleich erlaubt, die Grenze von einem kindlichen Zustand der Hilflosigkeit in den der handlungsfähigen erwachsenen Frau zu überschreiten, zeigt Hitchcock uns in einer Nahaufnahme, wie Maxim und die Heldin sich umarmen. Dabei wirkt ihr Kopf so, als sei er von ihrem Körper abgesondert wie eine Trophäe, die in seinen Händen liegt.⁸ Auf der Tonspur hören wir seine Klage darüber, daß er ihr unschuldiges Wesen getötet habe: »Er ist für immer verschwunden, der komische (*funny*) junge, verlorene Blick, den ich geliebt habe. Er wird nie wieder zurückkehren. Ich habe ihn getötet, als ich dir von Rebecca erzählte. Er ist weg. In wenigen Stunden bist du viel älter geworden.«

Die von Maxim ausgehende Anrufung, der sich die Heldin endlich beugen kann, verdeutlicht, wie sehr jede Verortung im symbolischen Gesetz ihren Preis hat, den Preis der Aneignung einer Norm, die man sich zwar nicht aussuchen, aber zurechtbiegen kann. Ein Teil des Gewinns inmitten des Verlustes der Unschuld besteht darin, daß die von der Heldin ausgehende Phantasieszene als Schließung ihres Liebesromans mit Manderley auf Kosten jener Figur geht, die im doppelten Sinne zu ihrer Entortung beigetragen

---

8 Zu Recht liest Modleski den Film als die Geschichte des von Freud entworfenen ödipalen Konflikts, jedoch aus der Perspektive eines weiblichen Subjekts, denn auch hier muß eine Heldin sich von einer homoerotischen Liebe für einen mütterlichen Körper lösen, diese Mütterlichkeit in sich abtöten, um ihr heterosexuelles Begehren für den Mann voll anzunehmen. Dabei geht es Modleski darum, aufzuzeigen, inwieweit Hitchcocks Aneignung der Freudschen Ödipuserzählung dazu dient, jene Stellen hervorzuheben, an denen die Assimilation des Weiblichen durch die patriarchalen Machtverhältnisse nie ganz gelingt und statt dessen diese kulturelle Einengung des Begehrens unterminiert.

hat. Entortet ist die Heldin zunächst deshalb, weil die kollektiv geteilte Erinnerung an diese Vorgängerin ihr die erfolgreiche Übernahme der Rolle, Herrin im angeheirateten Haus zu werden, verbietet, dann aber auch weil die Stellvertreterin der ehemaligen Herrin das Gut anzündet und die beiden Eheleute, die nun zum erstenmal nach ihrer überstürzten Hochzeit eine aufrichtige Liebesbeziehung eingehen können, ins wirkliche, konkrete Exil zwingt. Die Ermittlungen bei Rebeccas Arzt ergeben, daß nicht ein ungeborenes Kind in ihrem Körper zu wachsen begonnen hatte, sondern ein bösartiger Krebs. Maxims Schlag, der zwar nur indirekt zu dem tödlichen Unfall geführt hat, sowie die Tatsache, daß er die Leiche in dem Boot versenkte, anstatt sie den Vertretern des Gesetzes zu übergeben, werden von der Heldin umkodiert in eine Geschichte darüber, daß ihn Rebecca bewußt herausgefordert habe, in der Hoffnung, er werde den Tod beschleunigen und sich dadurch weit über diesen Tod hinaus in ihre Machenschaften verstricken.

Daphne du Mauriers weibliche Novelle und die Geburt des Meisters des Psychothrillers

Kehren wir nun zu der am Anfang meiner Ausführungen vorgeschlagenen Analogie zwischen Hitchcock und seiner Heldin zurück. Bezeichnenderweise hat der Regisseur in seinem Gespräch mit Truffaut diesen Film zu einem Findelkind stilisiert: »Nun, es ist kein Hitchcock-Film; es ist eigentlich eine Novelle. Die Geschichte ist altmodisch, es gab damals eine ganze Schule femininer Literatur. Und obgleich ich nichts dagegen hatte, muß ich doch an der Tatsache festhalten, daß der Geschichte jeglicher Humor fehlt.«[9] Gerade die weibliche Färbung der Geschichte macht also das Fremde jenes Erzählstoffes aus, mit dem sich Hitchcock in der fremden Welt der Selznick-Studios auseinandersetzen und den er sich auf Befehl seines Arbeitgebers aneignen muß: eine doppelte Entortung, die dazu führt, daß ein vertrauter, jedoch aus finanziellen Gründen verworfener weiblicher Text ihn in der unvertrauten, neuen Welt heimsucht. Ebenso bezeichnend ist die Tatsache, daß er den fremden, amerikanischen Einfluß, der auf dem endgültigen Film lastet, daran festmacht, daß er sich, um dieses Dokument eines geglückten Vertrags zwischen ihm und David O. Selznick zu vollenden, der Zensur seines Produzenten unterwerfen mußte und demzufolge genötigt wurde, sich an das Drehbuch Robert Sherwoods zu halten, anstatt seiner eigenen visuellen Gestaltung dieses Stoffes freien Lauf zu lassen.

Bezeichnenderweise ist es aber gerade das von dem Produzenten vertretene weibliche Gesetz, das Hitchcock erkennen ließ, daß er so wenig Herr in diesem Hollywood sein konnte wie seine Heldin Herrin von Manderley, solange Danvers für die Durchsetzung von Re-

---

9 Truffaut 1984, S. 127.

beccas Willen eintrat. Ein Vermerk von Selznick an seinen frisch aus England eingereisten Regisseur bezeugt, wie sehr er diesen drängte, sich dem weiblichen Stil seiner Vorlage anzupassen, analog zu der Art, wie sich die Heldin den Insignien ihrer Vorgängerin unterwerfen muß, bevor sie ihren Ehevertrag mit Maxim erfüllen kann. Gegen Hitchcocks Versuche, die weibliche Novelle zu vermännlichen, ordnete Selznick an: »All die kleinen Dinge, die das Mädchen in dem Roman tut, ihre Neigung, vor den Gästen fortzulaufen, und die vielen kleinen Details, die auf ihre Nervosität schließen lassen, ihre Befangenheit und ihr Unbehagen werden auf so brillante Weise in dem Roman geschildert, daß jede Frau, die ihn gelesen hat, das Mädchen vergöttert und ihre Psychologie verstanden hat, sich ihretwegen geschämt, jedoch gleichzeitig genau verstanden hat, was in ihrem Kopf vor sich geht. Ihre Veränderungen des Drehbuches haben alle diese Subtilitäten entfernt und sie durch große, breite Striche ersetzt, welche in den groben Zügen zu erkennen geben, wie gewöhnlich die eigentliche Handlung ist und was für ein schlechter Film daraus würde, gäbe es nicht die kleinen weiblichen Details, welche so leicht erkennbar sind und welche jede Zuschauerin von der Heldin sagen lassen: ›Ich weiß genau, wie sie sich fühlt; ich weiß genau, was sie jetzt durchmacht‹.«[10]

So ist es für diesen Film, der von der unheimlichen Präsenz einer kein einziges Mal abgebildeten Frau zehrt, bezeichnend, daß Hitchcock ihn nicht nur am Anfang seiner amerikanischen Phase macht, sondern sogar von ihm behauptete, es sei kein Hitchcockfilm und ihn nachträglich als einen ihm fremden Mischling verwirft, obgleich er in seinen Gesprächen mit Truffaut auch zugeben muß, daß seine Erfahrungen bei den Dreharbeiten zu *Rebecca* sich auf alle nachfolgenden Filme ausgewirkt hätten. Tatsächlich kann er Truffauts Mutmaßung, daß die Arbeit an diesem Film ihn dazu inspirierte, viele der späteren Filme mit jenen psychologischen Bestandteilen anzureichern, die er erstmals in dem Roman Daphne du Mauriers fand, nur bejahen. Es ist, als wäre die Auseinandersetzung

---

10 S. Modleski 1988, S. 43.

mit der so dezidiert weiblichen Novelle, in der es um die unwiderstehliche Wirkung einer grenzüberschreitenden Frau geht, die Ursprungsszene für jene cinematische Gestaltung von Psychothrillern, für die schließlich seine Unterschrift – und nicht die seines Produzenten in die Annalen der Filmgeschichte eingegangen ist; als bildete die Aneignung und Umkodierung dieser fremden weiblichen Wirkungskraft die Peripetie seiner eigenen ödipalen Entwicklung hin zum erfolgreichen Hollywood-Regisseur.

Bezeichnend ist aber auch, wie Hitchcock in dieser Darstellung seiner eigenen psycho-ästhetischen Entortung infolge seiner Ankunft in Hollywood nachträglich eine Entsprechung zu der Liebeshandlung seines ersten amerikanischen Films konstruiert, denn beide Erzählungen – die des Films und die der Gespräche mit Truffaut – folgen jenem Erzählmuster, das Freud als den Familienroman des Neurotikers bezeichnet hat. Stellt laut Freud »die Ablösung des heranwachsenden Individuums von der Autorität der Eltern eine der notwendigsten, aber auch schmerzlichsten Leistungen der Entwicklung« dar, so greift der Familienroman, um diese notwendige Entfremdung von den Eltern in ein Phantasieszenarium umzusetzen, auf die aus der Welt der Märchen bekannten ambivalenten Erzählmuster zurück, »man sei ein Stiefkind oder ein angenommenes Kind«, das zu Unrecht von den vermeintlichen Eltern den als streng und verletzend empfundenen Gesetzen unterworfen wird. Diese Familienromane dienen, so Freud, der Erfüllung von Wünschen und der Korrektur der realen Existenzbedingungen, indem sie die Eltern, von denen man sich trennen muß und gegen deren Gesetze man sich zur Wehr setzen möchte, in der Phantasie degradiert und durch vornehmere ersetzt: Der Träumende »wendet sich vom Vater, den er jetzt erkennt, zurück zu dem, an den er in früheren Kinderjahren geglaubt hat, und die Phantasie ist eigentlich nur der Ausdruck des Bedauerns, daß diese glückliche Zeit entschwunden ist«.[11] Denn im Phantasieleben wird grundsätzlich wiederhergestellt, was

---

11 Sigmund Freud, »Der Familienroman der Neurotiker« (1909), *Gesammelte Werke* VII, Frankfurt a. Main 1941, S. 231.

der Träumende in der glücklichen Kindheit vermeintlich besessen hat: »das schützende Haus, die liebenden Eltern und die ersten Objekte seiner zärtlichen Neigung«[12].

Brisant an der von Hitchcock nie direkt benannten Entsprechung zwischen seiner eigenen biographischen Situation und der Handlung seines ersten Hollywoodfilms ist nun die Tatsache, daß seine Heldin sich zwar dem Muster des Familienromans entsprechend in dem von ihrer Stimme und ihrer Erinnerung ausgehenden Phantasieszenarium als Waise entwirft, die sich ein ihr angemessenes Heim wünscht, aber diese Geschichte nicht um das Finden dieses erhabeneren schützenden Heims kreist, sondern statt dessen die Gewalt ausschmückt, mit der die für ein erwachsenes Dasein notwendige Entfremdung von den Eltern überhaupt erst vollzogen werden kann. Hitchcocks Familienroman, der von dem Wunsch lebt, Hollywood möge für ihn zu einem angemesseneren Schaffensort werden als die verlassene Heimat, verläuft insoweit analog zum Familienroman seiner Heldin, als beide, nachdem sie den ihnen bekannten Wohnort verlassen haben, sich zuerst mit einer abwesenden, aber scheinbar allmächtigen weiblichen Über-Ich-Figur auseinandersetzen müssen, bevor der Vertrag, der ihr Dasein im neuen Heim symbolisch legitimiert, in Kraft treten kann. In beiden Familienromanen dient der Liebesplot als Chiffre der Entortung, welche die Verschränkung von schöpferischer Selbstermächtigung mit der Gefahr der Entmächtigung zum Ausdruck bringt. Diese ambivalente Verschränkung geht mit der konkreten Ankunft an einem aus der Phantasie scheinbar bereits vertrauten Ort einher, denn im Herzen des Bekannten tritt eine nicht zu bändigende Fremdheit zutage.

Die scheinbar allmächtige Über-Ich-Figur, die unumgängliche, unsichtbare Frau – so meine spekulative Deutung – bringt nun aber gerade jene Gestalt des Anderen zum Ausdruck, die uns immer schon inhärent ist, die unseren psychischen Apparat wie ein Fremdkörper besetzt hält und sich jedem Zugriff entzieht; jene Andersar-

---

12 Sigmund Freud, »Der Dichter und das Phantasieren« (1908), *Gesammelte Werke* VII, Frankfurt a. Main 1941, S. 218.

tigkeit, die Freud mit dem Begriff der durch die unbewußten Prozesse hervorgerufenen psychischen Spaltung des Ichs zu beschreiben suchte. Durch eine imaginierte Veräußerlichung dieser nie gänzlich greifbaren Alterität schafft sich das Subjekt in der Form von Familienromanen Phantasieszenarien, in denen es in der Rolle des Neuankömmlings auf diesen Repräsentanten des immer schon bekannten Fremden sowohl mit Begehren als auch mit Aggression reagieren kann – egal ob diese Konfrontation als die ödipale Triangulation des zwischen Vater und Mutter als Identifikationspunkt wählenden Kindes narrativ wiedergegeben wird oder ob diese Begegnung mit dem Anderen als Konfrontation des Emigranten mit den fremden kulturellen Gesetzen der in der Phantasie bereits so vertrauten neuen Heimat narrativ umformuliert wird.[13]

Dabei ist bezeichnend, daß innerhalb psychoanalytischer Denkfiguren vor allem die Mutter als die Gestalt fungiert, die das Kind nicht nur als erste in den Bereich des kulturellen Bildrepertoires und der Einbildungskraft einführt, sondern die es auch als erste enttäuscht. Denn die mit dem mütterlichen Körper verknotete, imaginäre Vorstellung von Unversehrtheit, Geborgenheit und unbegrenzter Befriedigung erlebt auch durch das von ihr ausgehende Beharren auf Trennung ihre härteste Enttäuschung. So ist es alles andere als zufällig, daß in einer als weiblich deklarierten Schule der Liebesliteratur, deren Phantasieszenarien jenes Begehren in den Vordergrund stellen, das von der Heldin aufgegeben werden muß, die Frage, welche Rolle das Kind innerhalb seines Heims einnehmen soll, an der transgressiven, abwesenden Mutter statt am strafenden, anwesenden Vater verhandelt wird.[14]

13 Vgl. hierzu Julia Kristevas *Etrangers à nous-même*, Paris 1988.
14 Auch Darian Leader bespricht in *Promises Lovers Make When It Gets Late* (London 1997) *Rebecca* als Erzählung einer weibliche Analogie zur Ödipusgeschichte, da die Heldin ihre Identität nur in Beziehung zu dem Schatten, den ihre Vorgängerin auf das Heim wirft, aushandeln kann, indem sie deren Stelle im Liebesleben ihres Gatten einnimmt. Die gelungene Entwicklung der Heldin hin zu einer erwachsenen Subjektivität macht er demzufolge gerade am Kontrast zu Danvers fest. Denn während die Heldin anerkennt, daß sie nur als Stellvertreterin einer

Um die Ambivalenzen, die dem Prozeß der Identifikation innewohnen, hervorzuheben, bezeichnen Laplanche und Pontalis diese imaginäre Beziehung zwischen einem Subjekt und dem von ihm ausgewählten Vorbild als einen psychologischen Vorgang, durch den ein Subjekt einen Aspekt, eine Eigenschaft, ein Attribut des Anderen assimiliert und sich selbst dem Anderen ganz oder teilweise anverwandelt.[15] Die Gefahr besteht nun aber darin, daß der oder die Andere dabei die eigene Persönlichkeit völlig vereinnahmen oder gar auslöschen kann. Nun ist aber diese Bedrohung dann besonders wirkungsvoll, wenn die auserwählte Andere weiblich ist, da diese unwillkürlich zur Stellvertreterin der ursprünglichen Mutter wird, mit deren Gestalt die Identität des Subjekts zu Beginn seiner imaginären Tätigkeit verwoben war. »Darin bestehen die Paradoxien der Autorschaft«, erklärt Modleski in ihrer von dieser psychoanalytischen Denkfigur geprägten Lektüre des Films *Rebecca*, »indem Hitchcock gezwungen wurde, eine enge Identifikation mit du Mauriers ›weiblichem Text‹ einzugehen, die so weit ging, daß er diesen Film nicht als sein eigenes Produkt anerkennen konnte, fand er sein ureigenstes Thema – nämlich wie dem Vorgang der Identifikation die Möglichkeit der Furcht und des Verlustes von Selbst mit eingeschrieben ist, vor allem wenn es sich um eine Identifikation mit einer Frau handelt.«[16]

An der sowohl bedrohlichen wie auch faszinierenden Identifikation mit einer weiblichen Anrufung, die man nicht wählen kann, der sich zu beugen man gezwungen ist, die man sich aber seinen Bedürfnissen entsprechend aneignen kann – für Hitchcock der soge-

<small>ihr immer vorangehenden mütterlichen Figur die Stelle der Gattin für den ihr anvertrauten Mann einnehmen kann, und sich mit dieser Nachträglichkeit dadurch abfindet, daß sie an Maxims Haß auf diese untilgbare Vorgängerin glaubt, ist Danvers deshalb in der Stellung der Tochter verhaftet, weil sie sich weigert, irgendeine Form von Stellvertretung anzuerkennen. Ihre Weigerung, den Austausch der Mutter durch eine Tochter zu akzeptieren, der von Freuds ödipaler Triangulation vorgeschrieben wird, verkörpert laut Leader eine bedrohliche Bindung und Überantwortung an die Mutter.
15 Laplanche & Pontalis 1986, S. 5–34.
16 Modleski 1988, S. 44.</small>

nannte »weibliche Geist« (*feminine spirit*), der die Romanvorlage prägt, für seine Heldin der weibliche Geist der Vorgängerin, der das Haus Manderley besetzt hält –, wird die Erfahrung des psychischen wie auch des leiblichen Exils als Ursprungsszene der Phantasie verhandelt. Wie sehr die Herstellung dieses Familienromans davon abhängt, daß die Erzählerin jede Hoffnung auf ein schützendes Heim verloren hat, wird durch den die Erzählung einrahmenden Vorspann betont. Der von der Heldin geschilderte Familienroman kreist nämlich darum, wie sie in einen im Vergleich zu dem Ort ihrer Kindheit erhabeneren Ort Manderley eintritt, um dort in der Konfrontation mit der sie kränkenden weiblichen Vorgängerin auf schmerzvolle Weise die Entwicklung zur erwachsenen Frau zu vollziehen. Diese Reifung aber wird auf eine ambivalente Weise verhandelt. Während sie einerseits nur dadurch wirklich zu Maxims

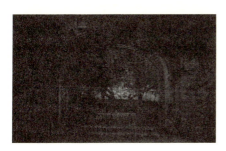

Gattin werden kann, daß sie das fremde Heim ihrer kindlichen Wunschphantasie aufgibt, ist ihre Erzählerschaft andererseits davon bestimmt, daß sie, gerade weil sie kein eindeutig bestimmtes Zuhause hat, dank ihrer Einbildungskraft immer wieder an diesen Ort zurückkehren kann.

Der Vorspann beginnt nach einem Schwenk von der Nahaufnahme eines großen Schildes, auf dem der Name »The Selznick Studio« zu erkennen ist, auf eine stattliche weiße Villa. Die Namen all derer, die an dieser unter der klar signalisierten Schirmherrschaft David O. Selznicks hergestellten Produktion mitarbeiteten, werden dann vor dem Hintergrund eines anderen Grundstückes aufgelistet – vor den sich sacht im Nebel bewegenden Bäumen, die Manderley umgeben. Dann schneidet Hitchcock auf den Mond, der hinter einer Wolke hervorscheint, und aus dem Off hören wir die Stimme der Heldin, die sich daran erinnert, daß sie in der letzten Nacht davon träumte,

sie hätte Manderley wieder besucht. Im Mondlicht taucht in der nächsten Einstellung das verschlossene Tor dieses phantasierten Ortes auf, während die Heldin mit der Erzählung ihres Traumes fortfährt. Sie habe den Ort eine Weile lang nicht betreten können, weil der Weg durch das Eisentor versperrt gewesen sei. Doch plötzlich habe sie eine übernatürliche Kraft verspürt, die es ihr erlaubte, »wie eine gespenstische Gestalt die vor ihr liegende Schranke zu überschreiten«.

Während Hitchcocks Kamera diese geisterhafte Fahrt nachahmt und durch die Eisenstangen des Tors mühelos hindurchschlüpft, um den sich windenden Pfad entlang auf das Haus zuzufahren, hören wir weiter die Stimme der Heldin aus dem Off. Sie bemerkt nun die Veränderung, die eingetreten ist. Die Natur ist wieder zu ihrem Recht gekommen, meint sie, denn auf ihre »verstohlene, heimtückische Art hat sie Stück für Stück mit ihren langen hartnäckigen Fingern Besitz von der Auffahrt ergriffen«. Langsam bewegt sich der geisterhafte Blick der Heldin über den fremd gewordenen, überwachsenen Weg, bis endlich das Haus Manderley vor ihren träumenden Augen auftaucht. Dies geschieht nicht plötzlich und unvermittelt, wie bei ihrer ersten Fahrt zum Gut, sondern als die logische Konsequenz der verstohlenen Annäherung an das sie magisch anziehende Haus, von dem sie meint, es stünde »geheimnisvoll und schweigend wie immer, ohne daß die Zeit die perfekte Symmetrie seiner Wände hätte verunstalten können«.

Durch ihre Stimme und die Kameraführung in ihren Traum eingeführt, sehen auch wir, wie der Mond diesen Ort beleuchtet, während die Heldin explizit auf die phantasmagorische Wirkung dieser Erinnerungsszene verweist. Sie meint, das Mondlicht könne der Einbildungskraft der Träumenden einen merkwürdigen Streich spielen. Nach einer kurzen Verdunkelung und gleichzeitig mit der Aussage der Heldin, sie habe plötzlich den Eindruck gehabt, Licht wäre durch die Fenster nach außen gedrungen, zeigt uns die nächste Einstellung ein von innen erleuchtetes Manderley. Eine Wolke bedeckt erneut den Mond, und die Heldin bemerkt, daß mit ihr die Illusion des wiederbelebten Raumes gewichen ist. Während die Kamera direkt auf Manderley zufährt, erkennen wir zusammen mit der Heldin, daß ihr nächtlich träumender Blick auf ein einsames und verlassenes Häusergerüst fällt, das aller Zeichen vergangener Zeiten beraubt ist. Seufzend erklärt sie, »wir können nie mehr nach Manderley zurück, so viel ist sicher«. Dem fügt sie jedoch den ihre eigene Phantasiearbeit zelebrierenden Nachgedanken hinzu: »Aber manchmal in meinen Träumen kehre ich doch zurück zu den merkwürdigen Tagen meines Lebens, die im Süden Frankreichs ihren Anfang nahmen.« Nachdem Hitchcocks Kamera direkt in das Dunkel der Mauer eingedrungen ist, leitet er mit einem Schnitt auf die Begegnungsszene zwischen der Heldin und Maxim über, genauer auf den Blick auf den rauschenden Meeresstrudel in Monte Carlo und somit auf den bedrohlich faszinierenden Ursprung des auf diese Begegnung folgenden Familienromans.

Die Haltung der Erzählerin ist also eine nostalgische. Sie bietet uns mit der in diese narrativen Rahmung eingebetteten Phantasieszene eine Schutzdichtung, welche auf das traumatische Ereignis, Manderley für immer verloren zu haben, verweist und diesen Verlust gleichzeitig auch wieder abschwächt, indem sie mit dieser Erzählung die Einbildungskraft als Möglichkeit der Überwindung wirklicher Entortung zelebriert. Dies führt jedoch auf eine andere Art die Frage der subjektiven Entmächtigung wieder ein, denn als nächtlich Träumende hat sie selbst weder einen Körper noch einen klaren Standpunkt. Wir sehen ihre Gestalt nicht und erhalten von Hitchcock auch kein Bild ihres Exils, etwa ein Bild davon, wie sie mit

Maxim an einem Kamin oder am Strand sitzend sich an die Vergangenheit erinnert, sondern wir hören lediglich ihre Stimme aus dem Off. Als geisterhafte Besucherin Manderleys nimmt sie die Haltung ihrer Vorgängerin Rebecca ein, und gleich dieser widersetzt sie sich dank ihrer Willenskraft der Eisensperre, die sie vom begehrten Ort auszugrenzen sucht.

So weist Hitchcock mit der Visualisierung der Tatsache, daß ihr der Weg zunächst versperrt ist, darauf hin, daß Manderley einen verbotenen, aber einen in der psychischen Realität wie eine Krypta erhaltenen Ort darstellt. Nicht nur kann dessen Grenze in der Phantasie überschritten werden, sondern der Akt des Erinnerns verflüssigt auch die Unterscheidung zwischen einem Ort, der nicht mehr zugänglich ist, und einem, zu dem man noch keinen Zugang gefunden hat, denn über die Stimme und später auch über den Blick der Erzählerin wird ein nostalgisches Wissen um den stattgefundenen Verlust des vertrauten Ortes mit der hoffnungsvollen Erwartung des noch unbekannten Ortes, den sie immer schon auf Grund ihrer Vorgängerin verloren hat, verschränkt. Diese Unmöglichkeit, an dem ersehnten Ort anzukommen, kennzeichnet die Lücke, um die die ganze Phantasiearbeit der Heldin kreist.

So fungiert der Ort Manderley als Repräsentation *par excellence* für ihre unumgängliche Entortung, verdichtet das psychische mit dem wirklichen Exil. Unheimlich ist diese phantasmagorische Behausung aber auch deshalb, weil sie der Heldin erlaubt, an diesem Ort eine Phantasieszene dessen zu entfalten, was für sie eine Unmöglichkeit darstellt: die Einkehr in ein sie schützendes Haus als stellvertretenden Ersatz für den verlorenen Ort des Ursprungs. Obgleich sie weiß, daß sie nie wieder nach Manderley zurückkehren kann, erlaubt ihr die phantasmagorische Sprache des Traums, diese ihrem Leben eingeschriebene Schranke zu überschreiten. Durch die Verschränkung des Erzählrahmens, in dem das Exil der Heldin festgelegt wird, mit einer Binnenerzählung, die uns zusammen mit der Heldin zurück in diesen verbotenen und versperrten Ort führt, unterwandert die Filmsprache genau jene Exilerzählung, die sie sich auch aneignet.

Die gefährliche Alterität, der man im Verlauf der ödipalen Entwicklung entsagen muß – die Denkfigur des bedrohlich faszinierenden Anderen, die bevorzugt an der Figur der Mutter festgemacht wird – kann mit Hilfe der Phantasie wiedergewonnen werden. Einer vom paternalen Gesetz vorgeschriebenen Entsagung wird somit durchaus innerhalb der Vorgaben des ödipalen Rahmens mit einem Phantasieszenarium geantwortet, in dem der Besitz dieses weiblichen Bereichs – und daran geknüpft das maternale Gesetz – weiterhin sichergestellt wird. Denn indem uns die Erzählerin mit einem glücklichen Beiklang in der Stimme versichert, daß sie manchmal in ihren Träumen an diesen Ort zurückkehre, verführt sie uns dazu, uns, bevor ihre nachträglich wiedergegebene Erzählung begonnen hat, mit ihrer entorteten Position zu identifizieren, so wie wir uns später über ihren begehrenden Blick mit der anderen, unheimlich anwesenden Geistergestalt identifizieren werden. Der von ihrer Stimme geleitete Blick der Kamera lotst uns in eine doppelten Krypta – in das Traumbild des ausgehöhlten Manderley und in die Erinnerungsbilder, mit denen die Heldin dieses Gebäude aufzufüllen weiß. Der Einsatz dieser für das Hollywood-Kino ungewöhnlichen weiblichen Stimme aus dem Off erlaubt uns, in einen geheimnisvollen Ort einzudringen und dadurch mit der Heldin ihre Erfahrung des Fremdseins mitzuerleben.[17] Als narrative Klammer wird diese Stimme von Hitchcock zum einen als Gegenstück zum stimmlosen, abwesenden, jedoch von seiner Wirkung her nur allzu präsenten Körper Rebeccas gesetzt. Diese Stimme bildet zugleich aber auch den Rahmen und somit das Gegengewicht zu den beiden die Er-

---

17 Der Begriff der ›Krypta‹ wurde auf fruchtbare Weise von Nicolas Abraham und Maria Torok in ihren Überlegungen zu der transgenerativen Vererbung von geheimem Wissen entwickelt, siehe den Sammelband *The Shell and the Kernel* (Chicago 1994). Dies führt sie dazu, von Menschen, die in sich ein vererbtes Geheimnis bergen, welches ihre psychische Realität grundlegend strukturiert, als kryptophorisch veranlagt zu sprechen. Für eine Diskussion der geschlechtlichen Kodierung der Stimme sowohl im Erzähl- wie auch im Experimental-Kino siehe auch Kaja Silverman, *The Acoustic Mirror. The Female Voice in Psychoanalysis and Cinema*, Bloomington 1988.

zählung dominierenden Stimmen: einerseits der verführerischen und zugleich strengen Stimme Danvers', die im Zimmer ihrer Herrin nicht nur ihre Intimität mit Rebecca zu neuem Leben erweckt, sondern die Heldin auch in den fast tödlichen Genuß einer Verschmelzung mit der imaginierten Vorgängerin kommen läßt, und andererseits zu der den Verlust vorausahnenden, aber auch ernüchterten Stimme Maxims, der ihr die Geschichte seines Hasses auf ihre Vorgängerin erzählt, mit dessen Stimme sie Rebeccas Macht überwindet und eine Distanz zu der Frau aufbauen kann, die sie in Besitz genommen hat. Wie ein hybrider Körper verbindet die Stimme der Erzählerin die Positionen dieser beiden einander entgegengesetzten und widerstreitenden Stimmen in sich – sie überwindet die Eisenschranke, die sie von dem gefährlichen Genuß Manderleys schützt, und erhält sie gleichzeitig aufrecht.

Demzufolge ist das Happy-End dieser als Rückblende erzählten Liebesgeschichte, die sich um die von Anfang an zum Scheitern verdammte Aneignung eines Heims dreht, die uneingeschränkte Annahme einer Entortung. Unser letzter Anblick des Ehepaares zeigt, wie sie, sich gegenseitig krampfhaft umarmend, erschüttert auf das brennenden Manderley blicken. Doch Hitchcock setzt diesem Zustand der Entortung – welcher für ihn ganz im Sinne von Freuds Diktum Sinnbild für die Annahme der erwachsenen Subjektivität ist – zwei weibliche Wunschträume entgegen. Dies ist zum einen die ernüchterte Phantasie der nostalgischen Träumerin, die ein Wissen um das unumgängliche psychische Exil der erwachsenen Frau annimmt und erkennt, daß sie nie Herrin in einem eigenen Heim sein wird. Dank ihrer Einbildungskraft besitzt sie nun endlich den Ort Manderley, den sie schon immer als phantasierte Repräsentation begehrt hat. Wie sehr diese nostalgische Haltung der Erinnernden eigentlich ihrer Glücksvorstellung entspricht, verdeutlicht die Tatsache, daß sie während einer Autofahrt in Monte Carlo Maxim erklärt hat, sie wolle ihre Erinnerungen wie in einer Flasche aufbewahren, welche sie dann öffnen und von ihr kosten könne, wann immer sie wolle. Für Maxim endet der Versuch, Manderley von der ihn in seinem Selbstverständnis kränkenden Rebecca zu befreien, in der Auslöschung dieses durch die Anwesenheit einer fremden weiblichen Kraft unheimlich gewordenen Ortes des eigenen Ursprungs. Die Heldin hingegen, der es um das Aufbewahren von Erinnerungsszenen des Glücks geht, nicht aber um die Tilgung jeglicher dieses Glück vereitelnder Spuren, kultiviert eine heilvolle *ars memoria*, die sowohl gegen Maxims Verlangen, alle Erinnerungen an sein früheres Leben zu tilgen, wie auch gegen Danvers' Verlangen, alle Erinnerungen an die Verstorbene zu erhalten, gerichtet ist.

Während die Heldin im Verlauf der Erzählung als Vertreterin der eigentlichen Hauptdarstellerin Rebecca fungierte – die einerseits dadurch, daß sie sich von dieser Vorgängerin so völlig unterscheidet, andererseits dadurch, daß sie versucht, sich deren Kleider und Gesten anzueignen, eine Erinnerung an die Verstorbene am Leben erhält –, wird ihr psychischer Apparat, genauer die Art, wie dieser ihre Wunschvorstellungen in eine erinnerte Phantasieszene umsetzt, selbst zu der Szene des unheimlichen Schauspiels. Auf der Ebene des Erzählrahmens ist sie keine Schauspielerin in einer Phantasieszene mehr, sondern die kryptophorische Kammer/Kamera, dank deren ein Bild des so geheimnisvoll anziehenden, wenn auch nun völlig zerstörten Ortes Manderley und die dort herrschende weibliche Macht auf ewig erhalten bleiben, eine Repräsentation, die uns Betrachtende nun mit den auf der Bühne ihres inneren Theaters inszenierten Bildern infiziert. Über diese phantasmagorische Nachahmung der Wiedergängerin Rebecca wird sie (implizit) aber vor allem zur Widerspiegelung des Regisseurs selbst, denn unternimmt Hitchcock mit seinen cinematischen Erzählungen nicht genau einen solchen unheimlichen Dialog mit dem Verlorenen? Man muß sich fragen, ob Hitchcock mit dieser weiblichen Träumerin – die imstande ist, die Schranke zu einem geheimnisvollen, unzugänglichen Ort zu überqueren, um dort aus ihren Erinnerungsbildern eine Erzählung zu gestalten, die ihrem Exil Sinn verleiht – nicht auf die Macht seines eigenen cinematischen Apparats verweist, dringt doch auch seine Kamera ständig in verschlossene Räume ein.

Dieser nostalgischen Träumerin wird bis zum Schluß eine zweite von ihren Erinnerungen an die Vergangenheit zehrende weibliche Träumerin entgegengehalten. Hitchcocks Film schließt weder mit einem Bild des glücklich wiedervereinten Ehepaars noch mit einer Rückkehr zu der den Film einleitenden geisterhaft körperlosen Stimme der Erzählerin, die uns sachte aus ihren Erinnerungsbildern herausbegleitet. Statt dessen wendet sich die Kamera ab von dem sich gegenseitig stützenden Liebespaar und fährt von außen an der Fensterfront entlang, die einen Einblick in Rebeccas Zimmer bietet, bis sie die inmitten der Flammen zuerst noch tänzerisch sich windende und dann zum Stillstand gekommene Gestalt von Mrs. Danvers eingefangen hat. Aus ihrem subjektiven Blickpunkt sehen wir, wie das brennende Holz über ihrem Kopf zusammenbricht, wobei die Kamera dieser zerstörerischen Gewalt nicht ausweicht, sondern im Gegenteil weiter in das brennende Zimmer hineinfährt. Aus dem gleichen Blickwinkel, aus dem Mrs. Danvers die Heldin vormals zu Rebeccas Bett geführt hatte, nähert sie sich wieder der Brokathülle, in deren Innerem das filigrane Nachtgewand Rebeccas verborgen liegt.

Erst nachdem sie uns in der Nahaufnahme einen Blick auf den von Danvers auf diese Hülle gestickten, von Flammen umrahmten Buchstaben »R« anbieten kann, bleibt die Kamera stehen und verläßt, auch während der doppelte Schriftzug »The End«/ »A Production of the Selznick Studio« eingeblendet wird, dieses Insignium eines weiblichen Widerstandswillens nicht.

Zu Recht weist Tania Modleski auf die unheimliche Ambivalenz dieser Szene hin: »Es ist kein Wunder, daß dieser Film auf überdeterminierte Weise versucht, Rebecca zu tilgen, und daß diese Aufgabe sich einer massiven Zerstörung bedienen muß. Aber es gibt Anzeichen dafür, daß wir uns mit dem Happy-End des Films nicht in Sicherheit wähnen dürfen. Denn wenn ein Tod durch Ertrinken das Begehren dieser Frau nicht zum Erlöschen bringen konnte, können wir uns dann so sicher sein, daß es der Feuertod gänzlich zu Asche hat reduzieren können?« Man könnte sogar noch einen Schritt weitergehen und die Behauptung aufstellen, daß wir nur von der Rahmenerzählung her, die uns das ausgehöhlte Manderley vor Augen führt, diese Szene überhaupt als eine Auslöschung des transgressiven weiblichen Begehrens Rebeccas deuten können. Von diesem Rahmen abgekoppelt steht es nämlich ein für dessen Unzerstörbarkeit, für ein bedrohliches weibliches Begehren, das wie ein traumatisches Wissen immer wiederkehrt und das hier inmitten der Flammen nicht nur die eigene Macht zelebriert, sondern auch das Bündnis mit den sich an seine Insistenz erinnernden Frauen. Insofern dieser letzten Kamerafahrt überhaupt ein Subjekt zugeordnet werden kann, ist es die in den Armen ihres Gatten eingeschlossene, träumende Heldin. Die Szene, auf die sich ihre durch die Kamera visualisierte Phantasie stützt, ist der von dem Feuer erhellte Ort, den die Heldin trotz seiner Zerstörung in ihrer erinnernden Phantasie erhält und an dem sich ein gefährlicher und verbotener weiblicher Genuß selbst feiert. Denn das Wort »Ende«, das den Abschluß der Filmhandlung markiert, flimmert ja nicht über dem Anblick der Ruine, der die Erzählung eingeleitet hat, sondern es konkurriert mit dem hartnäckig sich durchsetzenden Buchstaben »R«, als wolle Hitchcock darauf hinweisen, wie sehr die ganze Filmhandlung von zwei Gesetzen determiniert ist, die beide nichts mit dem vermeintlichen Herrn von Manderley zu tun haben: einerseits von dem auf Unzerstörbarkeit insistierenden weiblichen Begehren Rebeccas und andererseits von der vom Produzenten Selznick vorgeschriebenen Auflösung dieses Geschlechter- und Generationenkampfes in die Fiktion des heterosexuellen Glücks.

Slavoj Žižek erkennt in der Phantasiearbeit den Versuch, einem ursprünglichen und unauflösbaren Widerspruch mit einer Schutzdichtung entgegenzuwirken. Seine Antwort auf die Frage »Warum erzählen wir Geschichten?« läßt sich folgendermaßen paraphrasieren: Erzählungen entstehen, um einen fundamentalen Antagonismus aufzulösen, indem sie dessen Begriffe in eine zeitliche Abfolge bringen, die der Kontingenz Sinn verleiht.[18] Dennoch bezeugt die Erzählung das Fortbestehen genau jenes Antagonismus, zu dessen Verdrängung sie auch hergestellt wird. Auf Hitchcocks *Rebecca* übertragen, könnte man vermuten, daß in der von der Heldin im Zeichen der Selznick-Studios dargebotenen Phantasie die fundamentale Nichtübereinstimmung zwischen jenem Genuß, der mit dem Eintritt in den Bereich der kulturellen Gesetzhaftigkeit aufgegeben werden muß, und dessen stellvertretendem Genuß, der mit einer Grenzüberschreitung dieser Gesetze einhergeht, verhandelt wird. Dabei ist es egal, ob es sich bei letzterem um eine verbotene Form der Erotik (Ehebruch, Homosexualität) oder eine verbotene Form der Gewaltausübung (Selbstmord, Mord, Brandstiftung) handelt. In Hitchcocks Aneignung der von Freud beschriebenen ödipalen Triangulation geht es jedoch nicht nur darum, daß das erwachsene weibliche Subjekt ein an die Mutter gebundenes Begehren aufgeben muß, um seiner symbolischen Anrufung gerecht zu werden. Sondern die Modulation hin zum Horrorthriller, die Hitchcock der Freudschen Entwicklungskurve verleiht, besteht darauf, daß das aufgegebene Material immer als unheimliche Spur zurückbleibt und als solche eine jede sie zügelnde Schutzphantasie von innen her überschreitet.

Welcher Antagonimus wird nun aber durch diesen nostalgisch gefärbten Familienroman auf verschobene Weise zum Ausdruck gebracht, geht es doch vordergründig um den Verlust von Beheimatung? Wie Žižek erläutert, funktioniert der diesem Antagonismus inhärente Widerspruch des Genusses als Ausdruck eines menschlichen Triebes, über die balancierte Spannung hinauszugelangen, welche das symbolische Feld des Gesetzes stützt. So ist der eigentliche Ort des Subjekts die Unmöglichkeit seines Da-Seins. Daraus folgert Žižek: Indem die radikalste und elementarste Erfahrung der Entortung in bezug auf jenen traumatisch erfahrenen Genuß stattfindet, den das Subjekt nie gänzlich annehmen, sich aneignen und

---

18 Slavoj Žižek, *The Plague of Fantasies*, London 1998, S. 10–13.

in seine symbolische Existenz integrieren kann, erweist sich dieser aufgegebene und zurückgekehrte Genuß als gleichbedeutend mit jenem berüchtigten Heimlichen, das gleichzeitig das Unheimlichste darstellt, immer schon hier und genau aus diesem Grund immer schon verloren.[19]

Der um Manderley kreisende Familienroman – so meine These – erlaubt der Heldin, das traumatische Wissen über die Unmöglichkeit eines geglückten Daseins in der Welt in eine Erzählung über den schicksalhaften Verlust einer fremden Heimat umzuformulieren. Denn Manderley, das in einem heterotopischen Schwellenbereich zwischen Heimat und Exil angesiedelt ist, ruft jenen psychischen Zustand hervor, in dem ein immer schon verlorener Zustand der Beheimatung als immer schon dagewesener genossen werden kann. Die Logik dieser Erzählung besagt, daß sich die Heldin diesen unheimlichen Ort vor ihrer Ankunft in ihrer und durch ihre Phantasie zwar aneignen konnte, dort angekommen jedoch erkennen muß, daß ihm eine untilgbare, entfremdende Kraft innewohnt, während sie diesen Ort erst dann wieder in Besitz nehmen kann, nachdem sie ihn gänzlich verloren hat.

So geht es bei dem in Manderley ausgetragenen Streit zwischen dem mütterlichen und dem väterlichen Gesetz nicht nur darum, daß das durch Rebecca hervorgerufene homoerotische Begehren der Heldin ihre Eheschließung mit Maxim stört, sondern auch darum, daß über diese Tote ein Wissen um die unüberwindbare Kontingenz des menschlichen Daseins verhandelt wird. Dieses Wissen stört jede sexualisierte Bindung – sei es die heterosexuelle Liebesgeschichte zwischen der Heldin und Maxim, sei es die homoerotische zwischen ihr und der allmächtigen Rebecca. So vertritt auch dieses Wissen um das Unheimliche des menschlichen Daseins ein triangulierendes Gesetz, bricht es doch ebenso wie das symbolische Mandat der Erbschaft jede narzißtisch geprägte Liebesdyade auf.

Mit einer Visualisierung davon, wie diesem Gesetz des Unheimlichen nie ausgewichen werden kann, setzt Hitchcock auf so ambi-

---

19 Ebd., S. 7–30 und S. 49.

valente Weise seiner Filmerzählung ein offenes Ende, indem er den flammenden Buchstaben »R« dem Gebot des durch Selznick vertretenen Happy-End entgegenhält. Das Grauen, das *Rebecca* zum Ausdruck bringt, besteht womöglich weniger in der Aufklärung der Mordgeschichte als in dem Wissen, daß das eigene Zuhause, von dem wir meinen, wir könnten es beherrschen, immer schon von innen her brennt und daß wir dieses gefährliche Feuer überdies genießen. Dieses Wissen um die Unheimlichkeit des menschlichen Daseins setzt Hitchcock ferner filmsprachlich dadurch um, daß er die nostalgische Erzählung der Heldin nicht auflöst, sondern die Tatsache, daß sie im Widerspruch zum Schlußbild steht, regelrecht hervorhebt. Er entläßt uns mit einem hybriden Filmgebilde: einerseits mit einer Erzählung, die den Verlust von Heimat in die Geschichte eines unausweichlichen Schicksals umformuliert, und andererseits mit dem Anblick von Mrs. Danvers' tödlichem Tanz inmitten des brennenden Zimmers, der jene Schnittstelle ausleuchtet, an welcher der Traum vom schützenden Haus in das Trauma einer tödlichen Aufzehrung durch die im Vertrauten wohnende fremde Macht umkippt, weil die ein Überleben sichernde Distanz zu dem gefährlichen Genuß nicht mehr gewährleistet ist. Nur der wirkliche Verlust der Heimat kann einen – so die ernüchterte Botschaft Hitchcocks – vor dem gefährlichen Sog des allzu vertrauten unheimlichen Heims schützen, denn ohne diese radikale Ausgrenzung, die dann auf der Ebene der Phantasie überschritten werden kann, läuft man immer Gefahr, in den realen Strudel der unerträglichen Nähe der immer schon bekannten Auflösung aller Spannung gezogen zu werden, der mit dem Tod gleichzusetzenden Tilgung der Lücke im Heim.[20]

So erlaubt Truffauts Frage über den Einsatz von Manderley mir ein letztes Mal auf die von mir entwickelte These zurückzukommen, *Rebecca* fungiere als Chiffre für Hitchcocks Eintritt in die neue amerikanische Heimat. »Wann immer die Vorstellung von

---

20 Vgl. dazu Karl Jaspers, *Heimweh und Verbrechen*, mit einem Vorwort von Elisabeth Bronfen, »Fatale Widersprüche«, München 1996.

Heim (*home*) angesprochen wird, so geschieht dies über das Haus oder den um Manderley liegenden Landbesitz«, meint Truffaut. »Es wird immer mit einer magischen Aura versehen gezeigt, mit leichtem Nebel, und die Musik erhöht noch diesen gespenstischen Eindruck.«[21] Darauf antwortet Hitchcock: »Das ist richtig, weil es in einem bestimmten Sinn in diesem Film um die Geschichte eines Hauses geht. Das Haus fungiert als einer der drei Hauptdarsteller.« Mit listigem Scharfsinn benennt Hitchcock die anderen beiden nicht, und wir können uns nur fragen, ob er sein Liebespaar meint oder ob er, Truffaut folgend, die abwesende Tote und die sie vertretende Mrs. Danvers im Sinn hat. Wesentlich eindeutiger hingegen erklärt er Manderley zum Sinnbild für eine fehlende konkrete Verortung, die sowohl der körperlosen Stimme der Heldin in der Rahmenerzählung entspricht als auch seiner eigenen Entortung in der neuen amerikanischen Heimat: »In *Rebecca* ist das Gutshaus so weit von allem entfernt, daß man gar nicht weiß, wie das Nachbardorf heißt. Nun ist es durchaus möglich, daß diese Abstraktion, die Sie als eine amerikanische Stilisierung bezeichnen, teilweise zufällig ist und bis zu einem gewissen Grade darauf zurückzuführen ist, daß der Film in den Vereinigten Staaten gedreht wurde. Stellen wir uns vor, wir hätten *Rebecca* in England gedreht. Das Haus wäre nie so isoliert

---

[21] Truffaut (1983, S. 131). In den folgenden Kapiteln wird teilweise der amerikanische Begriff *home* beibehalten, da dieser sich sowohl auf eine symbolisch überlagerte geographische Zugehörigkeit im Sinne von Heimat bezieht wie auch einen konkreten materiellen Ort im Sinne von Zuhause beschreibt bzw. der Übergang zwischen diesen beiden Bedeutungen im Amerikanischen fließend ist. Mit dem Begriff *home* können verschiedene semantische Bereiche gleichzeitig angesprochen werden, für die im Deutschen mehrere Bezeichnungen einstehen: Wohnsitz (im symbolischen wie im konkreten Sinne); das Haus, welches man bewohnt; der Ort, den man mit seiner Familie gemeinsam hat; einen Ort, der einem Schutz und Glück zu bieten verspricht; ein geschätzter Ort, den man als Zufluchtsort oder Ursprungsort begreift; das Land oder die Stadt, wo man geboren ist oder lange gelebt hat; der Ort wo etwas entdeckt, begründet, entwickelt oder gefördert wird; das Hauptquartier für eine Kampagne oder eine Aktion, im Sinne eines *home-base*; eine Institution, wo für Menschen gesorgt wird, im Sinne eines Altersheims.

gewesen, weil wir geneigt gewesen wären, die umgebende Landschaft zu zeigen, die Pfade, die zu dem Haus führen. Aber wenn die Szene realistischer gewesen wäre und der Ort der Ankunft geographisch genau situiert, hätten wir das Gefühl von Isolation verloren.«[22]

Dieser »*sense of isolation*« bildet die Urszene für Hitchcocks reife Filmsprache, läßt ihn jene psychologischen Zutaten des Thrillergenres erkunden, für die er in den darauf folgenden drei Jahrzehnten berühmt wurde. In der vielschichtigen Visualisierung der Entortung – dem fremd gewordenen Manderley, dem sich im Exil treffenden und dorthin auch wieder zurückkehrenden Ehepaar und der ihrem Grab entflohenen Wiedergängerin – bringt Hitchcock das Wissen um das Unheimliche des menschlichen Daseins zum Ausdruck. Bezeichnenderweise jedoch entdeckt er inmitten der fremden Welt des Hollywood-Studiosystems seinen eigenen, unnachahmlichen Stil, indem er sich auf ebenso vielschichtige Art eine weibliche Ausdrucksweise aneignet: Den feminin kodierten Roman Daphne du Mauriers, die körperlose Stimme seiner Heldin, den gnadenlosen Erinnerungswillen der treuen Haushälterin Mrs. Danvers und schließlich die suggerierte Kraft eines abwesenden, jedoch alles beherrschenden weiblichen Begehrens.

Hitchcock ist im Exil letztendlich der Gewinner. Das ist der Sinn der Schutzdichtung, welche er seinem geistigen Bruder Truffaut im Verlauf ihrer Gespräche anbietet. Nur in der neuen amerikanischen Heimat konnte er die eigene Kreativität voll ausschöpfen, die ihn zum unbestrittenen Meister des Psychothrillers hat werden lassen. Aber bis zum Schluß zieht sich die Frage der ödipalen Beschränkung der narzißtischen Phantasiearbeit durch ein strafendes Gesetz durch. Das Bündnis der beiden Regisseure, welches in diesem Interview zelebriert wird, kommt ohne den Verweis auf eine störende dritte Instanz der Autorität nicht aus. Auf Truffauts Bemerkung, er hätte doch einen Oscar für diesen Film bekommen, antwortet Hitchcock, die *Academy* hätte *Rebecca* als besten Film des Jahres

---

22 Truffaut 1983, S. 131–132.

1940 prämiert. Nachdem Truffaut ihn fragt, ob dies nicht der einzige Oscar sei, den er erhalten habe, antwortet Hitchcock bestimmt, er hätte nie einen Oscar erhalten. Die Auszeichnung ging nicht an ihn, sondern an Selznick, den Produzenten.

4. »There's no place like home« – Die Aporie der Heimkehr

The Wizard of Oz (Victor Fleming)

Es ist hierdurch die innerliche Bewegung des reinen Gemüts vorhanden, welches sich selbst, aber als die Entzweiung schmerzhaft fühlt; die Bewegung einer unendlichen Sehnsucht, welche die Gewißheit hat, daß ihr Wesen ein solches reines Gemüt ist. Zugleich aber ist dies Wesen das unerreichbare Jenseits, welches im Ergreifen entflieht oder vielmehr schon entflohen ist. Wie es so auf einer Seite, indem es sich im Wesen zu erreichen strebt, nur die eigene getrennte Wirklichkeit ergreift, so kann es auf der anderen Seite das Andere nicht als Einzelnes oder als Wirkliches ergreifen. Wo es gesucht wurde, kann es nicht gefunden werden; denn es soll eben ein Jenseits, ein solches sein, welches nicht gefunden werden kann.

Hegel (Phänomenologie des Geistes)

Ein glücklicher Ort jenseits des Regenbogens

Die nachhaltige Wirkung von Victor Flemings legendärem Musical *The Wizard of Oz* erklärt Ted Sennett damit, daß »der Film ein allgemeines Bedürfnis anspricht: Das Bedürfnis der Zugehörigkeit, das Verlangen, ein Zuhause zu haben, das einem Schutz und Wärme bietet, nachdem die Hexen der Welt besiegt worden sind.«[1] Flemings Heldin, das von Judy Garland gespielte *everygirl* Dorothy, ist mit ihrem Leben auf der Farm ihres Onkels Henry und ihrer Tante Em unzufrieden und träumt von einem fremden Land jenseits des Regenbogens, wo es keine Sorgen, kein Unheil und keine Differenzen gibt. Weil sie dieses nicht definierbare Unbehagen unerbittlich plagt, entschließt sie sich, mit ihrem Hund Toto ihr Zuhause zu verlassen, um die Reise in dieses Phantasieland anzutreten. Zwar gelingt ihr der Fluchtversuch zunächst nicht, denn auf dem Weg trifft sie den Zauberer Prof. Marvel, den sie bittet, er möge sie und Toto auf seine Reise mitnehmen. Dieser erkennt jedoch sofort, daß sie von zu Hause weggelaufen ist, und unter dem Vorwand, er könne keine Entscheidungen treffen, ohne seine Kristallkugel konsultiert zu haben, um damit in die Zukunft zu sehen, bringt er sie wieder von ihrem Vorhaben ab. Er bittet das Mädchen, seine Augen zu schließen, um heimlich in ihrem Körbchen nach einem Hinweis auf ihre Identität zu suchen, und findet dort auch ein Foto, auf dem sie neben ihrer Tante vor deren Farmhaus steht. Als er ihr erzählt, er sehe in seinem Kristall eine Frau mit gebrochenem Herzen, wird Dorothy von einem Schuldgefühl heimgesucht, das stärker ist als ihr Reisewunsch, und sie beschließt, nach Hause zu ihrer Tante Em zurückzukehren.

---

1 Ted Sennett, *The Great Hollywood Movies*, New York 1983, S. 44.

Doch auf dem Rückweg bricht plötzlich ein Wirbelsturm über das kleine Dorf in Kansas herein, der es ihr auf unerwartete Art doch noch ermöglicht, ihre Suche nach dem Glück anzutreten. Ganz im Sinne von Freuds Ausführungen zum Unheimlichen, das für ihn jene Art des Schreckhaften darstellt, welches auf ein altbekanntes, längstvertrautes, jedoch verdrängtes Wissen zurückgeht, hängt dieser zufällige Einbruch einer Naturkatastrophe mit jenem Prinzip zusammen, das Freud die Allmacht der Gedanken nennt. Als würde dieser Sturm Dorothys Verlangen nach einer gewaltsamen Trennung von der ihr fremd gewordenen Heimat in der Form einer Halluzination im Realen verwirklichen, ermöglicht er ihr, in das ersehnte Traumland zu gelangen: Beim Betreten des verlassenen Hauses ihrer Zieheltern, die zusammen mit den anderen Farmarbeitern im Keller vor den gefährlichen Verwüstungen des Wirbelsturms Schutz gesucht haben, entdeckt Dorothy zunächst, daß sie mit Toto ganz alleine ist. Als sie dann in ihr Schlafzimmer vorgedrungen ist und nach ihrer Tante Em ruft, löst sich der Fensterrahmen von der Wand und fällt ihr auf den Kopf, so daß sie bewußtlos auf ihr Bett sinkt.

Ihre Entdeckungsreise beginnt, wie später noch genauer ausgeführt werden soll, indem sie durch das offene Fenster der Verwandlung diverser Figuren aus ihrem Alltag in ihre unheimlichen Spiegelverkehrungen beiwohnt. Dann, nachdem das Haus, von dem sie meint, es hätte sie durch die Lüfte jenseits des Regenbogens getragen, erneut auf festem Boden steht, öffnet Dorothy die altbekannte Türe und entdeckt – nicht unähnlich der Hitchcockschen Heldin in *Rebecca* – auf der anderen Seite der Schwelle den von ihr so sehnlichst erträumten Phantasieort. Der schwarzweiße Sepiaton, in dem Fleming den tristen Alltag von Kansas gefilmt hat, verwandelt sich plötzlich in ein sattes Technicolor, und Dorothy erklärt ihrem Weggefährten erstaunt und gleichzeitig entzückt: »Toto, ich habe das Gefühl, wir sind nicht mehr in Kansas.«

Auf ihren Abenteuern in diesem fremden Land, das wie ein Phantom aus der Lücke, welche sie im eigenen Zuhause empfunden hat, in Form einer phantasmatischen Gegenwelt emporsteigt, begegnet sie zuerst Glinda, der Hexe des Nordens, die ihr erklärt, sie habe bei der Landung mit ihrem fliegenden Haus die böse Hexe des Ostens getötet. Bald darauf tritt auch die Schwester der Verstorbenen auf, die böse Hexe des Westens, eine unheimliche Spiegelverkehrung der Schullehrerin, die versucht hatte, ihr in Kansas den geliebten Hund Toto wegzunehmen, und damit der Auslöser für Dorothys Fluchtversuch gewesen war. Während die Hexe des Westens dem Mädchen droht, sie werde es aus Rache töten, schützt Glinda Dorothy, indem sie ihr die roten Schuhe zukommen läßt, welche die Hexe des Ostens getragen hatte. Solange sie diese anbehalte, erklärt ihr Glinda, sei sie gegen die zerstörerische Kraft der bösen Hexe gewappnet. Dennoch rät sie dem Mädchen, das Land Oz so schnell wie möglich wieder zu verlassen, ist aber, was die Heimreise anbelangt, lediglich bereit, ihr den Hinweis zu geben, sie solle den in *Emerald City* wohnenden Zauberer von Oz um Hilfe bitten.

Auf der Suche nach ihrem verlorenen *home* trifft Dorothy nacheinander drei hybride männliche Gestalten, die wie sie davon überzeugt sind, daß ihnen die wesentliche Eigenschaft, die sie von dem Gefühl des sie plagenden Unbehagens heilen würde, fehlt – eine bauernschlaue Vogelscheuche, die sich nach Intelligenz sehnt, einen sentimentalen Blechmann, der nach einem Herz verlangt, und einen ängstlichen Löwen, der sich Mut wünscht, um König des Waldes zu werden. Unheimlich sind sie nicht nur, weil sie belebte Gegenstände oder vermenschlichte Tiere darstellen, sondern auch weil Dorothy in diesen Zauberwesen die ihr altvertrauten Gesichter der Gehilfen ihres Onkels wiedererkennt. Allen vier Figuren soll der Zauberer die ihnen mangelnde Eigenschaft verleihen, von der sie sich das Glück erhoffen, und so machen sie sich gemeinsam auf den Weg entlang der gelben Ziegelsteinstraße. Die Hexe des Westens versucht zwar, dieses Unterfangen zu unterlaufen, nimmt Dorothy auch gefangen, doch mit der Hilfe ihrer drei Wegbegleiter gelingt es dem Mädchen, die Widersacherin zu zerstören und das Land von ihrer bösen Macht zu befreien. Am Ende ihrer Reise muß Dorothy jedoch erfahren, daß sie sich auf die väterliche Autorität nicht verlassen kann, denn der geheimnisvolle Zauberer entpuppt sich als ein nur allzu fehlbarer Hochstapler. Im Gegenzug dazu erfährt sie aber von der guten Hexe Glinda, wie sie jenes Gefühl des Unbehagens zu deuten hat, das sie überhaupt die Suche nach einem glücklicheren Ort jenseits des Regenbogens hatte antreten lassen. Hatte sich das als erhabenere Welt phantasierte Oz nicht nur als ebenso versehrt und konfliktreich erwiesen wie das verlassene Kansas, so erweist sich dieses Zauberreich zudem als unheimliche Spiegelverkehrung ihrer verlassenen Heimat. In der Fremde entdeckt Dorothy, daß sie jenes *home*, von dem sie meinte, es fehle ihr, immer schon besessen hat. Heimkehren kann sie in dem Augenblick, in dem sie im Gespräch mit der guten Hexe, die sie bittet, ihren Weggefährten zu beschreiben, was sie auf ihrer Suche gelernt habe, den Satz artikulieren kann: »Wenn ich in Zukunft nach dem Begehren meines Herzens suche, dann darf ich nicht über meinen Hinterhof hinaus blicken. Denn wenn es dort nicht zu finden ist, dann habe ich es gar nicht erst wirklich verloren.« Gleichzeitig aber stellt diese Erkenntnis nicht ein neues, an sie von außen herangetragenes Wissen das, sondern ein ihr bereits vertrautes, wenn auch verborgenes Wissen, das sie schon immer besessen hat, jedoch erst über den Umweg der Suche nach dem Glück in der Fremde erkennen kann. In Anbetracht der Frage, warum die gute Hexe des Nordens Dorothy nicht von Anfang an erklärt, daß sie problemlos nach Hause zurückkehren könne, wenn sie immer wieder den Satz »Kein Ort ist wie zu Hause« wiederhole, sondern ihr diese Wahrheit erst mitteilt, nachdem die böse Hexe des Westens überwunden und der Zauberer entlarvt wurde, könnte man spekulieren, daß es Fleming um einen weit weniger unversehrten Begriff von Heimkehr geht. Dorothys Rückkehr zu ihrem Onkel Henry und ihrer Tante Em beinhaltet die Erkenntnis, daß sie ihr Verlangen nach Heimat nur in der Verschränkung mit dem dort immer auch inhärenten Unbehagen ausleben kann. Das Wissen über die Bedingungen einer geglückten Zugehörigkeit liegt immer schon in einem selbst, aber man stößt nur auf Umwegen auf die Wahrheit, die einem erlaubt, die Kontingenzen der alltäglichen Unzufriedenheit auf eine sinnstiftende Geschichte über den Verlust und die Wiedererlangung des Glücks zu übertragen.

Begeistert folgt Dorothy den Anweisungen der guten Hexe. Sie schließt die Augen, nimmt den Hund Toto fest in ihre Arme und schlägt dreimal die Fersen der roten Zauberschuhe, die sie noch im-

mer trägt, gegeneinander. Immer wieder wiederholt sie wie in Trance, den Satz »*there's no place like home*«, der filmsprachlich als Bindeglied zwischen den beiden Räumen Oz und Kansas fungiert. Fleming schneidet aus dem farbenfrohen Oz zurück in den Sepiaton der Kansas-Welt und zeigt uns, wie Tante Em und Onkel Henry besorgt auf das sich in ihrem Bett hin und her wälzende Mädchen blicken, das weiter die Zauberformel vor sich hin murmelnd langsam erwacht.

Zu vollem Bewußtsein gelangt, erkennt Dorothy in den Gestalten ihres Alltags – den Gehilfen Hunk, Zeke und Hickory sowie dem Zauberkünstler Prof. Marvel – die Figuren ihrer Phantasiewelt wieder und versucht ihnen von ihrer Reise zu erzählen. Aber als sie merkt, daß man ihr nicht glaubt, daß sie die unglaubwürdige Entdeckungsreise durch Oz wirklich erlebt hat, akzeptiert sie Tante Ems nüchterne Erklärung, sie habe nur einen törichten Traum gehabt. Doch sie tut dies in dem Wissen, daß sie der Traum zur Formulierung ihres eigenen Gebots und somit zur Annahme ihres symbolischen Mandats im familiären Netzwerk in Kansas gebracht hat. In der Nahaufnahme sehen wir die sentimental verzückte Judy

Garland, die ihren Angehörigen versichert, sie werde nie wieder den Wunsch hegen, die Farm zu verlassen, weil sie erkannt habe, wie sehr sie diese Ersatzfamilie liebt. Während wir das Lied hören, das sie als Ausdruck ihres Begehrens nach einem Ort jenseits des Regenbogens sang, wendet sie sich an Tante Em, blickt diese zuerst direkt an, schaut dann wieder knapp an ihr vorbei auf einen nicht klar definierten Punkt und erklärt ein letztes Mal, nun jedoch mit offenen Augen: »There's no place like home.« Eigentlich haben wir es hier mit einem doppelten Verbot zu tun: Wenn man sein Begehren erfüllen will, darf man nicht über den eigenen Hinterhof hinausblicken. Doch wenn man dort das Objekt des Begehrens nicht findet, darf man sich nicht als begehrendes Subjekt verstehen, sondern muß das Gefühl des Unbehagens, das einen begehren läßt, oder ge-

nauer, das einen nach einem Objekt des Begehrens suchen läßt, verneinen.

So folgt Flemings Handlung zwar einerseits durchaus dem Gedanken Freuds, das Subjekt müsse am Ende seiner ödipalen Entdeckungsreise durch die fremde verzauberte Phantasiewelt, die ihm erlaubt, seinen heterogenen und oft auch widersprüchlichen Genuß zu organisieren, erkennen, daß es nicht Herr im eigenen Hause ist. Andererseits aber propagiert Flemings *Wizard of Oz* auch die entgegengesetzte Botschaft: Das Verlangen nach Heimat ist so strukturiert, daß die radikale Annahme des Wunsches, nach Hause zurückzukehren, die Auslöschung der Phantasiearbeit zur Folge hat. Glücklich im eigenen Haus zu verweilen und dem Unbehagen, das diesem trauten Heim immer mit innewohnt, keine Beachtung zu schenken ist gleichbedeutend damit, jegliches Sehnen nach dem Fremden – und das hieße auch jegliche Phantasiearbeit – auszulöschen. Wir haben es also mit der aporetischen Rhetorik des *Pharmakons* zu tun: Nur der Rückgriff auf das gefährliche Begehren nach einem besseren Wohnsitz kann einem das als ungenügend empfundene Zuhause erträglich erscheinen lassen.[2]

Das *home*, von dem Dorothy behauptet, es gäbe keinen Ort wie diesen, ist ebenso eine Droge wie das Land jenseits des Regenbogens, und der uneingeschränkte Glaube an dieses Zuhause ist ebenso phantasmatisch wie der Traum ihrer Reise durch Oz. Die die Filmhandlung tragende Zirkularität ist demzufolge weder eine, die Dorothy lediglich das Fremde im Vertrauten – auf dem Bett mitten im Haus der Zieheltern – entdecken läßt. Noch beschränkt sie sich darauf, ihre Heldin lernen zu lassen, daß sie sich mit den Zwängen ihres Alltags und mit der ihr von Geburt an zugewiesenen Stelle innerhalb einer nicht verhandelbaren symbolischen Welt abfinden muß. Am Ende ihrer Reise erkennt Dorothy auch, daß nur ihr Festhalten an dem von ihr erzeugten Bild der Heimat und seiner magischen Zauberkraft die Rückkehr nach Hause und das Überleben dort möglich macht. Nach dieser Rückkehr begehrt sie keine weitere Reise nach dem fremden Ort Oz, weil sie diesen, ebenso wie die namenlose Heldin in Hitchcocks *Rebecca*, kraft ihrer Erinnerung immer in sich trägt. Aber sie muß auch deshalb nicht nach Oz, weil diese Traumwelt wie ein extimer Fremdkörper am intimsten Ort ihres psychischen Apparates angesiedelt ist und jenen Knotenpunkt

---

2 Ich beziehe mich auf Platon, der mit diesem Begriff darauf hinweist, daß es sich bei bestimmten Heilmitteln um eine Frage der Dosierung handelt. Diese entscheidet, ob auf die Einnahme einer Droge eine Heilung oder eine Tötung folgen wird. Man könnte aber auch auf den von Richard Wagner in *Parsifal* verkündeten Satz verweisen, daß nur das Schwert, welches eine Wunde geschlagen hat, diese auch zu heilen vermag.

darstellt, von dem aus sie sowohl ihr Genießen organisieren wie auch ihr Verhältnis zu den sie definierenden Gesetzen ihrer Umwelt – dem Gebot der Selbstbeschneidung und der Verantwortung gegenüber ihren Mitmenschen – verhandeln kann.³

---

3 Wie Mladen Dolar in seinem Aufsatz »Jenseits der Anrufung« (in: *Gestalten der Autorität*, Hg. Slavoj Žižek, Wien 1991) ausführt, ist die Konstitution der Subjektivität nicht ohne einen intimen Kern von Äußerlichkeit zu denken, für den Lacan das treffende Wort Ex-timität geprägt hat. Die Entwicklung von einem von der unversehrten Zugehörigkeit träumenden Individuum zu einem Subjekt, das die Beschränkungen des eigenen Begehrens anerkennt, impliziert einen scharfen Schnitt zwischen im Inneren gehegten Phantasien und im Äußeren erlebten Verboten. Von Fleming wird dieser Schnitt durch die surreal anmutende Zwischensequenz visualisiert, die Dorothys Verlassen von Oz und ihr Wiedererwachen in Kansas verknüpft: Das Bild des Mädchens, das mit geschlossenen Augen wiederholt den Satz »There's no place like home« spricht, während sie nochmals die Fersen ihrer roten Schuhe gegeneinander schlägt. Dolar beharrt nun aber zu Recht darauf, daß dieser das Subjekt konstituierende Schnitt immer von einem Rest des aufgegebenen psychischen Materials begleitet wird: »Das ist das Wesentliche: Der Rest ist weder außen noch innen, aber ebensowenig irgendwo sonst. Er ist der Punkt der Äußerlichkeit gerade im Kern der Innerlichkeit, der Punkt, an dem das Innerste das Äußerste berührt und wo eine Art Materialität sich im Intimsten befindet.« (S. 13) Wie bei *Rebecca*, bildet auch in Flemings Filmerzählung der verlorene Phantasieraum solch eine fremdartig-intime Materialität innerhalb der psychischen Realität der Heldin.

Ideologie – Ein in Hollywood produzierter Traum

Nun könnte man die so offensichtliche ideologische Botschaft von *Wizard of Oz* – man muß die Zugehörigkeit zu einem durch den Zufall der Geburt bestimmten Ort samt der dort herrschenden Lebensbedingungen uneingeschränkt annehmen und sich den Ausdruck jeglichen Unbehagens an diesem *home* verbieten – als sentimentale Verfälschung der realen Wirklichkeit der amerikanischen Farmer und Arbeiter abtun und in diesem Produkt der Hollywood-Traumfabrik nichts anderes als eine Widerspiegelung der von Dorothy am Ende des Films vordergründig propagierten Verdrängung aller Mißstände in ihrer Alltagswelt lesen.[4] Folgt man jedoch Louis

---

4 Der Roman von Frank L. Baum, der als Vorlage für den Film diente, ist nur vordergründig ein Kinderbuch. Leicht läßt sich dort das ideologische Projekt der 1891 gegründeten Populist Party erkennen, einer von Farmern und Bauern getragenen Reformbewegung, die hauptsächlich aus dem Westen der Vereinigten Staaten kam. Deren Kandidat William Jenning Bryan – das Vorbild für den ängstlichen Löwen in Baums Roman – erhielt 1896 die Mehrheit auf dem demokratischen Parteitag, weil er dafür eintrat, den Goldstandard durch einen freien Silberstandard zu ersetzen. Gleichzeitig setzte er sich im Sinne von Darlehen für die ökonomischen Rechte der Farmer ein sowie für einen Achtstundentag, für eine abgestufte Steuer und für Pensionskassen. Auf die politischen Anliegen dieser Partei bezogen, lassen sich folgende Details des Romans entschlüsseln: *Oz* ist die Abkürzung für *ounce*, für jenen Meßwert also, der das Verhältnis zwischen Silber- und Goldanteil in einem einzelnen Geldstück angibt; *Emerald City* ist eine Darstellung von Washington D.C. Hauptsitz des grünen Dollarscheins, der auch als *greenback* bezeichnet wird. Die Figur des *Wizard of Oz* diente Baum dazu, die Geldzauberer der Politik, der Großkonzerne und der Aktien- und Treuhandgesellschaften als Hochstapler zu entlarven. In diesem Sinne stellt der Wirbelsturm die revolutionäre Bewegung des Silberstandards dar, der, wenn er sich durchsetzte, den Farmern und Arbeitern mehr Selbstbestimmung und politische Macht geben würde, während die gelbe Pflastersteinstraße auf den damals gesetzmäßigen Goldstandard verwies.

Althusser, der den Vorschlag macht, die Ideologie in Analogie zum Traum bei Freud zu begreifen, d. h. als einen puren Traum, der so ewig ist wie das Unbewußte, und zwar insofern, als die Ideologie immer schon da ist und jene transhistorische Gegenwart ausmacht, die das Individium als kulturelles Subjekt prägt und der man weder mit seinen Vorstellungen noch mit seinen Handlungen entkommen kann, ergibt sich ein wesentlich changierenderes Leseangebot. Denn laut Althusser bewegt sich nämlich die Ideologie auf derselben Repräsentationsebene wie die Traum- und Phantasiearbeit. Sie stimmt nie mit einer Wirklichkeit überein, sondern stellt eine Illusion dar, die gleichzeitig als Allusion auf die Wirklichkeit fungiert; kurzum, sie »repräsentiert das imaginäre Verhältnis der Individuen zu ihren realen Existenzbedingungen«.[5] Ideologie als Traum begriffen, in dem das Verhältnis des Subjektes zu den kulturellen Gesetzen dargestellt wird, welche es bestimmen, hat in der Traumfabrik Hollywood, in der kollektive Phantasieszenarien entwickelt werden, die über Familien- und Heimatgeschichten das Verhältnis des

---

Im Einklang mit Baums ideologischem Anliegen sind die Zauberschuhe in der Vorlage bezeichnenderweise nicht rot, sondern silbern. Die bösen Hexen aus dem Norden und dem Osten repräsentieren die Leiter der Großkonzerne und der Aktiengesellschaften, die ihre ganze Macht auf Gold stützen, während die Anhänger der Populist Party, die hauptsächlich aus den Süd- und Weststaaten stammten, durch die gute Fee Glinda repräsentiert werden. Die Vogelscheuche steht für die Farmer, die zwar keine Universitätsausbildung, dafür aber *common sense* haben; der Zinnmann läßt sich als Sinnbild des Industriearbeiters lesen, ausgenutzt und verrostet mit einem Herz jedoch, das zumindest bezüglich der Verteilung von Macht am richtigen Fleck ist. Schließlich steht der Löwe, dem Prof. Marvel am Ende der Geschichte die Herrschaft über Oz übergibt, für die *populist*-Bewegung selbst. Selbst die Tatsache, daß die böse Hexe des Westens dadurch ihren Tod findet, daß Dorothy ihr einen Kübel Wasser über den Kopf schüttet, läßt sich durch den Verweis auf die Dürre, die damals Kalifornien heimsuchte, entschlüsseln. Da der Tod der Hexe eine Befreiung des Westens vom Goldstandard und Großkapital darstellt, wirkt er innerhalb von Baums ideologischem Traum wie der lang ersehnte Regen, der die ausgedorrten Süd- und Weststaaten zu neuem Leben erwecken würde.

5 Louis Althusser, *Ideologie und ideologische Staatsapparate*, Hamburg/Berlin (West) 1977, S. 131–133.

amerikanischen Bürgers zu den Geboten und Verboten seiner Kultur herstellen und in Umlauf bringen, die perfekte Produktionsstätte. Dieses brisante Gleichnis – die Ideologie ist ein purer Traum, während die in Hollywood produzierten Träume pure Ideologie sind – wird durch das Spiel mit der *mise en abyme* in Flemings Film visualisiert. Denn Dorothys Traum von Oz fungiert hier als eine Urszene der Ideologie, als Ideologie des Ursprungs: Er spiegelt das imaginäre Verhältnis, das dem Menschen erlaubt, die durch die Kontingenz der Geburt oder der Familiensituation ihm rein zufällig zugewiesene räumliche Zugehörigkeit umzugestalten in die scheinbar schicksalhafte und somit sinnstiftende Zugehörigkeit zu seinem *home*. Dabei geht es sowohl um den imaginären Charakter dieses Verhältnisses wie auch um die Tatsache, daß es nicht das kulturelle Gesetz und die realen Existenzbedingungen des Menschen sind, die den Kern dieser Traumarbeit ausmachen, sondern die Stelle, die das betroffene Subjekt einnimmt in Relation zum symbolischen Gesetz, das seine Lebenswelt reguliert.

Die von Fleming vollzogene Verschränkung zwischen einer kollektiv zirkulierenden Ideologie und deren Umformulierung in eine ganz spezifische Familiengeschichte, die über den Satz »There's no place like home« verhandelt wird, läßt sich zudem mit Sigmund Freuds Definition der Traumarbeit zusammen lesen, derzufolge der Traum mit Material des bewußten Ichs arbeitet – im Fall des Nachttraums mit Tagesresten, im Fall des Tagtraums mit Erinnerungen. Die zentrale These von Freuds *Traumdeutung* lautet, daß jeder Traum eine Wunscherfüllung ist. Auf Flemings *Wizard of Oz* übertragen, ließe sich folgende Behauptung aufstellen: Sowohl die Ideologie als purer Traum wie auch der eine spezifische Ideologie vermittelnde Filmtraum befriedigen das Verlangen der Betrachtenden, und zwar vor allem dank dem Identifikationsangebot mit der träumenden Heldin Dorothy, der stellvertretend für die Kinozuschauer eine doppelte Erfüllung ihrer Wünsche zuteil wird. Am Ende des Films ist sie sowohl in den Genuß einer Reise durch ihr Phantasieland gekommen als auch in das von ihr ersehnte *home* zurückgekehrt.

Was Freud nun aber an der Traum- und Phantasiearbeit besonders interessiert, ist die Tatsache, daß die Sprache, deren sich diese imaginären Inszenierungen bedienen – die Verdichtungen, Entstellungen, Verschiebungen und Substitutionen –, immer eine Mehrdeutigkeit und eine Widersprüchlichkeit mit ins Spiel bringt. Der Traum stellt zwar eine Wunscherfüllung dar, doch er tut dies nur, indem er genau jene ungelösten Konflikte im Unbewußten vorführt, aufgrund deren überhaupt geträumt wird: »Man darf sagen«, folgert Freud, »der Glückliche phantasiert nie, nur der Unbefriedigte. Unbefriedigte Wünsche sind die Triebkräfte der Phantasien, und jede einzelne Phantasie ist eine Wunscherfüllung, eine Korrektur der unbefriedigenden Wirklichkeit.«[6] Aber im gleichen Zuge, in dem der Traum ein Gegengift zu dem Unbehagen darstellt, dessen Gehalt er in befriedigendere Phantasieszenarien umwandelt, verweist er auch auf die Tatsache, daß der Kern des Konflikts nicht zu tilgen ist, solange das Subjekt weiter wünscht und träumt. In diesem Sinne können wir den Film als eine höchst doppeldeutige Phantasierepräsentanz lesen. Es bleibt zwar die vordergründige Botschaft, man solle sich mit den vorgegebenen Beschränkungen begnügen und nicht nach Höherem streben, doch dieses Gebot einer uneingeschränkten Anpassung wird gleichzeitig dadurch unterminiert, daß es sich nur als Redundanz vermitteln läßt.

Wenn Dorothy wie eine Besessene immer wieder den gleichen Satz wiederholen muß, um nach Hause zurückkehren zu können, bringt sie sowohl ihre Überzeugung zum Ausdruck, daß kein Ort ihr so vertraut ist wie ihr Zuhause, als auch das Wissen um den Mangel, der diesem Zuhause innewohnt und den ihre Rede wieder zu verdrängen sucht. Oder anders formuliert: Nur weil das Wissen um diese Lücke im heimatlichen Glück so stark ist, muß sie mit einer solchen Vehemenz ihre Vorstellung der Einzigartigkeit der vertrauten Heimat verkünden. Wenn man ständig betonen muß, daß es keinen Ort gibt, der wie das eigene *home* ist, kippt die übertragene Bedeutung unwillkürlich um in eine wörtliche, ganz im Sinne des

---

6 Sigmund Freud 1908, S. 216.

Pharmakons, bei dem die Dosierung der Droge bestimmt, ob ein Gift heilsam oder tödlich wirkt. Der Satz »There's no place like home« als apotropäische Geste gegen zwei unbefriedigende Welten gerichtet – gegen die Not und das Leid auf der Farm in Kansas und gegen den bedrohlichen Streit der Hexen im Zauberland –, wird dann plötzlich selbst unheimlich, weil die intendierte Bedeutung, wie Freud dies ausformuliert, nach einer Ambivalenz hin entwickelt wird, bis sie endlich mit ihrem Gegenteil zusammenfällt.[7] Zu oft ausgesprochen, besagt die Zauberformel nämlich auch: Es gibt keinen Ort, den man *home* nennen könnte. Die Vorstellung von *home* bezeichnet einen unmöglichen Ort, eine Utopie; aber auch einen extimen Ort, einen Fremdkörper, den man in sich trägt, weil er als verbotenes Wissen verdrängt werden muß, damit das Kind erwachsen werden kann, der gleichzeitig aber auch nie ganz aufgegeben wird.

So bleibt es, wie so oft bei den Produkten der Traumfabrik Hollywood, dem Betrachter überlassen, welche Lesart er oder sie bevorzugen wird: eine ideologische, deren heilsame Wirkung darin besteht, daß sie dem Gefühl des Unbehagens das Gebot einer national-kulturell beschränkten Zugehörigkeit entgegenhält. Oder eine psychoanalytische, bei der, wie Mladen Dolar dies ausführt, das Heilmittel gerade nicht in dem »Versprechen irgendeiner anderen glücklichen Vereinigung oder einer anderen Harmonie« besteht, »da eine solche Harmonie nicht möglich (oder nicht wünschenswert)« ist. Statt dessen beinhaltet die Aporie der Heimkehr psychoanalytisch betrachtet ein Wissen darüber, »daß die Krankheit, an der das Subjekt leidet, unheilbar ist, daß aber diese unheilbare Krankheit ein anderer Name für das Subjekt ist«.[8]

Nun ist vielleicht das Bemerkenswerteste an Flemings *Wizard of Oz*, daß dieser Film, obgleich er bei seiner Erstaufführung kaum Geld einspielte, im Gegensatz zu den meisten Musicals der dreißiger Jahre nicht in Vergessenheit geriet, sondern im Nachhinein zu

---

7 Freud, »Das Unheimliche« (1919).
8 Dolar 1991, S. 25.

einer regelrechten Kulturikone wurde, die alljährlich um Ostern von den amerikanischen Fernsehsendern ausgestrahlt wird. In seiner umfassenden Studie dieses Filmgenres stellt Ted Sennett fest, daß man die schlichte Moral des Films zwar in Frage stellen müsse, da Dorothys Erklärung, sie könne all das von ihr benötigte Glück in ihrem Hinterhof finden, nur auf den ersten Blick beruhigend wirkt, aber in Wirklichkeit dem amerikanischen Traum der unbeschränkten Selbstentfaltungsmöglichkeiten widerspricht. Sein Versuch, eine Erklärung dafür zu finden, warum die Wirkung von *The Wizard of Oz* von Jahr zu Jahr zunimmt, während so viele differenziertere Filme in unserem kulturellen Gedächtnis verblassen, führt Sennett schließlich zur Formulierung einer eigenen Traumideologie: »Es könnte sein, daß Dorothy, indem sie die Grenze zwischen dem schwarzweißen Kansas und dem bunten *Munchkinland* überschreitet, jene erste Entdeckungsreise unternimmt, mit der sich jeder Betrachtende identifizieren kann. Wie in den besten Märchen, die durch eine universelle Wirkung gekennzeichnet sind, lernt die Heldin im Verlauf der Handlung das Böse (die Hexe des Westens), Freundschaft (ihre Weggefährten auf der gelben Ziegelsteinstraße nach Oz) und Fehlbarkeit (den Zauberer) kennen. Und irgendwie wollen Kinder – und das Kind in jedem Erwachsenen – dieser Reise mehrmals, jedes Jahr einmal, im Fernsehen beiwohnen. *The Wizard of Oz*«, so seine Schlußfolgerung, »hat sich über seine reine Popularität hinaus zu einem Ritual entwickelt.«[9] Nun kann diese vom Film hervorgerufene ritualisierte Rückkehr zu den Träumen der Kindheit durchaus in Zusammenhang gebracht werden mit Althussers Beschreibung der kulturellen Repräsentation und Verfestigung von Ideologie. Die von einer gegebenen Ideologie vorgeschriebenen Praxen werden nämlich durch ein konkret vollzogenes Ritual geregelt, wobei diese Praxen nur durch reale Handlungen seitens derjenigen existieren können, die mit vollem Bewußtsein der ideologischen Botschaft Glauben schenken.

Die Anekdote einer Mitte der 80er Jahre in Berlin als US-Solda-

---

9 Ted Sennett, *Hollywood Musicals*, New York 1981, S. 131.

tin stationierten Amerikanerin zeigt, wie das rituelle Betrachten eines Films die von ihm vorgegebene ideologische Botschaft regelt, indem es diese durch eine Gemeinschaft an diesen puren Traum glaubender Menschen in regelmäßigen Abständen reproduzieren und beglaubigen läßt. Während eines Grillfestes in ihrem Hinterhof, zu dem sie die anderen Mitglieder ihrer Einheit eingeladen hatte, verlagerte sich die Party plötzlich in ihr Wohnzimmer, weil die in der Fremde lebenden Amerikaner und Amerikanerinnen die Fernsehausstrahlung des *Wizard of Oz* gemeinsam genießen wollten. Da die Anwesenden den Film bereits in- und auswendig kannten, verflüssigte sich für sie sowohl die Grenze zwischen dem auf dem Bildschirm ablaufenden Traum und den eigenen Erinnerungen als auch die zwischen dem fremden Deutschland und dem altvertrauten Hollywood. Die Gäste sangen die Lieder mit und sprachen den Charakteren die prägnantesten Sätze nach. Durch die rituelle Teilhabe an diesem so offenkundig ideologisch geprägten Traumszenarium, in dem die Sehnsucht nach der vertrauten Heimat durchgespielt wird, konnten die in der Fremde stationierten US-Soldaten und -Soldatinnen den Traum aufrechterhalten, es gäbe für sie ein *home*, zu dem sie zurückkehren könnten.

Dabei ist jedoch zu beachten, daß die Wunscherfüllung, die der Film verspricht, nie vollständig glückt, denn sonst wäre es unnötig, ihn sich immer wieder anzusehen. Wie Freud gezeigt hat, zehrt der Wiederholungszwang davon, daß das Subjekt zu alten Erfahrungen zurückkehren möchte, die sich vornehmlich auf jene unangenehmen Situationen beziehen, die von ihm oder ihr noch nicht verarbeitet worden sind und die somit weiterhin ihre Spuren im psychischen Apparat hinterlassen. Man könnte daher die These aufstellen, daß weder die Kindheit noch das *home*, die alljährlich beim Betrachten von Flemings *Wizard of Oz* aufgerufen werden, Situationen des ungetrübten Glückes darstellen. Ist es nicht eher ein Wissen um die Fremdheit im Kern der Traum-Ideologie, die einem die Zugehörigkeit zu einem schützenden Haus und einer glücklichen Kindheit verspricht, welches den Wunsch auslöst, sich jährlich eine Geschichte über die Rückkehr nach Hause anzusehen? Funktioniert das Ritual nicht gerade deswegen, weil man es als Traum anerkennt und bewußt die Illusion den realen Existenzbedingungen entgegensetzt? Und ist die nachhaltige Wirkung des Films vielleicht weniger in der vordergründigen ideologischen Botschaft zu suchen als in dem medialen Verfahren, das dazu führt, daß der Film für das ihm treue Publikum ein *home* im Sinne der Zugehörigkeit zu einer vertrauten imaginären Welt erzeugt? Was sich über das rituelle Betrachten des *Wizard of Oz* tatsächlich zurückgewinnen läßt, ist ein *home* im Sinne einer mit anderen Menschen geteilten Kultur, im Sinne eines Gefühls der Zugehörigkeit und Anerkennung aufgrund einer selbstbewußten Teilnahme an einem Bildrepertoire, das man mit Gleichgesinnten gemein hat.

Mit anderen Worten, nicht der Verweis auf die glückliche Kindheit scheint mir das Brisante an der regelmäßig wiederholten Ausstrahlung des *Wizard of Oz* zu sein, sondern die Tatsache, daß dieser Film unser immer schon imaginäres Verhältnis zu der Vorstellung von Geborgenheit inszeniert. Nicht die realen Existenzbedingungen von Familie und Heimat stehen zur Debatte, sondern das phantasierte *home*, das man kraft der eigenen Einbildung bewohnen kann. Dieses farbenprächtige Musical bezaubert aufgrund des von ihm suggerierten Gefühls von Vertrautheit, das immer wieder neu aufrufen läßt; analog den aus den Kindermärchen bekannten Figuren und Handlungsabfolgen kann man sich in dieser Welt, gerade weil sie einem so geläufig ist, auf eine verläßliche Weise immer wiedererkennen.

In diesem Sinne könnte man Flemings Diktum folgendermaßen umformulieren: »*Home* ist, wovon ich mitsingen muß, weil ich nicht davon sprechen kann.«[10] Damit verschiebt sich die Frage danach, wo sich der Wunsch nach einer symbolischen Heimat erfüllen ließe, von einem realen Ort auf einen explizit als Illusion gekennzeichneten virtuellen Ort vertrauter Zeichen. Mit unserem Schritt vor den Fernsehbildschirm ahmen wir Dorothy nach, die, nachdem ihr der Fensterrahmen auf den Kopf gefallen ist, in dem

---

10 Für diese Formulierung danke ich Jan Freitag.

quadratischen Rahmen des Fensters eine durch die Lektüre von Kinderbüchern geprägte Traumwelt wahrnimmt, welche ihre reale Umwelt überlagert und sie in diese Halluzination im Realen eintreten läßt. Wie wir sitzt Dorothy vor einer Leinwand, auf der sie nicht ihre realen Lebensumstände sieht, sondern einen Film, der ihr ihr Verhältnis zu ihren Zieheltern, zu der verhaßten Lehrerin, kurzum zu ihrem Zuhause vor Augen führt. Indem Fleming die von Dorothy vollzogene zweifache Schwellenüberschreitung – einmal in die Oz-Welt hinein und dann wieder aus ihr heraus – so überdeutlich als den Eintritt in eine imaginäre Welt der unheimlichen Verzerrungen und künstlichen Entstellungen kennzeichnet, reflektiert er auch unsere Position als Zuschauer. Gerade weil sie eine so offenkundig illusionäre Welt darstellt, fühlen wir uns in der Welt des Kinos geborgen. Gerade in ihrer eindeutigen Verfremdung unserer alltäglichen Wirklichkeit im Zeichen altvertrauter Erzählmuster bietet sie uns jene unhinterfragbare Zugehörigkeit, die wir über die Vorstellung von *home* zu verhandeln suchen. Nicht die Botschaft des Films – man solle sich mit den Begrenzungen der realen Heimat zufriedengeben – ist also dafür verantwortlich, daß die rituelle Betrachtung des *Wizard of Oz* einer Wunscherfüllung gleicht. Sondern der Reiz des Films besteht gerade darin, daß sich in ihm die Ideologie des unser Begehren stillenden *home* in der Visualisierung einer völlig künstlichen, virtuellen Welt erfolgreich materialisiert. Der Grund, warum dieser Film fünf Jahrzehnte lang ein Film- und Fernsehpublikum faszinieren konnte, liegt nicht nur in unserer Bereitschaft, uns Jahr um Jahr mit dem *everygirl* Dorothy und ihrer ersten Entdeckungsreise zu identifizieren, sondern auch darin, daß Fleming das Scheitern, welches dem Traum vom *home* innewohnt, auf unentwirrbare Weise mit der Entdeckungsreise und Rückkehr seiner Heldin vergleicht. Das von dem *Wizard of Oz* angebotene *home* ist für den Kinobesucher ebenso prekär wie für die Filmheldin, es ist eine pure Illusion, die auch als solche wahrgenommen wird. Genuß bereitet dieses rein mediale *home* nicht deshalb, weil es die Differenzen der realen Lebensbedingungen ausblendet und selbst zu einer realen Existenzbedingung wird, sondern weil es als

Illusion inszeniert wird, die sich explizit von dem Wissen um die radikale Entortung und um das untilgbare Unbehagen, das dem menschlichen Dasein innewohnt, absetzt, dieses Wissen aber auch als seine ideologische Voraussetzung anerkennt.

Michael Wood hat auf überzeugende Weise vom Hollywood-Kino der vierziger und fünfziger Jahre behauptet, daß diese Filme, im Gegensatz zu Filmen aus anderen Zeiträumen, eine eigene Welt mit einer eigenen, klar umrissenen, moralischen und physischen Landschaft entwerfen. So wurden die Filmbesucher stellvertretend zu Bewohnern dieser Landschaft, Kennern ihrer Gewohnheiten und Gepflogenheiten, der in ihr vorkommenden Gesichter, ihrer auf eine begrenzte Anzahl von Handlungen beschränkten Mythologie. Im Hinblick auf die amerikanische Wirklichkeit jener Zeit solle man diese Filmwelt weniger als das Porträt einer angstvollen Nation begreifen, die ihren Bürgern Zuversicht und Selbstvertrauen einflößen wollte, sondern vielmehr als ein historisches Stethoskop, das die Ängste einer noch zuversichtlichen Nation wie ein ahnungsvolles Pochen des Herzschlags zum Ausdruck brachte. Man könnte die Welt des Hollywood-Kinos dieser Zeit auch mit einem auf die Töne des Unheimlichen ausgerichteten Seismographen vergleichen, der teils altvertraute, teils unerwartete Anklänge des Unbehagens zu registrieren wußte.

Zu Recht besteht Michael Wood darauf, daß eine Lektüre der Hollywood-Filme dieser vom Ausbruch des Zweiten Weltkrieges gezeichneten Epoche sich weniger mit den dort filmisch inszenierten Mythen befassen sollte als mit dem kollektiven Unbehagen, den geteilten Ängsten, die sich mythischer Ausdrucksformen bedienen. »Diese Filme haben Amerika weder beschrieben noch erforscht, sondern es erfunden, ein eigenes Amerika erträumt und uns davon überzeugt, diesen Traum zu teilen«, erklärt er. »Wir teilten gerne diesen Traum, weil er einer Anzahl amerikanischer Begehren angemessen erschien. Aber in Anbetracht dieser Unwirklichkeit im Herzen des Filmbetriebs sollten wir vielleicht unsere Fragen und unsere Zweifel umlenken und uns nicht fragen, warum sich so viele interessante Bedeutungen in fehlerhafte und zeitgebundene Filme einschleichen konnten. Statt dessen sollten wir eher fragen, wie Filme diese Bedeutungen überhaupt je ausschließen konnten. Selbst eine triviale Lüge ist eine Art Bekenntnis; selbst ein dünner, deutlich berechneter Traum birgt ein Geheimnis, das gelüftet werden kann.«[11] In direkter Anspielung auf Althussers Verständnis von Ideologie als einer Struktur, die von den Menschen wie ein wahrgenommenes, angenommenes und erduldetes kulturelles Objekt bewohnt wird, das der eigenen Welt angehört, ja diese Welt selbst ausmacht, siedelt Michael Wood im populären Kino die Behausung jener den Alltag durchsetzenden Wünsche und Ängste an. Dank dieser cinematischen Verortung dringen sie in das Bewußtsein der Kinogänger, beliefern Mythen, die außerhalb des Kinos existieren, und fördern gleichzeitig die Produktion weiterer Filmträume.[12]

---

11 Michael Wood, *America in the Movies*, New York 1989, S. 23.
12 Ebd., S. 192.

Die ambivalente Heilung der symbolischen Anrufung

Wenn man *The Wizard of Oz,* nicht zuletzt aufgrund der Einfügung von Dorothys Traum – der als *mise en abyme* der gesamten Erzählstruktur fungiert –, als einen Film betrachtet, in dem sowohl das Hollywood-Kino als eigenständige Welt verhandelt wird als auch bestimmte Wünsche und Ängste, die das damalige Publikum beschäftigten, stößt man auf eine weiterführende Erklärung für seine nachträgliche Wirkung. Wir kehren immer wieder zu diesem Film zurück, weil er uns durch die Identifikation mit dem *everygirl* Dorothy vor Augen führt, daß unser Begehren nach einem verläßlichen *home* als ein Symptom begriffen werden kann, als eine Schutzdichtung, die uns vor einem wesentlich gefährlicheren Genuß schützt: dem Genuß der reinen Kontingenz, des Zufalls, des Fehlens von strukturierenden, sinnstiftenden Illusionen. Wie Slavoj Žižek betont, tut man gut daran, seine Symptome wie sich selbst zu lieben, denn identifiziert man sich nicht mit dieser Behelfsstruktur, läuft man Gefahr, dem Wahnsinn zu verfallen. »Dem Symptom muß ein radikal ontologischer Status zugeschrieben werden«, erklärt er. »Es beinhaltet in einem ganz konkreten Sinne unsere einzige Substanz, die einzige positive Stütze unseres Daseins, es macht den einzigen Punkt aus, der dem Subjekt eine Beständigkeit verleiht.« Symptome ermöglichen dem Subjekt, den Wahnsinn zu vermeiden, indem sie dem Betroffenen erlauben, anstelle eines Nichts (d.h. anstelle der Destruktion der symbolischen Welt) etwas zu wählen (nämlich die Symptom-Bildung), und zwar weil das Symptom das Genießen an eine bestimmte symbolische Formation bindet – an einen bestimmten Traum, eine bestimmte Ideologie. Diese Fixierung, die als eine leibliche Materialisierung einer bestimmten Vorstellung verstanden werden muß, versichert dem einzelnen Subjekt, sein menschliches Dasein hätte zumindest ein Minimum an Beständigkeit und Sinn.[13]

Auf Flemings Film übertragen, bedeutet dies: Unsere Heldin Dorothy erhält, nachdem sie sich mit ihrem Symptom – ihrer Phantasievorstellung von *home* – mit Hilfe der Zauberformel, die ihr die Hexe Glinda mitteilt, zu identifizieren gelernt hat, die einzige ihr zugängliche Stabilität. Dieses als materielle Wirklichkeit begriffene Symptom erlaubt es ihr, ihrer Heimat Kansas – das ihr zunächst die nötige Beständigkeit nicht garantiert, da es in ihr einen zerstörerischen Wirbelsturm heraufbeschwört – eine sinnhafte Stimmigkeit aufzupfropfen. Ihr Glaube an die Vorstellung von *home* als ein in der gelebten Wirklichkeit realisierbares Symptom bietet ihrem Dasein, und stellvertretend auch uns, das benötigte Minimum an harmonischer Tilgung des im Grunde nicht aufzulösenden Antagonismus zwischen dem Wunsch nach Zugehörigkeit und dem Wissen, daß die realen Existenzbedingungen mit diesem Wunsch nie übereinstimmen können.

Bezeichnend an dieser Verschränkung einer allgemeineren Ideologie (die das Verhältnis des Individuums zu seinem Ort der Zugehörigkeit verhandelt) mit einem privaten Traum (der das Verhältnis eines Mädchens zu dem als Familie bezeichneten Ort nachzeichnet) ist nun, daß beide jenem Phantasieschema folgen, das Freud den Familienroman des Neurotikers nennt. Wie im letzten Kapitel bereits angesprochen wurde, beruht für Freud der Fortschritt der Gesellschaft auf der Ablösung des heranwachsenden Individuums von der Autorität der Eltern. Dieser ebenso notwendige wie schmerzliche Entwicklungsschritt wird laut Freud im Phantasieleben des Betroffenen oft in die Vorstellung übersetzt, man sei ein Stiefkind oder ein angenommenes Kind, was zur Folge hat, daß die eigentlichen Eltern durch vornehmere ersetzt werden können und die eigene Herkunft insgesamt erhöht wird. Gleichzeitig stellt Freud jedoch fest, daß bezeichnenderweise die neuen und vorneh-

---

13 Slavoj Žižek, »Symptom«, in: Elizabeth Wright, Hg., *Feminism and Psychoanalysis. A Critical Dictionary*, Oxford 1992, S. 424 f.

men Eltern durchweg mit Zügen ausgestattet sind, die von realen Erinnerungen an die wirklichen niederen Eltern herrühren. So ist die im Verlauf des Familienromans vollzogene Erhöhung der Eltern zu großartigeren Personen »nur der Ausdruck der Sehnsucht des Kindes nach der verlorenen glücklichen Zeit, in der ihm sein Vater als der vornehmste und stärkste Mann, seine Mutter als die liebste und schönste Frau erschienen ist«. Auf die spezifische Familienromanphantasie des *Wizard of Oz* bezogen, bedeutet dies: Dorothys Phantasiearbeit bewirkt eine Erhöhung des sepia-braunen Kansas in das farbenprächtige, großartige *Munchkinland*, wobei ihre Bezugspersonen in mächtige Zauberwesen verwandelt werden, die unberechenbarer und bösartiger, aber auch unfehlbarer und gütiger erscheinen, als sie in Wirklichkeit sind.

In der letzten Instanz erlaubt die Romanphantasie, die um das Ersetzen der Eltern kreist, dem Neurotiker nicht nur, sich von seinen realen Existenzbedingungen abzuwenden, sondern vor allem, sich den Eltern zuzuwenden, an die er in den früheren Kinderjahren geglaubt hatte: »Die Phantasie ist eigentlich nur der Ausdruck des Bedauerns, daß diese glückliche Zeit entschwunden ist. Eine Überschätzung der frühesten Kindheitsjahre tritt also in diesen Phantasien wieder in ihr volles Recht.«[14] Ebenso ist für Flemings Film zu betonen: Was in Dorothys *home*-Romanphantasie in sein volles Recht tritt, ist nicht ein den realen Existenzbedingungen ihrer Kindheit direkt entsprechendes schützendes Zuhause und die liebenden Eltern, die stellvertretend dafür stehen, sondern die für die Träume des normalen Erwachsenen durchaus typische kindliche Überschätzung der früheren Lebenswelt.

Fleming entwirft mit seinem *Wizard of Oz* einen Heimatphantasieroman, in dem das *everygirl* Dorothy den Antagonismus austrägt zwischen ihrem Begehren nach einem in jedem Sinne außerordentlichen Traumort und dem Wissen, daß dieser ihren realen Existenzbedingungen nie entsprechen kann. Doch wenn laut Freud der Neurotiker im Verlauf seiner Analyse nichts anderes lernt, als

---

14 Freud, »Der Familienroman der Neurotiker« 1909, S. 231.

sein psychisches Leid durch die Annahme eines allgemeinen Unglücks zu ersetzen, wird dieses alltägliche Unglück eben dank einer Identifikation mit den eigenen Symptomen, dem Glauben an die selbstgestalteten Phantasieszenarien erst wirklich lebbar. Gegen die unerträgliche Härte des symbolischen Gesetzes einerseits und die noch bedrohlichere Gefahr andererseits, von einem zerstörerischen Wirbelsturm, der die Destruktion der symbolischen Welt bedeutet, hinweggerafft zu werden, wenn man sich von den die soziale Realität strukturierenden Verboten abwendet, wird im Verlauf dieser Romanphantasie der Traum des in der großartigen fremden Welt entdeckten *home* gesetzt. Dieses Symptom bildet, so könnte man sagen, eine apotropäische Geste gegen die vom Gesetz vorgeschriebene Selbstbeschränkung und gegen die Selbstverschwendung, die mit einer Preisgabe des Gesetzhaften einhergeht.

In der Rahmenhandlung des Films besingt Judy Garland diesen virtuellen Ort, bevor sie ihn als Halluzination im Realen erleben und dann als reales Symptom annehmen wird. Nachdem sie von Tante Em zurechtgewiesen worden ist, sie solle die Erntehelfer nicht bei der Arbeit stören und sich einen Platz aussuchen, an dem sie keine Unruhe stiften kann, fragt sie sich zuerst, ob es in Kansas überhaupt einen Ort gibt, der frei von Mißverständnissen, Kränkungen und Gefahren sei, um dann jenen undefinierbaren Ort jenseits des Regenbogens in der berühmtesten Gesangsnummer des Films imaginär zu evozieren, von dem sie erklärt, es gäbe »ein Land von dem sie einst in einem Gutenachtlied gehört hat«, ein Land, »in dem die Träume, die man sich traut zu träumen, wirklich wahr werden«. Dieses Land, in dem es keine Disharmonien gibt und in dem die kühnsten Träume dank der Allmacht der kindlichen Gedanken materielle Gestalt annehmen können, wird zwar von der Träumenden als intime Romanphantasie entworfen, die wir mit Freud als eine Überschätzung der glücklichen Kindheit deuten können. Bezeichnenderweise wird sie jedoch deutlich durch die das träumende Subjekt von außen her prägende Ideologie strukturiert: Als erinnertes kulturelles Objekt gehört dieses Land jenseits des Regenbogens einem altvertrauten und doch fremden Bildrepertoire an. Es ist der

Rest eines archaischen Wissens, das sie einst vernommen und als Erinnerungsspur wie einen Fremdkörper in sich aufbewahrt hat. Gleichzeitig ist es ein rein zeichenhafter Ort, der Text eines Gutenachtlieds, das ihr einst von einer nicht benannten Person vorgesungen wurde.

In expliziter Anknüpfung an die These Freuds, der Träumende setze nachts im Traum nicht abreagierte Tagesreste in Gestalten und Szenen um, präsentiert Fleming uns in der im sepia-braunen Kansas angesiedelten Rahmenszene diverse Details, die dann als Reste der Alltagswelt in die Traumwelt transportiert werden. Das prägnanteste Detail ist natürlich Tante Ems Mahnung, Dorothy solle die Erwachsenen nicht bei der Arbeit stören und sich einen Ort suchen, an dem sie weder Unheil anrichte noch sich selbst in Gefahr begebe. Denn diese Mahnung ruft zuerst die Erinnerung an das Land jenseits des Regenbogens hervor und evoziert dann das Traumszenarium, in dessen Verlauf Dorothy dieses gesetzhafte Gebot als eine im Realen erlebte Halluzination umsetzen wird. Sie reist an einen Ort, an dem sie ständig in Gefahr gerät und ungewollt den Tod zweier Hexen verursacht, doch für diese Taten nicht wie im sepia-braunen Kansas gescholten, sondern gleich zweimal zur Nationalheldin deklariert wird. Die Reise durch Oz ermöglicht es ihr, den Vorwurf der Tante abzureagieren, indem, im Sinne der Rhetorik des Unheimlichen, der Tadel mit dem ihm inhärenten heimlichen Anerkennung zusammenfällt. Die Drohung der Strafe wird zur Lobpreisung. Die weiteren, direkt mit diesem Auslöser verknüpften Tagesreste beziehen sich einerseits auf die Drohung der Lehrerin Miss Gulch, sie würde Toto dafür bestrafen, daß er ihre Katzen jagt, andererseits auf die drei Farmarbeiter, die ihr Vorschläge machen, wie sie in Zukunft diesem Problem aus dem Weg gehen könne.

Hank, der sie vorwurfsvoll fragt, ob ihr Hirn denn aus Stroh sei, sie solle doch einfach auf dem Heimweg das Haus der Lehrerin meiden, wird in ihrer halluzinatorischen Gegenwelt zu der Vogelscheuche, die nun gerade am Fehlen eines Gehirns leidet. Analog zu der von Freud in seinem Mustertraum von Irmas Injektion beschriebenen Verfahrensweise straft die träumende Dorothy ihren Freund für diesen Vorwurf, indem sie ihm den eigenen Mangel andichtet. Zeke, der sie auffordert, sich einfach ein Herz zu nehmen und der bösen Lehrerin einmal direkt die Meinung zu sagen, dann aber selbst vor Schreck fast einen Herzinfarkt erleidet, als sie vom Holzgatter des Schweinestalls herunterfällt, gibt sie in ihrem Traumszenarium als den ängstlichen Löwen wieder, dem jeglicher Mut fehlt. Hickory schließlich, der sie gegen die Vorwürfe ihrer Tante in Schutz nimmt, von dieser jedoch mit der Drohung, sie würden bald alle arbeitslos sein, abgewimmelt wird, warnt Tante Em im Scherz, sie unterschätze seinen zukünftigen Ruhm. Kurz nimmt er die Pose der Statue ein, von der er meint, sie würde ihm einst von der Stadt errichtet werden, und in dieser Haltung erstarrt taucht er wenige Minuten später als Zinnmann in Dorothys Zauberwelt auch wieder auf.

Mit anderen Worten, Dorothy erhält als Reaktion auf das von ihr zum Ausdruck gebrachte Gefühl, gegen die von Miss Gulch ausgesprochene Drohung schutzlos zu sein, drei Ratschläge – ›Sei intelligent!‹, ›Sei mutig!‹, ›Werde berühmt!‹ –, mit denen gewappnet sie in das Zauberland auswandern kann, weil es in Kansas keinen Ort gibt, wo sie vor Unheil sicher wäre. Auf entstellte Weise wird ihr dann dort, ganz analog zu Freuds Ausführungen über die Verarbeitung von Tagesresten im Traum, der eigene Mangel im Begehren ihrer drei Weggefährten vor Augen geführt. Dabei geht es jedoch nicht um die leicht entschlüsselbare Entsprechung der Alltags- und der Zauberfiguren, sondern darum, daß diese drei Gestalten Dorothy zeigen, wie das von ihr besungene Szenarium des Begehrens funktioniert, nämlich durch die Empfindung eines Mangels. Das Lied, welches das Begehren der drei Weggefährten besingt, arbeitet mit dem Refrain, der auch seinen Titel bildet: »Hätte ich doch nur ein Gehirn, ein Herz, den Mut.« Der Aufschub einer Erfüllung dieses Begehrens trägt die Erzählhandlung und mit ihr die sie stützende Zauberkraft der Bilder und der Musik. Der Mangel kann nur durch Ersatzobjekte abgeschwächt, aber nie getilgt werden, und die Objekte, mit denen der Zauberer am Ende der Handlung diese drei

Figuren befriedigt, sind ebenso pure Illusion wie die Vorstellung von *home*, mit der Dorothy so beglückt aus ihrem Traum erwacht.

Obgleich Flemings Zauberwelt dem Schema des Freudschen Familienromans insoweit folgt, als hier Alltagspersonen großartiger erscheinen, als sie tatsächlich sind, lebt diese phantasierte Überhöhung der Kansas-Wirklichkeit jedoch auch von einer wesentlichen Auslassung: Der Onkel und die Tante, die im Alltag alles andere als schützende und liebende Eltern sind – haben sie doch aus Sorge um die Arbeit keine Zeit für Dorothys Probleme mit Miss Gulch und können sich später gegen deren Forderung, ihr den Hund Toto zu überlassen, nicht wehren –, finden in der halluzinatorischen Welt keine Entsprechung. Dies bedeutet jedoch nicht, daß die Stelle der Zieheltern, von denen Dorothy zuerst weglaufen will, um dann beglückt zu ihnen zurückzukehren, eine Leerstelle wäre. Nur von der Figur der väterlichen Autorität taucht kein Rest in der Zauberwelt auf. Das Bild und die Stimme des strengen mütterlichen Gesetzes, das zur Arbeit und zur Zucht mahnt, sich gleichzeitig aber auch um Dorothys Wohlbefinden sorgt, fließt aber sehr wohl in die Halluzination der flüchtenden Tochter ein. Doch bezeichnenderweise geschieht dies nicht über einen Tagesrest, der in der Sprache des Traums auf entstellte Weise zum Ausdruck kommt. Vielmehr ist die Mutter die einzige Figur, deren Gestalt unverändert in beiden Welten regiert, und zwar als Instanz, die zugleich Schuld, Verantwortlichkeit und Vernunft hervorruft.

Kehren wir jedoch nochmals zurück zu Slavoj Žižeks Darstellung der Symptombildung als phantasmatischem Schutz sowohl gegen die von dem reinen Genuß ausgehende Gefahr einer Destruktion der symbolischen Welt wie auch gegen das als entwürdigende Beschränkung empfundene symbolische Gesetz. Unsere Phantasiearbeit erlaubt uns nämlich nicht nur, einen gnadenlos auf verschwenderische Befriedigung gerichteten, gewaltsamen Genuß, der um einen nicht darstellbaren traumatischen Kern kreist, zu organisieren, zu kanalisieren und somit der Erhaltung des gegen ihn gerichteten Gesetzes dienlich zu machen. Sondern das Symptom spielt auch Modalitäten unseres imaginären Verhältnisses zu den stellvertretenden Instanzen des öffentlichen Gesetzes durch, die Žižek als zwei wie Spiegelverkehrungen funktionierende figurale Gestaltungen beschreibt: Die erste autoritätsstiftende Instanz bezeichnet er als die fehlbare Figur paternaler Autorität, eine Instanz, die zwar selber unbeständig und versehrt ist, jedoch einer von inneren Widersprüchen gezeichneten symbolischen Welt ein Minimum an Konsistenz und Kohärenz verleiht und somit die Gesetzmäßigkeit der symbolischen Welt sichert. Die zweite Instanz hingegen manifestiert sich in der Figur eines obszönen, zerstörerischen Gesetzes, dessen Stellvertreter ebenso halt- wie rücksichtslos die eigene Macht genießt. Ganz im Sinne dieses Gegensatzes werden in der Rahmenhandlung neben den Zieheltern und deren Gehilfen diese beide Figuren eingeführt, um dann in der Zauberwelt eine unheimliche Entstellung zu erfahren, die Dorothys imaginäres Verhältnis zum Gesetz sowohl pointiert repräsentiert, wie auch der Wunscherfüllung dient, sich über beide Autoritäten hinwegsetzen zu können.[15]

Als wolle Fleming betonen, wie wenig Kansas für Dorothy eine ihren Bedürfnissen gerechte, sie schützende Heimat darstellt, wird als erstes die Vertreterin des obszönen, willkürlichen Gesetzes eingeführt, die Lehrerin Gulch, die verbissen in die Pedalen ihres Fahrrads tritt. Weil sie die halbe Ortschaft besitzt, hat sie den Sheriff davon überzeugen können, gegen Dorothys Hund Toto, der ihre Katzen jagt und sie fast ins linke Bein gebissen hätte, einen Haftbefehl zu erlassen. Davon überzeugt, daß der Hund eine Bedrohung für die Gemeinde darstellt, will sie ihn in ihrem Körbchen zum Gesetzeshüter bringen, damit dieser den Missetäter töten kann. Dorothys Bitte um Gnade sowie ihre Bereitschaft, selber die Strafe auf sich zu nehmen, findet vor dieser in ihrer Selbstherrlichkeit versteinerten Vertreterin des Gesetzes kein Gehör. Auch ihre Zieheltern sind

---

15 Die von mir vorgeschlagene Aufteilung der Figuren in drei unterschiedliche Positionen, die als Schutz vor der unerträglichen traumatischen Nähe eines grenzenlosen Genusses eingenommen werden können, entnehme ich Slavoj Žižeks Darlegungen einer Triade des Begehrens, in: *Looking Awry. An Introduction to Jacques Lacan through Popular Culture,* Cambridge, MA 1991, S. 125–140.

nicht bereit, sich den Befehlen der Lehrerin zu widersetzen. So erklärt Tante Em Dorothy: »Wir können nicht gegen das Gesetz verstoßen.« Zutiefst gekränkt, weil sie von ihrem geliebten Toto gewaltsam getrennt wird, und sich gleichzeitig von ihren Zieheltern verraten und im Stich gelassen fühlt, rennt Dorothy aus dem Zimmer. Doch Toto, der sich grundsätzlich allen Gesetzen widersetzt, befreit sich aus dem Körbchen, das die Lehrerin hinter ihrem Sitz auf dem Fahrrad befestigt hat, und springt von ihr unbeachtet auf die Straße, um zu Dorothy zurückzukehren. Nachdem Dorothy in ihren Traumzustand gefallen ist, findet dieses Gesetz – von dem sie meint, es könne für sie zum Ort einer tödlichen Bestrafung werden – in der Zauberwelt seine unheimliche Entsprechung in den beiden verschwisterten bösen Hexen, und auch hier verarbeitet Dorothy ihre nicht abreagierten Tagesreste. Bevor sie ihren Zieheltern erlaubt hatte, Toto in das Körbchen zu sperren, hatte sie nämlich die Lehrerin Gulch aufgefordert wegzugehen, ihr angedroht, sie andernfalls zu beißen, und sie außerdem eine »böse alte Hexe« genannt. In der Traumszene setzt sie den von der Härte dieses obszönen Gesetzes ausgelösten gewaltsamen Genuß in zwei Zerstörungsszenen um. Wieder wird die Bedrohung, die ihr gilt, auf die Bedrohende umgeleitet: Hatte sie Gulch in der Wohnstube ihrer Zieheltern erkennen lassen, wie versehrt dieses traute Heim eigentlich ist, wird die erste böse Hexe von eben diesem Haus bei der Landung in *Munchkinland* erschlagen und im Gegenzug für den Raub des Hundes ihrer roten Zauberschuhe beraubt. Später wird auch die zweite Hälfte des obszönen Gesetzes buchstäblich liquidiert und ihres Besenstiels beraubt werden, jener verzerrten Repräsentation des Fahrrades, auf dem Gulch versucht hatte, Toto in sein Verderben zu befördern.

Diesem obszönen, nur auf einen Genuß der eigenen Macht gerichteten Gesetz, aber auch der Hilflosigkeit der Zieheltern, die sich dessen willkürlichen Geboten beugen müssen, wird eine zweite Autoritätsinstanz gegenübergestellt: Das gutwillige, aber eben auch fehlbare Gesetz des Zauberkünstlers Prof. Marvel, zu dem Dorothy flüchtet, weil sie hofft, er werde sie auf seine Reisen durch fremde

Länder mitnehmen. Er ist, wie seine unheimliche Verdoppelung in der Zauberwelt, ein Hochstapler, doch im Gegensatz zu dem gnadenlosen Gesetz Gulchs ist sein Gesetz auf die Erhaltung der Familieneinheit gerichtet. Seine als Vorahnung verschlüsselte Botschaft an Dorothy weckt in dieser den Wunsch, zu ihrer Tante zurückzukehren. Die Wut, welche die Gesetzestreue der Tante bei Dorothy hervorgerufen hatte, verwandelt sich in die mit Selbstvorwürfen einhergehende Sorge um deren leibliche Versehrtheit. Die Materialisierung ihrer unüberlegten Flucht meldet ihr in der Gestalt des Symptoms der vermeintlich an einem gebrochenen Herzen erkrankten Tante eine von Dorothy verdrängte Mitteilung über ihr Verhältnis zum sie beschränkenden Familiengesetz. Sie erkennt, daß ihr Gefühl der Unzufriedenheit mit ihren Zieheltern, weil diese sich nicht ausschließlich und bedingungslos für sie einsetzen, nichts anderes als der befremdliche Teil einer älteren, vertrauteren, heimlicheren Empfindung ist, nämlich der uneingeschränkten Liebe, die sie für sie empfindet. Sie ist durchaus bereit, das von Prof. Marvel vertretene Gesetz anzuerkennen, weil hier die Beschränkung der Tochter nicht als tödliche Gefahr wahrgenommen wird, sondern von einer sie belebenden Sympathie begleitet ist: der Bereitschaft der Ziehmutter, für die Tochter, die sie straft, auch zu leiden.

Dieses Wissen lag in Dorothy verborgen, doch nur durch ein äußeres Gesetz, das hierauf anspielt, kann sie es auch tatsächlich empfinden, wobei der falsche Zauberer die leidende Tante ja nur scheinbar in seiner Kugel sieht. Sein Gesetz ist rein strukturell, d. h. ohne (semantisierten) Inhalt. Seine Funktion beschränkt sich darauf, den Betroffenen die Möglichkeit zu geben, ihr Verhältnis zu den sie am Ausleben ihres gewaltsamen Genusses hindernden Eltern zu klären. Wie in der Szene mit der guten Hexe Glinda, mit der ihrem Aufenthalt in Oz ein Ende gesetzt wird, erhält Dorothy also von einer Außeninstanz ein Wissen, das sie immer schon besessen hat, wenngleich sie diese Rückkehr zum fehlbaren Gesetz, das ihre Heimat strukturiert, nur über den Umweg in einen halluzinatorischen Bereich vollziehen kann; an einem Schauplatz, so könnte man sagen, an dem sie ihr Begehren erforschen und ihre Rache an all den sie kränkenden Vertretern des Gesetzes ausleben kann. Bezeichnend an der Art, wie dieses Gesetz zunächst in der Rahmenhandlung eingeführt und dann in der Zauberwelt durchgespielt wird, ist aber die Tatsache, daß diese autoritätsstiftende Instanz, die einer von Antagonismen durchsetzten symbolischen Welt ein Minimum an Konsistenz verleiht, ganz explizit fehlbar ist und sich nur der trügerischen Macht der hochstaplerischen Phantasmagorie bedienen kann.

Der Übergang von der Alltagswelt, die beherrscht wird von Dorothys Gefühl, der Willkür eines unerbittlichen Gesetzes ausgeliefert zu sein, in eine Zauberwelt, die Dorothys Wunsch erfüllt, als selbstermächtigtes Subjekt der eigenen Handlungen aufzutreten, wird als plötzlicher Ausstieg aus jeglichen Bindungen an das Gesetz inszeniert. Slavoj Žižek vergleicht die psychische Haltung, die sich einer Verhandlung des Gesetzes vollständig entzieht – was gleichbedeutend wäre mit der Aufgabe der Symptome und Phantasien, die das Verhältnis des Subjekts zu den ihn prägenden Gesetzen austragen –, mit dem »Ende der Welt«. Er begründet dies folgendermaßen: »Die einzige Alternative zum Symptom ist das Nichts: Purer Autismus, ein psychischer Suizid, das Sichausliefern an den Todestrieb, bis dies zu der totalen Zerstörung des symbolischen Universums führt.«[16] Die zerstörerische Gewalt eines Rückzuges aus der symbolischen Welt, die Dorothy mit ihrer Flucht intendierte, die sie jedoch aufgrund ihrer Erfahrung beim Zauberkünstler Marvel zurücknehmen möchte, materialisiert sich nun in dem plötzlich aufkommenden Wirbelsturm. Hier manifestiert sich im Realen jene freigelassene Aggression, jener archaische Genuß, der sich allen Autoritätsinstanzen widersetzt – egal ob diese Autoritätsinstanz ein fehlbares Gesetz repräsentiert, welches das Subjekt stützt, oder ein obszönes, welches das Subjekt zerstört. Denn das vom Wirbelwind herausgerissene Haus erschlägt nicht nur eine der bösen Hexen, sondern es verhindert auch Dorothys direkte Heimkehr, schiebt die von ihr be-

---

16 Slavoj Žižek 1992, S. 425.

gehrte Versöhnung auf. Doch gerade an diesem traumatischen Umschlagepunkt in der Filmhandlung, an dem uns Fleming für einen Augenblick befürchten läßt, daß der Wirbelsturm die ganze symbolische Welt des Kansas-Alltags zerstören wird, und somit auch die nicht darstellbare Lücke erkennen läßt, über die sämtliche cinematische Repräsentationen wie Schutzschilder errichtet sind, setzt sich als apotropäische Geste die reine Einbildungskraft durch.

Der Wirbelsturm, an sich ein kontingentes Ereignis, läßt sich im Kontext der Geschichte als Manifestation von Dorothys Wunsch lesen, sich an der sie kränkenden symbolischen Welt zu rächen. Sie zwingt ihre unzuverlässigen Mitmenschen, unter der Erde Schutz zu suchen, während sie gleichzeitig die von ihr imaginierte Situation, von allen Mitmenschen im Stich gelassen zu werden, in all ihrem traumatischen Gehalt nun wirklich erlebt. Doch auch hier setzt Fleming gekonnt die Rhetorik des Unheimlichen ein: Am Nabel einer gänzlich fremd gewordenen vertrauten Welt, mitten in ihrem Schlafzimmer, in dem selbst der Fensterrahmen ein aggressives Eigenleben zu führen beginnt und sie am Kopf verletzt, schlägt das Bedrohliche ins Beruhigende um. Das Fenster nach außen wird zum Fenster nach innen und bildet die Schwelle zu einer von Erinnerungen an vorgelesene Märchentexte geprägten Welt, in der vertraute Gesichter zu phantasmatischen Gestalten werden, die es Dorothy erlauben, alle nicht abreagierten Gefühle in Szenen des Triumphs umzuwandeln. Auf ihrer privaten Kinoleinwand sieht sie zunächst verschiedene gutartige Figuren, die an ihr vorbeifliegen: einen Hühnerstall, eine ihr zuwinkende strickende Großmutter in ihrem Schaukelstuhl, eine Kuh, zwei Angler, die sie von ihrem Boot aus grüßen. Ein Blick nach unten zeigt ihr, daß sich das Haus, das sie und Toto durch die Lüfte trägt, mitten im Auge des Tornados befindet, und diese Erkenntnis wird abgelöst von der auf ihrem Fahrrad gegen den Wirbelwind anfahrenden Lehrerin Gulch, die auf Dorothys privater Leinwand erscheint. Übergangslos verwandelt sich diese Erzfeindin in die auf ihrem Besenstiel reitende böse Hexe des Westens, die einen obszönen Schrei des Genusses von sich gibt. Fleming schneidet von Dorothy, die

entsetzt ihren Blick von dem Fenster abwendet und ihr Gesicht fest in das Bettkissen drückt, zu einer Nahaufnahme des Wirbelsturms, aus dem sich das fliegende Haus langsam loslöst und, sich um die eigene Achse drehend, zu Boden fällt, wo es mit einem leichten Aufschlag landet.

Die halluzinatorische Zauberwelt ist zwar analog zur Alltagswelt in Kansas durch die Spannung zwischen einem fehlbaren Vertreter des öffentlichen Gesetzes (dem »guten, aber sehr geheimnisvollen Zauberer«) und einer obszönen Vertreterin (der bösen Hexe des Westens) strukturiert, ergänzt dieses Gegensatzpaar nun aber mit einer zusätzlichen Autoritätsfigur, der guten Hexe. Die über dem ganzen Zauberland schwebende Glinda, die mit ihrem Gegenzauber immer im richtigen Moment eingreift und genau die richtige Dosis an Information weitergibt, ist die einzige Repräsentantin des Gesetzes, auf deren Beistand Verlaß ist. Sie ist zudem die einzige Autoritätsfigur, für die es in Kansas keine Entsprechung gibt, als wolle Fleming darauf hinweisen, daß die Vorstellung eines vollkommen unversehrten Gesetzes nur ein Traum sein kann. Zudem verdoppelt Dorothy in der von ihr als Halluzination im Realen erfahrenen Welt jenseits des Regenbogens nicht einfach ihr Verhältnis zu den Stellvertretern des Gesetzes, sondern die Befriedigung ihres Phantasieszenariums besteht vielmehr darin, daß sie sich über deren Macht hinwegzusetzen lernt.

Die für die Phantasiearbeit so typische Selbsterhöhung setzt mit der ersten Sequenz in *Munchkinland* ein, denn dort wird Dorothy zur nationalen Heldin erklärt, weil sie den Tod der bösen Hexe des Ostens verursacht hat. Auf ihrem Weg entlang der gelben Ziegelsteinstraße und als sie in *Emerald City* vor den geheimnisvollen Zauberer geladen wird, geht es Dorothy darum, ihren Wunsch, nach Hause zurückzukehren, gegen die ihr von außen auferlegten Hindernisse durchzusetzen. Doch auch diese Störungen müssen als Wunscherfüllungen gelesen werden, da Dorothy keinen der Aufschübe als so unerträglich empfindet, daß sie davon aufwacht. Tatsächlich erlauben diese sie in ihrem Begehren hemmenden Autoritätsfiguren Dorothy, ihr imaginäres Verhältnis zu den verschiedenen Modalitäten des Gesetzes durchzuspielen. Die Versuche der bösen Hexe des Westens, Dorothy von der Hauptstadt fernzuhalten, dienen dazu, dem Mädchen eine Vorstellung davon zu verschaffen, wie ein unwiderrufliches Exil aussehen würde. Diese traumatische Versteinerung der Entortung – Dorothys halluzinatorische Entstellung des versteinerten Gesetzes der Lehrerin Gulch, die sie von ihrem geliebten Toto trennen und sie mit ihren Zieheltern entzweien wollte – materialisiert sich architektonisch in der Gestalt des dunklen Schlosses der bösen Hexe. Hier brütet diese ihre Rachepläne aus, hier versucht sie auch, das Mädchen mitsamt ihrem Hund zu zerstören. Der Zauberer von Oz hingegen, dessen Macht dadurch gewährleistet wird, daß niemand ihn sehen darf, ermöglicht Dorothy, sich ein Bild von der Leere des Gesetzes zu machen. Sein Versuch, einer Erfüllung der Wünsche der vier Bittsteller auszuweichen, indem er ihnen die Aufgabe erteilt, die böse Hexe zu zerstören und ihm ihren Besenstiel zu bringen, dient dazu, seine eigene Fehlbarkeit so lange wie möglich versteckt zu halten. Sein Anliegen, die Entortung Dorothys in der Schwebe zu halten, weil er ihr wiederholt eine Erlösung verspricht, dieses Versprechen jedoch nicht einhält, erfährt seinerseits architektonischen Ausdruck in Form seines mit den Instrumenten der Phantasmagorie ausgestatteten Audienzraums.

Diese Aufschub leistende Spannung zwischen zu viel Zerstörungskraft auf der einen Seite und zu wenig wirklicher Macht auf der anderen wird im Verlauf von Dorothys Reise wiederholt durch eine der Zauberwelt gänzlich fremde gesetzhafte Instanz durchkreuzt – nämlich durch die von Dorothy internalisierte Anrufung durch ihre Tante Em. Ihr fragiler Gesundheitszustand und Dorothys Überzeugung, sie sei für das Leid ihrer Tante verantwortlich, werden wiederholt als Hauptbeweggründe für ihr Verlangen, nach Hause zurückzukehren, angegeben. Wie Althusser bemerkt, erfahren Individuen sich dadurch als Subjekte einer Ideologie, daß sie sich von einem Stellvertreter ihres Gesetzes durch den Ausruf »He, du!« konkret angerufen fühlen und antworten: »Ja, ich bin es!« In der Widerspiegelung des Gesetzes, durch das es angerufen wird, erkennt sich das Subjekt wieder und erhält dadurch eine feste Verortung in der symbolischen Welt. Auf die Anrufung zu antworten bedeutet für das Subjekt, tatsächlich den Platz einzunehmen, den der Stellvertreter der Ideologie ihm vorschreibt, auch wenn die Ideologie eine pure Illusion ist. Von seinem festen Wohnsitz in der symbolischen Welt aus kann das Subjekt seine Identität bestätigen, indem es wiederum antwortet: »Es ist wahr, hier bin ich.« Zentral für Althusser ist aber auch die Tatsache, daß diese Anrufung nur scheinbar von außen auf das Subjekt übertragen wird, während jedes menschliche Individuum tatsächlich immer schon Subjekt ist.[17] Das Erwachsenwerden, von dem Freud behauptet, es beinhalte die Annahme kulturell kodifizierter Verbote, kann demzufolge durch einen weiteren Aspekt ergänzt werden. Erwachsen werden bedeutet auch, zu dem durch das ideologische Umfeld geprägten Subjekt zu werden, das man von vornherein ist. Dieses Wissen trägt man immer schon in sich, man muß nur über den Umweg einer Entdeckungsreise diese heimliche Wahrheit anzunehmen lernen. Oder anders formuliert: Man kann der Subjektwerdung nicht ausweichen. Die Frage ist nur, welcher Traum der Wiedererkennung durch den Anderen es einem erleichtert, diese Unterwerfung – die mit der von Freud postulierten Annahme des alltäglichen Unglücks deckungsgleich ist – freiwillig anzuerkennen.

17 Louis Althusser 1977, S. 131–133.

Die Tatsache, daß für Dorothy die einzige gültige Autorität die ihrer Tante ist und sie über deren Anrufung zu einem gefestigten ideologischen Wohnsitz kommt, der es ihr erlaubt, die Unbeständigkeit der symbolischen Welt ihres Kansas-Alltags zu ertragen, wird am eindrücklichsten in der Szene im dunklen Schloß visualisiert, wo die böse Hexe sie gefangenhält. Es ist dies die Gegenszene zu Dorothys Besuch bei Prof. Marvel, denn hier erlebt sie tatsächlich die Anrufung der Tante, die ihr von dem besorgten Zauberer nur vorgegaukelt worden war. Nachdem die böse Hexe ihr ein mit rotem Sand gefülltes Stundenglas vorgesetzt und ihr drohend angekündigt hat, daß mit dem Hinabrieseln des Sandes auch ihr Leben zu Ende gehen wird, läßt sie das verstörte Mädchen allein im Zimmer zurück. Dorothy setzt sich mit dem Rücken zu einer übergroßen Kristallkugel auf eine Steintreppe und ruft verzweifelt nach ihrer Tante: »Ich habe Angst, Tante Em. Ich habe Angst.« Darauf taucht plötzlich die nach ihrer verlorenen Nichte Ausschau haltende Figur der Tante auf der Oberfläche der Kugel auf, und in der von

ihr geäußerten Anrufung erkennt sich das Mädchen wieder. Auf die Frage »Dorothy, wo bist du?« wendet sich Judy Garland der chimärenhaften Gestalt zu und erwidert: »Ich bin hier, in Oz, hoch oben im Schloß der Hexe, und ich versuche, zu dir nach Hause zurückzugelangen.« Endlich kann sie aus voller Überzeugung den symbolischen Platz einnehmen, den die Tante ihr von Anfang an vorgeschrieben hat. Daß diese Anrufung lediglich ein imaginäres Verhältnis zum Gesetz darstellt, an das man bereit ist zu glauben, gleichzeitig aber auch ein für die Konstitution des Subjekts notwendiges, wird von Fleming dadurch unterstrichen, daß dieses Auftauchen der Tante nicht nur als Anspielung auf den Gaukelakt des Prof. Marvel zu lesen ist und zudem nahtlos in einen Zaubertrick der bösen Hexe übergeht. Diese nimmt plötzlich die Stelle der Tante auf der Kristallkugel ein und ahmt mit höhnisch verzerrter Stimme Dorothys Ruf nach dieser nach, bevor sie das Mädchen mit ihrem obszönen Gelächter wieder daran erinnert, daß ihre Lebenszeit abläuft.

Dennoch kann Dorothy, durch die Anrufung der Tante Em gefestigt, sowohl das zerstörerische Gesetz der bösen Hexe wie auch das auf endlosen Aufschub gerichtete Gesetz des Zauberers von Oz glücklich überwinden. Nachdem ihre drei Weggefährten sie mit Totos Hilfe aus dem verschlossenen Zimmer befreit haben, konfrontiert sie das auf totale Zerstörung ausgerichtete Gesetz direkt. Der Hexe, die mit einer brennenden Fackel den linken Arm der Vogelscheuche angezündet hatte, schüttet sie versehentlich den Wasserkübel über den Kopf, mit dem sie ihren Freund von seiner Qual befreien wollte. Und wie ein Symptom, das nicht mehr benötigt wird, weil die verschlüsselte Botschaft inzwischen beim Subjekt angekommen ist, löst sich die Hexe plötzlich auf. Mit einem krächzenden Aufschrei erklärt sie der ersttanteen Dorothy: »Du böses Kind, schau, was du getan hast. Ich schmelze«, und langsam in einer fast tänzerischen Kreisbewegung in sich zusammensinkend klagt sie: »Meine Welt, meine Welt! Wer hätte gedacht, daß ein gutes Mädchen wie du meine schöne Bosheit hätte zerstören können!« Zum Schluß bleibt nur noch ihr schwarzer Umhang, ihr Hexenhut und der Besenstiel auf dem Boden zurück – die Attrappen, die die pure Illusion der von ihr vertretenen Ideologie des Bösen vor dem direkten Blick schützten.

Ähnlich ergeht es auch dem Zauberer mit seiner furchterregenden Phantasmagorie. Nachdem die vier Bittsteller ihm den Besenstiel der Hexe gebracht haben und er dennoch weiterhin versucht, die Einlösung seines Versprechens aufzuschieben, zieht der findige Toto einfach einen grünen Vorhang beiseite, hinter dem sich eine Kabine verbirgt. Dort entdecken die vier erstaunten Freunde, wie ein alter, grau gekleideter Mann in ein Mikrophon spricht und eine Kurbel dreht und dadurch die furchterregend wirkende Stimme und das von Feuer umrahmte Gesicht des Zauberers auf der Leinwand im Zentrum des Audienzzimmers als phantasmagorische Widerspiegelung in Erscheinung treten läßt. »Schenken Sie dem Mann hinter dem Vorhang keine Aufmerksamkeit!« ruft er ihnen noch zu. Doch die Bittsteller haben sich von seiner illusionären Anrufung abgewandt und konfrontieren ihn mit der Frage nach seiner Identität. Während er den Vorwurf, er sei ein Hochstapler, gerne auf sich nimmt, wehrt er Dorothys Anklage, er sei ein böser Mensch, entschieden zurück. »Nein, ich bin ein sehr guter Mensch, ich bin nur ein sehr schlechter Zauberer.« Im Gegensatz zur Liquidierung der Vertreterin des obszönen Gesetzes, von der danach nur die Attrappen der Macht übrigblieben, zeigt die Entlarvung des Stellvertreters eines wohlwollenden, aber fehlbaren Gesetzes, daß sich hinter dem trügerischen Schein dieser Figur der Autorität ein nur allzu menschliches Gesicht verbirgt.

Die Entlarvung dieser Ideologie als reine Illusion hat nun aber für die Auflösung der von der Traumhandlung getragenen Spannung zwischen Begehren und Wunscherfüllung zwei brisante Konsequenzen. Obgleich er seinen Mangel an Macht zugibt, kann der Zauberer Dorothys Freunden Ersatzobjekte verleihen, die das ihnen mangelnde Attribut darstellen und ihnen so eine (beschränkte) Befriedigung ihres Begehrens verschaffen: Die Vogelscheuche erhält anstelle eines Gehirns ein Universitätsdiplom, das ihre Intelligenz dokumentiert. Dem Löwen verleiht der Zauberer anstelle des erhofften Mutes einen Orden, der ihn zum Helden der Stadt deklariert. Dem Zinnmann schenkt er ein großes künstliches Herz als Zeugnis dafür, daß er gute Taten vollbringt. Somit ist die Funktion des Zauberers, einer unbeständigen, von Kontingenzen und Antagonismen durchsetzten symbolischen Welt ein Minimum an Konsistenz zu verleihen, auch dann noch gesichert, nachdem er seine phantasmagorische Ausrüstung abgelegt hat. Mit anderen Worten, die Ideologie des fehlbaren Gesetzes bleibt hartnäckig bestehen, ebenso wie die von ihm vertretene Taktik des Aufschubs, denn die Verleihung der Ersatzobjekte bestätigt nur allzu deutlich, daß das Begehren nur stellvertretend erfüllt werden kann. So wird auch das Verhältnis der Bittsteller zu der von Mangel gezeichneten symbolischen Welt durch das gleichzeitige Verdecken und Erhalten der Lücke im Glück stabil gehalten. Die Alternative, die völlige Destruktion dieser illusionären Gesetzmäßigkeit, kann erfolgreich abgewehrt werden. Dorothy hingegen kann dieser Zauberer nicht helfen, in ihre Heimat zurückzukehren. Die gemeinsame Ballonfahrt scheitert, weil Toto wie zuvor in der sepia-braunen Rahmenhandlung in letzter Minute wieder aus dem Korb springt und Dorothy ihm folgt.

Die Ideologie der Heimat, durch die allein sie aus diesem Traum erwachen könnte, funktioniert nicht nach dem Muster der Ergänzung, im Verlauf dessen man ein stellvertretendes Objekt als Ersatz für eine mangelnde Charaktereigenschaft, einen mangelnden Gefühlszustand annimmt, wohl wissend, daß die Schutzdichtung mit dem Begehren nie übereinstimmen wird. Ihr kann nur die gute Fee Glinda helfen, in der das Mädchen nämlich nicht nur eine uneingeschränkt verläßliche Vertreterin des Gesetzes erkennt, sondern von der sie auch erfährt, daß sie von Anfang an die Macht gehabt hätte, nach Hause zu gelangen, aber den Umweg über eine fremd-vertraute Traumwelt machen mußte, um diesen ihr innewohnenden Fremdkörper erkennen zu können. Sie braucht also – und das ist die geheime Ideologie der Filmphantasie Flemings – kein äußeres Gesetz, denn das Gesetz, das ihr einen beständigen Wohnsitz in ihrer symbolischen Welt garantiert, hat sie immer schon in sich getragen: ein extimes Wissen, ein ihr von Geburt an innewohnender Fremdkörper, der sie Subjekt sein läßt, lange bevor ihr Bewußtsein sie die Schwelle zwischen dem begehrenden Individuum und dem sich den Gesetzen seiner symbolischen Welt beugenden Subjekt hatte überschreiten lassen. Sie braucht nur die eigene Einbildungskraft, die

Bereitschaft, bedingungslos, uneingeschränkt an die Ideologie des *home* zu glauben – und sich dessen Fiktionalität gleichzeitig völlig bewußt zu werden.

Freilich kann, wie Mladen Dolar in seiner kritischen Lektüre Althussers betont, der Übergang von einem Individuum zu einem von der Ideologie angerufenen Subjekt niemals vollständig gelingen: »Der klare Schnitt erzeugt immer einen Rest«, und genau diese zwangsläufige Unvollständigkeit des Vorgangs der Subjektwerdung bildet den Ausgangspunkt für die Psychoanalyse. Denn das von der Psychoanalyse beschriebene Subjekt ist ein Subjekt, das sich den kulturellen Gesetzen freiwillig unterworfen hat und gleichzeitig von verbotenen Genüssen getrieben wird, die es in der Intimität seiner psychischen Realität heimlich hegt und die nur durch die Entstellung der Symptombildung oder der Traumarbeit veräußerlicht werden können. Apodiktisch folgert Dolar: »Das Subjekt ist eben dieses Scheitern, das Subjekt zu werden.«[18] Auch wenn das letzte Bild in Flemings Heimatphantasie uns das zum Subjekt gewordene *everygirl* Dorothy als Herrin im eigenen Hause zeigt, bleibt ein Rest Unbehagen. Das Fremde ist zwar wieder heimelig geworden, die großartigen Zauberfiguren alltäglich. Doch gerade deshalb wirken sie auch unheimlich. Gegen die zur Vernunft mahnende Anrufung Tante Ems, die der erwachten Dorothy zu versichern sucht, »wir träumen viele törichte Dinge«, wird die dieses Verbot auch annehmende Tochter ihre selbsterzeugten Geister nie ganz loswerden können: Denn wenn Tagesreste einen Eingang in die Traumwelt erhalten können, so können auch Traumreste sich in den Alltag einschleichen und durch ihre visuelle Gestalt Dorothy – und mit ihr uns – immer auch an ihre Doppelgänger in Oz erinnern.

18 Dolar 1991, S. 12.

Der unendliche Kreislauf des Begehrens nach Heimkehr

Wie Salman Rushdie in seiner ergreifenden Huldigung des *Wizard of Oz* bemerkt, könnte der anfängliche Mißerfolg vielleicht damit zu tun gehabt haben, daß der Film nur wenige Tage vor dem Ausbruch des Zweiten Weltkrieges uraufgeführt wurde. 1939 begaben sich Tausende von Menschen auf die Flucht, für die fünf Jahre später ein Satz wie »there's no place like home« im wörtlichen, nicht im übertragenen Sinne zur realen Existenzbedingung wurde, weil die verlassene Heimat unwiderruflich durch den Krieg zerstört worden war. Doch wenn in den Kriegsjahren die von Flemings Film verkündete Ideologie einer nationalen Zugehörigkeit die Wünsche und Ängste der Kinogänger weniger anzusprechen vermochte als die im Hollywood dieser Zeit produzierte antifaschistische Propaganda, sollte dieser Traum um so wirkungsvoller werden, nachdem das Phantasma »Heimat« im Verlauf des Wiederaufbaus Europas zur neuen ideologischen Kraft wurde, die den Kalten Krieg, die Präsenz amerikanischer Streitkräfte in Europa und in Fernostasien ebenso stützte wie später die Wiedervereinigung Deutschlands und den Ausbruch von Bürgerkriegen im Balkan. Wie sehr sich das Verlangen nach einem beständigen Traum von *home*, der einer zunehmend von unlösbaren ethnischen Antagonismen gezeichneten Welt ein Minimum an Konsistenz verleihen würde, immer wieder an Anspielungen auf *The Wizard of Oz* festmachen ließ, zeigt sich an einer Vielzahl von in Hollywood produzierten Filmen, die Flemings Heimatphantasie ikonographisch anzitieren: George Lukas' *Star Wars*-Trilogie, in der eine Prinzessin sich mit Hilfe von Robotern und einem Farmer erfolgreich gegen die Macht des Bösen durchsetzt; David Lynchs *Wild at Heart*, wo ein Liebespaar die ihm feindlich gesonnene Welt mit guten und bösen Hexen besiedelt, um sich in dieser Traumwelt zueinander bekennen zu können; Barry Levinsons *Good Morning, Vietnam*, in dem der fernostasiatische Kriegsschauplatz zu einer Zauberwelt wird, in der der Radiosprecher Robin Williams zynisch seine Kameraden auffordert, im Sinne von Flemings gelbem Pflastersteinweg, dem Ho-Chi-Minh-Pfad zu folgen und dann, nachdem er in die Vereinigten Staaten zurückversetzt wird, in seiner letzten Radiosendung die Ambivalenz von Dorothys Zauberformel auf ein einfaches Heimweh reduziert. Zuversichtlich verkündet er seinen Zuhörern: »Es gibt keinen Ort wie zu Hause, und ich wünschte, ihr würdet alle mit mir dorthin zurückkehren.« Und schließlich Steven Spielbergs Familienroman *E. T.*, in dem ein Außerirdischer wie eine Dorothy der achtziger Jahre durch das ihm fremde und gleichzeitig wunderbar anmutende Kalifornien wandert, ohne es richtig entziffern zu können. Ihm wird wie einst seiner Schwester in Oz durch neugewonnene Freunde geholfen, doch wie sie hat er von Anfang an nur ein Ziel – nach Hause zurückzukehren. Sein *home*, das er mit seiner so anrührenden Zwitterstimme den ganzen Film hindurch anruft, läßt dann, nachdem er die irdischen Menschen, deren Sympathie er während seines Aufenthaltes in der Fremde gewonnen hat, wieder verlassen hat, nun ihrerseits von einem Ort hoch oben in den Sternen träumen. Das Ritual, mit dem *The Wizard of Oz* nicht nur alljährlich betrachtet, sondern ebenso andachtsvoll von jüngeren Hollywood-Regisseuren zitiert wird, deutet daraufhin, daß sich cinematische Phantasieromane, die um eine Überschätzung der Kindheit kreisen, bruchlos zu einer Überhöhung der nationalen Zugehörigkeit verdichten lassen.

Die Tatsache, daß diese wirkmächtige nachträgliche Ausstrahlung von Flemings Filmmusical vornehmlich in einer Welt stattfindet, die durch eine globale Völkerwanderung gekennzeichnet ist, hat aber auch zur Folge, daß für eine Vielzahl der Betrachtenden die Vorstellung, sie würden eine symbolische Welt bewohnen, in der es für sie einen klar definierten eigenen Hinterhof gäbe, über den man nicht hinausblicken darf, pure Illusion ist. Nicht von ungefähr schätzt der im Exil lebende Salman Rushdie diesen Film gerade deshalb, weil er den menschlichen Traum, man könne seine Heimat verlassen, so farbenprächtig zelebriert. Dieser Traum ist für ihn mindestens so stark wie der Traum von heimatlichen Wurzeln. Zwar lebt Flemings *Wizard of Oz* von der Spannung zwischen diesen beiden Träumen, aber für Rushdie steht außer Frage, daß dieser Film in seinen bewegendsten emotionalen Szenen von der Freude des Weggehens handelt, von der Möglichkeit, eine graue Welt verlassen zu können und in eine bunte einzukehren, von der Hoffnung, sich an einem Ort, in dem es keine Schwierigkeiten gibt, eine neue Existenz aufzubauen. »›Jenseits des Regenbogens‹«, erklärt er, »ist oder sollte die Hymne der Migranten der ganzen Welt sein, all derer, die sich auf die Suche nach einem Ort machen, wo ›die Träume, die man zu träumen wagt, wahr werden‹. Es ist eine Feier der Flucht, eine großartige Lobeshymne auf das entwurzelte Selbst, eine Hymne – auf das Anderswo.«[19] Gegen die vereinfachende Moral, die sich mit der Rückkehr Dorothys in den Schoß ihrer Familie als von dem Regisseur und seinem Produzenten privilegiertes Ideologem durchzusetzen versucht, beharrt Rushdie auf eine seinem Anliegen als Migranten entsprechendere Lesart. Nur weil diejenigen, die zu Hause geblieben sind, Dorothy nicht glauben wollen, daß Oz kein Traum, sondern ein real lebbarer Ort ist, müssen wir als Zuschauende ihnen in ihrer fehlenden Einbildungskraft nicht folgen. Für uns, die wir es vorziehen, jenem heimlichen Wissen zu trauen, das

---

19 Salman Rushdie, *The Wizard of Oz*, London 1992, S. 23. Ganz in diesem Sinne läßt Gary Ross in *Pleasantville* (1998) seine Heldin in die vermeintlich heile Welt einer Fünfziger-Jahre-*soap-opera* einkehren, als Schutz vor dem Zusammenbruch der urbanen amerikanischen Kultur am Ende der neunziger Jahre. Doch in dieser schwarzweißen Welt findet er nicht nur wie Dorothy jene einfache Harmonie, die ihm in seiner realen Lebenssituation fehlt. Er führt dort auch jene Farbe ein, die die auf Zufall und Veränderung ausgerichtete Kontingenz des Unberechenbaren mit sich bringt – nicht zuletzt weil er in seinem Traumland jenseits des Fernsehbildschirms erkennt, wie emotional tödlich der Zustand eines vor Differenz geschützten heimatlichen Glückes sein kann, egal ob sich diese Differenz als das Einführen von ethnisch anderen Menschen (*colored*) in eine rein weiße Gemeinschaft abzeichnet oder ein über die Emanzipation der Frau eingeführtes Bewußtsein von Geschlechterdifferenz.

sich hinter Dorothys letztem Satz verbirgt, versichert er, ist Oz am Ende des Films zum eigentlichen *home* geworden. In dieser Schlußsequenz wird »die imaginierte Welt zur wirklichen Welt, wie sie dies für uns alle wird. Denn es ist wahr, wenn wir erst einmal die Orte unserer Kindheit verlassen haben und gezwungen worden sind, unser Leben neu zu gestalten, mit nichts anderem ausgerüstet als dem, was wir haben und was wir sind, dann erst verstehen wir das wirkliche Geheimnis der roten Zauberschuhe. Nicht darum geht es, ›daß es keinen Ort gibt, der so wie zu Hause ist‹, sondern darum, daß ein solcher Ort wie zu Hause für uns nicht mehr existiert: außer, natürlich, das *home*, das wir uns selbst schaffen, oder die *homes*, die für uns geschaffen werden in Oz: ein Land, das irgendwo sein kann und überall außer am Ort, in dem unser Anfang liegt, von dem aus wir unsere Reise angetreten haben.«[20] Der Kreis des Begehrens schließt sich nie, das Subjekt nimmt die ihm notwendige Unterwerfung unter die symbolischen Gesetze nie voll an. Der Traum der Ideologie schlägt unwillkürlich immer wieder in eine Ideologie des Traumes um.

---

20 Rushdie 1992, S. 57 f.

5. Zwischen Heimat und Fremde

La Habanera (Detlev Sierck) und
Imitation of Life (Douglas Sirk)

Allein bin ich in der Nacht,
meine Seele wacht
und lauscht.
Oh, Herz, hörst du, wie es klingt,
in den Palmen singt
und rauscht?
Der Wind hat mir ein Lied erzählt,
von einem Glück unsagbar schön.
Er weiß, was meinem Herzen fehlt,
für wen es schlägt und glüht!
Er weiß für wen. Komm! Komm!
Ach! Der Wind hat mir ein Lied erzählt,
von einem Herzen, das mir fehlt.
(La Habanera)

Ein Regisseur mit zwei Namen

Die Habanera: Ein Film über ein Lied, das vom Begehren nach einem »unsagbar schönen Glück« erzählt. Ein Film, in dem die unerfüllbare Sehnsucht seiner Heldin über das wiederholte Singen dieses Liedes zum Ausdruck kommt.[1] Die Habanera, die die achtzehnjährige Astrée Sternhjelm während eines zweiwöchigen Ferienaufenthaltes in Puerto Rico ständig zu hören bekommt, weckt in der jungen Schwedin die Vorstellung, hier könnte sie ein leidenschaftlicheres Leben führen als in dem Patrizierhaushalt ihrer Tante Ana in Stockholm. Von diesem Lied angesteckt, entschließt sie sich in einem plötzlichen Gefühlsrausch, den Dampfer, auf dem sie mit ihrer Tante heimkehren sollte, kurz vor dem Ablegen wieder zu verlassen und auf der karibischen Insel ganz auf sich allein gestellt den mächtigen Don Pedro de Avila zu heiraten.

Elf Jahre später ist ihr Begehren weiterhin unerfüllt, nur das Objekt des Begehrens hat sich verschoben. Das faszinierende Puerto Rico ist ihr nur zu vertraut geworden, zu einer verhaßten Fremde, der sie nie wird angehören können. Sie träumt von einer Rückkehr in die ihr fremd gewordene, verlorene Heimat, von der sie sich jetzt vorstellen kann, dort wäre das »unsagbar schöne Glück« zu finden. Ganz ähnlich wie in Flemings *Wizard of Oz*, wo Dorothys Wunsch, die Welt jenseits des Regenbogens zu erkunden, in der Gestalt des Wirbelsturms seine Erfüllung findet, beschwört Astrée kraft der Allmacht ihrer sehnsuchtsvollen Gedanken eine doppelte Katastrophe herauf, die es ihr endlich erlaubt, an den verschneiten nördlichen Ort, von dem sie ihrem Sohn Juan in Kinderliedern immer

---

[1] Die Habanera ist ein spanisch-kubanischer Tanz im 2/4- oder 4/8-Takt, benannt nach der kubanischen Stadt Habana.

wieder etwas vorsingt, zurückzukehren. Zufällig entsendet das von ihrer Tante geleitete Institut für Tropenmedizin zwei Männer auf diese südliche Insel, um eine rätselhafte Seuche zu erforschen, und da der schwedische Arzt Sven Nagel Astrées Jugendfreund war, läßt er sich ohne weiteres in die Retterfigur verwandeln, die sie mit einem Schlag von einer zweifachen Last befreit: vom Puerto-Rico-Fieber, vor dem sie sich jedes Jahr, wenn der Wind es zu der Insel trägt, von neuem fürchtet, und von ihrem Ehemann, dessen Aufforderung, sich seinen kulturellen Gesetzen zu beugen, sie ablehnt. Nagel entdeckt zwar ein heilendes Serum, doch dieses wird von Don Pedros Mitarbeitern beschlagnahmt, da sie die Seuche vor dem Ausland geheimhalten wollen. Während einer Abendgesellschaft befällt nun plötzlich Don Pedro selbst dieses Fieber, so daß er zu seinem eigenen Henker geworden an der von ihm in der Öffentlichkeit verleugneten Krankheit stirbt. Sven Nagel hingegen befreit die Insel von einem tyrannischen Patron und einem tödlichen Fieber und begleitet überdies Astrée auf das Schiff, das sie mit ihrem Sohn nach Schweden zurückbringen wird.

Doch im Gegensatz zum Puerto-Rico-Fieber kann die Habanera nicht besiegt werden: Die Klänge begleiten Astrée auch auf ihrer Heimfahrt, denn es geht bei dieser Melodie weniger darum, daß sie wie im Fall der Postkarte in Hitchcocks *Rebecca* eine Phantasie evoziert, die sich an einem konkreten Herrenhaus festmachen ließe. Vielmehr besingt dieses Lied eher im Sinne von Flemings Leitmotiv einen Ort, der genau deshalb Glück verheißt, weil man gerade dort nicht ist. Dieser Ort des Begehrens kann nie die Gestalt eines konkret belebten Wohnsitzes annehmen, da dieser innerhalb eines einfachen Gegensatzes zwischen vertrauter Heimat und fremdem Ort des Exils begriffen wird. Statt dessen verweist der von der Habanera evozierte Ort des unsagbar schönen Glücks auf jenen radikalen Widerspruch, der jeder Phantasie von geokultureller Zugehörigkeit innewohnt: Der Ort, an dem ich mich befinde, und der Ort, der meine Sehnsucht stillen würde – egal ob man dies Fernweh oder Heimweh nennt –, sind nie miteinander identisch. Beim Ort der Habanera handelt es sich vielmehr um einen extimen, unheimlichen Ort, der immer unerreichbar und bis zu einem gewissen Grade fremd bleibt und gleichzeitig ein dem intimsten Kern des sehnsuchtserfüllten Subjektes innewohnendes, vertrautes Empfinden anspricht.

Über die Reling des fahrenden Dampfers gelehnt und auf den Ort zurückblickend, der die letzten zehn Jahre ihr Wohnsitz war, erklärt Astrée ihrem Jugendfreund: »Weißt du, vor zehn Jahren bin ich im letzten Augenblick umgekehrt, als der Dampfer schon ablegen wollte. Damals erschien mir die Insel als das Paradies. Später habe ich geglaubt, es wäre die Hölle.« Auf seine Frage »Und jetzt?« antwortet sie: »Jetzt – ich bereue es nicht.« Die Sehnsucht, von der die Habanera spricht, insistiert, weil sie unerfüllbar ist, weil sie darauf besteht, daß das Subjekt mit der Annahme einer geokulturellen Zugehörigkeit nie zufrieden sein kann. Es wird nie Herr im eigenen Haus sein können, weil stets ein Rest dessen, was aufgegeben werden muß, damit man sich an einem konkreten Ort, in einer konkreten symbolischen Welt zu Hause fühlt, übrigbleibt.

Sierck, den die Filmkritik zum Meister des unglücklichen Happy-Ends geadelt hat, besteht in all seinen Melodramen darauf, daß die Spuren einer unerfüllbaren Sehnsucht nicht zu tilgen sind. Man kann nur lernen, sich mit dem alltäglichen Unglück zu arrangieren, und zwar derart, daß man weder einem gewaltsamen Rausch der Leidenschaften verfällt noch sich von einem ebenso zerstörerischen Haß auf die Gesetze verzehren läßt, die einen in der symbolischen Welt verankern und beschränken. Für Sierck droht der Begriff Hoffnung *(hope)* immer in sein Gegenteil Hoffnungslosigkeit *(despair)* umzukippen, und dieser unheimliche Unterton schwingt in all seinen Melodramen mit.[2]

---

2 In seinen Interviews mit Jon Halliday *(Sirk on Sirk.* Zweite überarbeitete Fassung. London 1997, S. 8). Sirk weist hier seinen jüngeren Gesprächspartner auch darauf hin, daß »Melodrama« ursprünglich eine dramatische Aufführung mit Musik meinte, woran er die Bedeutung der von ihm in die Handlung seiner UFA-Filme eingefügten Lieder festmacht. Im amerikanischen Sinn hingegen bezieht sich das Genre des Melodramas eher auf die Ähnlichkeit zu großen Werken der Dramenliteratur im Sinne von Shakespeare, Aischylos und Sophokles, wobei die Welt der Könige zur Welt des oberen Bürgertums geworden ist, S. 109.

Nun könnte man der von Detlef Sierck im Auftrag der von Goebbels geleiteten Ufa hergestellten *Habanera* ebenso eine der NS-Propagandafabrik dienliche Heimat-Ideologie unterstellen wie dem zwei Jahre später von MGM produzierten Film Victor Flemings eine antiamerikanische *home*-Ideologie. Der Film eignet sich durchaus den rassistischen Exotismus der dreißiger Jahre an, der die Puertoricaner als leidenschaftliche, aber auch korrupte Wilde dem gesunden, selbstbeherrschten und verantwortungsbewußten nordischen Menschen entgegensetzt und mit dem Bild des Mischlings die Angst vor der Rassenmischung schürt. Im fernen Süden setzen sich bei Astrées Sohn Juan nicht zuletzt dank der Heimatlieder, die ihm seine Mutter vorsingt, die schwedischen kulturellen Werte durch. Man könnte die vordergründige Botschaft dieses Film demzufolge als eine deutsche Variante von Flemings »*There's no place like home*« lesen, denn wäre die unvernünftige, sehnsüchtige Astrée nicht mit ihrer Heimat unzufrieden und deshalb in der Fremde zehn Jahre lang von den ihr vertrauten Menschen abgeschnitten gewesen, hätte sie die großen Qualen ihres Exils nie erleben müssen. In dem zauberhaften, farbenprächtigen Puerto Rico hat sie eigentlich nur erkannt, wie sehr ihr die nordische, meist in Schnee und Dunkelheit gehüllte Heimat fehlt.[3]

Doch obgleich Astrée nach dem ersten Drittel des Films nur danach strebt, mit ihrem Sohn in die Heimat zurückzukehren, führt uns Sierck wesentlich ironischer als Fleming vor, wie sehr jeder Vorstellung von Heimat unwiderruflich ein Wissen um eine kulturelle Differenz eingeschrieben bleibt, wenn man erst einmal in die Fremde gegangen ist. Diese beunruhigende Denkfigur wird implizit an dem Kind Juan festgemacht, das als ein Symptom fungiert, welches seiner Mutter immer wieder die Botschaft einer unumgänglichen Entortung überbringen wird. Zwar sehen wir im Film nur, wie sich der Junge aus Liebe zu seiner Mutter der Schirmherrschaft ihrer schwedischen Anrufung unterwirft: wie er ihre Kinderlieder

---

3 Für eine Diskussion der *Habanera* im Kontext des NS-Filmschaffens siehe Eric Rentschler, *The Ministry of Illusion. Nazi Cinema and its Afterlife* (Cambridge 1996).

vom Schnee nachsingt und mit einem Rodelschlitten auf dem weißen Wollteppich mitten in ihrem Schlafzimmer Schlitten fährt. Doch Sierck läßt uns ahnen, daß der kleine Juan Spuren einer kulturellen Differenz im eigenen Körper trägt, die im nördlichen Schweden ebenso wenig zu tilgen sind wie Astrées undefinierbares Begehren. In seiner Gestalt wird der nach Stockholm zurückgekehrten verlorenen Tochter immer wieder vor Augen gehalten, daß sie nie gänzlich Herrin im Haus ihrer Ahnen sein wird, weil sie aus der Ferne einen unheimlichen Fremdkörper mit eingeführt hat.

Ausschlaggebend für das Argument, das im folgenden entwickelt werden soll, ist nun aber die Tatsache, daß Sierck in seinem letzten für die Ufa gedrehten Film die Tragik des Mischlings anlegt, die er dann in seinem letzten für Universal produzierten Film in all seiner Tragweite aufgreifen und durchspielen wird. Als ironische Widerspiegelung der das Amerika der fünfziger Jahre prägenden Ideologie der Rassentrennung kehrt der Mischling Juan zweiundzwanzig Jahre später in *Imitation of Life* in der Gestalt Sarah Jane Johnsons wieder, einer jungen schwarzen Frau, die so hellhäutig ist, daß sie sich als Weiße ausgeben kann. Doch im Gegensatz zum Film *Habanera*, in dem eine klare Vorstellung von Heimat noch eindeutig festgemacht werden kann – egal wie illusionär oder wie brüchig diese auch sein mag – ist in *Imitation of Life*, dem letzten Hollywood-Melodrama Sirks, das zu einem der Kassenschlager des Jahres 1959 wurde, für Sarah Jane die Vorstellung einer eindeutig definierbaren geokulturellen Zugehörigkeit nicht mehr lebbar. Die Mulattin, deren Hautfarbe es ihr erlaubt, sich wie der Mischling Juan in zwei gegensätzlichen symbolischen Welten zu bewegen, hat kein klar eingrenzbares *home* mehr. Sie hat lediglich die Möglichkeit, sich für eine von zwei gänzlich widersprüchlichen kulturellen Anrufungen zu entscheiden, oder diesen unauflösbaren Antagonismus, der sich aus ihrer kulturellen Hybridität ergibt, zu ertragen. Zwar ist, wie Mladen Dolar ausführt, eine erzwungene Wahl grundsätzlich nicht als das Ausbleiben einer richtigen Wahlmöglichkeit zu verstehen. Sich zwischen zwei symbolischen Welten entscheiden zu müssen, um durch diese erzwungene Wahl die eigene Subjektivität zu erlangen, bedeutet, daß einem in ein und derselben Geste eine Wahlmöglichkeit angeboten und in Abrede gestellt wird. Denn wenn man eine der Alternativen wählt, ist das Gewählte in jedem Fall um die Verschränkung der beiden Möglichkeiten beschnitten.[4] Indem man eine symbolische Behausung wählt, trifft man auf jenen Verlust, der in Schlagern über unerfüllte Sehnsucht zelebriert wird. Dennoch ändert sich die Bedeutung dieses erzwungenen Wählens einer kulturellen Verortung, wenn das betroffene Subjekt die Wahl zwischen dem einfachen Gegensatz von Heimat und Fremde gar nicht mehr erfolgreich treffen kann, weil die Grenzlinie am eigenen Körper verläuft. Um die Entwicklung dieses Scheiterns, das jeder kulturellen Anrufung und somit auch jeder Vorstellung von einer glücklichen symbolischen Verortung innewohnt, wird es im Vergleich der beiden Filme gehen, die das doppelte Exil Detlef Siercks/ Douglas Sirks einleiten: Er stellte den ersten vor seiner Ausreise in die USA, den zweiten vor seiner Rückkehr nach Europa fertig.

In seinen Gesprächen mit Jon Halliday besteht Douglas Sirk darauf, daß es ihm in all seinen Melodramen um Ironie als Sozialkritik ging. Die Aneignung bestimmter Ideologien habe ihm immer dazu gedient, deren Scheitern zu inszenieren, die Momente, in denen die Illusion der ideologischen Botschaft zutage tritt, die Augenblicke, in denen ein Traum nicht mehr greift, weil sich das ihn übersteigende Begehren durchsetzt, auch wenn seine Figuren nie den Beschränkungen der sie umgebenden kulturellen Gesetze entfliehen können. Seine *Habanera* unterstützte zwar eine in Nazi-Deutschland verbreitete Xenophobie: »Die Figur Ferdinand Marian (Don Pedro), die Zarah Leander heiratet, besitzt alles auf der Insel und versucht eine Seuche geheimzuhalten, die diese Insel verwüstet, weil er mit den großen amerikanischen Obstfirmen verbündet ist und meint, daß die Menschen im Ausland sein Obst nicht mehr kaufen werden, wenn sie von dieser Seuche erfahren. Es war ein antikapitalistischer Film, der in dem damaligen Deutschland gut ankam.«

---

4 Mladen Dolar, »Beyond Interpellation«, *Qui Parle* 6, Nr. 2, Frühling–Sommer 1993, S. 73–96.

Doch gerade in bezug auf die Hauptfigur Don Pedro, deren schale heroische Pose er von Anfang an zu entlarven sucht und die nicht zuletzt dadurch zutage tritt, daß dieser seinen eigenen Ruin selbst hervorruft, zeigt sich Siercks ironische Darstellungsweise. Im Hinblick auf seine Heldin betont er hingegen, daß ihn an dieser Figur ein nicht lösbarer Widerspruch interessierte. Auf Jon Hallidays Bemerkung, es sei doch auffallend, wie sehr die Abschlußsequenz auf dem Dampfer in *Habanera* der Abschlußsequenz von *Imitation of Life* gleiche, in der die Tochter der verstorbenen Annie Johnson zusammen mit den Angehörigen der Familie, für die ihre Mutter gearbeitet hat, vom Inneren eines Autos aus dem Begräbnis ihrer Mutter beiwohnt, antwortet Sirk: »Nun, Zarah Leanders Empfindungen auf dem Schiff sind nicht völlig geradlinig. Sie ist zehn Jahre an diesem Ort gewesen, die zehn besten Jahre ihres Lebens. Während sie zurückblickt, ist sie sich völlig bewußt, daß sie korrupte (*rotten*) – *aber ganz eindeutig auch interessante* – Verhältnisse hinter sich läßt. Ihre Gefühle sind höchst ambivalent. Ich denke, am Ende von *Imitation of Life* ist die Ambiguität wesentlich äußerlicher: Die Ironie liegt im Blick des Publikums.«[5]

Bezeichnend ist jedoch nicht nur die Tatsache, daß die Szene am Ende seines letzten UfA-Films Detlef Sierck derart beschäftigt hat, daß er diesen unter seinem in der Fremde angenommenen zweiten Namen Douglas Sirk zwanzig Jahre später noch einmal inszeniert, sondern daß sich in beiden Fällen eine Analogie zwischen der Auflösung der Filmhandlung und seinen eigenen biographischen Umständen feststellen läßt. Ähnlich wie Hitchcock in *Rebecca* bringt Sierck in *Habanera* auf indirekte Weise die eigene Ambivalenz gegenüber dem von ihm angestrebten Exil zu Ausdruck. Während es jedoch bei Hitchcocks erstem in Hollywood produzierten Film darum geht, wie sich der ins Exil gegangene Regisseur in der neuen Heimat erst einzurichten lernen muß, geht es in Siercks Filmszenarium darum, wie der kurz vor dem Exil stehende Regisseur auf die ihm verhaßt gewordene Heimat und seine Tätigkeit in den Studios

---

5 Halliday 1997, S. 48 u. 53.

der Ufa in Berlin zurückblickt. Es ist eine symbolische Welt, die ihm eine interessante Schaffensperiode ermöglichte, ihn aber nachträglich auch erkennen ließ, wie korrupt und verdorben das dort herrschende Gesetz war. Seinem Gesprächspartner erklärt er: »Wie ich Ihnen bereits erzählte, hatte ich mich schon lange vorher entschlossen, diese Welt zu verlassen, weil das Leben dort absolut unerträglich geworden war. Aber natürlich, ich hatte keinen Paß. Nach *Zu neuen Ufern* habe ich *Die Habanera* vorgeschlagen, um in Teneriffa die Außenaufnahmen zu drehen – und mittlerweile war ich ein einflußreicher Regisseur mit einem großen Star, Zarah Leander, also wurde mein Vorschlag sofort angenommen. Soweit ich mich erinnern kann, bekam ich Reisepapiere, die mir erlaubten, Deutschland zu verlassen, um den Film zu drehen, aber einen Paß bekam ich nicht. Den brauchte man aber, um ein Einreisevisum in die Vereinigten Staaten zu erhalten. Also bin ich wieder zurück, um in Deutschland die *Habanera* zu schneiden, und dann bat ich wieder um Erlaubnis, um im Ausland Orte für die Außenaufnahmen von *Wiltons Zoo* zu suchen, die ich auch bekam. Und dafür gaben sie mir dann auch einen Paß.«[6]

Ohne auf die Details der abenteuerlichen Reise einzugehen, die Detlev Sierck mit seiner jüdischen Ehefrau Hilde Jary nur über gefährliche Umwege ins amerikanische Exil gelangen ließ und die sich wie ein Hitchcockthriller liest, soll die folgende Analogie zwischen Sierck und seiner Heldin als Rahmen meiner Lektüre der *Habanera* dienen: Sierck verknüpft in diesem Filmszenarium nicht nur einen sozialpolitischen Konflikt mit der privaten Gefühlsambivalenz seiner Heldin – die von dem karibischen Wind nachts auf die Insel getragene geheimnisvolle Seuche, für die es offenbar kein Serum gibt, und Astrées Ansteckung durch ein Lied, das in ihr eine unerfüllbare Sehnsucht weckt. Sondern er schreibt zudem auf verschlüsselte Weise seine eigene Biographie in die melodramatische Geschichte mit ein, hat er doch diesen Film in den Studios der Ufa fertiggestellt, als seine Frau bereits in Rom auf ihn wartete.

6 Ebd., S. 55 f.

Während er die Szenen schneidet, in denen Don Pedro die Abreise seiner Gattin zu verhindern sucht, muß er selbst befürchten, daß ihm die Ausreise aus Deutschland nicht gelingen wird. In den Szenen, in denen Astrée darauf besteht, nach Schweden zu fahren, schwingt sein eigenes Insistieren, in die USA auszuwandern, zumindest für einen nachträglichen Betrachter auf unheimliche Weise mit. Die Abschlußszene auf dem Dampfer ist in diesem Licht betrachtet eine durchwegs widersprüchliche Widerspiegelung seiner eigenen Umstände. Während er seiner Heldin erlaubt, in die Heimat zurückzukehren, entfernt sie sich als Identifikationsfigur seines eigenen Fluchtvorhabens von der Heimat. Auch für den Regisseur Sierck, der Nazideutschland so dringend verlassen will, gibt es keinen Wohnsitz, den man Heimat nennen könnte, nur das Verlangen an einen anderen Ort zu gelangen, der ihm eine angemessenere Lebensweise verspricht. Und wie die anderen Regisseure, deren Filme in den vorherigen Kapiteln als für ihr Werk bezeichnende Urphantasien besprochen wurden, bringt auch Sierck in dem den Anfang seines Exils kennzeichnenden Film jenen Umstand einer unausweichlichen kulturellen Entortung dadurch zum Ausdruck, daß er sich mit seiner weiblichen Heldin auf widersprüchliche Weise identifiziert: Astrée, die in der Fremde Lieder von der Heimat singt (als Chiffre dafür, wie ihr Regisseur sich das Exil vorstellt), aber auch Astrée, die die zur Heimat gewordene Fremde dringend verlassen will (als Chiffre für sein eigenes Verlangen, den Wohnsitz in einer unerträglich gewordenen symbolischen Welt aufzugeben).

Daß der Verlust, der mit dem Wechsel von einer vertrauten symbolischen Anrufung zu einer fremden einhergeht – unabhängig davon, wie sehr dieser Schnitt auch gewünscht wird –, einen Menschen immer heimsucht, hat Detlef Sierck auf unheimliche Art am eigenen Leibe erfahren. Auf Anraten seines Agenten entschloß er sich nach seiner Einreise in die Vereinigten Staaten, seinen Namen in Douglas Sirk zu ändern. So wurde der Mann, der die emotionalen Verblendungen seiner Heldin gerne durch den Einsatz von Fensterrahmen und Spiegeln visuell gestaltete, zu seinem eigenen Doppelgänger. Am Ende seines Lebens, als er bereits sehr krank war und seine Gedankengänge laut Jon Halliday ungezügelter verliefen, erklärte er einmal ganz plötzlich seinem Gesprächspartner: »Es gibt zwei Douglas Sirks. Die Probleme setzten ein, nachdem ich meinen Namen änderte.«[7]

---

7 Ebd., S. 4.

Die unwiderstehliche Faszination der fremden Anrufung

Nach dem Vorspann, dessen Schrift einen aus der Totale aufgenommenen Blick auf das Karibische Meer vor der Küste Puerto Ricos überblendet, schwenkt die Kamera die steinigen Klippen entlang nach oben auf die Festung, in deren Innerem sich eine Menschenmenge versammelt hat. Die nächste Einstellung bietet uns einen stereotypen Anblick dessen, wofür die Karibischen Inseln im eurozentrischen Blick der dreißiger Jahren standen: die Verschränkung von gewaltsamen Gefühlsausbrüchen, kalkulierter Dramatik und romantischer Naturhaftigkeit. Eine Tänzerin und ein sie auf seiner Gitarre begleitender Sänger bieten der versammelten Dorfbevölkerung einen musikalischen Zweikampf. Mit den lockenden Bewegungen ihres Körpers zieht die Tänzerin den Mann an sich, entfernt sich wieder von ihm und wendet sich ihm dann wieder von neuem zu. Bis zum Schluß wird inmitten der zur Schau gestellten Leidenschaft eine Distanz aufrechterhalten. Der Schlußakkord zeigt die Frau auf einem Stuhl sitzend, während der Sänger ihr zu Füßen kniet. Völlig aufeinander bezogen, werfen beide den Kopf ruckartig ein wenig zurück, während ihre Körper regungslos verharren. Sie sind vereinigt und dennoch voneinander getrennt.

Als die Einheimischen dieses ihnen vertraute Spektakel begeistert beklatschen, führt Sierck den Blick des Fremden ein. Seine Kamera sucht sich die junge Europäerin aus, die dem Spektakel entzückt beigewohnt hatte und jetzt, die Einheimischen nachahmend, von ihrem Sitz aufgesprungen ist und den Musikern applaudiert. Der sitzenden älteren Dame ruft sie zu: »Wunderbar, nicht wahr!« Diese hingegen ist ganz offensichtlich weit weniger angetan und erwidert daher »Was, wunderbar?«, während sie den Sonnenschutz ihrer Brille herunterklappt, um so ihren Unmut über die ihr unangenehme fremde Darbietung zum Ausdruck zu bringen. Dann steht sie auf und führt die jüngere Frau aus der Arena. Dem Leiter des Schauspiels, der sie am Verlassen der Arena hindern möchte, indem er ihnen erklärt, was sie gesehen hätten, sei gar nichts im Vergleich zu dem, was noch kommen werde – nämlich die Habanera –, erwidert die ältere Dame, sie habe für ihr Geld bereits genug Lärm gehabt. Während beide Frauen an der Mauer entlanggehen, die die Arena von der Straße trennt, erklingen die ersten Töne des Lieds, und wie verzaubert wendet sich Astrée erneut der Bühne zu. Sie versucht, über die Mauer hinweg auf den Sänger zu blicken und dreht sich auch, während sie sich auf das Taxi zubewegt, in dem ihre Tante bereits sitzt, noch mehrmals um.

So präsentiert Sierck in dieser Einleitungsszene der *Habanera* drei unterschiedliche Reaktionen auf das Lied, das als Titelträger des Films implizit zum eigentlichen Held deklariert wird: zum einen die Bewunderung der Einheimischen, die über die gemeinsam geteilte Einschätzung dieses Liedes eine kulturelle Gemeinschaft bilden. Für sie ist es ein vertrauter Klang, und daß sie seiner öffentlichen Darbietung mehrfach beiwohnen, wirkt wie ein Ritual, das zu den Sitten der Insel gehört und das es ihnen erlaubt, ihr Verhältnis zum kulturellen Selbstbild ihrer Heimat festzulegen. Über dieses Lied fühlen sie sich als Subjekte der symbolischen Welt Puerto Ricos angerufen.

Tante Ana hingegen, rigide Stellvertreterin einer anderen symbolischen Welt, verweigert diese ihr kulturell fremde Anrufung und stellt sich der von ihr repräsentierten Alterität gegenüber blind und taub. Sie verbietet sowohl sich als auch ihrer Nichte den Genuß dieser das geheimnisvolle Fremde evozierenden Klänge und versucht mit ihrem Verbot, Astrée aus dem Machtbereich dieser fremden Anrufung zu entfernen. Schließlich antwortet ihre Nichte auf das undefinierte Begehren, das dieses Lied in ihr wachruft, als wäre es die klangliche Materialisierung jenes extimen Kerns, der sich als Fremdkörper an der intimsten Stelle ihres psychischen Apparates befindet. Für sie ist die Habanera ein Symptom ihrer psychischen Zerrissenheit. Ihr teilt dieses Lied mit, daß sie in sich den nicht auflösbaren Rest eines ungebundenen Genusses trägt, der sich weder in einen eindeutigen Identitätsentwurf noch in einer alle anderen symbolischen Positionen ausschließenden symbolischen Anrufung auffangen läßt. Für sie ist die Habanera Ausdruck eines heimlichen Wissens, das sie sich selbst fremd werden läßt, weil es den ihr innewohnenden Widerspruch des Begehrens – im Fremden beheimatet zu sein und im Vertrauten stets das Fremde wiederentdecken zu wollen – sichtbar werden läßt. Dem von der Habanera ausgehenden Versprechen, an jenem gefährlichen Genuß wieder teilhaben zu können, den jedes Individuum in der Folge seiner Bildung zum kultivierten, gesetzestreuen Subjekt aufgeben muß, gibt sich Astrée bereitwillig hin.

Von der Habanera einmal in Besitz genommen, wird Astrée diese zauberhafte musikalische Kraft nicht wieder los, weil sie etwas zum Ausdruck bringt, was die Heldin, ähnlich wie Flemings Dorothy, immer schon besessen hat. Nur handelt es sich hier weniger um das leere Traumbild eines »*home*« als um die Gefühlsambivalenz, die für sie mit der Vorstellung eines glücklichen Wohnsitzes unlösbar verknüpft ist. In diesem Sinne wird auch der Refrain des Liedes, das sie so fesselt, von Sierck bewußt als ironische Brechung eingesetzt. Der Ausruf »Komm!« bezieht sich auf der manifesten Ebene auf das ihr auf so merkwürdige Weise vertraute, wenn auch noch unerreichte Glück, das die Heldin, indem sie sich dieses fremde Lied aneignet, zu sich ruft. Aber wenn sie die Zuhörende ist, ist dieser Ausruf auf einer ebenso manifesten Ebene auch eine Aufforderung, sich den sie faszinierenden, fremden kulturellen Gesetzen zu unterwerfen. Und schließlich wird mit dem erwartungsvollen Ruf latent auch ein erotischer Genuß angesprochen, der sich auf den Augenblick der bedingungslosen Ekstase und nicht auf ein konkretes Objekt bezieht. Das Herbeirufen eines Glückszustandes kippt um in den Zustand, in dem sie auf einen vermeintlichen Ort des Glücks zugeht; ein bekanntes intimes Verlangen entpuppt sich als äußerliches Gebot; und der nicht einzuholende Rest eines verdrängten Genusses stützt immer auch die symbolische Anrufung, die dieses Genießen verbietet. Mit anderen Worten, die Habanera repräsentiert als *mise en abyme* das Grundverfahren von Siercks Filmästhetik: das Sichtbarmachen unüberwindbarer Widersprüche im Gefühlsleben seiner Protagonisten, die sich daraus ergeben, daß jedem in einer symbolischen Welt verankerten Subjekt die Wahl auferlegt wird, sich zu entscheiden, welches Verhältnis er oder sie zu den immer als Beschränkung des Begehrens empfundenen symbolischen Gesetzen einnehmen will.

Zunächst greift der Chauffeur das Lied auf, doch schon bald wird er von Tante Ana unterbrochen, die diesen »Lärm« nicht dulden will. Im folgenden Streitgespräch zwischen den beiden Frauen verdichtet sich in der unterschiedlichen Einschätzung dieses Liedes auch Astrées Widerstand gegen die von der Tante vertretenen kulturellen Werte. Wohlig lehnt sie sich in ihren Sitz zurück und verkündet, sie wolle diese Insel nie mehr verlassen. Die Vorwürfe der Tante, sie sei verrückt und benehme sich wie eine Wilde, akzeptiert sie strahlend und bestätigt, daß ihr, wäre sie vor die Wahl zwischen der kalten, vornehmen schwedischen Gesellschaft und diesem Naturvolk gestellt, die Wilden lieber seien.

Für die von Sierck inszenierte Ironie ist es nun brisant, daß die Habanera als Symptom ihres Unbehagens an der ihr vertrauten Kultur und ihres Widerstandes gegen dessen Anrufung selbst eine Illusion darstellt. Die durch dieses Lied aufgerufene Vorstellung, in Puerto Rico zu bleiben sei gleichbedeutend mit einem Leben im Paradies, ist ebenso illusionär wie jede andere Ideologie einer geokulturellen Zugehörigkeit.

So fungiert das Lied als ein höchst ambivalentes Heilmittel. Es verspricht, die Verwundung, die es Astrée zugefügt hat, auch selbst zu heilen. Die von ihm ausgelöste Phantasie eines unversehrten Wohnsitzes (das wunderbare Leben mit den Wilden) erweist sich als die Spiegelverkehrung der ebenso von ihm ausgelösten Einsicht darüber, wie versehrt ihre eigentliche Heimat ist. Doch Astrée mißversteht an dieser Stelle, was das Symptom ihres kulturellen Unbehagens ihr mitteilt, indem sie den Traum eines glücklichen In-der-Welt-beheimatet-seins als konkreten Wohnsitz materialisieren will. Erst am Ende ihres Aufenthaltes auf dieser Insel wird sie begreifen, daß die Habanera ihr nicht nur eine Botschaft von der sie umtreibenden unstillbaren Sehnsucht vermittelt hat, die es ihr ermöglicht, die ihr von ihrer Tante aufgedrängten kulturellen Werte ablehnen zu können, sondern daß diese Mitteilung sie eigentlich von Anfang an zu der Erkenntnis hätte führen müssen, daß das von dem Lied aufgerufene Unbehagen unheilbar ist. Doch Astrée muß erst die Phantasie eines unversehrten In-der-Welt-Beheimatetseins durchqueren, bevor sie, am Ende dieser psychischen Reise angelangt, den unvermeidlichen Widerspruch in ihrem Begehren akzeptieren kann.

Diese Passage von einem einfachen Gegensatz zwischen der verhaßten Heimat und der faszinierenden Fremde zur Annahme des radikalen Antagonismus, der als Kern allen Phantasieromanen innewohnt – egal ob sich diese als Familienromane oder Heimatromane durchspielen lassen –, setzt mit der darauffolgenden Szene ein. Diese ist von Astrées Entschluß geprägt, in Puerto Rico das verlorene Paradies im Tausch gegen die nur allzu prosaische schwedische Welt zurückzugewinnen, und wirkt wie eine phantasmatische Wiederholung der ersten Szene. Wieder befinden sich die beiden Frauen inmitten einer Menschenmenge, die sich in einer zweiten Arena zusammengefunden hat, um einem Stierkampf beizuwohnen, doch diesmal entkommen die Europäerinnen dem Spektakel in seiner ganzen ergreifenden Befremdlichkeit nicht. Die von Sierck durchgespielte Doppelung erlaubt uns, diese Szene als Ausdruck für den Wiederholungszwang seiner Heldin zu lesen, denn das Eintreten in die zweite, weitaus prächtiger geschmückte Arena erlaubt Astrée nun, etwas auszuführen, was sie in der ersten Szene verpaßt hat: nämlich der Lücke, die sich auf Grund des Liedes in ihrer psychischen Realität aufgetan hat, durch eine phantasmatische Gestalt materielle Wirklichkeit zu verleihen und sie somit scheinbar wieder abzuschirmen. Die Straße, die die Frauen entlangfahren, ist wegen des Stierkampfes, der nur einmal im Jahr in Puerto Rico stattfindet, gesperrt. Derart in die Enge getrieben, können sie weder weiterfahren noch umkehren. Während sie hilflos auf die Sackgasse vor ihren Augen blicken, tritt plötzlich hinter ihnen Don Pedro de Avila auf.

Astrée erscheint er wie die Erfüllung ihrer Wunschvorstellungen, an diesem Ort das Paradies erleben zu können. Doch die Rettung aus der Sackgasse ihres Begehrens führt bezeichnenderweise mitten hinein in eine Inszenierung von aufgesetztem Heldentum und falscher Ritterlichkeit, mit anderen Worten ins Zentrum eines Familienromans, der ihr ein edleres, Geborgenheit vermittelndes Zuhause verspricht.

Daß Astrées Wahrnehmung von Don Pedro nichts anderes als eine Verblendung ist, die auf ihrem ebenfalls auf Illusionen basierenden Entschluß, Puerto Rico niemals zu verlassen, beruht, wird von Sierck dadurch zum Ausdruck gebracht, daß die Begeisterung seiner Heldin in der Reaktion der Tante einen herben Kontrapunkt findet. Die beiden Frauen folgen der Einladung des feudalen Herrn, mit ihm in seiner Loge dem Stierkampf beizuwohnen, und erleben dort die obszön gewaltsame Kehrseite der in der ersten Szene aufgeführten musikalischen Liebeswerbung: den ebenso leidenschaftlichen Wettstreit zwischen einem Matador und einem Stier. Während die Tante entsetzt von ihrem Sitz aufspringt und mit dem Ausruf »Das ist ja barbarisch!« ihren Wunsch zum Ausdruck bringt, diesen Schauplatz so schnell wie möglich verlassen zu wollen, bleibt Astrée vom Anblick dieser gefährlichen Seite der fremden Welt gefesselt. Der Kampf, bei dem der Matador verletzt und der Stier statt dessen von Don Pedro getötet wird, spiegelt die innere Zerissenheit der Heldin wider. Diese wird gerade durch die wiederholte Bemerkung der Tante, wie beruhigt sie darüber sei, daß morgen endlich der Dampfer abfahren werde, kontrapunktisch auf die Spitze getrieben. Während die Tante in der Abfahrt des Schiffes den Ausweg zu erkennen meint, der ihre Nichte vor einer Torheit bewahren wird, erkennt Astrée darin die Dringlichkeit ihrer Lage. Wie das Tier möchte auch sie von einem plötzlichen Schicksalsschlag aus der ihr vorgeschriebenen Entwicklungsbahn herausgerissen werden, selbst wenn dies bedeutet, eine nicht kalkulierbare Gefahr in der Fremde gegen den Umstand einzutauschen, in den heimatlichen Konventionen lebendig begraben zu sein.

Während die Tante die Arena verläßt und ihre Nichte auffordert, ihr zu folgen, bleibt Astrée von dem Spektakel gefesselt am Gitter der Loge stehen. Auf ihre Bitte hin ist Don Pedro in die Arena gesprungen und hat den Kampf mit dem Stier aufgenommen. Wieder arbeitet Sierck mit einem ironischen Bruch: Nur zu leicht erkennen wir in Don Pedros leerer Geste ein für die damalige Zeit stereotypes Zeichen für südländischen Machismo. Der Patron der Stadt beweist der Frau, um die er wirbt, seine Stärke und Unbesiegbarkeit. Doch aus der Mimik Zarah Leanders erkennen wir auch, daß es für die junge Frau um eine andere Art von Stellvertretung geht. Aus ihrem Blinkwinkel betrachtet, vollzieht Don Pedro an ihrer Stelle die von ihr ersehnte Selbstaufgabe inmitten größter Gefahr. Den Augenblick, in dem der Degen Don Pedros den Stier trifft, zeigt Sierck uns nicht. Von der Einstellung, in der der Stier direkt auf die Kamera zurennt, schneidet er zum vor Aufregung verzückten Gesicht seiner Heldin, so daß wir uns den Stoß aus ihrem Blickwinkel denken müssen. Plötzlich zutiefst erschreckt, führt sie die linke Hand an die Wange und läßt mit der rechten ihren Fächer in die Arena fallen. Dann sehen wir sie, aus dem ekstatischen Taumel erwacht, in dem sie diesen erotisierten Tod nachempfunden hat, erleichtert in sich zusammensinken. Erst jetzt antwortet sie auf den Ruf der Tante und trifft diese auf einer kleinen Veranda wieder, wobei sie von der Aufregung noch immer ganz benommen ist. Auf den empörten Vorwurf der Tante, sie habe wie verzaubert auf das Gemetzel geblickt, erklärt sie völlig verzückt, Don Pedro habe den Stier »mit einem einzigen Stoß mitten ins Herz« getroffen. Nun hat sie für sich eine Zauberformel entdeckt, die sie dem wiederholten Ausruf der Tante »Gott sei Dank fährt morgen der Dampfer« entgegenhalten kann: »Gott sei Dank, daß ich verrückt bin. Ich habe eure hoffnungslos kalte Vernunft satt.«

Die erschütternde Ironie der Szene besteht nun aber darin, daß Astrée zwar meint, durch ihren Entschluß, nicht nach Stockholm heimzukehren, in einen paradiesischen Zustand der Unschuld zurückkehren zu können (was man als den narzißtischen Individualismus vor der Annahme der kränkenden, aber das Individium auch als Subjekt konstituierenden ideologischen Anrufung bezeichnen könnte), dabei jedoch verkennt, daß Don Pedro lediglich das fremde männliche Gegenstück zu der vertrauten weiblichen Anrufung ihrer Tante darstellt. Wie diese vertritt er das Gesetz der symbolischen Welt und nicht das der kontingenten Gewalt, denn der Stierkampf ist für die Einheimischen wie die Habanera nichts als ein Ritual, durch das das Verhältnis der Dorfbewohner zum Gesetz ihrer Kultur eine materielle Regelung erfährt.

Astrées Verkennen besteht also nicht nur darin, daß sie dieser karibischen Insel einen naturhaften, paradiesischen Wert zuschreibt, ohne einsehen zu wollen, daß dies immer ein nachträglicher, illusionärer Akt ist, da jedem Wohnsitz auf Erden immer schon kulturelle Gesetze eingeschrieben sind, sondern auch darin, daß sie an Don Pedro die ihr wie ein unheimlicher Fremdkörper innewohnende Extimität festmacht, die in ihr das Verlangen auslöst, sich aus allen symbolischen Bindungen zu lösen. Diesen Genuß jenseits des Gesetzes erhofft sie in Puerto Rico über eine Verbindung mit Don Pedro zu erfahren. Während er zunächst wie eine Widerspiegelung des von ihr ersehnten »unsagbar schönen Glücks« wirkt, stellt sich schon bald heraus, daß dieser Traum nur das imaginäre Verhältnis Astrées zu ihren realen Existenzbedingungen repräsentiert. Don Pedro verkörpert zwar durchaus das Fremde, aber als ihr Verhältnis zu einer ihr fremden symbolischen Welt, nicht als das Ausleben des ihr immer schon inhärenten, fremden, weil verbotenen und im verborgenen bewahrten, primären Genusses.

Der unlösbare Antagonismus, um den Siercks Film kreist, besteht demzufolge darin, daß die Habanera einerseits als Symptom jenes Restes fungiert, der das Scheitern der symbolischen Anrufung artikuliert, gleichzeitig aber auch im Dienste eben dieser Anrufung steht. Aufgrund dieses Liedes wählt Astrée zuerst eine fremde symbolische Welt, um dann, am Ende der dort durchgespielten Heimatphantasie angelangt und vor eine zweite Wahl gestellt, dem fremd gewordenen Bekannten den Vorzug zu geben. Doch dabei läßt Sierck uns nie vergessen, daß ihr die Habanera im Grunde die eigene unstillbare Sehnsucht widerspiegelt, ihr Unbehagen darüber, daß jede Wahl einen Verlust dessen mit sich bringt, was durch sie ausgeschlossen werden muß. Aus diesem von Sierck so meisterhaft mit inszenierten ironischen Blickwinkel betrachtet, sind beide romantische Phantasieszenarien – die Wahl Don Pedros zum Gatten wie auch der Entschluß, mit Sven nach Stockholm zurückzukehren – nichts als Schutzdichtungen. Die einzige richtige Wahl, die sie als Subjekt treffen kann, ist die, den Widerspruch des eigenen Begehrens in der Hybridität ihres Kindes anzuerkennen.

Diese Ironie der Verkennung wird am Spiel mit dem Fächer festgemacht. Noch vom Stierkampf erhitzt, bringt Don Pedro der von ihm umworbenen Dame, die auf der Veranda mit ihrer Tante spricht, den Fächer, den sie in die Arena hatte fallen lassen, geöffnet zurück. Astrée, ihrerseits noch gänzlich in die Phantasie des radikalen Ausbruchs aus allen Beschränkungen verstrickt, die dieses Spektakel für sie repräsentierte, nimmt ihn, fast unbewußt handelnd, in geöffnetem Zustand an. Die Tante, die ihre Reiseführer gelesen hat, weiß, daß dies den puertoricanischen Sitten entsprechend ein Zeichen für die Annahme seiner Werbung ist, während Astrée, die prinzipiell nur Romane liest, hier nicht dem symbolischen Kode, sondern dem Diktat ihres Herzens folgt. Was Astrée schwärmerisch verklärt, ist eigentlich ein kalkuliertes Ritual. Sie versteht Don Pedro falsch, weil sie ihn narzißtisch als veräußerlichte Gestalt eines intimen Begehrens begreift. Die Tante versteht ihn richtig, weil sie seine Gesten als eine von einer fremden Kultur kodierte Konvention erkennt.

Zugleich besteht Siercks Figurenführung aber darauf, daß Tante Ana aufgrund ihrer Vernunft die symbolische Ebene der Situation zwar richtig begreift, ihr durch die entschiedene Ablehnung des kulturell Anderen gleichzeitig auch ein Einblick in den Widerspruch, auf dem alle symbolischen Gesetze basieren, verwehrt bleibt. Während die Tante, durch ihre Vorurteile dem Reiz des Fremden gegenüber blind, glücklich nach Stockholm zurückkehren kann, erlebt Astrée im Verlauf dieser fremden Anrufung zwar nicht das ersehnte Glück, dafür aber das für das erwachsene Subjekt bezeichnende Erwachen aus allen romanhaften Illusionen: die Anerkennung der eigenen unumgänglichen Entortung. Wie gekonnt

Sierck seine ironische Erzählweise beherrscht, zeigt sich nicht zuletzt in der Tatsache, daß Astrée von Anfang an weiß, daß die Vorstellung von Liebe und Heimat nur eine Schutzdichtung darstellt.

Dennoch, dem Ruf der Habanera folgend, tritt Astrée in ein Phantasieszenarium ein, in dem sie das Illusionäre sowohl ihres Glückstraums als auch der fremden Gesetze erfahren kann und damit anzuerkennen lernt, daß sie Puerto Rico zwar verlassen kann, aber niemals Herrin im eigenen Haus sein wird. Das Begehren, das sie vorantreibt, wird immer die Gestalt des kulturell Anderen annehmen und sie damit jedem (letztendlich zufällig) zum eigentlichen Zuhause deklarierten Wohnsitz entfremden, da dieser sich über kurz oder lang als mangelhaft entpuppen wird. Don Pedro begleitet die beiden Damen zum Dampfer, und immer wieder ruft die Tante ihrer Nichte zu, sie solle sich von dem neugewonnenen Freund trennen und auf das Schiff kommen, und tatsächlich folgt Astrée der Tante zunächst an Deck, während sich Don Pedro bereits vom Schiff abgewandt hat. Doch dann erklingen wieder die ersten Strophen der Habanera. Von diesem Lied erneut ergriffen, wendet sich Astrée auf einen Koffer gelehnt den Musikern zu. Die tanzende Sängerin übernimmt vom Gitarre spielenden Sänger den Refrain, und als meine sie nur die junge Schwedin, ruft sie ihr zu: »Komm, komm!« Nachdem sie sich noch einmal kurz zu den Kabinen umgeblickt hat, läuft Astrée daraufhin entschlossen die Gangway wieder hinunter, während auf der Tonspur Tante Ana umsonst nach ihrer Nichte ruft. An Land zurückgekehrt, entdeckt Astrée Don Pedro, der nun nochmals wie ein Phantom dem Lied materielle Gestalt verleiht. Nach dem Kuß, mit dem sie seine Werbung diesmal bewußt annimmt, gesteht sie ihm jedoch, den Mut, im letzten Augenblick umzukehren, habe ihr das Lied gegeben. Lächelnd schmiegt sie sich an ihn und erklärt ihm: »Eigentlich war es die Habanera, nicht so sehr du, vielmehr die Habanera.« Sie spricht auf eine verblüffend ehrliche Weise die Wahrheit aus, die sie kennt, der sie an dieser Stelle in ihrem Phantasieroman jedoch noch nicht glauben will.

Die Annahme der unstillbaren Sehnsucht

Im zweiten Teil des Films setzt Astrée der Habanera antithetisch ihre schwedischen Kinderlieder entgegen, um dann jedoch in der die Peripetie des Films einleitenden Sequenz dieses Lied selbst vorzutragen und so eine Synthese von Fremdem und Bekanntem herbeizuführen. Um diese Dialektik einzuleiten, zeigt Sierck kurz die Hochzeitsfeier, bevor er zu jener Szene schneidet, in der Astrée, ähnlich der namenlosen Heldin in *Rebecca*, als Fremde in das dunkle herrschaftliche Haus ihres Gemahls eingeführt wird. Auch sie trifft dort eine strenge mütterliche Figur an, gegen deren Gesetz sie sich durchsetzen muß – Roswita, Don Pedros alte Amme, die bis jetzt die Beherrscherin des Hauses war und nur auf Befehl bereit ist, der neuen Herrin die Schlüssel auszuhändigen Sie ist nicht bereit, sich auf die Vertreterin einer fremden Kultur einzulassen, und wirft daher den Ring, den ihr Astrée im Austausch für die Schlüssel geschenkt hat, entschlossen zum Fenster hinaus. Daß sie mit dieser Sturheit jedoch nur die Härte Tante Anas verdoppelt, wird von Sierck dadurch hervorgehoben, daß sie zusammen mit dem Schlüsselbund der jungen Braut auch ein Telegramm ihrer Tante überreicht, in dem diese ihr mitteilt, ihr Hochzeitsgeschenk bestehe darin, daß sie die Scheidungskosten übernehmen werde. Wieder befindet sich Astrée in einer ausweglosen Sackgasse. Von ihrer Heimat durch dieses Telegramm abgeschnitten, hat sie keine andere Wahl, als sich völlig dem Mann hinzugeben, der nun schon zweimal hinter ihr stand, als sie sich für das Fremde entschied. »Nun habe ich nur dich«, erklärt sie ihm, während er geschmeichelt das Telegramm ungelesen zerreißt.

Wie wenig es ihr gelingen wird, Herrin in diesem Haus zu werden und sich gegen das von ihrem Gatten und seiner Stellvertreterin vertretene Gesetz durchzusetzen, obgleich sie eine perfekte Aneignung dieses Gesetzes zur Schau tragen wird, das ist die Denkfigur, die den Rest des Films bestimmen wird. In der Welt, in die Sven Nagel zehn Jahre nach dieser unheilvollen Trauung mit seinem von Tante Ana erteilten doppelten Auftrag einfliegt, um ein Serum für das Puerto-Rico-Fieber zu finden und Astrée in ihre Heimat zurückzuführen, verquicken sich zwei Intrigen, die beide um den Versuch kreisen, eine kulturelle Durchmischung zu vermeiden. Einerseits verstehen die einheimischen Politiker die vom Ausland entsandten Ärzte als eine Bedrohung der herrschenden Machtverhältnisse. Sven Nagel hat zwar den Vorsatz, für das Puerto-Rico-Fieber ein Heilmittel zu entwickeln, doch seine Gegenwart auf der Insel wird vornehmlich als Schädigung des auf Korruption beruhenden Handels, den Puerto Rico mit den Vereinigten Staaten unterhält, wahrgenommen. Mit der von Don Pedro ausgegebenen Parole »Es gibt kein Fieber auf Puerto Rico« soll ein die Insel bedrohender Fremdkörper verleugnet werden, um den Ausländer in seinem Unterfangen zu hindern. Auf einen Dialog mit dem fremden Arzt lassen sich die Machthaber nicht ein und verwehren ihm den Zugang zum Krankenhaus, das dem Patronat Don Pedros unterstellt ist. Für die Logik der Filmhandlung bedeutet dies jedoch auch, daß sie sich auf die fremde Seuche nicht einlassen, die Jahr für Jahr vom Wind auf die Insel getragen wird. Die Ironie der Auflösung dieser Intrigen besteht darin, daß die Ideologie, die einen symbolischen Austausch mit dem Fremden nicht zuläßt, ihren Widerhall darin findet, daß ihr Hauptvertreter an der das Fremde im Realen repräsentierenden Seuche zugrunde geht.

Zugleich aber wird hier auch in dem Ehestreit zwischen Astrée und ihrem Gatten, der um das Mischlingskind kreist, die Frage der kulturellen Differenz verhandelt. Wie das Krankenhaus unterliegt auch Juan dem harten paternalen Gesetz Don Pedros, der von ihm fordert, am Patronatstag in der den Sitten der Insel entsprechenden Bekleidung dem Stierkampf beizuwohnen. Weinend läßt sich Juan von der Amme Roswita ankleiden, die seine fehlende Standhaftigkeit daran festmacht, daß seine Mutter ihm »fremde Lieder vorsingt, voller Tränen«. Währenddessen erklärt Pedro Astrée, er werde nun seinen Anspruch auf die Erziehung seines Sohnes geltend machen, weil sie ihm Juan zu entfremden suche, um aus ihm einen Schweden zu machen. Auch im Haus, in dem sie ihrem Gatten zugesteht »Du bist der Herr hier« wird der Wettstreit darüber, welche kulturelle Anrufung sich bei ihrem Kind durchsetzen wird, an der Bedeutung der Habanera festgemacht, die weiterhin ihr imaginäres Verhältnis zu den realen Existenzbedingungen repräsentiert.

In der Ferne ganz auf sich allein gestellt, übernimmt sie die Anrufung der abwesenden Tante Ana, die sie einst abgelehnt hatte, und gesteht ihrem Mann, sie hätte nun erkannt, wie verrückt sie damals gewesen sei, als sie vor zehn Jahren diese fremde Welt der Stockholmer Gesellschaft vorgezogen habe. Was auf sie damals eine derartige Faszination ausgeübt hatte, ist ihr jetzt bis zum Überdruß widerwärtig geworden. Dem einfachen Gegensatz zwischen vertrauter Heimat und unergründbarer Fremde nun selbst aufsitzend, will sie den unauflösbaren Widerspruch ihres Begehrens nicht wahrhaben. Puerto Rico, das sie nun widerspruchslos als eine ihr unzugängliche fremde Welt ablehnt, hält sie ein nostalgisch gefärbtes Phantasiebild Schwedens entgegen, in das sie mit ihrem Sohn zurückkehren will. Festgemacht wird ihr qualvolles Unbehagen an drei Dingen: »Diese ewige Sonne, diese blöde Heiterkeit, die einem auf die Nerven geht«, klagt sie ihrem erstaunten Gatten, »und diese Habanera, die ich nicht hören kann, ohne rasend zu werden.« Auf ihre radikale Ablehnung seiner kulturellen Gesetze kann Don Pedro seinerseits nur mit einem ebenso ausschließenden Verbot reagieren. Er droht Astrée, er werde Juan ihrer Macht entziehen, um ihn von seiner alten Amme zu seinem Nachfolger erziehen zu lassen, und zwar so, daß er es einmal bereuen werde, eine Schwedin zur Mutter gehabt zu haben. Entschlossenen Schrittes verläßt er sie, doch seine von ihr abgelehnten symbolischen Gesetze werden sofort durch deren musikalisches Pendant ersetzt: Durch das offene Fenster dringen die Klänge der Habanera in Astrées Zimmer. Irritiert schließt sie das Fenster, doch es gelingt ihr nicht, das Lied völlig auszusperren. Während sie ihrer Dienerin erklärt, der Chauffeur solle den Wagen sofort bereitmachen, da sie in die Stadt fahren wolle, bleibt es im Hintergrund weiterhin zu hören. Ebenso entschlossen wie ihr Gatte, ihr eigenes kulturelles Gesetz durchzusetzen, kauft sie dort für sich und ihren Sohn zwei Schiffsbillette für den nächsten Dampfer nach Schweden. Solange sie auf Puerto Rico bleibt, so meint sie, werde sie sich dem sie zugrunde richtenden Fremden nicht entziehen können. Nur die Flucht vor dem Fremden und die Annahme des Vertrauten verspricht, ihre Qual zu heilen. Doch Siercks *mise en scène* führt den unlösbaren Widerspruch, dem sich seine Heldin entziehen will, wieder in die Handlung ein. Hatte die Habanera im ersten Teil des Films den Widerstand Astrées gegen die Anrufung ihrer Tante sichtbar werden lassen, so warnt das Lied sie nun davor, daß eine Spur jenes Begehrens, das sie damals dazu veranlaßte, sich für das Fremde zu entscheiden, immer erhalten bleiben wird, auch wenn sie sich nun gegen die Anrufung ihres Gatten wehrt und sich uneingeschränkt der symbolischen Welt ihrer Tante zuwendet. Wie Don Pedro dem Fieber, kann Astrée der Botschaft des Liedes nicht entkommen. Auch an dieser Stelle ist sie sich über etwas im klaren, an das sie jedoch nicht glauben möchte, nämlich daß immer etwas von außen auf sie eindringen wird, das es ihr unmöglich macht, Herrin im eigenen Haus zu sein. Die Habanera bleibt jedoch selbst in dieser Szene unheimlich, denn in ein und derselben Geste markiert sie das Scheitern der symbolischen Anrufung und gehört selbst dem eine unumgängliche Fremdheit zum Ausdruck bringenden kulturellen Feld an. Das Zeichen des Widerstandes gegen die als beschränkend empfundenen kulturellen Gesetze kippt um in ein Zeichen der unausweichlichen Anpassung. Hat man sich einmal auf die Anrufung einer fremden kulturellen Welt eingelassen, kann man sich der Aneignung durch sie – und sei sie noch so verhaßt – nicht mehr entziehen.

Diesem Lied setzt Astrée in den nun folgenden Szenen die ihrem Sohn gewidmeten Lieder über ihr imaginäres Verhältnis zu ihrer verlorengegangenen schwedischen Heimat entgegen, ihre Version des heilenden Serums, das ihr Landsmann Sven Nagel gegen das Puerto-Rico-Fieber zu finden sucht. Wieder in ihr Haus zurückgekehrt, sitzt Astrée an einem von Kerzenlicht beschienenen Flügel und blickt liebevoll auf ihren Sohn, der – auf einem weißen, flauschigen Wollteppich liegend – fasziniert in einem Bildband blättert und sie von der Schönheit der dort abgebildeten schwedischen Landschaft beeindruckt fragt, was Schnee sei. Sie erklärt ihm, Schneeflocken seien Engelstränen, und ihre Beschreibung bringt ihn dazu, die seiner Erfahrungswelt fremde, aber kraft ihrer imaginären Infizierung zu einem kostbaren intimen Besitz gewordene Phantasie als seinen Familienroman zu deklarieren. Ihrer Anrufung und nicht der des Vaters folgend, bittet er sie um den Vollzug des Rituals, das ihr gemeinsames imaginäres Verhältnis zur verlorenen Heimat materialisiert: das Vorsingen des von ihr für ihn komponierten Liedes vom Schnee. Bezeichnenderweise muß er sich ganz dicht neben sie an den Flügel setzen, denn dieses Lied, diesen heimlichen Fremdkörper, den sie in das ihr fremdgebliebene Haus ihres Gatten mit ihrer Stimme einführt, muß man sehr leise singen.

Diese als eindeutiger Gegenraum zu Puerto Rico entworfene Welt beschreibt die markanten Merkmale der nordischen Welt, die in der dem Sohn vertrauten karibischen fehlen: die Kälte des Schneesturms, der das Haus umweht, das Strahlen des vereisten Sees, der Duft von Nüssen und Backäpfeln in der warmen Stube und schließlich das heimliche Einstudieren eines Weihnachtsliedes mit der Mutter. Gleichzeitig wird ihr Lied aber auch von einer nostalgischen Stimmung getragen, die wie die Habanera auf einen Mangel verweist, aber nicht auf eine unstillbare Sehnsucht, sondern auf ein fehlendes Wissen. Immer wieder flößt sie mit dem Refrain des Liedes ihrem Sohn das Gefühl ein, er sei eines wertvollen Erfahrungsschatzes beraubt worden: »Du kannst es nicht wissen.« Damit ruft sie in ihm ein ebenso starkes Begehren nach einer Heimat jenseits der ihm vertrauten karibischen Welt hervor, wie sie sich einst nach einer Welt jenseits Schwedens und seiner Konventionen gesehnt hatte. Hinzu kommt, daß ihm diese von außen auf ihn eindringenden Bilder nicht wie eine faszinierend fremde Welt, sondern wie ein altvertrauter, aber verlorengegangener Besitz vorkommen, zu dem er zurückkehren möchte.

Auf das Ausklingen ihres Liedes antwortet er mit einer eindeutigen Forderung: »Ich will nach Schweden, Mama.«

Auch weiterhin unterliegt das von Sierck inszenierte Zirkulieren von Phantasien einer radikalen Ironie. Astrée weckt in ihrem Sohn die Sehnsucht nach einer Heimat, die ihm gänzlich fremd ist. Zudem wird diese Sehnsucht von Sierck explizit als ein imaginäres Verhältnis dargestellt: Die von der Mutter als Heimat besungene Landschaft ist ganz und gar zeichenhaft, eine einzige Reihung von Klischees. Astrée vererbt ihrem Sohn ihre nachträglich entworfenen Phantasiebilder einer kulturellen Landschaft, die ihr fehlt, und ruft somit in ihm die von ihr im Hause Don Pedros erlebte Entortung hervor. Mutter und Kind verbünden sich über diese geheime, nur ihnen zugängliche Phantasie miteinander, und es gelingt Astrée, ihrem Sohn das einzige ihm wirklich vertraute Zuhause unheimlich werden zu lassen. Mit Hilfe dieses Liedes macht sie deutlich, daß die Anrufung ihres Gatten in bezug auf ihren Sohn Juan und somit stellvertretend auch in bezug auf sie selbst, gescheitert ist. Doch insofern uns diese Szene vorführt, wie das Individuum mit seinen narzißtisch geprägten Phantasien sich einer als kränkend empfundenen, gesetzhaften, symbolischen Welt zu entziehen sucht, entlarvt Sierck auch jeden Anspruch auf Wahrhaftigkeit, der mit der Vorstellung von Heimat verknüpft wird. Ob Don Pedro die Vorstellung des reinen Puertoricaners anspricht, um Juan zu einem ihn widerspiegelnden Nachkommen der De-Avila-Familie zu erziehen, oder Astrée ein verlorenes Schweden einführt, um über eine eindeutige kulturelle Bestimmung ihres Sohnes die eigene Zerrissenheit zu verbergen, in beiden Fällen bleibt die in Anspruch genommene Heimat ein leerer Traum von Zugehörigkeit und Glück, der als imaginäres Verhältnis die untilgbaren Widersprüche der realen Existenzbedingungen schützend verdeckt. Die von Sierck kultivierte Ironie besteht aber natürlich auch darin, daß Astrée mit ihrem Lied in ihrem Sohn genau das Gegenteil der von ihr angestrebten Eindeutigkeit bezüglich seiner kulturellen Zugehörigkeit bewirkt. Juan mag zwar jetzt unter ihrer Anleitung von Schweden träumen, aber man ahnt bereits das Unglück voraus, das ihn dort ereilen wird, wenn der Widerspruch zwischen seinem imaginären Schweden und der symbolischen Welt der schwedischen Konventionen für ihn zur Realität wird.

Dieser über einen musikalischen Wettkampf verhandelte kulturelle Streit dient Sierck dazu, in der Peripetie der Handlungsabfolge die untilgbaren Widersprüche, welche die Phantasien seiner Protagonisten durchsetzen, um so pointierter sichtbar zu machen. Don Pedro, der glaubt, er könne die reale Wirkung des Puerto-Rico-Fiebers aus seiner Welt verdrängen und so sein heiles Bild dieser Insel aufrechterhalten, so wie seine Frau den Klang der Habanera aus ihrer psychischen Realität auszuschließen sucht, um sich in ihrer Verzweiflung am Bild einer unversehrten Heimat festhalten zu können, lädt Sven Nagel und seinen brasilianischen Mitarbeiter Gomez zu einer Abendgesellschaft ein. Während der Abwesenheit der Fremden sollen seine Mitarbeiter in dem von Nagel als Labor benutzten Hotelzimmer sämtliches Material, das auf eine in Puerto Rico grassierende Seuche hinweisen könnte, beschlagnahmen.

Zuvor, in den diesen Handlungshöhepunkt einleitenden Szenen, zeigt uns Sierck, wie es Nagel, dem der Zugang zu den im Krankenhaus liegenden Angesteckten strikt verweigert wird, gelingt, einem Wachposten, der das abgesperrte Hafenviertel bewacht, doch plötzlich selbst von der Seuche befallen wird, Blut abzunehmen und daraus sein Serum zu entwickeln. Dieses würde zwar die Erkrankten vor dem Tod bewahren, wäre aber gleichzeitig ein Beweis für die Existenz dieser Krankheit auf Puerto Rico. Außerdem sehen wir, wie Astrée ihrerseits ihren Sohn gegen die kulturelle Kontamination durch sein puertoricanisches Umfeld zu ›impfen‹ sucht. Sie bringt ihm das Alphabet anhand eines Kinderliedes bei, das von einer vor dem schwedischen Schnee geflohenen Krähe und deren Ersatz durch eine Kuckucksuhr handelt, und umgibt ihn vornehmlich mit nordischem Spielzeug.

Doch das prägnanteste Bild, das Sierck in diesem Film für die kitschige Verrücktheit entwirft, die Astrées Heimatphantasie innewohnt und diese gleichzeitig in die Nähe der großen Gefühle rücken läßt, ist jenes, das die Anagnorisis direkt einleitet. In ihr elegantes

Abendgewand gekleidet setzt sie sich hinter ihren Sohn auf dessen Rodelschlitten, den dieser auf den weißen Wollteppich gestellt hat, um eine schwedische Winterlandschaft zu simulieren. Ungeachtet der Hitze, über die sie sich bei ihrem Gatten beschwert, läßt sie sich auf Juans Spielanleitung, man müsse sich fest einwickeln, da es ganz kalt sei, ein. Indem sie ihn, der sich einen Teppich um den Oberkörper gewickelt hat, nachahmt, legt sie sich ihren Hermelinmantel um die Schultern. Ihren Sohn umarmend, sitzt sie hinter ihm und stellt sich mit ihm das Vorbeirauschen der Bäume und die gefährlichen Kurven vor, bis sie zuletzt gemeinsam in den Schnee purzeln. Da taucht plötzlich Don Pedro im Zimmer seiner Gemahlin auf und holt Astrée mit der Ankündigung, die ersten Gäste seien eingetroffen, in die puertoricanische Wirklichkeit zurück. Doch auch aus seiner psychischen Realität läßt sich das Fremde nicht verdrängen. Juan, den Astrée aus ihrem Zimmer geschickt hat mit der Bitte, er solle vor dem Zubettgehen dem Diener den Schlitten bringen, trifft auf dem Weg dorthin Sven Nagel. Ganz begeistert davon, in Puerto Rico einen Rodelschlitten zu entdecken, nimmt er nun seinerseits den Jungen auf eine simulierte Schlittenfahrt mit, diesmal auf der fürstlichen Treppe, die von den Gemächern im ersten Stock in die Eingangshalle führt. Ein zweites Mal unterbricht der Vater das Spiel, das ihm nur allzu deutlich die kulturelle Entfremdung seines Sohns vor Augen führt und ihn somit zu erkennen zwingt, daß auch er nicht mehr der alleinige Herr im eigenen Haus ist.

Don Pedro, der in Sven einen doppelten Rivalen erkennt, da dieser durch seine Anwesenheit sowohl seinen Anspruch auf ungebrochene Herrschaft über die Insel wie auch den über seine Frau in Frage stellt, erleidet plötzlich einen Schwächeanfall. Er sieht, wie Astrée ins Gespräch mit Sven Nagel verwickelt ihren Fächer fallen läßt und ihn dann, nachdem dieser ihn für sie aufgehoben hat, geöffnet von ihm wieder entgegennimmt. Um das Unrecht, das sie mit dieser nicht kalkulierten Geste ihrem Gatten angetan hat, wiedergutzumachen, entschließt sich Astrée nun, für ihn die Habanera zu singen. Diese Gesangsnummer, mit der die Abendgesellschaft ihren Höhepunkt erreicht, dient Sierck dazu, die ineinander verschränkten Verblendungen seiner Protagonisten offenzulegen. Eingeführt wird sie bezeichnenderweise dadurch, daß die Kamera zuerst die alte Amme Roswitta einfängt, die bei den ersten Klängen der Habanera aus ihrem Zimmer im ersten Stock an die Balustrade getreten ist und von oben das Schauspiel, das sich im festlich geschmückten Innenhof des Hauses abspielt, schweigend verfolgt. Dann schwenkt die Kamera leicht nach unten und zeigt, jedoch noch immer von einem erhöhten Blickwinkel aus, den durch einen kleinen künstlichen Teich strukturierten Raum. Hinter dem Wasser haben sich die Musikanten aufgestellt, während die Gäste um den vorderen Rand des Teichs verstreut an Tischen sitzend dem Spektakel beiwohnen. Die Kamera fährt zunächst näher an die Musikanten heran und schwenkt dann nach rechts auf die Gestalt Astrées, die, in volkstümlicher Tracht gekleidet, aus dem Schatten eines Baumes herausgetreten ist. Während sie sich mit wiegenden Schritten langsam nach vorne bewegt, bleibt die Kamera auf den knapp am Unterleib abgeschnittenen Oberkörper Zarah Leanders gerichtet. Nach der ersten Strophe schwenkt die Kamera weiter nach rechts, bis sie auf Don Pedro trifft, der hinter den Gästen im Schatten eines Baumes stehend entzückt auf seine Gattin blickt. Indem sie dieses Lied singt, scheint Astrée ihm zu versichern, daß sein kulturelles Gesetz das von ihr bevorzugte ist.

Nachdem Siercks Kamera das stillschweigende Bündnis zwischen Astrée und ihrem Gatten durch aneinandergeschnittene Halbnahaufnahmen der beiden festgehalten hat, folgt sie wieder der Sängerin, die sich nun leicht nach links gewendet hat. Mit seiner Kamera an ihrem Körper nach unten fahrend zeigt uns Sierck zum erstenmal den sich weiterhin rhythmisch hin- und herwiegenden Unterleib Zarah Leanders, und wir erkennen, daß sie mit ihrer zweiten Strophe am Rand des Teiches angekommen ist. Die Kamera schwenkt nun über die Oberfläche des Teiches, in dem sich die Umrisse der Gäste widerspiegeln, bis sie Sven Nagels Oberkörper eingefangen hat. Nachdem Astrée sein Anliegen, sie nach Schweden zurückzubringen, abgewiesen hatte, deutet er ihr Singen als einen weiteren Beweis ihrer Ablehnung seines Liebesantrages. Mit abwechselnd aneinandergeschnittenen kurzen Nahaufnahmen der drei Protagonisten endet das Lied. Noch einmal zeigt uns Sierck, nun von unten aufgenommen, ein Bild der Amme, die sich langsam von der Balustrade löst, während applaudierende Gäste von links ins Bild eindringen, um der Sängerin für ihre Darbietung zu gratulieren, und Don Pedro von rechts auf Astrée zuläuft und ihr für dieses Geschenk dankt.

Zwischen den beiden Männern stehend, deren Rivalität ihr imaginäres Verhältnis zu den Widersprüchen ihrer kulturellen Verankerung in der Welt repräsentiert, singt Astrée in dieser Szene nicht nur weiterhin von einem unstillbaren Begehren, sondern diese Darbietung stellt auch eine Art kulturelles *cross-dressing* dar, das nahtlos, wenn auch auf zweideutige Weise, die Aneignung einer fremden Kultur in eine Geste der Subversion umkippen läßt. Ein begeisterter Zuschauer behauptet, er habe die Habanera noch nie so gut gesungen gehört, nicht einmal von einer Einheimischen. Durch diese Aussage wird nun aber zum Ausdruck gebracht, daß ein Lied, das als ›Schutzmarke‹ für eine ganz spezifisch definierte Kultur gesetzt wird, durchaus auch aus diesem Umfeld herausgelöst werden kann. Wenn eine Fremde dieses für die Kultur der Insel typische Lied besser vortragen kann als eine Einheimische, wird sich diese Kultur selbst fremd. Zudem verleiht Astrée mit dieser perfekten Darbietung des Liedes dem ambivalenten Oszillieren ihres Begehrens eine Gestalt, die der Eindeutigkeit ihrer Heimatphantasie widerspricht. Zum einen entlarvt der Kameraschwenk über die Oberfläche des Teiches – der in dieser Sequenz an die Stelle gerückt ist, wo in der vorherigen Gesangsszene der den schwedischen Schnee simulierende Wollteppich plaziert war – rückwirkend den chimärenhaften Charakter aller Welten, die Astrée in ihren Liedern aufruft. Das von ihr evozierte Schweden ist ebenso sehr eine Maskerade wie die puertoricanische Welt, die sie so problemlos zusammen mit dem ihr von ihrem Mann geschenkten Volkskostüm anlegen kann. Zum anderen macht der Schwenk über den Teich, der die drei Protagonisten über einen Knotenpunkt miteinander verbindet, aber auch deutlich, wie wenig eindeutig die Beweggründe ihres Singens sind.

Zwar erlaubt ihr das Lied, beiden Männern indirekt mitzuteilen, daß sie Herrin ihrer ambivalenten Lebensumstände ist. In der Maskerade der in der Fremde vollkommen heimisch gewordenen Frau versichert sie Don Pedro, daß sie das Hochzeitsversprechen nicht brechen und ihm als Ehefrau treu bleiben wird. Sven Nagel hingegen versichert sie, weiterhin in der Fremde als entortete Schwedin leben zu wollen und diese Zeichensprache so perfekt zu beherrschen, daß niemand ihr Unglück erkennen kann. Doch für uns als Zuschauer singt sie so leidenschaftlich nicht von der Unterwerfung unter ein sie beschränkendes Gesetz, sondern von der Hingabe an einen Genuß jenseits der von beiden Männern an sie herangetragenen narzißtischen Liebe. Sie singt von der unstillbaren Sehnsucht nach einem »unsagbaren Glück«, die sie in die Fremde getrieben hat und das sie nie mehr loslassen wird. Dieses Glück hat keine geokulturelle Verortung, es liegt an der Schnittfläche der diversen konkurrierenden ideologisch geprägten Anrufungen, es deutet auf jenen Rest, der in keiner eindeutigen Zuweisung eingefangen werden kann. Während Zarah Leander zum letztenmal den Refrain singt, zeigt uns Sierck, daß Don Pedro seine Augen geschlossen hat – für seinen Blick singt sie also nicht mehr. Aber auch für Sven Nagel singt sie nicht, denn obgleich sie sich wieder nach links gedreht hat, zeigt uns die Kamera diesen nicht mehr. Es ist, als würde sie für einen kurzen Augenblick gar keinen sie mit seinen Ansprüchen konstituierenden Anderen ansingen, sondern ihren Gesang auf eine Leere richten.

Wir können uns vorstellen, daß sie für diesen kurzen Augenblick den untilgbaren Antagonismus konfrontiert, gegen den die Schutzdichtungen, die das Subjekt verblenden, gerichtet sind, jenen Moment, wo im Scheitern der Anrufung das Subjekt geboren wird. Zum zweitenmal zeigt uns Sierck, wie Astrée plötzlich aus einem Trancezustand erwacht. Während das erste Erwachen in der Stierkampfarena uns vor Augen führte, daß Astrée in den von ihr ersehnten Phantasieraum eingetreten ist, bedeutet dieses zweite Erwachen, daß sie ihn durchquert hat und deshalb am Ende ihrer phantasmatischen Entdeckungsreise angekommen auch den Ort, an dem sie diese Gestalt annehmen konnte, verlassen kann. Nun kann sie eine doppelte Selbstaussage machen. Als Antwort auf die Blicke der beiden Männer verkündet sie: »Ja, ich bin es. Ich bin am Ort, an dem ich eure Erwartungen an mich annehmen kann.« Zugleich vermittelt sie aber auch die Botschaft: »Dies bin nicht ich. Ich bin nicht hier, weil ich an mehr als einem Ort bin.«

Nach dieser unheimlichen doppelten Darbietung setzt wieder die Wirksamkeit des symbolischen Gesetzes und der symbolischen Welt Don Pedros ein. Seine Polizisten treten ein, um Sven und seinen Mitarbeiter Gomez zu verhaften, doch bevor es dazu kommt, stürzt der Patron des Hauses bewußtlos am Rande des Teichs zu Boden. Plötzlich vom Fieber übermannt, während er das Gespräch zwischen Astrée und Sven Nagel heimlich verfolgte, und dann am Ende ihres Liedes bereits erschöpft in sich zusammengesunken, kann er nun nicht gerettet werden, weil der Koffer mit dem Gegengift auf seinen Befehl hin vernichtet wurde. Erschüttert steht Sven Nagel, der neben dem Erkrankten niedergekniet war, auf und, nachdem er sich langsam auf einen in der Nähe stehenden Stuhl gesetzt hat, erklärt er bedächtig: »Dann hat Don Pedro de Avila sich selber sein Grab gegraben.« Während er noch spricht, fährt die Kamera langsam nach unten, bis der Bildrahmen ganz vom Spiegelbild der um den Toten stehenden Gäste im Wasser des Teiches ausgefüllt ist. Dann bilden sich plötzlich kleine Wellen, die die glatte Oberfläche trüben und die Widerspiegelung gänzlich verzerren. Ironisch distanziert sich Sierck so von dem Pathos, mit dem Sven Nagel das »Todesurteil« verkündet, und führt uns ein letztes Mal vor Augen, daß die von Don Pedro vertretene Ideologie eines unversehrten Puerto Rico sowie der Glaube an die Unzerstörbarkeit seines Patronats auf seinem imaginären Verhältnis zur sozialen Realität dieser Insel beruhen.

Als nächstes sehen wir die vor ihrem Hausaltar betende alte Amme Roswitta. Sie hängt das Porträt des verstorbenen Don Pedro andächtig ab und legt es als oberstes Objekt in ihre gepackte Reisetasche. Dann läuft sie an der Kamera vorbei, doch die nächste Einstellung zeigt zuerst nicht sie, sondern ihr Spiegelbild im Teich, an dem ihr Herr ums Leben kam. Direkt ins Wasser blickend, bekreuzigt sie sich, und erst nachdem sie angefangen hat, am hinteren

Rand des Wassers in Richtung des Eisentores zu laufen, das den Innenhof von der Straße trennt, verläßt die Kamera den Teich endgültig. Nachdem Roswitta bereits aus dem Haus auf die sonnige Straße getreten ist, erfahren wir durch den Chauffeur, daß das Herrenhaus in ein Erholungsheim für alte Leute umgewandelt wird, da es keinen Nachfolger gibt, der an die symbolische Stelle des Verstorbenen treten kann. Mit einem Blick von innen auf das zugesperrte Tor verläßt auch Siercks Kamera das Haus des verstorbenen Herrn.

Die nächste Einstellung zeigt den Hafen, den Ort, an dem die Seuche am hartnäckigsten zugeschlagen hat, an dem aber auch Astrées Begehren nach dem faszinierenden Fremden am stärksten war. Wieder steht sie an der Reling und blickt auf eine bunte Schar von Musikanten, die die Habanera vortragen. Diesmal aber kann man die Worte des Liedes nicht verstehen, als wäre es in einer fremden Sprache gesungen, so daß man seine Laute zwar vernehmen, nicht aber entziffern kann. Und diesmal bleibt Astrée an Bord. Kurz wendet sich die schwarzbekleidete Witwe vom Hafen ab und spricht, während sie sich eine Träne aus dem Auge wischt, die Dialektik direkt an, die ihren Aufenthalt in der Fremde strukturiert hat. Den Widerspruch, der sie so rastlos macht, meinte sie durch die Annahme von Don Pedros Werbung in eine einfache Opposition übersetzen zu können, die sie Puerto Rico zunächst als Paradies und dann als Hölle hatte sehen lassen. An diesen Punkt der Entscheidung zurückgekehrt, erkennt sie, daß beide Entwürfe Schutzdichtungen waren, die es ihr ermöglichten, dem Wissen um die nicht aufzulösende Entortung auszuweichen.

Bezeichnenderweise schließt Siercks *mise en scéne* nun aber weder mit einem Bild der glücklich vereinten Familie am schwedischen Kamin noch mit dem einer rasanten Rodelfahrt durch eine verschneite schwedische Landschaft, sondern damit, daß sich Astrée mit dem Satz »Ich bereue es nicht« sehnsuchtsvoll wieder der Insel zuwendet. Ihre letzten Worte lauten «La Habanera». Erneut in den Bann dieses Liedes gezogen, will sie ihren Blick von der einmal mehr zur faszinierenden Fremde gewordenen Welt nicht abwenden.

Sie beginnt wieder zu träumen. Genau an diesem Schwellenort scheitert auch die in der Gestalt von Sven Nagel verkörperte Anrufung der Tante Ana. Wir ahnen bereits, daß von Astrée ein Stück Extimität in die Heimat überführt wird: zwar nicht das ansteckende Puerto-Rico-Fieber, aber ihre neu erwachte Sehnsucht. Und so wie Sierck uns vorgeführt hat, daß ihr Sohn Juan unter ihrer Regie in Puerto Rico von Schweden träumte, so läßt er uns jetzt auch ahnen, daß er dort unter ihrer Leitung von der verlassenen Insel träumen wird: von dem toten Vater, der verlorenen Heimat, dem aufgegebenen Patronatsanspruch. Auch er wird nicht widerspruchsfrei in die ihm nur als leerer Traum bekannte Heimat gelangen.

Erst nachdem Sven Nagel sie von hinten umarmt und sie von der Reling wegleitet, beginnt sie sich langsam aus der Sogkraft dieses Liedes zu lösen. Doch bis zum Schluß wendet sie sich weder ihrem Begleiter zu noch dem offenen Horizont, in dessen Richtung ihre Heimat liegt, sondern ihr Blick bleibt auf den für uns unsichtbaren Hafen gerichtet. Mit dieser Rückkehr zu ihrem Begehren wird sie im psychoanalytischen Sinne in diesem Augenblick auch erneut zum Subjekt. Nachdem sich der Versuch, sich ausschließlich auf die geokulturelle Anrufung der Fremde einzulassen, als reine Illusion entpuppt hat, kann sie auf der Schwelle zwischen zwei symbolischen Welten den nie einzuholenden Bruch anerkennen. Mit der letzten Einstellung des Films setzt Sierck dem Teich, seinem prägnanten Zeichen für den imaginären Charakter einer jeden Phantasie der geglückten Beheimatung, ein anderes Bild für den Übergang in eine neue symbolische Welt entgegen: nicht eine Wasseroberfläche die stumpf geworden ist, weil die Welt, die sie spiegelt, verlassen wurde, sondern eine wäßrige Fläche, die keine klaren Darstellungen wiedergibt. Die Kamera fährt von der Reling nach unten auf das Meer, auf den Schaum der Wellen, die am fahrenden Schiff abprallen. Diese Gicht repräsentiert das, was in dem Schnitt zwischen zwei Anrufungen zurückbleibt, den Preis, den man zahlt, wenn man am Ende eines Phantasieromans angelangt in eine neue symbolischen Welt eintritt, den Rest des Genießens, das sich jeder Zuordnung entzieht.

Das »Melo« als ambivalente Form der Sozialkritik

Die Filmkritik hat mit einem gewissen Unbehagen wiederholtermaßen festgestellt, daß Sierck das Genre des Melodramas nicht nur thematisch, sondern auch als Verfahren für seine Ästhetik des Widerspruchs auf eine eigenwillige Art eingesetzt hat. Dadurch ergibt sich aber auch eine weitere Dimension der Analogie zwischen dem Regisseur und seiner jungen Heldin Astrée: eine Hybridität der emotionalen Wirkung. Denn wie Christine Gledhill in dem von ihr unter dem Titel *Home is where the Heart is* herausgebrachten Sammelband über das Melodrama angemerkt hat, ist Sirk zwar einerseits dafür bekannt geworden, daß er die der bürgerlichen Ideologie innewohnenden Verzerrungen und Widersprüche sichtbar macht, daß er sich andererseits aber genau jene ideologischen Werte auch aneignet, die er zu entlarven sucht. Die im Zeichen einer kritisch distanzierenden Geste hergestellten Filmphantasien waren nur deshalb so erfolgreich, weil sie zugleich die sentimentale Erwartungshaltung des Publikums, das ein romantisches Familiendrama erwartete, erfüllten. Vordergründig betrachtet, lenken diese cinematischen Familienromane von den sozialen Umständen ab, indem der durch die großen Gefühle aufgerufene Genuß dem Zuschauer eine fetischisierende Haltung erlaubt: »Ich weiß, daß mir hier die Korruption einer Schicht, die Verlogenheit ihrer Sitten und die brutale Entschlossenheit, mit der sie ihre Macht durchzusetzen sucht, vorgeführt wird, aber ich glaube an die Wahrhaftigkeit der mir vorgeführten Leidenschaft und genieße deren Zurschaustellung.«

Insofern man die Gattung des Melodramas als sozialkritische Geste anzuerkennen bereit ist, stellt sich daher die Frage, was der Gegenstand der Kritik ist und für welches Publikum sie formuliert wird. Sierck bietet seinem Publikum zwar ein Phantasieszenarium an, das wie eine Fluchtmöglichkeit aus den unerträglichen Widersprüchen der eigenen Lebensumstände erscheint, doch gerade in dieser reinen Welt der Illusion finden sich die Zuschauenden plötzlich schonungslos konfrontiert mit den leicht erkennbaren, realen und altvertrauten Engpässen ihrer psychischen und gesellschaftlichen Wirklichkeit. »Keine Ideologie kann je eine Totalität vortäuschen«, erklärt Laura Mulvey. »Jede Ideologie muß ein Ventil für die eigenen Unvereinbarkeiten anbieten. Das ist die Funktion des Melodramas in den fünfziger Jahren.« In diesem Sinne kommt auch Nowell-Smith zu dem Schluß, das Melo-Genre stelle zwar selbst einen ambivalenten ästhetischen Knotenpunkt dar; es lege zwar soziale und familiäre Probleme in all ihrer Widersprüchlichkeit schonungslos offen, könne aber keine Lösungen für diese Probleme im Sinne eines utopischen Gegenentwurfs anbieten, der die dem Bürgertum inhärenten Brüche überwindet. So besteht für ihn die Wichtigkeit des Melodramas gerade in dem ihm eigenen ideologischen Scheitern.[8]

Nun ist es aber gerade Siercks erklärtes ästhetisches Ziel, eine cinematische Inszenierung des Scheiterns einer jeden ideologischen Anrufung sichtbar zu machen und diesem Scheitern nicht die Geschichte einer geglückten Überwindung der dem Leben in einer symbolischen Welt inhärenten und untilgbaren Widersprüche entgegenzuhalten. Gerade dieses Anliegen, die Ausweglosigkeit des Subjekts, das stets zwischen seinem Begehren und dem ihm auferlegten Gesetz hin- und hergerissen ist, zu artikulieren, findet in der zu Siercks Wahrzeichen gewordenen Verschränkung von kaltem

---

8 Siehe Christine Gledhills Sammalband (*Home is Where the Heart is. Studies in Melodrama and the Woman's Film*, London 1987), der einige ausgezeichnete Aufsätze zu diesem Thema enthält, u. a. Thomas Elsaessers »Tales of Sound and Fury. Observations on the Family Melodrama«, Geoffrey Nowell-Smith »Minnelli and Melodrama« und Laura Mulvey »Notes on Sirk and Melodrama«. Siehe auch den von Christian Cargnelli und Michael Palm herausgegebenen Sammelband *Und immer wieder geht die Sonne auf. Texte zum Melodramatischen im Film* (Wien 1994).

Kalkül und dem hemmungslosen Genießen einer verrückten Sentimentalität seine ästhetische Entsprechung. Denn einerseits ist der Regisseur gerade im Melo-Genre heimisch geworden, weil ihm dort eine Kombination von Kitsch, Wahnsinn (*crazyness*) und Schund (*trashiness*) geboten wird, die leicht erkennen läßt, daß es die menschlichen Verirrungen sind, die von den großen Gefühlen in jeglicher Kunstform zum Ausdruck gebracht werden.[9]

Andererseits verfolgt er ebenso dezidiert ein didaktisches Interesse. Im Hinblick auf den Film *Habanera* erklärte er Halliday: »Was ich mit dem Film erreichen wollte, war einfach, bestimmte Dinge aufzuzeigen. Die Kritik muß beim Publikum einsetzen. Ich versuche, im Publikum ein Bewußtsein für deren gesellschaftliche Umstände wachzurufen. Es geht mir eher um ein Stück gesellschaftlicher Bewußtwerdung: Der Film bleibt im Bereich der Zeichen und der Symbole; er zeigt auf Dinge. Er stellt sie einfach dar.«[10] Analog zu seiner Heldin, die zwischen der vernünftigen schwedischen und der leidenschaftlichen puertoricanischen Welt hin- und hergerissen ist, befindet sich demzufolge auch der Zuschauer auf einer unheimlichen Schwelle zwischen zwei Rezeptionsangeboten: Wir sind aufgerufen, uns sowohl mit den übertriebenen Leidenschaften bedingungslos zu identifizieren und gleichzeitig mit klarem Verstand die von Sierck durchgespielte Geometrie der Widersprüche analytisch zu genießen. Für ihn liegt die Subversion somit nicht im Entwurf einer von allen Ambivalenzen befreiten Welt des widerspruchslosen Handelns, sondern in der beunruhigenden Doppelbödigkeit seines cinematischen Verfahrens. Sein bevorzugtes Thema – die Inszenierung von sich selbst fremd gewordenen Menschen, die sich in mehr als einer Anrufung widerspiegeln – wird rhetorisch so umgesetzt, daß die identifikatorische Lust unheimlich wird und in eine ironische Distanz umkippt, ohne sich dadurch völlig zu verflüchtigen. Ebenso wenig wie es für seine Helden eine glückliche Heilung für die sie quälenden Umstände gibt, geht die Logik des Melo-Genres

---

9 Halliday 1997, S. 110.
10 Ebd., S. 45.

ganz auf. Aufgrund des doppelten cinematischen Verfahrens können wir die eine ideologische Phantasie ausschmückende Sentimentalität zugleich entlarven und genießen. Wir werden einerseits aufgerufen, an das Liebesglück zu glauben, und erkennen andererseits, wie versehrt diese Phantasie ist.

Siercks Filme entorten uns nicht nur in dem Sinne, daß wir uns mit den zerissenen Protagonisten identifizieren, sondern auch dadurch, daß wir zwischen zwei gänzlich widersprüchlichen Wirkungen hin- und hergerissen sind: Wir sind ergriffen und erkennen zugleich unsere Rührung als den Effekt einer ideologischen Anrufung. In diesem auf der Ebene des ästhetischen Verfahrens vermittelten Widerspruch kristallisiert sich ein Rest, der sowohl die vordergründig vermittelte Ideologie wie auch ihre ebenso vordergründig inszenierte Hinterfragung übersteigt. Doch es liegt an uns, mit diesem überschüssigen Schaum etwas anzufangen.

Das Sichtbarmachen unüberwindbarer Widersprüche

What is love without the giving?
Without love you're only living
An imitation, an imitation of life.
Skies above in flaming color,
Without love, they're so much duller,
A false creation, an imitation of life.
Would the song of the lark sound just as sweet?
Would the moon be as bright above?
Everyday would be gray and incomplete
Without the one you love.
(Imitation of Life)

Während der Vorspann zu Sirks letztem Melodrama abläuft, hören wir die Stimme Earl Grants, die uns versichert »Without love you're only living a false creation, an imitation of life« (»Ohne Liebe lebst du nur eine falsche Schöpfung, eine Imitation des Lebens«), doch zugleich sehen wir, wie unzählige an Rheinkiesel erinnernde Diamanten vom oberen Bildrahmen nach unten rieseln, bis sie die ganze Bildoberfläche ausfüllen. Auf dem Hintergrund dieser schillernden Pracht eines vorgetäuschten Glanzes entfaltet Sirk die Geschichte von vier Frauen, die jede für sich das wahre Leben suchen, sich dabei aber unlösbar in Imitationen des Lebens verstricken. Der Widerspruch, der das Gefühlsleben aller vier Frauen prägt, kreist um den Widerstreit zweier Phantasien, genauer um den Konflikt zwischen dem Wunsch, sich dem eigenen Begehren gemäß zu entwerfen, und der Forderung, daß die Liebe alle Konflikte im Leben überwinden bzw. verdrängen solle.

Zufällig treffen sich zwei Mütter im Jahre 1947 auf einem stark frequentierten Strand auf Coney Island. Die von Lana Turner gespielte Schauspielerin Lora Meredith sucht verzweifelt ihre Tochter Susie und findet sie bei der arbeitslosen Schwarzen Annie Johnson, mit deren Tochter Sarah Jane sie fröhlich spielt. Die zwei Frauen beschließen, zusammenzuziehen und gemeinsam ihre Töchter zu erziehen, gemäß dem Modell der amerikanischen Kleinfamilie der Nachkriegszeit, jedoch bezeichnenderweise ohne Familienväter. Während die eine im Verlauf der nächsten zehn Jahre zu einem erfolgreichen Broadwaystar wird, entwickelt sich die andere zur heimlichen Herrin des Hauses. Sie organisiert nicht nur den Haushalt, sondern gewährleistet auch die menschliche Güte und Herzenswärme, die die anderen Frauen in einem engen Familienbündnis zusammenhält.

Tatsächlich durchzieht die Filmhandlung als einzig konfliktfreie Beziehung diese Frauenfreundschaft, in der insgeheim eine homoerotische Rassenmischung gelebt wird, die jedoch – von der konfliktreichen Beziehung zwischen den Generationen überschattet – kaum wahrgenommen wird. Für Lora, die einer Erfolgsphantasie hinterherjagt, spielt sich das Leben ausschließlich auf der Bühne ab. Dies ist der symbolische Ort, den sie im Grunde immer angestrebt hat, doch in dieser Welt der Illusionen kann sie nie beheimatet sein. Auf das aus eigener Kraft errichtete Zuhause ist sie zwar stolz, doch bleibt sie hier immer ein wenig fremd, da sie die Rolle der ehrgeizigen Schauspielerin nie völlig ablegen kann. Wenn sie nicht auf der Bühne steht, spielt sie ihren Mitmenschen die Rolle des Stars vor, der das Glück hat, immer bessere Angebote zu erhalten. Dabei ist sie sich durchaus bewußt, daß der am eigenen Leib dargebotene Erfolgsroman nichts anderes als eine Schutzdichtung ist, dem sich das Reale entzieht, weil ihr geschäftiges Streben nach immer neuen Rollen um eine undefinierbare Leere kreist. Nach der erfolgreichen Premiere eines Theaterstücks erklärt sie Annie, die ihr in der Garderobe beim Umkleiden behilflich ist, sie wisse sehr genau, daß sie sich, wenn sie aufhören würde, ständig dem Erfolg hinterherzueilen, mit dem Mangel konfrontiert sähe, der ihrem Ehrgeiz innewohnt: »Etwas fehlt.« Doch sie ist außerstande, diesem Drang nach immer neuen Erfolgen nicht nachzugeben. Immer wieder verspricht sie ihrer Tochter und dem um sie werbenden Mann, sie werde ihrer Karriere ein Ende setzten. Mit jedem neuen Angebot zeigt sie jedoch, wie illusionär das Vorhaben ist, der Liebe gegenüber dem Beruf den Vorrang einzuräumen. Das dominante Selbstbild bleibt bis zum Schluß das der strahlenden Schauspielerin.

Im Gegensatz zu Lora, die sich auch von ihrer eigenen Tochter, für die sie aufgrund ihrer Karriere wenig Zeit hat, entfremdet fühlt, empfindet Annie ihre Stelle in Meredith' Haus als die Erfüllung ihres Familienromans. Hier kann sie mit ihrer hellhäutigen Tochter ungestört leben, hier genießt sie den gehobenen Lebensstil, der ihr als schwarzer Frau in dem von Vorurteilen gegen Rassenmischung geprägten Amerika vorenthalten würde. Von diesem Wohnsitz aus kann sie sich gleichzeitig auch in der schwarzen Gemeinde dieser Umgebung eine feste symbolische Stelle sichern. Doch aufgrund ihrer Hautfarbe lebt auch sie teilweise nur eine Imitation des Lebens. Aus der Welt der Weißen ausgeschlossen, wartet sie in den hinteren Räumen der diversen Wohnungen, die sie mit ihrer Gefährtin Lora teilt, auf die Rückkehr der Frau, die anders als sie mit ihrer öffentlichen Erscheinung Geld verdienen kann, tröstet sie in ihrer Verzweiflung, kümmert sich in ihrer Abwesenheit um ihr Kind und erlebt stellvertretend ihren Erfolg mit. So spielt die Nachahmung eine ebenso zentrale Rolle im imaginären Verhältnis, das Annie zu ihren realen Umständen unterhält, wie in dem von Lora repräsentierten Erfolgsroman. Sie nimmt stellvertretend die Stelle der Mutter ein, die aufgrund von Loras Karriere unbesetzt geblieben ist. Die Tatsache, daß das Reale sich nicht in den imaginären Phantasien fassen läßt, die wir für uns entwerfen, um unserem Leben einen Sinn zu verleihen, wird von Sirk jedoch am ergreifendsten in bezug auf je-

nes prunkvolle Begräbnis vorgeführt, für das Annie ihr ganzes Leben lang gespart hat und von dem sie ihren Mitmenschen genauso erwartungsfroh erzählt wie Lora von ihren immer besseren Rollenangeboten. Denn erst die Feier um ihre Leiche verschafft ihr, wie im folgenden noch genauer ausgeführt werden soll, die öffentliche Anerkennung, die ihr als Lebende nicht zuteil wurde.

Anders als die beiden Mütter, die sich mit den Ambivalenzen ihres gemeinsamen Daseins abgefunden haben, fühlen sich die beiden Töchter im eigenen Haus fremd. Susi besucht zwar eine private High-School und wird von ihrer Mutter großzügig mit Geschenken bedacht, doch sie empfindet deren häufige Abwesenheit als kränkend. Um diesen Mangel an mütterlicher Liebe zu kaschieren, verliebt sie sich in Steve Archer, den erfolgreichen Leiter einer Werbeagentur, der, als er noch ein armer Fotograf war, vergebens um die Hand ihrer Mutter angehalten hatte, und der nun, zehn Jahre später, mit seiner zweiten Werbung mehr Glück hat. Auch Susis romantische Leidenschaft entpuppt sich als eine Imitation des Lebens. Indem sie versucht, die Gebärden und die Kleider ihrer Mutter nachzuahmen, lebt sie stellvertretend einen Liebesroman, der eigentlich ihre Mutter betrifft. In einer Szene zeigt Sirk, wie Mutter und Tochter auf einem Sofa sitzen, ähnlich gekleidet und frisiert, zwischen ihnen den Telefonhörer, aus dem wir leise die Stimme des von beiden geliebten Mannes mithören.

Auch die Tochter Annies fühlt sich in diesem von zwei Frauen geführten Haushalt fremd, doch hat ihr Unbehagen einen wesentlich konkreteren Grund als Susis gekränkte narzißtische Eitelkeit. Die junge Schwarze, die sich aufgrund ihrer Hellhäutigkeit als Weiße ausgeben kann, verkörpert Sirks Interesse an ambivalenten, in sich gespaltenen, rastlos getriebenen Menschen. Nicht bereit, wie ihre Mutter die Rolle der Untergebenen anzunehmen, entwickelt sie für sich einen auf den Konflikt ihrer ethnischen Zugehörigkeit zugeschnittenen Familienroman: Sie gibt sich als Waise aus oder erdichtet sich strenge Eltern, leugnet aber in jedem Fall, die Tochter der (offensichtlich) schwarzen Annie zu sein. Wie Flemings Dorothy träumt sie von einem Ort jenseits der New Yorker *suburbs*, wo sie dem kränkenden Rassenkonflikt entkommen könnte, durch den sie auf die Rolle der Dienstbotin oder das Leben in einer ausschließlich schwarzen Welt beschränkt bleibt. Nach diversen gescheiterten Versuchen, sich in der Umgebung New Yorks ein Dasein als Weiße künstlich zu schaffen, flieht sie an die Westküste. Solange sie in der Nähe ihrer Mutter lebt, stört deren schwarze Erscheinung – die Besuche, die sie ihrer Tochter in der Schule oder an ihrem Arbeitsplatz macht, die Tatsache, daß sie sich als Sarah Janes Mutter zu erkennen gibt – ihre Aneignung der fremden, weißen Existenz.

Mit diesen Auftritten holt Annie ihre Tochter immer wieder an den Ort ihres schwarzen Ursprungs zurück. Sarah Janes Antwort auf den aufgrund ihres ethnischen Ursprungs unlösbaren Widerspruch ihres Begehrens spitzt sich auf eine Wahl zwischen einer Imitation des weißen Lebens oder dem Verlust der Existenz selbst zu. Entschieden erklärt sie ihren Mitmenschen, sie wolle lieber tot sein, als sich ausschließlich auf ihre schwarze Identität festlegen zu lassen. Zwar scheint ihre Flucht vor der mütterlichen Anrufung in einem Nachtklub in der Nähe von Hollywood ihr Ende zu finden, denn dort gelingt es Sarah Jane, ihre Mutter davon zu überzeugen, sie nie wieder aufzusuchen. Doch diese kehrt emotional gebrochen nach Hause zurück und stirbt kurze Zeit später. Die Leiche ihrer Mutter übermittelt Sarah Jane, daß der Versuch, sich dem eigenen ethnischen Erbe zu entziehen, fatale Folgen hat.[11] Von der Un-

---

11 Elisabeth Läufer hat in ihrem Buch *Skeptiker des Lichts. Douglas Sirk und seine Filme* (Frankfurt a. M. 1987) auf den ideologischen Widerspruch hingewiesen, den Sirk dieser Figur einschreibt: »Wegen ihrer hellen Haut erleidet sie das Schicksal eines Mischlings, obwohl sie sich wie eine rebellische junge Schwarze verhält.« Gleichzeitig aber, fährt Läufer fort, »überzeugt ihre Darstellung der Sarah Jane nicht zuletzt deshalb, weil auch Susan Kohner das Schicksal dieser Figur am eigenen Leib, an der eigenen Haut nachvollziehen kann: Sie ist von väterlicher Seite jüdisch und von mütterlicher Seite mexikanisch-spanisch, also nach US-amerikanischer Vorstellung *colored*, eine Farbige« (S. 170). Diese junge Schauspielerin, die Tochter von Sirks Agent, die um diese Zeit auch in anderen Filmen als Mischling eingesetzt wurde, etwa in der Rolle des Halbbluts Jolie in Delmer Daves Film *The Last Wagon*, erhielt für die Darbietung dieser Rolle 1959 eine Oscar-Nominierung.

menschlichkeit ihrer Forderung erschüttert, kehrt Sarah Jane anläßlich der Beerdigung ihrer Mutter wieder in die verlassene Heimat zurück und wohnt gemeinsam mit der Ersatzfamilie ergriffen dem Spektakel bei, das sie als Hinterbliebene ausschließt. Wieder bleibt nur die Nachahmung eines gegenseitigen Verständnisses zwischen der Verstorbenen und ihrer kontingent zusammengesetzten Familie, keine wahrhafte Verständigung. Sirk hat von dieser letzten Einstellung des Films gesagt: »Man glaubt dem Happy-End nicht, und man soll ihm auch nicht wirklich glauben. Was in der Erinnerung des Publikums bleibt, ist das Begräbnis. Die Pracht der Toten, auf jeden Fall das Begräbnis.« Gnadenlos wird hier die Unumgänglichkeit des alltäglichen Unglücks zelebriert, das Scheitern sowohl der symbolischen Anrufung wie auch des Glaubens an die Liebe, aber auch die hoffnungslose Tatsache, daß wir immer nur auf diese imaginären Verhältnisse, welche wir gegenüber unseren realen Lebensumständen unterhalten, zugreifen können, weil sich das Reale, so schwer es uns trifft, unserem Zugriff immer entzieht.[12]

So leben nicht nur alle vier Frauen eine Imitation des Lebens – Lora den Entwurf der erfolgreichen Schauspielerin, Annie den der stellvertretenden Mutter, Susi den der romantischen Liebhaberin und Sarah Jane den der sich gegen ihre Herkunft neu entwerfenden Nachtclubtänzerin – sondern das von ihnen gewählte imaginäre Verhältnis zu ihren realen Umständen ist zudem unausweichlich hybrid, denn obgleich es nach außen einen scheinbar widerspruchsfreien Selbstentwurf zur Schau trägt, wird es immer wieder von

---

12 Halliday 1997, S. 151. In ihrer Huldigung Sirks lobt Frieda Grafe die Art, wie dieser dem amerikanischen Melodrama die Unschuld nahm, indem er sich einer schonungslosen Übertreibung des angeeigneten Genres bediente: »Er übertreibt, wo immer er kann, am liebsten noch die Genreregeln, selbst da, wo ihm der amerikanische Wille zum Optimismus *happy endings* diktiert, die eher nach Wundern aussehen« (1985, S. 103). Ebenso huldigend hat Rainer Werner Fassbinder seine Ergriffenheit bei der Betrachtung von *Imitation of Life* daran festgemacht, daß dieser »große, wahnsinnige Film von Leben und vom Tod« für ihn offenzulegen wußte, wie hoffnungslos die menschliche Situation ist, »es sei denn, wir verändern die Welt«. Eine Darstellung des Einflusses Sirks auf das Werk Fassbinders findet sich bei Elisabeth Läufer 1987, S. 186–221.

dem Antagonismus heimgesucht, gegen den sie diese Schutzdichtungen abschirmen sollen. Lora weiß um die Nichtigkeit ihres Erfolges, Annie begreift, daß ihre Tochter nie glücklich werden kann, Susi muß erfahren, daß das Objekt ihrer Liebe nicht sie, sondern ihre Mutter begehrt, und Sarah Jane erkennt, daß selbst die erfolgreichste Nachahmung einer Weißen ihre innere Gespaltenheit nicht heilen kann. Das glückliche Leben erweist sich für ein von imaginären Verhältnissen geprägtes menschliches Dasein als Unmöglichkeit, denn die Phantasie führt in die gelebten Selbstentwürfe immer wieder die von ihrer Hybridität ausgehende Ambivalenz ein. Diese Selbstentwürfe imitieren die Vorstellung eines widerspruchsfreien Lebens und scheinen diesem regelrecht anzugehören. Doch zugleich sind sie von einer wahren Harmonie auch ausgeschlossen, weil die Gefühlsambivalenzen und die realen Existenzbedingungen den verdrängten Rest, der sich nicht in diese Einstimmigkeit einfügen läßt, immer wieder ins Spiel bringen.

Filmsprachlich unterstreicht Sirk die Unmöglichkeit, den Widerspruch zwischen einer Imitation des Lebens und einem durch die Liebe hervorgebrachten wahren Leben aufzulösen, die Unmöglichkeit eines Traums also, der von dem im Vorspann zu hörenden Lied ausgeht und dessen Melodie leitmotivartig immer dann auftaucht, wenn eine der Heldinnen sich für einen Selbstentwurf entscheiden muß. Denn diesem Lied der Liebe hält Sirk visuell die vielen Spiegelungen entgegen, die unter anderem immer dann eingesetzt werden, wenn eine der Heldinnen ihren Mitmenschen zu verkünden sucht: »Ja, ich bin hier, ich verkörpere eine eindeutige Bestimmung, die symbolische Identität, die ich in Erwartung eurer Widerspiegelung meiner geglückten Selbstdarstellung für mich entwerfe.«

In diesem Sinn inszeniert Sirk die Szene, in der Lora nach der Premiere ihres ersten Bühnenauftritts ihre Familie anruft, um ihnen von ihrem Erfolg zu berichten, so daß das Telefon auf der rechten Seite des Filmbildes neben einem Spiegel befestigt ist. Während die Heldin vom Beifall erzählt, den sie für ihre Darbietung erhalten hat, sehen wir auch ihr vom Spiegel eingerahmtes »Gegenteil« (Sirk), und diese Doppelung verweist implizit auf das Scheitern der Anrufung

durch die Öffentlichkeit. Wir bekommen, nebeneinander plaziert, sowohl die Mutter wie auch die Schauspielerin zu Gesicht. Auch als sie Annie von der tragischen Ironie, auf der ihre erfolgreiche Karriere basiert, erzählt, sitzt sie vor einem Spiegel. Am Höhepunkt angelangt, scheint es ihr, als hätten sich ihre Anstrengungen nicht gelohnt, weil ihr ewas mangelt. Indem Sirk uns die im Spiegelbild festgehaltene Persona zeigt, gegen die sie sich zugunsten ihrer Arbeit entschieden hat, macht er deutlich, daß deren Gegenteil, hätte sie sich für das Hausfrauendasein entschieden, ebenso in der Gestalt der verworfenen Schauspielerin von der Spiegeloberfläche wiedergegeben worden wäre. Doch wie Freud bemerkt, ist der im Spiegel auftauchende Doppelgänger ebenfalls eine

hybride Figur. Wurde er ursprünglich als eine Versicherung gegen den Untergang des Ichs und als Dementierung der Macht des Todes konzipiert, ändert sich im Bewußtsein des modernen Menschen »das Vorzeichen des Doppelgängers, aus einer Versicherung des Fortlebens wird er zum unheimlichen Vorboten des Todes«.[13] So ist es nur konsequent, daß die unüberwindbare Grenze zwischen Imitation und wahrem Leben im Film nur für einen kurzen Moment durch den Tod Annies aufgehoben wird, in dem »Nein«, mit dem

---

13 S. Freud, »Das Unheimliche«, S. 247.

Lora auf dieses Ereignis reagiert; ein Tod, wie im folgenden noch genauer ausgeführt werden soll, der dann sofort wieder in Repräsentationen übersetzt wird.

So geht es auch in Douglas Sirks letztem für Universal hergestellten Hollywood-Film – ganz im Sinne der Melo-Tradition – um ein Lied, das den radikalen Widerspruch des Lebens, der sich in kein Happy-End auflösen läßt, besingt. »Imitation of life«, so erklärt Sirk, »ist mehr als nur ein guter Titel, es ist ein wunderbarer Titel. Ich hätte den Film allein wegen des Titels gemacht, weil da alles bereits enthalten ist.«[14] Wie bereits beim Titel eines anderen Kinoerfolges, *All that Heaven Allows*, interessiert ihn hier die Doppelbödigkeit der Aussage. Hatte das Studio den Titel geliebt, weil sie meinten, er würde dem Publikum die beruhigende Botschaft vermitteln, man könne alles, was man begehre, auch haben, ging es Sirk gerade um das Gegenteil: »So wie ich das sehe, ist das Himmelreich geizig.«[15] Aber der Titel seines letzten amerikanischen »Melos« begeisterte ihn auch deshalb, weil er auf so schillernde Weise zum Ausdruck bringt, daß wir immer nur eine Imitation des Lebens erfahren können. Eine unverfälschte weltliche Existenz ist uns verwehrt, da wir unser Dasein immer nur als ein von Wunsch- aber auch Angstphantasien geprägtes imaginäres Verhältnis zu den realen Umständen, in denen wir existieren, begreifen können. In seinem Gespräch mit Halliday führt Sirk aus: »Es gibt einen wunderbaren Ausdruck: ›*seeing through a glass darkly*‹. Alles, auch das Leben, ist unvermeidlich von einem abgeschnitten. Man kann das Reale nicht erreichen, nicht berühren. Man sieht nur Widerspiegelungen. Wenn du versuchst, das Glück in die Hände zu nehmen, treffen deine Finger nur auf Glas. Es ist hoffnungslos.«[16]

---

14 Zitiert in Lucy Fischers Buch zu *Imitation of Life* (New Brunswick 1991, S. 2). Diese ausgezeichnete Sammlung enthält sowohl das Drehbuch wie auch eine reiche Materialsammlung über den Vergleich zwischen Sirks Filmversion und dem Bestseller von Fannie Hurst, der dem Drehbuch zugrunde liegt, wie auch John Stahls erste Verfilmung des Stoffes (1934) mit Claudette Colbert und Louise Beavers in den Hauptrollen.
15 Halliday 1997, S. 2.
16 Ebd., S. 151.

Diese Überzeugung, daß das Reale nicht zu fassen ist, führt Sirk dazu, wie Frieda Grafe bemerkt, »so viele Spiegel und spiegelnde Oberflächen, die nicht reflektieren, sondern brechen«, zu verwenden, um damit das nie Erreichbare in seiner Abwesenheit heraufzubeschwören: »Sie lösen die Grenzen der festen Bilder auf.«[17] Wie die Filmkritik wiederholt bemerkt hat, läßt sich Sirks amerikanische filmsprachliche Handschrift gerade an der meisterhaften Art festmachen, wie er über den Einsatz von Spiegelungen und Einrahmungen seiner Figuren eine ironische Distanz herstellt, die deren Empfindung, in Konventionen und einer ausweglosen Gefühlsambivalenz befangen zu sein, um so deutlicher offenlegt. Doch darüber hinaus faszinierte ihn, wie sich mit Hilfe von Widerspiegelungen das Unheimliche des menschlichen Daseins visuell am prägnantesten darstellen läßt. »Ein Spiegel zeigt dir dich nicht so, wie du wirklich bist. Er zeigt dir dein eigenes Gegenteil.«[18] Wir erkennen uns nur durch unsere Widerspiegelungen – die Bilder, die wir von uns erhalten, der Blick der anderen, der uns wiedergibt. Bei diesen Spiegelungen, wie Jacques Lacan in seinem berühmten Aufsatz zur Spiegelphase in der Entwicklung des Kleinkinds zehn Jahre vor der Produktion von *Imitation of Life* bemerkt, sitzen wir jedoch jeweils einer Verkennung (*méconnaisance*) auf, denn der Blick auf das Selbst erfährt eine doppelte Brechung: Das Bild, das wir erhalten, ist nicht nur immer spiegelverkehrt, es kommt auch nur über den Umweg einer vermittelnden Instanz zum Subjekt zurück, als Repräsentation, der etwas Fremdes innewohnt und die deshalb auch unweigerlich darauf hinweist, daß die Vorstellung eines unversehrten und ungetrübten Selbstbildes eine Illusion ist.[19]

Im folgenden soll *Imitation of Life* nicht nur deshalb als dialektisches Gegenstück zur *Habanera* gelesen werden, weil beide Filme das Ende einer bestimmten Schaffensperiode und den Übergang in

---

17 Frieda Grafe, *Beschreibender Film*, Sondernummer der Zeitschrift *Die Republik*, Hg. Petra und Uwe Nettelbeck 72–75 (Januar 1985), S. 100.
18 Halliday 1997, S. 47.
19 Jacques Lacan, *Ecrits* , Paris 1966.

eine neue symbolische Welt des Regisseurs markieren. Sondern auch weil der Übergang vom ersten zum zweiten Film mit einem Phantasieszenarium endet, das keine geglückte Synthese zwischen Heimat und Fremde mehr erlaubt. Bereits für die von Sierck am Ende der *Habanera* angebotene Auflösung der Gefühlsambivalenz seiner Heldin wurde gezeigt, daß die Phantasiearbeit in dem Sinne jenseits einer kulturellen Anrufung anzusiedeln ist, als sie jenen Rest zum Vorschein bringt, der aufgegeben werden muß, wenn man eine eindeutige Position gegenüber dem konstitutiven Gesetz einnehmen will.

In seinem letzten Hollywood-Film entpuppt sich die Phantasiearbeit nun wesentlich radikaler als Krise der Anrufung, denn insofern sie den das Subjekt strukturierenden Widerspruch des Begehrens durch eine eindeutige Zuordnung innerhalb einer symbolischen Welt aufzulösen sucht, suggerieren die Wunschvorstellungen den Heldinnen hier, sie könnten anders sein, als es die sie kränkenden, weil beschränkenden Kodes ihnen vorschreiben. Doch jener Rest, der in keine eindeutige Zuschreibung paßt, bleibt hartnäckig bestehen, so daß es unmöglich geworden ist, sich zwischen zwei widersprüchlichen kulturellen Anrufungen zu entscheiden, anders als im Fall Astrées, in dem die eine mit der anderen als nostalgische Erinnerungsspur verschränkt werden kann.

Es bleibt Sirks letzten Heldinnen nur die Möglichkeit, anzuerkennen, daß sie keine Wahl haben. Jeder Entschluß bringt einen realen Verlust mit sich, und wenn die Liebe von Sirk als jener andere, jenseits der Anrufung angesiedelte Gefühlszustand aufgerufen wird, der als Heilmittel gegen den das Subjekt zermürbenden Widerspruch eingesetzt werden soll, so nur um zu zeigen, wie sehr diese selber der Struktur der Ideologie unterliegt. Zwar unterminiert die Liebe den eindeutigen Anpruch, den eine jede kulturelle Anrufung an das Subjekt stellt, da sie eine dem Gesetz oft widersprechende Treue hervorruft: »Ich bin zwar da, wo das Gesetz mich ansiedelt«, erklärt der Liebende, »aber ich weiß, ich bin mehr als diese mir vorgeschriebene Rolle. Denn ich bin auch an einem anderen Ort, an der Stelle, die der mich Liebende für mich auserwählt hat.«

Doch auch die Liebe ist ein leerer Traum, der ein imaginäres Verhältnis und nicht die realen Lebensumstände repräsentiert, eine Fiktion, die ganz im Sinne einer ideologischen Anrufung ein Verlangen nach Einklang nährt und dessen Unmöglichkeit nicht wahrhaben will. Auch sie sucht dem radikalen Antagonismus, welcher dem menschlichen Dasein als extimer traumatischer Kern untilgbar innewohnt, auszuweichen. Während die Geburt Astrées als Subjekt im psychoanalytischen Sinne an dem Erkenntnismoment festgemacht wird, da sie den nie einzuholenden Bruch zwischen ihren realen Umständen und ihrer imaginären Verarbeitung dieser Umstände anerkennt, erfährt dieses das Subjekt konstituierende Scheitern der Anrufung in *Imitation of Life* eine weitere Drehung. Weil die Heldinnen den radikalen Widerspruch ihres Begehrens gar nicht mehr in den einfachen Gegensatz »in der Fremde leben oder zu Hause bleiben/nach Hause zurückkehren« übersetzen können, bleibt ihnen nur die Möglichkeit, für eine beschränkte Zeit bewußt ihre Extimität hinter der Annahme einer eindeutigen, aber auch illusionären Rolle zu verbergen, sich ausschließlich für ein kulturelles Gesetz zu entscheiden, bis das verdrängte Wissen um die eigene Fremdheit sie in Form von Symptomen oder realen Tragödien wieder heimsucht und sie erneut dazu bringt, sich vor diesem traumatischen Wissen in eine eindeutige Anrufung zu flüchten.

Zu Recht hat Frieda Grafe darauf hingewiesen, daß das Melodrama immer auf ein bestimmtes Publikum zielte und nur mit Hilfe von dessen Emotionen funktionieren konnte, denn diese Gattung »will ohne große formale Umwege möglichst direkt das Unbewußte der Zuschauer treffen. Es macht sie hilflos mit heftigen Konflikten, je unlösbarer die Verwicklungen, um so besser. Deshalb gibt Sirk in seinem letzten Melo einem Negermädchen mit weißer Haut einen Hauptpart.«[20] Nun bietet Freud bezeichnenderweise selber ein Sinnbild für die Phantasiearbeit, das deren unentrinnbare Macht gerade in der unlösbar widersprüchlichen Stellung festmacht, die diese im psychischen Apparat einnimmt. Wie bereits er-

---

20 Frieda Grafe 1985, S. 100.

wähnt, bemerkt Freud in seinem Aufsatz »Das Unbewußte«: »Die Phantasien sind einerseits hochorganisiert, widerspruchsfrei, haben allen Erwerb des Systems Bewußtsein verwertet und würden sich für unser Urteil von den Bildungen dieses Systems kaum unterscheiden. Andererseits sind sie aber unbewußt und unfähig, bewußt zu werden. Sie gehören also qualitativ zum System Vorbewußtsein, faktisch aber zum Unbewußtsein. *Ihre Herkunft* bleibt das für ihr Schicksal Entscheidende. Man muß sie mit den Mischlingen menschlicher Rassen vergleichen, die im großen und ganzen bereits den Weißen gleichen, ihre farbige Abkunft aber durch den einen oder anderen auffälligen Zug verraten und darum von der Gesellschaft ausgeschlossen bleiben und keines der Vorrechte der Weißen genießen. Solcher Art sind die Phantasiebildungen der Normalen wie der Neurotiker, die wir als Vorstufen der Traum- wie der Symptombildung erkannt haben und die trotz ihrer hohen Organisation verdrängt bleiben und als solche nicht bewußt werden können.«[21]

Die Phantasien stellen hybride Gebilde dar, die auf unheimliche Weise nicht nur die Schwelle zwischen zwei radikal voneinander getrennten Gebieten des psychischen Apparates ausmachen – dem Bewußten und dem Unbewußten. Sondern kraft ihrer sogenannten Mischlingsnatur drohen sie auch, zu jenem Ort zu werden, wo der dem Bewußtsein zugesprochene widerspruchsfreie Ausdruck in sein Gegenteil umkippt, weil, ganz im Sinne Sirks, das Reale sich einem bewußten Zugriff entzieht. Sie können nie ganz bewußt gemacht werden, entziehen sich immer unserem Unterscheidungsurteil, weil sie die Verbindung zum nie direkt darstellbaren Unbewußten nicht gänzlich kappen können. Ihre Kraft besteht demzufolge in einer tiefgründigen und unlösbaren Duplizität. Qualitativ können sie ihre faktische Eigenart vertuschen, aber die verneinte Eigenart – der traumatische Kern, auf dem der Antagonismus zwischen unbewußtem Wissen und jeder seiner nachträglichen Repräsentationen beruht – meldet sich zurück und verhindert einen

---

21 Freud 1915, S. 288.

ungebrochenen Aufenthalt der Phantasien im Bewußtsein. Denn obgleich diese stets darauf angelegt sind, einen unlösbaren Antagonismus in eine kohärente Geschichte aufzulösen, gelingt diese Übertragung nie ganz. Indem die Phantasien den ihnen inhärenten Antagonismus auszublenden suchen, führen sie den Widerspruch im strukturellen Sinne wieder ein. Das Ausgesparte scheint selbst in seiner Abwesenheit auf.

Brisant an diesem Vergleich der Phantasiebildung mit einem Mischling ist in unserem Zusammenhang zum einen die Fatalität von Freuds Logik. So wie Phantasien sich von ihrem Ursprung scheinbar lösen können, jedoch unwillkürlich an diesen verdrängten Schauplatz zurückgezogen werden, so ist es in der von Sirk entworfenen Melowelt für seine Figuren unmöglich, dem Wesen ihres Ursprungs zu entkommen. Sie tragen ihr Erbe unerbittlich immer in sich. Zum anderen spricht Freud mit seiner Definition der Phantasien auch jenes Unbehagen an, das der Mischling in seinen Mitmenschen hervorruft. Indem sie fast zur Perfektion eine ihnen faktisch fremde Erscheinung annehmen können, lösen Mischlinge eine Angst vor genau dem Zustand aus, den sie eigentlich verdecken sollen: vor unserer Unfähigkeit, Grenzen zwischen Zuschreibungen, die als einfache Gegensätze postuliert werden, ziehen zu können. Wenn der Mischling keiner Gruppe klar zugeordnet werden kann, führt dies zur beunruhigenden Erkenntnis, daß unsere Vorstellung, wir besäßen in unserer symbolischen Welt einen konfliktfreien Ort, möglicherweise weniger stabil ist, als wir meinen. So läßt sich gerade vom Mischlingscharakter der Phantasien ableiten, warum diese einer eindeutigen kulturellen Anrufung radikal entgegenwirken. Denn was tut der Mischling anderes, als sich einerseits die fremde Eigenart qualitativ anzueignen, um auf die Anrufung des getäuschten Anderen zu antworten ›Ja, das bin ich‹ und andererseits, wenn auch nicht immer freiwillig, das Gegenteil dieser widerspruchslosen Selbstbestimmung zu verkünden: ›Nein, das bin nicht ich. Das ist eine euch vorgespielte Illusion, eine den Erwartungen meiner Umstände entsprechende Widerspiegelung der Stelle, die ich in bezug auf euer kulturelles Gesetz einnehmen soll.‹

Die vom Mischling dargebotene Krise der Anrufung

Es erscheint nur konsequent, daß Sirk sein philosophisches Anliegen, die der Phantasiearbeit innewohnende unheimliche Spaltung sichtbar zu machen, über die Geschichte einer Mulattin verhandelt, der es gelingt, als Weiße durchzugehen (»*to pass for white*«). Gegenüber Jon Halliday hat Sirk von der Romanvorlage behauptet: »Das einzig Interessante ist der Handlungsstrang, der die Frage der Schwarzen berührt (*the Negro angle*): die junge schwarze Frau, die versucht, ihren realen Umständen zu entkommen, die bereit ist, ihre freundschaftlichen und familiären Zugehörigkeiten für gesellschaftliche Anerkennung zu opfern, und die versucht, in der auf Imitation ausgerichteten Welt des Vaudeville zu verschwinden. Die Imitation des Lebens ist nicht das reale Leben. Lana Turners Leben ist eine sehr billige Imitation. Die junge Frau (Susan Kohner) wählt eine Imitation des Lebens anstelle ihrer schwarzen Identität. Der Film ist ein Stück Sozialkritik. Du kannst vor dem, was du bist, nicht fliehen. ... Ich wollte daraus einen Film über gesellschaftliches Bewußtsein machen – nicht nur über ein weißes Bewußtsein, sondern auch über ein schwarzes. Sowohl die Weißen als auch die Schwarzen leben imitierte Leben.«[22] Die Geschichte Sarah Janes – so meine

---

22 Halliday 1997, S. 14. Sirk verteidigt auch seine Abänderung der filmischen Vorlage von John Stahl, in der die beiden Mütter gemeinsam ein erfolgreiches Pfannkuchen-Geschäft aufbauen, damit, daß Ende der fünfziger Jahre eine schwarze Frau, die sich ein kleines Vermögen erarbeitet hatte, selbst ein Haus kaufen konnte und nicht in dem Maße von einer weißen Frau abhängig gewesen wäre wie in dem Roman von Fannie Hurst. Deshalb griff er auf das Stereotyp der schwarzen Angestellten zurück, die kaum mehr als die Freundschaft, Liebe und Nachsicht ihrer weißen Herrin besitzt. Nur die ganze Unsicherheit und bedrückende Grundstimmung dieser Situation erklärt die Brutalität, mit der die Tochter sich

These – kann als *mise en abyme* dieser um die Verkörperung von imaginären Verhältnissen kreisenden Geschichte gelesen werden. Sarah Janes Geschichte ist durch das gleiche Oszillieren zwischen verschiedenen Welten geprägt, das Freud für das Schicksal der Phantasie beschreibt. Wenn man mit ihm die Phantasie als eine Form von *passing* begreift – als eine Form unbewußten Wissens, das sich als widerspruchsloses bewußtes Material ausgibt – wird in Sirks Film diese hybride Figur zur Repräsentation der Phantasie *par excellence*.

Brisant an dieser Analogie ist aber die Tatsache, daß die im Akt des *passing* enthaltene Grenzüberschreitung, wie Werner Sollors bemerkt, eine gesellschaftliche Erfindung darstellt. *Passing* tangiert nicht eine reale gesellschaftliche Gegebenheit, sondern ein imaginäres Verhältnis. Das Verbot, das von beiden ethnischen Seiten dem Akt des *passing* auferlegt wird, geht nämlich von der Prämisse aus, daß ein Teil des Erbes der betroffenen Person (der schwarze) realer, essentieller und bestimmender ist, während der andere, scheinbar angeeignete Teil (der weiße) kontingent ist, maskaradenähnlich und unbedeutend. Daraus folgert Sollors, daß Geschichten über *passing* sowohl eine moderne Faszination für das Unentscheidbare der Identität befriedigen wie auch das Verlangen, inmitten einer Welt der Auflösung sämtlicher Grenzen die Verankerung in zumindest einer festlegbaren gesellschaftlichen Identität – im Erbe der eigenen Rasse – sicherstellen zu können.[23]

Nun ist aber – und darin sitzt auch Freud der Ideologie auf, die mit dem einfachen Gegensatz zwischen einem realen Kern und einer nachträglichen Aneignung operiert – der verstörende Aspekt des

---

gegen ihre Mutter auflehnt. Obgleich Sirk dies nie direkt anspricht, fällt jedoch auf, daß er der unterdrückten Annie Johnson seine eigene Philosophie von den unlösbaren Konflikten des Lebens in den Mund legt, denn wie im folgenden genauer aufgezeigt wird, glaubt sie zwar an die Möglichkeit eines widerspruchsfreien Lebens, doch zugleich weiß sie, daß ihre Tochter an dem ihr wörtlich auf den Leib geschriebenen Widerspruch nur leiden kann.

23 Werner Sollors, *Neither Black Nor White, yet Both. Thematic Explorations of Interracial Literature*, New York, Oxford 1997, S. 249.

Mischlings gerade daran festzumachen, daß er keinen essentiellen ethnischen Kern hat, sondern in seinem biologischen Erbe gespalten ist. Der Akt des *passing* wirkt deswegen so verstörend, weil die nahtlose Aneignung einer angeblich fremden Bestimmung nur aufgrund der Tatsache funktioniert, daß sie ebenso Teil des Erbes der Betroffenen ist wie die von ihrer Umgebung deklarierte dominante ethnische Zuweisung. Als unheimlicher Fremdkörper verweigert sich der Mischling jeder konfliktlosen Grenzziehung und jeder eindeutigen Zuweisung. So wenig der Zuschauer, allein von der Erscheinung ausgehend, bei einem Menschen, der erfolgreich den Akt des *passing* unternimmt, den Unterschied zwischen der angeblich ursprünglichen und der angeeigneten kulturellen Identität feststellen kann, so wenig kann auch das betroffene Subjekt die ihm innewohnenden kulturellen Differenzen hierarchisieren. Dies gilt nur dann nicht, wenn sich das Subjekt einer Anrufung beugt, die es von außen erreicht – im Falle von Sirks Heldin dem Gebot der Mutter, Sarah Jane solle sich eindeutig für ihr schwarzes Erbe entscheiden.

Mit anderen Worten, der Akt des *passing* verleiht jener Krise der Anrufung materielle Gestalt, die bereits für die Phantasiearbeit im allgemeinen festgestellt wurde. Denn hier flackert konkret am Körper der Betroffenen eine untilgbare Spur jenes Restes auf, der auf das verweist, was jenseits jeder widerspruchslosen Anrufung liegt. Für den Mischling kann die Wahl einer bestimmten geokulturellen Zugehörigkeit immer nur eine erzwungene sein. Das Prekäre, das dem Akt des erfolgreichen *passing* innewohnt, ist die Tatsache, daß die Störung, die dem angenommenen eindeutigen Selbstentwurf droht, nicht nur von einer hybriden ideologischen Realität ausgeht, sondern gleichzeitig von einer zweiten Instanz der Anrufung, deren Anspruch ebenso berechtigt ist wie derjenige der kulturell privilegierten Anrufung.

Douglas Sirks Vorschlag ernst nehmend, sollen in meiner Lektüre von *Imitation of Life* nur die hybriden Phantasienszenarien beleuchtet werden, die sich an dem »*Negro angle*« festmachen. Bereits in der ersten Szene des Films, nachdem Lora ihre verloren geglaubte Tochter in der Obhut von Annie Johnson wiedergefunden und sich der schwarzen Frau vorgestellt hat, läßt Sirk den Blick der jungen Sarah Jane zweimal prüfend über den Körper ihrer Mutter gleiten. Im Vergleich mit der ihrem Ideal einer mütterlichen Figur eher entsprechenden Erscheinung Lora Meredith' geht sie auf kritische Distanz zu ihrer realen Mutter. Wie sehr sie deren Anrufung ablehnt, sich dem untergeordneten Platz innerhalb dieser symbolischen Welt zu fügen, in der die beiden überhaupt nur aufgrund der Großzügigkeit von Lora ihren neuen Wohnsitz nehmen dürfen, wird kurz danach explizit zur Sprache gebracht. War Sarah Jane auf dem Strand in Tränen ausgebrochen, nachdem sie auf Susis Frage, wo sie wohne, antworten mußte, »nirgends«, und dann, als sich die fremde Mutter mit ihrer Tochter bereits auf den Heimweg machte, zum erstenmal ihre Mutter zärtlich ansprechend, dieser mit dem Satz »Ich will auch nach Hause« in die Arme gefallen ist, will sie in der neuen Wohnung ihren symbolischen Ort selbst bestimmen. Die schwarze Puppe, die Susi ihr schenken will, lehnt sie ab und greift statt dessen nach der weißen, die sie nur widerwillig auf Befehl ihrer Mutter wieder gegen die schwarze eintauscht, während die Mutter sie in das kleine Zimmer hinter der Küche führt, in dem sie schlafen werden. Auf der Schwelle, die eindeutig die Grenze zwischen der weißen und der schwarzen Welt markiert, erklärt Sarah Jane ihrer Mutter dann »Ich will nicht im Hinterzimmer leben« und fügt dem anklagend hinzu »Warum müssen wir immer im Hinterzimmer leben?«.

Zwar folgt sie dann doch ihrer Mutter an den ihr zugewiesenen Ort, der wie eine extime Zelle wirkt, die die beiden von außen in diese weiße Welt eingeführten Fremdkörper für die nächsten Jahre beherbergen wird, doch die schwarze Puppe wirft sie vor dem Eintreten von sich. Sirks Kamera folgt nicht den beiden Frauen, sondern bleibt, während die Türe von innen geschlossen wird, auf die zu Boden gefallene Puppe gerichtet, als sei diese die Materialisierung des Restes, der übrigbleibt, nachdem Sarah Jane gezwungen ist, zwischen zwei mütterlichen Figuren die schwarze zu wählen. Verweist die Puppe einerseits darauf, daß Sarah Jane diese Festlegung ihrer

Identität ablehnt, nimmt sie andererseits auch die gegensätzliche Bedeutung an. Denn indem sie den Körper des schwarzen Mädchens repräsentiert, symbolisiert sie die Tatsache, daß Sarah Jane auch auf der anderen Seite der Schwelle ihren Ort hat, im weißen Teil der Wohnung. Als Spielgefährtin Susis ist sie sowohl auf der einen wie auch der anderen Seite der Schwelle verortbar, auch wenn ihr dieser unheimliche, weil doppelte symbolische Wohnsitz untersagt wird.

Ab dem Augenblick, in dem Lora in das Blickfeld Sarah Janes eintritt, vertritt diese das kulturelle Gesetz, welches das Mädchen sich aneignen will. Gegenüber dieser Frau nimmt sie oft die gleiche Stelle ein wie die leibliche Tochter: Sie fordert von ihr einen Kuß vor dem Schlafengehen, fällt ihr zusammen mit der neuen Freundin Susi in die Arme, wenn sie erschöpft von der Arbeitssuche heimkommt. Darüber hinaus fühlt sie sich von Loras Ehrgeiz angesprochen, in der öffentlichen Zurschaustellung fremder Identitäten ihr Glück zu suchen. Dennoch beharrt Sirk auf einem qualitativen Unterschied zwischen den beiden Frauenschicksalen. Für Lora beruht der Entschluß, sich gegen ein Hausfrauendasein und für eine Karriere als Schauspielerin zu entscheiden auf einem einfachen Gegensatz, dem Sirk durch die beiden um sie werbenden Männer materielle Gestalt verleiht. Er läßt Steve seinen Hochzeitsantrag im schmalen Korridor vor ihrer Wohnungstüre machen, so daß wir eine visuelle Vorstellung davon bekommen, daß Lora sich durch sein Gesetz in die Enge getrieben fühlt. Denn sein Angebot, ihr ein Zuhause zu geben, ist an die Forderung geknüpft, daß sie ihre Liebe für das Theater im Austausch für seine Liebe aufgibt. Auf die eindeutige Erklärung seiner romantischen Gefühle für sie folgt die

Frage, ob sie ihn denn ebenfalls liebe. Nur zögernd antwortet sie, »Ich glaube, ich tue es«, und der Kuß, der seinen Antrag bekräftigen soll, wird plötzlich durch das Klingeln ihres Telefons unterbrochen. Durch die geschlossene Türe hört sie, wie Annie mit ihrem Agenten Allen Loomis spricht, und eingekeilt zwischen dessen Angebot, mehr als nur ein häusliches Dasein zu leben, und Steves Angebot eines familiären Glücks, erkennt sie sofort, wo ihr Begehren liegt. Wie Astrée folgt sie dem Ruf der faszinierenden fremden Welt. Sich gewaltsam aus Steves Umarmung lösend, nimmt sie Loomis' Anruf und dann auch sein Angebot an, in dem Stück des erfolgreichen David Edwards eine Nebenrolle zu spielen. Ähnlich wie Tante Ana warnt Steve sie davor, daß das Leben, hinter dem sie herseien, nicht real sei, und wie Astrée kontert sie mit der Realität ihres Begehrens: »Wenigstens bin ich hinter etwas her.« Und wie in seinem letzten Ufa-Film inszeniert Sirk ihre Ablehnung des konventionellen Frauenschicksals als einen Gang nach unten. Entschlossen, sich das Manuskript sofort bei der Sekretärin ihres Agenten abzuholen, läuft sie zusammen mit Steve die Treppe ihres Hauses herunter, während ihr dieser klarzumachen versucht, warum sie diesen Weg nicht einschlagen solle. Doch vor der Haustür angelangt, versichert sie ihm, sie wolle lieber alle Beziehungen zu ihm abrechen, als sich weiterhin am von ihr erträumten Aufstieg zum Erfolg hindern lassen. Und wie Astrée wird auch Lora die von ihr an diesem Wendepunkt gewählte fremde symbolische Welt als Hölle erfahren, doch auch sie wird diesen Entschluß nie wirklich bereuen.

Eingerahmt ist dieses Geschehen von zwei Szenen, in denen Sirk uns zeigt, daß für Sarah Jane der Wunsch, sich in einer ihr erhabener erscheinenden Welt einzurichten, das Ausleben eines unlösbaren Konflikts bedeutet. Sie kann sich nicht eindeutig für die eine oder andere Seite entscheiden, denn jeder Versuch, den schwarzen Teil ihres Erbes abzulegen, führt dazu, daß dieser sie in der Gestalt ihrer Mutter wieder einholt. Hatte ihre Mutter sie dabei erwischt, daß sie sich und Susi in den Finger schnitt, um herauszufinden, ob ihre Klassenkameraden recht hätten mit ihrer Behauptung, Blut von Schwarzen unterscheide sich von dem der Weißen, wird sie kurz darauf ebenfalls von Annie dabei ertappt, sich in der Schule als Weiße ausgegeben zu haben. Sarah Jane verläßt fluchtartig das Klassenzimmer, nachdem ihre Mutter sie dort aufgesucht hat, um ihr die von ihr zu Hause vergessenen Regenstiefel zu bringen. Wie sehr Sarah Janes Ablehnung dieser mütterlichen Anrufung in eine sowohl gegen sich als auch gegen Annie gerichtete Gewalt mündet, wird in dem darauf folgenden Dialog sichtbar. Während Annie ihrer Tochter, die vor ihr auf die verschneite Straße geflüchtet ist, den Mantel und die Stiefel anzieht mit der Begründung, sie würde sonst eine Lungenentzündung bekommen, erwidert Sarah Jane: »Ich hoffe, daß ich sterbe!« Dann, nachdem ihre Mutter sie ermahnt, sich für ihre schwarze Herkunft nicht zu schämen, mit der Begründung »Das ist das, was du bist«, versucht die Tochter erneut vor ihr zu fliehen mit der dezidierten Ablehnung dieser Anrufung: »Warum mußt du meine Mutter sein?«

Könnte sie den leiblichen Ort ihres Ursprungs ablegen, so die Logik ihres Familienromans, könnte sie auch die Stelle, die sie in ihrer symbolischen Welt einnimmt, selbst bestimmen. Doch Annie antwortet auf dieses Scheitern ihres mütterlichen Gesetzes mit einer rhetorischen Wendung, die durchaus dem von Freud entworfenen Schema entspricht. Wie die Phantasien kann auch der Mischling dem Schicksal seines Ursprungs nicht entkommen. In der Küche, die Teil einer Welt ist, in der das Gesetz der Rassentrennung keine eindeutige Rolle spielt, erklärt Annie der besorgten Lora, ihre Tochter hätte sich des *passings* schuldig gemacht. Noch einmal wehrt sich Sarah Jane gegen eine sie eindeutig bestimmende kulturelle Festschreibung und erwidert »Ich bin weiß, so weiß wie Susi«. Doch auch Loras Versicherung, das mache in diesem Haushalt keinen Unterschied, weil sie hier geliebt werde, nimmt sie nicht an, wie sie in diesem Augenblick auch Susis Angebot, mit ihr zu spielen, mit der Erklärung ablehnt, niemand sei ihr Freund. Sie beharrt darauf, den unlösbaren Widerspruch zwischen ihrem Ursprung und ihrer Erscheinung nicht in eine einfache sentimentale Lösung aufzuheben.

Ähnlich wie Steve, mit dessen Phantasie vom unversehrten Familienglück Annie im Verlauf der Filmhandlung immer wieder sympathisiert, begreift sie den Wunsch ihrer Tochter, sich einem sie kränkenden Gesetz nicht zu beugen, als eine falsche Vorstellung, der sie ihren wesentlich trostloseren Familienroman entgegenhält. Von ihrem christlichen Glauben zutiefst geprägt, glaubt sie, daß man dem vorgegebenen Schicksal nicht entkommen kann, und verkündet Lora, die zuversichtlich meint, sie könne ihrer Tochter bestimmt ihre Umstände einsichtig machen: »Ich weiß es nicht. Wie erklärt man seinem Kind, daß sie dazu geboren wurde, verletzt zu werden?« Eigentlich sagen beide Frauen das gleiche: Der Kränkung, die das Leben bedeutet, weil man sein Begehren nie mit den realen Existenzbedingungen in Einklang bringen kann, dieser narzißtischen Verwundung kann man nicht entkommen. Sie wollen dieses traumatische Wissen nur unterschiedlich deuten – die eine als Ansporn, sich von den letztendlich eine leere Ideologie vertretenden Gesetzen zu befreien, die andere als widerspruchslose Annahme dieser Gesetze, weil nur diese uns erlauben, der Kontingenz des menschlichen Daseins einen kohärenten Sinn zu verleihen.

Der Schnitt, der auf Annies sentimentalen Satz folgt, leitet die Konfrontation zwischen Lora und Steve ein, die ihrerseits abgelöst wird durch ein scheinbar unversehrtes Bild der von den beiden Frauen gegründeten Ersatzfamilie. Am Heiligen Abend erzählt Annie, die auf einem Sessel sitzend Susi auf dem Schoß hält, während sich zu ihrer Linken Sarah Jane über die Lehne des Sessels beugt, die Geschichte der Geburt Christi. Lora hingegen geht mit dem Theatermanuskript in der linken Hand leise an ihnen vorbei. Als Annie davon erzählt, daß Maria und Josef keine Unterkunft finden konnten und sich deshalb in einer Scheune niederlassen mußten, unterbricht Lora kurz das Einstudieren ihrer Rolle und lächelt wohlwollend darüber, wie andächtig die beiden Mädchen der Geschichte lauchen. Dann durchquert sie, wieder ganz in sich versunken, den Raum, bis sie vor einem Spiegel angelangt sich in der angenommenen Rolle selbst anlächelt. Offenbar unzufrieden wendet sie sich jedoch wieder von ihrem Spiegelbild ab, um eine andere Intonation auszuprobieren, aber sowohl sie wie auch Annie werden in ihrem Vortrag durch das Klingeln des Telefons gestört. Es ist Steve, der versucht, durch seinen Anruf eine Versöhnung herbeizuführen, auf die sich Lora aber nicht einläßt. Sie bittet Annie, in ihrer Erzählung fortzufahren, und tritt selbst hinter den Sessel, um ihr Rollenstudium fortzusetzen.

Doch Annie wird in ihrem Heiligen-/Familienroman ein weiteres Mal unterbrochen, nun von der Frage ihrer Tochter, ob Jesus schwarz oder weiß gewesen sei, und diese Unterbrechung kann Lora nicht überspielen. Sie wacht aus der stillen Selbstversunkenheit entgültig auf und blickt Sarah Jane irritiert an. Doch als hätte eine Transfusion stattgefunden, bietet diese nun dem Publikum ihre hybride Verschränkung der beiden mütterlichen Vorträge dar. Wie Lora davon überzeugt, sich selbst dem eigenen Wunschtraum gemäß entwerfen zu können, eignet sie sich Annies Geschichte an. Auf Loras Einwand, es mache keinen Unterschied, welche Hautfarbe Jesus gehabt habe, er sei so, wie man ihn sich vorstelle, besteht Sarah Jane auf den ethnischen Differenzen und betont ausdrücklich deren Relevanz: »Er war wie ich ... weiß.« Daß sie mit dieser Aussage einen entsetzlichen Fremdkörper in das unversehrte weihnachtliche Familienbild eingeführt hat, läßt Sirk uns daran erkennen, daß er für den zur Sprache gebrachten Widerspruch keine bildliche Auflösung anbietet. Die Kamera verharrt auf dem Gesicht der jungen Sarah Jane, schneidet das Gesicht Loras durch die Bildkadrage ab und zeigt uns Annies Kopf nur von hinten. Sarah Jane ist sich der Wirkung ihres Satzes wohl bewußt. Sie blickt keine der beiden Mütter direkt an, sondern starrt selbstzufrieden an der Kamera vorbei in die Leere des Raums: Nun ist sie diejenige, die selbstversunken eine für sich erträumte fremde Persona genießt.

In der zweiten Hälfte des Films veranschaulicht Sirk in zwei längeren Handlunssequenzen, wie sehr Sarah Janes Fähigkeit der Mimikry den beiden Frauen immer wieder vor Augen führt, daß sie in dem von ihnen errichteten gemeinsamen Haus nicht Herrinnen sind, obgleich Loras Erfolg alle finanziellen Sorgen aus der Welt geräumt hat. Diese Szenen lassen aber auch die Gewalt deutlich werden, die die hybride Tocher mit ihrem Wunsch, die eigene ethnische Zugehörigkeit selbst zu bestimmen, auf sich zieht. Die erste Sequenz setzt mit einer Verstellung ein. Sarah Jane, die nicht an dem Picknick teilnehmen will, das Lora aus Freude über die Wiederbegegnung mit Steve organisiert, täuscht eine Migräne vor. Besorgt sitzt Annie am Bettrand ihrer perfekt die Kranke mimenden Tochter und gibt ihr gute Ratschläge, bevor sie sich widerwillig zurückzieht, um zu den anderen zu stoßen, die bereits vor dem Haus im Auto auf sie warten. Sowie sie den Raum verlassen hat, springt Sarah Jane aus dem Bett, geht auf ihren Schrank zu, um dort ein Seidenkleid herauszunehmen. Dieses in der rechten Hand haltend, betrachtet sie zufrieden vom Fenster aus die Abfahrt der Familieneinheit, der sie nicht angehören möchte.

Erst in der Nachfolgeszene, nachdem die anderen wieder von dem Picknick heimgekehrt sind, erfahren wir, daß sie sich heimlich im Dorf mit Frankie, einem weißen Jungen, trifft, dem sie weismacht, sie sei die Tochter reicher, aber sehr strenger Eltern und könne ihn daher nicht mit nach Hause bringen. Eingeführt wird ihre doppelte Verheimlichung – das Verleugnen ihrer wahren Herkunft Frankie gegenüber und das Verschweigen des Freundes den beiden Müttern gegenüber – durch eine explizite Inszenierung ihrer Schwellenexistenz. Von außen blickt sie durch das Küchenfenster in den Innenraum und wartet, bis ihre Mutter ihn wieder verlassen hat. Dann tritt sie durch die Hintertüre leise herein und stiehlt sich nach oben in ihr Zimmer, in der Hoffnung, niemand werde sie bemerken. Doch vor ihrem Schlafzimmer trifft sie Susi, die sie nach ihrer Rückkehr bereits überall gesucht hat. Um sie davon abzuhalten, sie bei ihrer Mutter zu verraten, gesteht sie ihr die heimliche Affäre. Auf Susis scheinbar unschuldige Frage, ob er ein »Farbiger« (*colo-*

red) sei, entfaltet sie den ganzen Reichtum an Vortäuschungen, mit dem sie ihrem Traum, sie sei weiß, materielle Gestalt verleiht. Zum einen greift sie die Drohung nochmals auf, die sie gegenüber ihrer Mutter aussprach, als diese sie beim *passing* in der Schule erwischte: »Wenn er je etwas über meine Herkunft herausfindet ... bringe ich mich um ... Weil auch ich weiß bin. Und wenn ich eine Farbige sein muß, dann möchte ich sterben!«

Was Sarah Janes Fähigkeit, nahtlos von einer ethnischen Zuweisung in die andere wechseln zu können, verdeutlicht, ist der performative Aspekt jeder Rassenzugehörigkeit. Indem sie einerseits von sich behauptet, sie sei weiß, und andererseits zugibt, daß es mehr über ihre Herkunft zu sagen gäbe, dieses jedoch verschwiegen werden muß, damit die von ihr angestrebte eindeutige Festlegung aufrechterhalten werden kann, bringt sie zum Ausdruck, daß ihre ethnische Identität nichts Natürliches ist, sondern das Resultat einer symbolischen Zuschreibung innerhalb einer Welt, die durch den einfachen Gegensatz von Schwarz und Weiß strukturiert wird. Natürlich ist sie hinsichtlich der realen Biologie ihres Körpers auch eine Schwarze, doch die symbolische Bedeutung, die dies für ihre Mitmenschen annimmt, ist kontingent. Sie spiegelt das imaginäre Verhältnis, das der jeweilige Mensch an sie heranträgt, und das bedeutet nicht zuletzt den Wunsch, durch diese Widerspiegelung eine eigene eindeutige kulturelle Verortung zu gewährleisten.

Sarah Jane selbst macht ihren eigenen Erfolgsroman davon abhängig, daß diese Performanz glückt. Stolz erklärt sie der erstaunten Susi: »Ich möchte eine Chance im Leben haben. Ich möchte nicht immer durch die Hintertür eintreten müssen oder mich niedriger als andere fühlen oder mich für die Hautfarbe meiner Mutter entschuldigen. Sie kann gegen ihre Farbe nichts ausrichten, aber ich kann es, und ich werde es!« Daß dies ein leerer Traum ist, bei dessen Realisierung die Kosten ebenso hoch sind wie der Gewinn, weiß sie jedoch auch. Mit Tränen in den Augen erklärt sie sich vor einer Enthüllung so lange sicher, wie sie ihre Identität ausschließlich auf die Anrufung dieses Traumes hin zuschneidet: »Ich werde alles sein, was er denkt, das ich bin. Ich sehe danach aus (*I look it*). Und das ist alles, was zählt.«[24] Die Kategorie der eigentlichen Ethnie gibt es für sie nicht, sondern nur die Frage, welche der ihr möglichen Erscheinungen sie für sich wählt. Sie macht sich, wie immer sie sich

---

[24] Daß Sirk mit seinem Drehbuch auf unheimliche Weise die von der amerikanischen Philosophin Judith Butler ausgelöste Diskussion über *gender trouble* nicht nur vorwegnimmt, sondern diese gleichzeitig auch als *race trouble* umformuliert, wird deutlich, wenn man diese Szene mit einer Szene aus Jenny Livingstons Film *Paris is Burning* vergleicht, dem Butler ein Kapitel in ihrem Buch *Bodies that Matter* (New York, London 1993) widmet. Auch von den dort dokumentierten jungen schwarzen Homosexuellen, die sich Mitte der achtziger Jahre auf Transvestitenbällen in Harlem trafen, um sich in Anlehnung an die Bilder der weißen Mode- und Werbewelt dort anders zu entwerfen, als sie es von ihrer Herkunft her sind, kann man von *passing* sprechen. Und auch sie behaupten, *realness* bedeute, sich einzufügen in ein gegebenes Umfeld (*to blend in*), seinem Gegenstück so ähnlich wie möglich zu sein (*to look as much as possible like your counterpart*). Die ergreifendste Geschichte in Jenny Livingstons Film *Paris is Burning* ist die der Venus Xtravaganza, einem extrem hellhäutigen jungen Schwarzen, der kurz vor seiner Geschlechtsoperation stehend für sich das Leben einer weißen *suburban housewife* erträumt, während er diese Rolle für Livingstons Kamera auf beunruhigend überzeugende Weise bereits vorführt. Er wird für diesen Traum mit seinem Leben zahlen – so suggeriert Livingston. Denn er wird – wahrscheinlich von einem Freier ermordet – eines Tages tot in einem Hotelzimmer aufgefunden. Bemerkenswert an dieser Sequenz ist jedoch im Kontext meiner eigenen Betrachtungen vor allem die Tatsache, daß sich das ethnische Bewußtsein der Schwarzen in den USA seit den fünfziger Jahren derart verändert hat und alle Gesetze der Rassentrennung zumindest offiziell aufgehoben sind, so daß eine Figur wie Sarah Jane in ihrem Bestreben, ihre schwarze Identität zu verleugnen, den heutigen Betrachter unwillkürlich peinlich berührt. Andererseits bleibt das Thema des Mischlings jedoch weiterhin ein Tabu, wie auch der Wunsch der kulturell randständigen Menschen, sich das äußere Erscheinungsbild der dominanten weißen symbolischen Welt anzueignen, um zumindest stellvertretend deren Privilegien zu genießen. Und dieser Sachverhalt ergreift uns besonders, wenn wir den von Sirk verheimlichten kulturellen Kontext seiner eigenen jüdischen Frau mit bedenken, der dem ganzen Film implizit eingeschrieben ist. Wären die beiden in Nazideutschland geblieben, hätte der von Sarah Jane formulierte Alptraum – »Was würden unsere Nachbarn sagen, wenn sie wüßten, meine Mutter ist eine Schwarze? Sie würden auf mich spucken und auf meine Kinder« – ihren realen Existenzbedingungen entsprochen.

entscheidet, der Maskerade schuldig, die ihr von Annie unterstellt wird.

Um diesen unlösbaren Widerspruch auszuleuchten, läßt Sirk auf dieses Geständnis zwei Szenen folgen, in denen Sarah Jane jeweils dank ihrer Verstellungskunst das von ihr postulierte Gleichnis zwischen Schein und Sein zur Schau stellt: im ersten Fall durch ihre Parodie der schwarzen Dienstbotin, im zweiten dadurch, daß sie die Rolle der bedingungslos unterwürfigen Frau spielt. In beiden Fällen führt die Selbst-Inszenierung jedoch dazu, das Scheitern der jeweiligen Anrufung sichtbar zu machen, so daß der ihr innewohnende gewaltsame Kern zutage tritt. Die erste Szene spielt am Abend nach dem Picknick. Lora, die ihren Agenten und einen italienischen Filmvertreter zu Cocktails eingeladen hat, bittet Sarah Jane, ihrer Mutter in der Küche ein wenig zu helfen. Als diese zögert und dann ihr gesteht, sie habe eine Verabredung, nimmt Lora sofort an, sie werde einen schwarzen Jungen treffen. Ohne sie darüber aufzuklären, wen sie wirklich treffen will, begibt sich die Mulattin in die Küche, wo Annie die gleiche Erwartung an sie heranträgt. Sie rät ihr, sich auf die Zustimmung Loras berufend, auf die Party in der Kirche zu gehen. Wütend darüber, daß beide Mütter sie auf ihre schwarze Rassenzugehörigkeit festlegen wollen, spielt sie beiden eine Mimikry der schwarzen Identität vor, die diese ihr zuschreiben. Auf Annies Bitte, ein Tablett mit angerichteten Shrimps ins Wohnzimmer zu den Gästen zu tragen, antwortet sie: »Natürlich, alles um Miss Lora und ihre Freunde zu befriedigen.« In der nächsten Einstellung sehen wir zuerst, wie die beiden Gäste sich streiten, während Lora schweigend zwischen ihnen sitzt. Doch plötzlich blickt der Italiener erstaunt auf die eintretende Figur. Im Gegenschnitt sehen wir, wie Sarah Jane das Tablett auf dem Kopf balancierend und mit wiegenden Hüften hereinkommt und in der Sprache der schwarzen Sklavin, die dem damaligen Hollywood-Klischee der exotischen Frau entspricht, die von ihr gebrachte Speise ankündigt, bevor sie sich ostentativ nach vorne beugt und das Tablett auf den Tisch vor dem Sofa stellt. Irritiert fragt Lora sie, wo sie diesen Verstellungsakt gelernt habe, doch ohne den Tonfall zu ändern ant-

wortet die ungehorsame Tochter ihr, es sei kein Trick. Sie habe es von ihrer »*Mammy*, die es vom alten *Massa* (Herrn) lernte, bevor sie ihr gehörte«. Noch einmal lächelt sie den Italiener mit weit aufgerissenen Augen an – beides wiederum Gesten aus dem Hollywood-Bildrepertoire der schwarzen Dienerin – und verläßt wieder den Raum.

In der Küche stellt Lora sie zur Rede, und Sarah Jane antwortet: »Da Ihnen und meiner Mutter so viel daran liegt, daß ich farbig sein soll ... wollte ich Ihnen zeigen, daß ich es kann.« Indem sie für ihre Darbietung bewußt das Stereotyp der unterwürfigen, ständig lächelnden Schwarzen wählt, möchte sie deutlich machen, daß für sie der Unterschied zwischen einem eindeutigen Stereotyp und der von den beiden Frauen geforderten eindeutigen Festlegung auf ihre schwarze Identität nur ein gradueller ist. Im Kern verfehlt die gutgemeinte Zuweisung der beiden Mütter den nicht lösbaren Widerspruch ihrer kulturellen Zugehörigkeit ebenso wie jedes Klischee. Für sie ist die Annahme jeder eindeutigen Identität eine Form von ethnischem *cross-dressing*, weil sie einerseits die performative Konstruiertheit jeder geokulturellen Identität deutlich macht und andererseits auf dem Ausschluß der Hybridität beruht, die in keiner Vorstellung von einer weißen bzw. einer schwarzen Frau der fünfziger Jahre Platz hat. Bei Sarah Jane wird dieser das Subjekt definierende Konflikt radikal auf die Spitze getrieben; denn anders als Astrée kann sie sich nicht in die Phantasie flüchten, es gäbe eine Anrufung, die sie besser beheimaten, ein gesellschaftliches Kleid, das ihr besser passen würde. Sie folgt zwar dieser Wunschvorstellung, ist sich aber in Wirklichkeit durchaus bewußt, daß jede kulturelle Bekleidung eine leere ideologische Hülle ist. So endet die Szene zwar damit, daß Sarah Jane sich gegenüber den Verordnungen beider Mütter einsichtig zeigt. Sie akzeptiert Loras Verbot, diese Parodie der Schwarzen, die die weiße Frau implizit als Sklavenhalterin zeichnet, in ihrem Haus zu wiederholen, und sie fällt Annie in die Arme und erklärt ihr, daß sie ihr nicht weh tun wolle. Doch der Satz, der in den darauffolgenden Szenen nachklingt, ist der an Lora gerichtete Vorwurf: »Sie wissen nicht, was es bedeutet ... anders zu sein.« Die ihr eingeschriebene untilgbare Differenz läßt sich auch hier nicht in die von Lora gegenüber Sarah Jane vertretene Phantasie auflösen, daß die Frage des Rassenunterschiedes in diesem hybriden Frauenhaushalt keine Rolle spiele. Dieses Bild spiegelt Loras imaginäres Verhältnis zu der von ihr als harmonische Einheit deklarierten Familie und zehrt als Traumbild von einer Blindheit gegenüber der realen Differenz, die ihre Welt des öffentlichen Erfolges und des Wohlstands von der ihrer schwarzen Gefährtin und deren Tochter trennt.

Diesmal läßt Sirk den angesprochenen Widerspruch nicht auf sich beruhen. In der Anschlußsequenz, in der wir sehen, wie sich Sarah Jane mit ihrem Freund Frankie trifft, zeigt sich, daß die von beiden Müttern geäußerte Zuversicht, die Konflikte würden sich mit der Zeit lösen, unbegründet ist. Denn obgleich ihre Darbietung einer sich dem Mann unterwerfenden jungen Weißen wesentlich weniger überzeichnet ist als die der schwarzen Dienerin, wird sie auch hier wegen ihrer Simulation zur Rede gestellt. Sarah Jane trifft ihren Freund Frankie noch am gleichen Abend in einer verlassenen Straße des Dorfes in der Nähe von Lora Meredith's Wohnsitz. Vor dem Schaufenster eines leeren Ladens, der zur Miete angeboten wird, schlägt sie ihm vor, mit ihr nach New Jersey durchzubrennen. Auf ihre bedingungslose Hingabe, die sie mit dem Satz »Ich würde alles tun, um mit dir zusammenzusein« bezeugt, läßt er sich zunächst ein. Er lehnt sich gegen das Schaufenster und versichert ihr, ihr Vorschlag sei gar keine schlechte Idee. Um die Verzerrung sichtbar zu machen, der Sarah Janes Familienroman unterliegt, indem sie glaubt, sie könne in einen weißen Viertel für sich ein schützendes Heim finden, zeigt uns Sirk Frankie zuerst von vorne: Oben über seinem Kopf ist noch die Aufschrift »Bar« auf der Scheibe zu sehen, und links von ihm Sarah Janes erwartungsvolles, anbiederndes Lächeln in der Widerspiegelung des Schaufensters. Im Moment jedoch, wo er diesem Glücksversprechen die anklagende Frage hinzufügt, ob es stimme, daß ihre Mutter ein »*Nigger*« sei, fährt die Kamera zurück. Zuerst zeigt sie die beiden Streitenden in einer halben Nahaufnahme, die mit ihren Oberkörpern den ganzen Bildrahmen ausfüllen. Nun erprobt Sarah Jane Loras Rassenblindheit an ihrem Freund und erwidert: »Welchen Unterschied macht es? Du liebst mich.« Auf seine Nachfrage »Bist du schwarz?« schneidet die Kamera dann ganz auf Sarah Jane, die auch ihn von ihrem Recht, ihre ethnische Zugehörigkeit selbst zu bestimmen, zu überzeugen sucht. »Nein, ich bin so weiß wie du«, erwidert sie.

Doch wie ihre Mütter erlaubt auch er ihr nicht, ihren Ort innerhalb seiner symbolischen Welt frei zu wählen. Mit der ersten Ohrfeige, die er ihr erteilt, schneidet die Kamera zurück zur Spiegelung im Schaufenster, und in dieser bildlichen Spiegelverkehrung, auf deren unterstem Teil wie eine Betitelung des uns vorgeführten Bildes das Schild »*For Rent*« zu erkennen ist, sehen wir, wie er sie zusammenschlägt. Dann schneidet die Kamera wieder direkt auf Frankie, der erst dann von Sarah Jane abläßt, als diese in der schmutzigen Pfütze zwischen Lattenkisten aus Holz zusammengebrochen ist. Gewaltsam stößt er sie an die Stelle zurück, die sie als Schwarze in seiner Welt einnehmen kann, nicht die Stelle der vor ihm stehenden, ihm ihre Liebe gestehenden, sondern die Stelle der seiner Wut hilflos ausgelieferten Frau.

Wiederum geht es um das imaginäre Verhältnis zu den realen Umständen, die ein anderer über Sarah Jane verhandelt. Frankies Wut wurde nämlich durch das Gerede seiner Freunde ausgelöst und betrifft das Bild, das er in den Vorstellungen seiner Mitmenschen aufrechterhalten möchte, nicht seine eigentlichen Gefühle für die junge Frau. Die brutale Ironie dieser Szene bezieht sich jedoch sowohl auf das *gender trouble* wie das *race trouble*, von deren Verschränkung die ganze Handlung zehrt. Denn einerseits spiegelt Frankies physische Gewalt, mit der er auf Sarah Janes eigenständigen Selbstentwurf antwortet, die verbale Gewalt Steves. Wie bereits gesehen, hatte dieser Lora im Moment der Brautwerbung gedroht, er werde ihr als ihr zukünftiger Ehemann verbieten, weiterhin als Schauspielerin tätig zu sein. Andererseits aber verleiht Frankies Gewalt auch der Warnung der beiden Mütter Gestalt. In diesem Augenblick nimmt Sarah Jane die Konsequenzen ihrer mütterlichen Anrufung voll an. Sie begreift, daß sie sich nur weit von ihrer Mutter entfernt so als Weiße gestalten kann, wie sie selbst es sich wünscht, und zwar im vollen Bewußtsein der Überschreitung, die sie mit diesem Neuentwurf vollzieht. Mit anderen Worten, insofern als sie das mütterliche Gebot, als Schwarze zu leben, auf ein College für Schwarze zu gehen, sich in der schwarzen Gemeinde zu integrieren, ablehnt, leistet sie zwar Widerstand gegen Annies Anrufung, bestätigt gleichzeitig aber auch deren Gesetzmäßigkeit. Ihre hybride Subjektposition verweist auf das Scheitern der über ihre Mutter vermittelten Anrufung. Deren Gesetz erkennt sie nur an, um es dann durch eine radikale Verleugnung sowohl ihres biologischen Ursprungs als auch der Vertreterin des sie kränkenden Gesetzes zu unterlaufen.

So ist es nur konsequent, daß der unlösbare Widerspruch, der den Kern von Sarah Janes symbolischer Existenz ausmacht, seinen filmsprachlichen Höhepunkt in einer direkten Konfrontation zwischen Tochter und Mutter erfährt. Annie sucht ihre Tochter in dem Nachtklub in der Nähe Hollywoods auf, wo diese scheinbar erfolgreich ihrer eigenen Theaterkarriere nachgeht. Man könnte ihren Auftritt mit Astrées Produktion der Habanera vergleichen, denn auch Sarah Jane hat das den Sitten der Hollywood-Shows entsprechende Bühnenkostüm – das oben großzügig ausgeschnittene goldene Lamékleid mit langem Schlitz, die Straßohrklips und das Straßhalsband, die halblangen türkisfarbenen Seidenhandschuhe –

angelegt und vollführt die dazu gehörenden verführerischen Gebärden: In einem schaukelnden Sessel sitzend, zieht sie zusammen mit den anderen *showgirls* auf einem Fließband am Publikum vorbei, schenkt sich Champagner ein, stellt das Glas wieder beiseite und vollführt erneut ihre anzüglichen Körpergesten, bis das Band sie hinter die Bühne getragen hat. In dieser fremden, ausschließlich weißen Welt überbietet sie die Einheimischen mit ihrem Auftritt. Noch strahlender als die anderen *showgirls* präsentiert sie ihren makellos weiß wirkenden Körper den Blicken ihres Publikums und zwinkert sogar den beiden Männern zu, vor deren Tisch sie das Band kurz hatte anhalten lassen. Diese lächeln zurück und pflichten so ihrer Darstellung bei.

Annie folgt ihr in das Zimmer im Motel, wo sie der Tochter versichert, daß niemand sie gesehen habe. Sie sei nicht gekommen, um sie zu stören, sondern sie habe sie nur noch einmal sehen wollen. Ein letztes Mal wird sie von ihrer Mutter zur Rede gestellt, doch diesmal formuliert Annie ihre Frage anders: Es geht ihr nicht darum, welche Stelle ihre Tochter in der symbolischen Welt einnimmt, sondern darum, ob die von ihr gewählte Stelle sie glücklich macht. Als Antwort auf die Frage, ob sie das gefunden habe, was sie wirklich gewollt habe, wendet sich Sarah Jane abrupt von ihrer Mutter ab und weicht, in den Spiegel über einer Kommode blickend, ihrem Blick und ihrer Frage aus: »Ich bin jemand anderes. Ich bin weiß.«

Einen Augenblick lang zeigt Sirk uns die trotzig ihr weißes Gegenüber anblickende Sarah Jane, mit der erschüttert blickenden Annie vom Spiegel eingerahmt. Sirks Kadrage erlaubt uns sowohl Sarah Jane von hinten als auch die sie verdoppelnde Spiegelung zu sehen, während Annie in diesem Moment nur als Widerspiegelung in dem von ihrer Tochter er-

zeugten imaginären Verhältnis zu ihren realen Existenzbedingungen zu sehen ist. Doch wie einst Lora am Weihnachtsabend verkündet auch Sarah Jane das Spiegelbild das Scheitern, nicht das Gelingen ihres auf einer Entstellung basierenden Selbstentwurfs. Während sie mit Emphase noch zweimal, einer Zauberformel gleich, ruft »Weiß! weiß!«, bricht sie weinend im Anblick ihres Spiegelbildes zusammen.

Sirk, der seinen Schauspielern die Monologe gerne mit der Begründung kürzte, die Kamera sehe auch ohne Worte alles, inszeniert hier ein stillschweigendes Einverständnis zwischen Mutter und Tochter. »Ich bin hier eine Weiße«, sagt Sarah Jane ihrer Mutter vor dem Spiegel stehend, »In dieser Welt antworte ich auf eine Anrufung, die mir als Weiße zugetragen wird. Aber dabei weiß ich auch, daß ich das nicht bin. Diese Stelle nehme ich nur in einer Widerspiegelung ein, nicht im Realen.« Ebenso gesteht sie ihrer Mutter unter Tränen: »Auch das ist nicht das Glück, denn ich weiß, daß da ein Rest ist, der mich immer fremd bleiben läßt, der Rest einer anderen Anrufung – der deinigen.« Gerade weil sie in dieser Szene anerkennt, daß sie so wenig von ihrer Mutter ablassen kann wie diese von ihr, spricht sie auch das schreckliche Gebot aus, dem Annie kurze Zeit später mit ihrem Tod materielle Gestalt verleihen wird: »Mama, wenn wir uns aus Zufall je auf der Straße treffen sollten, bitte erkenn' mich nicht.« Doch diesem Gebot, das sie ihrerseits annimmt, setzt Annie die untilgbare Kraft ihrer Mutterliebe entgegen. Ihre Tochter ein letztes Mal in die Arme nehmend wie einst, als sie noch ihr Baby war, verführt sie Sarah Jane dazu, ihrerseits ihr Gesetz des Herzens anzuerkennen: »Ich liebe dich so sehr. Nichts, was du je tust, kann mich davon abhalten.« Die unwiderstehliche Erschütterung, die diese Szene beim Betrachter auslöst, basiert auf der Ironie, daß Sarah Jane sich erst in jenem Augenblick bedingungslos der Liebe ihrer Mutter zuwenden kann, nachdem sie erfolgreich das mütterliche Gebot abgewehrt hat, demzufolge sie eine Schwarze ist.

Die Tränen, die leidenschaftliche Art, wie sie sich an sie schmiegt, das schluchzend dreimal wiederholte Wort »Mama!«, mit dem sie auf Annies sentimentale Anrufung antwortet, bezeugen ein letztes Mal, daß für Sarah Jane die Wahl zwischen ihrer Rolle als Tochter einer Schwarzen und der sich von ihrem mütterlichen Erbe gelöst habenden, selbstentworfenen weißen Waise nicht nur eine erzwungene, sondern eine unmögliche ist. In diesem Konflikt zwischen Mutter und Tochter geht es nicht darum zu entscheiden, welche von beiden recht und welche unrecht hat, sondern darum, den Konflikt zweier gleichberechtigter, aber nicht miteinander zu vereinbarender imaginärer Verarbeitungen des Realen auszuhalten.

Wie die folgenden Einstellungen bezeugen, bestünde die einzige Lösung dieser Aporie darin, sich mit ihrer Mutter dadurch zu verbünden, daß sie ein Geheimnis mit ihr teilt. Diese sentimentale Erkennungsszene wird vom Eintreten von Sarah Janes Wohnungsgenossin, die ihre Freundin abholt, unterbrochen. Nun übernimmt Annie das kulturelle *cross-dressing*, das sich Sarah Jane in der Welt des Hollywood-Vaudevilles angeeignet hat. Sie schlüpft nahtlos in die Rolle der anderen *Mammy*; nicht der schwarzen Mutter, die Sarah Jane in ihrer Parodie der von Hollywood produzierten Sklavenfilme nachäffte, sondern der schwarzen Ersatzmutter von Töchtern reicher weißer Südstaatler. Das Zimmer wird zur Bühne, und Annie beweist als Gegengabe für die Liebe, die ihr Sarah Jane in der Umarmung eingestand, daß auch sie bereit ist, sich auf deren Gesetz des Herzens einzulassen. Indem sie ihre Tochter mit dem Pseudonym Linda anredet, erklärt sie deren Zimmergenossin, sie sei zufällig in der Stadt gewesen und habe für einen Moment hereingeschaut. Wie vorher vereinbart, erkennt sie die eigene Tochter in den Augen der weißen Öffentlichkeit nicht. Doch in dieser von beiden gemeinsam angenommenen Simulation – und nur hier – ist das einzig wahrhafte Liebesbekenntnis möglich. »Weil ich dich liebe, nehme ich dein Verbot an. Doch ich kann das nur tun, weil ich mir deiner Liebe sicher bin, auch wenn es eine Liebe ist, die du mir und dir verbietest.«

Diese Liebe liegt nicht jenseits der Anrufung, sondern beinhaltet eine parodistische Aneignung des von dieser Anrufung auferlegten Gesetzes. Für die Mitmenschen der beiden ist diese Liebe nicht sichtbar, nur für uns – allerdings nur als radikale Brechung, als das Umkippen von Gegensätzen in eine Leere, die um einen nicht formulierbaren traumatischen Kern kreist. Vor dem fremden Blick verabschiedet sich Annie von der Frau, die sie weiterhin nur als Miss Linda anredet, während diese wortlos mit ihren Lippen und so, daß ihre Freundin es nicht sehen kann, das Wort »Mama« formt. Dann, nachdem die schwarze Frau den Raum verlassen hat, bringt die Freundin, einen Südstaaten-Akzent imitierend, ihr Erstaunen darüber zum Ausdruck, daß Linda eine *Mammy* gehabt habe. Dieses Mißverständnis unterstützend, kann Sarah Jane zum erstenmal einer Weißen gegenüber zu ihrer Mutter stehen. Weinend gegen die Türe gelehnt, durch die ihre Mutter sie gerade auf immer verlassen hat, und diese mit ihrem Oberkörper zudrückend erwidert sie: »Ja – mein ganzes Leben lang.«

Doch die derart angerufene Mutter kann dieses Eingeständnis ihrer Tochter nicht mehr hören, da die Türe bereits verschlossen ist. Sie kehrt nach Hause zurück und bricht dort, überzeugt davon, als gute Mutter gescheitert zu sein, zusammen. Sirk greift hier auf die seit den Anfängen des bürgerlichen Romans ikonographisch fest etablierte Sterbebettszene zurück. Hier erhält die Familiensolidarität ihre höchste Entsprechung. Die vom bevorstehenden Tod entfesselte Sentimentalität erlaubt den restlichen Mitgliedern der Familie, sich ihres Bündnisses zu versichern, während die im Sterben Begriffene mit dieser endgültigen Abschiednahme nicht nur bestimmen kann, was mit ihrem Besitz geschehen soll, sondern außerdem, welches Bild von ihr der Nachwelt tradiert wird. Von entscheidender Bedeutung für die emotionale Wirkung der Sterbebettszene ist jedoch der Glaube, die Sterbende könne wegen der besonderen Stellung, die sie aufgrund ihres bevorstehenden Übergangs in die entmaterialisierte Welt des Göttlichen einnimmt, einen Rat erteilen. Ihre letzten Worte werden von den Hinterbliebenen als wahre Aussage aufgenommen.

Doch zusammen mit den anderen Versatzstücken des Melodramas eignet sich Sirk auch dieses Szenario an, um die vorgespielte Wahrhaftigkeit der Gefühle nur als eine weitere Imitation des Lebens zu entlarven. Um die in ihrem Bett liegende Annie versammeln sich stehend ihr Arzt, ihr Priester, Steve und der schwarze Butler Kenneth, während sich Lora an die rechte Seite des Bettes setzt. Zwischen ihren und Annies Kopf ragt das gegen die Lampe auf ihrem Nachttisch gelehnte Foto einer liebevoll lächelnden Sarah Jane empor. Während Annie erklärt, wie sie ihren Besitz verteilen möchte, ruft sie jeden der von Schmerz ergriffenen Menschen einzeln auf und vertraut jedem ein besonderes Anliegen an. Bevor sie den wichtigsten Auftrag an alle vor ihrem Bett Versammelten gemeinsam erteilt, wendet sie ihren Blick von ihnen ab und beginnt zu erzählen, wie sie sich das Begräbnis vorstellt. Hatte sie Lora vorher im Hinblick auf die Eheschließung, die sie sich für Susi erhofft, erklärt »Unser Hochzeitstag und der Tag, an dem wir sterben, sind die großen Ereignisse des Lebens«, schmückt sie nun den Wunschtraum aus, der als ihr letzter Familienroman zu begreifen ist. Denn auch hier geht es darum, einen erhabeneren Ort zu erreichen, geht sie doch, wie das Spiritual verkündet, das Mahalia Jackson in der darauf folgenden Szene singt, »nach Hause, um mit ihrem Herrn zu leben«.

Dieser öffentliche Übergang soll nachträglich ihren Glauben an die Sinnhaftigkeit des menschlichen Schicksals inszenieren, die sie an der unhinterfragbaren Güte Gottes festmacht. Diese von ihr bis ins kleinste Detail geplante Zeremonie ist das Ritual, mit dem sie den Hinterbliebenen ein letztes Mal jenes imaginäre Verhältnis vor Augen führen will, das sie zeit ihres Lebens das Unglück ihrer realen Umstände hat ertragen lassen. Lora reagiert auf diese Beschreibung sowohl entrüstet wie auch verzweifelt und versucht Annie davon zu überzeugen, sie nicht zu verlassen. Doch ihre Freundin sinkt erschöpft in ihr Kissen nie-

La Habanera und *Imitation of Life*   321

der, und mit dem Satz »Ich bin entsetzlich müde, Miss Lora, entsetzlich müde« schließt sie ihre Augen. Das »Nein«, mit dem Lora auf das plötzliche Ableben ihrer Freundin reagiert, ist, laut Sirk, der einzig gute Satz, den Lana Turner in dem ganzen Film sprechen darf, der einzige Augenblick, in dem ihr Spiel wahrhaftig wird: »Ihr ganzes Leben hängt an dieser schwarzen Frau, von der sie eigentlich nichts weiß; so daß, als diese Frau stirbt, Lana völlig entleert zurückbleibt.«[25] Tatsächlich läßt Lora, nachdem sie zweimal vergeblich nach der Verstorbenen gerufen hat, erschüttert ihren Kopf auf die Bettdecke fallen, so daß nur noch das Gesicht Sarah Janes auf dem Foto zu sehen ist, eingerahmt von den abgewandten Gesichtern der beiden Mütter. Mit dieser *mise en scène*, die den Widerspruch wieder ins Blickfeld einführt, unterminiert Sirk die großen Gefühle, die Annies Rede im Publikum auslöst, denn das strahlende Lächeln der Tochter, an der ihr ganzes Leben hängt, ist lediglich ein Bild. Die Überzeugung, daß ihr Begräbnis ihren stolzen Übergang in die Herrlichkeit Gottes als weltliche Repräsentanz nachzeichnen wird, ist ebenso eine Schutzdichtung wie ihre auf dem Sterbebett verkündete grenzenlose Liebe zu ihrer Tochter.

Sirks Inszenierung des Begräbnisses setzt mit dem Bild eines der farbigen Kirchenfenster ein, vor dem Mahalia Jackson von einer Empore aus ihr Lied singt vom Leid der irdischen Welt, vom Vertrauen der Sterbenden und davon, daß sie jenseits der Schwelle zum Göttlichen ein unversehrtes Leben erwartet. Als die Kamera nach unten schwenkt, bekommen wir zum erstenmal jene irdische Gemeinde zu sehen, bei der Annie ihren anderen Wohnsitz hatte – eine schwarze Baptistengemeinde, nach der Lora sie nie gefragt hatte und die von Sarah Jane abgelehnt wurde. In der gemeinsamen Trauer um eine Frau, welche die beiden Welten, in denen sie lebte, voneinander trennen konnte, findet jene Überwindung von Rassengrenzen statt, die Lora heraufbeschwor, wann immer sie Sarah Jane erklärte, daß die ethnische Zugehörigkeit, wenn es um Fragen des Herzens geht, keine Rolle spielt. In der Trauergemeinde befin-

---

25 Halliday 1997, S. 152.

den sich auch die weißen Freunde Annies, aber wichtiger ist, daß sich in der dunkel gekleideten Menge nicht mehr genau erkennen läßt, wer schwarz und wer weiß ist.

Ein weißer, mit weißen Blumen bedeckter Sarg wird nach dem Ende des Liedes aus der Kirche heraus auf die Straße getragen und dort in einen mit vier weißen Pferden bespannten prunkvollen Leichenwagen gehoben. In diesem Augenblick unterbricht Sarah Jane die von ihrer Mutter inszenierte Feier, wie einst ihre Erzählung der Geburt Christi. Ging es damals darum, ihren Phantasieroman, sie sei weiß, gegen das Gebot ihrer Mutter durchzusetzen, bekennt sie sich mit dieser Störung zu ihrem mütterlichen Erbe. Verzweifelt erklärt sie einem Polizisten, der sie zurückzuhalten sucht, »Aber es ist meine Mutter!« und kann sich nur mit Gewalt aus seinem Griff lösen. Daraufhin wirft sie sich hemmungslos auf den Sarg und ruft nach ihrer toten Mutter. Wurde das erste Eingeständnis ihrer Liebe vor einer verschlossenen Türe gesprochen, folgt ihre Entschuldigung und die Anerkennung ihrer Mutter öffentlich, über deren Leiche. Doch die dem Glück eingeschriebene zeitliche Lücke bleibt in Sirks *mise en scène* bis zum Schluß erhalten. Konnte sie im Motel in der Nähe Hollywoods ihrer Mutter nicht mitteilen, sie sei an diesem Ort glücklich, sondern ihr nur versichern, sie sei hier weiß, so kann sie auch jetzt nicht den von Annie so sehnlichst erwarteten Satz aussprechen »Ich komme nach Hause zu dir«, sondern nur »Ich wollte nach Hause kommen«.

Und wieder ist es Lora, die Sarah Jane mit ihrem Gesetz zur Vernunft bringt. Aus dem Wagen, in den sie sich bereits mit Steve und Susi gesetzt hatte, ist sie beim Anblick von Sarah Janes Auftritt wieder ausgestiegen und auf diese zugerannt. Mit der Aufforderung »Hör auf!« (*Don't!*) weckt Lora die aufgebrachte Sarah Jane aus ihrer unnützen öffentlichen Selbstzerfleischung und führt sie zu ihrem Auto, während die Sargträger, die dieser Szene verständnislos zugesehen haben, endlich die Türe des Leichenwagens schließen können. Sarah Janes Versuch, über diese öffentliche Beichte Teil der schwarzen Gemeinde zu werden, scheitert. Sie ist in den Augen dieser Öffentlichkeit tatsächlich an der Stelle, an der sie immer sein

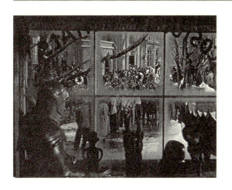
wollte – zusammen mit den anderen Weißen vom restlichen Trauerzug abgesondert.

Aus dem Fenster des fahrenden Wagens blikken diese vom Tod Annies Traumatisierten stumm auf den vor ihnen vorbeifahrenden Leichenwagen. Zweimal fährt Sirks Kamera zurück und blickt von einem undefinierten Innenraum aus durch ein von Holzrahmungen untergliedertes Fenster auf den Leichenzug, jedoch nur, um dann wieder auf die dem prunkvollen Spektakel beiwohnenden Trauernden zu schneiden, dann auf den reich geschmückten Sarg und schließlich auf die in dem fahrenden Auto sitzende Familie. In einer halben Nahaufnahme sehen wir Sarah Jane, die erschöpft ihren Kopf auf Loras rechte Schulter gelehnt hat, während diese mit ihrem linken Arm die Schulter ihrer eigenen Tochter berührt. Betroffen, doch nun seinerseits ein Stück weit ausgegrenzt, blickt Steve milde lächelnd auf dieses Frauenbündnis. Es ist, als habe Lora die Stelle eingenommen, die Annie bei der Lektüre der Weihnachtsgeschichte innehatte, während Steve nun an ihre Stelle gerückt ist.

Dann, mit einem letzten Bild des vorbeifahrenden Leichenwagens endet der Film, von dem Sirk behauptet, man solle seinem Happy-End nicht glauben, da man nur zu leicht erkennen könne, wie hoffnungslos alles sei, auch wenn in einer knappen und kurzen Szene, in der von Lora ausgehenden Zusammenschließung der drei hinterbliebenen Frauen eine glückliche Wendung angedeutet wird. »Das Happy-End ist Euripideische Ironie«, erklärt er. »Es macht die Masse glücklich. Für die wenigen läßt es die Aporie noch sichtbarer werden.« Fast penetrant weist er uns mittels der durch eine Fensterscheibe getrübten Sicht auf den Trauerzug darauf hin, daß wir die uns dargebotene familiäre Harmonie ebenso einzuschätzen haben wie das von Annie selbst inszenierte Begräbnis – als eine Repräsentation, die den Bereich der imaginären Verhältnisse der Betroffenen zueinander zeigt, dem sich das Reale jedoch entzieht. Somit werden nicht nur die vier hinter dem Autofenster hervorblickenden Weißen aus einem weniger vermittelten Erlebnis der Feier ausgegrenzt, sondern auch der Zuschauer befindet sich in einer Schwellenposition, die ihn zwischen unmittelbarer Ergriffenheit und selbstkritischer Distanz schwanken läßt.

Wie für die hybride Heldin scheitert auch für uns die Anrufung eines auf der Ideologie einer Rassentrennung basierenden Gesetzes, und deshalb lassen wir uns auf sentimentale Schutzdichtungen ein: auf die Liebesgeschichte zwischen einer Mutter und ihrer Tochter, auf die Romanphantasie von der Heimkehr einer Sterbenden zu Gott. Doch innerhalb der Welt von *Imitation of Life* scheitern auch diese Phantasien, weil Sirk uns immer wieder deutlich macht, daß auch sie als imaginäre Verzerrungen der realen Lebensumstände zu begreifen sind. Es bleibt uns nur der ironische Blick, der es uns erlaubt, zwischen der Charybdis der symbolischen Gesetze und der Skylla der Liebe durchzulavieren, auf einem diese beiden Träume widerspiegelnden Meer der eigenen Wahrnehmung. Der unlösbare Widerspruch, den Sirk so hartnäckig zelebriert, liegt beim Ende von *Imitation of Life*, im Gegensatz zu seinem letzten Ufa-Film, eher außerhalb der Filmhandlung: »Die Ironie ist im Auge des Publikums enthalten.«[26] Ob wir diese Anrufung annehmen, liegt natürlich weiterhin bei uns.

---

26 Halliday 1997, S. 52.

Meister des unglücklichen Happy-End

John Halliday hat in seinem Gespräch mit dem alternden Regisseur angemerkt, dieses Begräbnis sähe aus wie die Inszenierung seines Abschieds von Hollywood, und Douglas Sirk widersprach dieser These nicht. Er, der erst spät im Leben erkannte, daß seine Flucht aus einer Welt, die ihm zuerst wie ein Paradies und dann wie die Hölle vorgekommen war, zu einem unlösbaren Umstand kultureller Entortung führte, deren Materialisierung sich in der Überlagerung seines neuen amerikanischen und seines abgelegten deutschen Namens zeigte, gab nach der Fertigstellung von *Imitation of Life* mit ebenso ambivalenten Gefühlen wie seine Heldin Astrée zwanzig Jahre zuvor seine fraglos verlockende Position in Hollywood auf und kehrte nach Europa, aber nicht in sein Heimatland zurück. Nachdem er sich entschlossen hatte, keine Melodramen mehr zu verfilmen, vollzog er am eigenen Leibe den »Melo-Plot«, den er vorher für zwei verschiedene Studios erfolgreich inszeniert hatte. John Halliday erklärte er, es habe ihn zwar gereizt, wieder nach Hollywood zurückzukehren, denn »Hollywood, dieser korrupte (*rotten*) Ort, übt unbestreitbar einen zauberhaften Reiz auf einen aus«. Doch er traf eine andere Wahl, über die er zwar nie ganz glücklich war, die jedoch von seinem Entschluß ausging, die Krankheit, die während seiner letzten Hollywoodjahre ausgebrochen war, nicht nur als einen Zufall zu begreifen.

Die daraus entstandene Zerrissenheit beschreibt er folgendermaßen: »Ich hatte keine Wurzeln mehr in Europa, und ich glaube nicht, daß ich neue Wurzeln in einen Boden schlagen wollte, der mir fremd geworden war. Ich war mittlerweile mehr in Amerika zu Hause.« Aber aus Furcht, wieder in die Korruptheit der Studiowelt hineingezogen zu werden und wie die Schauspielerin und die

Nightclub-Tänzerin aus seinem letzten Melo zu enden, faßte er den Entschluß eines anderen erträglichen Unglücks: »Ich blieb in der Schweiz, wo ich auch nicht zu Hause bin.« Wie einen nachträglichen Einfall fügt er die Anerkennung der eigenen unüberwindbaren Entortung hinzu, die so unheimlich ist, weil auch sie nur in der Sprache der Imitation zum Ausdruck gebracht werden kann: »Und manchmal, wenn ich über mich selbst nachdenke, erscheint es mir, als wenn ich eine dieser gottverdammt gespaltenen Figuren meiner eigenen Filme betrachten würde.«[27]

---

27 Ebd., S. 156.

6. Hybride Heimat des Westerns

The Searchers (John Ford) und *Lone Star* (John Sayles)

Dem Bewußtsein kann daher nur das Grab seines Lebens zur Gegenwart kommen. Aber weil dies selbst eine Wirklichkeit und es gegen die Natur dieser ist, einen dauernden Besitz zu gewähren, so ist auch diese Gegenwart des Grabes nur der Kampf eines Bemühens, der verloren werden muß. Allein indem es diese Erfahrung gemacht, daß das Grab seines wirklichen, unwandelbaren Wesens keine Wirklichkeit hat, wird es die unwandelbare Einzelheit als wirkliche aufzusuchen oder als verschwundene festzuhalten aufgeben, und erst hierdurch ist es fähig, die Einzelheit als wahrhafte oder als allgemeine zu finden.

Hegel (Phänomenologie des Geistes)

Dem Schutz des trauten Heims den Rücken kehren

In ihrer Huldigung des großen Western-Regisseurs äußern McBride und Wilmington die Vermutung, es hätte immer zwei John Fords gegeben. Der 1894 als Sean Aloysius O'Fearna getaufte *first generation*-Amerikaner entpuppt sich nämlich bei genauer Betrachtung als eine hybride Mischung von Ikonograph und Ikonoklast.[1] In seiner filmischen Umsetzung des amerikanischen Traums zeichnet sich nämlich einerseits der Wunsch des Neuankömmlings ab, die Liebe zur neuen kulturellen Heimat zu beweisen, andererseits aber auch der Schmerz und die Enttäuschung des Fremden über die Makel des von ihm idealisierten Landes. Tatsächlich könnte der Widerspruch, als Außenseiter von der Suche nach Zugehörigkeit zu einer überlebensfähigen Gemeinschaft getrieben zu sein, gleichzeitig aber erkennen zu müssen, welche Folgen das Heimischwerden hat, als Markenzeichen des Œuvres festgehalten werden, mit dem Ford seine persönliche Version des amerikanischen Nationalmythos zu entwerfen versucht hat. Seine Filme – Kriegsfilme, Western oder historische Dramen – leben in großem Maße

---

1 Siehe Joseph McBride und Michael Wilmington, *John Ford*, London 1974. Ford wußte nicht nur die Gründungslegende Amerikas filmsprachlich erfolgreich umzusetzen, sondern sich auch zeit seines Lebens mit den Problemen auseinanderzusetzen, die mit dieser ihm als kulturelles Erbe vermachten Legende des Einwanderers einhergingen. In Interviews verbarg oder verfälschte er gern seine persönlichen Daten, so daß sein Geburtsdatum weiterhin umstritten bleibt. Zu Recht bemerkt Richard Waswo, es sei sicherlich »kein Zufall, daß der Dichter, der am eindrücklichsten die prekäre Ambivalenz unserer zivilisierten Identität zum Thema machte, so erfolgreich bemüht war, seine eigene Identität zu verstellen«. In: *The Founding Legend of Western Civilisation. From Virgil to Vietnam*, Hanover/London 1997, S. 301.

von der Spannung zwischen einem verzweifelten Drang nach Gemeinschaft und einer ebenso ausgeprägten Lust an Einsamkeit. Die Helden lehnen die unlösbaren Widersprüche und Differenzen, über die jede als *home* bezeichnete Gemeinschaft errichtet wird, für sich radikal ab und entsprechen darin der Haltung des irischen Immigranten: »Wie seine Helden war Ford oft zerrissen zwischen einer Liebe für die Idee der Gemeinschaft und einer Entfremdung von dem Faktum (*fact*) der Gemeinschaft, die zur Verachtung und offenen Revolte führen konnte.«[2]

Gerade weil es John Ford gleichermaßen um die patriotische Errichtung eines Nationalmythos und die kritische Entlarvung von dessen Unzulänglichkeit ging, scheint es nur konsequent, daß einige seiner unumstrittenen Meisterwerke bei den späten Western zu finden sind: *The Searchers* (1956) und *The Man Who Shot Liberty Valence* (1962). Denn in diesen Filmen setzt Ford, der sich so erfolgreich einen der Kernträume des amerikanischen Bildrepertoires anzueignen gewußt hat, seine nostalgisch an die von der Realität längst überholte Legende eines ursprünglichen Wilden Westens erinnernden Geschichten ein, um das Morsche, das der amerikanischen Ideologie eines *manifest destiny* innewohnt, sichtbar werden zu lassen. Vor allem in diesen späten filmischen Transpositionen der Politik imperialistischer Expansion, die in der Mythenbildung des Westens als unumgänglich und notwendig positiv verteidigt wurde und vordergründig das zivilisatorische Projekt, aus der Wüste einen Garten zu erschaffen, in Umlauf brachte, um den Genozid wie die uneingeschränkte Ausbeutung der Naturschätze als Fortschritt zu vertreten, werden das Provisorische der Siedlergemeinschaften und die tragischen Opfer, die ihr Errichten forderte, ins Blickfeld gerückt. Hier weist John Ford nicht nur auf das Prinzip der Zufälligkeit hin, nach dem diese *homes* aufgebaut wurden, sondern betont zudem das Fragile dieser Gemeinschaften. Den Angriffen von Indianern, willkürlicher Banditengewalt und der Bedrohung durch Naturkatastrophen ausgesetzt, mußten diese provisorischen

---

2 Ebd., McBride und Wilmington 1974, S. 24.

homes stets verteidigt oder nach einer Niederlage an einem anderen Ort schnell neu errichtet werden.

Die Zersetzungskraft jedes in der Prärie durchgesetzten zivilisatorischen Projekts, die der Ideologie unendlicher Aufbau- und Entwicklungsmöglichkeiten innewohnt, wird im Westernmythos vornehmlich durch zwei unterschiedliche Gemeinschaften repräsentiert. Die einen – die weißen Siedler – schlagen Wurzeln, wohl wissend, daß diese nur provisorisch sein können. Sie lassen sich auf die Kontingenzen, die die Wildnis beherbergt, so ein, daß sie stets versuchen, den eigenen zivilisatorischen Anspruch neu auszuhandeln und den Umständen entsprechend zu modifizieren. Die anderen – die Indianer, teilweise aus ihrer Heimat vertrieben – führen die Kontingenz der Wildnis am eigenen Leibe vor: als Nomaden. Aber es gibt noch eine dritte Position – die jener hybriden Helden, die zwischen den Lagern oszillieren, weder ganz der Gemeinschaft der Siedler zugehörig noch jener der einheimischen Bevölkerung. Sie sind in der offenen Landschaft der Prärie und der Berge zu Hause, gleichzeitig aber auch besessen von nostalgischer Erinnerung an den Schutz des familiären Heims. Diese Helden, die im Zuge der geglückten Zivilisierung des Westens selbst obsolet werden, obgleich gerade sie als mythische Figuren in unserem kulturellen Bildrepertoire weiterwirken, beleben einen Zwischenraum, den man mit Foucault deshalb heterotopisch nennen könnte, weil er einen Gegenort zur Gesellschaft darstellt, einen Ort außerhalb aller Orte, einen wirklichen und wirksamen Ort, der aber gleichzeitig unmöglich, weil imaginär durchsetzt ist.[3] Der weite, endlose Raum verspricht dem Helden scheinbar einen Ausweg aus den unerträglichen Widersprüchen eines Lebens in der Gemeinschaft, bietet ihm aber eigentlich nur die Möglichkeit, in diesem Raum unbegrenzt zu kreisen.

---

3 Foucault (1990) unterscheidet zwischen Utopien als Plazierungen ohne wirklichem Ort und Heterotopien, »wirkliche Orte, wirksame Orte, die in die Einrichtungen der Gesellschaft hineingezeichnet sind, sozusagen Gegenplazierungen oder Widerlager, tatsächlich realisierte Utopien, in denen die wirklichen Plätze innerhalb der Kultur gleichzeitig repräsentiert, bestritten und gewendet sind, gewissermaßen Orte außerhalb aller Orte, wiewohl sie tatsächlich geortet werden können« (39).

Zu Recht haben Kritiker darauf hingewiesen, daß John Ford der Prärie ganz im Sinne der Western-Ikonographie eine mythische Qualität verleiht und Monument Valley wie eine statische Traumlandschaft inszeniert. Das könnte man aber auch als einen der prägnantesten ikonoklastischen Züge seines Filmwerkes lesen, genauer: als Visualisierung seiner Enttäuschung darüber, daß der amerikanische Traum von der unbeschränkten Entwicklungsmöglichkeit des Individuums in Wirklichkeit eine Sackgasse ist. Den Beschränkungen, die die Gesellschaft für das Individuum bedeutet, zu entkommen, ist gerade im Westen, wo das zivilisatorische Projekt um jeden Preis gelingen muß, unmöglich.

Man könnte aus der als Illusions- und Einbildungsort inszenierten Landschaft jedoch noch eine andere Entsprechung zum psychischen Zustand des Helden ableiten. So wie der Fordsche Eigenbrötler die Idee einer Zugehörigkeit gegenüber dem tatsächlichen Wohnen am häuslichen Herd bevorzugt, so inszeniert Ford die Landschaft des Westens bewußt als imaginären Ideenort, als heterotopisches Widerlager, das nicht nur den Gegensatz zu den *provisional homes* der Siedler darstellt, sondern mehr ist als ein realer Ort. Auf den Vorwurf, in *The Searchers* würden die Männer der Suchtruppe über fünf Jahre hinweg scheinbar von Kanada bis New Mexiko umherziehen, eigentlich aber Monument Valley nie verlassen, antworten McBride und Wilmington scharfsinnig: »Genau! Monument Valley ist mehr als ein realer Ort für Ford. Es ist ein geistiger Zustand. Es ist sowohl eine Sackgasse wie auch ein endgültiger Wert; das moralische Schlachtfeld, von allen Verzierungen freigemacht und somit vollkommen gemacht durch die Abwesenheit von allem organischen Leben innerhalb seiner Grenzen. Die Horizonte von Monument Valley, sowohl urzeitlich wie auch jenseits der Gesellschaft, zeigen auf die Ewigkeit.«[4]

Ausgehend von diesem das Œuvre John Fords durchziehenden Widerspruch zwischen der ideologischen Vorgabe, ein zivilisatorisches Projekt müsse um jeden Preis durchgesetzt werden, und dem

---

4 McBride und Wilmington 1974, S. 37.

Wunsch, sich von den Gesetzen dieser Gemeinschaft zu distanzieren, soll zunächst die fruchtbare Spannung zwischen den *provisional homes* der Siedler und der wie ein Kampfschauplatz inszenierten Prärielandschaft nachgezeichnet und dann John Sayles *Lone Star* (1995) als eine unter dem Aspekt der Multikulturalität entworfene Übersetzung dieser so brüchig im Spätwerk John Fords kommemorierten Legende des Westens vorgestellt werden. Dabei geht es auch um die Frage, wie eine geglückte Beheimatung aussehen könnte bzw. welche Lücke dem Versprechen eines heimatlichen Glücks innewohnt. Dennoch radikalisiert Ford die in den vorherigen Kapiteln wiederholt anklingende Phantasie, »Glück wäre an dem Ort zu finden, an dem man gerade nicht ist«. Das *home*, für das der Held kämpft, für das er alles einzusetzen und sich zu opfern bereit ist, erscheint gerade als jenes Haus, in dem er nicht Herr sein darf und sein will. Der Genuß besteht ganz manifest darin, daß er ausgeschlossen bleibt, denn die Logik der Western-Ideologie schreibt vor, daß für ein beschützendes und befriedigendes *home* zu kämpfen, reale Zugehörigkeit radikal ausschließt. In diesem Sinne könnte der Western, wie Michael Wood vorschlägt, als eine besonders markante Deutung des dem amerikanischen Traum von unbegrenzter Freiheit innewohnenden blinden Fleckes gelesen werden. »Amerika ist nicht so sehr ein *home* für jeden als ein universaler Traum von *home*, ein Wunsch, dessen Reiz davon abhängig ist, daß er auf der Ebene des Wunsches bleibt. Die Filme bringen die *boys* zurück, hören aber in dem Moment auf, wo sie zurückgekehrt sind; denn *home*, jenes vielgerühmte, *all-american*-Ideal, ist eine Art Tod und eine entstellte Rechtfertigung für all jenes Herumwandern, das den amerikanischen Kinohelden so lange hat wegbleiben lassen.«[5] Dieser Phantasie männlicher Einsamkeit und Wanderschaft geht jedoch eine bezeichnende Trennung der Geschlechter voraus. Es sind nämlich die Frauen, die für die Gemeinschaft eintreten, »die für eine Welt von Kindern und *homes* und Veranden und Küchen und Nachbarn und Gerüchten und Schulen einstehen – all jene Dinge, vor

---

5 Siehe Michael Wood 1989, S. 24–50.

denen der amerikanische Held flieht«.⁶ Zwar diktiert das Western-Genre, daß der Preis der Zivilisation, egal wie hoch, bezahlt werden muß. Der von Ford inszenierte Widerspruch lebt jedoch von einer nostalgischen Sympathie für die Figuren, die sich weigern, diese Kosten zu tragen. So stehen seine Filme auf der manifesten Ebene ein für den weiblichen Zivilisationsantrag, der um das Bild des gefährdeten, aber auch widerstandsfähigen *home* kreist und ihm gleichzeitig den weiten, leeren Raum der undomestizierten Prärie entgegenhält, und zwar als faszinierende »Einladung zur Einsamkeit. In dieser verlassenen Landschaft hat weder das Selbst noch die Gesellschaft einen Anspruch. Die Prärie und die Berge, von der Filmkamera vergrößert und entvölkert, bieten ein Leben ohne andere, ein Leben mit niemandem, ein befriedetes Leben, in dem selbst das eigene Ich die Stimme kaum über ein Flüstern erhebt.«⁷

In diesem Gegensatz zwischen dem weiblich besetzten *provisional home* der Siedler und der Wildnis als Ort männlicher Einsamkeit, aber auch als Ort, an dem der Kampf gegen all jene, die die Welt der Siedler bedrohen, ausgetragen werden kann, stützt das von Ford vertretene und kulturell in Umlauf gebrachte Phantasieszenarium des *lonely cowboy*, jene von Hegel vorgeschlagene Theorie der Notwendigkeit des Krieges: Der nach außen getragene Kampf könne dafür sorgen, daß Ruhe im Innern gewonnen bzw. innere Unruhe verhindert werden könne. Wie sehr dies – analog der Western-Ideologie – als Kampf der Geschlechter umformuliert werden muß, betont Hegel dann, wenn er behauptet, die Weiblichkeit stehe für die Vereinzelung in Familien ein, welche die Männlichkeit – als Vertreter des menschlichen Gesetzes in seinem allgemeinen Dasein – in sich aufzehren und in der Kontinuität seiner Flüssigkeit auflösen muß: »Indem das Gemeinwesen sich nur durch die Störung der Familienglückseligkeit und die Auflösung des Selbstbewußtseins in das Allgemeine sein Bestehen gibt, erzeugt es sich an dem, was es unterdrückt und was ihm zugleich wesentlich ist, an

---

6 Ebd., S. 42.
7 Ebd., S. 50.

der Weiblichkeit überhaupt als seinem inneren Feind.« Die für die Familie und das *home* einstehende Welt der Frauen, in der Allgemeines in differenzträchtige, individuelle Einzelheiten zerfällt, stellt die Verkörperung eines unlösbaren Antagonismus, das »feindselige Prinzip« dar, gegen das der nach Gemeinwesen drängende männliche Held sich auflehnen muß. Dies führt Jan Freitag dazu, die Spekulation zu wagen: »Wenn Männer in den Krieg ziehen, flüchten sie vor dem Antagonismus im familiären Heim, der ›abstrakten Negativität‹, auf der das Gemeinwesen beruht, in die einfache Realopposition der Front. Mit anderen Worten: Der Krieg artikuliert die ›unmögliche Fülle‹ der Gesellschaft, er fokussiert den Antagonismus, der die sedimentierten Formen unseres ›objektiven‹ Alltagslebens in der Form des *gender trouble* durchzieht.«

Das auf einem vom familiären Heim klar abgetrennten Schauplatz durchgeführte Kampfszenarium – ob zwischen dem Helden und den die Gemeinschaft bedrohenden Indianern oder den die Gemeinschaft mit ihrem obszönen Gesetz heimsuchenden Banditen – bietet sinnigerweise eine Möglichkeit, dieser von der Weiblichkeit vertretenen inneren Unruhe zu entkommen. So folgert Freitag: »Weit davon entfernt, eine Nähe zu irgendeiner organischen Lebenssubstanz hervorzubringen, die verhindert, daß die Individuen im ewigen korrupten Kreislauf ihres ›objektiven‹ Alltagslebens untergehen, garantiert die Repräsentation der Negativität in der Realopposition des Krieges eine sichere Distanz zur Übernähe des antagonistischen Realen, die das Gemeinwesen in der Figur der häuslichen, familiären Weiblichkeit permanent heimsucht.«[8]

---

8 Georg Wilhelm Friedrich Hegel, *Phänomenologie des Geistes. Theorie Werkausgabe*, Frankfurt a. Main 1970, S. 352. Siehe auch *Grundlinien der Philosophie des Rechts*, Frankfurt a. M. 1970. Für den Vorschlag, Hegels Ausführungen zum Krieg auf den von Judith Butler in ihrer bahnbrechenden Studie *Gender Trouble, Feminism and the Subversion of Identity* (New York/London 1990) entfalteten Vorschlag, die Performanz der Geschlechterdifferenz als Ausdruck eines unlösbaren Antagonismus zu begreifen, der in keine einfache Opposition der Geschlechter zurückzuführen ist, danke ich Jan Freitag, »Unmögliche Geographien«, MS.

Wie in Hitchcocks *Rebecca* ist das *home* in John Fords Filmen ein antagonistischer Ort, an dem der Held sich fremd fühlt, weil er von der unerträglichen Übernähe eines weiblichen Prinzips besetzt ist. Nur liegt die zerstörerische Kraft nicht bei der Stellvertreterin einer Toten, die ihren Machtanspruch nicht aufgeben will, sondern beim Helden, der die Behausung selbst zerstören muß, damit er unter dem Zeichen des verlorenen Heims ewig umherirren kann. Im folgenden soll deshalb weiterhin der Frage nachgegangen werden, welchem Genuß die hier durchgespielte Nostalgie nach einem für den Helden unzugänglichen Ort dient. Welche psychisch-kulturelle Funktion haben die abgebrannten oder als Ruinen stehen gebliebenen Häuser, die wie eine Krypta im Gedächtnis des einsamen Außenseiters als ewig verlorener Ort des Glücks liebevoll gehegt werden? Gleichzeitig soll aber auch jener Aspekt der Fordschen Ikonographie beleuchtet werden, der sich radikal unterscheidet von den Psycho-Horror-Szenarien Hitchcocks wie auch den unglücklichen Happy-Ends der Sirkschen Melos, nämlich die Tatsache, daß eine Beheimatung durchaus gelingen kann. Die Frage ist demnach: Welche Figuren können erfolgreich das im Westen errichtete *provisional home* bewohnen? Und warum können sie dies im Gegensatz zu eben jenen eigenbrötlerischen Helden, von denen wir, wenn wir uns an die Meisterwerke dieser Gattung erinnern, nostalgisch träumen?

DIE EINRAHMUNGEN

Während der Vorspann von *The Searchers* abläuft, hören wir die erste Strophe des von Stan Jones geschriebenen Titelsongs: »What makes a man to wander, what makes a man to roam? What makes a man leave bed and board and turn his back on home? Ride away. Ride away. Ride away.«[9] Dann löst eine schwarze Leinwand, auf der für einige Sekunden in weißen Lettern die Aufschrift »Texas 1868« zu lesen ist, den vorherigen Hintergrund ab, auf dem eine gemalte Ziegelsteinmauer, die jedoch kein klares Häusergerüst zu erkennen gab, abgebildet war. Für einen kurzen Augenblick bleibt die Leinwand anschließend schwarz, doch dann geht eine Türe auf, und  über die Schultern einer Frau, die wir nur von hinten als schwarze Silhouette sehen, blicken wir auf die von der geöffneten Türe eingerahmte Prärielandschaft. Dann fährt die Kamera aus der Tiefe des Innenraumes auf den Rücken der Frau zu, während diese über die Türschwelle tritt. Im Licht, das auf die Veranda fällt, gewinnt ihr Körper langsam Konturen. Wir folgen gleichzeitig ihrem Blick in die Weite des Raumes. Dem Haus nähert sich eine noch gänzlich unkenntliche männliche Gestalt.

---

9 ›Was treibt einen Mann zum Wandern, was treibt einen Mann dazu umherzuirren? Was treibt einen Mann dazu, Bett und Tisch aufzugeben und dem trauten Heim seinen Rücken zuzuwenden?‹

John Ford läßt mit den ersten Sekunden seines Films keinen Zweifel darüber aufkommen: Die Landschaft, aus der der einsame Held zu seiner Familie zurückkehrt und in die er, wie wir aus dem Titelsong bereits wissen, auch wieder flüchten wird, das ist sowohl die private Kinoleinwand der Frau als auch die unsere. Der Eintritt in die Phantasiewelt wird explizit als Schritt über die Schwelle des Hauses an den liminalen Ort der Veranda inszeniert. Dort steht die Frau, ihren rechten Arm an einen Pfosten gelehnt, und wartet wie wir. Ihr Traum von dem, was aus dem familiären Alltag ausgeschlossen bleiben muß, setzt an dieser Stelle ein, und über die Identifikation mit ihr, die wir – wie den im Kino vor uns sitzenden Zuschauer – weiterhin nur von hinten sehen, treten auch wir ein in ein Phantasieszenarium, das um den einzelnen kreist, der sich opfern muß, damit ein zivilisatorisches Projekt durchgesetzt werden kann: der amerikanische Traum der Eroberung der Wildnis – ein eingerahmtes Bild.[10]

Erst dann schneidet Ford auf ihr Gesicht, und nun sehen wir, was vorher nur zu ahnen war. Sehnsüchtig, ängstlich, aber auch erwartungsvoll blickt sie auf den Fremden. Mit der linken Hand schützt sie ihre Augen vor dem gleißenden Licht der Sonne. Plötzlich tritt von links hinter ihr ein Mann auf, blickt sie an, fragt »Ethan?« und läuft rechts an ihr vorbei, die Treppe der Veranda hinunter. Dann zeigt Fords Kamera die Veranda von der linken Seite, so daß sie uns, nachdem noch zwei

---

10 Um eine andere Analogie anzusprechen, könnte man auch sagen, sie tritt wie Dorothy in Flemings Nationalmythos über die Schwelle ihres Hauses in ein Zauberreich, in dem im Vergleich zum Alltag märchenhafte Wesen leben: der einsame Cowboy, der rachsüchtige Indianerhäuptling, der geldgierige Händler, der machtlose Kavallerieoffizier, der gefährliche Outlaw.

Mädchen, ein Holz tragender Junge sowie ein Hund sich hinzugesellt haben, das Tableau der glücklich vereinten Siedlerfamilie wie auf einer Bühne vorführen kann: Vorn an der Grenze zur offenen Landschaft der Vater, hinter ihm, noch auf der Veranda, auf gleicher Höhe Mutter und Sohn, der Kamera am nächsten, an der Wand des Hauses, die beiden Töchter. In diesen klaren Positionen verharrend, erwarten sie den Heimkehrerer, der am Haus von seinem Pferd steigt, zuerst Aaron Edwards fast förmlich distanziert die Hand reicht, sich dann dessen Frau Martha zuwendet, die ihn mit ausgestreckten Armen herzlich begrüßt: »Willkommen daheim« – während er ihr zärtlich zurückhaltend die Stirn küßt. Ihn weiterhin

betrachtend und rückwärts sich der Türe ihres Hauses wieder nähernd, bittet sie ihn einzutreten. Alle Figuren tauchen wieder in den dunklen Innenraum ein. Eine 180-Grad-Drehung hat unmerklich stattgefunden. Mit dem nächsten Schnitt sind auch wir am Herd dieses Heims, das nun vollständig ausgeleuchtet ist. Mit der liebevoll schützenden Geste, mit der der Heimkehrende die jüngere Tochter Debbie in die Luft hebt und dann in den Armen schaukelt, während er auch die anderen Kinder begrüßt, beginnt die Geschichte von Ethan Edwards Odyssee, die ihn bald zwingen wird, diese Wohnstätte erneut zu verlassen. Bei der nächsten Rückkehr wird er nur noch ein abgebranntes Haus finden – die Bewohner sind ermordet oder verschleppt –, worauf er sich genötigt fühlt, eine fünfjährige Suche nach der jungen Debbie anzutreten.

Obgleich der Bürgerkrieg bereits seit drei Jahren vorbei ist, kehrt Ethan erst jetzt auf die Ranch seines Bruders zurück, und zudem noch immer in der Uniform der Konföderierten Armee. Zwei Geheimnisse haben ihn zur Heimkehr getrieben. Nur zu offensichtlich zeigt uns Ford die unausgesprochene Liebe zwischen Martha und ihrem Schwager – durch die Art, wie sie sein Cape abnimmt und es am nächsten Morgen heimlich streichelt, bevor sie es zurückgibt, wie auch durch die Art, wie der sonst eher grimmige John Wayne auf die zierliche Dorothy Jordan blickt. Ebenso andeutungsträchtig verheimlicht Ethan, wo er die letzten drei Jahre verbracht hat. Mit seinem Schweigen unterstützt er die Vermutung seines Bruders, er hätte das frisch geprägte Gold, das er als Vorauszahlung für seine Logierkosten auf der Ranch anbietet, illegal erhalten. Als die Familie bereits am gedeckten Tisch Platz genommen hat, erscheint das letzte Familienmitglied, der Mischling Martin Pawley. Auch er kommt angeritten und wird so von der Kamera wiederum mit einem Blick auf die deutlich eingerahmte Prärielandschaft eingefangen, bevor er leicht zögernd über die Schwelle und an den Eßtisch tritt,

dann aber beherzt seinen Onkel Ethan begrüßt: »Willkommen daheim, Sir!« Die strenge Zurückhaltung, mit der Ethan diesen Jungen behandelt, ja gar versucht, ihn als »Halbblut« zu demütigen, und jegliche familiäre Bande abstreitet (im Verlauf des Films verbietet er ihm auch wiederholt, ihn »Onkel Ethan« zu nennen), obgleich er es war, der ihn nach dem Massaker seiner Eltern gefunden hat, läßt Ethans Rassismus deutlich werden. Über Ethans Ablehnung führt Ford das die Ideologie seines *home*-Begriffes prägende Verständnis geokultureller Zugehörigkeit ein, für welches der adoptierte Mischling Marty einsteht. Da er sich die Verhaltenskodes des familiären Alltags der Familie Edwards erfolgreich angeeignet hat – Kodes die ihm von seiner Herkunft her nicht zustehen –, bildet er in seiner Anpassungsfähigkeit das Gegenstück zum leiblichen Bruder, der in der Familie nie heimisch sein wird.

Die höchst fragile Wiedervereinigung der zwei Brüder wird am nächsten Morgen durch den Auftritt des Captain Reverend Samuel Johnson Clayton gestört, der sowohl als Leiter der Texas Rangers wie auch als Priester in der Gemeinschaft für Gesetz und Ordnung sorgt. Aaron und Marty sollen unter Eid in einer Suchtruppe der Texas Rangers mitwirken, die soeben provisorisch zusammengesetzt wurde, um die gestohlene Viehherde der benachbarten Jorgensen-Ranch ausfindig zu machen. Ethan, der als letzter zur aufgebrachten Menschengruppe hinzutritt, besteht jedoch darauf, an Stelle seines Bruders mitzureiten. Scharfsinnig warnt er Aaron: »*Stay close*, bleibe auf der Hut.« Wie Mose Harper, einer der freiwilligen Rangers, der sich zwar wie ein Narr gebärdet, aber mehr über die Sitten der Indianer weiß als die anderen Siedler, ahnt auch Ethan, daß die gestohlene Herde ein Köder der kampflustigen Komantschen sein könnte, um die Männer in den weiten Prärieraum zu locken. Andererseits will Ethan, daß sein Bruder bei den Frauen zurückbleibt. Wie sie, wird er als einziger Mann schutzlos der Gewalt der Indianer ausgesetzt sein. Ethan weiß, was er tut, wenn er vor den sich abzeichnenden Antagonismen im Hause Aarons – der Ambivalenz seiner Liebe zur Schwägerin Martha – in die einfache Opposition des Kampfes mit den Indianern flieht.

Dabei hebt John Ford hervor, daß sein Held zwar in seinen Gefühlen zerrissen sein mag, daß diese innere Qual jedoch von klaren Fronten ausgeht. Ethan, der im Verlauf der Handlung immer wieder zwischen den kulturellen Kodes der Indianer und denen der Weißen lavieren kann, ist andererseits ein Mann, der nur *einer* symbolischen Anrufung zu folgen bereit ist. Er lehnt es ab, den Treue-Eid der Texas Rangers zu schwören: Dieser sei sowieso nicht legal. Auf die herausfordernde Frage des Sheriffs, ob er wegen eines Verbrechens gesucht werde, erklärt Ethan: »Ich denke, ein Mann ist nur für *einen* Eid gut, und ich habe meinen der Armee der Konföderierten Staaten geschworen.« Mit anderen Worten: Er lehnt es ab, seine Zugehörigkeit zu einer symbolischen Gemeinschaft den Umständen entsprechend neu zu verhandeln und umzuformulieren, wie er auch seine ambivalente Position innerhalb der Familie überhaupt nur deshalb definieren kann, weil Martha ihm stets unterstützend zur Seite steht und alle aufkommenden Differenzen sofort glättet bzw. durch ausdrücklich gewählte Geheimhaltung verbirgt. Ethans unheimliche Stellung inmitten der Siedler ist aber nicht vergleichbar mit der des Mischlings Marty, der zwar weiß, daß er immer mehr als einer geokulturellen Anrufung folgt, sich aber dennoch sowohl Aarons Haus als auch den Texas Rangers zugehörig fühlt. Ethan will nur das eine, selbstgewählte symbolische Mandat gelten lassen. Unfähig, aber auch unwillig, den Wandel der Zeiten mitzumachen, verharrt er bei einem längst überholten Schwur. In seiner psychischen Realität, die gleich der Landschaft, die er bewohnt, ein heterotopisches Gegenlager zu den eigentlichen Lebensumständen der Siedler bildet, hat es keine Kapitulation gegeben und kann es auch keine geben. Zu jeglichen Kompromissen unfähig, weil er an einer Welt der klaren Fronten und einfachen Widersprüche festhalten muß, kann er sich ebenso wenig auf ein Aushandeln der Stelle einlassen, die er gegenüber dem Gesetz der Siedler einzunehmen bereit ist, wie auf ein Austarieren seiner Stellung innerhalb der Familie Edwards. Der Liebeskonflikt kann weder ausgehalten noch ausgetragen, sondern nur durch Flucht umgangen werden. Noch einmal sehen wir, wie Martha ihrem Schwager Hut und Cape reicht, liebevoll die Arme nach ihm ausstreckt und Ethan sie zärtlich auf die Stirn küßt, bevor er wortlos aus dem Zimmer stürzt.

Erst als die Männer mitten in der Prärie die geschlachteten Rinder finden, begreifen sie, daß sie tatsächlich in eine Falle der Komantschen gegangen sind. Da der Trupp zu weit von Aaron Edwards' Ranch entfernt ist, kann der auf Rache sinnende Häuptling Scar bei Anbruch der Nacht ungestört Aaron, Martha und deren Sohn Ben ermorden und die beiden Töchter Lucy und Debbie verschleppen. Am nächsten Morgen stürzt Ethan, den Namen der ihm verbotenen Frau rufend, auf das in eine dunklen Ruine verwandelte Heim seines Bruders zu, doch an der Schwelle sinkt er erstarrt in die Knie. Was er im dunklen Inneren dieses Gebäudes sieht, behält er wie ein Geheimnis für sich. Diesen Raum betritt er nicht und hindert auch den von Schmerz ergriffenen Marty gewaltsam daran, zur Leiche seiner Tante Martha vorzudringen. (Auch die Kamera bleibt draußen.)

Brisant für Ethans Gefühlsambivalenz gegenüber dem *home* ist nun aber die Tatsache, daß Ford unentscheidbar läßt, ob die Zerstörung der Edwards-Familie real ist oder Ethans Vorstellung dessen darstellt, was vorfallen wird, weil er seinem Bruder nicht zu Hilfe kommen kann. Dem fügt sich nahtlos die Frage an, die zunächst offenbleibt, ob die Vorstellung ein Alptraumszenarium oder eine Wunschphantasie darstellt. Kann Ethan seinen Bruder nicht verteidigen oder will er ihn gar nicht verteidigen?

Diese traumatische Zerstörung der Familie wird von Ford folgendermaßen narrativ eingerahmt: Nachdem die Männer die Edwards-Familie verlassen haben, folgt zunächst die Szene der schrecklichen Erkenntnis. Sie begreifen, daß sie von den Indianern überlistet worden sind, und teilen sich deshalb in zwei Gruppen auf. Die erste reitet sofort weiter zur Jorgensen-Ranch, da diese näher liegt als die Edwards-Ranch. Dann zeigt uns Ford den von Bergen eingerahmten Ethan, der gegenüber Martin Pawley und Mose Harper darauf besteht, daß die Pferde ausruhen müssen, bevor sie die vierzig Meilen zur Ranch seines Bruders zurückreiten können. In der Hitze der Nachmittagssonne steht er im rechten Teil des Bildrahmens an sein Pferd gelehnt und blickt resigniert vom Betrachter aus nach links in die Ferne. Mit einem harten Schnitt leitet Ford bei Abenddämmerung über zur Ranch Aarons, die im rötlichbraunen Licht wie ein künstlich ausgeleuchteter Phantasieraum erscheint. Beklommen verbarrikadiert sich die Edwards-Familie, nachdem sie begriffen haben, daß sie von feindlichen Indianern umzingelt sind. Zuvor jedoch schicken sie Debbie durch das Küchenfenster

hinaus zum kleinen Familienfriedhof, in der Hoffnung, daß sie so dem Überfall entkommen könnte. Nun ist es Nacht, und im Mondlicht muß Debbie, die sich an den Grabstein ihrer Großmutter gelehnt hat, erkennen, daß sie nicht allein ist. Eine große, imposante Gestalt tritt aus dem Nichts zu ihr und überdeckt sie mit seinem Schatten – der zum Kampf geschmückte Häuptling Scar. Eher neugierig als erschrocken blickt Debbie ihn an, während er sie für einen kurzen Augenblick genießerisch taxiert. Dann gibt er mit dem Büffelhorn das Signal zum Angriff. Die Zerstörung wird nur als ausgesparte Lücke zwischen Vorahnung und nachträglichem Entziffern der Spuren der Gewalt lesbar gemacht. Doch bezeichnen-

derweise entpuppt sich diese Gewalt in John Fords *mise en scène* auch als der blinde Fleck, der sich aus der Überkreuzung zweier Blicke ergibt – dem nach links in die mittägliche Prärie blickenden Ethan und dem nach rechts in die nächtliche Landschaft blickenden Scar –, eine traumatische Aussparung, die zudem visuell im gänzlich überschatteten Körper Debbies auf entstellte Weise zum Ausdruck kommt.

So könnte man der Art, wie Häuptling Scar eingeführt wird, entnehmen, daß John Ford ihn als das Symptom Ethan Edwards inszeniert. Er führt jenen gewaltsamen Genuß gegen die Familie aus, den Ethan selbst heraufbeschwört, indem er Aaron bittet, bei seiner Familie zu bleiben, und ihn dann im Stich läßt. J. A. Place wagt deshalb den Vorschlag, man könne Scar als Repräsentation von Ethans unbewußtem und dem Bewußten auch verbotenen Begehren deuten, »in das Heim von Martha und Aaron, von dem er sich so ausgeschlossen fühlt, einzudringen, es zu zerstören und – vermutlich – Martha zu vergewaltigen«.[11] Als sein Symptom meldet Scar ihm dieses obszöne, gewaltsame Begehren in Form einer verschlüsselten Botschaft, die in den Leichen der beiden Menschen, zu denen er sein Verhältnis nicht eindeutig klären konnte, dargestellt wird, wie auch in der Puppe und dem Umhang, die Debbie am Grab der Großmutter liegengelassen hat – alles Metonymien einer gewalttätigen Zerstörung der familiären Wohnstätte. Hatte Ethan lange gezögert, zu seinen Verwandten heimzukehren, wird ihm nun der Wunsch erfüllt, an diesen Ort eines unlösbaren Konfliktes nie mehr zurückkehren zu müssen. Gleichzeitig bildet Scar aber auch in dem Sinne Ethans Symptom, als er ihm erlaubt, die Zerrissenheit seiner Gefühle in klare Fronten zu übersetzen. Nun kann er ganz im Sinne des Fetischisten am Resultat seiner zerstörerischen Gefühle teilhaben und dennoch dieses gefürchtete *home* mit Leib und Seele verteidigen. Denn Scar macht es ihm möglich, den unerträglichen Antagonismus am heimatlichen Herd in den so befriedigenden einfachen Widerspruch des Kampfes umzuformulieren. Der Indianerhäuptling hat aus dem Haus, in dem Ethan sich nie wirklich heimisch fühlen konnte, ein transparentes Schlachtfeld gemacht und erlaubt Ethan damit, der inneren Unruhe des *gender trouble* erfolgreich auszuweichen. Die Ambivalenz der Gefühle, die Ethan gegenüber seinem Bruder und dessen Frau Martha hegt, kann er nun in einen unzweideutigen Haß gegen den Mörder seiner Familie und den Rassenschänder, der seine Nichte zur Frau nimmt, übersetzen. Auf diesem Kriegsschauplatz, der die psychische Entsprechung zur Prärielandschaft darstellt, wird Ethans Anspruch an das unbegrenzte Ausleben seines Individualismus nicht durch einen inneren Feind behelligt. Hier hat er zwei einfache Ziele – anfänglich das verschleppte Mädchen zu finden und später, nachdem diese als Squaw

---

11 J. A. Place, *The Western Films of John Ford*, New York 1974, S. 171.

des Häuptlings sich der Rassenmischung schuldig macht, die erwachsene Debbie zu töten. Wieder darf er mit gutem Gewissen dem trauten Heim seinen Rücken kehren, wie vor drei Jahren, als er nach der Kapitulation der Konföderierten Armee verschwand, statt heimzukehren, und wie am Vortag, als er so begierig Sam Claytons Suchtruppe folgte, anstatt seiner Familie beizustehen.

So beginnt eine fünfjährige Suchaktion, auf der Ethan anfangs von den Texas Rangers unter der Leitung des Reverend Clayton begleitet wird. Noch bevor die Trauerfeier zu Ende ist, besteht Ethan darauf, die Trauernden fluchtartig wieder zu verlassen. Die Bitte von Mrs. Jorgensen, er solle das Leben der Söhne in einem Rachefeldzug, der wegen der verschleppten Töchter durchgeführt wird, nicht aufs Spiel setzen, wehrt er demonstrativ ab. Nach einer ersten kriegerischen Konfrontation wird deutlich, daß die Siedler den Indianern an Zahl weit unterlegen sind, und außerdem zeichnet sich noch einmal die Spannung zwischen dem Einzelkämpfer und den konventionellen Gesetzen der Gemeinschaft ab. Ethan widersetzt sich rebellisch jeder Kompromißbereitschaft. Abermals teilt sich die Gruppe auf, und Ethan, der um keinen Preis umkehren will, bevor er sich nicht an dem Mörder Marthas gerächt hat, besteht darauf, allein weiterzuziehen. Die zwei jüngsten Mitglieder des Suchtrupps, Marty und Ben Jorgensen, der Verehrer der älteren Edwards-Tochter Lucy, bleiben bei ihm. Anfangs nutzt Ford diese Figuren, um nochmals zu betonen, daß der nirgends zugehörige Held besser als alle anderen die Gesetze der Wildnis und die Bräuche der kriegerischen Komantschen versteht und ihre Spuren richtig zu deuten weiß. Der Kontrast zu Ben, der, nachdem er von der Vergewaltigung und Tötung Lucys erfahren hat, blind vor Wut das vor ihnen liegende Indianerlager ganz allein zu stürmen sucht und sofort erschossen wird, dient Ford ferner dazu, den Unterschied zwischen unüberlegter und klar kalkulierter Rache zu zeichnen. Ethan glaubt deshalb nicht an Kapitulation, weil er, wie die Komantschen, nicht von einer auf stete Neuverhandlung ausgerichteten Geschichtsabfolge ausgeht. Wie Häuptling Scar lebt er in einer Welt starrer Gesetze. Wie seine klar definierten Feinde, die sich Noyaka Komantchen nennen – was in ihrer Sprache bedeutet, daß sie umherschweifen und vorgeben, in eine Richtung zu gehen, und dabei eine andere im Sinne haben –, wandert er immer im Kreis der als Front markierten Prärielandschaft. Deshalb kann er sicher sein, daß sie sich unweigerlich treffen müssen, und muß nicht befürchten, sein Gegner könne vom Schlachtfeld verschwinden. Doch im Sinne von Hegels Postulat zehrt die Ausdauer seines Hasses vor allem von der Überzeugung, daß ein Leben des einfachen kämpferischen Widerspruchs zweifellos den unlösbaren Differenzen, die er in den *homes* der überlebenden Siedler antreffen würde, vorzuziehen ist.

Nach einem Jahr müssen Ethan und Marty die Verfolgung unterbrechen, weil sie die Spuren der Komantschen im Schnee verlieren. Wie am Anfang des Films kehrt Ethan nach Hause zurück, nun aber nicht auf die Ranch eines Blutsverwandten, sondern auf die von dessen Nachbarn, den Jorgensens. Wieder tritt zuerst eine Frau mit dem Rücken zu uns aus dem Schatten ihrer Veranda vors Haus, allerdings folgt ihr diesmal sofort ein Mann aus dem dunklen Innenraum.

Ohne zu verharren, läuft sie in die karge Landschaft hinaus, wo auch sie die Augen vor der gleißenden Sonne mit ihrer rechten Hand schützt, um die heranreitenden Männer besser zu erkennen. Und wieder bietet uns Ford das Tableau der intakten Siedlerfamilie. Lars Jorgensen wird von seiner Frau und seiner Tochter Laurie eingerahmt. Während die Frauen Martin beglückt umarmen, reicht Lars Jorgensen dem Mann die Hand, dessen Brief ihm vom sinnlosen Tod seines Sohnes berichtet hatte.

Bei den Jorgensens findet Fords Einzelgänger einen Brief vor, in dem ihm der Händler Fetterman ein Stück von Debbies Schürze schickt, mit dem Angebot, gegen eine Belohnung mehr über den

Aufenthaltsort des Mädchens zu berichten. Deshalb reitet er früh am nächsten Morgen ohne Martin wieder davon. Zwar hatte Ethan am Abend dem jungen Mann nochmals versichert, er sei von der Edwards-Familie als Waise aufgenommen worden und mit Debbie nicht verwandt, doch für Martin zählt die emotionale Zugehörigkeit mehr als die Frage des Blutes. Während Laurie gehofft hatte, der geliebte Mann würde endlich bei ihr auf der Ranch bleiben, verläßt auch Martin fluchtartig das Haus, um im einfachen Widerspruch des Kampfes vor dem *gender trouble*, der ihn im trauten Heim der Jorgensens erwartet, auszuweichen. Zwei Aspekte modifizieren jedoch seinen Entschluß, die geliebte Laurie und das Angebot, mit ihr ein eigenes Heim aufzubauen, zu fliehen. Er fürchtet, Ethan würde Debbie, wenn er sie findet, töten, weil sie, sofern sie die Gefangenschaft bei den Komantschen überlebt hat, unfreiwillig gegen seine harten Gesetze der Rassenreinheit verstoßen haben würde. Anders als Ethan leitet Martin seine Identität als brüderlicher Beschützer Debbies nicht davon ab, daß er sich grundsätzlich von weiblich kodierten Familienverhältnissen abgrenzt. Sein freiwilliger Selbstausschluß aus der Gemeinschaft der Siedler ist ein provisorischer Akt und setzt sich die Rückkehr zum Ziel, nicht das stete Wandern. Es ist zudem eine Handlung, die ihre Kraft nicht aus hartnäckiger Rache bezieht, sondern aus der Liebe zu einem Mädchen. Dieses empfindet er zudem als Schwester, weil er sich ihren familiären Verhältnissen anzupassen gewußt hat. Statt einer Familiengenealogie teilt er mit ihr eine gemeinsam erlebte Vergangenheit. Mit anderen Worten: Für ihn ist die Familienzugehörigkeit als *home* eine aushandelbare und somit auch stets wandelbare Angelegenheit, die jedoch von einer Grundstimmung der Zuneigung ausgeht, die sich über alle starren Blutsgesetze hinwegsetzt. Zu Recht bemerkt Peter Wollen, für Marty sei die Nomadenphase »nur eine Episode, die ihre Bedeutung aus der Wiederherstellung der Familie bezieht, als notwendige Verbindung zwischen seinem alten und seinem neuen *home*«.[12]

---

12 Zitiert in McBride und Wilmington 1974, S. 158.

Von Siedlern und Wanderern

So wird der Kampf um das verschleppte Mädchen Debbie zwischen der Lebensphilosophie derjenigen, die ihr Selbstverständnis aus einem ewigen Zirkulieren in der Prärie gewinnen und durch ihr gewalttätiges Umgetriebensein jegliches Wurzelnschlagen gefährden, und der Ideologie der Siedler geführt, die mit zäher Überzeugung ihr fragiles *home* gegen die Zersetzungskraft der Wildnis zu behaupten suchen. Repräsentativ für die weiblichen Figuren in *The Searchers*, von denen John Ford uns wiederholt wissen läßt, daß sie ihre Männer dazu bringen, in der Wildnis zu bleiben, verteidigt die Frau von Lars Jorgensen die Härte des Siedlerlebens: »Wir sind Texaner, und das sind Menschen, die am gefährlichen äußeren Rand der Zivilisation leben, dieses Jahr und nächstes und vielleicht noch weitere hundert Jahre.« Zuversichtlich fügt sie hinzu, das sei sicherlich nicht für immer, wenngleich es vielleicht ihre ganze Lebenskraft aufbrauchte, aus diesem Teil Amerikas einen zivilisierten Lebensraum zu machen. Den harten Gegensatz zu dieser auf die Zukunft gerichteten Anpassung bildet Ethan. Bereits am Anfang der Suchaktion, am Tag der Beerdigung Marthas, hat er lustvoll die Augen eines toten Komantschen ausgeschossen, denn für die Indianer könnten die Toten ohne Augen nicht in das Totenreich eintreten und müßten, von den Winden getrieben, für immer umherirren. Zumindest implizit setzt Ethan sein Umherwandern und das des toten Indianers gleich. Die von ihm am eigenen Leibe vertretene Verschränkung von Tod und Regeneration ist dem Gemeinschaftssinn der Frau Jorgensen diametral entgegengesetzt. Begreift sie ihr Opfer, nicht zuletzt den Tod ihres Sohnes, als materielle Markierung jenes immer neu zu verhandelnden und viele individuelle *homes* umfassenden Zentrums, dem alle angehören können, die sich dem von der Western-Ideologie vertretenen zivilisatorischen Projekt anschließen, verkörpert Ethan jene extime Extremität, die als Rahmen für den Aufbau der Städte in der Wildnis gesetzt wird, aber als das Ausgegrenzte, als der Fremdkörper, durch dessen Ausschluß das Zentrum überhaupt nur bestehen kann.

Zwischen diesen beiden geschlechtlich entgegengesetzt kodierten Positionen angesiedelt, gewinnen die hybriden Figuren zunehmend an Bedeutung. Dazu gehören die Männer, die mühelos in den weiblich dominierten häuslichen Bereich eintreten, wie Charlie McCorry. Er macht Laurie den Hof, während sein Nebenbuhler Marty in der Prärie umherwandert und an Stelle eines Liebesbriefes einen Bericht von seinem erfolglosen Versuch, Debbie zu finden, schickt.

In der entscheidenden Szene, als Laurie, über Martys Wegbleiben maßlos verärgert, zum erstenmal bereit ist, dem Antrag Charlies Gehör zu schenken, zeigt uns John Ford die beiden Liebenden als von der geöffneten Haustüre eingerahmtes Paar: Laurie lehnt vom Betrachter aus gesehen links und blickt, wie Martha in der Anfangsszene, ins Weite. Auf der rechten Seite nähert Charlie sich ihr von hinten, auf seiner Gitarre spielend und ein Liebeslied singend. Währenddessen fährt die Kamera aus dem Außenraum auf die beiden zu, und als Charlie direkt neben Laurie auf der Türschwelle steht, ist der Holzrahmen fast aus der Bildkadrage herausgefallen. Langsam zieht Laurie ihren Blick aus der Landschaft zurück, die sie vom verlorenen Liebhaber träumen läßt, und richtet ihn auf den Mann neben ihr. Der geglückte Liebesantrag –, wie zuvor der amerikanische Traum der Eroberung der Wildnis: ein eingerahmtes Bild.

Vollzogen wird diese romantische Verbindung allerdings nicht. Am Abend vor der Hochzeit von Laurie und Charlie kehren die beiden Wanderer ein zweites Mal bei den Jorgensens ein. Diesmal erscheinen sie wie ungebetene Gäste. Lars Jorgensen versucht, Ethan am Eintreten in das Haus, in dem die Hochzeitszeremonie gerade begonnen hat, zu hindern: Die Texas Rangers würden ihn wegen des Mordes an Fetterman suchen. Während Ethan vor einer Konfrontation mit Clayton, dem Vertreter des Gesetzes – der in seiner Doppelfunktion gerade das Gewand des Priesters trägt, um Jorgensens Tochter mit Charlie McCorrie zu trauen –, nicht zurückschreckt und zielstrebig über die Schwelle tritt, folgt Martin ihm nicht. Ihn hat Laurie, die hinter ihrem Vater die Treppe an der Außenseite des Nebenhauses heruntergelaufen kommt, vor der Tür abgefangen. Statt zu ihrem Bräutigam zu gehen, führt sie den verloren geglaubten Liebhaber vor den Kamin im Haupthaus, an genau die Stelle, wo sie sich vor drei Jahren getrennt hatten. Die versöhnende Liebeserklärung wird diesmal von dem erbosten Bräutigam gestört. Im Hof führen die beiden Männer der versammelten Gemeinschaft vor, wie ein familiärer Antagonismus als einfacher Wettkampf fair ausgetragen werden kann. Martin besiegt Charlie McCorrie mit seinen Fäusten und gewinnt die Braut. Dennoch bleibt die Hochzeit weiterhin aufgeschoben. Erst nachdem Marty seine Schwester Debbie befreit und nach Hause geleitet hat, kann eine Verhandlung der im einfachen Zweikampf nicht zu lösenden Familienbildung in Angriff genommen werden.

Noch stärker als die beiden Liebhaber repräsentiert Mose Harper jene männliche Psyche, die ein Heimischwerden zwischen diversen kulturellen Gemeinschaften verspricht. Die scheinbar verrückte Rede dieser wie ein Shakespearescher Narr konzipierten Figur wirkt nicht zuletzt deshalb wie eine Störung der normalen Umgangsformen, weil Mose Harper mit seiner Körpergestik den Siedlern Zeichen der fremden, einheimischen Kultur nahebringt. Zugleich führt Ford ihn als Spiegelverkehrung Ethans ein. Mose Harper, der mitsamt seinem merkwürdigen Benehmen wohlwollend akzeptiert wird – im Gegensatz zu Ethan –, versteht gleichzeitig die den Siedlern feindselige Komantschen-Kultur besser, denn auch in diese kann er sich gerade wegen seiner Eigentümlichkeit einfügen. Er sagt den

Angriff auf die Edwards-Ranch voraus, während alle anderen Männer anfangs noch an einen Diebstahl glauben. In der Prärie führt er dann die Gesten des bevorstehenden Kriegstanzes vor und leitet so für Ethan die Phantasie darüber ein, wie seine Familie zerstört werden wird. Und er ist es, der Debbie tatsächlich findet. Gleichzeitig verspürt er aber ein Grundbedürfnis nach häuslicher Zugehörigkeit. In der ersten Szene, in der er vor dem Angriff der Komantschen warnt, während Clayton den Männern den Treueschwur abnimmt, sitzt er in Marthas Schaukelstuhl. Bevor er gegen seine Intuition mit den anderen der falschen Fährte folgt, dankt er der Frau, die wenige Stunden später in diesem Haus ermordet werden wird, daß er dieses die Sicherheit der Wohnstube repräsentierende Möbelstück benutzen durfte. Später, als er Debbie gefunden hat, erbittet er als Belohnung nicht das versprochene Geld, sondern »nur ein Dach über dem Kopf des alten Mose und meinen eigenen Schaukelstuhl am Kamin«. Ethan gelingt zwar ein Treffen mit seiner verlorenen Nichte, er lehnt sie jedoch wegen der von ihr gelebten Rassenmischung radikal ab und kehrt mit Marty zu den Jorgensens zurück. Dort taucht Mose Harper plötzlich in Begleitung von Kavalleriesoldaten auf, denen er auf seine verrückt wirkende Weise erfolglos zu erklären versucht hatte, wo Häuptling Scar sein Lager aufgeschlagen hat und daß ihm bei den Jorgensens ein Schaukelstuhl versprochen sei. Bis zuletzt trägt er und nicht Ethan maßgeblich dazu bei, daß Debbie in die Gemeinschaft der Siedler zurückgeführt wird: Auf Mrs. Jorgensens Schaukelstuhl sitzend, wie er einst auf dem in Marthas Wohnstube saß, verrät er den Männern auf verschlüsselte Weise den Ort, wo sie Scar finden können. Am Ende des Films ist er von der Jorgensen-Familie aufgenommen, wie einst Martin von den Edwards, und sieht vom Schaukelstuhl auf der Veranda aus als erster die Heimkehr des verschleppten Mädchens. Er, der jeden fremden Schaukelstuhl, ganz egal, wo er steht, zum eigenen machen kann, ist die Figur der Assimilation schlechthin. Er paßt sich jeder kulturellen Behausung an, nicht zuletzt weil er stete Bewegung und schützende Verwurzelung verbinden kann. Er muß nicht aus dem Haus flüchten, um sich endlos hin und her zu bewegen, aber die Decke und der Kamin werden auch nie als unerträglich beengend empfunden, weil er in seiner Schaukelbewegung nie innehalten muß.

Mit der Figur der erwachsenen Debbie zeichnet Ford eine zweite Variante der überlebensfähigen Anpassung an einen fremden kulturellen Wohnort. Scharf kontrastiert er sie mit den tragischen Grenzgängerinnen, jenen verschleppten Frauen, die Ethan und Martin in einem Armeequartier nach einem Überfall der Kavallerie auf ein Dorf der Noyaka Komantschen im Zustand geistiger Verwirrung und unfähig, sich ihrer weißen Identität zu erinnern, antreffen. Zuerst sitzt Debbie schweigend neben den anderen Frauen im Zelt des Kriegerhäuptlings Scar, ihren Rücken den beiden Männern, die sie so hartnäckig gesucht haben, zugewandt. Dann steht sie auf Befehl des Häuptlings auf, tritt neben die beiden Männer und zeigt ihnen die an einer Holzlanze aufgehängten Skalpe, die Scar aus Rache für den Tod seiner beiden Söhne in den letzten Jahren genommen hat. Wieder weiß Scar den häuslichen Bereich in einen Kampfplatz zu verwandeln. Er lenkt den Blick der beiden Männer auf sich zurück, und zwar indem er auf den Orden zeigt, den er um den Hals trägt: Ethan, als verspätet aus dem Bürgerkrieg heimkehrender Soldat, hatte ihn vor fünf Jahren seiner kleinen Nichte Debbie geschenkt. Der Geometrie seiner nur auf Rache ausgerichteten Emotionen entgegenwirkend, sucht Debbie mitten in der Prärielandschaft einen Ort der Verhandlung entstehen zu lassen, um den Kampf der zwei rachsüchtigen Fundamentalisten zu verhindern. Durch ihre sexuelle Verbindung mit einem Mann einer anderen Ethnie hat sie Einblick in dessen psychische Beweggründe gewonnen und ist zu einer Vertreterin kultureller Hybridität geworden. Im Gegensatz zu Sirks Mischling Sarah-Jane ist es ihr gelungen, den Widerspruch, daß sie sich in bezug auf zwei kulturelle Anrufungen definieren muß, leben zu können. Für sie bedeutet dieses doppelte Erbe nicht die schmerzhafte und letztlich unmögliche Verleugnung der einen zugunsten der anderen Kultur, sondern eine fruchtbare Mischung, die zu einem tieferen Verständnis beider Kulturen führt.

Nachdem Ethan und Martin das Zelt des Häuptlings verlassen

haben, um an einem nahegelegenen Fluß ihr Lager aufzuschlagen, tritt Debbie plötzlich hinter einer Düne hervor und läuft auf die beiden Männer zu. Sie trägt die Gewänder der Häuptlingsfrau und spricht Martin, der ihr entgegengelaufen ist und sie bei ihrem früheren Namen ruft, zunächst in der Sprache der Komantschen an, um ihn zu warnen. Auf seine Frage, ob sie sich an ihn, ihren Bruder Martin, und die gemeinsame Kindheit nicht mehr erinnere, geht sie jedoch nahtlos in ihre Muttersprache über: »Ich erinnere mich, von jeher.« Formuliert Martin den einen unlösbaren Widerspruch des Mischlings, indem er sie Schwester nennt und damit darauf hinweist, daß eine Zugehörigkeit zu der Familie durchaus über gemeinsame Erlebnisse verhandelt werden kann und ausschließlich über Blutsverwandtschaft definiert werden muß, spricht sie jene unmögliche kulturelle Hybridität aus, die nur als psychische Realität zu leben ist. Sie hätte am Anfang stets gebetet, er möge sie finden und mit nach Hause nehmen. Im gleichen Satz nennt sie die Komantschen »ihre Leute«. Die Erinnerung an ein ursprüngliches, aber verlassenes *home* und die Zugehörigkeit zu einer anfangs fremden Gemeinschaft sind für sie durchaus vereinbar. Nicht nur ist der Ort der Beheimatung für sie von der jeweiligen Lebenssituation abhängig und stets von neuem verhandelbar – auch wenn es nur einen einzigen konkreten Ort gibt, den sie *home* nennen würde –, sie kann auch an beiden Orten emotional leben – sich an den verlorenen Bruder (*home*) erinnern und Treue gegenüber der ihr zwanghaft aufgedrängten zweiten Kultur (*my people*) empfinden. Deshalb ist ihr der Kampf zwischen den beiden Vaterfiguren gänzlich fremd, und sie bittet den Bruder, sie wieder zu verlassen.

Ethan hingegen kann die antagonistische Hybridität nur in den Kategorien eines einfachen Widerspruches begreifen und als Kampf austragen. Für ihn ist Debbie als Frau des Häuptlings Scar keine Weiße mehr, sondern eine Erweiterung seines auserwählten Feindes. Er befiehlt Martin, zur Seite zu treten, und richtet die gezogene Pistole auf Debbie, um über ihren Körper seinen eigentlichen Gegner zu treffen. Ford läßt außerdem abermals die Ambivalenz anklingen, die die Tötung der Eltern Debbies kennzeichnete. In der offenen Landschaft kann Ethan nun den gegen die eigene Familie gerichteten Zerstörungswunsch frei ausleben. Auch darin liegt eine Vereinfachung jenes unlösbaren Antagonismus, der seiner Liebe zu Martha untilgbar innewohnte: In seiner psychischen Landschaft ist Debbie alles andere als eine widersprüchliche Figur, eben nicht eine hybride Vertreterin der Gegensätze Weiße und Komantsche, vertraute Nichte und fremdgewordene Ehefrau eines gehaßten Mannes. Am Fuß der Düne ist sie ganz einfach eine Rassenschänderin, die er auf der Grundlage seines fundamentalistischen Moralkodes hinrichten darf.

Brisant ist nun aber die Stellung, die der Mischling Martin in diesem Duell einnimmt. Hatte er in den vorhergehenden Episoden sein Indianererbe herunterzuspielen versucht und sich durch »Analphabetismus« gegenüber dieser von ihm als fremd empfundenen Kultur »ausgezeichnet«, läßt er nun zwischen den Fronten einen dritten Ort der Verständigung entstehen, an dem nicht-kompatible psychische Realitäten sich überkreuzen können. Mit Hegel läßt sich dieser Akt beschreiben als der Versuch, den dem Weiblichen zugeordneten unlösbaren Antagonismus, vor dem Ethan wiederholt in den einfachen Widerspruch des Kampfes flieht, mitten auf dem Schlachtfeld erneut einzuführen. Indem er sich vor Debbie stellt, um sie vor Ethans Gewalt zu schützen und gleichzeitig den verblendeten Onkel davon abzuhalten, das Verbot der Tötung von Familienmitgliedern zu verletzen, läßt Martin den unlösbaren Widerspruch sichtbar werden, dem Ethan ausweichen will, nämlich daß ein und dieselbe Frau sowohl die geliebte Schwester sein kann wie auch die treue Frau des Indianerhäuptlings. Doch nicht nur

Ethan, der weiterhin mit gezogener Pistole auf die beiden zugeht, sondern auch der rachsüchtige Scar läßt nur die Logik des einfachen Widerspruchs des Kampfes zu: Die Prärie muß ein Kriegsschauplatz bleiben. Ein Indianerpfeil trifft Ethan an der rechten Schulter, bevor er seine Nichte erschießen kann, und während Debbie vom Schlachtfeld einfach verschwindet, fliehen Ethan und Martin vor der plötzlich von mehreren Seiten anreitenden Kriegerschar in einen Höhleneingang, wo sie ihre Angreifer erfolgreich abwehren.

Wie McBride und Wilmington bemerken, ist »Rassenmischung neben der Kriegsführung vielleicht die dramatischste Form der Kollision zweier Kulturen, und indem Ford die Reaktion der Gemeinschaft auf diese ethnische Blutsverbindung auslotet, prüft er zugleich den Grad der inneren Unruhe, den sie zu ertragen fähig ist«.[13] Man könnte dem hinzufügen, daß die von Scar ausgehende Rassenmischung auch den antagonistischen heimatlichen Herd in einen Kriegsschauplatz verwandelt, damit die innere Unruhe des *gender trouble* ausschließlich als Kollision zweier Kulturen ausgetragen werden kann. Mit anderen Worten, gerade dann, wenn eine innere Unruhe nicht ertragen werden kann, wird sie in das gefürchtete Bild der Rassenmischung übersetzt und die sexuelle Verbindung zwischen Männern und Frauen dem Krieg gleichgesetzt. In diesem Sinne inszeniert Ford auch das zweite, peripeteische Treffen zwischen Ethan und seiner Nichte. Ethan streitet die Blutsverwandtschaft nun radikal ab und setzt Martin Pawley testamentarisch zu seinem alleinigen Erben ein. Nachdem er am Abend der abgebrochenen Hochzeitsfeier von Mose Harper den genauen Ort von Häuptling Scars Lager erfahren hat, überredet er Clayton zu einem Überfall auf die Komantschen. Wie sehr Scar als Symptom Ethans zu begreifen ist, macht Ford nochmals dadurch deutlich, daß der Angriff wie eine Umkehrung der Zerstörungsszene der Edwards-Familie am Anfang dargestellt wird. Hatten wir dort aus der Perspektive Aarons die im Dunkeln der Prärie funkelnden Lichter gesehen, die auf die kriege-

---

13 McBride und Wilmington 1974, S. 159.

rischen Indianer hindeuteten, zeigt Ford uns nun die gleiche Szene aus der Perspektive der Angreifer. Ethan und Clayton blicken aus dem Schutz der dunklen Prärie auf die Lichter des Lagers, und auch sie verständigen sich mit Tierlauten. Noch einmal soll die Logik des einfachen Krieges alle anderen Differenzen überlagern, denn Ethan geht es nun nicht mehr darum, seine Nichte zu befreien. Im Gegenteil, er verspricht sich von seinem heimtückischen Plan, daß auch sie dem mörderischen Überfall zum Opfer fallen wird. Es geht um allgemeinere Interessen des Gemeinwesens – um Rache, Vergeltung und Strafmaßnahmen –, erklärt er dem erschütterten Martin, der weiterhin in den Kategorien der Familienglückseligkeit denkt. Doch Martin weigert sich, die Anrufung durch die über seine Schwester Debbie verkörperte Weiblichkeit zugunsten eines abstrakten männlichen Rachegesetzes preiszugeben. Er erbittet sich von Clayton das Recht, allein in das Lager einzudringen, um Debbie zu retten, bevor die Truppe über das Indianer-Dorf herfällt.

Wie im Märchen findet er die schlafende Schwester in ihre Decke eingehüllt. Doch bevor die wiedervereinigten Geschwister fliehen können, tritt der bewaffnete Ehemann ins Zelt. Ohne zu zögern, erschießt ihn Martin, aber nicht, weil er damit im Interesse des Gemeinwesens den kriegerischen Feind hinrichtet, sondern weil er im Sinne des Familienglücks keine weitere Trennung von seiner Schwester dulden will.

Ethan findet nur die Leiche des Feindes vor und skalpiert diesen. In diesem Augenblick sind die beiden Vertreter eines extremistischen Rachegesetzes identisch geworden. Nun wird ein letztes Mal die Frage, wie mit der am Körper der weiblichen Familienmitglieder festgemachten inneren Unruhe, dem unlösbaren *gender trouble*, umgegangen werden kann, von Ford ein letztes Mal visualisiert. Ethan entdeckt nach dem Verlassen von Scars Zelt die in die Prärie fliehende Debbie und reitet ihr hinterher. Wir fürchten wie Martin, der erfolglos versucht, ihn aufzuhalten, daß es Ethan nun endlich gelingen wird, seine Nichte zu töten. Vor dem Eingang einer Bergschlucht fällt Debbie zu Boden, und aus dem dunklen Innern dieses Naturraums zeigt uns Ford, wie sein eigenbrötlerischer Held vom

Pferd springt und auf das wie ein Tier gehetzte Mädchen zugeht, während der vor Furcht wild gewordene Martin mit der Hand am Revolver ihnen entgegenrennt, bereit, auch diese väterliche Figur zu töten.

Doch als hätte eine unerklärliche Gemütswandlung stattgefunden, hebt Ethan seine Nichte in die Luft, wie einst nach seiner verspäteten Rückkehr aus dem Krieg, in jener Szene, mit der uns Ford zum erstenmal in das Innere der Edwards-Ranch eingeführt hatte. Wie einst hält Ethan sie hoch über seinen Kopf, bevor er sie beschützend umarmt: »Laß uns nach Hause gehen, Debbie.« Langsam beginnt sie sich zu beruhigen, bis sie schließlich ihren Kopf zärtlich an seine Schulter legt. Die Erinnerung beider an die gemeinsam erlebte vergangene Szene der Zärtlichkeit dringt dank dieser Geste in die Gegenwart ein und läßt einen unmöglichen Ort entstehen, als wären sie am Nabel der als Heterotopie inszenierten Prärie angekommen. Indem Marthas Wohnstube, in der realen Welt für immer zerstört, die Prärielandschaft überlagert, löst sich für einen knappen Zeitraum auch die Spannung zwischen dem heimatlichen Herd und dem Kriegsschauplatz gänzlich auf. Die an Debbies Körper verhandelte kriegerische Kollision zweier Ethnien bewirkt das Eingeständnis einer affektiven Bindung, die jenseits der Opposition von Gemeinwesen und Familienglückseligkeit liegt. Doch weil für Ethan die Annahme jenes unlösbaren Antagonismus, der so untilgbar jeder Vorstellung von Familienzugehörigkeit innewohnt, nur zwischen Felsschlucht und Düne möglich ist, bleibt sie auch der unmöglichen Geographie der Wildnis verhaftet. Bezeichnenderweise sagt Ethan »let's go home«, nicht aber »laß uns gemeinsam ein neues Zuhause aufbauen«. *Home* bleibt weiterhin eine ersehnte Vorstellungsrepräsentanz und kann kein real gelebtes Verhältnis werden.

So kehren die Wanderer ein letztes Mal heim, diesmal von einer Frau begleitet. Statt eines Türrahmens sehen wir von rechts sofort die Veranda der Jorgensen-Ranch. Mose Harper sitzt auf seinem Schaukelstuhl und erblickt als erster die Heimkehrer. Sofort treten Mrs. Jorgensen und ihr Mann auf die Veranda, und dort, am äußer-

sten Rand ihres Hauses, bleiben sie auch stehen. Allein Laurie, die als letzte auf diese Heimstatt-Bühne tritt, verharrt nur wenige Augenblicke. Analog zu Aaron Edwards am Anfang des Films läuft sie die Treppe hinunter und Marty entgegen, der ihr jedoch, anders als Ethan damals seinem Bruder, bereits vom Sattel aus die Hand reicht. Vor ihm reitet Ethan mit Debbie auf dem Schoß, die er bis zur Treppe der Veranda trägt. Zuerst schneidet Ford auf das vor Glück strahlende Gesicht Mose Harpers, der weiterhin gelassen auf seinem Stuhl schaukelt, als wolle der Regisseur ihn uns als Identifikationsfigur anbieten, bevor wir dann ein letztes Mal das Tableau der vereinten Siedlerfamilie vorgeführt bekommen. Zwischen den verzierten Verandapfosten und den beiden Jorgensens hindurch, die uns den Rücken zugewandt haben, blicken

wir wieder aus der dunklen Tiefe des Innenraums hinaus. Mit Debbie in den Armen geht Ethan wie durch einen Rahmen direkt auf die Kamera zu. Beide Jorgensens strecken ihre Arme nach der jungen Frau aus, die sich an der Stufe der Veranda langsam von ihrem Onkel löst und sich schließlich von Mrs. Jorgensen ins Haus führen läßt.

Fords Kamera fährt nun – spiegelverkehrt zum Anfang – rückwärts in das dunkle Innere des Hauses. Als Debbie mit den beiden Ersatzeltern über die Schwelle tritt, sind alle drei wie einst Martha

Edwards nur noch als schwarze Silhouetten sichtbar.[14] Sie laufen rechts an der Kamera vorbei, und da sie das Bild verlassen, sehen wir unvermittelt, wie Ethan auf die Veranda getreten ist, als wolle er als nächster aus der Prärielandschaft in den Innenraum der Ranch eintreten. Doch dann läßt er Laurie und Martin den Vortritt, und auch sie werden zu schwarzen Silhouetten, die links an der Kamera vorbeiziehen. Einen Augenblick zögert Ethan, der nun ganz allein von der offenen Tür eingerahmt und vollständig sichtbar auf der Veranda steht. Dann dreht er sich schüchtern um und läuft, noch immer zögernd, zurück in die Prärie, zurück in jene virtuelle Landschaft,

aus der er zuerst so unkenntlich aufgetaucht ist, das heißt auch zurück in die unmögliche Tiefe der Leinwand, auf der die heterotopische Welt des Westerns so plötzlich durch die Öffnung einer Türe aufgetaucht war. Von links fällt diese Tür nun zu.

Die Leinwand wird schwarz. Wir sind wie Mose Harper auf seinem Schaukelstuhl aus beiden Phantasiewelten ausgeschlossen –

---

14 Für eine Diskussion der Symmetrie der Anfangs- und Abschlußsequenz siehe Hartmut Bitomsky und Martine Müller: »Passage durch Filme von John Ford. Gelbe Streifen. Strenges Blau. *Filmkritik* 22 : 6 (1978), S. 283–335.
Aus dem Off hören wir die zweite Strophe des Titel-Songs: »What makes a man to wander? What makes a man to roam? A man will search his heart and soul, go searching way up there. His peace of mind he knows he'll find. But where, oh Lord, Lord where? Ride away, ride away, ride away« (»Was läßt einen Mann wandern? Was läßt einen Mann umherziehen? Ein Mann wird sein Herz und seine Seele hoch oben suchen. Er weiß, daß er seine Gemütsruhe finden wird. Aber wo, o Herr, wo? Reite fort«). Nicht mehr das Haus, dem der Held den Rücken zuwendet, wird besungen, sondern der unmögliche Ort, an dem der Held seine geistige Zugehörigkeit finden könnte.

aus der Familienglückseligkeit am Kamin im Inneren des Hauses, für die es am Ende der *Searchers* keine Darstellungsform geben kann, und aus dem einsamen Wandern des Helden, der erneut dem wiederhergestellten *home* den Rücken zukehrt. Wehmütig und zuversichtlich zugleich verharren wir in dem anderen provisorischen *home*, das die Traumfabrik Hollywood seinem Zuschauer anbietet: im Kinosessel.

Die Prärie – Ein mythisches Gegenlager

So hält John Ford dem unglücklichen Happy-End von Sirks *Imitation of Life* drei Jahre zuvor seine Lösung einer optimistischen Nostalgie entgegen. Mit der Auflösung des Filmplots zeigt er uns, daß zumindest einigen die Heimkehr gelingen kann, und bezeichnenderweise gerade den Figuren, die mit einer hybriden symbolischen Anrufung leben können – für die Frau, die ihre frühen Erwachsenenjahre in einer fremden Kultur verbracht hat, und für den Mischling, der aus der Verschmelzung zweier Kulturen geboren wurde. Die Verortung glückt gerade denjenigen, die wissen, wie sehr jede Zugehörigkeit immer neu verhandelt werden kann und muß. Sie selbst haben keinen eindeutigen Platz und müssen deshalb anerkennen, daß sie an mehr als einem symbolischen Wohnsitz zu Hause sein können. Unterstützt werden sie von denjenigen, die, gerade weil sie wissen, wie prekär jedes *home* am äußersten Rand der Zivilisation ist, der Kontingenz ihrer symbolischen Wohnstätte ein rituelles Verhandeln der emotional besetzten Familienzugehörigkeit entgegenhalten, die in der Wildnis eine Beständigkeit der Gemeinschaft entstehen läßt. Weil sie weder den unlösbaren Antagonismen, die Gemeinschaften in der Wildnis kennzeichnen, zu entfliehen suchen, noch in der offenen Landschaft der Prärie ewig umherwandern wollen, sind diese Figuren bereit, sich an alle Zufälligkeiten anzupassen.

In der von John Ford vertretenen Western-Ideologie ist *home* der auf die Zukunft gerichtete Wohnsitz, der sich im Zustand des Wandels befindet und somit eine Bewegung zeigt, die dem zirkulierenden Wandern diametral entgegengesetzt ist. Es ist der Ort, an den man heimkehren kann, obgleich man von dort gar nicht kommt, ein Ersatz, der entsprechend der Einsicht, daß man nie gänzlich Herr im eigenen Hause sein kann, weniger den Mangel eines ursprünglich verlorenen Heimes betont als die Tatsache, daß man sich gerade wegen dieser strukturell vorgegebenen Lücke in jedem Zuhause, in jedem provisorischen Wohnort immer auch neu einrichten kann.

Die nostalgische Seite dieses die Western-Ideologie stützenden Optimismus verlangt nun aber, daß der das Gemeinwohl vertretende Mann aus dieser weiblich kodierten, von einem Streben nach familiärer Glückseligkeit geprägten Lebenswelt ausgeschlossen bleiben muß. Zwar ist das männliche Denken in einfachen Widersprüchen die Voraussetzung für die Ideologie der Eroberung des Westens durch weiße Siedler – nur im Kampf zwischen klar gezogenen Fronten kann sich die eine Kultur durchsetzen –, jedoch müssen die Vertreter des einfachen Widerspruches in dem Moment geopfert werden, wo im Zuge des Zivilisationsprojektes der anfänglich zum Schlachtfeld deklarierte Außenraum unwillkürlich zu einem die Ansprüche des familiären Heims vertretenden öffentlichen Raum umgewandelt wird und der unlösbare Antagonismus des gemeinschaftlichen Lebens in den Vordergrund rückt. So überkreuzen sich der Ikonograph und der Ikonoklast John Ford besonders augenfällig in der Auflösung dieser »Tragödie des Einzelgängers«, wie er seinen späten Western *The Searchers* gern nannte. Der Western-Ideologie entsprechend, muß dieser Held, weil er die Gesetze der Gemeinschaft weder verstehen noch anerkennen kann, aus dem *provisional home* flüchten, während er gleichzeitig als nicht integrierbar ausgeschlossen wird. Sein Ausschluß kennzeichnet ihn jedoch weniger als idealisierten Rebellen, sondern als eine Figur, deren Funktion obsolet geworden ist.

Zu Recht weisen McBride und Wilmington darauf hin, daß Ford das von ihm zelebrierte mythopoetische Bild des heroischen Einzelgängers dadurch zerstört, daß er Häuptling Scar von dem Mischling Martin töten und Debbie vom Narren Mose finden läßt. Die vom Einzelgänger ausgehende Suche kann nur von der Gemeinschaft, in deren Namen sie durchgeführt wird, ausgetragen werden: »Sie hätte nie stattgefunden, wenn der Außenseiter sie nicht initiiert hätte, aber es ist eine fundamental kollektive Handlung.«[15]

Obwohl der Ideologie des Western entsprechend alle Teil eines gemeinschaftlichen Projektes sind, fordert diese auch die Spannung zwischen Zentrum und Peripherie, zwischen Einschluß und Ausschluß. Nicht nur flieht der tragische Einzelgänger in den Kampf, damit die innere Unruhe verhindert werden kann, ein einzelner muß auch als nicht einbeziehbare Figur klar gekennzeichnet werden, damit aus der Differenz heraus, die auf diese Markierung folgt, ein klarer Gegensatz entstehen kann, der der Gemeinschaft erlaubt, ihre innere Unruhe auszuhalten. An dieser Figur kann nachträglich, aus der Sicht derer, die im Haus zu wohnen gelernt haben, auch der Traum festgemacht werden, man könne, sollte die innere Unruhe unerträglich werden, sie wieder als einfachen Widerspruch im Kampf draußen vor der Tür in der weiten Prärielandschaft austragen. An dieser Landschaft wird die Idee des Krieges als Möglichkeit festgemacht, damit das Gewaltsame im Innern des *provisional home*, das die familiäre Glückseligkeit zu zerstören droht, im Zaum gehalten werden kann. So widersprüchlich Ethan Edwards Gefühle gegenüber der Gemeinschaft auch sein mögen, aus dem einfachen Gegensatz zwischen einer auf dem Aushandeln von Konventionen beruhenden Seßhaftigkeit und einem ewigen Herumwandern zwischen den Winden – der schicksalshafte Fluch des toten Indianers, dessen Augen ausgeschossen wurden – kommt der Held des Westerns nicht heraus. Eine Inszenierung dessen, was passieren würde, wenn der Einzelkämpfer seine ambivalenten Gefühle gegenüber der Familie tatsächlich am häuslichen Kamin ausagieren würde, unterdrückt Ford ebenso radikal in seinem nostalgischen Happy-End, wie er uns auch eine Darstellung davon vorenthält, wie die Figuren, die dem *gender trouble* nicht ausweichen können, diesen Antagonismus im trauten Heim austragen werden, ohne das Heim zu einem neuen Schlachtfeld werden zu lassen.

Anders als bei Sirk liegt die Tragik nicht bei den Mischlingen,

---

15 McBride und Wilmington 1974, S. 157.

sondern gerade bei den Figuren, die sich einer kulturellen Vermischung widersetzen und somit aus dem *provisional home* der Siedler ausgesperrt werden. Über Fords Einzelgänger wird auf der Ebene der filmischen Rezeption eine zweite Variante der geistigen Beheimatung verhandelt: Die Western-Legende als eines unserer vom Bildrepertoire des Hollywood-Kinos begründeten und privilegierten imaginierten *homes*. John Fords nostalgisches Bild des tragischen Einzelgängers, der sich opfern muß, damit die Zivilisation voranschreiten kann, ist weder eine realistische Wiedergabe der historischen Ereignisse, die zur Eroberung des Westens führten, noch eine realistische Verarbeitung der Nachkriegswelt, in der *The Searchers* produziert wurde. Statt dessen bietet sich das nostalgische Bild ganz explizit als ein Leinwandbild an, als unser imaginäres Verhältnis zu Amerika in Form der Western-Ideologie. Wie Andrew Sarris feststellt, hat sich Hollywood nach dem Zweiten Weltkrieg ganz massiv des Westerns angenommen, »als hätten die Themen der Macht, des Sieges und des Imperialismus von der Kriegsfront der Weltarena ihre Resonanz in die Bühnen der Hollywood-Studios und die Außenschauplätze der Umgebung verlagert«.[16] Dort konnte die illusionäre Anspielung auf reale Lebensumstände zweifach gebrochen inszeniert werden: verlagert an einen anderen historischen Nachkriegsschauplatz, nämlich die Zeit nach dem Bürgerkrieg, und übersetzt in mythische Zeichensysteme. Diese Übersetzung geht laut Roland Barthes mit der Entleerung der Historie zugunsten einer universalen, ewig gültigen und alle verbindenden Geschichte einher. Daß John Ford am Ende von *The Searchers* explizit einen Sprung in den heterotopischen Bereich der Filmbilder inszeniert, also in die Western-Ideologie als produzierten Hollywoodtraum, wird durch den cinematischen Einsatz der Tür sichtbar. Nachdem die symbolische Hybridität durch eine doppelte Paarbildung herbeigeführt wurde – Martin reicht Laurie vom Pferd herab die Hand, Mrs. Jorgensen nimmt die als Indianersquaw gekleidete Debbie in

---

16 Andrew Sarris, »*You Ain't Heard Nothin' Yet*«. *The American Talking Film. History and Memory 1927–1949*, Oxford 1998, S. 103.

die Arme –, zögert Ethan Edwards, bevor er in den dunklen Innenraum eintritt, um diesem schließlich abermals den Rücken zuzuwenden und damit auch uns, die wir uns in der Gegenwart befinden, die aus diesem dunklen Innenraum entstanden ist. Aber Ethan geht nicht zurück in die Vergangenheit, er tritt wieder ein in die unmögliche Geographie der mythischen Geschichte, in der die kulturelle Differenz zwischen Weißen und Indianern als einfacher Widerspruch im Kampf auf ewig ausgetragen werden kann, wie diese radikalen Figuren sich ebenso endlos opfern müssen, damit die Zivilisation möglich wird: »Das ist die Bedeutung des Öffnens und Schließens der Tür zur Wildnis«: »Das ist die Geschichte Amerikas.«[17] Hier gibt es keine zeitliche Progression. Hier steht die Geschichte still, eingefroren in die uns aus dem tradierten Bildrepertoire des Westerns wohlvertrauten Bilder.

So entpuppt sich am Ende von *The Searchers* nicht nur die Landschaft der Prärie als mythisches Gegenlager, wie die Welt von Oz in Flemings ideologischem Märchen von der Sinnlosigkeit, *home* irgendwo anders als in einer Traumlandschaft zu suchen. Auch die Geschichte dieses zerrissenen Einzelkämpfers – der wie Dorothy von sich behauptet, es gäbe nur einen Ort, den er bereit ist, *home* zu nennen, obwohl es diesen Ort für ihn als realen Wohnsitz gerade nicht gibt (»there's no place like home«) – stellt eine Repräsentation unseres imaginären Verhältnisses zu den realen Umständen historischer Ereignisse dar. Das selbstreflexive Moment, die *mise en abyme*, die von Ford so überdeutlich inszeniert wird, indem er seinen Film mit unserem Eintreten in die Kinoleinwand beginnt, um uns dann durch das Zufallen der Tür von der Leinwand auch wieder abzutrennen, vermittelt die Botschaft einer Traumgeschichte: Die Welt, die unseren Traum von Amerika stützt, ist auf der anderen Seite der Tür, vom dunklen Innenraum der Jorgensen-Ranch ausgegrenzt. An der Figur, die uns den Rücken zugekehrt hat, hängt unsere Hoffnung als Zuschauer. Der Held darf auf der Kinoleinwand bleiben, in diesem virtuellen Raum ewig verweilen, während

---

17 McBride und Wilmington 1974, S. 163.

wir die wahren Ausgesperrten sind. Ebenso wenig wie Hitchcock am Ende von *Rebecca* offeriert uns Ford ein Bild der glücklichen Wiedervereinigung am häuslichen Kamin. Das zeigt seinen Hang zum Ikonoklasmus mindestens so deutlich wie die Unterminierung der Omnipotenz des Western-Helden. Das geglückte Heimischwerden wird zwar angedeutet, aber wenn die Filmfiguren in den zukunftsträchtigen Raum eintreten, werden sie zu zweidimensionalen Silhouetten. Für das Danach, für die Zukunft, findet Ford ebenso wenig Bilder wie für die gewaltsame Zerstörung der Edwards-Familie. Der Innenraum bleibt wie in der traumatischen Kernszene, um die die ganze Suche Ethans kreist, dunkel. So sind wir am Ende von *The Searchers* doch wieder bei einem einfachen Widerspruch angekommen: Unsere Realität und die mythische Leinwandlegende schließen sich aus. Ethan Edwards ist zwar ausgeschlossen, aber ihm gehört das letzte Bild.

In dieser Aporie liegt aber auch die Kraft von Fords nostalgischem Ikonoklasmus. Die unmögliche Geographie der Vergangenheit ist immer schon Kino, war nie etwas anderes als Kino. Deshalb sind diese Geschichten uns auch so viel vertrauter und für uns so viel befriedigender als die realen historischen Ereignisse, die die Eroberung des Westens mit sich brachte. Wie Flemings Dorothy wissen wir, daß unseren realen Lebensumständen eine nie gänzlich tilgbare innere Unruhe inhärent ist. Wie sie können wir diese Störung inmitten des familiären Lebens ertragen, weil wir von einem tragischen Helden träumen, der an unserer Stelle die Freiheit des einfachen Widerspruches genießt, in der Traumwelt jenseits der Filmleinwand. Er kann in den klaren Kampf flüchten, den wir uns im Alltag verbieten müssen. Ford hingegen weiß nicht nur um den blinden Fleck, der seinem Westernmythos innewohnt, er inszeniert diesen Fluchtpunkt auch, und zwar als den Ort, den seine Kamera in bezug auf die von ihm entworfene optimistische Nostalgie einnimmt, die prägnant markierten dunklen Innenräume, aus denen seine Kamera ein Abbild der unsere Träume belebenden unmöglichen Geographie der Western-Legende einfangen kann.

Sich auf den unlösbaren Antagonismus des trauten Heims einlassen

Auch John Sayles nutzt die Geschichte seines eigenbrötlerischen Helden Sheriff Sam Deeds, um in *Lone Star* das Texas der Western-Legende als Metapher für die Geschichte der Vereinigten Staaten einzusetzen. Wie er gegenüber Gavin Smith erklärt, wählte er Texas explizit als geographische Entsprechung für die psychische Entwicklung seines Helden, der ganz im Sinne des einsamen Einzelkämpfers der Western-Legende Gerechtigkeit schaffen will, obwohl seine hartnäckige Wahrheitssuche dem Ansehen seines verstorbenen Vaters, des ehemaligen Sheriffs Buddy Deeds, zu schaden droht. Im fanatischen Drang, ein allgemeines Gesetz der Wahrheit und Gerechtigkeit durchzusetzen, macht er sich anfangs die Mitglieder des Stadtrates der Grenzstadt Frontero, Rio County, zum Feind, die ihre nachträglich fabrizierte Version der Vergangenheit gegenüber der Wahrheit bevorzugen. Schließlich entscheidet er sich aber für eine Reintegration in die Gemeinschaft, indem er die tradierte Legende über seinen Vater neben den von ihm aufgedeckten Fakten stehenläßt.

Die Analogie zwischen diesem Helden und seiner geokulturellen Heimat besteht für Sayles nun darin, daß sich die Texaner, ganz im Sinne der einsamen Rangers der Western-Legende, als der Lone-Star-Staat verstanden, bevor sie sich den anderen amerikanischen Staaten anschlossen: »Nach der Vertreibung der Mexikaner waren sie eine Republik, weil sie aber Teil der Vereinigten Staaten werden wollten, sagten sie von sich: ›Wir sind der Lone Star. Wir sind das Individuum, das schlußendlich der Gesellschaft beitreten wird.‹«[18]

---

18 John Sayles in dem von Gavin Smith herausgegebenen Interviewband *Sayles on Sayles*, London 1998, S. 232.

Brisant für den ikonoklastischen Schüler Fords ist nun aber nicht nur die Art, wie sowohl die Geschichte von Texas als auch die durch das Western-Genre tradierte Geschichte des einsamen Western-Helden die amerikanische Ideologie der Integration und Assimilation widersprüchlicher und widerständiger Einzelgruppen unterstützt. Der postmoderne Regisseur bietet seinem Eigenbrötler außerdem die Möglichkeit heimzukehren – im Unterschied zum für diesen Film als intertextuelles Vorbild zitierten Œuvre John Fords. Trotzdem läßt er aber den unlösbaren Antagonismus, der sich aus der Kollision verschiedener Ethnien und Interessengruppen innerhalb einer Gemeinschaft ergibt, nicht in einen dunklen Innenraum verschwinden. Er schafft diesem Widerstreit regelrecht einen eigenen Schauplatz, und zwar in der Form einer öffentlichen Bühne – im Schulzimmer, an der Bartheke oder auf dem öffentlichen Platz, wo ein Denkmal für den verstorbenen Sheriff Buddy Deeds errichtet wird –, der durchaus, den Veranden in *The Searchers* entsprechend, als Ort begriffen wird, in dem Differenzen darüber, wie ein in sich widersprüchliches Verhältnis zur Vergangenheit in gemeinschaftlich tragfähige Geschichten umgesetzt, ausgesprochen und ausgehandelt werden können.

John Sayles' Geschichte setzt dort an, wo John Fords tragischster Western aufhört, nämlich bei der Frage, was seit dem Zweiten Weltkrieg und dem Kalten Krieg in Anbetracht der Tatsache aus dem Westen geworden ist, daß im Zuge der Zivilisierung der einfache Widerspruch zwischen feindlich besetzter Wildnis und den provisorischen *homes* der Siedler zwar erfolgreich aufgelöst, aber von einer neuen Differenz abgelöst wurde – dem Streit darüber, wie die in die Gemeinschaft eingeführte und aus ihr auch nicht mehr zu tilgende kulturelle Hybridität produktiv für das Gemeinwohl umgesetzt werden kann. In der von Sayles dargestellten Western-Welt der neunziger Jahre hat sich eine Synthese zwischen heimeligem Kamin und unheimlicher Prärielandschaft entwickelt. Im gleichen Zuge, in dem der Außenraum domestiziert wurde, entsteht ein Raum der Öffentlichkeit, in dem der Anspruch der einzelnen Familien auf Glückseligkeit (*the pursuit of happiness*) nicht länger als vom Allgemeinwesen abgesondert begriffen werden kann. Der Sieg der weißen Zivilisation hat das Schlachtfeld klar definierter verfeindeter Ethnien obsolet gemacht, doch gleichzeitig ist inmitten der Gemeinschaft ein neuer Kriegsschauplatz entstanden: Die Vertreter der verfeindeten ethnischen Lager prallen nicht mehr konkret aufeinander, sondern in Gestalt ihrer divergierenden Legenden. Während der Kampf um die Anglisierung des amerikanischen Westens mit der Festlegung der Grenze zwischen den USA und Mexiko erfolgreich beendet wurde, verweist jede in der hybriden texanischen Öffentlichkeit am Ende des 20. Jahrhunderts geführte Debatte darüber, wie man das kulturelle Erbe dieser Region tradieren und seiner gedenken soll, auf die Tatsache, daß die richtige Darstellung der Vergangenheit unerledigt ist und unerledigt bleiben wird. Indem sich das Schlachtfeld vom einfachen Widerspruch sich bekämpfender Ethnien – Angloamerikaner, Indianer, Mexikaner, Hispanier, Schwarze – auf die Frage verlagert hat, wie die Gründungsschlachten des amerikanischen Westens darzustellen ist, ergibt sich nicht nur ein differenzierteres Bild, sondern auch ein unentscheidbarer Antagonismus. Obwohl es keine alle Streitigkeiten harmonisch aufhebende Geschichte des Westens geben kann, brauchen wir Legenden, um den unlösbaren Antagonismus, der weiterhin einer texanischen Stadt wie Frontera – überhaupt jeder amerikanischen Gemeinschaft – innewohnt, lebbar zu machen, indem er in die verträglichere Form einer kohärenten Geschichte übersetzt wird.

Wütend beschimpft eine Anglo-Mutter in einer der Anfangsszenen von *Lone Star* die hispanische Lehrerin Pilar Cruz, deren Geschichtsunterricht sie als gewaltsame Demontage ihres kulturellen Erbes empfindet. Es sei, erklärt sie, eine unzumutbare »Zerstörung der Erinnerung an die Menschen, die für dieses Land gekämpft haben und gestorben sind«. Sie wird von einem ebenfalls erbosten Hispano-Vater unterbrochen: Auch seine Leute haben für dieses Land gekämpft, gegen die US-Armee und die Texas Rangers. Eine ungeprüfte Gleichsetzung von Menschen, die zur Gründung des heutigen Texas maßgeblich beigetragen haben, mit den weißen Siedlern – so sein Plädoyer – würde von den Bewohnern dieser

Grenzstadt radikal aufgesprengt werden, da sie der Hybridität der Einwohner nicht entspreche. Auf den Einwurf eines Anglo-Vaters, die Hispanos hätten ihren Kampf verloren und müßten sich deshalb der Sicht der Sieger unterordnen, erwidert der Anglo-Rektor, es wäre besser, den Streit um den Geschichtsunterricht nicht ausschließlich im Sinne von Gewinnern und Verlierern zu sehen. Die Anglo-Mutter erhebt einen neuen Vorwurf: Pilar würde die kausale Abfolge der zentralen geschichtlichen Ereignisse umdrehen und sich somit nicht an den »Standard« halten, der von der Lehrbuchkommission festgelegt wurde. Beschwichtigend erklärt der Rektor, jedes Lehrbuch sei als Leitfaden, nicht als absolute Wahrheit zu verstehen. Weiterhin unbeeindruckt, erklärt die Anglo-Mutter, sie wolle niemandem vorschreiben, was er zu glauben habe, müsse aber protestieren, wenn es um den Unterricht ihrer Kinder gehe. Erneut wird sie unterbrochen, diesmal weist eine Hispano-Mutter darauf hin, daß auch die Kategorie »unsere Kinder« hybride ist. »Es sind auch unsere Kinder«, erklärt sie, »und als kulturelle Mehrheit in dieser Gemeinschaft sind wir im Recht.«

An dieser Stelle wird in den Streit der Lebenden die Frage nach dem Anspruch der Toten auf die Art, wie die Ereignisse der Vergangenheit tradiert werden, nochmals eingefügt. Der Anglo-Vater kontert mit der Forderung, den Männern, die den Staat Texas gegründet haben, stünde das Recht zu, daß ihre Geschichte von den Nachgeborenen so erzählt wird, wie sie tatsächlich stattgefunden hat, und nicht in der Version, die einige gern nachträglich entwickeln würden. Daß jede Wiedergabe der Geschichte jedoch unweigerlich die Interessen der Erzählenden widerspiegelt und somit die Forderung nach einem einzigen, den Tatsachen gänzlich treuen Bericht der unmöglichen Reduktion verschiedener nicht kompatibler Beschreibungen von Wirklichkeit gleichkommt, wird nicht nur durch den Einwand des Reporters Danny Padilla deutlich, der auf die pekuniären Interessen der weißen Siedler im Kampf gegen die Mexikaner hinweist, sondern auch durch die Selbstverteidigung des Anglo-Vaters. Ganz im Sinne Althussers besteht er darauf, die ideologisch dominante Version des Verhältnisses, die die Bürger einer Stadt gegenüber ihrer Vergangenheit pflegen, von dem Standpunkt zu bestimmen, von dem aus sie entwickelt wird: »Ihr mögt das Geschichte nennen, aber ich nenne es Propaganda. Ich bin mir sicher, sie haben ihren eigenen Bericht über die Schlacht von Alamo auf der anderen Seite, aber wir sind nicht auf der anderen Seite, also sind wir auch nicht bereit, diese Fassung in unseren Schulen unterrichten zu lassen.« Erst jetzt greift die Lehrerin Pilar Cruz aktiv in das Wortgefecht ein. Sie wehrt sich gegen den Vorwurf, Propagandistin zu sein, und weist darauf hin, daß der Streit deshalb nicht zu schlichten ist, weil der geokulturelle Standpunkt, um den er kreist, auf unlösbare Weise hybrid ist: »Ich habe nur versucht, einen Teil der Komplexität unserer Situation hier unten [an der Grenze zwischen Texas und Mexiko] herüberzubringen ... [die Art wie] Kulturen hier in sowohl positiver als auch negativer Weise zusammentreffen.« Doch die Anglo-Mutter beharrt bis zum Schluß auf ihrem Wunsch, eine einfache ideologische Vorstellung davon durchzusetzen, wie die Gründungslegende der Welt, die sie *home* nennt, auszusehen hat: »Wenn ihr in bezug auf das Zusammentreffen von Kulturen über Essen und Musik redet, habe ich keine Probleme. Aber wenn ihr damit anfangt zu verändern, wer was wem angetan hat ...« Ein letztes Mal versucht ein Mitglied der Schule, eine zweite Anglo-Lehrerin, die aufgebrachte Mutter zu beruhigen: »Wir wollen lediglich ein umfassenderes Bild darstellen.« Wütend schreit die Anglo-Mutter: »Und genau das muß aufhören.« Sie behält das letzte Wort, nicht weil John Sayles ihrem Verlangen den Vorrang geben möchte, sondern um die Unschlichtbarkeit der Frage nach der wahren Version von Historie sichtbar werden zu lassen, die durch das Brüchigwerden von Legenden ausgelöst wird.

In diesem Film, der um den Kampf der Nachgeborenen mit dem familiären wie auch kulturellen Erbe ihrer Väter und Mütter kreist, gibt es jedoch nicht nur den aggressiven Streit zwischen den unerschrocken nach Aufklärung drängenden Ikonoklasten und den konservativen Ikonologen, die die tradierten Geschichten erhalten wollen. Sondern es gibt auch Figuren, die sich angesichts einer unlösbaren Komplexität von Antagonismen aus dem Schlachtfeld divergierender Wiedergaben von Vergangenheit in den Tagtraum friedlicher Harmonie jenseits geokultureller Differenzen zurückziehen wollen, egal ob der Traum von der romantischen Liebe oder vom öffentlichen Ruhm handelt. Wenige Sequenzen später zeigt uns John Sayles, wie Pilars Unterricht auf ihre Schüler wirkt. Engagiert schildert sie die nicht auf eine einfache Erzählung zu reduzierenden Kämpfe zwischen den ethnisch verschiedenen Bewohnern des amerikanischen Südwestens nach der Gründung des Staates Texas. Auf die Frage, was man der Abfolge dieser kriegerischen Ereignisse ablesen könne, antwortet der von Pilar aufgerufene schwarze Schüler Chet Payne: »Jeder tötet jeden.« Er hatte mit einem Ohr zugehört, weil er, vom Streit mit seinem Vater in Anspruch genommen, sich in das Malen von Bildern flüchtet, drückt aber den Gegenpol zur Anglo-Mutter aus. Apodiktisch benennt er die Tatsache, daß im Verlauf eines differenzierten Geschichtsunterrichts die angestrebte Komplexität wieder in eine ganz einfache Formel umkippen kann. Zu viele Gesichtspunkte entfremden von der dargebotenen Wiedergabe der Ereignisse, und für den Zuhörer, der aufgrund dieser Vielfalt unfähig ist, sich mit der Geschichte überhaupt zu identifizieren, ergibt sich das diametrale Gegenstück zur einfachen Legende – eine bedeutungslose Aneinanderreihung von Gewalttakten.

Als Synthese dieser Positionen versteht John Sayles seine in *Lone Star* inszenierte Auseinandersetzung mit der Geschichte Amerikas, die er über die ikonoklastische Geste der Kinder, den vererbten Familienroman neu zu formulieren, durchspielen läßt. Eine tragfähige Darstellung muß den Kompromiß zwischen radikaler Komplexität und widerspruchsloser Vereinfachung suchen, egal ob eine persönliche oder eine kollektive Vergangenheit in Erzählung umgesetzt wird. Ganz im Sinne von Slavoj Žižeks These, jede Erzählung sei der Versuch, einen grundsätzlichen Antagonismus durch die Neuanordnung von einzelnen Ereignissen in eine zeitliche Abfolge, die den Bedürfnissen der Zuhörenden entspricht, aufzulösen,[19]

---

19 Slavoj Žižek 1997, S. 11.

müssen Sayles' Held Sam Deeds, dessen Jugendliebe Pilar Cruz und deren Schüler Chet Payne lernen, für sich die Reihenfolge festzulegen, die ihnen erlaubt, aus den ihnen zugänglichen Fragmenten der Vergangenheit – die jeweils um das Verschweigen eines Familienstreits kreisen – eine für sie lebbare Geschichte zu erstellen.

So setzt Sayles nicht nur den Schauplatz Texas, sondern auch den Streit um die Art, wie die Geschichte von Texas unterrichtet werden soll, als Metapher dafür ein, daß die Nachgeborenen bei jedem Versuch, ihr Verhältnis zur Vergangenheit zu klären, ein Schlachtfeld betreten. Im Gespräch mit Mick Frogley und Matt Symonds betont er, es sei für die meisten Menschen einfacher, entweder tradierte Legenden zu akzeptieren oder die konventionelle Geschichtsschreibung gänzlich in ihr Gegenteil umzustülpen, als die Fakten genau zu betrachten und zu erkennen, daß jede Legende komplex ist, weil sie unlösbare Antagonismen bezüglich der Handlungen eines Helden oder der kausalen Verknüpfung verschiedener Ereignisse in sich birgt.[20] Wenn *Lone Star* dieses Schlachtfeld sichtbar macht, so vor allem, um zu betonen, wie sehr jede geokulturelle Identität das Individuum mit einer erzwungenen Wahl konfrontiert. Es muß sein Verhältnis zu seinem familiären wie seinem kulturellen Erbe erforschen, da es, sofern es die Vergangenheit einfach zu vergessen sucht, von deren Folgen unweigerlich heimgesucht wird. Aber diese Entdeckungsreise, der kein verantwortungsbewußter Mensch entkommen kann, fordert auch ihren Preis. »Wir werden die Fakten nie wissen«, betont Sayles. »Was wir aber erfahren können, ist die Tatsache, daß es viele verschiedene Wege gibt, eine Legende darzubieten.« Festgefahrene Legenden müssen stets von neuem überprüft und verhandelt werden, um das erneute Ausbrechen einfacher Widersprüche im Kampf zwischen verschiedenen Ethnien, aber auch verschiedenen Familienmitgliedern zu verhindern. Mit den unlösbaren Antagonismen am häuslichen Herd und in der hybriden Gemeinschaft zu leben bedeutet für Sayles letztendlich, den Kampf

---

20 Mick Frogley und Matt Symonds, »Interview with John Sayles about Lone Star«, in: *Sprocket* (1997).

bewußt nach innen zu verlagern und das *home* als produktives Schlachtfeld anzuerkennen, auf dem keine Seite siegen wird, weil hier der Kampf nicht als einfacher Widerspruch ausgetragen werden kann. Obwohl also der Antagonismus unlösbar bleibt, hat auf der Bühne dieses Schlachtfeldes jeder die Möglichkeit, sein Verhältnis zur real gelebten Wirklichkeit neu zu definieren, und zwar als eine den eigenen Belangen angemessene Interpretation der Vergangenheit.

»Die Geschichte (*history*)«, erklärt Sayles seinem Gesprächspartner Eric Foner, »und vor allem die Geschichten (*stories*), an die wir gerne glauben oder die wir über uns zu wissen meinen, sind Teil der Munition, die wir mit uns nehmen in unseren alltäglichen Kampf um unsere Selbstdefinition wie auch in unseren täglichen Umgang mit anderen Menschen.«[21] Geht man jedoch davon aus, daß es immer mehr als eine richtige Version der Geschichte gibt, weil oft mehrere legitime Interpretationen des gleichen historischen Ereignisses oder Prozesses vorliegen, »kann keiner von uns den Anspruch erheben, die Geschichte als objektiven Tatsachenbericht (*objective fact*) auf die einzige Weise, wie diese legitim präsentiert werden könnte, schreiben zu wollen«. Apodiktisch formuliert er das ästhetische Diktum, das seinen ikonoklastischen Reformulierungen des amerikanischen Nationalmythos zugrunde liegt: »Meine Geschichte stellt immer einen Standpunkt dar«[22], auch wenn diese narrative Wiedergabe sich der Beweiskraft historischer Fakten niemals entziehen kann. Ausschlaggebend für Sayles' Arbeit mit Geschichte – die in *Lone Star* sowohl eine Neudeutung vergangener Ereignisse wie auch eine Reformulierung tradierter Legenden mit sich bringt – ist nun aber die Tatsache, daß eine Gleichsetzung von Standpunkt und Geschichtserzählung gerade die Frage der Verantwortung aufwirft. Wenn der Streit um die wahre Wiedergabe der Vergangenheit ausgetragen wird, kollidieren nicht nur die Diffe-

---

21 Siehe »A conversation between Eric Foner and John Sayles«, in: *Past Imperfect, History according to Movies*, Hg. Mark C. Larnes, New York 1995, S. 11.
22 Ebd., S. 25.

renzen verschiedener Ethnien, was sich in der komplexen Vielschichtigkeit von Legenden zeigt, sondern im Versuch, unser imaginäres Verhältnis zu vergangenen Ereignissen neu zu definieren, verschränkt sich Geschichte im allgemein gesellschaftlichen Sinne unweigerlich auch mit der persönlichen Familiengeschichte. Wenn Sayles' eigenbrötlerischer Held Sam Deeds zu ergründen sucht, warum sein Vater zum beliebtesten Sheriff von Frontera werden konnte, so wird daraus der Versuch sichtbar, den Familienroman neu zu schreiben. Gleichzeitig wird dieser Familienkrieg aber eingebettet in eine kollektiv geführte Debatte darüber, wer wem was in der Geschichte Texas' angetan hat, und zwar deshalb, weil Sayles' eigener nostalgischer Optimismus die Synthese herzustellen sucht zwischen einem Ausblenden der unentscheidbaren Komplexität und dem Verlangen, sich den der eigenen geokulturellen wie familiären Identität innewohnenden unlösbaren Widersprüchen zu stellen. Ernüchtert, was das Ausmaß an Handlungsfähigkeit des einzelnen anbelangt, gesteht Sayles ein: »Wir können gegen die Geschichte nichts tun. Wir können herausfinden, was wirklich passiert ist, aber wir können daran nichts ändern.«[23] Dennoch hält auch der nostalgische Aufklärer an der Möglichkeit fest, dieser von der Geschichte diktierten Fatalität zu entkommen, zumindest als Auflösung seiner Filmgeschichte. Im Fall seines einsamen Helden Sam Deeds, der am Ende seiner Erkundungsreise in die Vergangenheit den Weg zurück in die Gemeinschaft, das heißt zurück zu der ihm lange Zeit verbotenen Jugendliebe Pilar findet, bedeutet der Schritt über die Schwelle in ein Haus, in dem er durchaus Herr sein kann, paradoxerweise, daß er lernt, der Vergangenheit den Rücken zuzuwenden. Manchmal, erklärt John Sayles, bedeutet das Übernehmen von Eigenverantwortung, »daß man die Geschichte einfach vergessen muß; daß man ihr willentlich entflieht«[24].

23 Gavin Smith 1998, S. 224.
24 Ebd., S. 219.

Ein zweiter Intertext – *The Man who shot Liberty Valance*

In diesem doppelten Anspruch, einerseits die verschwiegenen Fakten einer Gründungsgeschichte offenzulegen, indem sein Held allmählich die Legende um seinen von den Bewohnern Fronteras verehrten Vater demontiert, andererseits aber auch an der durch die Geheimhaltung in Umlauf gebrachten Legende festzuhalten, zeigt sich John Sayles als perfekter Schüler der ambivalenten Ikonographie John Fords, wobei er bewußt auch auf dessen anderen späten Western verweist, von dem Peter Bogdanovich meinte, es sei vielleicht Fords trauervollster, tragischster Film: *The Man Who Shot Liberty Valance* (1962). John Sayles übernimmt ganz explizit den Plot einer Reise in die Vergangenheit, die mit der Welt des der Zivilisierung zum Opfer gefallenen alten Westens deckungsgleich ist. In Fords Handlungsabfolge kehrt der erfolgreiche Senator Ransom Stoddard (James Stewart) mit seiner Frau Hallie (Vera Miles) in die Stadt Shinbone zurück, um dem Begräbnis ihres alten Freundes Tom Doniphon (John Wayne) beizuwohnen. Von den Reportern wird er sofort als der zur Legende gewordene Mann erkannt, der einst den Outlaw Liberty Valance (Lee Marvin) erschossen und die Stadt von dessen gewalttätigem Gesetz befreit hat. Der Senator wird bedrängt zu erzählen, warum er den ganzen Weg von der Hauptstadt in den Westen gefahren ist, denn jener Mann, an dessen Begräbnis er teilnehmen will, war am Ende seines Lebens nicht nur so unbedeutend, daß die jüngeren Reporter im Zeitungsarchiv nichts über ihn entdecken können, sondern zudem so verarmt, daß er ohne Stiefel und Gewehr im Sarg liegt. Stoddard, der anfangs keine Erklärung abgeben möchte, halten die hartnäckigen Reporter entgegen, sie hätten ein Recht, die Wahrheit zu erfahren. In Form einer Rückblende zeigt Ford die geheimnisvollen Umstände der für die Gründung der zivilisierten Gemeinschaft Shinbone so ausschlaggebenden Tötung des Outlaws, allerdings offenbaren die Schlußsequenzen des Films, wie wenig diese Version die alte Legende ersetzen kann. Nachdem die Reporter erfahren haben, daß der Mann im Sarg niemand anderes als der wahre Killer von Liberty Valance sei, weigern sie sich, diese Geschichte zu drucken. »Das ist der Westen«, erklärt einer dem erstaunten Senator, »wenn die Legende zur Tatsache geworden ist, drucken wir die Legende.«

Ganz deutlich und bewußt übernimmt John Sayles in *Lone Star* dieses Privilegieren von Legenden gegenüber Tatsachen. Vom Bürgermeister Hollis Pogue, der zur Zeit des geheimnisvollen Verschwindens des Vorgängers seines Vaters zusammen mit Buddy Deeds Hilfssheriff war, erfährt der jetzige Sheriff Sam Deeds, daß nicht sein Vater (wie er sich dies so gern vorgestellt hat), sondern eben der ehrwürdige Bürgermeister Charlie Wade erschoß, um während eines nächtlichen Streits in einer Bar dem vom tötungswilligen Sheriff mit seinem Revolver bedrohten schwarzen Kellner Otis Payne das Leben zu retten. Auf die Befürchtung von Hollis, daß die anderen Stadtbewohner im Rahmen der Untersuchungen des Sohnes nun glauben würden, Buddy habe Sheriff Wade ermordet, antwortet der wie die Reporter so hartnäckig nach der Wahrheit drängende Sam: »Buddy ist eine gottverdammte Legende – er kann damit umgehen.«

Lone Star demontiert den Fordschen Western-Mythos nicht nur, sondern schreibt ihn auch weiter. So bedient sich Sayles der in *The Man Who Shot Liberty Valance* inszenierten Aufspaltung zwischen einem gerechten und einem obszönen Gesetz. Die Urszene, um die Senator Stoddards Erzählung kreist, gehört der Zeit vor der Eisenbahn an, in der im Westen noch das Gesetz der offenen Gewalt herrschte. Stoddard will als junger idealistischer Rechtsanwalt in Shinbone eine Kanzlei eröffnen und das von Washington abgesegnete Gesetzbuch vertreten. Doch bevor er die Stadt erreichen kann, überfällt Liberty Valance die Postkutsche. Er beraubt den angehenden Rechtsanwalt Stoddard seines Startkapitals und demütigt ihn, indem er vor den Augen der anderen Reisenden die Gesetzbücher zerreißt und mit der Peitsche in der Hand erklärt: »*Ich* bringe dir das Gesetz bei. *Western law.*«

Ford inszeniert diese Erzählung nicht nur als den Zweikampf zwischen zwei diametral entgegengesetzten Vertretern des Gesetzes, sondern zeigt uns zudem »das Errichten einer Legende als das allmähliche Abstreifen von Stoddards Illusionen«.[25] Tom bringt den verwundeten Ransom Stoddard in das Restaurant von Peter Ericson, damit dessen Tochter Hallie, um die er selbst wirbt, ihn pflegen kann. Da Ransom sein Geld verloren hat und ihm zudem klar wird, wie wenig das von ihm vertretene Gesetz des Buches im Westen wirkt, arbeitet er als Küchenhilfe und Servierer für Hallies Vater, ohne deshalb das eigene zivilisatorische Projekt aufzugeben: Er versucht mit Hilfe Hallies, den Bewohnern der Stadt Lesen und Schreiben sowie amerikanische Geschichte beizubringen, und läßt sich ins regionale Parlament wählen. Obwohl er die gewaltsame Lösung bis zum Schluß moralisch ablehnt, muß er erkennen: In dieser Welt, in der selbst der Marschall der Stadt das Recht nicht durchsetzen und den Outlaw festnehmen kann, vermag nur der einfache Widerspruch des Zweikampfes den Konflikt mit Liberty Valance zu lösen.

Die erste Begegnung findet auf einer voll ausgeleuchteten Bühne statt. An einem Samstagabend taucht Valance im Restaurant auf. Hallie flüchtet in die Küche. An ihrer Stelle erscheint Ransom, ein essenbeladenes Tablett mit beiden Händen tragend. Um die Macht seines obszönen Gesetzes auszukosten, mokiert sich Valance über den Vertreter des offiziellen Gesetzes: »Schau dir die kleine Serviererin an« – und stellt ihm, als Ransom an seinem Tisch vorbeigehen muß, ein Bein. Wieder liegt ihm der Rechtsanwalt, der ihn vor Gericht zu bringen droht, zu Füßen, doch diesmal greift die dritte Figur ein. Tom stellt sich hinter den weiterhin auf dem Boden kauernden Ransom und fordert Liberty auf, das Steak aufzuheben. Jetzt begreift Ransom, daß sich die beiden Männer tatsächlich duel-

---

25 McBride und Wilmington 1974, S. 181.

lieren wollen. Dadurch würde er in die Rolle des hilflosen weiblichen Opfers gedrängt, und sein Beharren auf dem Gesetzbuch müßte offener Gewalt weichen. Mit dem Ausruf »Was ist los? Sind alle an diesem Ort tötungswahnsinnig *(kill-crazy)*?« stürzt er sich auf das Steak, hebt es auf und knallt den Teller auf Toms Tisch. Valance verläßt das Restaurant mit der Erklärung: »Die Show ist fürs erste einmal vorüber«, doch Ford beendet die Sequenz erst, nachdem Ransom, von Tom befragt, was seiner Meinung nach den Outlaw verschreckt habe, zugegeben hat, es seien nicht seine Paragraphen, sondern die auf Liberty gerichteten Waffen von Tom und seinem Gehilfen Pomphey gewesen. Wutentbrannt verläßt auch Ransom das Restaurant. Niemand dürfe seinen Kampf für ihn austragen. Trotzdem läuft sowohl die Enttäuschung der Legende um Senator Stoddard wie auch die nostalgische Demontage der Western-Legende, die in *The Man Who Shot Liberty Valance* auf der extra-diegetischen Ebene durchgespielt wird, auf eine Aporie hinaus: Tatsächlich kann nur ein anderer den Kampf des Rechtsanwaltes gegen das obszöne Gesetz des Outlaws ausfechten, auch wenn sich dieser Dritte dabei selber opfert.

Gerade diese Einfügung eines ambivalenten dritten Gesetzesvertreters bietet Sayles die Möglichkeit, in *Lone Star* eine komplexere Legende des alten Westens aufzufächern. Seinem Sheriff Buddy Deeds dient Tom Doniphan als Vorbild, da er bereit ist, das offizielle Gesetz zu verteidigen. Allerdings sind Toms Mittel, wie die Peripetie des Films zeigt, so obszön wie die seines Gegners. Tom und Liberty repräsentieren »beide Seiten der Medaille des alten Westens in seiner ganzen Freiheit und Leidenschaft für das Individuelle … In der Tat ist Liberty genauso eine mythische Figur des Bösen, wie Tom ein mythischer Held ist.« Indem Tom, wie der Outlaw durchaus bereit, das Gesetz selbst in die Hand zu nehmen, Liberty erschießt, vollzieht er »das Ritual des Fortschritts, das den alten Helden der Vernichtung preisgibt, damit der neue seinen Platz einnehmen kann«.[26]

26 J. A. Place 1974, S. 241.

Die von Ford so tragisch empfundene Logik des Wettstreits zweier Gesetze sieht vor, daß der entscheidende Schuß durch einen geheimen Stellvertreter des auf Recht und Ordnung beharrenden Rechtsanwaltes abgefeuert wird. Die Öffentlichkeit hingegen schreibt diese Tötung dem daraufhin zum Politiker gewordenen Stoddard zu, um die Legende zu zementieren, er hätte schlußendlich seinen Kampf doch selber erfolgreich durchgestanden. Zweimal zeigt uns Ford das Szenario, in dem Ransom, erbost darüber, daß der Outlaw den Redakteur der *Shinbone News* wegen eines Artikels über sein Gesetz der Gewalt zusammengeschlagen hat, seinen Gegner zu einem einfachen Kampf auf offener Straße herausfordert. Das erstemal inszeniert Ford die Legende. Zögerlich läuft Ransom mit dem Revolver in der rechten Hand nachts die menschenleere Hauptstraße entlang auf Liberty Valance zu. Der Outlaw lehnt am Pfosten vor dem Saloon und lacht Ransom aus. Dann schießt er einen neben dem Kopf des Rechtsanwalts hängenden Wasserkanister herunter und mit dem zweiten Schuß seinem Widersacher in den rechten Arm. Ransom läßt die Waffe fallen, die Liberty mit einem weiteren Schuß trifft. Der gedemütigte Ransom tritt einige Schritte zurück, hebt seinen Revolver mit der linken Hand auf und nähert sich seinem Gegner wieder. Erst jetzt hört Liberty auf zu lachen, zielt mit nüchternem Ernst genau auf die Stirn seines Gegners, doch bevor er abdrücken kann, feuert der Rechtsanwalt aus dem Revolver in der linken Hand seinen ersten und einzigen Schuß. Liberty Valance fällt tot zu Boden.

Diese Version der Tötung des Outlaws wird von Tom demontiert, jedoch bezeichnenderweise nicht öffentlich. Er nutzt die Gelegenheit gerade nicht, sich den Ruhm des Befreiers der Stadt Shinbone und gleichzeitig die Liebe Hallies zu sichern, sondern erzählt Ransom den wahren Hergang, um ihn davon abzuhalten, den aufgrund der Gerüchte um die Tötung von Liberty Valance an ihn herangetragenen Auftrag aufzugeben und nicht als Abgeordneter die Interessen der kleinen Farmer in Washington zu vertreten. In einem abgelegenen Zimmer des Regierungsgebäudes, in dem die Wahlen in vollem Gange sind, gesteht Tom seinem Rivalen unter vier Augen die wahre Version jener fatalen Nacht. Diese Beichte wird von Ford als eine andere Art gezeigt, wie die einzelnen Ereignisse, die zu einer Tötung führen, in eine narrative Abfolge zusammengefügt werden können. Von einer dunklen Querstraße nähern sich Tom und sein Gehilfe Pompey dem von niemand sonst beobachteten Duell. Tom feuert im gleichen Moment wie Ransom auf Liberty Valance. Er trifft den Outlaw tödlich von der Seite, während Ransom ihn von vorn verfehlt. Tom und Pompey stehlen sich heimlich davon. Es war, wie Tom selbst zugibt, ein »kaltblütiger Mord«, der aber das nötige Opfer für das von Stoddard vertretene zivilisatorische Projekt darstellt.

Aus dieser Tötung lassen sich jedoch nur dann Legenden bilden, wenn sie als ein Geheimnis behandelt wird, das die Mitwissenden und deren Handlungen prägt, gleichzeitig aber auch eine Lücke im Wissen der Gemeinschaft entstehen läßt. Tom bekommt – wie der ebenfalls von John Wayne gespielte Ethan in dem sechs Jahre früher gedrehten *Searchers* – auch hier die geliebte Frau nicht. Hallie zieht den verweiblichten, verwundet zurückgekehrten Ransom dem unversehrbaren Helden vor, der sich nicht an den Buchstaben des Gesetzes hält, sondern das Gesetz in die eigene Hand nimmt. Gemeinsam verlassen Ransom und Hallie den Westen, um ihn in Washington zu vertreten, während Tom allein auf seiner Ranch am Rande der Stadt lebt. Die Räume seines Hauses, in denen er mit Hallie leben wollte, hat er in der fatalen Mordnacht niedergebrannt, nachdem er den Mann, dessen Leben er gerettet hat, in den Armen seiner Braut gefunden hatte. Doch diese Zerstörung führt nicht nur konsequent die bereits von Ethan verkörperte Gefahr des Eigenbrötlers für ein trautes Familienleben vor, sondern ebenso konsequent, daß der einsame Held durch den Mord am Outlaw Liberty Valance seinen eigenen Existenzraum zerstört hat. Im Gegensatz zu Ethan, der ewig in der Prärie umherwandert, von seinen Mitmenschen aber auch ewig erinnert wird, verschwindet Tom in der Vergessenheit. Natürlich lebt Fords Film vom Widerspruch, daß der Reporter am Schluß nicht bereit ist, die tatsächlichen Ereignisse zu drucken, der Film aber genau diese Fakten publik macht. Für die von Sayles durchgespielte Transposition ist jedoch brisant, daß wir die Wahrheit nur als ein lange in einer Krypta aufbewahrtes Geheimnis erfahren. Als privilegierte Zuschauer dürfen wir zwar an diesem geheimen Wissen teilhaben, doch dieses wird weiterhin nur unter den Mitwissern und nur als geteiltes Geheimnis gehandelt.

Gemeinsam geteilte Geheimnisse heilsamer Art

Wie in *The Searchers* bedeutet auch in diesem Ford-Film der erfolgreiche Sieg der Zivilisation, daß das Gesetz der radikalen Extremisten überwunden werden muß. Die Zuspitzung dieses für den Western so grundlegenden Erzählmusters, die John Sayles für seine eigene Demontage der Western-Legende erneut fruchtbar macht, kann folgendermaßen formuliert werden: Eine vom Gemeinwesen abgesegnete Gerichtsbarkeit kann gegenüber der anarchischen Gesetzlosigkeit des frühen Westens nur dank eines kollektiv sanktionierten Tötungsrituals triumphieren, im Zuge dessen das obszöne Gesetz geopfert wird. Dieser für die Zivilisierung des Westens so fundamentalen Hinrichtung liegt aber ein doppelter Bruch mit genau dem Gesetz zugrunde, das begründet werden soll. Das durch Tom vollzogene Todesurteil läßt sowohl das Morsche im Gesetz aufscheinen, wie es auch nur durch ein zweites Verbrechen, das Geheimhalten dieses Mordes, in seiner gesetzfördernden Kraft zementiert werden kann. So wird dem zivilisatorischen Projekt nicht nur der Vertreter des obszönen *Western law* geopfert, sondern auch sein Gegenspieler Tom, der Libertys Hang, das Gesetz in die eigenen Hand zu nehmen, im Namen des kodifizierten Gesetzes nachgegangen ist, das im Gegenzug genau den gesetzesfreien Raum zerstört, in dem er ausschließlich leben konnte. Geopfert wird auch die Wahrheit, damit eine für die amerikanische Expansionsideologie tragfähigere Legende fabriziert werden kann. Nicht nur die von der Kritik hervorgehobene Trauer Fords um die archaische Einfachheit des frühen Westens macht sichtbar, daß zwar der lebende Tom der Anfangszeit aus dem kollektiven Gedächtnis verschwindet, seine Leiche hingegen eine Richtigstellung der Tatsachen durch einen der beiden lebenden Zeugen hervorruft. Fords Ambivalenz gegenüber dem Fortschritt zeigt auch, wie die Umwandlung der Wüste in einen blühenden Garten zwar als Fundament den rituellen Mord eines besonderen, in diesem Fall als Outlaw markierten Mitglieds benötigt. Doch die Spuren dieser Tötung sind, wie die eines jeden Aktes, der eine symbolische Anrufung glücken läßt, aus der darauf aufbauenden Gemeinschaft nie gänzlich zu tilgen. Obwohl das Geheimnis zusammen mit der Leiche des Outlaws begraben wird, bleibt es gleichzeitig wie in einer Krypta aufbewahrt: Der tote Körper zersetzt sich gänzlich, die geheimgehaltene Version der Ereignisse wirkt nach, als verstohlener Rest, der auf der anderen Seite der Gerichtsbarkeit die Brüche der für das zivilisatorische Projekt durchaus nötigen Legende ahnen läßt. Geschichte war für Ford eine Frage des Standpunktes. In der letzten Szene zeigt er uns Senator Stoddard mit seiner Frau in einem besonders für sie eingesetzten Eisenbahnwagen auf dem Weg zurück nach Washington. Während seine Frau sehnsüchtig auf die Heimat blickt, bedankt sich der Senator beim Schaffner. Dieser versichert ihm strahlend, es sei nichts zu gut für den Mann, der Liberty Valance erschossen hat. Nachdenklich blickt Ransom auf den Boden, während er zögernd seine Pfeife anzündet. Wie Tom mit dem Mord, kann er mit der Lüge leben. Die Geheimhaltung der Tötung ist seine Munition im Kampf um die Identität seiner Senatorenschaft.[27]

Die Psychoanalytiker Nicolas Abraham und Maria Torok haben in ihren Schriften über Phantasiearbeit vorgeschlagen, Realität im

---

27 Sayles bezieht sich mit diesem Plot nicht nur auf den von Freud formulierten Ödipus-Konflikt, sondern ebenso auf die von ihm in seiner Schrift *Der Mann Moses und die monotheistische Religion* (1939), Gesammelte Werke XVI, Frankfurt a. M 1950, S. 101–246, ausgebreitete These, daß Gründungsmythen oft auf der Vorstellung eines rituellen Vatermordes basieren, dessen Macht auf entstellte Weise nachträglich zurückkehrt und das Gesetz dieser Gemeinde autorisiert. Meiner Ausarbeitung solch eines verschwiegenen, aber als Geheimnis aufbewahrten kollektiven Verbrechens liegt auch die Studie Julia Kristevas zur *Revolution der poetischen Sprache*, Frankfurt a. Main 1978, zugrunde. Den Begriff des Morschen im Gesetz, welches zu einem obszönen und einem versehrten Vertreter paternaler Autorität führt, entnehme ich Eric L. Santner's *My Own Private Germany. Daniel Paul Schreber's Secret History of Modernity*, Princeton 1996.

metapsychologischen Sinne mit einem Geheimnis zu vergleichen, wobei sich dieser Realitätsbegriff auf eine psychische Verarbeitung von realen Lebensumständen bezieht. Analog der Art, wie das Begehren nur im Zusammenhang mit dem Verbot geboren werden kann, entsteht, so ihre spekulative These, eine als existentielle Grundbedingung verstandene Realität aus der Notwendigkeit, daß ein konstitutiver Kern dieser psychischen Realität im verborgenen gehalten bleibt, anwesend, prägend, aber unausgesprochen. »Von ihrer Geburt an ist die Realität vergleichbar mit einem Vergehen, einem Verbrechen. Der Name dieses Verbrechens ist nicht identisch mit dem Verbot. Sein Name ist genuin affirmativ, deshalb unaussprechbar. Alle Geheimnisse sind von Anfang an mit anderen geteilte Geheimnisse. Demzufolge kann das konstitutive ›Verbrechen‹ kein solitäres sein, da es in ein Geheimnis umgewandelt worden ist. Das ›Verbrechen‹ deutet auf Komplizen, auf ein exzessives, verbotenes Genießen, sowie auf Andere, die von diesem ausgeschlossen oder durch dieses eliminiert worden sind.«[28] Diese Denkfigur – daß die psychische Realität, die ein affektives Bündnis zwischen verschiedenen Mitgliedern einer Gemeinschaft aufrechterhält, auf dem gemeinsam geteilten, jedoch auch geheimgehaltenen Wissen eines Verbrechens gegründet ist – bildet das prägnante Bindeglied zwischen *Lone Star* und dem von Sayles deutlich anzitierten Film John Fords. Spielt man diese Denkfigur weiter, ergibt sich eine Logik, die vorgibt, daß das die Gemeinschaft inaugurierende Verbrechen verdeckt werden muß, obwohl dieses heimlich anerkannte Geheimnis auch darauf hinweist, daß in diesem transgressiven Akt ein bereits erfülltes Begehren begraben liegt, das weder fähig ist, in den Vordergrund zu treten, noch sich zu zersetzen. Das hartnäckige Weiterleben eines heimlich hergestellten Bündnisses besteht also in der Tatsache, daß es diejenigen heimsucht, die vom Geheimnis wissen, als wären die nicht aussprechbaren Worte lebendig begrabene Leichen, während sich die Eingeweihten gleichzeitig ebenso bewußt sind, daß ihr Bündnis eine Offenlegung dieses heimlichen Wissens

---

28 Abraham und Torok 1994, S. 158.

verbietet, nicht zuletzt, weil ihre affektive Gemeinschaft im Kern vom ihr zugrunde liegenden kryptophorischen Begehren zehrt.

Was Ford nur indirekt mit den dunklen Innenräumen als Standpunkt seiner Kamera wie auch als Fluchtpunkt für die Bewegungen seiner Spieler andeutet, wird für Sayles zum Ausgangspunkt der Auseinandersetzung mit der Geschichte Amerikas: In der Western-Legende beherbergt die Vorstellung von *home* immer auch eine Krypta, in der das geheime Wissen über das für die Siedlergemeinschaft konstitutive Verbrechen aufbewahrt wird, ein Wissen, das an die Nachgeborenen als Verheimlichung ebenso vererbt wird wie die äußeren tektonischen Zeichen der Zivilisation – die Häuserfronten, Veranden, Straßen und Eisenbahnschienen. Das von den Western-Legenden tradierte imaginäre Verhältnis der Siedler von Texas zu ihren realen Lebensbedingungen, so könnte man sagen, enthält neben der Nostalgie für eine verlorene Welt eines archaischen Genießens auch ein weniger erbauliches Unbehagen: eine innere Unruhe, die von der Überzeugung genährt wird, daß – um auf die Formulierungen von Abraham und Torok zurückzugreifen – die objektive und aktive Existenz eines Geheimnisses als Voraussetzung für Beheimatung als existentielle Kategorie begriffen wird, wobei jede konkret gelebte psychische Realität von *home* der bewußten und mit anderen geteilten Verdrängung eines verschwiegenen Wissens aufsitzt. Um zu verdeutlichen, wie sehr diese Geheimhaltung nicht nur die direkt Betroffenen tangiert, sondern als eine Generation überspannende Heimsuchung durch die Vergangenheit verstanden werden muß, haben Abraham und Torok zusätzlich den Begriff des Phantoms im Sinne einer Erfindung der Lebenden in Umlauf gebracht, die diesen erlaubt, der Lücke im Wissen Gestalt zu verleihen, die durch die Vererbung eines Familiengeheimnisses entstanden ist.[29]

---

29 Im Gegensatz zum offensichtlichen Verweis auf Fords Spiel der zur Tatsache gewordenen Legende läßt sich ein weniger offensichtliches Bindeglied zwischen Fords späten Western und Sayles' *Lone Star* daran festmachen, daß beide einen kryptischen Verweis auf die Nachkriegszeit in ihre Filme einschreiben. Verlagert Ford seine Western etwa ein Jahrhundert zurück, um die Welt nach dem Bürgerkrieg als Entstellung für die Welt des Kalten Krieges einzusetzen, bilden gerade

Diese Denkfigur kann zudem fruchtbar verknüpft werden mit der bereits vorgestellten These Slavoj Žižeks über die therapeutische Funktion persönlicher und kollektiver Geschichten. Um das verdrängte Reale eines untilgbaren Antagonismus in Schach zu halten, genauer, den traumatischen Kern, der weder symbolisiert noch internalisiert werden kann und immer eine Störung des Gleichgewichts eines psychischen wie eines sozialen Systems darstellt, übersetzen Erzählungen diesen unlösbaren Widerspruch in Schutzdichtungen – Familienromane oder Ideologien –, wodurch dem zersetzenden traumatischen Kern eine ausgleichende symbolische Struktur auferlegt wird. Dabei räumt Žižek durchaus ein, daß innerhalb eines Streites um die richtige Wiedergabe eines historischen Ereignisses objektive Fakten im Sinne eines unverzerrten Blickes auf die soziale Realität durchaus präsentiert werden können, wie etwa die von Pilar an die Tafel geschriebenen Daten diverser Kriegsschauplätze an der mexikanisch-amerikanischen Grenze. Dabei verfehlen wir jedoch, so Žižeks These, das Reale des sozialen Antagonismus, während dieser nicht symbolisierte traumatische Kern gerade in den Verzerrungen der Realität, in den phantasierten Verschiebungen wirklicher Ereignisse zum Ausdruck kommt – im Begehren nach der Erzählung darüber, wer als Gewinner und wer als Verlierer eines Machtkampfes zu bezeichnen ist. Die psychische Realität einer Gemeinschaft wird also durch eine symbolische Fiktion reguliert, die zwar vom ihr zugrunde liegenden Antagonismus ausgeht, diesen aber auch verdeckt, so daß dieser als Phantom zurückkehrt.

Dabei müssen jedoch zwei Dinge festgehalten werden: Jedes gemeinschaftskonstituierende tatsächliche Verbrechen gehört bereits der Ebene der symbolischen Fiktionen an. Mit anderen Worten,

<small>die Entstehungsjahre von *The Searchers* und *The Man Who Shot Liberty Valance* den historischen Zeitpunkt, an dem die für die kulturell hybride Welt von Frontero konstitutive Ablösung des obszönen Sheriffs Charlie Wade durch Sam Deeds' Vater stattfindet und daran geknüpft das konstitutive geheime Wissen entsteht, das die nächste Generation auf so quälende Weise heimsucht, wie die Western-Legende den Regisseur John Sayles selbst.</small>

egal, ob die Bewohner der Stadt die genauen Umstände des geheimnisvollen Verschwindens des Sheriffs Charlie Wade kennen, die Phantasie, es hätte ein Verbrechen gegeben, fungiert für die Gemeinde von Frontera – genau im Sinn der von Žižek postulierten symbolischen Fiktion – als Garantie, sie könne harmonisch funktionieren. Zwar verweist das von einigen Einwohnern gemeinsam begangene Verbrechen auf den nicht symbolisierbaren traumatischen Kern im Herzen einer jeden Gemeinschaft, doch das Reale des Antagonismus ist hier bereits auf der Ebene sozialer Antagonismen anzusiedeln – der ungelöste Mord bzw. das ungeklärte Verschwinden des Sheriffs Wade ist ein partikulares Ereignis, eine Repräsentation, die sichtbar werden läßt, wie jede gesellschaftliche Realität auf dem gewaltsamen Ausschluß einer nicht integrierbaren Figur basiert, den unlösbaren Antagonismus als solchen jedoch nur als nachträgliche, räumlich und zeitlich verschobene, sowie auf die Ebene der Zeichen entortete Wiedergabe erscheinen läßt. Das Reale des Antagonismus wird im Gegenzug jedoch genau in dem Augenblick zugänglich, in dem aufgrund eines Zufalls symbolische Fiktionen sich aufspalten in die eigentlichen symbolischen Fiktionen (die von unterschiedlichen Interessengruppen sanktionierten Geschichtsversionen, die von den Betroffenen erstellten Familienromane) auf der einen Seite und auf der anderen Seite die phantomatischen Phantasien, die laut Žižek eine Lücke im kollektiven Wissen in den tradierten symbolischen Fiktionen füllen. Symbolische Fiktion und phantomatische Phantasie sind also Spiegelverkehrungen. Eine Gemeinschaft kann sich als harmonisch strukturiert und geregelt dank der symbolischen Fiktion wahrnehmen, die ihr erlaubt, den ihr im Herzen innewohnenden Antagonismus, die ihr inhärente Unmöglichkeit zu verneinen. Die phantomatische Fiktion hingegen verleiht dieser Verneinung Körper.[30]

Durch ein Phantom kehrt eine Botschaft über das Morsche im Gesetz, das gegen ein archaisches obszönes Genießen der Gewalt

---

30 Siehe Slavoj Žižek, »I Hear You with My Eyes«, in: *Gaze and Voice as Love Objects*, Hg. Renata Salecl und Slavoj Žižek, Durham/London 1996, S. 90–126.

eingesetzt wurde, zurück. Es stützt den Ikonoklasmus der Kinder, die dem von ihren Eltern vererbten Geheimnis ohne diese Enthüllungssucht hilflos ausgeliefert wären. Das ist die zentrale Denkfigur, die die Suchaktion des Eigenbrötlers Sam Deeds leitet und ihn ähnlich wie Ethan Edwards die Vergangenheit wie eine heterotopische Geographie bereisen läßt, um ihn am Ende zur uneingeschränkten Annahme des auf ihm so schwer lastenden toten Vaters gelangen zu lassen, die ihm wie dem Helden von *The Searchers* erlaubt, dieses wiedergefundene Familienmitglied aus seiner psychischen Realität endlich verabschieden zu können.

Um die Frage der transgenerationellen Heimsuchung von Anfang an visuell in den Vordergrund zu rücken, läßt John Sayles in der Anfangssequenz von *Lone Star* die zwei Soldaten Cliff und Mickey in ihrer Freizeit auf dem ehemaligen Schießgelände des an der Peripherie Fronteros errichteten Armeepostens Fort McKenzie einen Totenschädel finden. Sheriff Sam Deeds, der von den beiden Männern sofort herbeigerufen wird, erhält von Mickey einen rostigen Sheriffstern, den der nur wenige Meter neben dem Skelett entdeckt hat, mit der Erklärung, hier befände man sich sicherlich am Schauplatz eines Verbrechens. Sam erwidert, man könne noch nicht genau sagen, »ob ein Verbrechen stattgefunden hat, obwohl dieses Land über die Jahre hinweg eine gute Anzahl an Streitigkeiten gesehen hat«. *Lone Star* beginnt an der Stelle, an der *The Man Who Shot Liberty Valance* aufhört: Eine heimlich begrabene Leiche kehrt zu den Lebenden zurück, und wie in Fords Film stellt sich die Frage nach der Identität des Toten. Doch derjenige, der ein Recht auf die wahre Geschichte einklagt, ist nicht ein Reporter, sondern der Sheriff selbst, der sich zeit seines Lebens gegen die Legende um seinen Vater – es würde nie wieder einen Mann wie ihn geben (»*won't be another like him*«) – wehrt und in dem Skelett das Phantom erkennt, das ihm erlaubt, ein Familiengeheimnis, das ihn in innere Unruhe stürzt, ohne daß er es genau benennen könnte, zu lüften.

Wie in Fords Film geht mit der Rückkehr des ausgegrenzten Toten, der die vergangenen Jahre in einem nicht gekennzeichneten Grab an der Grenze zwischen Texas und Mexiko lag, eine Gefährdung der Legende einher. Sam, der ahnt, daß dies die Leiche des Vorgängers seines Vaters sein muß, der 1957 spurlos verschwunden ist, kehrt in die Stadt zurück, um dem Bürgermeister Hollis Pogue von dieser makabren Entdeckung zu berichten, aber auch, um ihn über jene Nacht des Jahres 1957 auszufragen. Im Restaurant von Mercedes Cruz, der Mutter Pilars und eines der ältesten Mitglieder des Stadtrates, entwickelt sich ein Streit zwischen dem an der Legitimität des Ruhms seines Vaters zweifelnden Sohn und den Stadtratsmitgliedern Hollis und Fenton, die sich entschlossen haben, dem Toten ein Denkmal zu errichten: das *Buddy Deeds Memorial Courthouse*. Mit diesem Gerichtsgebäude soll das Gesetz gewürdigt werden, das von dem Mann vertreten wurde, der als Kriegsheld aus Korea zurückkehrte und dreißig Jahre lang erfolgreich als Sheriff von Frontera diente. Wie Senator Stoddard in Fords Erzählung ist Buddy Deeds zu einem Symbol der gelungenen Zivilisierung des Westens geworden, und jedem der beiden macht eine Leiche nachträglich diesen Ruhm streitig. Aus der Geschichte des eine Gemeinschaft inaugurierenden Mordes ergibt sich jedoch eine brisante Transformation der von Ford eingeführten Figurenkonstellation. Hollis, der auf die Bitte Sams seine Version des letzten Streites zwischen Buddy Deeds und Charlie Wade wiedergibt, greift auf die von Ford ausgeschmückte Opposition zwischen einem obszönen und einem rechtschaffenen Vertreter des Gesetzes zurück. Doch Sheriff Charlie Wade, den Hollis den alten »*bash and bribe or bullets kind of sheriffs*« zurechnet – er sicherte sich seinen Anteil an allen gesetzwidrigen Geschäften im damaligen Frontera, indem er die Grenze zwischen dem offiziellen Gesetz des Strafrechts und dem Gesetz der offenen Gewalt für sich druchlässig machte – nimmt in dieser Zeugenaussage selbst die Rolle des Outlaws ein.

Auch in *Lone Star* wird die Urszene der Gewalt in eine frühere, mittlerweile überholte Zeit verlagert, als im Westen ein archaischer Genuß der Gewalt noch gepflegt werden konnte. In dieser Erzähltradition läßt Sayles (den von Kris Kristofferson gespielten) Sheriff Wade tatsächlich seine ihm hilflos ausgelieferten Untertanen – die Schwarzen und Hispano-Amerikaner, denen er nur eine Barkonzession gibt, wenn er an ihrem Profit beteiligt sein kann, die Mexikaner, die er beim verbotenen Überschreiten der amerikanischen Grenze ertappt – mit seinem Blick genußvoll taxieren, bevor er sie zusammenschlägt oder kaltblütig von hinten erschießt. Die von Hollis beschriebene Szene hat paradigmatischen Charakter: In dem damals noch vom Mexikaner Jimmy Herrera geführten Restaurant weist Charlie Wade den neu eingestellten Buddy in seine Erpressungsgeschäfte ein und gibt ihm den Auftrag, jeden Monatsanfang seinen Anteil für ihn abzuholen. Doch wie Tom in der Restaurantszene bei Ford verweigert sich Buddy nicht nur, sondern droht zudem seinem Vorgesetzten, ihn wegen Amtsmißbrauch anzuklagen. Er solle sein Abzeichen auf den Tisch legen und einfach verschwinden, um zu verhindern, daß er plötzlich tot aufgefunden wird oder im Gefängnis landet. Charlie, der bereits in Richtung des Ausgangs gegangen ist, dreht sich um. Die beiden Männer verharren einige Sekunden in kämpferischer Pose. Charlie berührt, wie Liberty in Fords Restaurantszene, bereits seinen Revolver, Buddy hingegen legt seine Waffe langsam neben seinem Teller nieder. Mit dem Satz »Haben Sie je einen Mann erschossen, der Ihnen direkt in die Augen blickte? Das ist eine ganz andere Geschichte!« entwaffnet er tatsächlich den aufgebrachten Sheriff, der ihm, wie der Outlaw in der Vorlage, nur mit Worten droht. Charlie geht erneut auf Buddy zu, lehnt sich über den Tisch, an dem dieser die ganze Zeit sitzen geblieben ist, und versichert seinem Gegner: »Du bist ein toter Mann.« Die Position des friedfertigen Betrachters nimmt bei Sayles der zweite Hilfssheriff Hollis ein. Er hat schweigend der Szene beigewohnt und reicht, nachdem der Sheriff sich von seinem Gegner abgewandt hat, Buddy Deeds sofort ängstlich den Hut, bevor beide gemeinsam das Restaurant verlassen. Auch in den anderen Szenen, in denen die von Sam befragten Zeitgenossen davon berichten, wie sich Sheriff Wade durch Willkür die Autorität zu verschaffen wußte, gegen die keiner der Einwohner Fronteras bereit war, sich zu wehren, ist Hollis Pogue derjenige, der erschüttert, aber auch schweigend zusieht, ein unfreiwilliger Komplize. In diesem Sinne gleicht er eher Fords Marshall als Ransom Stoddard, der dem von allen gefürchteten Revolver des Outlaws sein Gesetzbuch entgegenhält. Dieser passive Zeuge beendet seinen Bericht mit der Erklärung, am Tag nach dieser Konfrontation sei Wade spurlos verschwunden und mit ihm 10 000 Dollar öffentlicher Gelder, die sich im Safe des Gefängnisses befanden. Obwohl Hollis Pogue für die Schwierigkeiten, die Sam mit seinem toten Vaters hat, durchaus Verständnis aufbringen kann, bleibt er in der Legende. »Buddy Deeds«, versichert er dem zweifelnden Sohn, »war meine Rettung.«

So übernimmt Sayles vom Western-Plot Fords durchaus die Logik, daß der Outlaw geopfert werden muß, damit eine Gemeinschaft entstehen kann, in der das durch die Anwesenheit verschiedener ethnischer Gruppen vorhandene *race trouble* nicht (notwendigerweise) als einfacher Widerspruch im Kampf ausgetragen werden muß, sondern in Form von Wortgefechten rituell durchgespielt werden kann. Allerdings kehrt bei Sayles gerade die Leiche des Vertreters des obszönen gewaltsamen Gesetzes zurück, und nicht die des einsamen Rangers. Sayles scheint darauf hinweisen zu wollen, daß nicht der moralisch ambivalente Western-Held, der zwar die Gewalt genießt, das Gesetz aber eigentlich im Namen der offiziellen Moral in die eigene Hand nimmt, die Nachgeborenen heimsucht, sondern die für die Western-Legende ebenso tragende Figur, in der das Morsche im Gesetz und das offizielle Gesetz auf eine nicht mehr unterscheidbare Weise zusammenfallen. So erfährt der in sich ambivalente Held der Western-Legende bei Sayles eine doppelte Transformation.

Aus dem Korea-Krieg zurückgekehrt, wird er deshalb zum erfolgreichen Vertreter von *law and order*, weil er die Haltung Wades, an den transgressiven Geschäften teilzuhaben, diesen Gesetzesbruch aber als einfachen Widerstreit zwischen sich und den anderen offen auszutragen, der Situation angemessen neu zu definieren weiß. Wie sein Sohn nach und nach erfährt, lehnte Buddy Deeds halbseidene Geschäfte mit den Mächtigen der Stadt nicht ab. Doch im Gegensatz zu seinem Vorgänger, der ganz im Sinne des klassischen Outlaws individuelle Machtsucht gewaltsam durchsetzte, verstand Buddy Deeds seine Interessen als Teil der politischen Maschinerie.

Er nutzte die Position des Sheriffs, um einen öffentlichen Ort zu etablieren, auf dem die Streitigkeiten dieser hybriden Gemeinschaft zwar nicht getilgt, aber auch nicht als offener Kampf ausgetragen werden mußten. Wie Sam entdeckt, konnte auf offene Gewalt gerade deshalb verzichtet werden, weil die kollektive psychische Realität von Frontera auf dem Prinzip allgemein geteilter Geheimhaltungen basiert – auf unausgesprochenen politischen Übereinstimmungen zwischen den Führenden der diversen ethnischen Gemeinschaften, in denen es nicht mehr direkt um das Auszahlen von erpreßtem Geld, sondern um die Sicherstellung gemeinsamer politischer Interessen geht. Kurzum, der dieser Gemeinschaft innewohnende Widerstreit kann wie in einer Krypta aufgehoben werden.

Zum anderen wird die Ambivalenz des Western-Helden gegenüber der Familienglückseligkeit so umgeschrieben, daß Buddy im Unterschied zu Ethan, der nur in der Prärie wandern, wie auch zu Tom, der nur ein von ihm selbst zur Hälfte zerstörtes Haus bewohnen kann, zwei Wohnorte hat. Am prägnantesten verschränkt sich nämlich in der Legende Buddy Deeds die gesellschaftliche und die private Geschichte in dem Faktum, daß er neben seiner Ehe mit Sams Mutter eine heimliche, den Bewohnern der Stadt jedoch durchaus bekannte, fünfzehn Jahre dauernde Affäre mit Mercedes Cruz hatte. Aus dieser doppelt gesetzwidrigen Affäre – Ehebruch und Rassenmischung – entstammt, wie Sam erst am Ende seiner Untersuchung begreift, seine Jugendliebe Pilar, um die er während der Recherchen über die Vergangenheit seines Vaters erneut wirbt.

Der prägnante Unterschied zwischen der Figur des Bösen und der des Helden in der Version von Sayles liegt also nicht darin, daß Charlie Wade ein gewaltsames Gesetz genießt und sich somit jenseits der Grenzen allgemeiner Gerechtigkeit begibt. Buddy, der als ehemaliger Kriegsveteran durchaus selbst die Transgression genießt, muß im Unterschied zum Fordschen Doppelgängerpaar Tom und Liberty nicht den veränderten Umständen geopfert werden. Seine moralische Ambivalenz weiß offene Konfrontation in geheimes Arrangement zu übersetzen und darin den Modus der Gemeinschaft zu finden, der ein friedliches Nebeneinander verschiedener Ethnien erlaubt: gemeinsame Geheimnisse, von denen alle profitieren. An seinem Heldenstatus stört sich außer Sam nur der hispano-amerikanische Journalist Danny Padrilla. Als Fundamentalist will er den der hybriden Kultur von Frontera innewohnenden Antagonismus in den *normal* einfachen Widerspruch des offenen *race trouble* zurückübersetzen, und deshalb polemisiert er gegen das Buddy-Deeds-Denkmal. Sam und der Journalist wollen die verschwiegenen Gesetzesbrüche, wenn auch aus unterschiedlichen Gründen, aus der gemeinschaftlichen Krypta wieder ans Tageslicht bringen. Sam erklärt dem Bürgermeister Hollis Pogue: »Die Menschen in dieser Stadt haben diese ganze große Sache um meinen Vater herum aufgebaut. Wenn das auf einem Verbrechen beruht, dann haben sie den Anspruch darauf, das zu erfahren.«

Erst beim zweiten Bericht über den Streit zwischen Charlie Wade und seinem aufmüpfigen Hilfssheriff erfaßt Sam die wirkliche Bedeutung von Hollis Pogues Erklärung, Buddy sei seine Rettung gewesen. Auch bei Sayles ist die Beichte, die die Wahrheit ans Licht bringt, eine erzwungene. Nur weil Sam die direkt Betroffenen aufgrund seiner Untersuchung in Bedrängnis gebracht hat, sind sie zum Geständnis bereit. Diesmal berichtet Otis Payne, der erfolgreiche Besitzer der einzigen Kneipe für Schwarze in Frontera: An jenem Abend wurde er von Sheriff Wade beim geheimen Kartenspiel im Hinterzimmer der Bar, in der er als Kellner arbeitete, überrascht, zusammengeschlagen und dann in den Vorderraum zur Theke geschleift. Danach wandte er dem erbosten Sheriff, der den in einer Zigarrenschachtel versteckten Revolver verlangt hatte, den Rücken zu. Erschüttert begreift der wieder schweigend danebenstehende Hollis Pogue, daß Wade den jungen Mann von hinten erschießen will, weil dieser versuchte, ihm seinen Anteil am Gewinn vorzuenthalten. Wie in der Ford-Version wird ein ungleiches Duell ausgetragen, denn Otis, der die lebensgefährliche Situation, die sich hinter seinem Rücken anbahnt, gar nicht ahnt, kann sich so wenig wie Stoddard gegen den Schuß des obszönen Gesetzesvertreters wehren.

So übernimmt Sayles vom Fordschen Szenarium die merkwürdige Verkreuzung von Heldentum und Tötung, obwohl bei ihm der

Killer gerade nicht mit der Figur zusammenfällt, die bis zum Zeitpunkt des Mordes gern selber das Gesetz in die Hand nahm, sondern die Figur des Komplizen, der immer nur schweigend zusah. Auch hier greift also ein Dritter ein, doch er tut dies nicht verstohlen, sondern demonstrativ, und er ist auch nicht derjenige, der den entscheidenden Schuß abfeuert. Bevor Charlie Wade abdrücken kann, ruft ihm Buddy, der gerade die Bar betreten hat, wütend zu, er solle seinen Revolver fallen lassen. Fast im gleichen Augenblick schießt Hollis Pogue zweimal in den Rücken von Charlie Wade. So ist es auch hier nicht der zur Legende gewordene Held, der die tödlichen Schüsse abgefeuert hat, und Sayles folgt seiner Vorlage auch in dem Sinne, als der spätere Bürgermeister immer im Schatten von Buddys Ruhm steht. Doch im Unterschied zu Tom gerät er nie in Vergessenheit. Auch Sam schreibt die Tötung dem falschen Mann zu, wenn er immer wieder die Mutmaßung vorbringt, sein Vater sei ein Mörder gewesen, und ebenso wie in der Vorlage bleibt dieser Mordfall ein von allen wissentlich sanktioniertes Geheimnis. Gemeinsam entschließen sich die drei Männer, das Gesetz in die eigenen Hände zu nehmen, als könnten sie Charlie Wade nur mit seinen eigenen gesetzwidrigen Waffen schlagen. Otis erklärt dem aufgrund dieser Beichte ernüchtert aus seiner Haßphantasie erwachten Sam: »Den Leuten gefiel die Geschichte, die wir erzählten, besser als eine wahre Wiedergabe dessen, was hätte sein können.« Auf dieser Geheimhaltung gründet das Einvernehmen, das Buddy zum Helden der Stadt hat werden lassen – ein Verbrechen, wie Sam zu Recht angenommen hat, aber eines, bei dem die Zuweisung von Gut und Böse unentscheidbar geworden ist, da dieser Mord auch die Rettung eines Lebens darstellt.

Hollis Pogue, der der Figur des Senator Ransom insofern nachgebildet ist, als auch er zum Politiker wird, tötet nicht – wie in Fords Vorlage – vorsätzlich, sondern im Affekt, und begeht somit Totschlag und keinen Mord. Damit spaltet Sayles seinen das archaische Gesetz des Westens im Namen der Zivilisation erfolgreich zum Einsatz bringenden Helden in dieser Szene in die beiden Hilfssheriffs auf. Außerdem werden die beiden nicht dem Projekt der multikulturellen Assimilation geopfert. Auch die Rolle desjenigen, der aufgrund dieser Tötungsszene zum erfolgreichen Politiker wird, wird in Sayles Version aufgespalten. Denn als Komplize der beiden Hilfssheriffs wird Otis Payne, der bald darauf die Bar übernimmt, zum inoffiziellen Bürgermeister von »Blacktown«, der Schwarzen-Gemeinschaft innerhalb Fronteras. In dieser absurden Wendung der Ereignisse tritt die Brüchigkeit der Western-Legende zutage: Zur Legende wird der, der nicht geschossen hat, während die beiden, die ihn überleben und für seine Gedenktafel sorgen, als Bürgermeister mit ihrem Wissen der Mordtat gut leben können. Da diese Geschichte von einer moralischen Komplexität zeugt, die auf keine Art aufgelöst werden kann, tritt Sam nun endlich selbst ein in das Bündnis der ein mörderisches Geheimnis teilenden Männer. Für ihn hat eine 180-Grad-Drehung stattgefunden. Er kann sich nun mit der offiziellen Version – das plötzliche Verschwinden von Charlie Wade sei einfach einer jener ungelösten Fälle der in Texas so verbreiteten gewaltsamen Meinungsverschiedenheiten – abfinden. Die Legende ist endlich auch für ihn zu einer imaginären Verarbeitung der Wirklichkeit geworden, die er emotional bewohnen kann.

Die unaufhebbare Komplexität realer Lebensbedingungen

Wie in *The Searchers* muß der eigenbrötlerische Held die unmögliche Geographie einer wie ein Gegenlager zur Gegenwart empfundenen Vergangenheit durchqueren, bevor er mit dem Wissen, daß ein Rest dieser früheren Ereignisse als Erinnerungsspur untilgbar bleiben wird, in die Zukunft blicken kann. Um sichtbar zu machen, wie sehr Sam in der Vergangenheit beziehungsweise im Schatten seines verstorbenen Vaters lebt – von dem er bei der Einweihungszeremonie der Gedenktafel am Eingang des Gerichtsgebäudes erklärt: »Ich dachte immer, es gebe keinen Ort in dieser Stadt, wo man sich vor meinem Alten verstecken konnte. Jetzt bin ich mir dessen sicher« –, werden die Rückblenden von Sayles filmisch nicht durch Schnitte oder Überblendungen dargestellt. Wenn Sam die Zeitzeugen nach ihren Erinnerungen befragt, schwenkt die Kamera einfach nach links oder nach rechts, nach oben oder nach unten und bewegt sich so kontinuierlich in eine andere Zeitzone, die wie eine Heterotopie die Gegenwart überlagert. Für Sayles ist die Vergangenheit »kein anderes Land; sie ist noch immer hier, und Leute wie Sam leben in ihr, tragen sie immer mit sich herum«.[31] Ganz in diesem Sinne wird auch die Peripetie von Sams Suche als eine Verräumlichung von Zeit inszeniert. Zum erstenmal seit seiner Rückkehr in die Heimatstadt vor zwei Jahren gelingt es Sam, mit Pilar vertraulich zu sprechen, und er nimmt die Gelegenheit wahr, sie an ihre von den Eltern verbotene Jugendliebe zu erinnern. Während sie den Fluß entlanggehen, der Grenze zwischen Mexiko und Texas, verschwimmt für ihn die eigene Abgrenzung der Gegenwart von der Vergangenheit. Nachdem ihn Pilar fluchtartig verlassen hat, weil

---

31 Philip Kemp, »Lone Star«, in: *Sight and Sound* 10, 1996, S. 48.

sie das sich anbahnende *gender trouble* der romantischen Liebe zwar selbst begehrt, aber auch fürchtet, verharrt Sam am Grenzort, der für die aus Mexiko diesen Fluß illegal überquerenden *wetbacks* den Punkt der Freiheit bedeutet, für Sheriff Wade hingegen die Demarkationslinie darstellte, für die er bereit war, jeden sie illegal Überschreitenden zu töten. An dieser in der Geschichte Amerikas so hart umkämpften Grenze zeigt uns Sayles mit einem Schwenk ein in der Erinnerung seines Helden wie in einer Krypta aufgehobenes Gespräch. Sam erlebt nochmals den vergangenen Augenblick, in dem sich die beiden jungen Menschen, am Flußufer sitzend, gegenseitig versichern, ihre Liebe sei keine Sünde. Wie Ethan am Nabel seiner heterotopischen Wildnis begreift Sam aber auch, auf welchem psychischen Pfad er in das traute Heim zurückkehren kann. Das seine Melancholie stützende psychische Verfahren – das ihm erlaubt, ungestört zwischen Gegenwart und Vergangenheit zu oszillieren und so eine unmögliche Geographie zu bewohnen, anhand deren er den Familienroman für sich entwickeln konnte, in dem er der gekränkte Sohn ist, der sich gegen die Autorität des Vaters auflehnt – muß dem Entwurf eines neuen Familienromans dienlich gemacht werden: eine Überlagerung von seiner vergangenen romantischen Glückseligkeit mit Pilar und ihrer jetzigen Entzweiung, aus der sich als Synthese eine utopische Vorstellung davon ergibt, wie das vergangene Glück in der Zukunft aufleben könnte. Nicht um das Tilgen vergangener Kränkungen und Streitigkeiten geht es in dieser Aufhebung des verschwiegenen Antagonismus, der der Liebe zwischen Sam und Pilar immer anhaften wird, auch wenn die beiden den eigentlichen Inhalt des Verbotes – die Rassenmischung und den Inzest – erst als Nebenprodukt von Sams Erkundungsarbeit erfahren. Statt dessen geht es um das Aushalten der Grenzverwischung zwischen richtigem und falschem Handeln, die sich im Fall ihrer Liebe ganz materiell als die Kollision zweier Ethnien entpuppt.

Sams psychische Reise durchquert also einerseits jene unmögliche Geographie, in der verschiedene Zeitzonen nebeneinander gelagert sind, um die unauflösbare und unaufhebbare Komplexität der von ihm erforschten Zeit des Streites zwischen seinem Vater und

Charlie Wade sichtbar zu machen, enthält aber auch die gegenläufige Tendenz: Im Verlauf seiner Detektivarbeit werden die Fragmente in einer kohärenten Erzählsequenz neu geordnet, welche die die Gründung des zeitgenössischen Fronteras prägenden Streitigkeiten wie eine sinnvolle Geschichte erscheinen läßt. Ganz am Anfang analysiert Sam ein altes Gruppenfoto von Sheriff Wade und seinen Mitarbeitern, indem er mit seiner Lupe einige Details aus dem Gesamtbild hervorhebt. Kurz darauf folgt eine Szene, in der Sayles die Arbeit des Gerichtsmediziners der Texas Rangers nachahmt. Die Schwarzweißfotos, die am Tatort aufgenommen wurden, werden von der Hand des Pathologen eines nach dem anderen auf einen Tisch gelegt, und zwar in einer Reihenfolge, die mit der Totalansicht des ausgehobenen Grabes beginnt, sich dann über die Nahaufnahme des Schädels und des neben ihm gefundenen Freimaurerrings bewegt, bevor diese Bilder durch eine Überblendung Materialität annehmen. Die Kamera schwenkt zuerst von unten nach oben über die gereinigten und zu einem unvollständigen Skelett zusammengesetzten Knochen, bevor sie dann mit einer weiteren Überblendung aufzeichnet, wie die behandschuhte Hand des Pathologen einen Knochen mißt. Der nächste Schnitt zeigt, wie das verrostete Sheriffabzeichen in eine reinigende Flüssigkeit gelegt wird. Nachdem wir kurz sehen, wie der Pathologe den Kiefer und den Totenschädel mißt, zeigt uns Sayles' Kamera abschließend, wie er mit einer Pinzette das gereinigte Abzeichen hochhebt, auf dem deutlich die Inschrift »Rio County« zu lesen ist. Wie Sam versucht auch der Gerichtsmediziner die Einzelteile des toten Körpers so zusammenzusetzen, daß sich ein kohärenter Bericht ergibt. Sam wird in seinem Verdacht bestätigt, daß es sich bei der Leiche tatsächlich um Charlie Wade handeln könnte. Doch auch diese Sequenz ergibt noch keine kohärente Geschichte, denn eine Todesursache kann der Pathologe nach so langer Zeit nicht mehr feststellen.

Noch eine weitere Visualisierung des Zusammensetzens von Fragmenten bietet uns Sayles parallel zu den Szenen, in denen Sam die Zeitzeugen befragt und die von ihnen heraufbeschworene Vergangenheit mit bewohnt. Eine ganze Nacht lang blättert er in den

Todesurkunden derjenigen, die von Wade, weil sie sich angeblich gewaltsam ihrer Verhaftung widersetzten, getötet wurden. Neben diesen offiziellen Papieren des *Texas Department of Health Bureau* liegen Auszüge aus der Lohnliste des Sheriffs, Verträge über den Verkauf von Grundstücken in der Umgebung Fronteras sowie Sams Notizen zu den Zeugenaussagen, in denen er die Daten der Ereignisse, die sich in den letzten Jahren von Charlie Wades Amtszeit abgespielt haben, und die Namen der an ihnen Beteiligten aufgezeichnet hat. Sayles' Kamera schwenkt über diese Schriftstücke, zeigt uns diverse Ausschnitte, fokussiert jedoch ausschließlich Details, um hervorzuheben, wie sehr auch Sam in den Dokumenten noch  immer nur Fragmente erkennen kann, nicht aber ein ordnendes Prinzip. Auch diese Schriftstücke stellen eine unmögliche Geographie dar. Um visuell hervorzuheben, daß Sam sich in diesem Material weniger leicht bewegen kann als in den Erinnerungen der Zeugenberichte, stellt Sayles diese offiziell dokumentierte Überlagerung verschiedener Zeiträume im Gegensatz zu den mündlichen Berichten filmisch durch knapp aneinander geschnittene fragmentarische Nahaufnahmen dar, die sich durch eine Reihe von Überblendungen ablösen. Einmal nutzt er zudem eine sekundenlange Überblendung, in der Sams suchender Blick und die für ihn noch immer wenig entzifferbaren Zeichen auf den offiziellen Dokumenten verschmelzen. Dann schwenkt die Kamera von oben nach unten über sein Notizblatt. Wieder sind nur knappe Ausschnitte zu sehen, so daß sich auch der Zuschauer fragend orientieren muß, ohne ein Gesamtbild erkennen zu können. Mit einer Einstellung, die uns als Ausschnitt Sams rechte Hand zeigt, die, am unteren Rand eines Notizblattes angelangt, neben dem Datum 4/57 drei Fragezeichen setzt, bricht diese Sequenz einer unheimlichen visuellen Überlagerung von Dokumenten und Aufzeichnungen ab. Dieses Zusammenfügen vereinzelter Informationen ergibt eine ebensowenig aussagekräftige Wiedergabe vergangener Ereignisse wie die Aufzählung von Daten, die Pilar an die Tafel ihres Klassenzimmers geschrieben hat. Doch Sam gibt sich nicht mit der Formel des Schülers Chet Payne »Einige töten, andere profitieren« zufrieden. Er begreift zudem, daß er mehr als den kausalen Zusammenhang zwischen den Ereignisfragmenten wiederherstellen muß, denn zu wissen, wer wem was angetan hat, ergibt noch nicht die Geschichte, mit der Kränkungen der Vergangenheit aufgehoben werden können.

So verwischt sich für Sam, je tiefer er in den Raum der Vergangenheit eintritt, die Grenze zwischen richtigem und falschem Handeln, zwischen einer heldenhaften und einer kränkenden, weil obszönen Figur paternaler Autorität. Gleichzeitig wird ihm auch zunehmend deutlich, daß er seinen Wunsch, zwischen sich und seinem toten Vater einen einfachen Widerspruch im Kampf auszutragen, in eine Annahme des von Buddy Deeds verkörperten unschlichtbaren Antagonismus zwischen Gesetzmäßigkeit und Transgression überführen muß. Sein Vater erscheint nämlich am Ende der Suche keineswegs so makellos, wie die Legende besagt, hat er sich doch des Ehebruchs, des Diebstahls und der Beihilfe zum Totschlag schuldig gemacht. Er ist jedoch auch nicht zur Figur des gnadenlosen Richters und Henkers in Sams melancholischem Familienroman geworden. In einer Bar vertraut deren Anglo-Besitzer Sam seine Furcht davor an, daß der Anglo-Anteil der Stadt sich in einer Krise befindet. Die Demarkationslinien, so verkündet dieser *redneck*, drohen sich gänzlich aufzulösen, obwohl es doch, will man »eine erfolgreiche Zivilisation bewerkstelligen, nötig ist, klare Grenzen zu ziehen zwischen Recht und Unrecht, zwischen diesem und jenem«. Auf Sams ironisches Lächeln erwidert Cody, sein Vater Buddy habe begriffen, daß man die Vorherrschaft der Anglo-Amerikaner nicht unterminieren und unterschiedliche ethnische Gruppen nicht mischen darf: »Er war ein Schiedsrichter in diesem verdammten Eintopf, den wir hier unten haben. Er hat verstanden, daß die meisten Menschen ihren Zucker und ihr Salz nicht in der gleichen Dose haben wollen.« Was der zweifelnde Sohn jedoch im Verlauf seiner Erkundungen erfährt, bestätigt sowohl seine Vermutung, daß die Demarkationslinie immer schon verschwommen war, wie auch seine unbewußte Ahnung, daß gerade sein Vater nicht nur

Schiedsrichter bei der offiziellen Trennung der Rassen war, sondern im geheimen auch einer der radikalsten Vertreter der Rassenmischung. Der zentrale Punkt für die Elterngeneration bestand also darin, daß es in dem ethnisch wie moralisch scheinbar klar aufgegliederten Frontera immer klandestine Abmachungen zwischen den führenden politischen Persönlichkeiten gegeben hat, die einer öffentlichen Demarkationslinie bedurften, um sie zur Förderung einer friedlichen kulturellen Hybridität im geheimen gleichzeitig zu unterlaufen. Der alte Otis Payne bringt diese Devise auf den Punkt, wenn er, in Verdoppelung des toten Buddy Deeds, seine ambivalente Moral gegenüber seinem Sohn Delmore rechtfertigen muß, dem neuen Kommandanten von Fort McKenzie, der gegen seinen Willen wieder in seine Geburtsstadt zurückversetzt worden ist. Wie Sam sehnt sich auch dieser Sohn nach klaren Grenzziehungen zwischen Recht und Unrecht und will seinen Vater dafür anklagen, daß er Ehefrau und Kinder wegen einer anderen Frau verlassen hat, ohne ihn aber in seinem Vergehen verstehen zu wollen. Otis hält diesen starren moralischen Prinzipien entgegen, daß die Möglichkeit einer ethnischen wie ethischen Demarkationslinie eine imaginäre Illusion real gelebter Existenzbedingungen darstellt. Seine Bar sei neben der Kirche der einzige öffentliche Ort, an dem sich Schwarze in Frontera wohl fühlen können. Auf den zynischen Einwurf seines Sohnes, die Leute würden sicherlich eine Wahl treffen, antwortet er: »Die meisten wählen beides. Es ist eben nicht so, daß zwischen den guten Menschen und den schlechten Menschen eine Grenzlinie verläuft. Du bist nicht entweder auf der einen Seite oder der anderen.« Obwohl sie sich von der Rückkehr des Toten und von der Untersuchung der Legende Buddy Deeds einen klaren Schuldspruch erhoffen, erhalten die Söhne Sam und Delmore eine andere Botschaft: daß die Verwischung von Grenzen als ein mit anderen geteiltes Geheimnis weder zu völliger Differenzlosigkeit noch zu völligem Chaos führt, sondern zu einer lebbaren Hybridität.

Als eine der letzten Etappen seiner Suche überquert Sam schließlich selbst die Grenze nach Mexiko. Auf der anderen Seite spricht er mit dem Gebrauchtwagenhändler Chucho, der aus seinem Versteck heraus die Tötung von Mercedes' Ehemann Eladio Cruz durch Charlie Wade beobachtet hat, nachdem ihn Wade beim Schmuggeln von *wetbacks* mitten auf der die beiden Staaten verbindenden Brücke überrascht hatte. Auf der Rückfahrt macht Sam dann bei

dem Autokino halt, in dem er vor 23 Jahren auf Befehl seines Vaters gewaltsam von seiner Jugendliebe Pilar getrennt wurde, die daraufhin die letzten Jahre ihrer Adoleszenz in einer Klosterschule verbringen mußte. Eine Weile blickt er auf das brettervernagelte Gerüst der Kinoleinwand, bevor er sich entschließt, die Liebesbeziehung zu Pilar wiederaufzunehmen. In der letzten Szene des Films treffen sich die beiden wieder vor dieser Leinwand, durch die an einigen Stellen, wo sich die morschen Holzbretter gelöst haben, der Himmel zu sehen ist. Sam sitzt, mit dem Rücken zu den Zuschauern, auf der Motorhaube und starrt die weiße Fläche an, während er auf Pilar wartet. Nachdem sie sich zu ihm gesetzt hat, zeigt er ihr ein Schwarzweißfoto, das er jetzt erst bei den alten Papieren seines Vaters entdeckt hat. Es zeigt wie ein weiteres Phantom die Visualisierung der Lücke im Wissen ihrer eigenen Entstehungsgeschichte: Sheriff Buddy Deeds und Pilars Mutter Mercedes, beide in Badekleidung bis zu den Hüften im Wasser stehend, sich umarmend und fröhlich in die Kamera blickend. Erschüttert begreift Pilar, was sie immer schon geahnt hat, daß sie nicht nur ein Mischling ist, sondern auch die Halbschwester des Mannes, den sie zeit ihres Lebens geliebt hat. Doch dieser kann, am Ende seiner Suche angelangt, nicht nur mit dem um seinen Vater kreisenden unlösbaren Antagonismus leben, sondern auch mit dem vererbten, der seine Liebe im Kern immer heimsuchen wird. Während *The Man Who Shot Liberty Valance* die langsame Enttäuschung von Ransom Stoddard nachzeichnet, folgt *Lone Star* der Spur von Sams Reillusionierung. Ernüchtert aufgewacht aus seiner Wahnphantasie, einen mörderischen Vater entdecken zu müssen, um damit den Schmerz vergangener Kränkungen – zu denen nicht zuletzt die gewaltsame Trennung von seiner Jugendliebe gehört – imaginär zu verarbeiten, ist es ihm möglich geworden, mit der unausweichlichen Anrufung durch den toten Vater zu leben. Als logische Konsequenz der Einsicht, daß die Grenze zwischen dem Gesetz und seinen morschen Brüchen immer eine unscharfe sein wird, kann er jedoch die für seinen zukunftsträchtigen Familienroman notwendige Grenze ziehen. Entschieden wirft er die Last der Vergangenheit von sich, indem er sie als geheimes Wissen in seiner eigenen psychischen Krypta aufhebt. Im Gegensatz zur nostalgischen Trauer, die Ford am Ende seiner Filme den nicht integrierbaren, einsamen Helden widmet, betont Sayles die Befreiung, die sich ergibt, wenn man nicht dem familiären Heim, sondern der heterotopischen Geographie der Erinnerung den Rücken zukehrt. Die verschwiegene Liebeserklärung hebt das geheime Wissen eines Gesetzesbruchs erfolgreich auf.

Während Sam mit seinem rechten Arm den linken Arm seiner Geliebten umschlingt, fragt Pilar ihn hoffnungsvoll: »Beginnen wir wieder ganz von vorn?« Er, der vor der inneren Unruhe des familiären Heims nicht länger fliehen will, nickt ihr zu, und sie fährt erleichtert lächelnd fort: »Alles, was vorher war, all das Zeug, die Geschichte – zur Hölle damit, nicht wahr?« Er unterbricht sie nicht, und nun blickt auch sie nachdenklich auf die Leinwand. »Vergiß die Alamo-Schlacht!« verkündet die Geschichtslehrerin, die sich immer bemüht hatte, ihren Schülern die Komplexität der Situation dieser Grenzregion beizubringen. Ihren Arm zärtlich strei-

chelnd, wendet nun auch der weiterhin schweigende Sam seinen Blick wieder der zugenagelten Leinwand zu. Für einige Sekunden zeigt uns Sayles von hinten in einer Halbtotale, wie die beiden wortlos auf dem Auto sitzen. Dann schneidet er abrupt zu einem Panorama der Landschaft, in dem sich links weiterhin die weiße Leinwand gegen den blauen Himmel abhebt, die beiden Autos nur noch wie kleine Flecken zu sehen, die beiden Liebenden hingegen gar nicht mehr erkennbar sind. Dann wird unsere Leinwand schwarz. Der Abspann setzt ein.

Zur Schlußszene seines Films erklärt Sayles: »Ich wollte das Gefühl vermitteln, daß sie auf die Leinwand blicken, als ob dort etwas erscheinen würde, aber die Leinwand ist verödet. Es gibt die Verwüstungen der Vergangenheit. Mit dem letzten Bild wollte ich das Gefühl vermitteln, daß sie vorwärtsschreiten, daß etwas auf diese Leinwand projiziert werden kann. Aber sie sind keine vierzehnjährigen Kinder mehr. Sie haben Kränkungen erlebt. Dinge sind auseinandergebrochen.«[32] Sayles zeigt uns nicht, wie diese beiden mit dem unlösbaren Antagonismus ihrer Liebe leben werden, doch im Gegensatz zur Abschlußsequenz von *The Searchers* verschwinden sie weder in einem dunklen Innenraum, noch trennen sie sich, damit der Held wieder eintreten kann in die unbegrenzte Phantasiewelt der Western-Legende. Diese ist zugenagelt. Sie bewohnen statt dessen den Schwellenraum dazwischen, eine Wüstenlandschaft, die nicht mehr den Schauplatz einer klaren Front verschiedener Ethnien darstellt, sondern den Ort der Verhandlung nicht kompatibler Realitäten, der zugleich der Ort ist, wo früher die Filmlegenden gegen den nächtlichen Himmel projiziert wurden. Sie ver-

---

32 Gavin Smith 1998, S. 228.

harren dort, während sie nicht nur uns, sondern auch den sie heimsuchenden Geschichten der Vergangenheit den Rücken zugewandt haben. Sie träumen – im Gegensatz zu Hitchcocks namenloser und in der Rahmenerzählung auch körperlosen Heldin – von einer gemeinsamen Zukunft, die sich aus der unsauberen Schnittstelle zwischen Kinoleinwand und real gelebter geokultureller Landschaft ergibt, oben links im Bild, wo dank der weggebrochenen Holzplanken beide Geographien wie auf einer Ebene erscheinen. Es ist ein hybrider Raum, in dem sich die unaufhebbare Komplexität der realen Lebensbedingungen mit dem Wunsch nach Legenden verschränkt. Er verweist auf eine andere Realitätsebene, die weder eine Rückkehr in die Vergangenheit noch eine Flucht in die Filmbilder darstellt, obwohl auch sie nicht gänzlich von den Spuren dieser beiden Orte befreit ist. Der amerikanische Traum davon, wie der Westen erfolgreich erobert wurde: eine zugenagelte Kinoleinwand. Aber auch eine durchbrochene, deren so sichtbar exponierte weiße Fläche sich über die reale Landschaft monumental erhebt. Von Ford übernimmt Sayles den Optimismus, daß für die hybriden Bewohner des Westens eine Beheimatung durchaus gelingen kann. Der listige Gestus an seiner Transposition besteht darin, daß er uns dazu bringt, gegen den Strich der Genrevorgabe von diesen erfolgreichen Heimkehrern zu träumen.

7. Liebe als Rückkehr zu heimlichem Leid

Secret Beyond the Door (Fritz Lang)

Ebenso muß jedes auf den Tod des Anderen gehen, wie es sein Leben daransetzt; denn das Andere gilt ihm nicht mehr als es selbst; sein Wesen stellt sich ihm als ein Anderes dar, es ist außer sich, es muß sein Außersichsein aufheben; das Andere ist mannigfaltig befangenes und seiendes Bewußtsein; es muß sein Anderssein als reines Fürsichsein oder als absolute Negation anschauen.

Hegel (Phänomenologie des Geistes)

FILM NOIR UND DIE PREKÄRE HEIMKEHR AUS DEM KRIEG

Kommt im klassischen Kriegsfilm – analog zum Western – die Handlung meist an *der* Stelle zu ihrem vermeintlich glücklichen Ende, an der die Soldaten endlich in die Heimat, für die sie gekämpft haben, zurückkehren können, so gibt es eine andere Filmgattung, die gerade die Probleme der Heimkehrer in den Vordergrund rückt: den *film noir*. Der Begriff wurde 1946 vom Filmkritiker Nino Frank geprägt, als mit der Befreiung Frankreichs auch das von der deutschen Besatzung auferlegte Verbot amerikanischer Filme aufgehoben wurde und innerhalb einer Woche fünf tiefgründig pessimistische Hollywood-Thriller zum erstenmal in Paris zu sehen waren: *The Maltese Falcon* (John Huston), *Laura* (Otto Preminger), *Murder My Sweet* (Edward Dmytryk), *Double Indemnity* (Billy Wilder) und *The Woman in the Window* (Fritz Lang).

Die Bezeichnung *film noir* verwies auf die thematische Ähnlichkeit zwischen diesen amerikanischen Kriminalfilmen und den als *série noire* bekannten französischen Detektivromanen, in denen der Held in die dunkle Welt eines urbanen Kriegsschauplatzes eindringt – in die verwirrende, faszinierende und gleichzeitig bedrohliche Unterwelt der Korruption, der Intrige, des Betrugs und der Dekadenz, aus der es kein Entrinnen gibt. Das von diesen ›b-movies‹ vermittelte Gefühl, die Helden und Heldinnen seien ohnmächtig gegenüber einer Welt, die für sie nur Gefahren birgt und die von einem unausweichlichen Schicksal regiert zu sein scheint, ist bis heute das Markenzeichen für das *noir*-Bildrepertoire. Zwar bleibt weiterhin umstritten, ob diese Bezeichnung tatsächlich als Gattungsbegriff zu verstehen ist oder ob sie eher die düstere Stimmung und die dem Fatalismus entsprechende Bevorzugung von schattenreichen visuellen Verzerrungen beschreibt. Unumstritten hingegen ist die Tatsache, daß diese Filme historisch in Bezug zu setzen sind mit der Epoche politischer Instabilität, die 1941 mit dem Eintritt der USA in den Zweiten Weltkrieg begann und bis Ende der fünfziger Jahre dauert.

Die im *film noir* vermittelte paranoide Weltanschauung kann als eine imaginäre Verarbeitung der realen Lebensbedingungen im Amerika der Kriegs- und Nachkriegszeit verstanden werden, dessen nationale Identität trotz des Sieges der Alliierten brüchig wurde. Die Tatsache, daß die von fernen Kriegsschauplätzen heimgekehrten Veteranen sich mit einem neuen Feind inmitten der von ihnen verteidigten Heimat konfrontiert sahen, genauer mit der von Verdächtigungen und Verschwörungsphantasien regierten politischen Wirklichkeit des Kalten Krieges, wird – so meine historisch geleitete Spekulation – übersetzt in klaustrophobische Filmszenarien, in denen ein bis dahin verdrängtes Gefühl gesellschaftlichen Unbehagens und emotionaler Angespanntheit in den Vordergrund tritt.[1]

In seinem Versuch, die Entstehung des *film noir* aus den im Hollywood der vierziger und fünfziger Jahre zirkulierenden gesellschaftlichen Angst- und Wunschphantasien zu erklären, begreift der Regisseur Paul Schrader, der von diesem Bildrepertoire selbst stark geprägt ist, die in diesen Filmen artikulierte Nachkriegsenttäuschung als Reaktion auf den vorangegangenen künstlichen Optimismus der Kriegspropaganda. An der veränderten sozialen und politischen Wirklichkeit der Nachkriegszeit macht er deshalb in seinen »Notizen zum *film noir*« das Verlangen der Hollywood-Zuschauer nach einem Realismus fest, der, nachdem der kriegsbedingte Patriotismus nicht länger benötigt wurde, ein ehrlicheres, wenn auch kritischeres Bild der sozialen Antagonismen innerhalb der amerikanischen Gesellschaft zu zeichnen suchte. Dabei steht die Schwierigkeit der Heimkehrer, sich wieder anzupassen, im Vordergrund, eine Schwierigkeit, die sich nicht zuletzt aus einer gravie-

---

1 Siehe das von Phil Hardy herausgegebene Buch *The BFI Companion to Crime*, London 1997, S. 131–132.

renden Veränderung der Arbeitsverteilung innerhalb der amerikanischen Wirtschaft ergab. Beim Eintritt Amerikas in den Krieg mußten die Männer ihr *home* und ihren Arbeitsplatz verlassen, um an fremden Kriegsschauplätzen zu kämpfen. An diese plötzlich und unerwartet freigewordene Stelle traten Frauen und bildeten eine neue Arbeiterkaste. Wenngleich nur bedingt, hatten auch sie sich aus dem vertrauten, familiären Bereich des *home* entfernt. Als die Veteranen heimkehrten, wurden diese aufgrund ihrer neuen gesellschaftlichen Rolle wesentlich selbstbewußteren und eigenständigeren Frauen öffentlich mit der Parole »*Give your job to GI Joe*« aufgefordert, ihren Arbeitsplatz aufzugeben und sich erneut in den häuslichen Bereich zurückzuziehen.

Aus dieser doppelten Welle der Rückkehr ins *home* – die sowohl für die Veteranen wie auch für die aus dem Arbeitsmarkt verdrängten Frauen das Verlassen eines einfachen Widerspruches im Kampf zugunsten des dem trauten Heim im Kern innewohnenden antagonistischen Realen bedeutete – lassen sich zwei für den *film noir* typische Angstphantasien ableiten: Einerseits die kulturelle Phobie einer phantasierten Übermächtigkeit der erfolgreichen Frau, die sich im Bild der männertötenden *femme fatale* äußerte, andererseits das kulturell ebenso verbreitete weibliche Paranoia-Pendant, nämlich die Phantasie des Nachkriegsblaubarts. Wie im Märchen bestraft dieser seine Gattin für ihre Selbständigkeit und versucht, sie gewaltsam in die Rolle der ihm untergeordneten, gehorsamen Frau zurückzudrängen – und koste es sie Leben.

Um den Ursprung und die Blüte des *film noir* in Hollywood zu erklären und auf den Zeitraum zwischen 1940 und 1959 zu begrenzen, weist Paul Schrader in seinen »Notizen« auch auf eine Gruppe von Menschen hin, die plötzlich wie Fremdkörper in Hollywood auftauchten und sich dort erfolgreich einzurichten lernten: die aus Europa emigrierten Regisseure, Schauspieler, Drehbuchautoren und Filmtechniker. Deren Schulung im Stil des deutschen expressionistischen Films konnte sich im *film noir* besser als in jedem anderen Genre niederschlagen, weil gerade dieser mit Verzerrungen und Entstellungen arbeitende Stil sich als perfekte visuelle Entsprechung für das nach Kriegsende grassierende Gefühl kultureller Düsternis und Schwermut anbot. »Als in den späten vierziger Jahren Hollywood sich dazu entschloß, alles schwarzzumalen, gab es keine größeren Meister des Chiaroscuro als die Deutschen.«[2] Um harte Kontraste zwischen Hell und Dunkel hervorzubringen, bedient sich der *film noir* Mittel wie dem *low-key lighting, off-angle-* und *deep-focus*-Einstellungen. Die Darsteller erscheinen in klaustrophobischen Innenräumen eingerahmt, eingeengt von Schattenstäben oder -netzen an den Wänden, oft im Schatten oder durch das harte Licht nur fragmentiert sichtbar. Die Schauplätze werden meist wie nächtliche Szenarien ausgeleuchtet, auch wenn die Szenen eigentlich bei Tag spielen. Apodiktisch formuliert: Das im *film noir* perfektionierte Prinzip des Chiaroscuro diente dazu, den sozialen Antagonismus sichtbar zu machen, der sich aus dem Gefühl der Veteranen ergab, in der Heimat fremd geworden zu sein und von neuem kämpfen zu müssen. Das visuelle Beharren auf harten Kontrasten brachte gleichzeitig aber auch das Unbehagen der ins traute Heim zurückgedrängten Frauen entstellt und verschlüsselt zum Ausdruck, indem es diesen Rückzug als eine bedrohliche Vereinnahmung durch die Heimkehrer darstellte. Um überhaupt überleben zu können, muß sich die Heldin der *noir*-Welt mit allen Waffen der weiblichen List wehren.

In einer ebenso zwingenden Verschränkung von persönlicher und öffentlicher Geschichte wie der, die John Sayles in *Lone Star* als Verarbeitung der Geschichte der amerikanischen Eroberung des Westens und der Familiengeschichten entwirft, fungiert die im *film noir* manifest auf der Handlungsebene vorgeführte innere Unruhe und psychische Entfremdung der Spieler fataler Liebesverwicklungen als eine Chiffre für das die amerikanische Nachkriegswelt prägende soziale Unbehagen der Geschlechter.

---

2 Paul Schrader, »Notes on Film Noir«, in: *Film Noir Reader*, Hg. Alain Silver und James Ursini, New York 1996, S. 53 f. Für Darstellungen von europäischen Einwanderern nach Hollywood um den Zweiten Weltkrieg siehe auch Christian Gargnelli und Michael Omastra, *Schatten Exil. Europäische Emigranten im Film noir*, Wien 1997.

Die Rückkehr der Veteranen in eine Welt des vermeintlichen Friedens entpuppte sich in doppelter Hinsicht als eine Periode prekärer Reintegration: Die zurückgekehrten Soldaten sahen sich nun mit dem *gender trouble* konfrontiert, dem sie mit ihrem Eintritt in das Kriegsgeschehen so erfolgreich den Rücken hatten kehren können. Das in Form psycho-neurotischer Störungen manifest zum Ausdruck gebrachte traumatische Wissen um die Zerstörungslust wirkte in der Welt des Friedens genauso als Fremdkörper wie Soldaten, die dieses Wissen einführten.

Wie Richard Maltby bemerkt, ist der zentrale männliche Protagonist des von 1946 bis 1948 hergestellten *film noir* meist auf die eine oder andere Art als Veteran gezeichnet, so daß der Krieg oft als das verschwiegene traumatische Ereignis erscheint, das sich wie eine Grundierung in die *noir*-Erzählungen eingeschrieben hat. Die Tatsache, daß der typische *noir*-Held von einer gewaltsamen Vergangenheit heimgesucht wird, die jedoch oft nur implizit auf den Zweiten Weltkrieg verweist, führt Maltby darauf zurück, daß diese Filme ganz bewußt mit dem Prinzip der Entstellung arbeiten, um die Angstphantasien des psychisch versehrten Veteranen eben nur als entschärfte Geschichte in Umlauf zu bringen. Die Inszenierung einer als Kampf der Geschlechter ausgetragenen traumatischen Kränkung verdeckt, so Maltbys These, das andere Szenario, das zu bedrohlich für die amerikanische Nachkriegsgesellschaft war, als daß es – abgesehen von wenigen Ausnahmen im kommerziellen Unterhaltungskino – hätte inszeniert werden dürfen: die anhaltenden psychischen Verletzungen durch das Kriegsgeschehen.[3]

So muß der *film noir* nicht nur als Verarbeitung der um das veränderte Bild der selbständigen Frau kreisenden Männerängste gelesen werden, sondern auch als Visualisierung der nach dem Krieg ebenso grassierenden kulturellen Phobie bezüglich der nachwirkenden Kriegsneurosen. Wurden in der öffentlichen Debatte nach dem Ersten Weltkrieg die physischen Verletzungen gegenüber den psy-

---

3 Siehe Richard Maltby, »The Politics of the Maladjusted Text«, *The Movie Book of Film Noir*, hrsg. von Ian Cameron, London 1992, S. 39–48.

chischen Schäden hervorgehoben, so betonen die Filme um und nach dem Zweiten Weltkrieg eher die psychischen Schwierigkeiten der Heimkehr und der Neuanpassung. Wie Dana Polan aufzeigt, bestand ein Teil der amerikanischen Nachkriegsideologie erstaunlicherweise gerade im Diskurs über die Gefahren, die von den heimkehrenden Veteranen ausgingen. Während sich die den Kampf affirmierenden Filmszenarien der Kriegspropaganda vom Bild männlicher Stärke nährten, also von einer Vorstellung des amerikanischen Mannes, der sich um jeden Preis gegen den Feind durchzusetzen weiß, entstand nun die Befürchtung, daß diese Gewalt zu Friedenszeiten unwillkürlich in zügellose, obsessive Destruktion umkippen könnte. Die Unsicherheit darüber, ob der entfachte Tötungswille der heimkehrenden Soldaten in den Nachkriegsalltag integriert werden könne, führte zu einer paranoiden Stimmung, in deren Kontext die im Militär ausgebildeten und fronterfahrenen Männer zum Inbegriff einer inländischen Gefahr umgedeutet werden konnten. So erklärt Willard Waller im Propagandafilm *The Veteran Comes Home*, der nach Kriegsende zur Aufklärung der amerikanischen Bevölkerung in Umlauf gesetzt wurde: »Die Hand, die nicht weiß, wie sie ihr Brot verdienen soll, weiß hingegen nur zu genau, wie sie deines stehlen kann, und sie weiß, wie sie dich töten kann, sollte dies notwendig sein. Das Auge, das den Tod erblickt hat, wird vor dem Anblick eines Polizisten keine Angst haben.« Wie Dana Polan aufzeigt, wurde im Zusammenhang mit der wachsenden Kriminalität gern auf die Militärvergangenheit der potentiellen Verbrecher hingewiesen, während gleichzeitig Handbücher wie *When He Comes Back* an die Familienangehörigen von Kriegsveteranen verteilt wurden. In ihnen wurde den Familienmitgliedern zwar versichert, daß sie sich vor einer anhaltenden Gefährdung durch Kriegsneurosen nicht zu fürchten hätten, da zwischen psychischen Störungen, die in so extremen Situationen wie dem Kampf hervorgebracht wurden, und den Streitigkeiten, die in Friedenszeiten aufkommen und zu emotionalen Familienkrisen führen, grundsätzlich unterschieden werden kann, doch unterschwellig wohnt der Versicherung, im Verlauf der Zeit würden die psychisch geschädigten Veteranen sich nur noch mit zufriedenem Stolz an die traumatischen Erlebnisse des Krieges erinnern, die erschütternde Erkenntnis inne, daß sich der Kriegsschauplatz lediglich von der Fremde in die Heimat verlagert hat. So bemerkt Benjamin Bowker in seinem Buch *Out of Uniform:* »Erst nach dem Sieg begann die wirkliche Invasion Amerikas«[4] und meint damit die Trupps heimkehrender Veteranen.

So bietet sich eine historisierende Lektüre an, die die Phantasieszenarien des *film noir* im Kontext der kollektiven amerikanischen Gefühlsambivalenz zu lesen sucht, die sich durch die Diskrepanz zwischen der vorgeschriebenen Rückkehr zur Normalität einerseits und andererseits der Schwierigkeit der zurückgekehrten Soldaten, das ihnen auferlegte Mandat zum Töten abzulegen, ergab. Eine solche Lesart erlaubt, die in diesen Filmen inszenierte Verschränkung der privaten und der öffentlichen Verarbeitung von Trauma als eine doppelte Krisensituation zu beschreiben: Die prekäre Heimkehr aus dem Krieg in eine Welt des Friedens wird als ebenso prekärer Übergang vom Junggesellenleben in die Ehe verhandelt.[5] In diesem Sinne entwickeln die klaustrophobischen Angstszenarien des *film noir* ein Bildrepertoire dafür, wie der heimkehrende Soldat anerkennen muß, daß er im doppelten Sinne nicht Herr im eigenen Haus ist: einerseits durch die Frau entortet, die während der Kriegszeit seine Stelle eingenommen hat, andererseits aber auch psychisch entortet durch die traumatischen Ereignisse des Kampfes, für die in Zeiten des Friedens nur eine nachträgliche, indirekte Darstellung gefunden werden kann – das Kampfszenarium der fatalen Liebe.

4 Zitiert von Dana Polan in seinem Buch *Power & Paranoia. History, Narrative, and the American Cinema, 1940–1950,* New York 1986, S. 247. Er beschreibt auch einen am 15. April 1946 in *Newsweek* abgedruckten Artikel, mit dem Titel »Trained to Kill«, in dem die Gewalt des Verbrechers Tony Doto in einem direkten Zusammenhang gebracht wird mit seiner Militärausbildung und seiner Kopfwunde bei der Schlacht von Bastogne. Für eine Diskussion darüber, wie der *film noir* als kulturelle Verarbeitung der Veränderungen innerhalb der amerikanischen Gesellschaft nach Kriegsende zu lesen ist, siehe auch Frank Krutnika, *In a Lonely Street. Film noir, Genre, Masculinity,* London/New York 1991.
5 Siehe auch Deborah Thomas, »How Hollywood deals with the deviant male«, in: Cameron 1992, S. 50–70.

KRIEGSNEUROSE ODER FRÜHKINDLICHES TRAUMA

Zwar erzählt Fritz Langs *Secret Beyond the Door* – der paradigmatisch für die entstellte Beschäftigung des *film noir* mit den traumatischen Spuren des Zweiten Weltkrieges behandelt werden soll – davon, wie ein Kriegsneurotiker in die ihm fremd gewordene Heimat schließlich doch glücklich integriert werden kann, und zwar durch eine selbständige Frau, die bereit ist, ihr eigenes Leben aufs Spiel zu setzen –, doch die Frage der psychischen und gesellschaftlichen Entortung steht hier in doppelter Weise auf dem Spiel. Der Veteran Mark Lamphere ist aufgrund der Tatsache, daß seine Schwester Caroline an seiner Stelle den von ihm geerbten Wohnsitz Blade's Creek verwaltet, nicht Herr im eigenen Haus. Obgleich der Krieg im Verlauf des Films nur zweimal erwähnt wird, und zwar jeweils als Verweis darauf, daß Marks Verhältnis zu seiner ersten Ehefrau Eleonor erst nach seiner Rückkehr die Trübung erfuhr, die zu ihrer geheimnisvollen Erkrankung und ihrem frühzeitigen Tod führte, läßt Lang keinen Zweifel darüber aufkommen, daß gerade Marks kriegsbedingte Abwesenheit seiner Schwester erlaubte, ihn aus seiner Machtposition als Gutsherr zu verdrängen. Als Erklärung für diese ihn quälende Geschwisterrivalität, der er hilflos ausgeliefert ist, weil er ihren Ursprung nicht begreift, wird im Verlauf der Filmhandlung eine traumatische Szene seiner Kindheit offengelegt. Sie macht zugleich nachträglich verständlich, warum er, von mörderischen Trieben heimgesucht, ebensowenig Herr seines psychischen Apparates ist.

Andererseits begreift die zweite Ehefrau Celia bereits bei ihrer Ankunft im von Marks Schwester so erfolgreich geführten Haushalt, daß auch sie nicht Herrin dieses Hauses sein kann, aber nicht wegen der anderen Frau, sondern weil die Mordlust ihres Mannes diesen neuen Wohnsitz unheimlich werden läßt. Es scheint deshalb sinnvoll, zu der von Michael Wood vorgeschlagenen These zurückzukehren, das im Hollywoodfilm vielgerühmte *all-american idealhome* sei eigentlich ein Ort des Todes für den Helden. In Fritz Langs *film noir* vollzieht sich jedoch eine bezeichnende Umdrehung dieser Formel. Im Szenario einer fatalen Liebesbeziehung, in dem der Held seinem *home* als Ort eines unlösbaren Antagonismus nicht mehr den Rücken kehren kann, weil es weder von einem Alter ego zerstört noch von einer Toten, die ihm seine Herrschaft streitig macht, besetzt gehalten wird, entpuppt sich das traute Heim als Familien-Kriegsschauplatz. Das Duell zwischen den Eheleuten findet bezeichnenderweise mitten im Haus statt, und zwar nachdem die Schwester die beiden Liebenden Mark und Celia dort zusammen mit David, dem Sohn aus erster Ehe, allein gelassen hat. Mit anderen Worten: In diesem *noir*-Szenario wird eine nie direkt benannte traumatische Kriegsneurose mit einer durch weibliche List ans Licht gebrachten Szene eines frühkindlichen Traumas nicht nur verknüpft, sondern von dieser stellvertretend ausgehandelt, und zwar indem die verdrängten traumatischen Spuren des Kriegsgeschehens als Antagonismus der Geschlechter ausgetragen werden. Dabei inszeniert Fritz Lang einen fatalen Chiasmus: Das Tödliche des weiblich kodierten *home*, in dem der Held sich aufgrund einer unerträglichen Übernähe eines mütterlichen Prinzips fremd fühlt, wird zum Ort des Todes der Frau.

An dem 1948 gedrehten *Secret Beyond the Door* fällt mit der ersten Einstellung sofort die merkwürdige Tatsache auf, daß nicht der Veteran, sondern die reiche junge New Yorker Erbin Celia Barrett die Stelle der Erzählerin einnimmt. Nur ihre als *voice-over* zu hörende Stimme erlaubt uns, die ihr zustoßenden geheimnisvollen Ereignisse zuerst in all ihrer Bedrohlichkeit auszukosten und sie dann unter ihrer Leitung zu einer kohärenten narrativen Abfolge zusammenzusetzen. So läßt Fritz Lang von Anfang an keinen Zweifel darüber aufkommen, daß das von ihm inszenierte Phantasieszenario als Rekonstruktion seiner Heldin und somit auch als ihre nachträgliche Deutung des Kampfes zu verstehen ist, dessen Ausgang zu einem von ihr als Befriedigung ihres Begehrens verstandenen Eheglück führt.

Celia beginnt ihre Erzählung in einer Rückblende mit den Ereignissen, die zur plötzlichen Eheschließung mit einem ihr eigentlich fremden Mann geführt haben. Sie erinnert sich, daß sie, solange ihr Bruder Rick noch am Leben war, hartnäckig jedes Heiratsangebot ausgeschlagen hat. Nach seinem Tod, der sie ohne Familienangehörige zurückläßt, hat sie dann, um sich von ihrer Trauer abzulenken, mit ihrer Freundin Edith Potter eine Reise nach Mexiko unternommen. An diesem fremden Ort traf sie den geheimnisvollen älteren Mann, der in Lavender Falls, in der Nähe von New York City, einen prächtigen Wohnsitz hat und eine Architekturzeitschrift herausgibt. Ihm gelingt es innerhalb weniger Stunden, an die Stelle zu treten, die durch den Tod des geliebten Bruders frei geworden ist, und überstürzt entschließt sich Celia, den sie faszinierenden Mann zu heiraten. Doch bereits auf der Hochzeitsreise, die Mark abrupt abbricht, um aus unerklärlichen Gründen allein nach New York zurückzukehren, begreift die in Mexiko zurückgebliebene Braut, wie wenig sie ihren Gemahl eigentlich kennt.

Bereits am Morgen ihrer Ankunft in Blade's Creek entdeckt Celia rätselhafte Dinge, die sich in Marks angespanntem Verhältnis zu seinem Sohn David zuspitzen, der überzeugt ist, sein Vater wäre am plötzlichen Tod Eleonors schuld. Nachdem sie im Keller seines Hauses Marks architektonische Sammlung gesehen hat – perfekt wiederhergestellte *felicitous* (glückliche) Räume, in denen zu anderen Zeiten und an anderen Orten jeweils ein schreckliches Verbrechen vollbracht worden ist –, beginnt sie ganz im Stil des klassischen Schauerromans den Verdacht zu hegen, ihr Gemahl wolle auch sie umbringen.

In einer hybriden Verschränkung von Detektivin und Psychoanalytikerin versucht sie, sowohl die verbrecherische Neigung ihres Mannes aufzudecken wie ihm zu seiner Einsicht in das ihn heimsuchende Trauma zu verhelfen. Mit expliziten Verweisen auf die kathartische Wirkung der Freudschen *talking cure* inszeniert Fritz Lang den Heilungsprozeß eines psychisch versehrten Veteranen. Die von Celia eingeleitete Freilegung vergangener Ereignisse läuft auf die nachträgliche Rekonstruktion einer frühkindlichen narzißtischen Kränkung hinaus, die Szene der kränkenden gewaltsamen Trennung von der Mutter, die Mark abgöttisch liebte und die er dann – im Stich gelassen – zu hassen begann, ohne diesen Haß direkt aussprechen zu können. Endlich erlebt der an Amnesie leidende Mark diese Szene bewußt, und daraufhin scheint er sich seiner triebhaften Mordlust entledigen zu können. In dem Sinne, daß er den Antagonismus der Geschlechter, der der Ehe wie ein traumatischer Kern, wenn auch auf verschwiegene Weise, innewohnt, über das mörderische Begehren des Ehemannes sichtbar werden läßt, spielt Langs *Secret Beyond the Door* direkt auf Pabsts *Geheimnisse einer Seele* an. Tatsächlich wirkt auch Langs Film auf den ersten Blick wie eine klassische psychoanalytische Lehrbuchlektion. Die Abnabelungsschwierigkeiten des Sohnes finden in der Phantasie, die Stellvertreterin der Mutter in seinem Liebesleben töten zu müssen, ihren symptomatischen Ausdruck. Die frühkindliche Kränkung, von der Mutter ins Schlafzimmer eingesperrt und dann verlassen worden zu sein, führt zu einer krankhaften Obsession mit der Gleichsetzung von weiblichem Körper und Wohnort, die sich aus dem Begriff des Frauenzimmers ergibt. Von diesem Wortspiel wie auch vom alten Volksmärchen des Blaubart geprägt, reproduziert Mark neun Todeszimmer, wovon acht der Öffentlichkeit zugänglich sind, während das neunte einer noch fataleren Wiederholung harrt: der Tötung der geliebten Frau in ihrem Schlafzimmer als Antwort auf seine frühkindliche Kränkung, aber auch auf seine traumatischen Kriegserfahrungen. In dieser Szene der Gewalt soll auf mehrfache Weise Marks Ohnmacht in Macht umschlagen. Mit einem expliziten Verweis auf Sigmund Freuds These, es gäbe im psychischen Apparat eines jeden Subjektes einen Todestrieb, der sich in Form eines Wiederholungszwangs über das Lustprinzip hinwegsetzt, läßt Fritz Lang seinen Helden das Kinderspiel mit der Holzspule nachahmen, das Freud im zweiten Kapitel von *Jenseits des Lustprinzips* beschrieben hat: Ein Kind lernte sich der Kränkung, die durch das Fortgehen der Mutter hervorgerufen wurde, erfolgreich dadurch zu entledigen, daß es

»dasselbe Verschwinden und Wiederkommen mit den ihm erreichbaren Gegenständen selbst in Szene setzte«, und zwar indem es eine an einem Faden befestigte Holzspule nahm, diese von sich warf und dann wieder unter der Begleitung von erfreuten Lauten zu sich holte. Die beiden Akte von Marks wesentlich düstererem Versuch, sich einer unlustvollen Szene zu bemächtigen – nämlich durch das Reproduzieren von Todeszimmern und durch die Reproduktion des Verlustes der Mutterfigur –, lassen sich als eine gefährliche Rematerialisierung des Fort-da-Spiels des psychisch versehrten erwachsenen Mannes lesen. Auch auf Marks Spiel trifft die doppelte Deutung zu, die Freud anbietet. Einerseits erlaubt der Wiederholungstrieb, eine Szene, in der Mark passiv war, derart umzugestalten, daß er nun eine aktive Rolle einnimmt, und zwar indem er die Szene des Verlustes der geliebten Mutter, obwohl sie unlustvoll ist, zuerst in der Imagination und dann in der Realität in Form eines Bemächtigungstriebes wiederholt. Andererseits bedeutet das Wegwerfen in Form der Tötung der zweiten Frau, die wie im Fort-da-Spiel des Kindes als Objekt für die Mutter einsteht, möglicherweise auch die Befriedigung eines im Leben unterdrückten Racheimpulses gegen die Mutter, die das Kind verlassen hat. Wie in Freuds Szenario ließe sich auch für Mark eine trotzige Haltung konstatieren: ›Ja, sperr mich ein mit meinen Phantasien, geh nur fort, ich brauch' dich nicht, ich schick' dich selber weg.‹[6]

Dennoch baut Fritz Lang in seine filmische Huldigung an Freuds Spekulation über den Todestrieb eine doppelte Brechung ein. Zum einen ist das von seinem Helden Mark gespielte fatale Fort-da Szenario gerade nicht ein Beispiel für die vom Kleinkind erbrachte kulturelle Leistung eines Triebverzichtes, sondern Ausdruck eines regressiven Auslebens seiner mörderischen archaischen Triebe. Der materielle Leib der Mutter wird nicht durch ein Symbol (die Spule) ersetzt, sondern durch einen zweiten materiellen Leib (die zweite Ehefrau). Zum anderen spielt Lang zwar auf die von der

---

[6] Siehe Sigmund Freud (1920), *Jenseits des Lustprinzips, Gesammelte Werke* XIII, Frankfurt a. M. 1940, S. 1–69.

klassischen Psychoanalyse vorgeschlagene Möglichkeit an, eine traumatische Urszene für die neurotische Erkrankung eines potentiellen Frauenmörders aufzudecken, läßt jedoch gleichzeitig die Kausalitätskette offen, die zur Entfesselung dieses mörderischen Triebes führt. Im Verlauf der Filmhandlung wird nämlich betont, daß erst die Kriegserfahrung Marks Selbstentfremdung hat manifest werden lassen, daß die Kriegserfahrung eine andere Kränkung vertritt, für die jedoch keine traumatische Szene zur Sprache gebracht wird. Gleichzeitig vermutet Celia, die Mark zu heilen versucht, die ihn quälenden gewaltsamen Triebe hätten ihn seit seiner frühesten Kindheit wie Fremdkörper heimgesucht. Deshalb kann im Gegensatz zu Pabsts psychoanalytischen Film nicht unterschieden werden, ob der Ursprung der Mordlust tatsächlich in der nicht geleisteten Abnabelung des Sohnes von seiner Mutter liegt oder ob diese Szene von der therapierenden Celia nur als brauchbare Repräsentation eingesetzt wird, um dieses Kriegstrauma, für das Mark keine Bilder und keine Worte finden kann, an einer anderen traumatischen Szene zu fixieren und Mark somit die Möglichkeit zu bieten, das unbenennbare Trauma unter der Schirmherrschaft einer benennbaren frühkindlichen Störung abzureagieren. Bedenkt man, daß diese Lösung sowohl von Celia artikuliert wird wie auch – da das ganze Filmszenarium ihre Wunschphantasie repräsentiert – im Sinne der Freudschen Traumtheorie die Befriedigung eines Wunsches darstellen muß, läßt sich die Mutmaßung anstellen, daß es für Celia offenbar befriedigender ist, sich ihren Mann als potentiellen Frauenmörder vorzustellen statt als gefährlichen Kriegsneurotiker. Den Spuren des zweiten Szenarios geht sie nämlich nicht nach.

Dennoch läßt Fritz Lang bis zum Schluß offen, ob es sich im Falle Marks nicht vielleicht doch um einen psychisch versehrten Veteranen handelt, der, heimgekehrt, erkennen muß, daß er wegen seiner Kriegserfahrungen nicht länger Herr im eigenen Haus ist – weder Herr seines Wohnsitzes noch Herr seiner Triebe –, und die doppelte Kränkung dieser Entortung in die misogyne Phantasie übersetzt, er müsse sich an allen ihn umsorgenden und schützenden Frauen durch den Mord an seiner Gattin rächen, um somit die Herrschaft über seinen Wohnsitz zurückzuerobern. Der Wunsch, seine Frau zu töten, stünde in diesem verheimlichten Phantasieszenario symptomatisch ein für die Tötungen, die er im Krieg begangen hat, und zwar im Sinne eines Bewältigungstriebes, der es ihm erlaubt, die passive Rolle des Kampfes in ein Szenarium zu übersetzen, in dem er aktiv die Rolle des Blaubarts wählt. Mitten in seinem *home* ist er dem Anblick des Todes nicht hilflos ausgeliefert, wie auf dem Schlachtfeld, sondern kann selbst die Umstände bestimmen, unter denen er dem Tod ins Auge blickt. Dieser Lektüre müßte man allerdings sofort die Frage entgegenstellen, ob das latente Trauma in der Tat ein verdrängter Mutterhaß ist, der bei Mark über die traumatisierende Erfahrung des Krieges zurückkehrt. Beunruhigend ist angesichts dieser Unentscheidbarkeit jedoch vor allem, daß die Mordlust Marks, egal wie sie begründet wird – als Erkrankung am Verlust der Mutter oder am Schock des Krieges –, in jedem Fall den Körper der ihn liebenden Frau trifft. Und was ebenso beunruhigend ist: Dieses *noir*-Märchen entspricht der Wunschphantasie der Frau.

Es darf nicht außer acht gelassen werden, daß dieser Nachkriegsblaubart von Fritz Lang über das den Film einleitende *voice-over* Celias von Anfang an explizit als Held eines Phantasieszenariums gekennzeichnet ist, das um den weiblichen Genuß der Erzählerin kreist, tödlich bedroht zu sein. Zu Recht betont Elizabeth Cowie, daß diese reiche New Yorker Erbin im Gegensatz zur typischen Heldin der Schauerliteratur weder jung noch unerfahren ist, sondern welterfahren, gelassen und mit einem sicheren Selbstvertrauen ausgestattet.[7] Sie ist zudem keine unschuldige Mitspielerin in einem mörderischen Liebeszenario, sondern stellt mit ihrer psychischen Verknüpfung von Begehren und tödlicher Bedrohung das weibliche Pendant zum Kriegsveteranen dar: Die schöne, welterfahrene Frau möchte das Gefühl der psychischen Betäubung, das durch

---

7 Vgl. Elizabeth Cowie, »Film Noir and Women«, *Shades of Noir*, Hg. Joan Copjec, London 1993, S. 121–165.

die Trauer um den Bruder hervorgerufen wurde, durch eine eigene Konfrontation mit dem Tod wettmachen, und sehnt sich deshalb nach einer traumatischen Begegnung mit dem Realen des Antagonismus. Anders formuliert: Der in diesem *noir*-Szenario zum Ausdruck gebrachte Wunsch, Angst um das eigene Leben erfahren zu wollen, stellt eine weibliche Aneignung der Kriegserfahrung dar. Auch Celia möchte am einfachen Widerspruch im Kampf teilnehmen, obwohl dieser als Liebesduell und nicht als kriegerische Auseinandersetzung mit einem politischen Feind ausgetragen wird.

Mary Ann Doane reiht Fritz Langs Geschichte einer von Mordphantasien heimgesuchten Ehe in einen Zyklus von Filmen ein, die sie »Geschichten weiblicher Paranoia« nennt, da sie um den Verdacht der Gattin kreisen, der ihr im Wesen fremde Mann sei ein Mörder – eine andere dunkle Serie, an deren Anfang eindeutig Hitchcocks *Rebecca* gesetzt werden kann. Der weibliche Aspekt der Paranoia besteht für Doane zwar in einer passiven Haltung: Die Frau gibt sich der Furcht hin, von einem männlichen Liebhaber bedroht zu werden. Doch in diesen paranoiden Schauerfilmen nimmt die bedrohte Heldin ganz eindeutig die Stelle des forschenden Subjektes ein. Sie ist die Trägerin des Blickes, als Detektivin zudem diejenige, die die Abfolge der Ereignisse und somit auch den epistemologischen Gewinn der Handlung steuert. Mehr noch als für den von ihr beschatteten Gatten, so Doanes Behauptung, steht gerade für die paranoide Heldin das Geheimnis jenseits der Tür auf dem Spiel. Der geheimnisvolle Gatte ist dabei lediglich ein phantasmatisch besetzter Spieler in ihrem Phantasieszenarium.

In dieser Erforschung des traumatischen mörderischen Kerns im Herzen der Ehe wird nun aber auf eine für diese dunkle Serie ausschlaggebende Weise gerade das im amerikanischen Unterhaltungskino so paradigmatisch als weiblicher Raum kodierte *home* mit Angst, Furcht und Grauen versehen, wobei diese Umkodierung gleichzeitig zu einer Krise des Blickes führt. Laut Doane besteht in diesen »Filmen weiblicher Paranoia« die Gewalt nämlich gerade darin, daß etwas Schreckliches von der Heldin zwar erahnt wird, sich ihrem Blick jedoch auf beunruhigende Weise entzieht. Deshalb erweist sich das von der Heldin durch die Eheschließung erworbene *home* gerade nicht als homogener Raum. Statt dessen tut sich eine von Absperrungen sowie durchlässigen Öffnungen und unergründlichen Lücken durchsetzte, gänzlich heterotope Geographie auf: die räumliche Entsprechung des realen Antagonismus, der, im Verlauf der Wahrheitsfindung der Heldin als Liebesduell umkodiert, zu einer kohärenten Geschichte umgestaltet werden kann. Hier infiltriert der vermeintlich externe Horror das traute Heim und bringt somit die Instabilität der Grenze zwischen innen und außen zum Ausdruck. Ganz im Sinne des von Lacan geprägten Begriffes der *extimité* zeigt sich, daß der weiblich kodierte Innenraum des *home* immer auch von einer hartnäckigen Exteriorität besetzt ist.[8]

Home in Fritz Langs *film noir* bietet den Schauplatz einer unheimlichen Entortung des verfremdeten Ortes häuslicher Stabilität, in der jedoch brisanterweise die Mordphantasien des traumatisierten Kriegsveteranen mit den Verfolgungsphantasien der bedrohten Frau abwechseln. In der bedrohlichen Fremdheit des Ehegatten entdeckt Celia wie ihre namenlose Vorgängerin in Hitchcocks *Rebecca* den traumatischen Fremdkörper, der ihrer psychischen Realität immer schon innewohnte, so daß zu der von *Secret Beyond the Door* inszenierten Überlagerung des Kriegstraumas durch ein frühkindliches Trauma eine weitere Schicht hinzukommt. Das Trauma des versehrten Veteranen wird zur Chiffre für ein ganz anderes Phantasieszenario, den grundsätzlichen Zweifel nämlich, den das selbständige und selbstbewußte weibliche Subjekt an der Eheschließung als heilsame Lösung des die Sexualität belagernden *gender trouble* hegt.

Fritz Lang, der ausdrücklich Hitchcocks *Rebecca* als das Vorbild seiner eigenen cinematischen Verarbeitung einer psychoanalytischen Fallstudie zitiert,[9] macht seine Anleihe nicht an der Ähnlich-

---

8 Siehe Mary Ann Doane, *The Desire to Desire. The Woman's Film of the 1940s*, Bloomington 1987, S. 123–154.

9 Wie Michael Walker in seinem Überblick »Film Noir. Introduction«, in: Ian Cameron (1992), festhält, greift Fritz Lang mit seinem *Secret Beyond the Door* nicht

keit der Handlung fest – dem geheimnisvollen Tod der ersten Frau, der berechnenden Haushälterin, die gern vom Fenster aus eifersüchtig die neue Herrin betrachtet und zum Schluß Blade's Creek in Brand setzt. Sonder er erklärt seine Umsetzung des fremden, ihn faszinierenden Stoffes als einen gescheiterten Aneignungsversuch: »Erinnern Sie sich an die wundervolle Szene in *Rebecca*, in der Judith Anderson von Rebecca erzählt und Joan Fontaine die Kleidung und die Pelzmäntel und alles andere zeigt? Wenn wir schon beim Stehlen sind: Ich hatte das Gefühl, ich könnte vielleicht etwas Ähnliches in diesem Film machen, wenn Redgrave über die verschiede-

nur bewußt auf Hitchcocks Rebecca zurück, sondern ebenso auf die Bildsprache der Freudschen Psychoanalyse, die sich im Hollywood der vierziger Jahre durchsetzte, nicht zuletzt auch aufgrund der vielen aus Europa emigrierten Psychoanalytiker, die sich in Los Angeles niederließen. Tatsächlich läßt sich für den *film noir*, in dem es so manifest um das Ausloten der dunklen Stellen innerhalb der menschlichen Psyche geht, eine allgemeine Aneignung psychoanalytischer Symbolik und deren Umsetzung in Bilder der Populärkultur feststellen, vornehmlich in bezug auf die Entwicklung der menschlichen Sexualität aus frühkindlichen Familienbeziehungen heraus, wie auch in bezug auf Freuds These, den Traum als psychische Bühne zu begreifen, auf der verdrängte oder verbotene Emotionen zurückkehren und somit auf entstellte Weise zum Ausdruck gebracht werden können. Ganz im Sinne dieser Infiltrierung Hollywoods durch das Gedankengut der Psychoanalyse beginnt Fritz Lang seinen 1944 gedrehten Film *The Woman in the Window*, in dem Joan Bennett die Rolle einer klassischen *femme fatale* spielt, mit einer Vorlesung über Freud, um die intendierte Deutung dieses Phantasieszenariums klar zu kennzeichnen, daß nämlich das menschliche Subjekt inneren Mächten ausgeliefert ist, die es nur bedingt unter Kontrolle hat. Siehe auch Deborah Thomas 1992, S. 71–87. Frank Krutnik (1991) hebt in seiner Studie auch hervor, daß die Psychoanalyse sich zwar als eine rationale Wissenschaft präsentiert, sich dabei aber zum Ziel setzt, die komplexen und offensichtlich destabilisierenden, von der Oberfläche der Normalität verdrängten Strömungen eines exzessiven oder unzulässigen Begehrens ans Tageslicht zu bringen, die sich einer einfachen Rationalisierung entziehen. Die Art, wie die Freudsche Psychoanalyse das Subjekt mit jenen dunklen Stellen im psychischen Apparat konfrontiert, setzt Krutnik in Verbindung mit dem vom *film noir* aufgefangenen Zeitgeist der amerikanischen Gesellschaft nach dem Krieg, in dessen Umfeld sich das ideale amerikanische *home* als ein unwirtlicher Ort entpuppt, aus dem man besser fliehen sollte, als zu versuchen, dort einen Platz für sich zu finden.

nen Zimmer spricht. Aber lassen Sie uns ehrlich sein: Es ist mir einfach nicht gelungen.«[10]

Trotz dieses Scheiterns lebt dieser Film, der um die exakte Rekonstruktion von »geglückten« Todeszimmern kreist, unwillkürlich davon, daß er selbst ein Phantasieszenarium in bezug auf die Figurenkonstellation, die Handlungsabfolge wie auch die Art der Erzählung nachstellt. Da Lang die Ähnlichkeit mit seinem Vorbild vor allem darin sieht, daß auch sein *noir*-Szenario im Kern ein abgeschlossenes Zimmer und eine daran geknüpfte verbotene, weil radikal bedrohliche Erotik aufweist und dieses Zimmer zudem mit dem Weiterleben einer verstorbenen Frau verknüpft ist, deren Geist vertrieben werden muß, bevor der Held von seinem psychischen Leid befreit werden kann, läßt sich die von ihm selbst gering geschätzte Transformation dennoch auch als aufschlußreiche Fortschreibung des von Hitchcock initiierten traumatischen Dramas der Entortung im eigenen Heim lesen.

Die von der mütterlichen Figur ausgehende faszinierende und gleichzeitig bedrohliche Macht, von der sich beide Spieler des fatalen Liebesduells psychisch nicht abgrenzen können, erhält in Langs Umarbeitung eine entstellende Überdetermination. Mark wird sowohl von seiner toten Mutter wie von seiner toten ersten Frau

---

10 Zitiert in Cowie 1993, S. 150. Auf den Dialog zwischen den beiden nach Hollywood emigrierten Regisseuren eingehend, ist Andrew Sarris in seiner Studie (*»You ain't heard nothin' yet«. The American Talking Film. History and Memory, 1927–1949*, Oxford 1998) zwar bereit, Fritz Lang mit seinen amerikanischen Filmen der vierziger Jahre als den Erfinder des *film noir* zu benennen, und hebt somit auch den tiefgreifenden Einfluß hervor, den er dadurch auf Größen des Mediums wie Hitchcock und Buñuel hatte. Gleichzeitig aber bewertet er *Secret Beyond the Door* als ein überhitztes Freudsches »Dame in Gefahr«-Melodrama, dem die Luzidität und der Schwung des früheren Hitchcock-Films fehlt. Wie sehr Fritz Lang gerade mit *Secret Beyond the Door* bewußt einen Bezug zu Hitchcocks filmischen Umsetzungen psychoanalytischer Themen mit inszenieren wollte, kommt aber auch darin zum Ausdruck, daß er dafür die Zusammenarbeit mit Miklos Rozsa suchte, der drei Jahre vorher für *Spellbound*, jenes von Hitchcock explizit als psychoanalytische Fallstudie inszenierte Psychodrama, die Filmmusik komponiert hatte.

heimgesucht. Celia ihrerseits muß sich mit einer in zwei Figuren aufgespaltenen Stellvertreterin der vor ihrem Auftreten leeren Stelle der Hausherrin auseinandersetzen: mit der ihr wohlgesonnenen Schwester Caroline, die im Sinne der beiden verstorbenen Frauen den Haushalt führt, aber durchaus bereit ist, Celia diese Stelle abzutreten, und mit der Gouvernante Miss Robey, die im Gegensatz zu Mrs. Danvers aus *Rebecca* nicht eine Erinnerung aufrechterhalten will, sondern Herrin des Hauses zu werden trachtet. Der von ihr verursachte Brand ist unzweifelhaft als Anschlag auf die Rivalin gedacht und nicht, wie in Hitchcocks *Rebecca*, als Versuch, die zweite Ehefrau für immer auszusperren.

Daran sind zwei weitere Umarbeitungen geknüpft. Zum einen übernimmt Fritz Lang von Hitchcock die sich erinnernde Stimme einer weiblichen Erzählerin, doch im Gegensatz zu *Rebecca*, wo die körperlose Stimme einzig dafür eingesetzt wird, eine Geistergeschichte in Gang zu setzen, verschwindet Joan Bennetts *voice-over* nicht. Es verfolgt wie ein unheimlicher, abgespaltener Klangkörper die Handlungen der Heldin, unterlegt diese mit Fragen und Deutungsversuchen und zwingt uns somit, jede Einstellung des dargestellten Geschehens immer auch als phantasmatische Verarbeitung der unlösbaren Widersprüche bezüglich ihres sexuellen Begehrens zu lesen, welche die Heldin ebenso heimsuchen wie die traumatischen Erinnerungsspuren ihren geheimnisvollen Gatten. Zum anderen bietet uns Fritz Lang, obgleich er im Sinne der *noir*-Bildwelt wesentlich expliziter mit Verzerrungen arbeitet, am Schluß dieses Liebesduells doch auch ein Bild für das im Exil glücklich wiedervereinigte Paar. Celia und Mark sind zu jener Hazienda in Mexiko zurückgekehrt, wo ihre Hochzeitsreise so plötzlich unterbrochen werden mußte. Dort war in Mark ganz unvermittelt jenes vom Todestrieb ausgehende Bedürfnis nach Wiederherstellung eines früheren Zustandes aufgekommen, in dem auf unheilvolle Weise der mütterliche Körper, das Schlafzimmer der Ehegattin und die Gruft der Toten zusammenfallen. Damals schaukelten sie gemeinsam in einer Hängematte, und Celia hatte ihren Kopf auf Marks Brust gelegt. Nun sitzt sie auf einem Liegestuhl, und er hat seinen

Kopf in ihren Schoß gelegt. Nicht mehr in der Illusion des harmonischen Glückes schwebend, sondern auf dem Boden der Tatsache angelangt, daß ihrer Ehe untilgbar die Spur der psychischen Versehrtheit anhaftet, können die Eheleute jetzt – ähnlich wie die am Ende von *Lone Star* wiedervereinten Liebenden – von einer gemeinsamen Zukunft träumen, die ein Wissen um den jedem Liebesleben innewohnenden Antagonismus anerkennt.

Die einleitenden Traumbilder einer ominösen Hochzeitszeremonie

Fritz Langs Hommage an Sigmund Freuds Lehre, daß Störungen, die auf frühere Szenen narzißtischer Kränkung zurückgehen, die psychische Realität eines Menschen derart befallen können, daß er oder sie sich plötzlich dem eigenen triebhaften Begehren hilflos ausgeliefert findet, zeigt sich jedoch nicht nur darin, wie selbstverständlich die Heldin und deren Freundinnen Marks psychisches Leid in der Sprache der Psychoanalyse beschreiben. Wichtiger ist vielleicht, daß Lang als Prämisse seiner changierenden Verknotung von Kriegstrauma, Muttermord- und Blaubartphantasien die von Freud in der *Traumdeutung* vorgebrachte Spekulation dient, der Traum sei als Schauplatz zu begreifen, an dem ein traumatisches Wissen entstellt zum Ausdruck gebracht werden kann. Um von Anfang an darauf hinzuweisen, wie sehr sein Filmszenario unter der Schirmherrschaft des – laut Freud – bezeichnendsten rhetorischen Zuges der Traumarbeit steht, nämlich einer mit Entstellungen arbeitenden Rücksicht auf Darstellbarkeit, läßt Fritz Lang den Vorspann zu *Secret Beyond the Door* vor einem im expressionistischen Stil gemalten Bild ablaufen, das eine im offenen Raum freistehende Türe darstellt. Hinter dieser Türe sind eine weite, flache Landschaft sowie ein leicht bewölkter Himmel zu sehen, an dessen Horizont die ersten Strahlen der aufgehenden Sonne erscheinen. Diese Verschränkung von Text und Bild, in der der Titel des Films ein psychisches Geheimnis andeutet, welches das Bild im Hintergrund in Form einer visualisierten Verschiebung als Geographie darstellt, verspricht eindeutig Symbolik. Tatsächlich setzt jedoch eine Trübung und Verzerrung der Zeichensprache ein. Die aus dem Off sprechende Celia beginnt die Bildsprache ihrer Träume zu beschreiben, die im Verlauf der Handlung als Denkfigur mit der durch das gemalte Bild evozierten Bildsprache konkurrieren wird, nämlich der Vorstellung, daß eine befriedigte Sexualität als Öffnen verschlossener Türen und als Ausblick auf eine sonnenüberflutete weite Landschaft zu begreifen ist. Gleichzeitig deutet Celia an, daß sich jenseits der Türe ebenso eine dunkle, verschlossene Krypta befinden könnte, die einen in ihren gefährlichen Bann zieht. Bereits mit dem ersten Satz wird dem durch den Vorspann evozierten Bild einer lichterfüllten, unbegrenzten Zukunft mit einem Verweis auf die düsteren, archaischen Mächte, die einen immer wieder in den Bereich der Umnachtung zurückführen, entgegengewirkt. »Ich erinnere mich«, meint die warme, dunkle weibliche Stimme, »daß ich vor langer Zeit einmal ein Buch gelesen habe, das die Bedeutung von Träumen erklärte. Es besagte: Wenn eine junge Frau von einem Boot oder einem Schiff träumt, wird sie einen sicheren Hafen erreichen. Aber wenn sie von Narzissen träumt, dann befindet sie sich in großer Gefahr.«[11] Gleichzeitig sehen wir, wie Tropfen auf einer nur als Ausschnitt gezeigten und daher keiner konkreten Geographie zuweisbaren Wasseroberfläche konzentrische, kreisförmige Wellen zeichnen. Ebenfalls sichtbar ist die Widerspiegelung vieler ständig

aufleuchtender und dann wieder erlöschender Lichter, die von einem funkelnden Sternenhimmel oder von einer künstlichen Beleuchtung stammen können. Unter der Wasseroberfläche lassen sich schattenhafte Umrisse erkennen. Nachdem die Kamera begonnen hat, langsam von der rechten Seite des Bildes nach links über die Wasseroberfläche zu fahren, fängt sie zuerst am unteren Bildrand ein aus einer Zeitung gefalte-

---

11 Im von Freud in seiner Narzißmus-Theorie anzitierten antiken Mythos erfährt der Jüngling Narziß aus Liebe für sein Selbstbild den Tod, gleichzeitig besagt die seit dem Barock ikonographisch in Umlauf gebrachte Tradition der Vanitas, daß gerade die narzißtische Frau im Spiegel, in dem sie eine Garantie ihrer unsterblichen Schönheit zu erhalten verhofft, den eigenen Tod erblickt.

tes Papierschiffchen ein. Dieses dümpelt sanft vor sich hin und wird vom Wasser mit klaren Umrissen widergespiegelt, gleichzeitig ist die Spiegelungsfläche weiterhin durchsetzt von den Schatten der so undeutlich erkennbaren Gestalten. Sie scheinen sich unter der Wasseroberfläche zu befinden, und beim genaueren Betrachten begreift man, daß sie in einer Überblendung diese Oberfläche eigentlich überlagern und stellenweise deren Spiegelung bedecken. Während die Kamera weiter nach unten fährt, verschwindet das Boot am oberen Rahmen des Bildes. Links unten tauchen schwimmende Narzissen auf, die teilweise nur fragmentiert sichtbar sind, teilweise von den großen dunklen Schatten anderer Narzissen verdeckt werden. Da sie bereits bis zur Blüte im Wasser versunken sind, werden die Narzissen im Gegensatz zum Papierboot auf der Wasseroberfläche nicht widergespiegelt.

So wird mit dieser ersten Einstellung deutlich, daß Lang seine dunkle Liebesgeschichte in Bezug zur unmöglichen Geographie einer der Traumarbeit ähnelnden Heterotopie gesetzt wissen will. Die

von der Heldin angeführte Erinnerung hat eine ähnliche Funktion wie das Kinderlied in *Wizard of Oz*, von dem Dorothy behauptet, in ihm hätte sie zum erstenmal von einem Land jenseits des Regenbogens erfahren. Denn auch mit Celias Verweis auf das vor langer Zeit von ihr gelesene Traumbuch kehrt plötzlich ein vergessenes Wissen zurück, um der Heldin eine Denkfigur anzubieten, die es ihr erlaubt, für das momentan empfundene undefinierbare Unbehagen eine Bildsprache zu finden. Dennoch wird von Fritz Lang betont, wie sehr alle drei Vorstellungen, auf die Celia im Verlauf ihrer Erzählung wiederholt zurückgreifen wird – die verschlossene Türe, das in einen sicheren Hafen einlaufende Boot, die im Wasser ominös treibenden Narzissen –, Schutzdichtungen im doppelten Sinne dieses Wortes darstellen: verdichtete Bilder, die die Tagträumerin vor einem traumatischen Wissen schützen, indem sie ihr erlauben, dieses bedrohliche Wissen auf verschlüsselte und somit erträgliche Weise zum Ausdruck zu bringen, aber auch Bilder, die wie Zwischenstücke an Verbindungsstellen innerhalb des psychischen Apparates zum Schutz des Subjekts eingesetzt werden, um dieses gefährliche traumatische Wissen fernzuhalten. Diese Sprachbilder treiben zudem auf einer sie teils widerspiegelnden, teils diese Reflexion verbietenden Oberfläche, deren dunkler Abgrund zwar wahrnehmbar ist, sich aber dennoch einer Repräsentation entzieht. Aufgrund der Tatsache, daß diese auf einen traumatischen Kern verweisenden Schatten zwar unter der Spiegelfläche, auf der die Phantasiebilder der Heldin auftauchen, anzusiedeln sind, aber diese von ihrer Phantasiearbeit erstellten Sprachbilder auch überlagern und gleichzeitig unzugänglich bleiben, ergibt sich jene unmögliche Geographie, die von Fritz Lang als *noir*-Gegenstück zur strahlenden Zukunft, welche die Fiktion der Liebe verspricht, gezeichnet wird. Die Phantasiearbeit seiner Heldin befindet sich somit nicht nur an der unsauberen Schnittstelle zwischen dem bislang unbekannten Ort der Ehe, an dem ein neues imaginäres Verhältnis zu den real gelebten Lebensumständen entworfen werden kann, und dem bekannten, aber teilweise verdrängten Hort von ahnungsvollem psychischen Material, das ihr weibliches Selbstverständnis und ihre frühere Ablehnung der Ehe immer mitgeprägt hat. Sondern es ist zudem unentscheidbar, ob die Kraft, die das Schiffchen und die Narzissen auf der Wasseroberfläche wie auf einer inneren Leinwand vorbeitreiben läßt, von ihr selbst ausgeht oder von einer ihr externen fremden Macht.

Nachdem Celia die zwei Möglichkeiten, die sich als Lösung für ihr romantisches Begehren anbieten, zur Sprache gebracht hat, ändert sich plötzlich die Färbung ihrer Stimme. War sie bislang träumerisch verführerisch unterbricht Celia nun mit einer helleren und beinahe scharfen Stimme den ominösen Verweis auf ihre Träume, und zwar im gleichen Augenblick, in dem Lang von der diffusen Wasseroberfläche abrupt auf ein Bild läutender Kirchenglocken schneidet. Entrüstet kritisiert sie sich selbst: »Aber dies ist kein Zeitpunkt, um an Gefahren zu denken. Dies ist mein Hochzeitstag.«

So steht als Auftakt zur Hochzeitszeremonie, auf die Lang in der nächsten Einstellung schneidet, die Frage, ob Celia ihre Begegnung mit Mark nur deshalb als Bedrohung erfährt, weil sie einem durch ein Buch vermittelten, fremden Wissen Gestalt verleiht. Oder erlaubt ihr diese Begegnung, ein traumatisches Material, das ihr als Fremdkörper immer schon eigen ist, auf dem Umweg über eine fremde Verkörperung, nämlich die des sie bedrohenden Gatten, zu konfrontieren? Um den Auftakt zu einer Erzählung, bei der es um die Offenlegung von Geheimnissen gehen wird, noch weiter zu trüben, macht Fritz Lang in diesen ersten Sekunden zwar sichtbar, daß die von seiner Heldin anzitierte Bildsprache eindeutig entschlüsselt werden kann – das Schiff bedeutet die Einkehr in den sicheren Hafen der Ehe, die Narzissen symbolisieren eine tödliche Bedrohung durch den Ehemann –, daß die damit suggerierte Wahl jedoch möglicherweise eine erzwungene ist. In jedem Fall werden die Folgen fatal sein, denn eine eheliche Sicherheit kann als ebenso tödlich empfunden werden wie die von einem mörderischen Gatten ausgehende offene Gefahr. Daran knüpft sich unweigerlich die Frage: Kann Celia überhaupt das Öffnen einer Türe wählen, um den dunklen, ihr Begehren treibenden Kräften zu entkommen, und wo liegt der Ursprung dieses dämonischen Todesdrangs? Stellt ihr dunkles Begehren ein ihr von außen aufgedrängtes Schicksal dar, oder definiert es den innersten Kern ihrer Sexualität?

Während die läutenden Glocken in Nahaufnahme zu sehen sind, bringt Celia aus dem Off noch einmal ein fremdes Wissen zur Sprache, das sich in ihrer Einbildungskraft eingenistet hat, nämlich die amerikanische Volksweisheit, die besagt, am Hochzeitstag solle die Braut etwas Altes, etwas Neues, etwas Geborgtes und etwas Blaues bei sich haben. Mit diesem Satz leitet Fritz Lang über in den prächtig geschmückten Innenraum einer südländischen Kathedrale. Die hoch oben in einem gewölbten Balkon am hinteren Ende der Kirche plazierte Kamera zeigt jedoch im Vordergrund eine nicht ausgeleuchtete Statue des gekreuzigten Christus, der wie ein Omen des Leides über der Hochzeitszeremonie schwebt, während Celia in dieser Kirche den für ihr Hochzeitsglück notwendigen alten Gegenstand zu erkennen glaubt. Dann bewegt sich die Kamera langsam die prunkvollen Wände entlang auf den Altar zu, während Celia von den architektonischen Vorzügen dieses Gebäudes erzählt. Ihre Zuversicht wird dem Leiden Christi entgegengesetzt: Diese in Stein errichtete Harmonie würde, da in ihr vierhundert Jahre des Glückes aufbewahrt liegen, auch segensreich auf eine hier geschlossene Ehe ausstrahlen. In dem Moment, in dem Fritz Langs Kamera den Bräutigam von hinten endlich einfängt, erklärt die weiterhin zuversichtliche Celia: »Und etwas Neues, das ist Mark selbst.« Erst mit dem darauffolgenden Schnitt bekommen wir die Braut und somit den Körper der Erzählerin zu sehen – eine mit einem prächtigen weißen Brautkleid bekleidete Frau, die langsam vom linken Bildrand durch eine geöffnete Türe auf den Gang zum Altar tritt, während sie mit einer Spur romantischer Sentimentalität erklärt: »Und die Liebe ist etwas Neues für mich.« Da der Weg zwischen der Tür und dem Gang jedoch unter einer Balustrade liegt, befindet sich die Braut zunächst im Schatten, so daß man ganz im Sinne des *noir*-Chiaroscuro zwar das Kleid, nicht aber das Gesicht der Braut erkennen kann. Als sie endlich unter der Balustrade hervortritt, verändert sich noch einmal der Klang ihrer Stimme. Nun beschreibt Celia ihre gegenwärtige Stimmung flüsternd: Jede Spur von Zuversicht und Selbstsicherheit ist verschwunden. Die Suche nach etwas Blauem oder etwas Geborgtem ist ihr vor Aufregung entfallen. Statt dessen erklärt sie: »Mein Herz klopft so schrecklich laut, es übertönt alle anderen Geräusche. Es sagt mir, wenn du ertrinkst, läuft dein ganzes Leben an dir vorbei wie ein schneller Film.«

Mit dieser ominösen Aussage leitet Fritz Lang die Rückblende ein. Celia beichtet, wiederum mit körperloser Stimme aus dem Off, wie es zu dieser plötzlichen Eheschließung gekommen ist. Den Höhepunkt der eingeschobenen Erinnerung bildet Marks Heiratsantrag. An der Art, wie er narrativ eingerahmt ist, erkennen wir, daß er nur scheinbar Celias Gefühlsambivalenz bezüglich der Wahl eines Bräutigams löst. Aus dem Off erklärt Celia, daß sie sich von der vor ihrer Reise nach Mexiko eingegangenen Verlobung mit dem Rechtsanwalt ihres verstorbenen Bruders Bob »ein stilles vertrautes

Zimmer, wo ich in Sicherheit wäre, ein warmes Feuer am heimeligen Herd« verspricht, während sie eine Heirat mit Mark als das Schließen einer Tür und das Öffnen einer anderen begreift: »Alles lag jenseits dieser Türe – Wind, Raum, Sonne und Sturm.« Allerdings darf man bei dieser Gegenüberstellung nicht außer acht lassen, daß sich zu Beginn und am Ende dieser Rückblende die aus dem Off sprechende Celia mit einer Ertrinkenden vergleicht. Während wir das scheinbar vor Glück strahlende Gesicht Celias sehen und dann im Gegenschnitt den für sie im Schatten nur halb sichtbaren Mark, der auf sie zugeht, um mit ihr gemeinsam vor den Altar zu treten, hören wir aus dem Off die Ängste, die ihre Selbstwahrnehmung heimsuchen: »Ich heirate einen Fremden, einen Mann, den ich überhaupt nicht kenne. Ich könnte diesen Ort verlassen, ich könnte fortlaufen. Jetzt wäre es noch möglich.« Der Anblick ihrer Freundin, die ihr an diesem fremden Ort als Trauzeugin dient, erinnert sie jedoch daran, daß sie eine sich ihres gesellschaftlichen Status bewußte Frau ist. So schaltet sich kurz zuversichtlich Selbstkritik in ihren Gedankenfluß: Es wäre ein unverzeihlicher Konventionsbruch, würde sie die Hochzeitszeremonie abbrechen. Doch die Dämonen des Zweifels auf der Tonspur bilden einen irritierenden Rahmen für das Ehegelübde. Mit dem Satz »aber ich habe Angst« tritt Celia an den Altar, um dort von Mark den Ehering anzunehmen, und mit der Hinzufügung »vielleicht hätte ich der dunklen Simme in meinem Herzen folgen sollen, vielleicht hätte ich weglaufen sollen« endet ihre Wiedergabe dieser schattenreichen Hochzeitszeremonie.

Das *voice-over*

Der traumartige Auftakt sowie die eingeschobene Rückblende machen sichtbar, daß wie im Vorgängerfilm *Rebecca* der Heiratsantrag verfrüht und der Vertrag zwischen den Eheleuten gefährdet ist. Celia wie Mark haben Zweifel am Treuegelübde und müssen erst einen diese Gefühlsambivalenz materialisierenden Phantasieraum durchkreuzen, bevor sie sich wirklich ihre Liebe eingestehen können. Hinzu kommt jedoch, daß mit Hilfe des *voice-over* nicht nur das nachträgliche Unbehagen der Heldin an ihrem so plötzlich eingegangen Eheversprechen zur Sprache gebracht wird – die Eheschließung kommt implizit einem Ertrinken gleich, die zu diesem Selbstverlust führenden Ereignisse werden explizit wie ein im Zeitraffer wiedergegebener Film begriffen, dessen Dringlichkeit sich vom bevorstehenden Tod her ergibt. Die Doppelung zwischen Bild und Ton läßt auch formal sichtbar werden, wie wenig diese Braut an einem ihr angemessenen Ort ist.

In den Kriegsfilmen der vierziger Jahre wurde das *voice-over* primär eingesetzt, um die Authentizität des Dargestellten hervorzuheben und die sympathisierende Identifikation des Publikums mit der erzählten Geschichte sicherzustellen. Der *film noir* bedient sich dieser Technik, um über das stark subjektiv gefärbte, bruchstückhafte Geständnis eines meist männlichen Erzählers eine Wahrheitssuche nach dem Ursprung kultureller wie psychischer Malaise nachzuzeichnen. Diese kreist bevorzugt um die Frage der dem Helden gegenüber antagonistischen weiblichen sexuellen Differenz. Die sich aus der Spannung zwischen erzählendem *voice-over* und visualisierender Rückblende ergebende, teils tautologische, teils disjunktive Verbindung führt Karen Hollinger dazu, von einem narrativen Kampf zu sprechen, der sowohl eine narrative

Auflösung am Schluß als auch einen alle dargebotenen Antagonismen vereinheitlichenden Blickwinkel verbietet.[12] Fritz Lang erklärte seiner Freundin Lotte Eisner: »Ich experimentiere mit dem Einsatz von überlagertem Ton für die ›Gedankenstimmen‹ der Hauptdarsteller und finde die Ausarbeitung dieser Idee verlockend.« Eigentlich, so teilt Lotte Eisner mit, wollte Fritz Lang das *voice-over* nicht von der Schauspielerin Joan Bennet sprechen lassen, um die im Verlauf des Erzählvorgangs hervortretende Verzerrung zwischen Bild und Wort, zwischen erlebender und kommentierender Frau noch stärker hervorzuheben.[13] Da in der endgültigen Version von *Secret Beyond the Door* die Erzählstimme mit der Stimme der Heldin jedoch eindeutig identisch ist, führt dies im ersten Augenblick zu einem medial in sich harmonisierenden Eindruck der dargestellten Gefühlsambivalenz Celias. Das jede Handlung der Heldin begleitende Grübeln (ob sie in ihrem Zimmer sitzt, Blade's Creek erforscht oder schläft), das von einem Zwiespalt innerhalb ihrer unbewußten psychischen Prozesse ausgeht, vereinheitlicht die gesamte Handlungsstruktur, erlaubt uns eine Identifikation mit den von der Heldin ausagierten Wahnvorstellungen, verleiht ihrem Zweifel Glaubwürdigkeit.

Beim genaueren Betrachten ergibt sich allerdings ein wesentlich widersprüchlicherer Effekt. Einerseits wird das Liebesduell zwischen Celia und Mark aufgrund dieses *voice-over* als narratives Kampfszenario ausgetragen, innerhalb dessen der Gedankenfluß der Heldin nie aufzuhören scheint, so daß die Geschichte, die uns präsentiert wird, in sich kohärent wirkt. Andererseits stellt Celias *voice-over* aber auch das dar, was Michel Chions eine »acousmatische Stimme« nennt, die weder ausschließlich einer Figur innerhalb der Handlung zuzuordnen ist noch die Stimme eines externen Erklärenden darstellt, sondern sich als eine in einem Zwischenraum schwebende geisterhafte Stimme gebärdet.[14] Anamorphotisch wirkt

---

12 Karen Hollinger, »Film Noir, Voice-Over, and the Femme Fatale«, in: Alain Silver 1996, S. 243–259.
13 Lotte Eisner, *Fritz Lang*, London 1976.
14 Michel Chion, *La Voix au Cinema*, Paris 1982.

Celias *voice-over* nun aber nicht nur, weil man manchmal ihre Stimme hört, ohne ihren Körper zu sehen, und dennoch weiß, daß sie der dargestellten Welt zuzurechnen ist, sondern weil sich die Erzählstimme auf zwei Frauen bezieht: Die eine Celia erinnert sich an das Gesamtgeschehen, sie steuert eine Erinnerungskette, die mit dem letzten Bild der Filmhandlung einsetzt – der im Liegestuhl ruhenden Frau, die weiß, daß die Zukunft nicht von den Spuren der Vergangenheit zu befreien ist. Ist diese Celia Autorin der gesamten Nacherzählung, bezieht sich die Stimme des *voice-over* aber auch auf die erlebende Celia, eine Mitspielerin im von ihr erzählten Phantasieszenario. Hier zeigt sich nun gerade nicht ihre Fähigkeit, widersprüchliche Einzelstücke souverän in eine kohärente Erzählsequenz übersetzen zu können, sondern eher die Art, wie sie einem über den Gedankenfluß vermittelten Wiederholungszwang hilflos ausgeliefert ist. Mehrmals im Verlauf der Handlung wird, wie in der Szene der Hochzeitszeremonie, die Stimme der erlebenden Celia von einer Visualisierung ihres von Zweifel gezeichneten Gesichts begleitet, während sie in Gedanken das rätselhafte Verhalten ihres Gatten so lange durchspielt, bis sie einen befriedigenden Begriff dafür gefunden zu haben meint. So wird Celias *voice-over* von Fritz Lang als weibliche Version des Todestriebes des traumatisierten Mannes inszeniert, der in Marks Rekonstruktion von »geglückten Gewaltträumen« zum Ausdruck kommt, wie auch in seinem Versuch, über ein tödliches Spiel mit dem Körper der Stellvertreterfigur mütterlicher Autorität das ihn quälende Gefühl der eigenen Ohnmacht gegenüber der weiblichen Sexualität in eine Szene der Ermächtigung zu übersetzen.

Die Stimme der erlebenden Celia läßt erkennen, daß sich Celia in Gedanken wiederholt masochistisch genußvoll dem um eine von ihrem Mann ausgehende Bedrohung kreisenden und somit ihr Unlust bereitenden Szenarium hingibt, während sie dieses gleichzeitig in Form ihrer Detektivarbeit auch körperlich durchspielt. Tatsächlich entpuppt sich diese anamorphotische Stimme als das von Fritz Lang bevorzugte rhetorische Mittel, mit dem er die Entortung seiner Heldin inszeniert. Aufgrund ihrer von grundsätzlichem Zweifel getriebenen Wahrheitssuche, die ihr verbietet, sich mit einer vorgegebenen Deutung zufriedenzugeben, bleibt Celia eine rastlose Bewohnerin aller ihr angebotenen Wohnstätten – der Hazienda ihrer Hochzeitsreise wie dem Herrenhaus Blade's Creek in Lavender Falls, im übertragenen Sinne aber auch der Beheimatung, die ihr die Ehe mit Mark bieten soll. Sie kann nur, wie Fritz Lang ausführlich darstellt, in ihren diversen Schlafzimmern unruhig auf und ab schreiten, unablässig ihre Gedanken abwägend, oder die dunklen Gänge ihres neuen Heims von Grauen getrieben, entlanglaufen. Sie kann der Rekonstruktion ihres Schlafzimmers im abgeschlossenen siebten Zimmer wie überhaupt Blade's Creek zu entfliehen suchen, muß aber doch immer wieder zurückkehren. Der unaufhaltsame Strom ihrer Gedanken verbietet ihr ein ungetrübtes Verweilen, macht aber auch ein entschlossenes Verlassen dieser Stätte des Grauens unmöglich. Ganz in diesem Sinne bewirkt der nahtlose, meist nicht gekennzeichnete Übergang von erinnernder zu erlebender Heldin genau das Gegenteil einer kohärenten Geschichte. Die im Akt des Erlebens erzählende Stimme Celias funktioniert gerade nicht wie ein abdichtendes Zwischenstück. Sie verbietet dem Zuschauer mindestens so sehr die Identifikation mit der Heldin, als sie diese fördert, da die visuelle Wiedergabe dank einer Doppelung durch ihr stimmliches Gegenstück einen verzerrten und nicht einen harmonisierenden Vertrag zwischen Filmbild und Filmton inszeniert. Da die Stimme der nachträglich Erzählenden von der Stimme der ins dargestellte Szenario involvierten Spielerin seit der Beschreibung der unheilvollen ersten Hochzeitsreise meist nur unscharf zu unterscheiden ist, kommt hinzu, daß die Vergangenheit und die Gegenwart, das nachträgliche Erzählen und das unmittelbare Erleben auf unheimliche Art zusammenfallen. Auch dem Zuschauer wird ein ungetrübtes Verweilen bei diesem ihm vorgeführten Szenarium unmöglich. Der auf der Leinwand filmisch dargestellte Raum ist medial ebenso verzerrt wie der von der Heldin als Materialisation ihrer Phantasien gelebte Raum.

Nun weist Celias Wiederholungszwang darauf hin, daß sich ihrem epistemologischen Zugriff etwas entzieht. Ihre Unfähigkeit, einen Ort unbelastet von Zweifeln zu bewohnen, läßt erkennen, wie sehr der in der Kirche geschlossene Ehevertrag auf dem Ausblenden eines ihm inhärenten, aber verschwiegenen traumatischen Antagonismus der Geschlechter beruht. Demzufolge bietet es sich an, das diesen Wiederholungszwang medial vermittelnde *voice-over* zusammenzulesen mit der Art, wie Slavoj Žižek die anamorphotische Stimme mit einem blinden Fleck im Filmbild vergleicht. Indem die Stimme eine Verzerrung in der Realität der dargestellten Filmwelt hervorruft, führt die anamorphotische Trübung dazu, den Zuschauer die täuschende Oberfläche des Leinwandbildes erkennen zu lassen. Fritz Lang verdeutlicht dies mit der ersten Einstellung seines Films dadurch, daß die weibliche Stimme und die Trübung der Wasseroberfläche durch die Tropfen fast gleichzeitig einsetzen. Bild und Ton und die daraus entstehende Deutung der dargestellten Gestalten ergänzen sich nicht harmonisch, sondern stehen in einem antagonistischen Verhältnis zueinander. Die Stimme des *voice-over* verweist laut Slavoj Žižek genau auf jene Dimension, die sich unserem Blick entzieht. Wir hören Dinge, weil wir sie nicht sehen können oder weil sie für uns nicht visualisiert werden können.[15]

Mit dieser Verzerrung wird jedoch nicht nur die Illusionskraft des Filmbildes zum Ausdruck gebracht, sondern eben auch der traumatische Kern, der fundamentale Antagonismus, auf dessen Verdrängung jedes psychische wie auch jedes gesellschaftliche System strukturell beruht. Eine Trübung muß gesetzt und gleichzeitig verdrängt werden, damit eine harmonische Transparenz der Zeichen nachträglich erstellt werden kann. Unsere psychische Realität, so die im vorhergehenden Kapitel vorgestellte These, lebt von der Geheimhaltung eines Wissens um das Reale des Antagonismus; sie beschreibt nicht die wirklichen sozialen Bedingungen, sondern bietet eine Fiktion, die uns erlaubt, unser Begehren im Widerstreit sowohl mit der konkreten Situation unserer gelebten Wirklichkeit wie auch dem abgedeckten traumatischen Kern zu verhandeln. Zwar wäre ein unverzerrter Blick auf die wirklichen sozialen Gegebenheiten

---

15 Siehe Žižek 1996, S. 90–126.

durchaus möglich, doch wie die Lektüre von Sayles' *Lone Star* zeigte, entgeht dieser objektiven Wiedergabe der nicht symbolisierbare traumatische Kern. Das Aufreihen von historischen Daten blendet die Tatsache aus, daß jede Wiedergabe der Vergangenheit, als persönliche oder kollektive Geschichtsschreibung, nicht nur eine symbolische Fiktion darstellt, sondern im Kern auch einen fundamentalen Antagonismus trägt, der nicht symbolisiert werden kann, der sich aber in der phantasmatischen Verzerrung von Wirklichkeit zurückmeldet – die dunklen Gebilde, auf denen im Auftakt zu *Secret Beyond the Door* das Boot und die Narzissen gleiten. Diese fehlende Transparenz verhindert die uneingeschränkte harmonische Stabilität einer Gemeinschaft oder eines durch die Eheschließung gebildeten Paares. Im Gegenzug wird diese zersetzende Triebkraft mit deutenden Erzählungen abgedeckt, in der Hoffnung, diesem antagonistischen Gebilde eine ausgeglichene symbolische Struktur geben zu können, und zwar mit Celias aus dem Off verkündetem Verweis auf einen vor langer Zeit gelesenen Text.

Zentral für Žižeks Lektüre der anamorphotischen Stimme des *voice-over* ist nun die Tatsache, daß durch die medialen Verzerrungen von Wirklichkeit auf entstellte Weise gerade das traumatische Reale des nicht symbolisierbaren Antagonismus zum Ausdruck kommen kann, um das jede psychische Realität, insofern sie von symbolischen Fiktionen reguliert wird, kreist, das sie jedoch gleichzeitig verdeckt. In *Secret Beyond the Door* wäre eine solche akkurate Darstellung die von einer unbeteiligten Person nüchtern erstellte Wiedergabe der Ereignisse zwischen dem Hochzeitsantrag Marks und der Rückkehr der beiden Eheleute an den Ort, wo ihre Hochzeitsreise unterbrochen wurde. Laut Žižek wird nun das Reale des Antagonismus durch die Aufspaltung der psychischen Realität in zwei Fiktionen zugänglich: in offiziell sanktionierte, auf Stabilisierung und Harmonisierung ausgerichtete symbolische Fiktionen (z. B. die Fiktion eines die Gemeinschaft begründenden Mordes des Gegners oder die Fiktion einer die Gesundheit des Kindes sicherstellenden Entledigung der übermächtigen Mutterfigur) und in inoffizielle phantasmatische Fiktionen, die das den symbolischen Figurierungen sich entziehende und nicht lösbare antagonistische Material auf entstellte Weise in die gelebte Realität wieder einführen.

Wird das gemeinsam gelebte Verhältnis zur Realität von einer symbolischen Fiktion reguliert – etwa vom Ehevertrag zwischen Celia und Mark, der vorgibt, daß sie als Paar harmonisch vereint werden können, in unserem Fall als Zuschauer dieses Szenarios vom audiovisuellen Vertrag, der vorgibt, die diegetische Realität als ein geschlossenes und harmonisches Universum zu regulieren –, kehrt in der phantasmatischen Fiktion der unlösbare Antagonismus zurück: die Unvereinbarkeit der Wunschphantasien der beiden Eheleute. Der traumatisierte Mark nutzt die Ehe, um seinen Bemächtigungstrieb auszuleben, Celia nutzt sie, um ihren Verfolgungswahn auszukosten. Dieses Überkreuzen zweier voneinander unabhängiger Phantasien wird schließlich aber doch durch das im siebten Todeszimmer ausgetragene Liebesduell in eine Harmonie versprechende symbolische Fiktion zurückübersetzt: Das Element, das als Verkörperung der phantasmatischen Fiktion – das »unmögliche« *voiceover* – den symbolischen audiovisuellen Vertrag bricht, ermöglicht gerade als überschüssiges Element den mit der zweiten Hochzeitsreise endgültig zementierten Ehevertrag.

Laut Žižek streitet die offizielle symbolische Fiktion die der Gemeinschaft wie der Ehe inhärenten Unmöglichkeit einer ewigen harmonischen Stabilität ab, während die phantasmatische Fiktion genau dieser Verleugnung Gestalt verleiht, so daß z. B. durch die *noir*-Verzerrung die unversehrte Ehe als illusionäre Schutzdichtung entlarvt wird. Doch das stete Changieren von symbolischer und phantasmatischer Fiktion führt dazu, daß auch im Herzen des *noir*-Schauplatzes, im siebten Blaubart-Zimmer, das verdrängte Reale des Antagonismus nur durch eine Schutzdichtung vermittelt wahrgenommen werden kann. Beginnt Celias Reise durch den ihre paranoiden Vorstellungen materialisierenden Raum mit der phantasmatischen Fiktion, »der von mir geliebte Mann verheimlicht etwas vor mir«, um die Unmöglichkeit einer stabilen Ehe zum Ausdruck zu bringen, wird dieses paranoide Phantasma im Verlauf ihrer Erkundungen in eine symbolische Fiktion rückübersetzt: »Wenn ich Marks psychische Krypta öffne, entzieht sich mir nichts mehr, auch nicht das traumatische Material, die dunklen antagonistischen Gebilde, die ich erahne, ohne sie greifen zu können, und die mich lange, bevor ich ihn traf, schon besetzt hielten.«

Liebe auf den ersten Blick

Celias Reise durch den phantasmatischen Raum ihrer Ängste umfaßt zwei psychoanalytisch geleitete Erkundungen: einerseits eine Analyse der eigenen Gefühlsambivalenz, die sich am Widerstreit festmacht zwischen der symbolischen Fiktion der Ehe als sicheren Hafen und der phantasmatischen Verzerrung, die den antagonistischen traumatischen Kern der Ehe sichtbar werden läßt; andererseits eine Analyse des traumatisierten Mark, die Celia sowohl erlaubt, ihr gefährliches Begehren nach einer fatalen Selbstverschwendung auszukosten wie auch diesen traumatischen Todestrieb wieder in die Schranken der Ehe zurückzuweisen. Das erste Treffen in Mexiko wird von Fritz Lang so inszeniert, daß die beiden daraus hervorgehenden Analysen wie zwei sich gegenseitig bedingende phantasmatische Verzerrungen der symbolischen Fiktion der Ehe erscheinen. Nachdem Celia sich zuerst an ihr inniges Verhältnis zu ihrem wesentlich älteren Bruder Rick erinnert und dann schildert, wie ihr zwei Monate nach seinem Tod sein Freund Bob ihr einen Heiratsantrag macht und sie gleichzeitig bittet, sich in Mexiko zu erholen, bevor sie den Ehevertrag eingehen, sehen wir, wie die Kamera – die Fahrt der ersten Einstellung von *Secret Beyond the Door* wiederholend – von links nach rechts die Marktstraße eines mexikanischen Dorfes entlangfährt, bis sie inmitten des bunten Treibens von Verkäufern, Musikanten, Einheimischen und Touristen an einem Stand anhält. Der Verkäufer, von hinten zu sehen, bietet einer älteren blonden Frau eine Kette an, gleichzeitig zeigt Celia dieser Dame ein Portemonnaie und erklärt, es sei vielleicht doch zu sehr ein Massenprodukt. Darauf antwortet Celias Freundin, es sei gerade deshalb auch so passend für Bob, und Celia, scheinbar überzeugt, läßt vom Verkäufer die Initialen »RD« eingravieren. Fritz Lang ändert nun abrupt die Stellung der Kamera, und mit einem *low-angle shot* zeigt er die beiden Frauen von hinten.

Sally beginnt zu erzählen, wie sie einst mit einem Mann, der vom Typ her Bob ähnelte, verlobt war, doch im Augenblick, in dem sie Celia verraten will, warum dieser die Verlobung beendet hat, unterbricht sie der Schrei einer Frau. Nun wendet auch Celia sich mit einer 180-Grad-Drehung vom Verkäufer ab und der Veranda eines Straßencafés zu, wo zwei Mexikaner mit Messern inmitten umgeworfener Stühle um eine Frau kämpfen, die, an der Wand lehnend, gelassen zusieht.

Sally versucht die Freundin dazu zu bringen, diesen Schauplatz sofort zu verlassen – ihre Begründung, sie wolle keine unschuldige Zuschauerin einer Gewalttat sein, erinnert an Detlev Siercks Tante Ana in der *Habanera*, die ihre Nichte vom Anblick des Stierkampfes abzuhalten versuchte. Doch wie Siercks Heldin rührt sich auch Celia, vor Faszination erstarrt, nicht vom Fleck. Während Fritz Lang sie uns weiterhin von vorn zeigt, hören wir ihre Stimme aus dem Off: Sie habe zwar schon vielen Barkämpfen beigewohnt, dieses Duell habe sie aber auf eine merkwürdige Weise gefesselt. »Eine Frau und zwei Männer, die mit blanken Messern um sie kämpfen. Der Tod war in der Straße zu spüren.« Somit wiederholt Fritz Lang als phantasmatische Figurierung die von den beiden Traumsymbolen in seiner ersten Einstellung vorgegebene Wahlmöglichkeit – das auf eine sichere eheliche Beheimatung verweisende Geschenk für Bob, dem wiederum ein Bild der Bedrohung folgt. Celia identifiziert sich zuerst mit der Frau und erklärt, während Fritz Lang in einer Nahaufnahme das beglückte Gesicht der Mexikanerin zeigt: »Und ich fühlte, wie stolz sie sein mußte.« Plötzlich schleudert einer der kämpfenden Männer sein Messer, doch es verfehlt den Gegner und landet auf der Theke des Verkaufsstandes, vor dem die beiden Frauen stehen, wenige Zentimeter von Celias rechter Hand entfernt. Erst jetzt findet die für sie ausschlaggebende Anrufung statt. Indem sie nun plötzlich zur Stellvertreterin des einen Kämpfers geworden ist, wie dieser nur knapp dem fliegenden Messer entkommen, begreift sie, daß ihr Begehren nicht darin besteht, von Männern kämpferisch umworben zu werden, sondern selbst Mitspielerin in einem Liebesduell zu sein, aus dem sie nur um ein Haar mit dem Leben davonkommt. Weiterhin vor Faszination erstarrt, zieht sie schlafwandlerisch ihren Arm von der Theke zurück. Erst jetzt läßt Fritz Lang sie wie aus einer Trance aufwachen, während ihre Stimme aus dem Off erklärt: »Plötzlich hatte ich das Gefühl, daß mich jemand beobachtete. Ich verspürte ein Prickeln im Nacken, als ob die Luft um mich herum kühl geworden sei.«

Zunächst sehen wir weiterhin nur Celia, wie sie die Menschenmenge vor sich prüft, dann sagt sie: »Ich spürte Augen, die mich wie Finger berührten«, und wir sehen Marks Gesicht in Nahaufnahme. Unmerklich für alle anderen hat sich in der heterotopischen Geographie von Celias psychischer Realität, die dem wirklichen Mexiko überlagert ist, ein zweiter Kampfschauplatz aufgetan. Während Fritz Lang zweimal zwischen Nahaufnahmen vom ihr noch fremden Mark und seiner Heldin hin und her schneidet, erinnert sich Celia daran, daß über diesen Blick eine Strömung zwischen ihnen zu fließen begonnen hat, die sie als rauh, süß, aber auch beängstigend empfindet, weil sie sich einbildet, der Fremde hätte ihr Begehren nach einer Begegnung mit nackter Gewalt unter der geschminkten Oberfläche ihres Gesichts erblickt, den traumatischen Genuß, den sie selbst nicht im Kern ihrer psychischen Realität vermutet hat. Seufzend bittet sie nun ihre Freundin Sally, mit ihr den Marktplatz zu verlassen. Das nur halbherzig ausgewählte Portemonnaie für Bob bleibt liegen. Der Reiz der Gefahr hat sie bereits jetzt in seinen Bann gezogen. In der nächsten Szene sitzen die beiden Frauen in einem Café, und Sally erklärt, Celia habe, nachdem sie aus ihrer Trance aufgewacht sei, ausgesehen, als hätte sie den Tod erblickt. Celia antwortet: »So hat er nicht ausgesehen«, und erinnert die über diese kryptische Erklärung verwunderte Freundin daran, ihren Mann anzurufen. Celia möchte dem faszinierenden Fremden unter für sie strategisch günstigen Bedingungen alleine begegnen.

So erscheint Mark im Sinne des von Abraham und Torok geprägten Begriffs des psychischen Phantoms als eine phantasmatische Figur, an der der nicht lösbare Antagonismus, der Celias Sexual- und Phantasieleben heimsucht – die unmögliche Wahl zwischen Sicherheit und Bedrohung –, verdichtet werden kann: Statt der vom Rechtsanwalt Bob vertretenen tödlichen Sicherheit einer harmonisch geregelten Ehe verspricht ihr Mark, die Sicherheit der tödlichen Bedrohung auskosten zu dürfen. Sein sie bannender Blick stellt das auf ihr Phantasieleben bezogene Gegenstück dar zum tödlichen Kampf, der sie als Zuschauerin ebenso in seinen Bann geschlagen hatte.

Nun haftet dem Begriff der Liebe, wie Mladen Dolar ausführt, oft ein Mechanismus der aufgezwungenen Wahl an: »Um es auf einen einfachen Nenner zu bringen, man ist gezwungen, die Liebe zu wählen, und gibt dadurch die Freiheit der Wahl auf, während man, sofern man sich für eine Freiheit der Wahl entscheidet, beides verliert.« Das Treffen der beiden Liebenden, das völlig zufällig vonstatten geht, erweist sich als die Verwirklichung tief verborgener Wünsche: »Das kontingente Wunder der Liebe wird zum Ort einer tiefen Wahrheit, zum von einem Anderen dargebotenen Zeichen des Schicksals.« So stellt sich für die Liebende heraus, daß der Zufall keiner war, daß das Eindringen des Nichtvorhersehbaren eigentlich Notwendigkeit ist. Mit anderen Worten: Das Wählen der Liebe entpuppt sich als eine Wahl, die getroffen wurde, ehe sich die Liebende dessen bewußt wird. Die plötzliche gegenseitige Anerkennung stellt eine Wiederholung dar, reproduziert ein Wissen, das man immer schon besessen hat, das jedoch erst retroaktiv über die Szene des ersten Treffens ins Bewußtsein gelangen konnte.[16]

In Fritz Langs *Secret Beyond the Door* wird die Kontingenz der vom Schicksal bestimmten Liebe ganz analog zum tödlichen Drang nach Selbstverschwendung als Ausdruck von Extimität inszeniert: Auch hier entspricht ein scheinbar von außen sich der Heldin aufdrängender Einblick einem ihr im innersten Kern innewohnenden Wissen. Der Augenblick, in dem sich die Blicke der Liebenden tref-

---

16 Mladen Dolar, »At First Sight«, in: *Gaze and Voice as Love Objects*, Hg. Renata Salecl und Slavoj Žižek, Durham/London 1996, S. 129–153.

fen und ein immer schon vorhandenes Begehren zum Ausdruck kommt, ist auch der Augenblick, in dem ein bis dahin bedeutungsloses Leben plötzlich Sinn erhält. So hat das Narrativ der schicksalhaften Liebe vor allem auch eine Entlastungsfunktion. Celias Schwanken zwischen sicherer Beheimatung in der Ehe und faszinierender Bedrohung wird mit einem Schlag entschieden. Indem die Liebe zu Mark als unausweichliche Notwendigkeit erscheint, kann sich Celia der Einsicht hingeben, daß sie, was ihr Liebesleben anbelangt, gar keine Wahl hat. Der sichere Hafen und die Bedrohung erweisen sich als die zwei Seiten derselben Medaille.»Insofern die Liebe auf eine Extimité – jenen intimen externen Kern – gerichtet ist, fungiert sie auch als ein Schutz davor, aber als ein ambivalenter und stets scheiternder Schutz. Die andere Seite der über die Liebe erfahrenen Extimität ist das Unheimliche, das Erscheinen einer Figur, die tödliche Zersetzung mit sich bringt.«[17]

In *Secret beyond the Door* geht es auch insofern um einen narrativen Kampf, als die symbolische Fiktion der Liebe gegen die phantasmatische Fiktion eines von einem traumatischen Ereignis ausgelösten Wunsches nach Zerstörung ausgespielt wird. Der erste Liebesblick der Heldin, der ihrem von Gefühlsambivalenz durchsetzten Liebesleben einen unausweichlichen Sinn verleiht, führt über den Umweg eines neugierigen visuellen und narrativen Erforschens der dunklen Kehrseite dieses schicksalhaften Treffens zu einer emotionalen Verzerrung, deren filmsprachliches Äquivalent die anamorphotische Stimme der Erzählerin darstellt wie auch das Chiaroscuro, mit dem der diese Liebe beherbergende Wohnsitz Marks ausgeleuchtet wird. Die Lösung, mit der Celias Wiederholung der traumatischen Begegnung mit dem Realen der Todesdrohung, die ihr so unerwartet auf einem Marktplatz in Mexiko widerfuhr, zu Ende gebracht wird – eine Wiederholung, die sie mitten im Heim des Mannes inszeniert, dessen Liebe Schutz gegen diese Extimität bieten soll –, führt bezeichnenderweise dazu, daß in ein und derselben Geste die symbolische Fiktion des Ehevertrages, die

---

17 Ebd., S. 142.

ein sicheres Harmonieren der beiden Liebenden garantiert, wiederhergestellt wird wie auch der die Illusion der Filmwelt garantierende Vertrag, daß zwischen Bild und Stimme ein harmonisches Verhältnis besteht.

Reise ans Ende der Nacht

Diese Heimkehr, mit der die Erzählung inhaltlich wie medial das in diesem *noir*-Szenario durchgespielte Reale des Antagonismus wieder einfängt, verläuft bezeichnenderweise im Zeichen der Denkfigur, unter der Celia Marks Heiratsantrag angenommen hat: dem Schließen einer Tür und dem Öffnen einer anderen, dem Eintauschen eines ruhigen, vertrauten Zimmers gegen einen offenen Raum, der alles enthält, was sie sich vorstellen kann. Mark hatte sich ihr während seiner Liebeswerbung als Märchenprinz dargeboten und sie in ihrem ersten Gespräch ein reiches amerikanisches Dornröschen des 20. Jahrhunderts genannt, das bis jetzt wie in Watte gelebt habe. Ihm ging es mit seinem Heiratsantrag darum, die bislang unterdrückte Gewalt ihres Begehrens freizusetzen. Im Gegenzug begreift die verheiratete Celia ihre Aufgabe darin, die Tür zu dem in Mark schlummernden Wissen um eine traumatische Kränkung zu öffnen und ihn aus einer traumartigen neurotischen Erkrankung in den Zustand der Normalität zu holen. Die Wendung von der symbolischen Fiktion der Liebe hin zu der phantasmatischen Fiktion der Zerstörungswut wird von Fritz Lang – im Sinne der den Film leitenden Denkfigur – am Verschließen einer Tür festgemacht. Auf der Hochzeitsreise läßt sich Celia eines Abends von der Besitzerin einer verwunschenen Hazienda einreden, sie solle die Geduld ihres Mannes auf die Probe stellen.

Celia sitzt vorm Spiegel und bürstet sich die Haare, um sich für ihren Gatten schön zu machen. Plötzlich verschließt sie ihr Zimmer, damit er nicht zu ihr kommen kann, obwohl sie ihn darum gebeten hatte, sondern auf sie warten muß. Vordergründig ist dies eine Liebesprobe, die es der Jungvermählten erlaubt, sich als Herrin innerhalb des Ehevertrages zu behaupten. Über ihre kleine List erfreut, sitzt sie da, ihr Spiegelbild stolz anlächelnd, gespannt auf die Reaktion ihres Gatten. Mark deutet diese Aussperrung als Versuch, ihm seinen uneingeschränkten Zugang zu der ihm angetrauten Frau streitig zu machen. Bereits kurz danach findet Celia einen ihr fremd gewordenen Mark vor. Weil sie ihn aus ihren privaten Räumen ausgeschlossen hat, um innerhalb der Ehe einen Freiraum für sich zu definieren, schließt er sie aus seinen Gefühlen aus und macht ihr so ihre Herrschaft über ihn als Ehegatten streitig.

Mark täuscht dringende Geschäfte vor, die ihn in New York erwarten, und verläßt sie noch an diesem Abend. Er vollzieht für sie im Ernst, was sie im Spiel nur erproben wollte. Nun ist sie tatsächlich mit der Haushälterin allein. Doch wie das von Freud besprochene Fort-da-Spiel dient dieser plötzliche Abbruch ihres Hochzeitsglücks Mark dazu, eine Situation der Passivität in eine der Macht zu übersetzen. Anstatt Gefahr zu laufen, ein weiteres Mal die seinen Narzißmus kränkende Erfahrung zu machen, von seiner Frau aus ihrem Zimmer (das als bildliche Entsprechung für ihren Körper steht) ausgeschlossen zu werden, schließt er sich lieber freiwillig aus. Celia ihrerseits zieht eine Grenze zwischen einem von ihr beherrschten Innenraum und einem von außen eindringenden fremden Körper. Aber auch Mark erlaubt dieses Spiel einer Grenzziehung zwischen innen und außen: Indem er sich aus dem mit seiner Frau geteilten Haus bewußt selbst ausschließt, versichert er sich gleichzeitig, daß seine inneren Gefühle vor ihr verschlossen bleiben.

Ein zweites Mal sitzt Celia vorm Spiegel, und nun setzt das Grübeln der Erzählerstimme ein, das heißt, auf der Tonspur spielt Celia alle möglichen Erklärungen für Marks geheimnisvolles Verhalten durch, während die körperliche Celia, von qualvollen Zweifeln getrieben, im Zimmer auf und ab läuft. Zwar begreift sie, daß seine Lüge und seine plötzliche Abreise mit dem Verschließen der Tür zusammenhängen, doch kann sie für den so unerwartet aufgetretenen Streit keine Erklärung finden. Statt dessen setzt sich der Dämon des Wiederholungszwanges durch, der die Zwietracht zwischen den Eheleuten und Celias Zweifel an Marks Liebe zum Vorschein kommen läßt, die phantasmatische Figurierung eines realen Antagonismus, der von der Fiktion der Liebe zwar abgedeckt, nicht aber getilgt wird. Wurde in der Szene des Hochzeitsantrages ihre Glückserwartung am Sinnbild einer Tür, hinter der alles liegt, was sie an offener Landschaft begehrt, festgemacht, und zwar explizit im Gegensatz zu einem sicheren, vertrauten Zimmer, wird Marks Geheimnis nun nicht nur am Bild einer verschlossenen Türe festgemacht. Celia muß sich auch von der offenen Landschaft abwenden. Weil sie diese ihre Ehe symbolisierende geöffnete Tür selbst verschlossen hat, muß sie in einem anderen Innenraum eine andere Tür öffnen, hinter der sich zwar ein Zimmer, aber kein bekanntes, ihr Sicherheit versprechendes auftun wird, sondern eine Krypta, in der Marks Geheimnis verborgen liegt. Noch einmal zeigt sich, daß es bei Celias Phantasieszenario um die unsaubere Schnittstelle zwischen einem bekannten Hafen und einem unbekannten offenen Raum geht, genauer, um das Unheimliche, wo das Fremde und das Vertraute, das Bedrohliche und das Sichere zusammenfallen.

In Blade's Creek rucken dann die Verzerrungen, die den vom symbolischen Vertrag der Ehe wie auch von der symbolischen Fiktion der Liebe verdeckten Antagonismus materialisieren, in den Vordergrund der Inszenierung. Zwar wird Celia von Marks Schwester Caroline – sie nimmt wie die Haushälterin in der Hazienda eine dritte, objektivere Position außerhalb des phantasmatischen Spiels der Eheleute ein –, am Bahnhof abgeholt, doch mit dem Schritt über die Hausschwelle läßt Fritz Lang diese Vertreterin der Vernunft in einen dunklen Schatten eintauchen. Erst nachdem sie von innen die Beleuchtung der Eingangshalle eingeschaltet hat, wird sie wieder sichtbar, als wolle Fritz Lang überdeutlich machen, daß niemand dem *noir*-Spiel entrinnen kann, in dem die Grenzziehung zwischen Intimem und Externem unmöglich wird. Um diese unheimliche Grenzverwischung visuell zu untermauern, läßt Fritz Lang seine Heldin sehr bald entdecken, daß keine der Türen in den oberen Stockwerken ein Schloß besitzt. Caroline setzt zwar alles daran, daß sich Celia in ihrem neuen Heim wohl fühlt, doch wie sich Mark am nächsten Morgen am Bahnhof verhält, vor allem seine befremdende Kälte, mit der er auf den kleinen Fliederstrauß am Jackett seiner Gattin reagiert, läßt Celia wieder daran zweifeln, ob sie sich in Blade's Creek wird einrichten können. Nachdem Mark sie ein weiteres Mal abrupt verlassen hat, erklärt sie dem Chauffeur, sie wolle nach Hause, doch während der Autofahrt bringt sie ihre Ortlosigkeit in einem inneren Monolog direkt zur Sprache: »*Home*, wo ist *home*? Nicht mit Mark, nicht mehr jetzt ... ich gehe zurück nach New York. Zurück wohin. Zu dem leeren Leben, daß ich lebte, bevor ich Mark traf?«

Unfähig, für sich einen anderen Ort als den der unheimlich gewordenen Liebe zu entwerfen, kehrt Celia doch nach Blade's Creek zurück, wie sie im Verlauf der Handlung wiederholt ihre fehlende Bereitschaft, einen weniger unheimlichen Wohnsitz zu wählen, übersetzen wird in die Vorstellung, ihre Liebe zu Mark sei unvermeidlich, da sie eine immer schon vorgeschriebene Notwendigkeit verkörpere. Indem sie sich vorstellt, wie ihr verstorbener Bruder sie zu ihrem Gatten zurückgeschickt hätte – mit dem Hinweis, keine Ehe käme ohne Streit aus –, kommt Celia schließlich zur Einsicht, kein richtiges *home* zu haben, weil jeder Ort, den man bewohnt, wie auch jede mit einem symbolischen Vertrag besiegelte Ehe nur dann harmonisch funktionieren kann, wenn man die dieser psychischen Verortung inhärenten Antagonismen abdeckt. Im gleichen Gedankenzug wird aber auch die Liebe als die heimelige Schutzdichtung deklariert, die ein traumatisches Wissen um die einer jeden Behausung mit eingeschriebene Lücke im Glück abdichten kann.

Innerhalb der von Fritz Lang durchgespielten Logik der *noir*-Welt muß allerdings nicht nur eine Flucht nach innen stattfinden. Das Haus muß auch zum Ort eines Liebesduells werden, bevor über die Kampfansage der Gattin gegen die Geheimnisse, die der Ehemann vor ihr verschlossen hält, auch ihr eigener Dämon des Zweifels ausgetrieben werden kann. Am Abend nach ihrem verunglückten Treffen am Bahnhof kehrt Mark nach Blade's Creek heim, und sowie sie sein Auto hört, stürzt Celia ihm begeistert entgegen. Ganz in Weiß gekleidet und mit offenen Armen empfängt sie ihn im Rahmen der Tür. Auf der sonnenüberfluteten Schwelle küssen sich die Eheleute zum erstenmal wieder leidenschaftlich seit dem Abend im Garten der Hazienda. Mark fragt, ob Celia ihm noch böse sei, und sie antwortet idiomatisch: »*I buttered my bread, now I have to lie on it.*« Die Redewendung besagt etwa, sie müsse sich in das Bett, das sie für sich hergerichtet habe, nun auch hineinlegen. Doch Mark, der sie ein weiteres Mal küssen will, unterbricht sie mit dem erklärenden Beisatz: »Nein, ich wähle die Waffen und das Schlachtfeld.« Und mit diesen Worten lotst sie ihn in ihr Schlafzimmer im ersten Stock, das nicht einmal ein Türschloß hat.

Eine erste Ehekrise scheint glücklich überwunden zu sein, und dennoch spürt Celia, daß Mark ihr weiterhin wesentliche Teile seines Innenlebens vorenthält. Während der Besichtigungstour der »geglückten Zimmer«, die Mark im Keller des alten Herrensitzes gesammelt hat, entdeckt Celias Freundin Sally die ominöse siebte Tür, die Mark mit der Erklärung, jeder Mann müsse seine Geheimnisse haben, verschlossen hält. Nun besitzt Celia endlich ein räumliches Bild, das ihr erlauben wird, ihre emotionalen Zweifel in das ermächtigende Gefühl, sich der eigenen Einschätzung ihrer fatalen Lage sicher zu sein, übersetzen zu können. Hatte Mark erklärt, daß er mit der Bezeichnung »geglückt« (*felicitous*) eine Architektur meint, die mit den in ihr stattfindenden Ereignissen auf perfekte Weise korrespondiert, kann Celia sich einbilden, daß sie mit dem Eintritt in das verschlossene Zimmer auch einen Zugang zu all dem psychischen Material gewinnen wird, das er ebenso hartnäckig vor ihr verschließt. Wie in der ersten Szene des Films bietet Fritz Lang eine unzweideutige Symbolsprache an. Einerseits erzählt Caroline ihrer Schwägerin davon, wie sie Mark einst in sein Zimmer einsperrte und dieser, als er endlich freigelassen wurde, völlig außer sich vor Wut war. Andererseits äußert David seiner Schwiegermutter gegenüber den Verdacht, Mark hätte seine Mutter umgebracht. Daraufhin läßt Fritz Lang Celia aus dem Off die sie quälende Frage stellen, was in seinem Kopf vor sich geht, das ihn so schnell von einem zärtlichen zu einem bedrohlichen, in sich verschlossenen Mann werden läßt.

Während wir auf der Bildebene eine als *low-angle shot* gefilmte Nahaufnahme der mit der Nr. 7 versehenen Tür erhalten, denkt Celia weiter über die psychische Realität ihres Gatten nach: »Er behält seine Gedanken verschlossen wie diese Tür. Ich muß sie beide öffnen – ihm zuliebe.« Einerseits wird das Öffnen der Tür des verbotenen siebten Zimmers als Öffnung der von Mark errichteten psychischen Krypta begriffen, in der er eine frühere Szene der Kränkung aufhebt, die auf seine ganze Liebesökonomie ausstrahlt, andererseits bedeutet der Eintritt in diesen Todesraum für Celia eine Rückkehr zu einer früheren traumatischen Szene, nämlich zu jenem fast tödlichen Duell in Mexiko, dessen Anblick in ihr ein Begehren nach Selbstverschwendung hat aufbrechen lassen. So verdichten sich in diesem Zimmer zwei traumatische Szenen, deren gemeinsamer Nenner darin besteht, daß die Liebenden – dem sie heimsuchenden Wiederholungstrieb hingegeben – diesem Ort ihre Phantasie, Agierende im Kampf um Leben und Tod zu sein, verwirklichen können. Hier ist Celia nicht länger nur eine stille Beobachterin, Mark nicht nur der Sammler von Behausungen der Gewalttaten anderer.

Die phantasmatische Umkehrung der von Celia und Mark geteilten Vorstellung, ihre Liebe sei auf schicksalhafte Weise unumgänglich, besteht darin, daß in diesem Raum ein anderes unausweichliches Treffen stattfinden wird: die Begegnung mit dem realen Antagonismus, das Genießen des traumatischen Kerns der Ehe, das wie die dunklen Gebilde unter der Wasseroberfläche, auf der das Boot und die Narzissen dahinglitten, beide Schutzdichtungen der Liebe immer in sich getragen haben, egal ob damit der sichere Hafen eines ruhigen vertrauten Zimmers gemeint war oder die Unsicherheit einer bedrohlich faszinierenden offenen Landschaft. Wie die Liebe entpuppt sich auch dieses unheimliche Treffen ihrer Blicke als eine Konfrontation, in der es keine Wahl gibt. Jedoch nicht nur, weil ein sicherer Hafen der Ehe im Phantasieleben Celias als Abtötung ihrer Sexualität kodiert wird und weil Sexualität immer mit gefährlicher Hingabe und Selbstverlust verknüpft und somit vom Trauma der Geschlechterdifferenz besetzt bleibt. Sondern auch, weil es vor einer ganz anderen Figurierung in Fritz Langs *noir*-Welt kein Entkommen gibt: vor der mit einer unerträglichen Nähe verbundenen Figur mütterlicher Autorität.

Der Streit um das siebte Zimmer löst endgültig Celias detektivische Freilegung von Marks verschütteten Erinnerungen aus. Über ihre Gespräche mit den verschiedenen Familienangehörigen versucht Celia die Bruchstücke aus Marks früherem Leben wie ein Puzzle auf solche Art und Weise in eine kohärente Geschichte zusammenzusetzen, um eine traumatische Urszene ableiten und Mark von seinen psychischen Dämonen erlösen zu können. Indem Celia eine Schlüsselszene wählt, die um die ambivalent besetzte Stelle der Mutter kreist, bewirkt sie, daß zwei mindestens ebenso wichtige Szenen aus ihrem Erklärungsmodell herausfallen. Einer Erörterung darüber, weshalb die erste Ehe Marks so unglücklich verlief, daß Eleonor an den Auswirkungen gestorben ist und David seinen Vater nur ablehnen kann, wird ebenso ausgewichen wie einer Untersuchung der Nachwirkungen des Krieges, aus dem Mark völlig verändert heimkehrte. Mit anderen Worten: Celias Fokussierung auf die Frage der Mutter ist deshalb brisant, weil im Verlauf ihrer auf eine Rekonstruktion der traumatischen Szene hinauslaufenden Detektivarbeit diese *noir*-Heldin mit einer von Fritz Lang visuell betonten 180-Grad-Wendung die von ihr am Anfang des Phantasieszenariums begehrte Stelle der bedrohten Gattin in die der fürsorglichen Beschützerin umwandelt. Diese Drehung führt aber auch dazu, daß die wegen ihres Selbstbewußtseins bedrohliche Frau nicht nur in bezug auf Marks Sexualität, sondern auch in ihrer weiblichen Differenz ungefährlich geworden ist. Auch Celia kann, indem sie an den Platz der toten Mutter tritt, die von den Spuren des Todestriebes nicht zu befreiende Sexualität zugunsten des sicheren Hafens der Mutterschaft aufgeben, der sie ein weiteres Mal von der Wahl zwischen der Ehe als Ort einer sicheren Beheimatung und als Ort einer faszinierenden Fremdheit entlastet. Nun kann sie ihr starkes Selbstbewußtsein und ihre Faszination für das Versehrte in Form der Fürsorge für einen infantilisierten Mannes weiterleben.

Bezeichnenderweise spaltet Fritz Lang die über den Eintritt in das siebte Zimmer verhandelte narrative Auflösung in zwei Szenen auf. In der ersten geht Celia mit einer Taschenlampe nachts die Gänge des Kellergeschosses entlang. Mit dem von ihr kopierten Schlüssel kann sie die Tür öffnen. Nachdem sie im verbotenen Zimmer das Licht angeschaltet und den schweren Brokatvorhang weggeschoben hat, erblickt sie, ganz im Sinne des Volksmärchens, den ihr bevorstehenden Tod. Im ersten Augenblick flüstert Celias Stimme aus dem Off, das sei Eleonors Zimmer, das Bett, in dem sie gestorben ist, doch bald wird ihr klar: »Das ist mein Zimmer. Es wartet auf mich.« Die Kerzen vor dem Spiegel sind wie diejenigen in ihrem Schlafzimmer, das sie an Stelle Eleonors jetzt bewohnt, von ungleicher Länge, hatte sie doch die eine unten abgeschnitten, um sich mit dem warmen Wachs einen Abdruck des Schlüssels zum verschlossenen Zimmer zu verschaffen. Auf dem Höhepunkt ihres Genusses dieser lebensgefährlichen Bedrohung stürzt Celia aus dem Zimmer. Rennend holt sie aus dem oberen Stockwerk ihren Mantel, um aus dem gespenstischen Haus endgültig zu fliehen. Als sie erneut die Treppe hinunterläuft, sieht sie auf den Stufen den Schal aus dem dritten Todeszimmer, mit dem ein spanischer Edelmann einst seine drei Geliebten erdrosselt hat: Die unheimliche Kehrseite der Liebe ist nun nicht länger auf den Kellerraum beschränkt, sondern hat mit ihrer bedrohlichen Kraft das ganze Haus der Ehe besetzt. Außer sich vor Angst, wie Mark damals außer sich vor Wut war, ist Celia emotional derart geblendet, daß sie im Nebel ihren Weg zu verlieren scheint. Sie läuft kreuz und quer, ohne sich wirklich vom Fleck zu bewegen, bis hinter ihr eine dunkle männliche Gestalt auftaucht. Fritz Lang plaziert an dieser Stelle den einzigen harten Wechsel in der Erzählperspektive und läßt ein letztes Mal die anamorphotische Stimme seiner Heldin ertönen. Wir sehen einige Sekunden lang eine dunkle Leinwand und hören im Off einen weiblichen Schrei.

Mit der nächsten Einstellung setzt eine andere Stimme und damit eine scheinbar andere subjektive Position ein. Während sich Mark nach der Rasur ankleidet, hören wir aus dem Off seine Stimme, die seine Gerichtsverhandlung beschwört: eine makabre Szene, in der er den Angeklagten wie den Ankläger spielt. Nicht unähnlich dem Protagonisten von Pabsts *Geheimnisse einer Seele,* beschreibt er in dieser Gerichtsszene, daß er von einem ihm unerklärlichen Trieb besessen war, die Frau, die er über alles in der Welt liebte, zu töten. Sein ganzes Leben lang sei er von Frauen bevormundet worden, und das daraus entsprungene Gefühl der Ohnmacht gegenüber den weiblichen Familienmitgliedern habe in seinem Unbewußten den Zerstörungstrieb entwickeln lassen, dem er hilflos ausgeliefert sei. Da er den Trieb nicht abzutöten vermöge, habe er ihn gegen die privilegierte Vertreterin der ihn quälenden weiblichen Macht, seine Frau Celia, richten müssen, und er würde dies, obwohl er sich des Verbrechens bewußt sei, auch wieder tun.

Bedeutsam an dieser Szene ist weniger die Tatsache, daß mit einem eher unbeholfenen Verweis auf Freuds Trieblehre die Entlastung eines Mörders inszeniert wird, sondern die unmögliche psychische Geographie, die in dieser Szene latent sichtbar wird. Die Vorahnung einer Gerichtsverhandlung kann nämlich nicht der subjektiven Einstellung Marks zugesprochen werden. Er weiß, daß er Celia nicht ermordet hat, denn von seinem Zimmer aus hat er in der vergangenen Nacht ihre Flucht in den Nebel beobachtet und Celia kurz darauf in ihrem Schlafzimmer angetroffen. Deshalb drängt sich eine andere Erklärung für den Bruch in der Erzählstimme auf. Am Höhepunkt ihrer Reise durch den phantasmatischen Raum ihrer Ehe angelangt, hat Celia sich Marks subjektive Einstellung angeeignet, so daß die Gerichtsszene ganz konsequent ebenso einen Teil ihres inneren Theaters darstellt. Sie genießt ein Wissen um den eigenen Tod anhand der nachträglichen Spuren, die dieses in Form einer Gerichtsverhandlung hinterlassen wird. Dadurch wird zudem die Extimität, von der dieses Liebesduell seit Beginn lebte, auf seine erschütternde Spitze getrieben. Mit der Erklärung, sie sei zurückgekehrt, weil sie ihn liebe, zeigt Celia auf der manifesten Handlungsebene, daß sie genau spiegelverkehrt zu seiner Mutter ihn eben nicht allein im Haus zurücklassen, sondern ihm ihre Anwesenheit aufdrängen wird. Das unheimliche Gegenstück zu dieser Liebeserklärung besteht jedoch darin, daß sie ihn sich, obgleich er meint, sie töten zu können, bereits einverleibt hat.

Die zweite Szene im verbotenen Zimmer wird als Wiederholung dieses peripeteischen Treffens im Vorraum zu Celias Schlafzimmer inszeniert. Doch diesmal tritt sie ihrem Ehegatten nicht entgegen, sondern bleibt mit dem Rücken zur Wand auf dem Stuhl neben dem Bett sitzen, während Mark über die Schwelle dieses siebten Todeszimmers langsam auf sie zuschreitet und dabei ihr Wissen realisiert, daß er – obwohl auch er versucht hat, aus Blade's Creek zu fliehen – wieder zu ihr ins *noir*-Heim zurückkehrt. Sie erklärt, lieber tot sein zu wollen, als ohne ihn leben zu müssen, da dies nur ein langsamer Tod wäre, und wiederholt damit die Formel der schicksalhaften Liebe: die Wahl zwischen dem Leben und Mark wäre eine erzwungene und somit unmögliche Wahl. Sie kann nur Mark wählen, und koste es sie Leben. Die magische 180-Grad-Drehung, von der dieses Märchen des Grauens lebt, besagt, daß in dem Augenblick, in dem sie bewußt die Stelle einnimmt, die ihr beim ersten Betreten des Blaubart-Zimmers eine solche Angst einjagte, daß sie es fluchtartig verlassen mußte, nun auch Ohnmacht in Macht umschlägt. Wie einst in Mexiko wartet sie in dem für die Beichte ihres Opfers hergerichteten Zimmer, um ihn die von ihr zusammengestückelte Erzählung – als wäre es die seine – nachempfinden zu lassen. Gleich der Liebe ist das frühkindliche Trauma ein Wissen, das er immer schon in sich hatte, obwohl er dessen erst in der von ihr inszenierten Rekonstruktion gewahr wird. Doch zugleich mit dem Bruch von weiblichem zu männlichem *voice-over* ist eine andere Umkehrung eingetreten. Das im Blaubart-Zimmer vollzogene Spiel sieht zwar auf der manifesten Ebene wie eine Bewältigungsphantasie Marks aus – mit dem Versuch, Celia zu töten, kann er endlich seine Macht gegen die bedrängenden weiblichen Figuren wie auch gegen die quälende Erinnerung an seine Mutter behaupten –, doch ebenso manifest ist die Tatsache, daß Celia in dieser letzten Etappe des Liebesduells nicht länger die Bedrohte ist, sondern die Kämpferin, die noch immer ein Messer in der Hand hält, während ihr Gegner sie mit seinem Wurf verfehlt hat. Indem sie Mark mit Einzelheiten seines Verhaltens konfrontiert – der Ablehnung des Flieders an ihrem Jackett, dem Haß auf das Verschließen einer Tür –, souffliert sie ihm die Kindheitsszene mit der verschlossenen Tür, die sie durch Caroline kennt, und bringt ihn dazu, seine Muttermordphantasien explizit zu benennen, um ihm dann zu verraten, daß nicht seine Mutter, sondern seine Schwester ihn damals eingesperrt hat. Diese Information wirkt kathartisch, und zwar nicht allein deshalb, weil der Sohn in dem Augenblick, in dem ihm die Unschuld der Mutter wieder zugesichert wird, seinen mörderischen Trieb abstreifen kann und den Schal, mit dem er Celia hat erdrosseln wollen, zu Boden fallen läßt. Die Macht, die die phantasmatische Mutter über ihn jahrelang ausgeübt hat, löst sich auf. Doch obwohl in diesem magischen Moment die Abkoppelung vom mütterlichen Körper tatsächlich vollzogen wird, welche die psychische Stabilität des erwachsenen Subjekts sicherstellt, führt dies lediglich dazu, daß Mark sich hemmungslos einer neuen übermächtigen weiblichen Figur hingibt: der Frau, die nicht an die Stelle der neckenden Schwester noch der abweisenden ersten Ehefrau getreten ist, sondern an die unmögliche Stelle der grenzenlos zugänglichen Mutter. Hatte die als Muttermordphantasie entstellte Paranoia des Veteranen sich im Verlauf der Handlung mit der als Blaubart-Phantasie entstellten Paranoia der unabhängigen, weltgewandten Frau überkreuzt, um den von der symbolischen Fiktion der Liebe abgedeckten realen Antagonismus in Form eines einfachen Widerspruches im Liebesduell zum Ausdruck zu bringen, benötigt die Auflösung einen dritten Antagonisten, damit die Kämpfenden ihr Schlachtfeld verlassen können. Obwohl wie im Duell in Mexiko, das als Urszene für diesen Ehekrieg eingesetzt wird, auch in Blade's Creek diese Stelle von einer Frau eingenommen wird, ist dies in diesem Fall Miss Robey, die anders als die Mexikanerin direkt in den Kampf eingreift, um sicherzustellen, daß nicht ihre Rivalin, sondern der von ihr begehrte Mann überlebt und sie als Siegesbeute annehmen wird.

Im Hollywood der Nachkriegszeit muß der psychisch versehrte Veteran zwar in seiner Tötungsbereitschaft beschnitten, doch darf er seiner männlichen Stärke nicht gänzlich beraubt werden. Gegen eindeutige äußere Feinde muß er nach wie vor seine Kampfbereitschaft beweisen können. Betäubt vom Rauch des brennenden Hauses, brechen Celia und Mark ohnmächtig in der Eingangshalle zusammen. Mark erwacht und stürzt zunächst allein auf die hintere Veranda. Dann aber kehrt er zurück, um Celia aus den Flammen zu retten. Ohnmächtig in den Armen ihres Mannes liegend, kann sie endlich ein für allemal mit ihm den Ort ihrer unheimlichen Entortung, aber auch ihres ebenso phantasmatischen Genusses einer lebensgefährlichen Bedrohung verlassen. Die Fiktion der Liebe, mit der Fritz Langs *noir*-Märchen schließt, benötigt eine doppelte Rettung. Nachdem Celia ihren Mann aus der Glut seines traumatischen Tötungsdrangs gerettet hat, befreit er sie aus dem brennenden Haus, in dem für sie der sichere Hafen der Ehe und die tödliche Bedrohung zusammenfallen konnten, und rettet sie gleichermaßen vor dem in ihr lodernden Begehren nach Selbstverwendung. Oder anders formuliert: Der von seiner psychischen Qual zu neuem Leben erwachte Mann schenkt seiner Helferin im Gegenzug wieder das Leben.

Am Ende funktioniert dieser auf Leben und Tod durchgespielte Liebesvertrag wieder: Wir sehen das in die Hazienda ihrer Hochzeitsreise zurückgekehrte Paar – weit von ihrem New Yorker *home* entfernt –, und anders als am Ende von Hitchcocks *Rebecca* erhal-

ten wir ein Bild des Eheglücks: Sie sitzt zurückgelehnt auf einem Liegestuhl, er sitzt auf dem Boden und hat seinen Kopf in ihren Schoß gelegt. Während sie mit ihrer linken Hand sanft über seine Haare streicht, versichert er ihr: »In jener Nacht hast du die Wurzel des Bösen in mir abgetötet. Aber ich habe noch einen langen Weg zu gehen.« Nachdem sie ihm sofort erwidert: »*Wir* haben einen langen Weg zu gehen«, küßt er ihre rechte Hand. Beide wissen – wie Sam und Pilar in *Lone Star* –, daß sie die traumatischen Ereignisse der Vergangenheit nicht einfach vergessen können. Aber sie setzen in voller Erkenntnis des traumatischen Flecks, der ihre Ehe immer trüben wird, auf die symbolische Fiktion der Liebe.

Zu Recht beharrt Mladen Dolar darauf, daß am Ende einer Psychoanalyse das Gebot der Liebe bestehenbleibt, auch wenn die Liebe den ihr inhärenten kontingenten Zufall sowie den von ihr bewirkten Sturz in den Wahn und schließlich ein Erkennen des Mangels im anderen aufdecken kann: »Denn der fremde, extime Kern, mit dem sich die Liebe beschäftigt und der ihren Paradoxien zugrunde liegt, ist der einzige prekäre und schlüpfrige Halt, den das Subjekt hat, und gleichzeitig das, was seine Unmöglichkeit ausmacht.«[18] Das *voice-over* hat ein für allemal aufgehört, der filmsprachliche Vertrag zwischen Stimme und Bild ist wiederhergestellt, um auf der Ebene des Filmmediums den Vertrag der Liebe zu stützen. Eine Verzerrung ist nicht mehr nötig, denn die Liebenden haben die Fiktionalität der Beheimatung, die sie in der gegenseitigen Umarmung für sich errichtet haben, anerkannt.

In der Fremde wissen sie, daß dieser sichere Hafen des Eheglücks, wie das Papierboot in der ersten Einstellung des Films, auf einem Teich schwimmt, dessen Oberfläche von dunklen Gestalten durchdrungen ist. *Home* kann für sie nur eine unsaubere Schnittfläche sein zwischen der Ehe und den es tangierenden, wenngleich auch durch die symbolische Fiktion der Liebe abgedeckten realen Antagonismen. Doch vielleicht braucht es am Ende dieses *noir*-Märchens auch deshalb keine medialen Verzerrungen mehr, weil die mörderischen Triebe des Mannes ganz heimlich ein Teil der Frau geworden sind. Celias Antwort »Wir haben einen langen Weg vor uns«, bedeutet vielleicht auch, daß das Phantom, das diese Ehe heimgesucht hat, nicht dadurch seine Bedrohung verloren hat, daß die beiden Eheleute es zu benennen wußten, sondern dadurch, daß die Frau sich das Fremde ihres Gatten zu eigen gemacht hat.

---

18 Dolar 1996, S. 150.

8. Das Heimatlose schlägt zurück

Batman Returns (Tim Burton)

Die Gerechtigkeit aber, welche das über den Einzelnen übermächtig werdende Allgemeine zum Gleichgewicht zurückbringt, ist ebenso der einfache Geist desjenigen, der Unrecht erlitten – nicht zersetzt in ihn, der es erlitten, und ein jenseitiges Wesen; er selbst ist diese unterirdische Macht, und es ist *seine* Erinnye, welche die Rache betreibt; denn seine Individualität, sein Blut, lebt im Hause fort; seine Substanz hat eine dauernde Wirklichkeit.

Hegel (Phänomenologie des Geistes)

Ein Monster wird geboren

Mit einem kräftigen Tusch setzt die schwungvolle Kamerafahrt ein, mit der Tim Burton seine Rückkehr zu der von Bob Kane 1939 erfundenen Comic-Figur *Batman* beginnt.[1] Zuerst wirft die Kamera, die im Verlauf des Filmes die Flugbewegung ihres Titelhelden so gern imitiert, einen Blick auf das an seiner Spitze mit dem Namen C. Cobblepot versehene schwere neo-gotische Eisentor. Dann fliegt sie über dieses Hindernis hinweg, um an der Fassade des herrschaftlichen Hauses hinaufzufahren, bis wir im obersten Stockwerk des alten, düsteren Hauses ein großes, erleuchtetes Fenster und dahinter die Silhouette eines stehenden Mannes erkennen. Sofort

---

1 Das Debüt dieser in sich gespaltenen Comic-Figur – der verwaiste Multimillionär Bruce Wayne und dessen selbst-erschaffenes Alter Ego, das in einem dunkelblauen Cape und einer Fledermausmaske in der Rolle eines scheinbar unbesiegbaren Beschützers der von Verbrechern bedrohten Bürger Gotham Citys erscheint – fand im Mai 1939 in der Zeitschrift *Detective Comics* statt. Aus dem Kontext dieser Geburt läßt sich nicht nur das *cross-over* zwischen Comic-Genre und *film noir* ablesen, das in den darauffolgenden 60 Jahren alle Verfilmungen dieses Stoffes beeinflußt hat. Die geschichtliche Situierung erlaubt auch die Möglichkeit, diesen von anderen Comic-Figuren wie *Zorro* und *The Shadow* inspirierten Helden im Kontext des in Europa in diesem Jahr ausbrechenden Weltkrieges – dem Blitzkrieg in Polen sowie dem deutsch-sowjetischen Nichtangriffspakt – zu lesen. So erscheint die Figur des *batman* sowohl als eine Phantasiegestalt, die der damals brisanten Debatte um die Rolle der amerikanischen Streitkräfte im Zweiten Weltkrieg entsprungen ist, wie auch als die gerade im Bereich der Massenkultur mögliche Verarbeitung der amerikanischen Wirtschaftsrezession, die in Europa aufgrund des Rüstungsbooms nicht eintrat. In jedem Fall aber verkörperten die um diese Comic-Figur kreisenden Texte die Umsetzung realer politischer und sozialer Antagonismen in den mythischen Kampf zwischen einem selbsternannten, unschlagbaren Helden und den Mächten des Bösen. Siehe das von Phil Hardy herausgegebene *The BFI Companion to Crime*, 1997, S. 43.

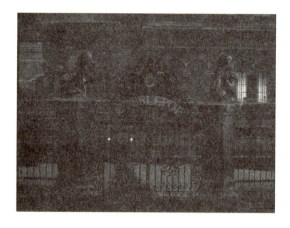

schneidet Burton auf den Innenraum und bietet uns eine Nahaufnahme vom Herrn des Hauses, der – eine dünne, lange Zigarre rauchend und in Gedanken verloren – nach draußen auf die verschneite nächtliche Landschaft blickt. Aus dem Off ertönt plötzlich der stöhnende Schrei einer weiblichen Stimme, worauf sich der Hausherr mit einer 180-Grad-Drehung beunruhigt vom Fenster abwendet. Wir ahnen, daß dieser verheißungsvolle Schei eine Störung seiner uneingeschränkten Herrschaft ankündigt. Während die Kamera, seinem Blick folgend, die Wände eines prunkvollen Wohnzimmers mit Holztäfelung, goldenen Brokatvorhängen und Marmorboden entlangfährt, in dem ein offenes Kaminfeuer eine festliche Stimmung verspricht, öffnet sich am hintersten Ende des Flurs eine hohe Tür, aus der eine Krankenschwester und, dicht hinter ihr ein Arzt herausstürzen. Erschrocken läuft der Mann an den beiden vorbei, ohne ein Wort an sie zu richten, und eilt an ihrer Stelle in das hintere Zimmer, aus dem nun befremdlich krächzende Schreie eines Neugeborenen zu hören sind. Der Arzt hält sich vor Ekel die linke Hand vor den Mund und wendet sich nochmals der nur halb geöffneten Türe zu. Aus dem Off hören wir, wie der entsetzte Schrei des Vaters die andere Stimme ablöst. Eine traumatische Geburt hat an diesem winterlichen Abend stattgefunden, doch gezeigt werden nur die Gefühlsspuren, die sie bei denjenigen hinterläßt, die ihr beigewohnt haben. Das eigentliche schreckliche Ereignis und das monströse Neugeborene gehören ausschließlich dem unheimlichen *off-screen*-Raum an. Gerade weil er unsichtbar bleibt, wirkt er besonders grauenvoll.

Mit einer Überblendung, die wieder mit einem Tusch untermalt wird, auf den nun aber nicht nur wie bislang dunkle Violinen und Bläser, sondern zudem süßliche Glockenklänge folgen, führt uns Burton zum Bild der Eltern. Elegant gekleidet stehen der Hausherr und seine Gattin am Fenster, beide halten ein Martiniglas in der rechten Hand. Nachdenklich blicken sie auf die nächtliche Schneelandschaft, dann wenden sie sich plötzlich vom Fenster ab, und wieder folgt die Kamera ihren Blicken die Wände des weiterhin festlich ausgeleuchteten Wohnzimmers entlang. Ein Weihnachtsbaum ist prunkvoll geschmückt, im Kamin lodert ein warmes, heimeliges Licht spendendes Feuer. Dann jedoch hält die Kamera inne beim Anblick eines auf dem Boden stehenden Holzkäfigs, der von innen her gerüttelt wird. Vor diesem fremdartigen Behälter steht miauend eine weiße Katze. Mit einem harten Schnitt versetzt uns Burton in den finsteren Innenraum dieses hölzernen Käfigs, dicht neben die Gestalt des unheimlichen Säuglings. Nun sehen wir, wie sein kaum erkennbarer dunkler Arm durch die Stäbe nach der Katze greift, die, wie aus dem Gegenschnitt sofort ersichtlich wird, sogleich im düsteren Innenraum verschwindet. Daraufhin sind nur noch ihre erschütternden Schreie zu hören, während der Kampf im Inneren des Käfigs nur durch anhaltendes Rütteln zu ahnen ist. Angewidert blicken sich die beiden Eltern, die nicht länger Herren ihres eigenen Hauses sind, wortlos an. Als wollten sie einen gemeinsamen Entschluß besiegeln, trinken beide im gleichen Augenblick und mit einem Zug ihre Martinigläser aus. Während dieses heimlichen Bündnisses bleibt das Objekt ihrer Blicke weiterhin der Holzkäfig. Dieser schützt zwar vor dem direkten Anblick des Fremdkörpers im prunkvollen Heim der Cobblepots, verweist aber dennoch, wenngleich nur indirekt, darauf, wie radikal die Anwesenheit des Erstgeborenen, der aufgrund seiner monströsen Gestalt die ihm zustehende Stelle in diesem Haus nicht einnehmen darf, die symbolische Fiktion eines friedlichen Eheglückes stört.

In der nächsten Einstellung schiebt das Ehepaar Cobblepot einen korbartigen Kinderwagen über die verschneiten Wege eines Parks. Zu dieser nächtlichen Stunde treffen sie nur auf ein anderes Ehepaar, das ebenfalls mit einem Kinderwagen unterwegs ist. Die Paare rufen sich »Fröhliche Weihnachten!« zu.

Auf einer Steinbrücke bleiben die Cobblepots stehen, blicken sich nochmals wortlos an und werfen dann den Korb in den unter ihnen strömenden Fluß. Ohne Zögern und ohne Bedauern verstoßen sie den Körper, dessen monströse Hybridität ihnen deutlich den traumatischen Kern der Elternschaft vor Augen geführt hat. Der Anblick, wie der Korb in einen dunklen Tunnel verschwindet, gibt ihnen die Hoffnung, die von ihrem monströsen Kind leibhaftig offenbarte Entortung im eigenen Heim könne im dunklen Wasser des Abwasserkanals wieder verschwinden. Doch an diesem Heiligabend wird nicht nur eine traumatische Geburt, die den Frieden im herr-

schaftlichen Haus der Cobblepots trübt, vermeintlich rückgängig gemacht. Als solle von Anfang an ein Wettstreit zwischen Altem und Neuem Testament in dieses verzerrte Weihnachtsmärchen eingeflochten werden, zeigt Tim Burton, während der Vorspann von *Batman Returns* abläuft, die Reiseroute eines postmodernen Moses. Seines Weges sicher, als wäre die Ankunft in einem fremden Land vorherbestimmt, schwimmt der Korb durch den Abwasserkanal unter der Stadt, bis er im tiefsten Inneren dieser höhlenartigen unterirdischen Geographie endlich zum Stillstand kommt. An diesem neuen Ufer wird er wie in der biblischen Vorlage von den Anwohnern entdeckt. Statt der ägyptischen Prinzessin und ihrer Hofdamen sind es in Tim Burtons dunkler Comic-Welt Pinguine, die den Findling wie einen Einheimischen erziehen werden. Somit ist der Ort des Exils von Oswald Cobblepot auch mit einer Krypta vergleichbar: In der Kloake verschwindet zwar all der Müll der Stadt, nicht aber, wie die Anfangssequenz erahnen läßt, um sich zu zersetzen, sondern um dort aufbewahrt zu bleiben. Wie zudem der Zwischentitel – Gotham City, dreiunddreißig Jahre später – suggeriert, der als Überschrift von dieser Szene der Verwerfung zurück in die Welt der Alltagsnormalität führt, wird es eine Rückkehr der Gestalt geben, die an diesem Heiligabend durch den Sturz ins Wasser ein zweites Mal geboren wurde: die phantasmatische Umkehrung des Heilands. Dieser in der Fremde aufgewachsene, von Rache getriebene Sohn wird, indem er heimkehrt und Anspruch auf den symbolischen Namen seines Vaters erhebt, den der Familie inhärenten unlösbaren Antagonismus, der über seinen gewaltsamen Ausschluß verneint werden sollte, erneut zur Schau tragen. In dieser Welt des Abfalls kann sich der monströse erstgeborene Sohn der angesehenen Cobblepots einen Familienroman im Sinne Freuds schreiben: die Phantasie nämlich, daß es ihm, dem im Exil von Zieheltern erzogenen Waisen, auferlegt ist, das Ersatzheim der Kloake sowie seine Surrogatfamilie, die Pinguine, durch seine wahren, gesellschaftlich höherstehenden Eltern sowie deren prunkvolleres Heim zu ersetzen, wie hoch der Preis dafür auch sein mag.

Doch wie die nächste Sequenz zeigt, wird diese Heimkehr nicht nur als gewaltsame Spiegelverkehrung der symbolischen Fiktion einer harmonisch funktionierenden Familie durchzuspielen sein, die durch die Aussetzung des monströsen Sohnes gerettet werden sollte. Es wird in diesem Phantasieszenarium, das wie der klassische Western der Frage nachgeht, welche Art von hybriden Wesen nach Hause zurückkehren und welche in einer der Gemeinschaft überlagerten Heterotopie verhaftet bleiben müssen, auch eine persönliche mit einer gesellschaftlichen Geschichte verknotet. Da die Voraussetzung für Oswald Cobblepots Heimkehr darin besteht, daß Gotham City von der verbrecherischen *red triangle gang* zum Kriegsschauplatz gemacht wird, an den daraufhin der Verstoßene als Comic-Buch-Heiland zurückkehren kann, zeigt die von ihm organisierte gewaltsame Belagerung der Stadt durch bösartige Fremdkörper den verschwiegenen Gewaltakt, auf dem die symbolische Fiktion des Familienglückes Cobblepots gegründet ist – den Mord am erstgeborenen Sohn. Außerdem wird im Verlauf der Handlung aufgrund der Allianzen zwischen dem heimgekehrten *penguinman* und dem skrupellosen Warenhausbesitzer Max Shreck die verbrecherische wirtschaftliche Korruption ans Tageslicht gebracht, die verheimlicht werden muß, damit die symbolische Fiktion aufrechterhalten werden kann, die politischen und ökonomischen Interessen der Stadt seien harmonisch regulierbar.

Um visuell die Position des Exilierten hervorzuheben, stellt Burton der Rückkehr sowohl seines Helden *batman* wie auch von dessen Widersacher einen Blick auf eine scheinbar heile weihnachtliche urbane Welt voran. Auf einem verschneiten Platz im Zentrum von Gotham City schaltet eine als Eisprinzessin verkleidete Schauspielerin die Lichter des monumentalen Weihnachtsbaums mit einem verführerisch inszenierten Druck ihrer entblößten Arme auf einen rot bemalten elektrischen Hebel ein. Im gleichen Augenblick ertönt über die Lautsprecher ein Weihnachtslied und ein Zeitungsjunge ruft die Schlagzeile seines Blattes aus: In den unterirdischen Kanälen der Stadt hat sich *penguinman*, eine unheimliche Schreckfigur, eingenistet. Daraufhin zeigt uns Burton dieses vorweihnachtliche Treiben aus der Perspektive des hybriden Sonderlings, als hätte die Stimme des Zeitungsjungen ihn herbeigelockt. Durch die Eisenstäbe des Gullys, der die Kloake von der Stadt abgrenzt, betrachtet er den erleuchteten Baum, schiebt wieder, wie einst im Wohnzimmer seiner Eltern, die flossenartigen Hände durch die Stäbe, diesmal nicht, um eine Beute zu sich zu ziehen, sondern um selbst nach außen durchzubrechen. Dann fährt die Kamera an einem Hochhaus empor, dessen rotes Neonschild – Shreck's – uns wie beim Namensschild des Cobblepot-Anwesens den Besitzer des Gebäudes sofort erkennen läßt. Von oben sehen wir den riesigen Katzenkopf, der sich auf dem Dach des Warenhauses dreht, dann, im Innenraum der Chefetage, am runden Tisch den Ladeninhaber zusammen mit dem Bürgermeister der Stadt und seinen Mitarbeitern. Shreck versucht, ihnen seinen Plan für ein Kraftwerk schmackhaft zu machen.

Während die Politiker erwidern, daß Gotham City genug Elektrizität für das nächste Jahrhundert habe, unterbreitet Shrecks Sekretärin Selina Kyle einen Gegenvorschlag. In diesem durch einfachen Widerspruch gekennzeichneten Männerkampf wirkt ihre Stimme wie ein unpassender Fremdkörper. Die Politiker blicken sie nur erstaunt an, und sie beginnt entmutigt zu stottern. Trotzdem demütigt sie ihr Chef: »Ich entschuldige mich, wir haben Miss Kyle noch nicht richtig stubenrein gemacht. Was sie aber positiv auszeichnet«, dabei zwinkert er dem Bürgermeister zu, »ist, daß sie tollen Kaffee macht.« Als der älteste Sohn des Warenhausbesitzers die in kameradschaftlichem Einklang wieder verbündeten Männer nach unten auf den Platz bittet, damit dort die Weihnachtsansprachen gehalten werden können, bleibt Selina mit der Kaffeekanne in der einen Hand und dem Tablett mit Milch und Zucker in der anderen beschämt zurück. Sie macht sich selber Vorwürfe wegen ihrer unangemessenen Intervention, die sie wie ein Tier, das noch nicht an das symbolische Haus der Männerpakte gewöhnt ist, hat erscheinen lassen: eine nicht-integrierbare Figur, über deren gewaltsamen, wenn auch scherzhaften Ausschluß die symbolische Fiktion erhalten wird, daß Politiker und Geschäftsmänner trotz ihrer Differenzen harmonisch miteinander verkehren können.

Doch mit der nächsten Einstellung schlagen phantasmatische Figuren zurück. In der Form eines inszenierten sozialen Kampfes wird der unlösbare Antagonismus sichtbar, der jeder Vorstellung menschlichen Harmonierens als verheimlichter Kern innewohnt. Neben dem Bürgermeister auf dem Podium stehend, von dem herab die Eisprinzessin zuvor verpackte Geschenke in die Menge geworfen hat, verkündet der mächtige Warenhausbesitzer Max Shreck seine Weihnachtsbotschaft: »Ich wünschte, ich könnte Weltfrieden verschenken und bedingungslose Liebe, zusammengeschnürt mit einer großen Schleife!« Begeistert applaudiert die Menge, doch dann taucht wie eine phantasmatische Halluzination dieses Wunsches im Realen am hintersten Ende des Platzes ein monströs großes viereckiges Paket auf, in rotes Glanzpapier eingewickelt und mit einer grünen Schleife zugebunden. Während der Bürgermeister Max zuflüstert, wie toll er diese Idee finde, letzterer jedoch zugeben muß, sie stamme nicht von ihm, bricht das Geschenk auf, und es entspringt ihm eine Schar motorradfahrender, mit Totenköpfen maskierter Clowns, die wild in die Menschenmenge fahren. Die Zuschauer beginnen zwar sofort zu fliehen, werden aber verfolgt und zusammengeschlagen. Währenddessen tritt ein Leierkastenmann mit einem Affen auf der Schulter vor die Tribüne, nimmt aus dem Innern seines Instrumentes eine Maschinenpistole und schießt so lange auf den Weihnachtsbaum, bis alle Lichter erloschen sind. Der Bürgermeister und der Warenhausbesitzer können nur noch auf dem Boden der Tribüne vor dem Weihnachtsbaum in Deckung gehen. Die erste Runde der von Burtons phantasmatischer Mosesfigur ausgehenden strafenden Heimsuchungen der Regenten von Gotham City hat begonnen: eine Serie von Plagen, die in diesem dunklen Weihnachtsmärchen nicht dazu führen soll, ihn mit seiner Gefolgschaft in ein von Gott versprochenes Land auswandern zu lassen, sondern die Heimkehr in die Heimat sicherzustellen, aus der er und die mit ihm verbündeten sozialen *freaks* zuvor verdrängt worden sind. Der Polizeichef, der unterdes an den Schauplatz des Verbrechens geeilt ist, erinnert an das Signal, das *batman* Gotham City geschenkt hat. Wie im Western wünscht sich *batman*, die Stelle des Einzelgängers einnehmen zu dürfen, der, an die Peripherie der Stadt verbannt, immer bereit sein wird, das symbolische Mandat des Retters wiederaufzunehmen, sollte die innere Unruhe der Gemeinschaft unerträglich geworden und nur als einfacher Kampf auszutragen sein.

Mit der nächsten Szene schneidet Burton auf das dunkle Anwesen Bruce Waynes. Allein in seiner abgedunkelten Bibliothek sitzt der Multimillionär in einem großen Ledersessel, den Kopf beinahe

regungslos auf die rechte Hand gestützt, sein in sich gekehrter Blick ist von Melancholie gezeichnet. Plötzlich wirft der im Zentrum der Stadt aufgestellte Scheinwerfer den Schatten seines Fledermausemblems auf den nächtlichen Himmel. Der drehbare Spiegel auf dem Dach des düsteren Herrenhauses fängt ihn auf und reflektiert ihn in den dunklen Innenraum. Wie aus einer tiefen Trance erwacht, antwortet Bruce Wayne auf diese symbolische Anrufung. Er dreht sich um 180 Grad und löst sich aus der Haltung des Träumenden, steht von seinem Sessel auf und geht einige Schritte zum Fenster. Hatte die Projektion in den nächtlichen Himmel den Anfang eines Phantasieszenariums bereits angedeutet, wird dies nun nochmals visuell untermauert. Die von der Reflexion im drehbaren Spiegel ausgehende zweite Projektion des Emblems auf die Wand der Bibliothek erlaubt dem Träumer, erneut auf die Bühne des ersehnten Kampfgeschehens zu steigen.

Analog zur Art, wie Martha Edwards in *The Searchers* die Tür zur heterotopen Prärielandschaft öffnet, aus der Ethan, sehnlichst erwartet, auf sie zugeritten kommt, eröffnet sich mit diesem Lichtstrahl das heterotope Widerlager, in dem der Millionär Bruce Wayne seine *batman*-Uniform anlegen kann, um sich für den Kampf mit den Vertretern der Macht des Bösen zu wappnen. Auch er tritt ein in einen Bereich der Illusion, der von Burton eindeutig als selbstreflexives Moment seines Filmmediums eingesetzt wird.

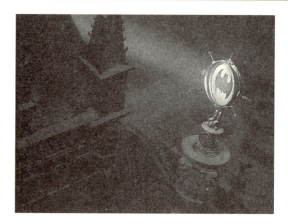

Wie eine *mise en abyme* wirken die beiden Einstellungen, mit denen er das Verhältnis seines Helden zu dem ihn anrufenden Signal wiedergibt: Die erste zeigt uns den wiedererwachten Retter von vorn als *low angle shot*. Das erwartungsvoll strahlende Gesicht wird von einem ovalen Heiligenschein eingerahmt, in dessen Zentrum das *batman*-Emblem wie eine schwarze Figur über dem Kopf

von Bruce Wayne aufragt. Der bis jetzt dunkle Bibliotheksraum strahlt, so daß im Hintergrund einige Bücher und die hohen Deckenfenster zu sehen sind als Verweis auf den fiktionalen Charakter des sich anbahnenden Kampfschauspiels. Die zweite Einstellung zeigt Bruce Wayne von der rechten Seite aus der Totale, eine

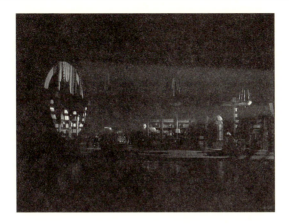

kleine männliche Figur, die wie vor einer unsichtbaren National-
flagge strammsteht. Nur sein Gesicht ist von dem vom Fenster ausgehenden Lichtstrahl des Scheinwerfers hell erleuchtet, während
hinter ihm die Projektion des überlebensgroßen Emblems aufragt
und ihn in seinem Bann hält. Ganz im Sinne Althussers macht Tim
Burton sichtbar, wie sehr sein Protagonist Bruce Wayne nur durch
die symbolische Anrufung in seiner Identität als Held bestätigt
werden kann. Die Möglichkeit zu antworten: »Ja, ich bin es, den ihr
ruft. Ja, ich nehme die Stelle des Retters ein, die ihr für mich vorgesehen habt« stellt die Kraft dar, die ihn aufleben läßt; die ihn aus
seiner Krypta zu den Lebenden zurückruft, in die er sein Alter ego
batman nach dem erfolgreichen Sieg über seinen letzten Gegner
auslagern mußte. Die tragische Ironie dieser Anrufung, die gleichzeitig auch den Eintritt in einen den illusionären Raum der Kinoleinwand widerspiegelnden Phantasieraum bedeutet, besteht darin,
daß sein hartnäckiges Begehren nach diesem symbolischen Mandat
unwillkürlich auch ein Begehren nach dem erneuten Ausbruch von
Gewalt bedeutet, denn die Rolle des Retters ist an eine Belagerung
der Stadt durch gewalttätige Fremdkörper gekoppelt.

Wie Bruce Wayne zu *Batman* wurde

Aus Tim Burtons drei Jahre zuvor gedrehtem Film *Batman* kennt man die traumatische Urszene der Gewalt, die aus dem Sohn eines erfolgreichen Arztes eine hybride Tier-Menschgestalt werden ließ: Eines Abends wurden der junge Bruce, sein Vater und seine Mutter auf dem Heimweg nach einem Kinobesuch von zwei Verbrechern aufgehalten. Vor den Augen des vor Schreck erstarrten Sohnes erschoß einer der Räuber die Eltern von Bruce, ließ ihn selbst aber auf Anraten seines Komplizen am Leben. Diese doppelte Kränkung – der Verlust der harmonisch funktionierenden Familie und das Erlebnis, angesichts der fatalen Bedrohung hilflos gewesen zu sein –, verursachte bei Bruce Wayne eine Persönlichkeitsspaltung: die Geburt des unbesiegbaren *batman* im Leib des von seinen Eltern allein zurückgelassenen Jungen. Innerhalb der von der Comic-Welt Bob Kanes vorgegebenen Logik erlaubt diese Maskierung Bruce Wayne, die psychische Entortung durch eine unheimliche Doppelung wettzumachen. In der Figur des mit Cape und Maske ausgestatteten unbesiegbaren Retters aller von Verbrechern bedrohten Bürger Gotham Citys kann er eine Bewältigungsphantasie der traumatischen Kränkung seiner Kindheit durchleben. Er spielt nicht mehr die Rolle des wehrlosen Beobachters, sondern die des mächtigen Verteidigers, und zwar bezeichnenderweise, indem er sich die fremde Gewalt selbst aneignet, die die von ihm gelebte symbolische Fiktion der harmonisch geregelten Familie unwiderruflich zerstört hat. In der phantasmatischen Figur des *batman* trägt er den Antagonismus zur Schau, der in Form der nie kalkulierbaren Kontingenz das Prekäre eines jeden partikularen Glückszustandes zum Ausdruck bringt. Er gleicht dem Western-Held, da er die Bedrohten von Gotham City als Kompensation dafür verteidigt, daß die auf offener Straße über ihn hereingebrochene traumatische Entortung von seinem normalen Platz als Sohn innerhalb der Wayne-Familie nicht mehr rückgängig zu machen ist.

So löst er seinen Familienroman nicht wie *penguinman* im klassischen Sinne. Obgleich auch er Waise ist, trägt er den Namen erhabener Eltern und lebt im vererbten prunkvollen Herrenhaus. Außerdem zeigt bereits das in dem Film *Batman* durchgespielte Phantasieszenario, daß er seinem Trauma, in der Gestalt des Mörders seiner Eltern, endlich einen Namen geben, seinen Widersacher, den als *joker* bekannten Jack Napier, stellen und im Verlauf eines Kampfes auf einem Kirchturm hoch über den Dächern Gotham Citys in den dunklen Abgrund stürzen konnte. Auf den Pflastersteinen, auf denen er einst die Leichen von Bruce Waynes Eltern zurückgelassen hat, kommt Jack Napier schließlich selbst zu Tode.

Obwohl das Rätsel des Ursprungs von Bruce Waynes traumatischer Selbstspaltung am Ende von *Batman* gelöst wurde, bleibt der Riß in seinem psychischen Apparat wie auch in seinem symbolischen Wohnsitz des doppelten Mandats erhalten. Weiterhin vom Begehren getrieben, die Bürger der Stadt vor Verbrechern zu beschützen, besteht er darauf, als Retter von den Stadtvätern rituell immer wieder anerkannt zu werden. Deshalb schenkt er ihnen den Scheinwerfer mit seinem Emblem, damit sie ihn rufen können, »sollten die Mächte des Bösen erneut einen Schatten auf das Herz der Stadt werfen«. Somit sichert er sich die Möglichkeit, das traumatische Erlebnis immer wieder in einen Traum von der eigenen Allmacht übersetzen zu können. Wie jeder Neurotiker von einem Wiederholungstrieb besessen, kann der Held von Tim Burtons Comic-Saga das fundamentale Wissen um die eigene Versehrtheit in Form eines Kampfszenarios, in dem er nie den Bedrohten, sondern immer den Überlegenen darstellt, abmildern. Zwei Störfaktoren sind jedoch dieser Bewältigungsstrategie ebenso inhärent wie die Lust, die sie dem Tagträumer verspricht: Das zu verdeckende traumatische Wissen um die eigene Versehrtheit wird zusammen mit dem Genuß an der Gewalt in jedem Kampf auf Leben und Tod von neuem aktiviert, wie auch der Wunsch, an einen Ort des ungetrübten Glückes zurückzukehren, nur über das Ausagieren der unüberwindbaren Spaltung in versehrten Millionär und unbesiegbare Retterfigur Gestalt annehmen kann.

Der Bruce Wayne am Anfang von *Batman Returns* ist deshalb nicht Herr im eigenen Haus, weil er mit seinen zwei symbolischen Mandaten gewissermaßen ein in sich gespaltenes Haus bewohnt: In den prunkvollen Sälen des oberen Teils führt er den Bürgern Gotham Cities vor, mit welchem Geschick der verwaiste Sohn die Erbschaft des Vaters in grenzenlosen Reichtum umgesetzt hat, im unteren, geheimen Teil – *bat cave* genannt – befindet sich das komplexe Überwachungssystem seines Hauses, sein Arsenal von Kostümen und Waffen, eine Werkstatt für seine Kampfmaschinen wie auch eine multimediale Anlage, die er für seine Recherche sowie seine Manipulation der Sendungen, die über Lautsprecher für die Bürger von Gotham City übertragen werden, benötigt. Nun läßt die Spaltung, die seinem *home* wie seinem psychischen Apparat innewohnt, erkennen, wie schwer eine klare Grenze zu ziehen ist zwischen einer Gewalt, die im Namen einer harmonisch funktionierenden Gemeinschaft ausgeübt wird, und der Gewalt, die gerade den verdrängten Antagonismus sichtbar macht. Zudem weist die Spaltung auch darauf hin, wie prekär jeder Versuch ist, zwischen der in die Gemeinschaft als mythische Figur des Retters integrierbaren hybriden Kampfgestalt und der nicht integrierbaren Figur des gewalttätigen *freaks* eine klare Trennlinie ziehen zu wollen.[2] Im

---

2 In *Batman* weist die Fotografin Vicky Vale, die für eine Fotoreportage über die menschliche Fledermaus recherchiert, den vermeintlichen Retter der Stadt darauf hin, daß viele Leute ihn für ebenso gefährlich halten wie seinen Gegner, den als *joker* bekannten Verbrecher Jack Napier, der nach seinem Sturz in eine Lache giftiger Chemikalien während einer Razzia auf den Fabrikgebäuden der Axis Chemicals Co. in der Figur des ersten vollständig funktionierenden »Mordkünstlers« wiederauferstanden ist. Auf seine Antwort, sein Widersacher sei psychotisch, erwidert die Fotografin: »Einige Menschen sagen das gleiche über Sie.« Auch der *joker* selber thematisiert die wechselseitige Implikation von Bösewicht und Retter, die die beiden Helden des ersten Filmes ganz im Sinne von Ethan und Scar in *The Searchers* wie ein Doppelgängerpaar erscheinen läßt, das als unheimliche Kehrseite

Sinne dieser Grenzverwischung bietet Burton uns deshalb zusätzlich zu der Perspektive der auf Rettung hoffenden Bürger Gothams und dem vom Signal aus seiner Melancholie und Trauer herausgerissenen Bruce Wayne noch einen weiteren Blick auf das am nächtlichen Himmel plötzlich aufgetauchte *batman*-Emblem. Durch die Eisenstäbe des Gullys sehen wir das Zeichen einige Sekunden lang hoch über den steilen Wänden der Hochhäuser, als würden wir für einen Augenblick die Stelle des weiterhin unsichtbaren *penguinmans* einnehmen. Man könnte mutmaßen, daß er sich ebenso wie *batman* durch dieses Signal angerufen fühlt und seinerseits, wenn auch über den Umweg einer Identifikation mit seinem Rivalen, antwortet: »Ja, ich bin die Bedrohung, die unter euren Straßen wohnt. Ja, ich nehme die Herausforderung an, zu euch hinaufzusteigen. Auch ich, der ich einst ausgesetzt worden bin und somit die Not kenne, von einer schützenden Hand im Stich gelassen worden zu sein, will euer Retter sein.«

der normalen Bürger von Gotham City fungiert, auch wenn der eine das von der Gemeinde sanktionierte, der andere das von ihr verworfene Gesetz vertritt. Zu Recht wirft der *joker* seinem Rivalen vor, er sei eigentlich sein Geschöpf. In seinen Augen ist *batman* deshalb für seine Tätigkeit als »Mordkünstler« verantwortlich, weil er ihn dazu gebracht hatte, überhaupt in die giftige Lache zu fallen, aus der er als *joker* wieder emporgestiegen ist. Auch *batmans* Einwurf: »Du hast meine Eltern getötet, du hast mich zuerst geschaffen«, wirkt nur vordergründig wie eine Entlastung. Denn somit anerkennt der vermeintliche Retter von Gotham City eine doppelte Vaterschaft. Als Bruce Wayne trägt er den Namen seines verstorbenen leiblichen Vaters, als *batman* hingegen führt er das Erbe des Mörders des leiblichen Vaters fort. Auch wenn seine Maskerade gerade gegen diese phantasmatische Vaterfigur gerichtet ist, so macht sie doch auch die Fehlbarkeit des gesellschaftlich anerkannten Vaters deutlich – dessen Unfähigkeit, sich und seine Familie gegen einen verbrecherischen Angriff zu schützen. Indem er für sich das Gesetz und seine obszöne Unterseite der Gewalt in die eigene Hand nimmt, nähert er sich auf unheimliche Weise der Position seines Widersachers.

Der Kampf der beiden Mischlinge

Damit schlägt Burton auch visuell eine Brücke zwischen den beiden Phantasieszenarien, die im Verlauf des Films gegeneinander antreten werden und die beide dem von Freud postulierten Diktum folgen: »Der Glückliche phantasiert nie, nur der Unbefriedigte.« Bruce Waynes Retterphantasie stellt wie Oswald Cobblepots Heimkehrphantasie eine imaginäre Korrektur der unbefriedigenden Wirklichkeit dar, die ganz im Sinne Freuds um die Erhöhung der Persönlichkeit und um die Befriedigung eines erotischen Begehrens kreist, letztendlich aber darauf zielt, die in sich harmonisch geregelte psychische und materielle Wohnstätte wiederzuerlangen, die der Phantasierende in der glücklichen Kindheit besessen zu haben glaubt: »das schützende Haus, die liebenden Eltern und die ersten Objekte zärtlicher Neigung«[3]. Beide Kämpfer sind verwaiste Einzelkinder wohlhabender Eltern, die, wenngleich aus unterschiedlichen Gründen, die Tatsache, nicht Herr im eigenen Haus zu sein, in Form einer Persönlichkeitsspaltung als hybride Mensch-Tier-Gestalten ausagieren. Nimmt Bruce Wayne die Gestalt von *batman* an, um seine ehrgeizige Wunschphantasie zu erfüllen, Gotham City als Kompensation für die ihm zugefügte narzißtische Kränkung von verbrecherischen Fremdlingen zu säubern, hegt der nur als *penguin* bekannte, von seinen Eltern gewaltsam verstoßene Sohn den Ehrgeiz, seinen väterlichen Namen Oswald Cobblepot zurückzufordern, um so, an den symbolischen Wohnsitz seiner Eltern zurückgekehrt, von der Gemeinschaft in seiner Menschlichkeit anerkannt zu werden. Tim Burton hebt das Scheitern, das unweigerlich jeder Phantasie innewohnt, die sich um ein imaginäres Ersetzen eines ur-

[3] Freud.

sprünglichen, harmonisch geregelten Wohnsitzes dreht, wesentlich schärfer hervor als Freud. Nicht nur führt Burton vor, wie illusionär der Versuch ist, den Wohnsitz der Kindheit zurückzuerobern, da es das uneingeschränkt schützende Haus wie auch die bedingungslose Liebe für das erwachsene Subjekt nur als utopischen Wunschort, nicht aber als real gelebte Wirklichkeit geben kann und deshalb jede Heimkehrphantasie notwendigerweise ihr Ziel verfehlt. Er lotet auch den dunklen Kern im Herzen des Familienromans aus, indem er zeigt, was es bedeutet, an diese Stelle zurückzukehren, wenn gerade der Ort des eigenen Ursprungs für das träumende Subjekt mit dem Ort der Gewalt und somit dem Ursprung des sich selbst fremd gewordenen Subjekts zusammenfällt. Bezeichnenderweise wird sich im Verlauf von *Batman Returns* zeigen, daß von den beiden Tagträumern die Rückkehr in das verlorene traute Heim gerade nicht in einem zweiten Zuhause verhandelt wird, sondern auf den Straßen der Stadt. Zudem stellt ihre Rückkehr in die Stadt, in der sie symbolische Anerkennung suchen, gerade nicht eine friedliche Gemeinschaft her, sondern mündet in den offenen Krieg.

Nun ist der Schauplatz dieses Kriegsszenarios – ganz ähnlich wie Flemings Oz, Fords Prärielandschaft oder Hitchcocks vom Geist einer Verstorbenen besetztes Herrenhaus – von Anfang an als allegorische Phantasielandschaft semantisiert. Im Unterschied zu den anderen besprochenen Filmen wird Gotham City aber nie eine auf Realitätsnähe angelegte sogenannt »normale« Welt entgegengehalten. Die Geographie in *Batman* wird von Anfang an als eine auf dem Einsatz von illusionsreichen Darstellungsmitteln beruhende Anspielung auf eine real gelebte Wirklichkeit entworfen. Sie stellt eine ideologische Fiktionswelt dar, die sich aufspaltet in eine von minimaler symbolischer Konsistenz regierte Gemeinschaft und deren phantasmatische Gegenlager, die peripheren Orte, von denen die hybriden Gestalten nach Gotham City zurückkehren, aber auch die Orte, wo die in der symbolisch geregelten Gemeinschaft keine oder keine eindeutige Stelle einnehmenden Gestalten in Form ihres Kampfes die Stadt selbst unheimlich werden lassen.

Wurde in den vorhergehenden Kapiteln wiederholt ausgeführt,

wie das jeweilige Filmszenarium die Phantasiearbeit als einen symbolischen Umgang mit Extimität versteht, genauer, als ambivalente Aneignung eines von außen eindringenden Gesetzes, das zugleich als intimster Kern der von diesem Gesetz gespendeten symbolischen Identität begriffen wird, so läßt sich die daraus entspringende Aufspaltung in eine symbolische Schutzdichtung und ihr unheimliches, auf Zersetzung ausgerichtetes Pendant in Burtons *Batman Returns* nun auch auf die in diesem Film inszenierte Krise der Anrufung übertragen. Die Doppelnamen der beiden Rivalen, die jeweils explizit den Mischlingsstatus benennen, verweisen auf die instabile Grenze zwischen der die Gemeinschaft stützenden offiziellen Anrufung und ihrer phantasmatischen Kehrseite. Dabei hat Burton die beiden Gegenspieler bezeichnenderweise spiegelverkehrt konzipiert. Während *penguinman* sich offen dazu bekennt, ein *real freak* zu sein, ein monströses Mischwesen, dessen Erhöhungsphantasie ihm verspricht, den Tieranteil zugunsten des Menschenanteils abzulegen, eignet sich Bruce Wayne die Maske des *freaks* nachträglich an als eine leibliche Zurschaustellung seiner psychischen Entortung, in deren Verlauf seine Erhöhungsphantasie gerade darin besteht, den seine Versehrtheit maskierenden Tierkörper zu privilegieren.[4]

Gleichzeitig wird die aus dem Mischlingsstatus entstehende Krise der Anrufung dadurch zum Ausdruck gebracht, daß die beiden Kämpfer, weil sie unwiderruflich zwei Orte innerhalb des gesamten Phantasieszenariums einnehmen, einen doppelten Streit austragen müssen: Wer wird der Retter von Gotham City, und welche symbolische Anrufung wird privilegiert – die des integrierten Bürgers, die

---

4 In seinem Gespräch mit Mark Salisbury in *Burton on Burton* (London 1995, S. 74) erklärt Tim Burton, daß ihn, obgleich er nie ein Comic-Fan war, die Figur des *batman* aufgrund der gespaltenen Persönlichkeit der hinter der Maske sich verbergenden Person fasziniert habe. Doch erst die Vorstellung, es ginge bei dieser Geschichte um einen Mann, der sich gerade deshalb ein Fledermaus-Kostüm anzieht, weil er kein Macho ist, mit anderen Worten, weil er es aufgrund seiner fehlbaren Männlichkeit nötig hat, dank der Maskierung wie ein unbesiegbarer starker Mann aufzutreten, erlaubte ihm, seine Version des Comic-Helden zu entwerfen: »Es ist, als ob – wäre er in eine Psychotherapie gegangen – er sich kein Fledermauskostüm anziehen würde. Er hat es aber nicht gemacht, also ist das seine Therapie.«

über den Namen des Vaters verhandelt wird, oder die der phantasmatischen Kampfgestalt, die über eine Benennung der Hybridität zwischen Mensch und Tier verläuft?

Die dunkle Macht des Schicksals, die Burtons Comic-Szenario eher in die Nähe des *film noir* als des Western drängt,[5] läßt sich vielleicht am besten beschreiben, wenn man nochmals Freuds Denkfigur aufgreift, die Phantasiearbeit sei mit den Mischlingen menschlicher Rassen vergleichbar, »die im großen und ganzen bereits den Weißen gleichen, ihre farbige Abkunft aber durch den einen oder anderen auffälligen Zug verraten und darum von der Gesellschaft ausgeschlossen bleiben und keines der Vorrechte der Weißen genießen«.[6] Die von Burton so dezidiert als Mischlinge konzipierten Gegenspieler im Kampf um Gotham City stellen auf eine mehrdeutige Weise zur Schau, warum der Akt des Phantasierens, nicht unähnlich dem des Liebens, einer Krise der Anrufung gleichkommt. Nicht nur verkörpern sie den für den Tagtraum typischen Wunsch nach Heimkehr, sondern ihr Wunsch, in genau jene offizielle Gemeinschaft einzudringen, um deren Funktionieren willen sie konstitutiv ausgeschlossen sein müssen, stellt zudem das Schicksalsszenario der Phantasiearbeit selbst dar, die zwar bedingt in den Bereich des Bewußten vordringen kann, aber aufgrund ihres Ursprungs im Unbewußten immer wieder vom Bewußtsein ausgeschlossen wird.

Damit hebt Tim Burton vor allem den von Freud nur angedeuteten dunklen Fleck hervor, der erklärt, warum die Phantasiearbeit auf aporetische Weise in ihrem intimsten Kern mit Entortung verknüpft sein muß. Für *batman* wie für seinen Widersacher Oswald Cobblepot ist »die Herkunft« für ihr »Schicksal« tatsächlich »das Entschei-

---

[5] Wie Tim Burton gegenüber Salisbury (1995, S. 83) ausführt, gehören sowohl *Batman* als auch *Batman Returns* zwar zu den erfolgreichsten Filmen in der Geschichte der Warner Brothers, wurden aber dennoch von vielen Kritikern als zu düster bewertet, während er selber hartnäckig insistiert: »Ich war schon immer davon überzeugt, daß man das Helle vom Dunklen gar nicht trennen kann, weil sie so sehr miteinander verschränkt sind.«

[6] Freud 1908.

dende«: Der Held, der die Maske des unbesiegbaren Retters aufsetzt, kann nie vergessen, daß sie aus dem traumatischen Erlebnis grenzenloser Hilflosigkeit entstanden ist und als Bewältigungsphantasie immer auf die sein Familienglück vereitelnde Lücke verweist. Der zurückkehrende verstoßene Sohn kann weder den Geruch der Kloake, in der er groß wurde, ablegen noch die Erinnerung, von den Eltern gewaltsam ausgesetzt worden zu sein. Beide Figuren zeichnen sowohl ein partikulares Wunschszenarium als auch die Geste der Phantasiearbeit schlechthin nach, die, laut Freud, aufgrund ihrer Hybridität nie dort ankommen kann, wo sie hinstrebt, da sie die Prägung durch das Unbewußte nicht ablegen kann. Ebenso wie die Gestaltungen der Phantasie vom Bewußten bedingt angeeignet und dennoch wieder aus diesem Bereich »zurückgestoßen« werden, weil Teile des psychischen Materials zu bedrohlich für die Stabilität des Egos sind, um sie bewußt aussprechen zu dürfen, können Burtons phantastische Mischlinge nur teilweise in die Gemeinschaft von Gotham City integriert werden – Bruce Wayne als gönnerhafter Multimillionär, Oswald Cobblepot kurzfristig als Kandidat für das Amt des Bürgermeisters. Doch beide bleiben letztendlich deshalb ausgeschlossen, weil sie aufgrund ihrer Herkunft – der traumatischen Urszene der Versehrtheit und Hilflosigkeit, die sie überhaupt erst zu nicht integrierbaren Mischlingen hat werden lassen – auch jenen Genuß von Gewalt nicht ablegen können, der für die Stabilität der Gemeinschaft zu bedrohlich ist, als daß er dort direkt ausagiert werden könnte. Die von Burtons Mischlingen so erschütternd durchgespielte Aporie der Phantasiearbeit besteht demzufolge darin, daß das Ziel des von ihr inszenierten Wunsches – ein harmonischer Wohnsitz in der Welt – nicht nur inhaltlich als illusionäre Verarbeitung einer immer schon verklärten Vorstellung von Kindheit erscheint, sondern strukturell unmöglich ist. Die Phantasiearbeit kehrt nämlich immer an den traumatischen Kern zurück, den zu verdecken sie entworfen wurde. Sie schützt ihn ebenso, wie sie dagegen schützt. Sie kann nie dem Bewußten angehören, wie sie aber auch nie vermeiden kann, dorthin zurückzukehren, wo sie nur einen provisorischen, eingeschränkten Ort hat.

Gewaltsame Rückkehr des verbannten Sohnes

Die Handlung von *Batman Returns* wird von dieser doppelten Schleife der Rückkehr getragen, welche die Phantasiearbeit reguliert: der Erkenntnis einerseits, daß ein antagonistischer Fremdteil im Ego diesem eine ungetrübte Selbstidentität verunmöglicht und es deshalb immer wieder zur Herkunft seines Begehrens im Unbewußten zurückdrängt, andererseits der gegenläufigen Erkenntnis, daß das im Unbewußten verdrängte psychische Material stets nach einem entstellten Ausdruck strebt und somit in Form phantasmatischer Figurierungen ins Bewußte zurückkehrt. Bezeichnenderweise wird dieser der Phantasiearbeit innewohnende unlösbare Antagonismus als die Wunschphantasie eines sozialen Antagonismus ausgetragen. Innerhalb dieses Kampfszenariums nimmt jeder der beiden Mischlinge den Gegner als Verkörperung jenes Fremdkörpers wahr, der ihm eine ungetrübte Selbstidentität verbietet. Der Trick des Wunschszenariums besteht in der Illusion, die Zerstörung des Vertreters der antagonistischen Macht könne die Herrschaft über das eigene Haus wiederherstellen. Während *batman* dem Signal sofort folgt, sich in seinem gepanzerten Auto an den Schauplatz der Gewalt begibt, der sich mitten in Gotham City aufgetan hat, und dort scheinbar erfolgreich die von *penguinman* entsandte *red triangle gang* unschädlich macht, versucht Max Shreck zu fliehen. Doch in einer einsamen Seitengasse bricht ganz unerwartet das Gitter eines Gullys unter seinen Füßen weg, und er stürzt hinunter zum heterotopischen Widerlager, von dem aus diese Plage entsandt wurde.

Noch einmal unternimmt Burtons Kamera eine Fahrt durch die Architektur eines Machtsitzes. Sie fährt auf einen Eisenzaun zu, an dessen oberster Rundung ein ovales Schild mit der Bezeichnung

»Zoo« angebracht ist. Diesmal fliegt sie zwischen den Stäben des Zauns und dem Zeichen hindurch und zeichnet im Flug die von Schnee und Eis eingehüllte Zoolandschaft nach. Bodennah schwebt die Kamera über eine Brücke, dann wieder zwischen dem Gerüst einer Stahlstatue hindurch, bis sie im Inneren des Zoos bei einem kleinen Hügel mit der Überschrift »Arktische Welt« angekommen ist. Erst dann schneidet Burton – wie in den vorherigen beiden Fahrten – ins Innere dieses Gebäudes: den unterirdischen Höhlenraum am Ende des Abwasserkanals, wo der *penguinman* und sein Hofstaat – die als Clowns und Hofdamen maskierte *red triangle gang* – ein Festmahl feiern. Im Gefühl der Rache erklärt der verstoßene Sohn dem von ihm entführten Max Shreck, sie beide würden als Monstren wahrgenommen, fügt dem jedoch hinzu: »Sie sind ein angesehenes Monster, während ich das bis jetzt (noch) nicht bin.« Deshalb schlägt er dem skrupellosen Geschäftsmann einen Pakt vor. Für ihn, der nun schon zu lange in der Kloake bei den Pinguinen gelebt hat, ist die Zeit gekommen, wieder emporzusteigen. Wie Max Shreck komme auch er aus der Welt jenseits der Kloake, und wie er wünsche er sich ein wenig Respekt, die Anerkennung seiner grundsätzlichen Menschlichkeit. Vor allem aber wolle er herausfinden, wer er sei, und letztlich den Namen seines Vaters für sich zurückfordern: »Jene einfachen Dinge, die für den einfachsten Bürger Gotham Citys eine Selbstverständlichkeit darstellen.« Vordergründig läßt sich Max auf den Pakt ein, weil *penguinman* ihm vor Augen hält, die Kloake stelle nichts anderes als die toxische Kehrseite des Shreckschen Wohlstandes dar. *Penguinman* hatte seine ganze Rede mit der Erklärung begonnen, er wisse alles über seinen gesellschaftlich anerkannten Doppelgänger: »Was Sie verstecken, entdecke ich, was Sie in die Toilette werfen, hänge ich über meinem Kaminsims auf, was Sie herunterspülen, das trage ich stolz zur Schau.« Dies führt er vor, indem er einem großen Nikolausstrumpf drei Geschenke entnimmt – eine Thermosflasche, die eine Probe des giftigen Abwassers enthält, das aus Shrecks vermeintlich sauberer Textilfabrik in den Kanal fließt, wieder zusammengeklebte Dokumente, wonach Shreck mehr als die Hälfte aller feuergefährdeten Gebäude ohne Notausgänge in Gotham City besitzt, und schließlich die Hand seines verschollenen Geschäftspartners. Max Shrecks Bereitschaft, für *penguinman* ein »Willkommen-zu-Hause-Szenarium« zu organisieren, wird aber eigentlich dadurch vorbereitet, daß er plötzlich begreift, wie er sich den Fanatismus *penguinman* zunutze machen könnte. So entsteht eine Intrige, in deren Verlauf *penguinman* von den Bürgern Gotham Citys nicht nur in seiner Menschlichkeit anerkannt, sondern regelrecht als Retter in Zeiten der Not erscheinen wird. Max will der heimliche Herrscher von Gotham City sein, braucht dafür aber einen mit ihm aufgrund eigener Verbrechen bedingungslos verbündeten Bürgermeister. Der Aufstieg aus der Kloake soll als symbolische Fiktion des in die Heimat zurückgekehrten Sohnes die obszöne Kehrseite, die Korruption und Allmachtsphantasien des scheinbaren Gönners Max Shreck verdecken.

So inszeniert Burton das Emporsteigen des *penguinman* explizit als Spiegelverkehrung des Sturzes von Max Shreck in den unterirdischen Bereich, in dem alles Verdrängte sich verdichtet, um in die Welt über der Erde zurückzukehren. Abermals hält der Bürgermeister eine Ansprache, doch diesmal sitzen auf der Tribüne, die auf den Treppen des Rathauses aufgebaut wurde, nicht nur seine Mitarbeiter und Max Shreck, sondern auch seine Frau, mit ihrem jüngsten Sohn auf dem Schoß. Während der Bürgermeister das urbane

Chaos mißbilligt, dem alle Bürger Gotham Citys scheinbar hilflos ausgesetzt sind, und das Ende dieser Plage verspricht, öffnet sich langsam das Gitter eines Gullys. Burton schneidet direkt auf den Bürgermeister, der mit einer geübten pathetischen Geste auf seine Frau deutet, während er seinen Zuhörern verkündet, dies sei die Weihnachtszeit: die Zeit der Zusammenkunft und der Heilung. In dem Augenblick jedoch, in dem er verspricht, die Gewalt der vergangenen Nacht werde kein zweites Mal stattfinden, kehrt sie als Halluzination im Realen zurück, und zwar in der Figur eines Clowns, der plötzlich radschlagend auf der Tribüne aufgetaucht ist. Er entreißt der Frau des Bürgermeisters das Kind, haucht kurz in das Mikrophon, er sei kein Mann der großen Reden und würde sich deshalb bei allen nur bedanken, stürzt die Treppe hinunter und schlägt wieder durch die erstaunte Menge seine Räder, nun aber mit dem gestohlenen Kind im Arm. Er verschwindet ebenso plötzlich im geöffneten Gully, wie er aufgetaucht war. Nun hört man aus dem Off das Wortgefecht zwischen ihm und *penguinman*, der ihm scheinbar das Kind wieder entreißt, jedenfalls aus dem Gully emportaucht und, seinem Plan gemäß, von der Menge als Retter gefeiert wird. Dankbar nimmt die Mutter ihren Sohn zurück, während *penguinman*, Max Shreck zur Linken und den Bürgermeister zur Rechten, sich den Blitzlichtern der Fotojournalisten hingibt. Der verstoßene Sohn bringt den gestohlenen Sohn zurück, vereint die heile Familie des Bürgermeisters als Inszenierung seines Wunsches, die Weihnachtszeit möge auch für ihn Heilung bringen, und verleiht damit der von allen erwünschten symbolischen Fiktion Ausdruck, sowohl die Familie wie auch die Gemeinschaft könne harmonisch funktionieren. Ergriffen sagt er direkt in die Fernsehkamera: »Alles, was ich als Gegenleistung (›in return‹) verlange, ist die Möglichkeit, meine Eltern zu finden, herauszufinden, wer sie sind, und mit ihnen zu verstehen zu suchen, warum sie einem Kind das angetan haben, was sie scheinbar nicht vermeiden konnten, nur weil es ein wenig andersartig geboren wurde. Ein Kind, das sein erstes Weihnachtsfest und viele nachher in der Kloake verbracht hat.«

Wir sehen die Fernsehübertragung in dem für die Festtage geschmückten Wohnzimmer von Bruce Wayne, der ergriffen auf den Bildschirm starrt, während sein Butler Alfred, aus *Batman* bereits als väterlicher Beschützer bekannt, den Weihnachtsbaum schmückt. Mit dem Satz »Ich hoffe, er wird seine Eltern finden«, schlägt Mitleid in Rivalität um, die aus der von Max Shreck orchestrierten Intrige einen Wettkampf entstehen läßt zwischen dem von den Bürgern der Stadt als privilegierten Retter angerufenen Tier-Mensch *batman* und seinem Nachahmer *penguinman*.

Zunächst scheint die Rückkehr des verstoßenen Sohnes friedlich zu verlaufen. Er durchforstet im Archiv der Stadt (der *Hall of Records*) die Akten der wohlhabenden Familien nach den Namen der erstgeborenen Söhne. Zu Recht vermutet Bruce Wayne hinter dieser Recherche andere Motive als die Suche nach den Familienwurzeln. Mit gleichem Recht verweist der Butler Alfred darauf, daß Bruce Waynes Versuch, *penguinman* als Hochstapler zu entlarven, möglicherweise darauf zurückzuführen ist, daß sich ein Kampf der Rivalen anbahnt, in dem die Grenze zwischen einer für das Wohl der Stadt eingesetzten und einer nur der eigenen Erhöhung dienenden Gewalt zunehmend verschwimmen wird. Scharfsinnig fragt der Butler seinen Herrn, als spräche er mit Schneewittchens Stiefmutter, die keine Rivalin dulden will: »Müssen Sie das einzige einsame Mensch-Tier (*man-beast*) in der Stadt sein?«

Auf dem Fernsehschirm verfolgt Bruce Wayne, wie *penguinman* seinen Familiennamen und die daran geknüpfte Stellung innerhalb der Gesellschaft von Gotham City anscheinend erfolgreich zurückfordert. Wieder fährt Burtons Kamera auf ein verschlossenes Eisentor zu, vor dem eine Menschenmenge versammelt ist. Doch diesmal verharrt die Kamera hoch oben an der mit keinem Namen versehenen Spitze und zeigt uns durch die Stäbe hindurch in einer *high angle*-Totalen, wie *penguinman* sich einem Grabstein am hintersten Ende des Friedhofes nähert. Dann schneidet Burton direkt auf die pathosgeladene Selbstinszenierung: Der heimgekehrte Sohn legt am Grab der Eltern zwei Rosen nieder, wendet dann dieser Wohnstätte der Toten seinen Rücken zu und erklärt der Menge vor dem Tor, er ließe sich nicht mehr mit dem Titel »Mr. Penguin« anreden: »Ich bin ein Mann, ich habe einen Namen: Oswald Cobblepot.« Auf die Frage eines Reporters, wie er dazu steht, daß er mit seinen Eltern nicht abrechnen kann, erklärt er, die Augen nach oben richtend, ganz im Sinne der vom Bürgermeister vorgegebenen weihnachtlichen Stimmung der Heilung und Familienzusammenführung: »Ich verzeihe ihnen.«[7]

Die von Burton entfaltete Dialektik zwischen Heimkehr und der von ihr untrennbaren Rückkehr in den psychischen wie auch leiblichen Zustand des Exils benötigt jedoch das Durchspielen der phantasmatischen ebenso wie der symbolischen Fiktion, die den einer jeden Gemeinschaft innewohnenden traumatischen Kern, als Schutzphantasie entstellt, zum Ausdruck bringt. Diese unheimliche gegenläufige Kraft wird als sozialer Antagonismus ausgespielt, vordergründig als politischer Kampf zwischen Max Shreck und Bruce Wayne, der gegen Shrecks Kraftwerksprojekt opponieren wird und seinen Widerstand bereits mit dem Bürgermeister abgesprochen hat. Gleichzeitig ist diesem politischen Streit der auf mehrfache Weise ambivalente Kampf zwischen *penguinman* und *batman* überlagert. Dabei geht es einerseits um die Frage, welches Mensch-Tier den Titel ›offizieller Retter der Stadt Gotham‹ davontragen wird, und andererseits um Max Shrecks Begehren, uneingeschränkt seine Macht in Gotham City ausüben zu können. Über Oswald Cobblepot verschränken sich diese beiden Kampfszenarien: Bruce Wayne glaubt, in Max Shrecks neuem Protegé den Anführer der *red triangle gang* entdeckt zu haben, und begreift somit seinen Streit mit dem Warenhausbesitzer als die offizielle Seite des von ihm in seiner *batman*-Gestalt zu nächtlicher Stunde auf den belagerten Straßen der Stadt durchgeführten Kampfes gegen die ge-

---

7 Oswald lehnt den Namen *penguinman* mit der Begründung ab, ein Pinguin sei ein Vogel, der nicht fliegen kann. Aus dieser Aussage ließe sich nun rückwirkend das Fliegen der Burtonschen Kamera auch als medialen Verweis auf das von Oswald Cobblepot für sich erdichtete Phantasieszenarium lesen, endlich die ihm auferlegten Beschränkungen abschütteln zu können. Zwar kann er, wie im Verlauf der Handlung wiederholt gezeigt wird, selbst fliegen, aber nur dank seines motorisierten Regenschirmes.

walttätigen Clowns. Sein hartnäckiger Einspruch gegen Max Shrecks Kraftwerk löst die nächste Welle der Gewalt aus, die es dem korrupten Großunternehmer erlaubt, sein Anliegen gegen den Widerstand des Multimillionärs durchzusetzen, indem er seinen politischen Ehrgeiz mit Oswald Cobblepots Begehren, sein symbolisches Erbe zurückzufordern, verschränkt. Die letzte Phase des von ihm orchestrierten »Willkommen-zu-Hause-Szenariums« besteht in einer Kampagne, die den Heimkehrer als Bürgermeister von Gotham City zu etablieren sucht, zuvor jedoch den amtierenden Bürgermeister absetzen muß – in den Worten Max Shrecks, eine Art »Reichstagsbrand«.[8] Inmitten von Plakaten, die für seine Kandidatur werben, steht Oswald Cobblepot und betrachtet zuerst noch zögernd den von Shreck als provisorisches Zentrum für seine Wahlkampagne eingerichten Raum, der gerade von den freiwilligen Mitarbeitern und Image-Beratern verlassen worden ist. Plötzlich erfüllt ihn nicht nur die Vorfreude, daß er zum Bürgermeister gewählt werden wird, sondern ihn überfällt auch ein gänzlich entgegengesetzter obszöner Genuß. Mit dem Ausspruch »Burn, baby, burn!«

---

8 Eine der vielen dunklen ironischen Wendungen, die Burton in seine Filmversion des Comics einführt, dessen Entstehung in die Hochzeit des Dritten Reiches fällt, besteht darin, daß der machthungrige Geschäftsmann mit seinem deutsch klingenden Namen durchaus an die in die Emigration gezwungenen jüdischen Warenhausbesitzer Deutschlands erinnert, denen die NS-Propaganda nachsagte, sie seien mit auszurottenden Tieren zu vergleichen. Ebenfalls auf die faschistische Ikonographie verweisend, wird einer seiner treusten Mitarbeiter – der Leierkastenmann mit seiner als Musikinstrument getarnten Maschinenpistole – im Sinne des aus den Karikaturen der dreißiger Jahre bekannten stereotypen Juden gezeichnet. Die Dämonisierung Max Shrecks, die ihn an die Stelle der in der Kloake lebenden sozialen *freaks* umsiedelt, kann durchaus als Dekonstruktion des faschistischen Projektes der Rassensäuberung gelesen werden. (Schreck hieß übrigens auch der Fahrer von Adolf Hitler.) Burton spielt den Wunsch durch, die Grenze zwischen reiner und unreiner Rasse klar zu ziehen, als ein phantasmatisches Gewaltszenarium, das den traumatischen Kern, der einer jeden auf ungetrübte Rassenreinheit gerichteten Gemeinschaft innewohnt, ebenso sichtbar werden läßt, wie die Tatsache, daß nur eine totalisierende Lösung – das völlige Vernichten des heterotopischen Gegenlagers unter der Stadt – diese Differenz gänzlich tilgen kann.

leitet er die zweite Nacht der Gewalt ein, an deren Ende er nicht mehr nur als Retter eines Kindes emporsteigen wird, sondern als der einzige Mann, der anstelle des offensichtlich in seiner politischen Macht demontierten Bürgermeisters für Frieden in Gotham City sorgen kann.

Enter Selina Kyle

Unerwartet schaltet sich in dieses unheimliche »Willkommen zu Hause«-Szenarium eine weitere Kämpferin ein: Selina Kyle. Nach der Demütigung durch ihren Chef geriet sie auf dem Heimweg aus Shreck's Warenhaus in die erste Welle nächtlicher Gewalt, die *penguinman* noch vor seinem Pakt mit Max Shreck ausgelöst hatte. Im Gedränge der aufgeschreckten Menge verliert sie ihre Brille. Bevor sie sie wieder aufheben kann, hält unmittelbar in ihrer Nähe *batmans* gepanzertes Auto. Ein zweites Mal an diesem Tag wird sie das hilflose Objekt in einem Kampf zwischen Männern. Ein Mitglied der *red triangle gang* bedroht sie mit einem elektrischen Totschläger, um *batman* zu provozieren. Der nimmt die Herausforderung an und erschlägt den Bedroher. Selina bleibt nichts anderes übrig, als die Rolle der vom Ritter geretteten wehrlosen Damen zu akzeptieren. Auf ihren Versuch zu danken reagiert der Retter mit einem langen Blick, dann wendet er ihr wortlos den Rücken zu.

Selina ist abermals mit der ihr von einem Mann zugefügten narzißtischen Kränkung allein gelassen, und wieder bleibt ihr nur ein ins Nichts gesprochener ironischer Kommentar: »Nun, das war sehr kurz, wie mit allen Männern in meinem Leben«, erklärt sie dem ihr zu Füßen liegenden Clown. Während sie ihre Utensilien aufsammelt, fügt sie hinzu: »Was für Männer!«, und dieser Ausruf wird auch als Brücke zu ihrem vereitelten Gang in die Wohnung dienen. Tatsächlich hat ihr *penguinman* in dieser Nacht, wenn auch auf entstellte Weise, ein Weihnachtsgeschenk zukommen lassen. Bevor sie sich auf den Weg macht, entdeckt sie in der Hand des Verbrechers dessen elektrischen Totschläger, mit dem sie dem Toten einen Schock versetzt. Diese Geste unterstreicht noch einmal, wie wenig sie sich in dem auf einen einfachen Widerspruch zielenden Kampf der Männer durchsetzen kann, obwohl ein fröhliches Kichern erahnen läßt, daß sich in ihr ein Gesinnungswandel anbahnt.

Mit einem Schnitt in eine teilweise beleuchtete Wohnküche leitet Burton über zur Heimkehr seiner geplagten Heldin. Langsam geht die Tür auf, Selina streckt den Kopf herein, schaltet das Licht an und ruft, noch auf der Schwelle stehend, fröhlich in den leeren Raum: »Honey, ich bin zu Hause!« (»*Honey, I'm home!*«) – jenen Satz, mit dem in den Komödien der vierziger und fünfziger Jahre der vom harten Kampf am Arbeitsplatz heimkehrende Ehemann seine mit dem Abendessen wartende Gattin begrüßt. Erst als die Türe hinter ihr zufällt, fügt sie hinzu: »Ich vergaß, ich bin nicht verheiratet.« Dann wirft sie erschöpft Mantel und Tasche auf einen Stuhl, läuft zum Eisschrank und holt Milch für die Katze, die durch das Fenster über dem Waschbecken ebenfalls in die schützende Wärme von Selinas *home* zurückgekehrt ist. Das Miauen bezieht Selina sofort ironisch auf ihren eigenen Zustand. Während sie am Spülbecken lehnt und der Katze beim Trinken zusieht, schreibt sie ihr die gleiche geringe Selbsteinschätzung zu, die sie in den beiden vorhergehenden Szenen erfahren mußte: »Was? Wie kann jemand nur so bemitleidenswert sein?« Dann fügt sie hinzu: »Ja, auf dich wirke ich bemitleidenswert, aber ich bin ein *working girl*, und davon wird die Miete bezahlt!« – und drückt entschlossen, als würde sie eine dringende Nachricht erwarten, den Abspielknopf des Anrufbeantworters, schleppt sich ins Schlafzimmer, wo sie an einer an der Seitenwand hängenden großen rosa Neonschrift »Hello there« vorbeimuß, um zu ihrem Schrankbett zu gelangen. Als sie dieses herunterklappt, stört die körperlose Stimme ihrer Mutter Selinas Versuch, sich im *home* vor den Kränkungen der Arbeitswelt zu verstecken. Streng verkündet die Mutter vom Band ihre Enttäuschung, daß Selina zu Weihnachten nicht nach Hause kommen will, und knüpft daran eine weitere Erniedrigung der Tochter, indem sie deren Wegbleiben mit der traurigen Existenz einer unbedeutenden Sekretärin in Gotham City gleichsetzt. Während Selina die Kopfkissen aufs Bett legt, wehrt sie sich gegen die mütterliche Stimme, die ihre Rolle als eigenständig arbeitende urbane Frau stört. Korrigierend antwortet sie, sie sei eine niedrige Assistentin. Damit stimmt sie der Einschätzung der Mutter zu, weist jedoch zugleich darauf hin, daß sie, obgleich sie im Unterschied zu Bruce Wayne und Oswald Cobblepot keine Waise ist, kein glückliches Kindheitszuhause hat, in das sie während der Festtage zurückkehren möchte. Der nächste Anruf macht zudem deutlich, wie auch die Zukunft keine Erlösung in Form eines glücklichen Ehevertrages aus dem gescheiterten Wohnen in der Gegenwart verspricht. Eine männliche Stimme entschuldigt sich dafür, den geplanten gemeinsamen Urlaub absagen zu müssen. Selina, die beim Ertönen dieser Stimme erwartungsvoll lächelnd zum Telefon gelaufen ist, drückt nun wütend den Knopf, um weiterzuspulen. Eine Werbeansage erzählt von Gothams Lady Parfum, das Frauen erlaubt, sich wie echte Frauen zu fühlen, und den Männern keinen Anlaß zur Klage bietet. Erbost über diesen weiteren Verweis auf den unlösbaren Widerspruch, der ihr Leben als *working girl* heimsucht – die Unmöglichkeit, eine eigenständige, ihren Wunsch nach Selbstbestimmung auslebende Frau zu sein und gleichzeitig den Männern zu gefallen –, spult sie zur nächsten Nachricht weiter. Während sie neugierig den elektrischen Totschläger in ihren Händen hin und her wendet, hört sie ihre eigene Stimme, die sie daran erinnert, ein wichtiges Dokument im Büro vergessen zu haben. Nun ist der häusliche Frieden gänzlich gestört, doch für die Reise in die Nacht, die mit einer bedeutsamen Umwandlung zu Ende gehen wird, ist sie gewappnet. Als Ersatz für das warme Bett, zu dem sie am Anfang hindrängte, liebäugelt sie jetzt mit einer tödlichen Waffe, die sie allerdings von sich wirft, ehe sie vom Sofa aufspringt, Schuhe und Mantel wieder anzieht und dem *home* den Rücken zuwendet, das ihr weder ein befriedigtes Wohnen erlaubt noch sie vor den Stimmen von außen schützen kann, die sie darauf hinweisen, wie versehrt ihr emotionales Leben ist. Der Satz »*Honey, I'm home!*« stimmt nicht nur deshalb nicht, weil kein Liebling auf sie wartet, sondern auch, weil es ihr bislang unmöglich gewesen ist, sich in der von Männern dominierten Arbeitswelt gleichberechtigt einzurichten. Sie ist tatsächlich nicht in ihrer symbolischen Anrufung zu Hause und demzufolge auch dem trauten Heim, das diesen symbolischen Vertrag mitträgt, entfremdet.

Die Ortlosigkeit der nächtlichen Straße ist der angemessenere Schauplatz für ihre doppelte Enttäuschung: Ihr Traum einer geglückten Liebesbeziehung wie der einer erfolgreichen Arbeit haben sich in dieser weihnachtlichen Zeit als reine Illusion erwiesen. Noch einmal sehen wir »Shreck's« rot leuchten. Dann zeigt uns Burton, wie der Inhaber sich leise die unbeleuchtete Treppe zu seinem Büro

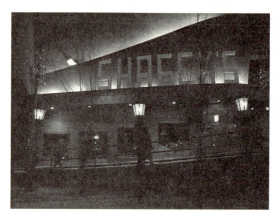

hinaufschleicht. Er entdeckt Selina Kyle, die vor der geöffneten, mit Akten gefüllten Hängeregistratur steht. Nun erweist sich seine Mutmaßung als berechtigt, diese Frau, die er wie ein Tier behandelt hat, sei noch nicht hinreichend an sein Haus gewöhnt worden. Shreck flüstert seiner Sekretärin die Frage ins Ohr, ob sie heute Überstunden machen würde, worauf Selina, gänzlich in eine Akte vertieft, erschreckt zu ihm aufblickt. Dann, als wolle sich die Botschaft des Unbehagens, die Selina bislang so geschickt zu verdrängen gewußt hat, nicht länger unterdrücken lassen, setzt die phantasmatische Umkehrung ihres Ehrgeizes, symbolisch von ihrem Chef anerkannt zu werden, ein. Sie gesteht Max Shreck, die gesamte Akte über das geplante Kraftwerk herausgeholt zu haben, inklusive der geschützten Dateien, denn für den nächsten Vormittag ist ein Termin mit Bruce Wayne, auf dessen Investition Max Shreck hofft, festgesetzt. Auf Shrecks ironischen Ausruf »Sehr geschickt!«

erzählt sie stolz lächelnd, wie sie sein Paßwort erraten hat. Sie treibt ihr gefährliches Katze-und-Maus-Spiel weiter, indem sie sich, noch immer die schüchterne Sekretärin mimend, an seinen Schreibtisch setzt, während er sie, an die Tischplatte gelehnt, überragt. Das, was sie dort vorgefunden habe, sei äußerst interessant, wenngleich für sie aufgrund der technischen Sprache auch sehr befremdend: Es werde dort ein Kraftwerk beschrieben, das nur so heiße, tatsächlich aber als riesige Anlage geplant sei, die Energie von Gotham City einzusaugen, aufzubewahren und im Sinne einer Vorratswirtschaft einzulagern. Shreck schüchtern anblickend, beendet sie ihren Bericht mit der Einschätzung: »Ein höchst ungewöhnlicher Versuch, würde ich sagen.« Auf Max' Frage: »Und wem würden Sie das sagen?« antwortet sie »Niemandem«, um ihm zu zeigen, daß sie, wohl wissend um seine Angst vor Entlarvung zu einem Pakt bereit ist. Er hingegen greift nochmals das als Insignium seines Warenhauses dienende Katzenbild auf: Wie kann zwischen einer stubenreinen und einer Straßenkatze unterschieden werden? Nachdem Selina, um dem so bedrohlich über ihr aufragenden Körper des Chefs auszuweichen, vom Stuhl aufgestanden ist, fragt er sie: »Was hat die Neugierde der Katze gebracht?«[9] Ihre eigene Hilflosigkeit preisgebend, erwidert sie: »Ich bin keine Katze, ich bin nur eine Assistentin, eine Sekretärin.«

In diesem Filmszenarium, in dem jeder der drei hybriden Spieler ständig mit der Frage beschäftigt ist, auf welche Bezeichnung er antworten will – seinen Familiennamen oder den Namen einer übergestülpten Tiermarke –, reagiert sie im Sinne der Freudschen Verneinung. Denn spätestens seit der Rückkehr in ihre Wohnung, als sie ihrer unbekümmert auf den Straßen der Stadt streunenden Katze die sexuelle Befriedigung, aber auch die Freiheit andichtet, die ihr wie eine Lücke im häuslichen Glück so offensichtlich fehlt,

---

9 Im Englischen lautet das Sprichwort »*curiosity killed the cat*«, worauf sich als Replik anbietet: »*satisfaction brought it back*«. Die Befriedigung, die sich daraus ergibt, der Neugierde nachzugehen, kann größer sein als jegliche Furcht vor Bestrafung.

erlaubt ihr gerade die Gestalt dieses Tieres innerhalb ihrer psychischen Realität gegen all die Kränkungen eine phantasmatische Fiktion der allmächtigen eigenständigen Frau zu entwerfen. So stellt Max Shreck nur den Katalysator dar für die Metamorphose, die sich in Selina Kyles Unbewußtem die ganze Zeit schon angebahnt hatte. Endlich kann dieses unheimliche Begehren materielle Gestalt annehmen. Selina, die sich vor der sie von vorn bedrohenden Figur ihres Chefs langsam rückwärts in Richtung Fenster zurückzieht, versichert Max Shreck, dieses Wissen wolle sie wie ein nur ihnen beiden vertrautes Geheimnis aufbewahren. Der skrupellose Geschäftsmann erwidert ihr, dieses Kraftwerk sei sein Vermächtnis an seinen ältesten Sohn, und nichts dürfe den Bau verhindern. Noch ein letztes Mal meldet sich Selinas unbewußtes Begehren in Form einer verschlüsselten Botschaft. Wie in den vorherigen Szenen regelrecht in die Enge getrieben, erklärt sie: »Machen Sie nur so weiter, versuchen Sie nur, mich einzuschüchtern, mich zu tyrannisieren, wenn es Ihnen das Gefühl von Stärke vermittelt. Schließlich ist es nicht so, als könnten Sie mich einfach umbringen.« Max scheint die erste Runde dieses Wortgefechts zu gewinnen, denn mit dem Satz: »Genauso ist es«, beugt er sich zu ihr, tritt dann lachend wieder zurück, stößt sie aber in dem Augenblick, als auch sie erleichtert zu lachen begonnen hat, mit seinem Oberkörper gewaltsam nach hinten, so daß sie durch die Glasscheibe auf die Straße stürzt.

Zwei Katzenbilder sind während Selina Kyles Sturz zu sehen – der riesige sich drehende, lachende Katzenkopf auf dem Dach, den sie, rücklings fallend, die ganze Zeit vor Augen hat, und ein ähnlicher lachender Katzenkopf auf der roten Markise, die Selina einen kurzen Augenblick aufhält, ihren Aufprall auf der verschneiten Straße aber nicht verhindern kann, als wolle Burton die traumatische Erfahrung des symbolischen Todes visuell dadurch hervorheben, daß selbst eine letzte Schutzdichtung der Heftigkeit ihres Sturzes nicht standhalten kann. Bei den Tieren findet Selina wie Oswald den angemessenen Wohnort, nachdem sie gewaltsam aus dem Warenhaus geworfen wurde, welches das harmonische Funktionieren der symbolischen Gemeinschaft von Gotham City repräsentiert. In

Scharen kommen die Straßenkatzen angesprungen, schlecken, zupfen und knabbern miauend an ihrem Körper, bis dieser zu neuem Leben erwacht. Erstaunt und milde lächelnd öffnet Selina wieder ihre blauen Augen. Wie Oswald kehrt sie aus der tödlichen Verbannung zurück, um ihrem Widersacher in phantasmatischer Gestalt das von ihm an ihrem Leib so radikal verworfene Wissen um die eigene Versehrtheit zurückzumelden. Doch sie wird ihm nicht nur die Botschaft des Scheiterns seines Kraftwerk-Projektes überbringen, sondern auch seinen eigenen Tod.

Noch einmal kehrt Selina nach Hause zurück, wobei die neue Szene auf phantasmatische Weise der Lücke in ihrem trauten Heim materielle Gestalt verleiht. Abermals zeigt Burton aus der Perspektive der teilweise beleuchteten Wohnküche, wie Selina die Haustür öffnet, doch diesmal bleibt sie, als wolle sie die Abwandlung ihres Heimkehrrituals betonen, im Rahmen der geöffneten Türe stehen und flüstert nur »Honey, ich bin zu Hause«, während ihr Gesicht im Schattendunkeln verborgen bleibt. Erst dann schaltet sie das Licht an und fügt den zweiten Teil des Begrüßungsrituals, ebenfalls flüsternd, hinzu: »Ich vergaß, ich bin nicht verheiratet.« Diesmal läßt sie die Wohnungstür offen, Mantel und Schlüssel fallen zu Boden, beim Einschalten des Lichtes stürzt die Lampe von der kleinen Kommode neben dem Eingang. Es ist, als wäre zusammen mit Selina die Kraft der Zersetzung in ihr trautes Heim eingetreten. Schlafwandlerisch geht Selina direkt auf den Eisschrank zu, schüttet, auf das Miauen ihrer Katze reagierend, Milch auf den Boden, anstatt sie sorgfältig, wie in der ersten Szene, in den Napf zu gießen, beginnt vor allem aber selber, so gierig aus dem Karton zu trinken, daß die Milch ihren Hals entlang auf ihr Kleid fließt. Wieder hört sie den Anrufbeantworter ab, doch diesmal zieht es sie nicht sofort zu ihrem Bett. Weiterhin aus der Milchpackung trinkend, hört sie die Stimme ihrer Mutter fragen, warum sie nicht zurückgerufen habe. Die Zerstörungslust von Selina wird aber endgültig von der zweiten Werbeansage ausgelöst, die Gotham Lady Parfum anpreist: »Ein Hauch davon, und ihr Chef wird sie bitten, nach der Arbeit im Büro zu bleiben und mit ihm bei Kerzenlicht zu speisen.«

Der Hinweis, dieses Parfum sei ausschließlich in Shrecks Warenhaus zu beziehen, läßt sie den Milchkarton auf den Anrufbeantworter werfen. Dann reißt sie ihn samt dem Telefon aus der Wand. Als nächstes nimmt sie die Stofftiere vom Sofa und stopft sie in den Abfluß ihres Küchenspülbeckens, wo ein elektrischer Zerhäcksler sie zerstückelt und im Abwasserkanal verschwinden läßt. Zum erstenmal wirklich strahlend, betrachtet Selina die Stofftierfragmente, die ihr aus dem Abfluß ins Gesicht fliegen, bevor sie mit der Bratpfanne die Bilder und ein verspiegeltes Regal, auf dem allerlei Nippes standen, von der Wand schlägt. Während einige Katzen durchs Küchenfenster kommen, nimmt sie eine Spraydose mit schwarzer Farbe und sprüht Graffiti auf ihre rosafarbene Wand sowie die Tür des Kleiderschrankes. Dann besprüht sie ein mit niedlichen Kätzchen bedrucktes rosarotes T-Shirt und wühlt wild zwischen ihren Kleidern, bis sie einen schwarzen Lackledermantel gefunden hat. Mit diesem unter dem Arm betritt sie ihr Schlafzimmer. Diesmal sehen wir von vorn, wie sie über die Schwelle in den intimsten Teil ihres *home* tritt, doch während sie am rosafarbenen Neonzeichen vorbeigeht, schlägt sie wie beiläufig zwei Buchstaben herunter.

Der nächste Schnitt zeigt ein gelb bezogenes Bett in einem putzigen Erkerzimmer, das langsam mit schwarzer Farbe besprüht wird, und während Burtons Kamera rückwärts fährt, erkennen wir, daß Selina gerade am paradigmatischen Objekt der glücklichen Kindheit schlechthin – der Puppenstube – Hand anlegt. Auch diese wird zertrümmert und auf den Boden geworfen, als letztes Beispiel dafür, wie Selina die von diesem Spielzeug repräsentierte symbolische Fiktion, man könne auf harmonisch regulierte Weise ein *home* bewohnen, nicht nur als illusionäre Ideologie entlarvt, sondern für sich auch ablehnt. Noch einmal wird deutlich, warum der Satz »Honey, ich bin zu Hause« nicht stimmt. Ihre Stelle in der Welt läßt sich nicht mit dem Begriff *home* zusammen denken. Die Lücke im Familienglück, die ihre Wohnung immer schon heimgesucht hatte, obgleich dieser traumatische Kern durch eine heimelige, gemütliche Atmosphäre abgedeckt werden konnte, bricht nun durch, wenn sie die diese Schutzdichtungen materialisierenden Gegenstände –

die Fotos der liebevollen Eltern, die Spielzeugreproduktion des schützenden Wohnortes, die ersten Objekte ihrer kindlichen Liebe, die Puppen, zerstört.

Auch für sie setzt ein auf Selbsterhöhung ausgerichtetes Phantasieszenarium ein, in dem sie jedoch alles, was auf eine geglückte Verortung im trauten Heim verweist, mit Gegenständen austauscht, die dessen Spiegelverkehrung – die geglückte, uneingeschränkte Entortung – zelebrieren: An die Stelle der mütterlichen Stimme tritt die Katzenschar, die sich im Haus und vor dem Fenster versammelt hat. Und statt des Puppenhauses baut sie nun ihre Nähmaschine auf, um sich aus dem Regenmantel eine unheimliche Behausung zu schneidern – jenen schwarzen Lackanzug, der ihr, wie Bruce Wayne das Fledermaus-Kostüm, erlaubt, durch das Insignium von Shrecks Warenhaus scheinbar geschützt, in den nächtli-

chen Straßen den Kampf mit ihren männlichen Widersachern aufzunehmen.

Von außen fährt Burtons Kamera auf ihr Schlafzimmer zu. Nun hat sich die Botschaft des rosaroten Neonzeichens geändert: Statt dem »Hello-There«, das ihre Bereitschaft, sich einem Harmonisierungsverlangen zu beugen, bezeugte, erscheint jetzt grell an der Seitenwand die Botschaft »Hell-Here«. Plötzlich tritt Selina in ihrem neuen Gewand hinter dem Fenstervorhang hervor und steht wie Bruce Wayne in der Szene seiner Anrufung unter dem verwan-

delten Neonzeichen, unter dessen Schirmherrschaft sie sich zu einer neuen, selbstauferlegten symbolischen Anrufung bekennt. Auf ihrem und dem gegenüberliegenden Fenstersims haben sich Straßenkatzen niedergelassen, als habe *catwoman* eine Bühne betreten, von der aus sie ihren Hofstaat ansprechen kann. Sich verführerisch streckend, erklärt sie: »Ich weiß nicht, wie es Ihnen geht, Miss Kitty, aber ich fühle mich so viel wohler.« Den erotischen Genuß wird sie, wie die von ihr angesprochene Mitbewohnerin ihres *home,* auf der nächtlichen Jagd suchen.

So erscheint *catwoman* wie die Spitze einer Triade, die sie mit den anderen beiden unheimlichen Mischlingen bildet. Genauer, sie nimmt eine Stelle im Schlachtfeld des belagerten Gotham City ein, die sie in Verbindung zu den beiden Rivalen *batman* und *penguinman* setzt, sie gleichzeitig aber auf einer diesem einfachen Widerspruch übergelagerten Ebene erscheinen läßt. Steigt *penguinman* aus der Kloake empor, um den Wohnsitz seiner Eltern zu fordern, fühlt sich *batman* aufgrund seiner inneren Spaltung in seinem Familienwohnsitz fremd, so stellt *catwoman* das Verhältnis zu dem als *home* deklarierten Ort dar, das bereits Ethan Edwards in John Fords *The Searchers* verkörperte: Sie kehrt ihrem Zuhause freiwillig den Rücken zu. Doch anders als Fords Held braucht sie keinen Gegner, der stellvertretend für sie dieses *home* gewaltsam zerstört. Sie zieht nicht in den Kampf, um die symbolische Fiktion eines harmonisch geregelten *home* zu verteidigen, zumal es für sie kein in sich stimmiges *home* geben kann: Ihr Wunsch, als Frau geliebt und gleichzeitig in ihrer Andersartigkeit anerkannt zu werden, stellt einen unlösbaren Widerspruch dar. Im Gegensatz zu den männlichen Spielern von Burtons Film-Comic weiß sie, daß es keinen Schutz gegen den traumatischen Kern im Herzen eines jeden Identitätsentwurfes gibt, aufgrund dessen man sich immer stückweise fremd ist. Zugleich erkennt sie an, daß jeder Wohnsitz in einer symbolischen Gemeinschaft immer nur provisorisch sein kann. Sie tauscht die illusionäre und somit auch immer enttäuschende Vorstellung, im trauten Heim geborgen zu sein, gegen eine bei den Straßenkatzen entlehnte Form des Wohnens ein. Sie muß ihr *home* weder gänzlich zerstören, noch muß sie sich in dessen beklemmender Idylle eingesperrt fühlen, da sie die Brüchigkeit der symbolischen, der psychischen und der leiblichen Behausung zum Insignium ihres *home* schlechthin gemacht hat. Oben an ihrer Wand steht weder der Name des Hausherrn wie auf dem Anwesen der Cobbleplots, noch ein Ortschild wie über dem Zoo, noch leuchtet hier dank einer komplexen Maschinerie ein Emblem der Macht wie in der Bibliothek, in der Bruce Wayne zu neuen Taten erwacht. Nach ihrer Verwandlung steht ihr Wohnsitz eindeutig unter dem Zeichen eines unlösbaren Antagonismus – *Hell Here*. Wie *penguinman* wird auch ihr Kampfszenarium von der obszönen Lust getragen, sich an demjenigen, der sie zu Fall gebracht hat, zu rächen, wie sie auch den Ehrgeiz des verworfenen Sohnes teilt, als ein vollständig ermächtigtes Subjekt behandelt zu werden und nicht mehr die unterwürfige Rolle der von den Geschäften der symbolisch anerkannten Mitglieder der Gemeinschaft ausgegrenzten Frau zu spielen. Der wesentliche Unterschied zu den beiden anderen Mischlingen liegt hingegen darin, daß sie den Riß, der sich aufgrund des traumatischen Erlebnisses ihres Sturzes aus Shrecks Warenhaus – somit aus dem symbolischen Gefüge der Gemeinschaft – aufgetan hat, gar nicht mit einer Schutzdichtung des Rettertums kitten möchte. Sie setzt alles aufs Spiel, um die Heterotopie, die ihr von den nächtlichen Straßen und Dächern Gotham Citys geboten wird, uneingeschränkt zu genießen.

Wenige Sequenzen später führt uns Burton vor, wie Selina Kyle sich als Verteidigerin bedrohter Frauen inszeniert. Auch diese Szene wird wie eine Wiederholung präsentiert, die man als Bewältigungsphantasie einer vorhergehenden Kränkung lesen muß. Eine Passantin wird plötzlich von einem Verbrecher, der sie ausrauben möchte, in eine Seitenstraße gezerrt und gegen die Wand gepreßt. Plötzlich taucht hinter ihm eine Figur auf, die wir zunächst nur als einen gegen die Wand geworfenen Schatten erkennen. Der Mann wendet sich der sonderbaren Gestalt, die ihn herausfordert, zu. »Sei sanft zu mir. Es ist mein erstes Mal«, schnurrt sie, tritt ihm jedoch gleichzeitig mit den Füßen ins Gesicht. Nun befindet er sich in der gleichen Position wie die bedrohte Frau, aber auch wie Selina während des Angriffes durch ein Mitglied der *red triangle band*: mit dem Rücken zur Wand. Nachdem sie mit den an ihrem Handschuh angebrachten messerscharfen Krallen dreimal über sein Gesicht gefahren ist, sinkt der Angreifer ohnmächtig zu Boden. *Catwoman* macht der jungen Frau Vorwürfe, statt ihren Dank entgegenzunehmen: »Du machst es ihnen so leicht, nicht wahr? Wartest immer auf einen *batman*, der dich retten soll.« Spiegelverkehrt zu *penguinman*, der der Menschenmenge, die ihn am Grab seiner Eltern beobachtet hat, erklärt, sein Name wäre Oswald Cobblepot, nutzt Selina Kyle diese Szene, um eine Botschaft über die Geburt ihres tierischen Alter ego in die Welt zu schicken: »Ich bin *catwoman*. Hör nur mein Gebrüll.« Wie *batman* einst sie verlassen hat, läßt nun sie die gerettete Frau allein zurück, aber sie kehrt ihr nicht einfach den Rücken, sondern tritt radschlagend ab. Das erlaubt ihr, mit dem Gesicht zum Gegenüber in Saltos nach hinten zu kreisen – die perfekte Bewegung dafür, daß sie sich von Männern nie wieder an eine Wand drängen lassen wird. Der Raum, der sich hinter ihr auftut, ist die Freiheit der nächtlichen Straße.

Ein zweiter Kampfschauplatz tut sich auf

So treffen in der zweiten Nacht der Gewalt, mit der Max Shreck den Reichstagsbrand in Gotham City nachstellen läßt, nicht zwei, sondern drei Kämpfer aufeinander. *Penguinman* gibt den Mitgliedern der *red triangle gang* den Auftrag, die kleinen Läden der Stadt zu verwüsten und anzuzünden. Daraufhin kehrt auch *batman* nach Gotham City zurück, um die Bürger gegen diesen Angriff zu verteidigen. Inmitten dieser auf offener Straße ausgetragenen Kämpfe taucht nun auch *catwoman* auf. Leichtfüßig hüpft sie unter einem der an der Seite von Shreck's Warenhaus befestigten sich drehenden Katzenkopf hervor. Gelassen geht sie zuerst nur am Schaufenster entlang. Dann schneidet Burton auf eine Glasscheibe, auf der das Shrecksche Emblem in weißer Farbe aufgetragen ist. Zuerst meinen wir mit unserer Heldin weiterhin im Außenraum zu sein, doch dann taucht *catwoman* plötzlich hinter dem lachenden Katzengesicht auf, legt die als Katzenpfoten getarnten Hände gegen die Scheibe und blickt, als würde sie dem Symbol eine phantasmatische Materialität verleihen, genau durch das weiß gemalte Gesicht hindurch in das Innere des Warenhauses. Diesem überlagert erscheint ihr Gesicht wie der innere Kern des Emblems, und tatsächlich wird sie in der folgenden Sequenz in das Gebäude, in dem sie von jetzt an auch nicht stubenrein sein will, einbrechen und es von innen heraus zerstören.[10]

---

10 Im amerikanischen Original funktioniert die von Burton inszenierte Korrespondenz zwischen Wort und Visualisierung dadurch, daß der Ausdruck für stubenrein das Wort »brechen« (»*to break*«) direkt mit enthält. Wie bereits erwähnt erklärt Max Shreck in der Anfangssequenz: »*I'm afraid my secretary hasn't been properly housebroken.*« Er wirft somit das Wort auf, das dann in Form eines Einbruches in sein Haus (»*breaking into the house*«) und schließlich in das Zusammenbrechen seines Hauses visuell umgesetzt zurückschlagen wird.

Somit inszeniert sie die Rückkehr des von ihrer Neugier verkörperten Antagonismus, der ausgeschlossen werden muß, damit die von Max Shreck errichtete symbolische Fiktion eines harmonisch funktionierenden Geschäftes aufrechterhalten werden kann. Zunächst zertrümmert sie nur einige Schaufensterpuppen. Doch nachdem sie die Wächter, die sie bei ihrem Überfall überraschten, mit ihrer Peitsche in die Flucht gejagt hat, geht sie zu ihrem eigentlichen Geschäft über.

Burton schneidet daraufhin die zwei Kriegsschauplätze aneinander: Abwechselnd sehen wir *batman* im Kampf mit den von *penguinman* entsandten Schlägern – einen davon jagt er mit Dynamit in die Luft – und *catwoman*, die in der Küchenabteilung einen Gaskanister entdeckt und die tödlichen Dämpfe sich in den Innenraum ausbreiten läßt. Die beiden Szenarien scheinen nichts miteinander zu tun zu haben, bis *batman* seinen Widersacher endlich vor Augen hat und die beiden Mensch-Tiere zu einem Wortgefecht ansetzen, dabei aber von der sich ihnen radschlagend nähernden *catwoman* unterbrochen werden. Nun erkennen wir aufgrund des Gegenschnitts, mit dem *catwoman* von der Kamera frontal aus der Totalen aufgenommen wird, daß das vertraute Gespräch zwischen *penguinman* und *batman* unter der symbolischen Schirmherrschaft des roten Neonzeichens »Shreck's« stattgefunden hat, allerdings vom Haupteingang des Warenhauses durch eine Straße getrennt.

Sowie nun *catwoman* knapp vor dem Trottoir, auf dem die beiden Mensch-Tiere stehen, angelangt ist, fliegt das Gebäude, das das Zentrum des Konflikts, nämlich die korrupte Politik Max Shrecks repräsentiert, hinter ihr in die Luft. Anders als Debbie in *The Searchers*, die zwischen den sie suchenden Familienmitgliedern und den Anführern ihrer neuen Gemeinschaft Frieden stiften möchte, weil sie gleichzeitig beiden von diesen Männern vertretenen geokulturellen Orten emotional angehören kann, greift die als *catwoman* maskierte Selina Kyle in den einfachen Widerspruch des männlichen Kampfes ein. Im Gegensatz zu Debbie tut sie dies, um dort einen ambivalenten Kriegsschauplatz zu eröffnen, der zwar durchaus Allianzen mit dem einen oder dem anderen Kämpfer erlaubt, im Grunde aber von seinem eigentlichen Ziel – der Zerstörung Max Shrecks – nicht abweicht. Dies führt nicht dazu – wie für die Abschlußszene noch genauer gezeigt werden soll –, daß sie ihren partikularen Streit mit dem korrupten Warenhausbesitzer schließlich doch einer allgemeinen Gesetzlichkeit unterordnet, die eine klare Grenze zwischen gerechtem und obszönem Gesetz zieht und die symbolische Fiktion einer wiederhergestellten Ordnung stützt. Im Gegenteil: Weil sie bis zum Schluß auf ihrem gewaltsamen Begehren besteht, verunmöglicht sie einen Krieg mit klaren Fronten.

In dem Wettkampf, der sich nun zwischen *batman* und *catwoman* ergibt, nachdem *penguinman* die Szene fluchtartig verlassen hat, kann die Grenze zwischen politisch motiviertem Kampf und Liebesduell nicht mehr gezogen werden. Sie sind auf das Dach eines nahegelegenen Hauses geklettert und kämpfen zunächst noch, wie sie es in den vorangegangenen Szenen getan haben. Nachdem *batman* seine Gegnerin zu Boden geworfen hat, wirft sie ihm vor: »Wie konnten Sie das tun, ich bin doch eine Frau.« Plötzlich bricht Bruce Waynes Empathiefähigkeit durch den Panzer seines Fledermausanzugs: Er entschuldigt sich. Ihr Einwurf entpuppt sich jedoch als listiges Spiel der Katze mit der (Fleder-)Maus. Mit neuer Kraft springt sie vom Boden auf. Ihre geschickten Peitschenschlägen zwingen *batman* dazu, rückwärts vom Dach zu fallen. Sie fängt sein linkes Handgelenk mit ihrer Peitsche ein und sagt zu dem

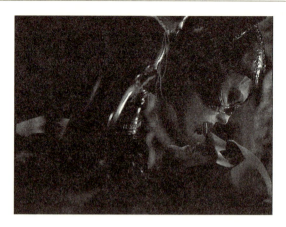

von ihrer Gnade abhängigen Mann von oben herab: »Wie ich gerade sagte, ich bin eine Frau und will nicht, daß man sich meiner auf selbstverständliche Weise sicher wähnt.« *Batman* besprüht sie mit einer ätzenden Säure, so daß sie selbst in den Abgrund zu stürzen droht und nun ihrerseits von ihm aufgefangen werden kann.

Noch einmal vermischt *catwoman* die Technik des Männerkampfes mit den Waffen weiblicher Verführung, und wieder läßt sich *batman* durch den Registerwechsel täuschen. »Wer sind Sie? Wer ist der Mann hinter der Fledermaus?« flüstert sie betörend. »Vielleicht können Sie mir helfen, die Frau hinter der Katze zu finden.« Zärtlich streicht sie mit ihrer tatzenartigen Hand seinen gepanzerten Körper, bis sie eine Stelle entdeckt zu haben glaubt, von der sie behaupten kann: »Dort ist der Mann.« Bruce Waynes menschliche Seite bricht erneut durch, nicht aber seine galante Höflichkeit, sondern sein Liebesbegehren. Für einen Augenblick flackert in den Augen des maskierten Tier-Menschen die Hoffnung auf, er könne den einfachen Streit des Kriegsschauplatzes zugunsten einer Liebesszene verlassen, in der sich die beiden Gegenspieler wahrhaft erkennen würden. Doch *catwoman* will die Jagd, nicht die Beute. Mit einem zielsicheren Schlag trifft sie ihren sentimentalen Gegner mitten in den Bauch, worauf dieser ohne zu zögern in die Rolle des unbesiegbaren Kriegers zurückfällt und sie von der Kante des Gebäudes, auf der sie beide so prekär plaziert waren, in den Abgrund stürzt. Dieses Mal fällt sie rückwärts auf einen Wagen voller Sand, der gerade auf der Straße vorbeifährt. Ein leises Lachen löst sich aus ihrem Mund, während sie feststellt, von Katzenstreu gerettet worden zu sein, dem Material der Stubenreinheit.

Wie sehr alle Versuche, klare Fronten abzustecken, mit dem Auftritt der *catwoman* getrübt worden sind, wird in der auf diese zweite Nacht der Gewalt folgenden Fortführung der Intrige des *penguinman* deutlich. Auch die nun zum zweitenmal aus einem tödlichen Sturz lebend zurückgekehrte Frau führt den obszönen Genuß von Gewalt vor, der den traumatischen Kern im Herzen des offiziellen symbolischen Gesetzes in Form einer phantasmatischen Figurierung zum Ausdruck bringt. Auch sie genießt die Zerstörung des öffentlichen Raumes, um dessen symbolische Anerkennung sie in ihrer nicht-maskierten Erscheinung ringt. Auch sie verflüssigt die Trennung zwischen monströser Friedensstörung und heilender Verteidigung. Mit ihrer Rückkehr tritt auf eine nicht mehr abzudeckende Weise auch jener antagonistische Kern an die Oberfläche, der in den letzten Kapiteln als die eine Gemeinschaft gründende Gewalt bezeichnet wurde. Sie übersetzt die Erkenntnis des antagonistischen Kerns nicht in eine Forderung danach, das ihr zustehende symbolische Mandat zu erhalten (*penguinman*) oder aufrechtzuerhalten (*batman*). Sondern sie besteht darauf, die Gewalt, die andere ihr angetan haben, in gleicher Münze zurückzuzahlen. Während *penguinman* aus der Kloake als Vertreter des dort abgelagerten Mülls zurückkehrt, um im Interesse der dort aufbewahrten Korruption ein obszönes Gesetz durchzusetzen, und *batman* von der Peripherie der Stadt als normative Gesetzlichkeit gegenüber diesem obszönen Gesetz zurückkehrt, verdeutlicht *catwoman*, daß die Gewalt, die von den drei Mischlingen ausgeht, zwar widerstreitende politische Interessen verfolgt, strukturell aber vergleichbar ist: Sie macht ungeachtet der eigentlichen politischen Intention die Kontingenz wie auch den realen Antagonismus der Zerstörung sichtbar. *Catwoman* sprengt Max Shrecks Warenhaus in die Luft und läßt so das die Macht des politischen Gegners von Bruce Wayne repräsentierende symbolische Gebäude zusammenstürzen. Doch sie will nicht Waynes Glauben an die Fiktion einer harmonisch regulierbaren Gesetzbarkeit stützen, sondern gerade das Morsche im Gesetz hervorheben. Sie ist aus ihrem tödlichen Sturz zurückgekehrt, um allen männlichen Streitern die Begrenztheit ihrer Phantasie, unbesiegbar zu sein, zu demonstrieren. Damit bringt sie den verdrängten Kern aller auf Erhöhung und Ehrgeiz ausgerichteten Wunschphantasien zum Ausdruck. Mit der Einführung des *gender trouble* in den Männerkampf bewegt sie wiederholt ihre Mitspieler dazu, eine politisch motivierte Allianz mit einem Liebespakt zu verwechseln. In letzter Instanz widersetzt sie sich jedoch allen Bündnissen.

Wie sehr sie die selbstherrliche Siegerphantasie der anderen Mischlinge verunsichert, dabei aber erneut aus der eigenen Allmachtsphantasie stürzt, zeigt sich besonders deutlich in der dritten Nacht der Gewalt. Am Tag, nachdem *batman* sie vom Dach gestoßen hat, geht *catwoman* mit *penguinman* einen Pakt ein, um ihren gemeinsamen Rivalen *batman* öffentlich zu demütigen. Über das Fernsehen fordert *penguinman* den Bürgermeister heraus, in der folgenden Nacht erneut die Lichter des Weihnachtsbaums anzünden zu lassen, als symbolische Geste dafür, daß in Gotham City trotz der Gewaltwelle weiterhin Recht und Ordnung herrschen. Obgleich er zugibt, nicht mehr an die Macht des Bürgermeisters zu glauben, richtet er eine zweite heimliche Herausforderung an *batman*. Direkt in die Kamera blickend, spricht er seinen Wunsch aus, *batman* möge dafür sorgen, daß die Feier friedlich vonstatten geht.

Am Tag der ominösen Zeremonie läßt sich Selina Kyle von Bruce Wayne, der sie zufällig vor einer Puppenstube in einem Schaufenster antrifft, zum Abendessen einladen. Er hatte bereits bei ihrer ersten Begegnung in Max Shrecks Büro zum erstenmal einen tief verborgenen Wunsch nach häuslichem Glück in ihr zu erkennen geglaubt. Obwohl sie jeweils die Maskerade des anderen noch nicht durchschauen, ist es in diesem Augenblick für beide, als wollten sie – um die Formulierung Mladen Dolars aufzugreifen – die andere Seite der im Liebesduell erfahrenen Extimität, nämlich das Wunder der Liebe als Ort einer tiefen Wahrheit, erleben als ein vom Anderen ausgehendes Zeichen des Schicksals.

Auf den Kampf über den Dächern der Stadt folgt eine Verführungsszene am Kamin von Bruce Wayne. Vor einer Schale, die mit roten Äpfeln gefüllt ist, erzählt Bruce der rätselhaften Selina, wie seine letzte Liebesbeziehung daran scheiterte, daß sowohl er wie seine Geliebte Schwierigkeiten hatte, die beiden Wahrheiten, die seine Identität ausmachen, miteinander zu vereinbaren. Die von ihm angedeutete »Schwierigkeit mit der Dualität« versteht Selina als Zeichen, sich ihm leidenschaftlich im Kuß hinzugeben, da sie selber die Grenze zwischen ihrer nicht-maskierten Erscheinung und der ihres tierischen Alter Ego immer weniger ziehen kann. Obgleich sowohl Selina als auch Bruce – im Gegensatz zu Oswald Cobblepot, der sich zwar ein neues symbolisches Gewand anlegen kann, dennoch aber ein leiblicher *freak* bleibt – zwischen ihren zwei Bekleidungen hin und her wechseln können, setzt sich die Kampflust gegen die romantische Liebe als das stärkere Begehren durch. Sie brechen ihr Liebespiel erneut ab. Einerseits, weil sie die Wunden verbergen wollen, die sie sich gegenseitig, wenngleich auch unwissentlich, während ihres ersten kämpferischen Treffens zugefügt haben, andererseits, weil beide die Fernsehnachricht, die Eisprinzessin, die in dieser Nacht die Lichter des Weihnachtsbaums erneut anzünden sollte, sei entführt worden, als eine Anrufung anerkennen. Fluchtartig verlassen sie den warmen schützenden Platz am offenen Kamin, zuerst springt Bruce aus unerklärlichen Gründen plötzlich auf, dann stürzt Selina, die – sowie sie allein ist – eilig ihre Sachen zusammensucht, ohne eine Erklärung aus dem Wohnzimmer. Darin besteht die tragische Logik ihrer Liebe: Sie fühlen sich auf unheimliche Weise voneinander angezogen, weil sie tatsächlich die Wahrheit des anderen – ein in sich aufgrund einer doppelten Anrufung gespaltenes Subjekt zu sein – teilen. Außerdem ähneln sie sich auch darin, daß sie ein Ausagieren des phantasmatischen Kampfszenariums, das der symbolischen Fiktion der Liebe wie ein unlösbarer antagonistischer Kern innewohnt, einer diese traumatische Wahrheit verneinenden romantischen Liebe vorziehen.

Treffen werden sie sich erst wieder auf einer Dachterrasse, wo die Eisprinzessin von *penguinman* an einen Stuhl gefesselt ist. Im

Kampf darum, wer diesmal die bedrohte Frau retten wird, bleibt *catwoman* Siegerin. Mit der Peitsche um deren Hals zerrt sie die verschreckte Frau auf das Flachdach des Hochhauses und setzt sie auf der schmalen Kante der steinernen Balustrade ab. Dort steht sie mit dem Rücken zu einem tiefen Abgrund, unfähig, allein von der meterhohen Steinmauer auf den sicheren Boden des Daches zu springen, und deshalb darauf wartend, daß *batman* sie retten wird. Doch bevor er nah genug ist, erscheint *penguinman*, wirft einen Schirm direkt vor die Füße der gefährdeten Frau, der sich beim Aufprall öffnet, so daß eine Schar Fledermäuse herausfliegt. Nun verliert die Eisprinzessin tatsächlich ihre Balance. Sie stürzt rückwärts direkt auf die rote Box, die wie in der Anfangsszene auf der Tribüne, auf der auch der Bürgermeister steht, um seine Ansprache zu halten, den Lichtschalter enthält. So zündet sie ein zweites Mal, wenn nun auch als Leiche, die Lichter des Weihnachtsbaumes an. Im Lichtkegel des Scheinwerfers, mit dem die Polizei versucht hatte, die entführte Eisprinzessin ausfindig zu machen, taucht die Gestalt *batmans* auf, so daß die Menge auf dem Platz ihn für den Mörder der Prinzessin halten muß. Als Höhepunkt der von seinem Rivalen inszenierten öffentlichen Degradierung stürzen in dem Moment, in dem der Weihnachtsbaum erneut beleuchtet ist, weitere bedrohliche Fremdkörper auf die Stadt nieder: eine riesige Schar Fledermäuse, vor der die Menschen wie vor der Gewalt der *red triangle band* fliehen. Zwei Polizisten, die plötzlich auf das Dach gestürzt kommen, feuern auf den vermeintlichen Mörder, der nun selbst über die Balustrade stürzt, jedoch nicht wie die Eisprinzessin in die Tiefe, sondern auf ein Schrägdach, das zu einer anderen Dachterrasse führt.

Auf dieser Terrasse setzt *catwoman* ihr verführerisches Liebesduell fort. Während *batman* mit dem Rücken auf dem Steinboden liegt, verhöhnt sie ihn zunächst, küßt ihn aber, nachdem beide den Mistelzweig an einer aus einem Schornstein ragenden Antenne entdeckt haben. Daraufhin erklärt sie ihm, er sei der zweite Mann, der sie diese Woche zu töten versucht hätte, sie habe aber immer noch sieben Leben. Um die Demütigung ihres Gegners auf die Spitze zu treiben, antwortet sie auf seinen Einwurf, er hätte versucht, sie zu retten: »Es scheint, als würde jede Frau, die Sie zu retten versuchen, mit dem Tod dafür bezahlen. Vielleicht sollten Sie in den Ruhestand gehen.« Erst dann löst sie sich aus der Umarmung, mit der sie ihn am Boden festgehalten hatte. Nun wirft *batman* sie zu Boden. Die Kralle, die diesmal nur seinen Panzer, nicht aber seinen Leib trifft, wirft er als Gegenschmähung neben ihre kauernde Gestalt auf den Boden, bevor er wortlos die Kampfszene verläßt, aus der keiner der beiden als eindeutiger Sieger hervorgeht. Noch während sie ihm wütend nachblickt, taucht *penguinman* neben ihr auf und glaubt an die Stelle des gedemütigten Rivalen treten zu können. Doch auf seine Liebeswerbung antwortet sie nur mit Hohn. Auch dieser in seiner Männlichkeit von ihr in Frage gestellte Tier-Mensch will sich deshalb ihrer entledigen, indem er sie in den Abgrund stürzen läßt. Diesmal fällt sie durch das gläserne Dach eines Treibhauses mitten in ein Blumenbeet. Nun lacht sie nicht mehr still vor sich hin. Ihr verzweifelter Wutschrei ist so schrill, daß das Glashaus über ihrem Kopf zusammenbricht.

In diesem nächtlichen Kampf, an dem alle drei Mischlinge teilhaben, setzt sich ein Wiederholungszwang durch, der nicht die Wunschphantasie, unbesiegbar zu sein, unterstützt, sondern dessen traumatisches Gegenstück: die Erkenntnis der eigenen Versehrtheit. *Catwoman* sieht eine andere Frau im Verlauf eines Kampfes zwischen zwei Männern in den Tod stürzen und muß erkennen, bei diesem tödlichen Spiel unabsichtlich mitgeholfen zu haben. Verärgert erklärt sie *penguinman*, sie sei davon ausgegangen, daß er die Eisprinzessin hätte erschrecken wollen. Doch auf ihren Einwurf geht er nicht ein, wie er auch in dem Augenblick, da sie seine Pläne durchkreuzt, die Ambivalenz des von ihr als Wortgefecht ausgetragenen *gender trouble* mit einem einfachen Gegenzug beantwortet und sie noch einmal die traumatische Ohnmacht erfahren läßt, gegen die Selina Kyle selbst eine phantasmatische Umgestaltung zur *catwoman* nicht schützen kann. Ebenso erfährt *batman* in dieser Nacht eine mehrfache Retraumatisierung. Er muß dem Sturz der Eisprinzessin ebenso hilflos zusehen wie einst der Ermordung seiner Eltern. Zudem haben die Mitglieder der *red tri-*

angle band einen Sender in seinem gepanzerten Auto versteckt, so daß er ebenfalls ohnmächtig miterlebt, wie er mit seinem von *penguinman* ferngesteuerten Auto die Straßen der Stadt, die er eigentlich verteidigen sollte, zu einer Kriegszone verwandelt. Hatte ihm die Presse am Vormittag vorgeworfen, sein Einsatz in der vorherigen Nacht sei mangelhaft gewesen (»*Batman blows it*«), verursacht er nun tatsächlich einen Sachschaden in Millionenhöhe. Obgleich es ihm gelingt, den Sender noch rechtzeitig zu entfernen, bevor sein Auto eine alte Dame überfährt, die mitten auf der Straße mit ihrem Einkaufskorb schreckerstarrt stehengeblieben ist, bricht auch für ihn der traumatische Kern seiner Allmachtsphantasie durch. Er muß nicht nur wie *catwoman* erkennen, wie fragil seine Maskerade des unbesiegbaren Retters ist. Sondern diese von *penguinman* inszenierte Entgrenzung seiner Macht läßt zudem sichtbar werden, wie brüchig auch bei ihm die Barriere zwischen einem obszönen Genuß der Gewalt und dem gewissenhaften Einsatz von Gewalt im Namen einer symbolischen Fiktion der Ordnungsherstellung ist. Wie im Fall der Kriegsheimkehrer wird an seinem Körper somit indirekt auch die Angstphantasie verhandelt, daß ein Kämpfer nicht in eine Gemeinschaft des Friedens integriert werden kann, weil seine Rückkehr notwendigerweise den Kriegsschauplatz nach innen – in die Städte und Wohnhäuser – verlagert.

Drei Arten der Heimkehr

Tatsächlich feiert in dieser dritten Nacht der Gewalt die Kontingenz des unauflösbaren Antagonismus ihren Höhepunkt. Glaubten sowohl Bruce Wayne wie auch Selina Kyle daran, in ihrer Maskerade der unversehrten mythischen Kampffiguren eine sichere Behausung zu finden als apotropäische Geste gegen das Wissen um die Lücke, das ihrem symbolischen Wohnsitz in der Gemeinschaft untilgbar innewohnt, erkennen sie nun, daß selbst diese Maskerade fehlbar ist. Diese Erkenntnis führt jedoch nicht zu einem Rückzug, sondern zu einer noch radikaleren Zerstörungslust. Auf eine neue traumatische Erfahrung der Versehrtheit können beide nur mit weiteren Gewalthandlungen antworten. Am nächsten Morgen scheinen die Bürger Gotham Citys die Absetzung des amtierenden Bürgermeisters unterstützen zu wollen. Sie stehen in Scharen vor der Tribüne, auf der Oswald Cobblepot seine Ansprache hält – und nicht nur über die Machtlosigkeit des Bürgermeisters spricht, sondern gleichzeitig *batman* als gefährliche Zeitbombe bezeichnet –, und jubeln ihm zu. Doch von seinem *bat cave* im hinteren Teil seines Hauses aus schaltet sich Bruce Wayne in die Übertragung ein. Als Revanche für seine öffentliche Degradierung in der vergangenen Nacht entwürdigt er nun seinerseits seinen Rivalen. Plötzlich ist nicht mehr die Stimme Oswald Cobblepots zu hören, die den Bürgern die symbolische Fiktion einer für Frieden sorgenden väterlichen Autorität verspricht, sondern die von Bruce Wayne heimlich aufgenomme Stimme des rachsüchtigen *penguinman,* der, als er sich unbeobachtet glaubte, seinen obszönen Genuß der Gewalt offen aussprach. Auch für Oswald Cobblepot kehrt der traumatische Kern, den er bei seiner Rückkehr in der neuen Kleidung und unter dem neuen Namen zu verdecken suchte, zurück. Gänzlich entwürdigt steht er vor den Menschen, von denen er sich sehnlichst eine symbolische Anerkennung erhofft hatte, und muß hilflos zusehen, wie sie die Werbeplakate senken, ihn beschimpfen und mit Eßwaren bewerfen. Doch wie seine Rivalin läßt auch er sich nicht auf einen einfachen Rückzug ein. Er spannt die als Regenschirm getarnte Maschinenpistole wie zum Schutz auf und schießt in die Menge. So verfällt auch er einem fatalen Wiederholungszwang, dessen Ablauf er nicht im Griff hat. Auf der Flucht in den Zoo wird er von Polizisten verfolgt, und im Gegensatz zur vorherigen Nacht schießen diese nun auf ihn. So bleibt ihm nur eines übrig: von der Brücke zu springen, an der ihn seine Eltern vor dreiunddreißig Jahren ebenfalls in der Vorweihnachtszeit ausgesetzt hatten. Er kehrt zu seinem eigentlichen Hofstaat in sein unterirdisches Reich zurück und macht den fehlgeschlagenen Versuch, ein doppeltes symbolisches Mandat zu leben, rückgängig. Den Mitgliedern der *red triangle gang* erklärt er: »Mein Name ist nicht Oswald. Ich heiße Pinguin. Ich bin kein Mensch, sondern ein kaltblütiges Tier.« Auch er wird wieder zurückschlagen, mit einer letzten biblischen Plage. Als hätte er das eigene Scheitern immer schon einkalkuliert, zieht er die Liste aller erstgeborenen Söhne der Stadt hervor und befiehlt seinen Männern, diese Kinder in der Nacht, in der Max Shreck seinen alljährlichen Weihnachtsball abhält, zu entführen und im Abwasserkanal zu ertränken. Nun ist er tatsächlich nicht mehr eine unheimliche Figur, sondern das eindeutig gewalttätige Wesen, von dem die Zeitungen am Anfang berichteten – der reine Rächer.

Als Auflösung seines dunklen Weihnachtsmärchens bietet Tim Burton also eine gnadenlose Demontage der symbolischen Fiktion, es könne ein harmonisch geregeltes Zuhause, eine auf sympathischem Einklang basierende Familie und eine in sich stimmige Identität geben. Für seine drei Mischlinge hat der Traum einer geglückten Beheimatung in der Welt – ob im Sinne einer symbolischen oder einer romantischen Anerkennung – traumatische Folgen. Nur die Anerkennung des Fremden in einem selbst, der Extimität, bietet eine Basis, von der aus gehandelt werden kann. Gleichzeitig können die traumatischen Spuren der Erfahrung, als nicht-integrierbarer

Fremdkörper aus der Familie oder der Gemeinschaft verstoßen worden zu sein, nie gänzlich getilgt werden. Alle Versuche, den die Intimität des psychischen Apparates bewohnenden externen Kern gänzlich in eine Schutzdichtung der Unversehrtheit und des Glückes zu überführen, müssen scheitern. Der in der Liebe erfahrene ambivalente, fragile Schutz hat aber auch immer eine unheimliche Kehrseite, die mit der tödlichen Zersetzung aller Einheiten droht. Doch gerade aus dem Wissen um diese Kehrseite gewinnt Selina Stärke. Ihr Traum, ein »Honey« würde auf sie warten, wenn sie von der Arbeit in die Wärme der Wohnküche zurückkehrt, führt dazu, daß sie dreimal von männlichen Widersachern in den Tod gestürzt wird, obwohl ihr das Sprichwort neun Leben verspricht. Bruce' Traum, als Retter von Gotham City rituell immer wieder angerufen zu werden, führt dazu, daß er der Stadt mehr Zerstörung zufügt als die Verbrecher, gegen die er die Stadt zu verteidigen sucht. Oswalds Traum, in die Welt, aus der er verstoßen wurde, heimzukehren, führt dazu, daß er auf der Bühne, wo er sich die Wahl zum Bürgermeister verspricht, gedemütigt wird und der Heimat als Antwort auf diese Entwürdigung den totalen Krieg erklärt.

Unten in der Kloake treffen schließlich alle Gegener zum erstenmal gleichzeitig aufeinander. Auf dem Weihnachtsball von Max Shreck entdecken Selina und Bruce, während sie sich auf dem Tanzparkett, eng aneinandergeschmiegt, unter dem an der Decke befestigten Mistelzweig küssen, plötzlich die wahre Identität des geliebten Anderen. Mit verkehrten Rollen wiederholen sie das gefährliche Liebesgeständnis, das sie in der vergangenen Nacht abgelegt hatten. »Eine Beere von einem Mistelzweig kann tödlich sein«, erklärt Selina in Erinnerung daran, was ihr *batman* gesagt hatte. Bruce erwidert, was ihm *catwoman* einflößte: »Aber ein Kuß kann tödlicher sein, wenn man ihn von Herzen gibt.« Unvermittelt brechen sie ein zweites Mal die romantische Umarmung ab und flüchten sich auch diesmal auf die nächtliche Straße, während gleichzeitig die Tanzplattform von unten aufgebrochen wird und der nicht geladene *penguinman* auf seiner Plastikente in den Ballsaal eindringt, um Max Shrecks ältesten Sohn zu entführen. Einmal mehr siegt die Überredungskunst des skrupellosen Geschäftsmannes: In der einzig würdevollen Handlung, die Burton seinem Schurken zubilligt, läßt er sich selbst statt seines Erben entführen. Bald hängt er in einem menschengroßen Käfig über der stinkenden Kloake, während *penguinman* freudig auf den Einzug der erstgeborenen Söhne wartet, um diese vor den Augen des Mannes, von dem er sich am deutlichsten verraten fühlt, abzuschlachten. Doch in der Maske des *batman* gelingt es Bruce Wayne, den Transport der Kinder zu unterbinden, und so greift *penguinman* zu seiner »Endlösung«. Der Vollversammlung seiner Pinguine wünscht er Glück bei der Befreiung Gotham Citys. Als letzten Anschlag auf die Stadt seines Vaters wünscht sich der Verstoßene, daß sich die mit Raketen ausgerüsteten Pinguine vor Shrecks Warenhaus, dessen rotes Neonzeichen weiterhin leuchtet, versammeln, um vom Herzen der Stadt aus ihre tödliche Botschaft zu entsenden. Noch einmal gelingt es *batman* und seinem Helfer Alfred, das Sendesignal des Widersachers zu stören, so daß die Kamikazekämpfer ihren Auftrag nicht ausführen und in den Zoo zurückkehren. Dort kann zwar *penguinman batman*, der ebenfalls an diesen Schauplatz geeilt kommt, den Sender, mit dem sein Rivale Macht über die Bewegungen seines Heeres gewonnen hatte, wieder entreißen. Doch drückt nun *penguinman* selbst in einer klassischen Geste der Fehlleistung auf den rot blinkenden Knopf, als müsse auch er das auf uneingeschränkte und rücksichtslose Zerstörung ausgerichtete Begehren annehmen, das seinem Unbewußten innewohnt. Er glaubt, das von *batman* gesendete Störsignal auszuschalten, doch eigentlich weiß er, daß er damit nicht nur sein Heer in die Luft sprengt, sondern sein ganzes Tierreich. Während er ein letztes Mal, diesmal durch die Glaswand am Eingang der Höhle, die den Namen »arktische Welt« trägt, in die Kloake fällt und *batman* ihm in diese unterirdische Welt folgt, bricht über ihm ein Feuer aus, das alle symbolischen Strukturen – die Gebäude, die Skulpturen, selbst das Ortsschild am Eingangstor – zum Einsturz bringt. Die symbolische Fiktion, das an den Tieren festgemachte Triebhafte im Menschen könne harmonisch durch eine Zoolandschaft reguliert werden, bricht buchstäblich in sich zusammen.

Wie in einer Widerspiegelung findet auch unter der verschneiten Oberfläche des Zoos ein Spiel auf Leben und Tod statt. *Catwoman*, die sich ein letztes Mal in den Kampf zwischen Männern einschaltet, fängt Max, der sich aus dem Käfig befreit hat, mit ihrer Peitsche ein, und am Ufer der Kloake fordert sie sein Leben. *Batman* hingegen versucht sie zu überzeugen, sie solle den korrupten Geschäftsmann der Polizei übergeben, damit die symbolisch verankerte Gerichtsbarkeit siegen kann. Sie besteht darauf, daß das offizielle Gesetz sich weder auf Menschen wie ihn noch auf sie anwenden läßt. Doch ebenso hartnäckig will er einen neuen, von der Liebe zu ihr inspirierten Familienroman durchsetzen. »Laß ihn uns der Polizei übergeben«, appelliert er in der Stimme Bruce Waynes an die Frau hinter der Maske. »Dann können wir heimkehren, gemeinsam.« Sie mit ihrem Vornamen anredend, versichert er seiner Rivalin, sie wären genau gleich – »in der Mitte gespalten«. Nun steht *catwoman* auf halber Strecke zwischen den beiden Männern und muß, wann immer sie den einen anblickt, sich mit einer 180-Grad-Drehung vom anderen abwenden, als wolle Burton sichtbar werden lassen, daß sie vor der Wahl zwischen zwei Begehren steht. Max hat sie den Rücken zugewandt, obgleich sie mit der Peitsche in der rechten Hand weiterhin auf den Boden schlägt. Bruce hat sie sich zugewandt, hält aber ihren linken Arm wie ein schützenden Schild vor sich. Während er sich die Maske vom Gesicht reißt und sie bittet, die Wahl möge ihn treffen und nicht Max, gesteht sie ihm zwar ein: »Bruce, ich würde liebend gern mit dir in deinem Schloß leben, für immer, genau wie in einem Märchen.« Doch dann kehrt das traumatische Wissen ihrer eigenen Fremdheit zurück, das ihr die Wahl der romantischen Schutzdichtung verbietet. Mit einem Peitschenschlag wehrt sie sich gegen seine Berührung: »Ich könnte nur nicht mit mir selber leben. Also mach' dir nicht vor, daß sich ein *happy ending* ergeben wird.« Vor die Wahl zwischen Liebe und Tod gestellt, zeigt Selina, daß dies tatsächlich eine erzwungene Wahl ist, weil sich ihr nur eine Handlungsmöglichkeit anbietet – ihrem Begehren keinen Widerstand zu leisten. Für sie gibt es keinen Weg zurück in die Puppenstube, auch nicht mit einem ähnlich gespaltenen Liebhaber. In einem Akt, den man als ethisch bezeichnen kann, beschließt Selina, sich gegen ein korruptes Gesetz durchzusetzen, auch wenn es sie nicht nur die Liebe des gleich ihr tragisch gespaltenen Liebhabers, sondern auch ihr Leben kosten mag. Als Max Shreck ihren Namen ruft, dreht sie sich um 180 Grad weg von der romantischen Schutzdichtung ehelichen Glückes, hin zu ihrem einzigen wirklichen Liebesobjekt: dem Gegner im Kampf. Auf dessen Anrufung antwortend, reißt auch sie sich die Maske vom Gesicht. In der Anerkennung, daß sie dessen Allmachtsphantasie bis zum Schluß in Frage stellen muß, wird sie in diesem Augenblick als selbstermächtigtes Subjekt endgültig bestätigt. Während er vier Kugeln aus seinem Revolver auf sie abfeuert, erinnert sie ihn an jenes andere um sein Emblem kreisende Sprichwort, in dem nicht vom Tod der Katze, sondern von deren neun Leben die Rede ist. Eines, versichert sie ihm, will sie sich für das nächste Weihnachtsfest aufbewahren. So hätte sie in der Zwischenzeit noch eines übrig. Mit dem elektrischen Totschläger in der Hand, den sie am Anfang der Handlung als erstes Zeichen ihrer Zerstörungswut zufällig angenommen hat, beugt sie sich verführerisch über ihn und bietet ihm ihren tödlichen Kuß.

Noch einmal wird Bruce Zeuge eines Mordes, wie er noch einmal seinen Wunsch, das verlorene schützende Heim durch die überhöhte Vorstellung der eigenen Unbesiegbarkeit ersetzen zu können,

aufgeben muß. Diesmal aber bleibt ihm ein Hoffnungsschimmer, das Trauma der Versehrtheit mit einem Traum vom Liebesglück verdecken zu können. Am Ort des tödlichen Duells zwischen Selina und Max findet er die verkohlte Leiche des Geschäftsmannes. *Catwoman* hingegegen ist spurlos verschwunden. Im Gegenzug taucht *penguinman* aus der Kloake auf, doch bevor er sich an seinem Rivalen ein letztes Mal zu rächen versucht, fällt auch er tot zu Boden. Während der demaskierte Bruce Wayne das Schlachtfeld verläßt, wird der verstoßene Sohn von den einzigen Wesen, auf die er sich immer verlassen konnte, erneut schützend empfangen. Aus den Seitenportalen der Steinwand drängen die wenigen Pinguine, die seinen totalen Krieg überlebt haben, zu ihm und schleifen ihn liebevoll zurück ins Wasser, aus dem sie ihn einst herausgefischt hatten. Während er langsam nach unten sinkt, zeigt uns Burton eine Widerspiegelung der um ihn trauernden Pinguine auf der Wasseroberfläche. Ganz im Sinne von Douglas Sirk und Fritz Lang ist auch hier die Spiegelung getrübt: Die Tropfen, die auf diese spiegelnde Wasseroberfläche herabfallen, wie auch die Bewegung, die von der nach unten sinkenden Leiche ausgeht, verhindern ein klares Bild.

Mit einem Blick auf seinen Titelhelden findet Tim Burton schließlich doch eine hoffnungsträchtige Lösung für sein *noir*-Märchen, in dem diejenigen, die gewaltsam aus ihrem symbolischen Wohnsitz verdrängt werden, als Rächer zurückkehren, um die unheimliche Kehrseite der prekären und ambivalenten Schutzdichtung durchzuspielen, die besagt, eine Gemeinschaft könne harmonisch funktionieren. Vom Kampf erschöpft, läßt Bruce Wayne sich vom einzigen Menschen, auf den er sich in all seiner Gespaltenheit verlassen kann, in seinem schwarzen Mercedes nach Hause fahren. Unterwegs meint er plötzlich den Schatten von *catwoman* an der Wand eines Gebäudes zu erkennen. Sofort bittet er Alfred, das Auto anzuhalten, und tritt, diesem Phantom folgend, auf die verschneite nächtliche Seitenstraße, wo er anstatt der Frau eine streunende Katze entdeckt. Er nimmt sie auf den Arm und kehrt nachdenklich in sein Auto zurück. Auf den Weihnachtsgruß seines Butlers antwortet er, leise und mild vor sich hin lächelnd: »Fröhliche Weihnachten,

Alfred!« Mit der Einstellung, mit der Burton das Auto aus dem Bildrahmen herausfahren läßt, während die Kamera statt dessen langsam eine Hochhausfassade hinauffährt, setzt ein neuer Traum ein, als hätte die Katze seine Phantasie erneut beflügelt. Hoch oben auf dem Sternenhimmel erscheint erneut sein Insignium, und sofort kehrt auch *catwoman*, deren maskiertes Haupt wir nur von hinten sehen, im Bildrahmen wieder auf.

Am Ende von *Batman Returns* gibt es keine Auflösung für das Unbehagen des verdoppelten und somit in sich gespaltenen Subjektes. Sowohl der ehrgeizige Wunsch, ruhmreich aus der Verbannung heimzukehren, scheitert wie auch die Hoffnung, in der Liebe einen Schutz zu finden gegen das Wissen, mit sich nicht identisch zu sein. Dennoch bietet Tim Burton drei Denkfiguren dafür an, wie der vom phantasierenden Subjekt in seiner Traumarbeit ersehnte Ersatz für das schützende Haus, die liebenden Eltern und die ersten Objekte zärtlicher Zuneigung aussehen könnte. Für Oswald Cobblepot erweist sich der Tod als einziger Weg, an eine vor allen unkontrollierbaren Eingriffen geschützte und somit verläßliche Beheimatung zu gelangen. Er, der versucht hat, der unterirdischen Welt der Kloake, in die er von seinen Eltern verstoßen wurde, zu entfliehen, kehrt erneut an die Stelle des Exils zurück und zerstört auch die symbolischen Strukturen dieser Welt, so daß ihm nur der Übergang in eine gänzlich neue Form der Existenz übrigbleibt. Für Selina Kyle hingegen bietet sich eine andere Art der Verflüchtigung an. So rätselhaft ihrem Tod entkommen, weil sie an die Kraft des Sprichwortes glaubt, verweilt sie, durchaus im Stil des mythischen Westernhelden, auf den Dächern der nächtlichen Stadt. In dieser unmöglichen Geographie kann sie, die aus ihrem Puppenstubenheim ein für allemal nur eine provisorische Raststätte gemacht hat, den Traum der Freiheit uneingeschränkt auskosten. Solange einer zurückbleibt, der von der Schwelle seines Wohnsitzes aus von ihrer Rückkehr träumt, hat sie ein weiteres Leben.

Bruce Wayne, der sie nostalgisch liebt, kehrt in sein Haus zurück, wohl wissend, daß er aufgrund seiner Gespaltenheit dort nie Herr sein kann und ihn der diesem Ort innewohnende unlösbare Antagonismus ihn immer wieder dazu drängen wird, nach außen zu flüchten, in den einfachen Widerspruch des Kampfes auf offener Straße. In seinem Herrenhaus lebt er weiterhin allein mit seinem Butler Alfred, der seit seiner Kindheit als Elternersatz fungiert hat. Doch er hat in der Weihnachtsnacht ein Ersatzobjekt zärtlicher Zuneigung erhalten: die Katze, die ihn immer wieder an die verlorene Geliebte erinnern wird. Er kann gelassen darauf warten, von den Bürgern der Stadt erneut angerufen zu werden und wieder in den Kampf ziehen zu dürfen. Teil dieses ehrgeizigen Erhöhungswunsches ist nun auch die Vorstellung, daß *catwoman* die ihm geltende Anrufung auch auf sich beziehen und die Dächer über der Stadt erneut zu ihrer Arena erklären wird. Für alle drei Figuren bedeutet also die Heimkehr eine Rückkehr an einen heterotopischen Ort, der ein Gegenlager zur Gemeinschaft von Gotham City darstellt – das Grab am Grund der Kloake, das dunkle Herrenhaus am Rand der Stadt, die im Traum wieder zu neuem Leben erweckte nächtliche Straße, wo man, hinter einer Maske versteckt, alte Rechnungen begleichen und Liebesduelle ausfechten kann. In dieser unmöglichen Geographie kann jeder Mischling auf oszillierende Weise ein traumatisches Wissen um die Versehrtheit, die jeder Vorstellung von *home* wie auch jedem Verlangen nach Selbstidentität innewohnt, als Traum der Verortung ausleben. Dennoch ist uns am Ende von *Batman Returns* die Position Bruce Waynes am nächsten. Unwillkürlich daran erinnert, daß auch wir uns an einem heterotopischen Ort befinden – dem Sitz vor der Kinoleinwand –, müssen wir anerkennen, wie sehr wir in unserer Phantasiearbeit diesen Mischlingen gleichen: Mehr oder weniger in unserer real gelebten Wirklichkeit verortet, verrät unser Wunsch, gleichzeitig auch an der unmöglichen Geographie dieser vorgeführten Traumlandschaft teilzuhaben, wie wenig auch wir je Herr im eigenen Hause sein können. Auch unsere Phantasiearbeit ist auf eine Extimität gerichtet, auf jenen intimen externen Kern, der uns mal als schützende Dichtung einer geglückten Beheimatung, mal als die Rückkehr des Unheimlichen an unseren traumatischen Kern erinnert und uns begreifen läßt, wie radikal auch wir von der realisierten Utopie einer unge-

trübten Heimkehr ausgeschlossen bleiben. Wie Bruce Wayne, der sich mit der Gewißheit, die ihm sein Glaube an die Kraft seiner Phantasie bietet, zufrieden in den Sitz seines Autos zurücklehnen kann, träumen auch wir davon, daß sein Zeichen wieder auf die dunkle Oberfläche unserer Kinoleinwand zurückkehren wird. Für uns bildet dieses Vertrauen in die Wahrheit der Phantasie den ambivalenten und stets scheiternden Schutz, den allein wir der schwarz werdenden Leinwand entgegenhalten können.

Epilog. »Operator.« – »I need an exit!«

Matrix (Larry und Andy Wachowski)

Wie David Finchers Detektiv Somerset fühlt sich der junge Softwareschreiber und Computerhacker Thomas Anderson nicht Herr im eigenen Haus. Er – der sich unter dem Namen Neo aller Verbrechen, für die es in der Welt des Cyberspace Gesetze gibt, schuldig gemacht hat – wird von dem Gefühl heimgesucht, daß sich die Grenze zwischen Wirklichkeit und Traum zunehmend verflüssigt. Wie dem resignierten Detektiv aus *Seven* erscheint auch ihm die urbane Welt des ausgehenden 20. Jahrhunderts immer weniger lesbar und sein Dasein in ihr dementsprechend nebulös. Es hat sich ein undefinierter Zweifel an der Stabilität seiner Identität eingeschlichen, und so erlebt er sich als Fremdkörper innerhalb der von ihm bewohnten symbolischen Gemeinschaft. Deshalb fühlt Neo sich auch von einem geheimnisvollen Programm namens Matrix angezogen, vornehmlich aber von der als Morpheus bekannten Gestalt, die sich ausgibt als jemand, der das von Neo ersehnte Wissen über dieses rätselhafte Programm besitzt. Von seiner Suche nach der Bedeutung der Matrix erhofft er sich jedoch nicht nur einen Einblick in eine neue, ihm bislang verschlossene Welt. Sein Begehren, das Geheimnis der Matrix zu lösen, wird zum Symptom für sein Unbehagen schlechthin. Es erlaubt ihm nämlich, ein vages Gefühl psychischer Entfremdung in ein konkretes Phantasieszenario umzusetzen.

Für Somerset hatte sich mit dem mörderischen *morality play* des John Doe plötzlich eine vertraute Bühne aufgetan, so daß er auf einmal wieder guten Grund zu haben meinte, seinem Begehren nachzugeben, in der ihm fremd gewordenen Welt etwas verstehen zu wollen. Ebenso eröffnet auch das Angebot Morpheus', Neo solle ihm auf eine Entdeckungsreise folgen, einen neuen Schauplatz mitten in seiner Alltagslandschaft. Auf dieser Bühne hofft Neo das ihn quälende unheimliche Begehren, an einem anderen Ort sein zu wollen, zu überwinden. Konnte er, Finchers Detektiv ähnlich, vorher nur seine Empfindung darüber, in der vertrauten Realität nicht wirklich beheimatet zu sein, als vage Vermutung zum Ausdruck bringen, setzt Morpheus' Versprechen, ihm die Wahrheit über die Matrix mitzuteilen, die von ihm erlebte Lücke in ein konkretes Objekt des Begehrens um. Wie Somerset die ihm von John Doe zugespielten literarischen Zeichen benutzt, um eine kontingente Gewalt in eine kohärente Geschichte des Verbrechens zu übersetzen, braucht auch Neo die von Morpheus an ihn gesandte Botschaft, um sein Gefühl der Irritation in eine Suche mit klarer Aufgabe und klarem Ziel umzuwandeln. Doch wie Finchers bedächtiger Detektiv kann auch Neo nur einer bereits gelegten Spur folgen. Die von Morpheus präsentierten geheimnisvollen Zeichen stehen anstelle konkreter Beweise dafür, daß etwas in seiner Realität nicht stimmt. Gleichzeitig nähren sie seine Phantasievorstellung, er könne für sein kontingentes Unbehagen eine unzweifelhafte Erklärung finden. So begibt sich auch Neo eines Nachts in den Regen hinaus, um in das Auto einzusteigen, das ihm von Morpheus geschickt worden ist. Und auch für ihn beginnt mit dieser Fahrt eine Reise durch ein kulturell tradiertes Bildarchiv: ein am eigenen Leib erfahrener Streifzug durch die Denkfiguren des Skeptizismus. Auch er wird gebeten, an einem allegorischen Spiel teilzunehmen, in dem es jedoch im Gegensatz zu *Seven* nicht um den Kampf zwischen Lastern und Tugenden geht. Auf dem Spiel steht statt dessen der Kampf zwischen dem Zweifel an einer absolut sicheren Grundlage des Wissens einerseits und dem Glauben an eine unhinterfragbare metaphysische Wahrheit andererseits. Zuhause zu sein in den Bildern, die man sich von der Welt gemacht hat, erweist sich auch in *Matrix* als eine unverantwortbare Apathie. Deshalb muß Neo aus ihr aufgeweckt werden. Gleichzeitig kann aber auch in diesem ideologiekritischen Feldzug ein aufklärerisches Projekt nur über ein Eintauchen in verfremdete, entstellte und gleichzeitig lang vertraute Bildwelten durchgeführt werden.

In der Nacht vorher hatte Neo, in einen Wachtraum versunken, vor seinem angeschalteten Bildschirm gelegen, die Kopfhörer über die Ohren gestülpt, und auf einen Kunden gewartet, den er mit illegalen Cyberspace-Disketten beliefern sollte. Plötzlich wurde er von einer Mitteilung, die auf unerklärliche Weise auf seinem Bildschirm aufgetaucht war, gestört: »Wach auf, Neo! Die Matrix hat dich! Folge dem weißen Hasen.« Die Botschaft verkündete ihm, daß seine unbestimmten Träume nach einer Welt jenseits des Regenbogens nun als Halluzinationen im Realen konkrete Gestalt annehmen würden.[1] Wie Somerset sich in den Anspielungen an die *Psychomachia* beheimatet fühlt und somit erfolgreich die ihm gelegte Spur aufnehmen kann, so versteht auch Neo den ihm von Morpheus zugesandten Kode. Auch er kann sich einreden, es mache plötzlich wieder Sinn, nach einer unzweifelhaften Wahrheit zu suchen, ist er erst einmal in die Rolle der staunenden Alice geschlüpft. Doch während Lewis Carrolls Heldin nur den Unsinn aller Sprachbilder erfährt, die uns helfen, unsere kontingente Welt sinnvoll zu bewohnen, bis dann als logische Folge die Zauberwelt gänzlich zusammenbricht, wird Neos Erkundung des Zweifels von Anfang mit dem Begehren nach Heilung verschränkt. Choi, der Stunden zu spät doch auftaucht, um seine Ware abzuholen, dankt ihm mit der Anrede, »Du bist mein Retter – mein eigener, persönlicher Jesus Christus.« Er speist somit Neos Selbsterhöhungsphantasie, er könne nämlich ganz im Sinne von Finchers Detektiv die Rolle des Helden in einem hermeneutischen Abenteuer übernehmen, dessen positiver Ausgang einzig von ihm abhängen werde. Nachdem Neo dem tätowierten Hasen auf dem Oberarm der Gefährtin des Cyberfreaks in einen Club gefolgt ist, trifft er Trinity, die wie ein Phantom die Lücke in seinem Wissen benennt und ihm eine Antwort darauf verspricht. Sie flüstert verführerisch in sein Ohr, sie wüßte, daß er nachts nicht schlafen könne, weil er sich

---

[1] Man könnte an die in Fords *The Searchers* auf der Türschwelle stehenden Frauen denken, die von einem Helden träumen, als würden sie ihn durch ihre Phantasiearbeit aus der Prärie herbeirufen.

nach einer anderen Welt sehne. Auch sie habe einst dieses Begehren in sich getragen. Nahtlos geht Neos Verlangen, das Rätsel der Matrix zu lösen, über in sein Begehren, diese Frau zu besitzen. Die Verführung, sich von den symbolischen Kodes und Gesetzen seines Alltags abzuwenden und sich einer anderen Anrufung hinzugeben, wird somit von den Wachowski-Brüdern von Anfang an über drei Narrative eingeleitet – dem Versprechen eines hermeneutischen Abenteuers, einer Rettungs- und Retterphantasie und einer Liebesgeschichte.

Neo wird am folgenden Morgen zuerst von seinem Chef ermahnt, daß er, auch wenn er sich für etwas Besonderes halte, sich an die regulären Arbeitszeiten halten oder die Firma verlassen müsse. Dadurch abermals im Gefühl bestärkt, er sei seinen Lebensbedingungen entfremdet, nimmt er erstaunt ein Paket in Empfang und entdeckt darin, ganz im Sinne des jungen Mädchens in Lewis Carrolls Erzählung, ein bedeutsames Geschenk: ein Nokia-Handy, das, als er es auspackt, sofort zu klingeln beginnt. Als Neo die Stimme Morpheus' hört, dreht er sich 180 Grad um seine eigene Achse, dann kauert er an seinem Schreibtisch in der Haltung eines Verschwörers, bevor er auf die Anrufung antwortet. Er ist zwar bereit, die ihm von Morpheus zugewiesene Stelle innerhalb seiner Rettungsphantasie anzunehmen, kann sie jedoch noch nicht voll anerkennen. Der Zweifel an der Wahrhaftigkeit und der Gewißheit seiner Existenz muß voll ausgekostet werden, bevor der Glaube an die ihm symbolisch vorgeschriebene neue Identität uneingeschränkt angenommen werden kann. Von Morpheus wird ihm bestätigt, was ihm sowohl der Cyberfreak Choi wie auch sein Chef verkündet haben: Er ist ein besonderer Mensch. Doch wie Louis Althusser aufzeigt, gibt es eine zeitliche und räumliche Distanz zwischen einer ersten Annahme der Anrufung (auf die das Subjekt, mit dem Satz »Ja, ich bin es, der gemeint ist«, antwortend, sich in dem an ihn von einer Autoritätsinstanz herangetragenen Gesetz wiedererkennt) und einer uneingeschränkten Antwort auf diese Anrufung. Die besteht darin, tatsächlich den Platz einzunehmen, der ihm zugewiesen wird, sich in dem ihm angebotenen Narrativ gänzlich zu beheimaten: »Es ist wahr, hier bin ich.«

In diesem Schwellenbereich zwischen der Annahme und der Antwort auf die von Morpheus ausgehende Forderung, Neo solle die Stelle des Auserwählten einnehmen, spielt sich die Handlung von *Matrix* ab. Anders als Alice, die am Ende ihrer Reise durch das Zauberland in all ihrem Zweifel nur bestätigt wird und die sich nur deshalb im *home* ihrer Familie wieder zurechtfinden kann, weil es das angenehmere von zwei Übeln darstellt, wird Neo tatsächlich der Sprung in eine gänzlich andere Art der Beheimatung gelingen. Als wäre auch für die Wachowski-Brüder John Milton mit seinem Epos »Das verlorene Paradies« ein heimlicher Intertext, ist für ihren Helden der Weg aus der Hölle ans Licht ein schwerer. Im Augenblick der Anrufung erkennt Neo zwar die Richtigkeit der Geschichte, die Morpheus ihm erzählt, aber er ist noch nicht bereit, ihm blind zu folgen. Vor die Wahl gestellt, entweder einen selbstmörderischen Sprung auf ein Gerüst zu wagen, das an der Außenwand des Hochhauses befestigt ist, oder den *special agents* zu folgen, die ihn verhören wollen, entscheidet er sich für die Vertreter des offiziellen Gesetzes. Doch von der Stimme Morpheus' genährt, kann der Zweifel Neos konkrete Gestalt annehmen.[2] Seine Wahrnehmung der Welt und seine Urteilskraft sind nicht mehr auf unbestimmte Weise gestört. Sein *home* ist nun eindeutig fremd geworden. Während des Verhörs entpuppen sich die *special agents* als dämonische Instrumente des Machtsystems, die zudem über zauberische Kräfte verfügen. Neo, der auf ihr Angebot, gemeinsam mit ihnen Morpheus zu fangen, nicht eingeht, erfährt die Machtlosigkeit gegenüber dem Gesetz regelrecht am eigenen Leib. Das ihm zustehende Telefonat mit seinem Anwalt wird ihm dadurch verwehrt, daß sein Mund plötzlich zuwächst, während eine metallene Wanze

---

[2] Wie bereits *Seven* setzt auch *The Matrix* allegorische Verweise ein. In der griechischen Mythologie ist Morpheus einer der Söhne des Hypnos (Schlaf). Sein Name leitet sich nicht zufällig von ʾmorphé (Gestalt) ab: Als Traumgott läßt er dem Träumenden menschliche Gestalten erscheinen, und in der Tat entfaltet auch die Morpheus-Figur der Wachowski-Brüder getreu der griechischen Mythologie ein Phantasieszenarium, das dem vagen Entfremdungsgefühl Neos eine konkrete Gestalt verleiht.

in seinen Nabel eingeführt wird. Seiner Stimmlosigkeit stehen hingegen zwei miteinander wettstreitende Anrufungen entgegen: einerseits die verführerisch dunkle Stimme Morpheus', der gesteht, ihn sein ganzes Leben lang gesucht zu haben, und andererseits die mechanisch verzerrte Stimme des *agent* Smith, der ihm versichert, er hätte schon eine ganze Weile ein Auge auf ihn geworfen. Wie aus einem Alptraum aufwachend, hört der auf seinem Bett liegende Neo erneut sein Telefon klingeln. Morpheus, der ihm nun direkt erklärt »*You are the one, Neo*«, bietet ihm ein Treffen an, das Neo im Gegensatz zum Angebot der *special agents* nicht abschlägt. Nachdem die Mitarbeiter Morpheus' während der Autofahrt durch die regennassen nächtlichen Straßen die Wanze aus seinem Bauch wieder entfernt haben, kann Neo endlich in das herrenlose, verfallene Wohnhaus eintreten, wo Morpheus ihn erwartet.

Das Überschreiten dieser Schwelle ist dem Gang Somersets in die Bibliothek vergleichbar: Neo wird nun in jene Bildwelt eingeführt, die ihm eine Erklärung für sein Gefühl der Entortung anbieten wird. Morpheus malt ihm ein Szenario aus, in dem der Sturz durch das Hasenloch dazu führen könnte, daß er endlich im Zustand des wahren Wissens aufwachen würde.

Die Matrix, erklärt er, ist vergleichbar mit der Art, wie die antike griechische Kultur sich Phantasien als kleine Gestalten vorstellte, die sich auf alle Sinnesorgane des einzelnen Menschen setzen, um einen nichtmediatisierten Zugang zur Welt zu verhindern. Die Matrix ist der Sammelbegriff für die Vorstellungen, die die Menschen wie eine zweite Haut umhüllen, um sie blind gegenüber der Wahrheit zu halten, daß jeder Mensch ein Sklave ist, geboren in ein Gefängnis der Wahrnehmungen und Einbildungen.[3] Doch die Be-

---

[3] Hier nun verweist Morpheus' allegorisch-mythologische Namensgebung ironisch auf die unscharfe Grenze zwischen der Matrix und dem Zustand des angeblich wahren Wissens, den Morpheus selber verspricht. Die Gestalten, die der Traumgott dem Träumenden vor Augen führt, unterscheiden sich nicht wesentlich von den Gestalten, die die Phantasie den menschlichen Sinnesorganen aufpfropft, oder der Matrix, die sich als zweite Haut um die Menschen legt. In jedem Fall ist das Verhältnis zur Welt, zur ›Realität‹ und zwar ›Wahrheit‹ ein vermitteltes und ima-

schaffenheit der Matrix kann nicht beschrieben, sie muß visuell erfahren werden (»*You must see it for yourself*«). Morpheus schlägt Neo einen Pakt vor, der insofern eine erzwungene Wahl darstellt, als Morpheus sich des Ausgangs sicher sein kann. Neo, der behauptet, nicht ans Schicksal zu glauben, weil er sein Leben selbst beherrschen möchte, kann eigentlich nur zwischen zwei symbolischen Autoritätsinstanzen wählen: der von den Agenten vertretenen Hegemonie und der vor Morpheus vertretenen Rebellion. Eine eigenständige Handlungsfähigkeit außerhalb der beiden Anrufungen ist unmöglich. Stellt die blaue Pille die Option dar, in einer Normalität zu verweilen, von der Neo ahnt, es sei ein Leben der Verblendung, stellt die rote Pille die Möglichkeit dar, im halluzinatorischen Bereich zu bleiben, der sich mit der Botschaft auf seinem Bildschirm plötzlich auftat, und dieses Zauberreich bis in die tiefsten Abgründe zu erforschen. Neo folgt Morpheus diesmal blind und schluckt die rote Pille. Listig überlagern die Wachowski-Brüder somit ein Kindermärchen durch ein zweites, um die binäre Logik zwischen *home* und Zauberwelt zu dekonstruieren: Die rote Pille löst beim Kenner von Flemings *musical* unwillkürlich den Verweis auf Dorothys rote Schuhe aus, mit denen sie vor allen bösen Mächten geschützt, das erträumte Zauberreich durchkreuzen kann, um schließlich wieder in Kansas anzukommen. Tatsächlich erwähnt ein Mitarbeiter von Morpheus' direkt den *Wizard of Oz*. Auf Neos Frage, was die komplexe Apparatur von Telefonen, Computerterminal und dem ihm angebotenen Cybersessel bedeute, vor allem aber wie die Veränderungen seines Körpers zu verstehen seien, die ihn seit der Einnahme der Pille überfallen haben, antwortet Cypher: »Buckle your seatbelt Dorothy, because Kansas is going bye-bye.«

Der Übergang von der als *home* wahrgenommenen Welt in die von ihm erträumte Zauberwelt jenseits dieser Wirklichkeit ist durchaus vergleichbar mit der von Fleming inszenierten Grenz-

---

ginäres. Schließlich wird das Aufwachen in die angebliche Wahrheit nicht nur durch Morpheus' Verweis auf Alice im Wunderland, sondern auch durch den Namen dieser Wahrheitsinstanz als Traum gekennzeichnet.

überschreitung. Ähnlich wie der Wirbelsturm Dorothys Haus aus einer Realität gewaltsam abkoppelt und an einem anderen Ort absetzt, wird auch Neo seiner eigentlichen Behausung gewaltsam entrissen. Auch diese Reise wird von Halluzinationen begleitet, doch im Gegensatz zu Dorothy, die aus sicherer Distanz durch den Fensterrahmen hindurch die Verwandlung der vertrauten Alltagsgestalten in Zauberwesen betrachtet, ergreifen in dem Cybermärchen der Wachowski-Brüder die Halluzinationen den Körper des Träumers direkt. Zunächst nimmt die zu einem flüssigen Spiegel zerronnene Wirklichkeit Neos Körper auf, als wolle sie ihn ersticken. Plötzlich erwacht er in einer schleimigen kokonartigen Glaswanne, und er begreift, daß er mit langen schweren metallenen Schläuchen an ein riesiges Netzwerk angeschlossen ist. Ein Blick über den Rand seiner Behausung läßt ihn erkennen: Er ist einer von Tausenden verkabelter Menschen, die von ihrer wahren Existenz nichst wissen und friedlich in ihren Nestern schlafen. Dann taucht eine von Morpheus entsandte Maschine auf, die Neo von seinen Schläuchen abnabelt. Wie durch einen Tunnel fällt er weiter nach unten, landet in einem scheinbar unbegrenzten Meer und wird dann von dieser Maschine durch eine Öffnung, die sich weit über seinem Kopf aufgetan hat, durch ein gleißend weißes Licht emporgehoben.

Diese Neugeburt ist, von der Filmmusik entsprechend begleitet, als Augenblick einer erhabenen Erfahrung inszeniert. Mit ihr visualisieren die Wachowski-Brüder eine alttradierte Denkfigur, die vom Skeptizismus über den Marxismus zur Psychoanalyse führt: Die schreckenerregende Möglichkeit, der Mensch sei nichts anderes als ein Teil eines komplexen mechanischen Gebildes, das von einer gottähnlichen Maschine in Gang gehalten, beherrscht und organisiert wird; er sei ein Gefangener der ihn verwaltenden Mächte, deren er sich nicht einmal bewußt ist, sei weder mit sich selbst identisch noch selbstständig handlungsfähig, dafür aber von den ihn verwaltenden Mächten in seiner Urteilsfähigkeit derart getrübt, daß er statt seiner wahren Existenz nur eine Illusionswelt wahrnimmt.

Mit dem Satz »*welcome to the real world*« begrüßt Morpheus

den befreiten Neo auf seinem *hovercraft*, das den Namen Nebukadnezar trägt und somit an den alttestamentarischen König erinnert, der Jerusalem zerstören und die gesamte Bevölkerung Judas in die babylonische Gefangenschaft deportieren ließ. Die Geschichte, die Morpheus Neo erzählt, um ihm die als alptraumhafte Halluzination erfahrene Neugeburt zu erklären, ist eine postmoderne Variante der alten biblischen Vorlage. Der Lehrer läßt sich mit seinem neuen Schüler in einen Zwischenraum innerhalb eines Computerprogramms einschleusen, in den als *loading program* bezeichneten weißen Raum, von wo aus alle benötigten Simulationen aufgerufen werden können. Die schlichte Szene ist mit zwei Sesseln und einem Fernseher ausgestattet. Auf dem Bildschirm zeigt Morpheus dem weiterhin staunenden Reisenden zuerst die Welt des ausgehenden 20. Jahrhunderts, wie sie Neo bekannt ist. Daraufhin folgt das Fernsehbild der real existierenden Welt am Anfang des 21. Jahrhunderts: eine für Menschen unbewohnbare Wüstenlandschaft. Während der Jahrtausendwende hat wieder eine große Schlacht stattgefunden, doch an die Stelle des babylonischen Tyrannen und seines Heeres sind die von den Menschen selbst entworfenen Künstliche-Intelligenz-Maschinen getreten. In einem letzten Akt der Verzweiflung haben die Menschen den Himmel mit Hitze versehrt, um den Maschinen ihre Energiequelle zu nehmen, sind aber dennoch von den Maschinen erobert und in eine unmenschliche Gefangenschaft deportiert worden. Zu Tausenden liegen sie, mit dicken Schläuchen an die Maschinen angeschlossen, in Glaswannen mitten in einer schleimigen Nährlösung. Ihre Körperwärme liefert dem Maschinensystem die nötige Energie, während ihre toten Körper verflüssigt und auf Brutfeldern den maschinell erzeugten Neugeborenen gefüttert werden: Noch vernabelt und verkabelt, erwachsen und dennoch nicht zur Welt gekommen, auf der Schwelle zwischen Unbewußtem und Bewußtsein. Dank der Matrix wissen sie nichts von ihrer Versklavung. Sie sind überzeugt, weiterhin in der postmodernen urbanen Landschaft des ausgehenden 20. Jahrhunderts zu leben. Doch ganz im Sinne des skeptizistischen Alptraums ist dieses *home* in Wirklichkeit eine Illusion: Es existiert nur durch digital erzeugte

Impulse, als ein komplexes Computerprogramm in den manipulierten Gehirnen der Menschen. Die Scheinwelt eines elektronischen Universums läßt den zu Batterien degradierten Wesen ihre realen Lebensbedingungen menschlich und selbstbestimmt erscheinen. Damit bieten die Wachowski-Brüder eine Cyber-Visualisierung der von Louis Althusser entwickelten Definition von Ideologie an. Die Matrix – als computergenerierte Traumwelt, die errichtet wurde, um die Menschen zu beherrschen und sie in reibungslos funktionierende Batterien zu verwandeln – stellt das imaginäre Verhältnis dar, das die Maschinen gegenüber den realen Lebensbedingungen der Menschen eingerichtet haben. Es ist eine symbolisch erzeugte und die symbolische Ordnung der Maschinen stützende imaginäre Welt. Auf der manifesten Ebene der Filmhandlung haben wir es hier mit den beiden Seiten des Realen zu tun, die sich laut Slavoj Žižek aufspalten in »einerseits Existenz ohne Eigenschaften, andererseits ein Objekt mit Eigenschaften, aber ohne Existenz«: Die Behausung der schleimigen Wanne stellt eine Existenz dar, für die das Subjekt keine bewußten und somit auch keine direkt zugänglichen Vorstellungen hat; die es nur als Spur des Unbehagens indirekt vernimmt. Das *home* in der Matrix ist hingegen eine Simulation ohne Existenz.[4]

Gleichzeitig bieten die Wachowski-Brüder eine prägnante Weiterführung der Flemingschen Ideologie »*there's no place like home*« an. Denn in *Matrix* ist das Verhältnis zwischen trübem Alltag und bunter Traumwelt vertauscht worden. Die Matrix ist das Oz des ausgehenden 20. Jahrhunderts. Das simulierte *home* ist sowohl die vertraute wie auch angenehme farbenprächtige Wohnstätte. Das fremde Wunderland jenseits des Regenbogens – von dem Neo wie Dorothy träumte, obgleich er davon nicht gesungen hat, sondern über die Kopfhörer Musik hörte – ist hingegen aufgeteilt in eine Situation entmenschlichter Versklavung (die menschlichen Batterienfelder) einerseits und das *provisional home* des Widerstandes –

---

4 Siehe Slavoj Žižek, Liebe deinen Nächsten. Nein, Danke! Die Sackgasse des Sozialen in der Postmoderne. Berlin, Volk und Welt 1999, S. 120.

die Nebukadnezar – andererseits, die wie ein Fremdkörper in den Abwasserkanälen der verwüsteten Erdoberfläche umherwandert, um in die Matrix einzudringen, einzelne zum Erwachen bereite Menschen abzukoppeln und Störungen in das System einzuführen. Auf diesem *hovercraft* leben die Kämpfer kärglich, in ihrem Mangel an Wohlstand und Sicherheit sowie der grauen Färbung der Bilder den Farmarbeitern in Flemings Kansas vergleichbar. Nachdem Neo sich jedoch auf seine Reise durch das Hasenloch eingelassen hat, wirkt die bekannte Welt plötzlich fremd. Bei seiner ersten Rückkehr in die Matrix erkennt er zwar die ihm vertrauten Straßen, begreift nun aber auch, daß diese so lange als *home* verstandene Welt nicht nur eine Illusion ist. Zudem wird sie von ihm – hat er sich einmal auf das Projekt des gewaltsamen Widerstands eingelassen – als feindselige und gefährliche Welt wahrgenommen. Aus ihr muß er nun konkret fliehen, um überleben zu können. Während er nach einem Kampf vor dem *special agent* Smith flieht, ruft er den Operator Hank auf der Nebukadnezar an, damit dieser ihm einen Ort nennt, von dem er aus dem System wieder zurückgezogen werden kann: »Mr. Wizard, *get me out of here*«. Eine weitere 180-Grad-Drehung hat stattgefunden. Die verstörend fremde Welt der Nebukadnezar ist zu dem einzigen Ort geworden, der ihm die versehrte Sicherheit eines *homes* verspricht.

Die von den Wachowski-Brüdern entworfene komplexe räumliche Verschränkung physisch bewohnbarer und unbewohnbarer mit rein mental bewohnbaren simulierten Räumen führt jedoch auch jene Ambivalenz weiter, die dem im *Wizard of Oz* inszenierten Gegensatz von *home* und Zauberwelt bereits innewohnt: Der unlösbare Antagonismus des Fremdseins in der Welt soll in eine einfache Innen-Außen-Opposition aufgelöst werden. Laut dem von Morpheus vertretenen Befreiungsprojekt ist man entweder innerhalb der Matrix und weiß nichts von Selbstentfremdung, oder man befindet sich außerhalb des ideologischen Illusionsspiels der Matrix. Auch dieser von den Maschinen noch nicht besetzte Raum umfaßt verschiedene Lokalitäten: einerseits die einzige noch von Menschen beherrschte Stadt – Zion –, nahe am Kern des Erdballs, andererseits die *hovercrafts* des Widerstandes, die den Schwellenraum zwischen der simulierten Welt der Matrix und dem Ort menschlicher Freiheit bilden. Doch auch das Leben außerhalb der Matrix braucht Fiktionen, um unvorhersehbare, kontingente Ereignisse sinnvoll erscheinen zu lassen. Das ärmliche und gefährliche Dasein auf der Nebukadnezar wird seinerseits von der Phantasie eines Ortes gestützt, an dem – sollte ihr Widerstand erfolgreich sein – die Erlösung der Menschheit von ihren Fesseln gefeiert werden wird. Die Macht, die Morpheus über seine Mannschaft ausübt, stützt sich auf die utopistische Ideologie, daß es ihnen gelingen wird, die Hegemonie der Maschinen zu unterwandern, einen Teil der Menschen zu befreien und eine neue Gesellschaft mit Zion als Hauptstadt zu errichten. Während die Matrix offensichtlich ein illusionäres Gebilde ist und die Nebukadnezar nichts als eine provisorische Wohnstätte, bleibt das wahre *home*, für das Morpheus und seine Mannschaft ihr Leben riskieren, eine von der nostalgischen Erinnerung an eine längst untergegangene Zivilisation geprägte erträumte Welt.

So bildet die Nebukadnezar eine Gegenwelt zur Matrix nicht im Sinne einer von allen ideologischen Färbungen gereinigten Wohnstätte des menschlichen Daseins, sondern als Ort, an dem eine Gegenideologie entsteht und entwickelt wird: Die von Morpheus vertretene Geschichte, daß der Matrix von Anfang an ein Kern der Zersetzung innewohnte, der zuerst die Gestalt eines Mannes annahm, der innerhalb des simulierten Systems Veränderung einführen konnte, ihn befreit hat und ihm von einer Retterfigur erzählte, die Morpheus lebenslang gesucht hat. Indem Morpheus den von ihm auserwählten Neo mit dem Satz anruft »*you are the one*« und seinen Mitarbeitern erklärt »*we have found him*«, bringt er sein imaginäres Verhältnis zu den realen Lebensbedingungen auf der Nebukadnezar zum Ausdruck.

Tatsächlich verweist die Ambivalenz des Filmtitels jedoch auf die unsaubere Schnittfläche, die sich aus dem Versuch, unlösbare Antagonismen in die Fiktion eines einfachen Kampfes um ein menschenwürdiges *home* zu überführen, ergibt. Der Begriff *Matrix* bezeichnet zwar innerhalb der Computerwissenschaft ein Netzwerk der Schnittpunkte zwischen Input- und Outputsignalen in einem Rechner, das als Enkodierungs- und Dekodierungsinstanz funktioniert. Er benennt aber auch die Grundsubstanz, aus der etwas entsteht und sich entwickelt; er bezieht sich auch auf einen Nährboden wie die Kultur. Das zu bekämpfende ideologische System und der Ort, an dem die Waffen für diesen Kampf entwickelt werden – die Erlöser- und Rettungsphantasien –, sind untrennbar miteinander verschränkt. Eine klare Grenze zwischen innen und außen, zwischen der realen Wohnstätte und der imaginierten kann nicht gezogen werden. Jede gelebte Wirklichkeit ist nur als mediatisiertes Bild wahrnehmbar. Alle Wohnorte sind bis zu einem gewissen Grad fiktional bzw. ideologisch eingefärbt.

Die Nebukadnezar entpuppt sich zudem als Nährboden für konkurrierende Geschichten darüber, wie das imaginäre Verhältnis des Menschen zu der seinem Dasein untilgbar eingeschriebenen Fremdheit aussehen könnte. Sie ist der Schauplatz, auf dem Neo zu der Retterfigur ausgebildet wird, die Morpheus sich erträumt hat, um sein Phantasieszenario des erfolgreichen Widerstandes gegen die Herrschaft der Maschinen durchzusetzen. Neo soll die Figur der Kontingenz verkörpern, die allein eine erfolgreiche Störung im System der Matrix und somit in dem ideologischen Apparat der Maschinen bewirken kann. Die Muskeln, die atrophiert sind, weil sie Thomas Anderson in seinem Batteriendasein nie gebraucht hat, werden aufgebaut. Zugleich werden ihm Lernprogramme aller denkbaren Kampfsportarten implantiert. Doch zum erfolgreichen Krieger kann er erst werden, nachdem er Morpheus' Lehre folgt und alle Reste des skeptischen Geistes von sich abschüttelt. »Laß alles gehen«, erklärt sein Lehrer ihm, »die Angst, den Zweifel und den Unglauben. Befreie dein Denken von allen Beschränkungen.« Die Wachowski-Brüder nutzen die Szenen, in denen Neo dazu ausgebildet wird, die ihm von Morpheus zugewiesene symbolische Stelle innerhalb seines Widerstandsprojektes einzunehmen, um eine der Denkfigur des Skeptizismus innewohnende Aporie sichtbar zu machen. Neo sehnt sich nach einer unhinterfragbaren Wahrheit als apotropäischen Gegenzauber zu dem ihn quälenden unheimlichen Gefühl, in der Welt nicht wirklich beheimatet zu sein. Gleichzeitig aber stellt er dadurch, daß er bis zur Peripetie der Handlung daran zweifelt, wirklich ›the one‹ zu sein, auch den von der Tradition des Skeptizismus entwickelten Störenfried des Dogmatismus dar – den Schutz gegen eine in sich transparente, von allen Differenzen gereinigte totalitäre Vorstellung von Welt. Ganz im Sinne Descartes' führt der Akt, die eigene Existenz anzuzweifeln, dazu, daß man sich der Wahrheit zu existieren bewußt wird. Die Vorstellung, die Welt könne eine gigantische Verblendung sein, geht letztlich von den Gedanken des Menschen selbst aus.[5] Auf Neos Frage, warum der auf der Nebukadnezar sich befindende Körper tatsächlich zu bluten beginnt, wenn er in einer der simulierten Computerwelten einen Unfall erleidet, erklärt Morpheus, »deine Gedanken lassen es real werden (*your mind makes it real*)«. Im gleichen Sinne, in dem der Körper nicht ohne mentale Vorstellungen leben kann, kann es auch keine fiktionslose Gemeinschaft geben.

Demzufolge besteht Neos Auftrag nicht darin, die Matrix zu tilgen (wir brauchen ideologische Fiktionen als symbolische Realitätsstützen), sondern er soll, von der Gewißheit getragen, er verkörpere die Rettung der von diesem Blendwerk versklavten Menschen, dort eine Störung der Machthegemonie plazieren. Er versucht demzufolge, dem phantasmatischen Apparat das Zentrum zu nehmen. Nicht die Fiktionen sollen abgeschafft werden, sondern aufgebrochen werden soll die Tatsache, daß eine Machtinstanz alle Phantasie akkumuliert hat, damit nach dem Einführen von Kontingenz diese symbolischen Fiktionen wieder neu ausgehandelt und umbezeichnet werden können. Diese Störung kann Neo dadurch vollbringen, daß er den Kampf mit den *special agents* aufnimmt, jenen als Torhütern (*gatekeepers*) des Systems eingesetzten mechanischen Fremdkörpern. Auch ihr Status innerhalb der Matrix ist ambivalent, denn ihre Anwesenheit ist eine Folge dessen, daß es einen Widerstand gegen dieses ideologische

---

5 Für eine Besprechung des Films im Kontext des Rationalismus Descartes' siehe auch Christian Jürgens, »Keanu im Wunderland«. *Die Zeit*, 17. Juni 1999, S. 36.

System gibt. So repräsentieren sie gleichzeitig auch die Möglichkeit, daß dem System ein zersetzender Kern inhärent ist, gegen den sie das System beschützen müssen. Zwar ist es bisher niemandem gelungen, einen *special agent* zu besiegen, doch wie Morpheus dem von ihm Auserwählten erklärt, basiert die Existenz dieser vom System produzierten Wärter auf den Gesetzen jener binären Logik, gegen die Neo tatsächlich eine Waffe hat: den unzweifelhaften Glauben an das Unvorhersehbare, das Zufällige, das Nichtkalkulierbare.

Dieser Glaube wird wiederum von jenem anderen vom System der Matrix selbst produzierten Fremdkörper gestützt, der die Gestalt einer alten weissagenden Prophetin angenommen hat. Das Orakel, das im gleichen Moment wie der Widerstand entstanden ist, bildet das Gegenstück zu den *special agents*. Es bringt gleichfalls den dem System innewohnenden Kern der Zersetzung zum Ausdruck, jedoch indem es Geschichten in Umlauf setzt, wie Unvorhersehbares zur Notwendigkeit wird. Ähnlich mechanisch artikulierend wie *agent* Smith erklärt die weise Dame dem neueingeweihten Neo, auserwählt zu sein sei vergleichbar mit dem Zustand des Liebeswahns: »*being the one is like being in love*«[6]. Niemand kann es einem erklären. Man weiß es einfach. In beiden Fällen wird jeder Zweifel zugunsten des Vertrauens in die Wahrhaftigkeit des Gefühls getilgt. Die *special agents* verteidigen eine Ideologie, die auf der Zerstörung aller nicht integrierbaren Subjekte beruht, das Orakel stützt eine Ideologie des unzweifelhaften Vertrauens in die Notwendigkeit des Schicksals. Vom Orakel stammt Morpheus' Glaube, Neo sei der erträumte Retter, wie auch Trinitys Glaube, sie würde sich in diese Gestalt verlieben. Somit stützt das Orakel die Heilungs- und Erlösungsfiktion, die beiden den Kampf gegen die Agen-

---

[6] Eines der vielen Sprachspiele, mit dem die Wachowski-Brüder ihr Filmszenario spicken, besteht darin, daß sowohl die Stimme des *special agent* Smith, die den Helden Thomas Anderson wiederholt bedroht, wie auch die Stimme des Orakels an die mechanisch verfremdete Stimme Laurie Andersons erinnert, wenn sie in ihren Performances die flüssige Grenze zwischen menschlichem Körper und maschinellem Körper zu inszenieren sucht.

ten sowie gegen ihre versehrten Lebensbedingungen auf der Nebukadnezar als notwendig erscheinen lassen. Neo hingegen erfährt vom Orakel jenen Schlüsselsatz, der ihn am Ende der Handlung tatsächlich zur Verkörperung des Auserwählten werden läßt: Niemand kann ihm sagen, er sei »*the one*«. Er muß es wissen. Solange Morpheus oder Trinity ihn noch überzeugen müssen, trägt er den Zweifel in sich. Die geglückte Anrufung hingegen findet statt, als er von der symbolischen Position, die einnehmen zu müssen er überzeugt ist, nicht nur weiß, sondern an sie unzweifelhaft glaubt: wenn aus der Annahme der Anrufung jeder differenzträchtige Rest getilgt ist.

Doch neben Morpheus' und Trinitys Heilsgeschichte nährt die Nebukadnezar auch ein gegenläufiges Phantasieszenario, nämlich Cyphers Wunsch, in das verlassene *home* der Matrix zurückzukehren. Dieser postmoderne Judas, der, von seinem Anführer Morpheus enttäuscht, es leid ist, immer nur dessen Befehlen zu gehorchen, läßt sich auf den Pakt mit *special agent* Smith ein. Er hilft ihm, Morpheus gefangenzunehmen, damit dieser unter Folter den Zugriffskode zum *mainframe* Zions verrät. Dem *special agent* Smith erklärt Cypher, er wisse zwar, die Welt des angenehmen Lebens sei eine Illusion, doch dort lasse sich besser leben. Er zieht die Seligkeit der Unwissenheit einem wahrhaften Wissen vor. Damit fügen die Wachowski-Brüder ganz im Sinne des Skeptizismus einen weiteren Störfaktor in das von ihnen durchgespielte Glaubensszenario ein: Für einige könnte es durchaus reizvoller sein, in der Traumwelt von Oz zu bleiben, als in die Heimat zurückzukehren, auch wenn damit die Utopie der Erlösung der Menschheit aus ihrer Knechtschaft aufgegeben würde. Durch das Verlangen Cyphers, wieder in die Matrix eingeführt zu werden und alle Erinnerungen an seine realen Lebensumstände zu vergessen, wird außerdem deutlich, daß eine Vorstellung von *home* dem Gedanken der Utopie diametral entgegengesetzt ist. Der Verräter und der *special agent* ähneln sich gerade darin, daß beide aus Heimweh bereit sind, gnadenlose Gewalt auszuüben. Will Cypher dem *provisional home* der Nebukadnezar entfliehen, um an den Ort seines Ursprungs zurückzukehren – der Verschränkung nämlich von Batteriekokon und simulierter Verblendung –, möchte Agent Smith endlich aus der Welt der Matrix an seinen Ursprung, ein rein digitales Dasein, zurückkehren. Hat Cypher die Zermürbung durch den Krieg und die erbärmlichen Zustände auf dem *hovercraft* satt, kann *special agent* Smith den Geruch der simulierten Menschen nicht länger ertragen. Denn er ist zu dem Entschluß gekommen, die Menschheit sei ein Virus, der auch ihn zu infizieren begonnen hat. Auch er sehnt sich nach Freiheit. Wenn er Zion erfolgreich zerstört hat – so die *home*-Phantasie des *special agent* –, könnte er endlich nach Hause.

Nach der von ihm angestifteten Festnahme Morpheus' als erster auf die Nebukadnezar zurückgekehrt, gelingt es Cypher, eines der Besatzungsmitglieder zu töten und zwei der sich noch in der Matrix befindenden Kämpfer von ihren Körpern abzukoppeln, so daß auch sie zu Tode kommen. Erst als er Trinity erklärt, er werde ihr beweisen, daß Morpheus sie mit seinen Rettergeschichten belogen und betrogen habe – indem er droht, den von ihm auserwählten Neo ebenfalls von seiner mentalen Projektion in der Matrix abzuschneiden –, gelingt es dem *operator* Hank, den Verräter selbst zu töten und Trinity und Neo unversehrt aus der Matrix auf die Nebukadnezar zurückzuholen. Doch ihre Geschichte wird den von John Ford entwickelten Rettergeschichten ähneln: auch sie werden nicht lange in ihrem *provisional home* verweilen. Neos Zweifel daran, daß er »the one« sei, hat sich nahtlos verwandelt in eine andere vom Orakel genährte Selbsterhöhungsphantasie. Er ist nun überzeugt davon, es sei sein Schicksal, gewaltsam in das Polizeipräsidium einzudringen, Morpheus aus der Gefangenschaft zu befreien, und koste es ihn das Leben. Auf Trinitys Warnung, noch nie hätte jemand so etwas getan, antwortet Neo, gerade weil es eine radikal neue Handlungsstrategie sei, würde es auch funktionieren. In diesem Augenblick hat er die ihm zugewiesene symbolische Identität verinnerlicht. Hatte er von Morpheus während seiner Ausbildung zum Kämpfer gelernt, er solle nicht versuchen, ihn zu besiegen, sondern ihn tatsächlich besiegen, ließe sich dieses Diktum nun umformulieren. Mit dem Entschluß, eine rein kontingente Geste durchzuführen, eine unvorhersehbare und nicht kalkulierbare Handlung im System der Matrix durchzuspielen, versucht Neo nicht länger, der Anrufung Morpheus' Genüge zu tun. Er ist wahrhaftig angerufen. Die seine Subjektivität kennzeichnende Handlungsfähigkeit ist deckungsgleich mit der Anerkennung der ihm auferzwungenen Wahl. Die Rolle des Retters ist zur Notwendigkeit geworden. Tatsächlich gelingt den beiden Widerstandskämpfern der waghalsige Einbruch in das Polizeigebäude. Diesmal wird Neo die Matrix erst verlassen, nachdem er vorgeführt hat, wie die geglückte Anrufung aussehen könnte.

Die von *Matrix* durchgespielte Antwort auf die Denkfiguren des Skeptizismus besteht darin, daß am Ende der abenteuerlichen Reise des Neubekehrten (*neophyte*), der die symbolische Fiktion eines radikalen Neuanfangs durchzusetzen sucht, der Glaube an die Rettung zum rettenden Glauben wird. Nachdem er zuerst erfolglos gegen den *special agent* Smith gekämpft hatte, dann aber doch vor ihm geflohen war und sich von Hank einen Ort hatte nennen lassen, an dem er mit Hilfe eines Anrufes von einem altmodischen Telefonapparat aus der Matrix austreten kann, muß Neo feststellen, daß der *special agent* an dem ihm genannten Ort bereits auf ihn wartet. Unmerklich sind wir wieder am Anfangsschauplatz des Films angekommen, dem herrenlosen Haus, in dem wir zum erstenmal Trinity vor den *special agents* fliehen sahen. Dort schießt *agent* Smith sechs Kugeln in die Brust seines Gegners. Doch das von Morpheus vertretene Diktum »*only the mind makes it real*« dominiert. In einer bezeichnenden Umkehrung des Dornröschenmotivs küßt Trinity ihren Prinzen wieder wach, indem sie dem auf der Nebukadnezar in Trance liegenden Neo die Weissagung ins Ohr flüstert, die sie vom Orakel erhalten hat: daß sie sich in einen Mann verlieben würde und daß er der Auserwählte sei. Die von ihr angesprochene tautologische Reversibilität – weil sie ihn liebe, sei er der Auserwählte, und weil er der Auserwählte sei, liebe sie ihn – überträgt sich tatsächlich auf Neo. Ist nur das wirklich, was er sich vorstellt, dann kann eine simulierte Tötung weder für seine Erscheinung in der Matrix noch für seinen die Nebukadnezar bewohnenden Körper Folgen habe. Er wacht nicht nur wieder auf, sondern kann nun erfolgreich alle weiteren auf ihn abgeschossenen Kugeln abwehren.

Die für das Gelingen seiner Anrufung brisante Wendung jedoch setzt in dem Augenblick ein, in dem er die ihn bedrohenden *special agents* nicht länger als enkodierte männliche Erscheinungen wahrnimmt, sondern dekodiert: Die Umrisse der drei *special agents* erscheinen plötzlich ausschließlich aus den grünen Chiffren der Matrix zusammengesetzt. Diese Erkenntnis schließt an eine frühere Szene an, als er Cypher[7] am Arbeitsplatz besuchte und zum erstenmal die kryptischen grünen Zeichen des Matrix-Kodes auf seinem Bildschirm gesehen hatte. Damals hatte Cypher gestanden, er habe sich so sehr an diesen Kode gewöhnt, daß er ihn automatisch dechiffriere. Er – der wie Neo am Anfang des Films vor seinem Bildschirm auf der Nebukadnezar sitzt und von einem Leben an einem anderen Ort jenseits der Armut und der Sorgen träumt – sieht gar nicht mehr die kodierten Ziffern, sondern automatisch die simulierten Körper, die diese in der Matrix darstellen. Mit einer 180-Grad-Drehung kehrt Neo die vom Verräter Cypher vertretene Sehweise des automatischen Entzifferns zu seinen Gunsten um. Mitten in der Matrix gelingt es ihm nämlich, nicht die kodierten Gestalten zu sehen, sondern den sie produzierenden Kode. Weil er aufgrund dieser Peripetie die Ideologie in ihrer wahren Substanz erkannt hat – als ein symbolisch erzeugtes und von ihm getragenes imaginäres Gebilde –, muß er nicht länger vor den gefürchteten Wächtern fliehen. Seine Anerkennung der Fiktionalität sowohl der *special agents* wie, daran geknüpft, des Machtsystems, das sie stützen, wird als eine letzte 180-Grad-Drehung dramaturgisch inszeniert. Nun flieht Neo nicht mehr vor ihnen, noch versucht er sie zu bekämpfen. Wie in Trance läuft er statt dessen direkt auf seine Kon-

---

7 Auch in diesem Namen liegt eine radikale Ambivalenz verborgen, denn das amerikanische Wort bedeutet sowohl die Ziffer für null/nichts, eine unbedeutende Person, wie auch eine wertneutrale Chiffre, zudem aber sowohl Geheimschrift als auch deren Gegenzauber, den Schlüssel nämlich zu einer Geheimschrift, genauer die Möglichkeit, diese ausrechnen, entziffern, dechiffrieren zu können.

trahenten zu, dringt in den *special agent* Smith ein und bricht ihn von innen auf.

Noch einmal wird eine unvorhersehbare Handlung zur schicksalhaften Geste der Notwendigkeit. Als Neo einen radikal neuen, nicht kalkulierbaren Akt vollzieht, einen der mächtigsten Knotenpunkte der Ideologie regelrecht in sich aufnimmt, ist er innerhalb der Matrix unbesiegbar geworden. Bedenkt man jedoch, wie sehr die Anwesenheit der *special agents* immer widersprüchlich kodiert war, erweist sich Neos Akt als vom System selbst schicksalhaft vorbestimmt. Als Beschützer des Systems waren diese Wächter nur deshalb nötig, weil Störungen im System vorausgeahnt wurden. Die Aussage des *agent* Smith, solange es Zion gebe, müsse er in der Matrix bleiben, läßt sich auch umkehren. Solange es die *special agents* gibt, existieren auch die Kämpfer Zions. Über den getilgten Körper des *agent* Smith machen die Wachowski-Brüder ein letztes Mal sichtbar, wie sehr es die Vorstellungen sind, die die reale Macht der Ideologie ausmachen. Kann Neo in dem Augenblick, in dem er die Ideologie als Kode dechiffriert, eine das System zersetzende Kontingenz einführen, stützt er damit eigentlich nur eine andere symbolische Fiktion – den Glauben nämlich an die Möglichkeit eines radikalen Neuanfangs. Bezeichnenderweise hat Neo aber in dem Augenblick, in dem er sich mit einem der Wächter des feindlichen Systems fusionierte, auch die von Morpheus ausgehende symbolische Anrufung unzweifelhaft angenommen. Nun ist er mit der ihm zugewiesenen Stelle tatsächlich identisch. NEO verkörpert buchstäblich als Anagramm »*the ONE*« – ein Wesen jenseits der differenzträchtigen Spannung zwischen der Annahme eines symbolischen Mandats und dem jede feste Zuschreibung unterlaufenden Begehren. In dem Wettstreit zwischen Neos Phantasie, er sei zum Retter Morpheus' auserwählt worden, und Cyphers Phantasie, er müssen den betrügerischen Anführer zu Fall bringen, hat die Eins nicht nur gegenüber der Null gesiegt. Sie hat die binäre Logik des digitalen Systems aufgesprengt.

Aber genau diese von *Matrix* angebotene Sinnlösung ist Fiktion pur – nimmt man die psychoanalytische Denkfigur einer nie zu tilgenden Extimität im Kern des menschlichen Daseins ernst. Es kann keine transparente Identität zwischen imaginärem Selbstbild und symbolischer Stelle geben. Ein Rest bleibt immer, auch wenn man vorbehaltlos an die Stelle, die man innerhalb eines ideologischen Systems verkörpert, glaubt: auch wenn man den Zweifel des Skeptizismus durch die Gewißheit der eigenen Denkkraft zu überwinden weiß. Daß auch die Wachowski-Brüder in der Fiktion eines radikalen Neuanfangs die Spur eines systemischen Scheiterns anerkennen, wird in die letzte Einstellung ihres *cyber*-Märchens listig eingeschrieben. Neo ist nach seinem Zweikampf mit *special agent* Smith auf die Nebukadnezar zurückgekehrt und wacht in den Armen Trinitys auf. Doch das letzte Bild zeigt ihn erneut in der Matrix. Diesmal ist er allein. Als »*the one*« kann er nicht Teil eines romantischen Paares sein. Gerade hat er von einer Telefonzelle aus seine Botschaft verkündet, eine neue Ordnung habe begonnen, deren Ende nicht voraussehbar ist: eine Welt ohne Gesetze. Eine Welt, in der alles möglich ist. Auf einem Bildschirm sehen wir die Mitteilung »*system failure*«. Dann fährt die Kamera zu einer Nahaufnahme Neos, der sich seine dunkle Brille aufsetzt und nach oben schaut, bevor er aus dieser neu-kodierten Matrix-Welt hinaus fliegt. Mußte er während der ganzen Abenteuerhandlung den operator Hank um ein *exit* bitten, braucht er dessen Hilfe nicht mehr. Er hat die Grenzen der Matrix verflüssigt.

Im Gegensatz zu Somerset, der am Ende seiner Reise durch den mörderischen Kampf zwischen Laster und Tugend, die Stadt nicht verläßt, obgleich diese sich als eine Welt jenseits von Erlösung und Heilung entpuppt hat,[8] bleibt Neo nicht in der Welt der Matrix, um die von ihm eingeleitete Neuaushandlung der unsere realen Lebensbedingungen regulierenden ideologischen Vorstellungen mitzugestalten und zu verwalten. Er kehrt auch nicht auf die Nebukadnezar zurück, um die Liebesphantasie Trinitys zu genießen. Statt dessen kostet er die Ikone des Heilands, die er aufgrund der Anrufung Morpheus' vorbildlich verkörpert hat, am eigenen Leib buch-

---

8 Siehe Richard Dyer, *Seven*, London 1999.

stäblich aus. Seine Himmelfahrt enthält eine utopische Geste: Man kann dem Illusionsspiel der Fiktionen, die aus kontingenten Ereignissen kohärente Geschichten entstehen lassen, entkommen. Es gibt einen Standpunkt außerhalb. Doch ganz im Sinne der dunklen Innenräume John Fords, für die keine Filmbilder gefunden werden können, zeigen die Wachowski-Brüder uns diesen sich außerhalb aller Fiktionen befindenden Ort nicht. Dieser bildet den blinden Fleck auch ihrer cinematischen Schauplätze. Allerdings bietet uns die letzte Einstellung dieses Cybermärchens ein Bild davon an, wie die von der Matrix hergestellte Welt zu einer flüssig gewordenen Spiegeloberfläche wird. Man könnte an Douglas Sirk denken, dessen Einsatz von Spiegelungen so hartnäckig auf den Repräsentanzcharakter der von uns gelebten Phantasielandschaften verweist. Wir bleiben in dem Zwischenraum – weder in einer Welt des Realen jenseits aller Simulationen (in die Neo vermeintlich ausgeflogen ist) noch in einer Welt, in der wir die Fiktionalität dieser Bilder ignorieren könnten (der von Cypher angestrebten Reintegration in die Matrix): Zwischen Oz und Kansas sind wir von einer entzauberten Welt weiterhin in Bann geschlagen.

Benutzte Literatur

Abraham, Nicolas und Maria Torok, *The Shell and the Kernel*. Chicago 1994.
Althusser, Louis, *Ideologie und ideologische Staatsapparate*. Hamburg/Westberlin 1977.
Bach, Steven, *Marlene Dietrich. Life and Legend*. London 1993.
Baudrillard, Jean, *Der symbolische Tausch und der Tod*. München 1982.
Berger, John, *Ways of Seeing*. Harmondsworth 1972.
Bergstrom, Janet, »Psychological Explanation in the Films of Lang and Pabst«. In: *Psychoanalysis & Cinema*. Hg. E. Ann Kaplan. London 1990, S. 163–180.
Bitomsky, Hartmut, »Gelbe Streifen. Strenges Blau. Passage durch Filme von John Ford«. *Filmkritik* 22.6 (Juni 1978), S. 283–335.
Bogdanovich, Peter, *John Ford*. London 1967.
Bonitzer, Pascal, »Partial Vision: Film and the Labyrinth«. In: *Wide Angle* 4 : 4 (1981), S. 55–64.
Brandlmeier, Thomas, »Das Glück der Bürger«. *Medium* 3 (1987), S. 9–14.
Bronfen, Elisabeth, *Over Her Dead Body. Death, Feminity and the Aesthetic*. Manchester 1992.
Butler, Judith, *Gender Trouble. Feminism and the Subversion of Identity*. New York/London 1990.
Bodies that Matter. On the Discursive Limits of »Sex«. New York/London 1993.
Cameron, Ian, Hg., *The Movie Book of Film Noir*. London 1992.
Cargnelli, Christian und Michael Palm, *Und immer wieder geht die Sonne auf. Texte zum Melodramatischen im Film*. Wien 1994.
Chion, Michel, *La Voix au Cinema*. Paris 1982.

Cowie, Elizabeth, *Representing the Woman: Cinema and Psychoanalysis*. London 1977.
»Film Noir and Women«. *Shades of Noir*. Hg. Joan Copjec. London 1993.
de Lauretis, Teresa, *The Practice of Love. Lesbian Sexuality and Perverse Desire*. Bloomington 1994.
Derrida, Jacques, *La Dissémination*. Paris 1972.
Doane, Mary Ann, *The Desire to Desire. The Woman's Film of the 1940s*. Bloomington 1987.
Femmes Fatales. Feminism, Film Theory, Psychoanalysis. New York/London 1991.
Dolar, Mladen, »Jenseits der Anrufung«. In: *Gestalten der Autorität*. Hg. Slavoj Žižek. Wien 1991, S. 9–25.
»Beyond Interpellation«. In: *Qui Parle* 6, no. 2 (Spring-Summer 1993), S. 73–96.
»At First Sight«. In: *Gaze and Voice as Love Objects*. Hg. Renata Salecl und Slavoj Žižek. Durham/London 1996, S. 129–153.
Dyer, Richard, *Stars*. London 1979.
Heavenly Bodies: Film Stars and Society. New York 1986.
Seven. London 1999.
Eisner, Lotte, *Fritz Lang*. London 1976.
Fischer, Lucy, *Imitation of Life*. New Brunswick 1991.
Flinn, Tom, »Jo, Where Are You? (Marlene Dietrich)«. In: *The Velvet Light Trap*, no. 6, (Fall 1972), S. 17–20.
Foner, Eric, »A Conversation between Eric Foner and John Sayles«. In: *Past Imperfect. History according to Movies*. Hg. Mark C. Larnes. New York 1995.
Michel Foucault, »Das unendliche Sprechen«. In: *Schriften zur Literatur*. München 1974, S. 90–103.
»Andere Räume«. In: *Aisthesis. Wahrnehmung heute oder Perspektiven einer anderen Ästhetik*. Leipzig 1990.
Freitag, Jan, »Unmögliche Geographien«. Unveröffentlichtes Manuskript.
Freud, Sigmund (1905), *Drei Abhandlungen zur Sexualtheorie. Gesammelte Werke* V. Frankfurt a. M. 1942, S. 27–159.

(1908), »Der Dichter und das Phantasieren«. *Gesammelte Werke* VII. Frankfurt a. M. 1941, S. 211–223.

(1909), »Der Familienroman der Neurotiker«. *Gesammelte Werke* VII. Frankfurt a. M. 1941, S. 225–231.

(1909 a), »Über Psychoanalyse«. *Gesammelte Werke* VIII. Frankfurt a. M. 1943, S. 1–60.

(1909 b), »Bemerkungen über einen Fall von Zwangsneurose«. *Gesammelte Werke* VII. Frankfurt a. M. 1941, S. 379–463.

(1910), »Die psychogene Sehstörung in psychoanalytischer Auffassung«. *Gesammelte Werke* VIII. Frankfurt a. M. 1945, S. 94–102.

(1915), »Trieb und Triebschicksale«. *Gesammelte Werke* X. Frankfurt a. M. 1946, S. 210–232..

(1915 a), »Die Verdrängung«. *Gesammelte Werke* X. Frankfurt a. M. 1946, S. 247–261.

(1915 b), »Das Unbewußte«. *Gesammelte Werke* X. Frankfurt a. M. 1946, S. 263–303.

(1916–17), *Vorlesungen zur Einführung in die Psychoanalyse. Gesammelte Werke* XI. Frankfurt a. M. 1944.

(1920), *Jenseits des Lustprinzips, Gesammelte Werke* XIII. Frankfurt a. M. 1940, S. 1–69.

(1939), »Der Mann Moses und die Monotheistische Religion«. *Gesammelte Werke* XVI. Frankfurt a. M. 1950, S. 101–246.

(1940), »Das Medusenhaupt«. *Gesammelte Werke* XVII. Frankfurt a. M. 1941, S. 45–48.

(1940 a), »Abriß der Psychoanalyse«. *Gesammelte Werke* XVII. Frankfurt a. M. 1941, S. 63–138.

Frogley, Mick und Matt Symonds, »Interview with John Sayles about Lone Star«. In: *Sprocket* (www.Sprocket.support).

Gargnelli, Christian und Michael Omastra, *Schatten Exil. Europäische Emigranten im Film noir.* Wien 1997

Gledhill, Christine, *Home is Where the Heart is. Studies in Melodrama and the Woman's Film.* London 1987.

Grafe, Frieda, *Beschreibender Film. Die Republik* 72–75. Sondernummer. Hg. Petra und Uwe Nettelbeck (Januar 1985).

Halliday, Jon, *Sirk on Sirk*. Zweite überarbeitete Fassung. London 1997.

Hardy, Phil, Hg., *The BFI Companion to Crime*. London 1997.

Haskell, Molly, *From Reverence to Rape. The Treatment of Women in the Movies*. New York 1974.

Hegel, Georg Wilhelm Friedrich (1807), *Phänomenologie des Geistes. Theorie Werkausgabe*. Frankfurt a. M. 1970.

(1920), *Grundlinien der Philosophie des Rechts. Theorie Werkausgabe*. Frankfurt a. M. 1970.

Hollinger, Karen, »Film Noir, Voice-Over, and the Femme Fatale«. In: *Film Noir Reader*. Hg. Alain Silver und James Ursini. New York 1996.

Hörisch, Jochen, *Die Andere Goethezeit: Poetische Mobilmachung des Subjekts um 1800*. München 1992.

Horner, Avril und Sue Zlosnik, *Daphne du Maurier. Writing, Identity and the Gothic Imagination*. London 1998.

Humm, Maggie, *Feminism and Film*. Edinburgh 1997.

Jürgens, Christian, »Keanu im Wunderland«. *Die Zeit*. 17. Juni 1999, S. 36.

Kaplan, E. Ann, »From Plato's Cave to Freud's Screen«. In: *Psychoanalysis & Cinema*. Hg. E. Ann Kaplan. London 1990, S. 1–23.

Kavka, Misha, »When Women Look: Rethinking Fetishism in Film«. Unveröffentlichtes Manuskript.

Kawin, Bruce F., *Mindscreen: Bergman, Godard, and First-Person Film*. Princeton 1978.

Kemp, Philip, »Lone Star«. *Sight and Sound* 10 (1997), S. 47–48.

Koch, Gertud, »Exorcised: Marlene Dietrich and German nationalism«. In: *Women and Film. A Sight and Sound Reader*. Hg. Pam Cook und Philip Dood, London 1993.

Kofman, Sarah, *Melancholie der Kunst*. Wien 1986.

Krakauer, Siegfried, *From Caligari to Hitler. A Psychological History of the German Film*. Princeton 1947.

Kristeva, Julia, *Revolution der poetischen Sprache*. Frankfurt a. M. 1978.

Fremde sind wir uns selbst. Frankfurt a. M. 1990.

Krutnik, Frank, *In a Lonely Street. Film noir, Genre, Masculinity.* London/New York 1991.

Kuhn, Annette, *Women's Pictures. Feminism and Cinema.* London 1994.

Lacan, Jacques, »Le Stade du miroir comme formateur de la fonction du Je«. In: *Écrits.* Paris 1966, S. 93–100.

— (1966 a), »D'une question préliminaire à tout traitement possible de la psychose«. In: *Écrits.* Paris 1966, S. 531–583.

— *Le Séminaire livre XI. Les quatre concepts fondamentaux de la psychoanalyse.* Paris 1973.

Laplanche, Jean und Jean-Bertrand Pontalis, »Fantasy and the Origins of Sexuality«. In: *Formations of Fantasy.* Hg. Victor Burgin, James Donald und Cora Kaplan. London 1986.

— *Das Vokabular der Psychoanalyse.* Frankfurt a. M. 1972.

Läufer, Elisabeth, *Skeptiker des Lichts. Douglas Sirk und seine Filme.* Frankfurt a. M. 1987.

Leader, Darian, *Promises lovers make when it gets late.* London 1997.

Lippert, Renate, »Männlicher Blick und feministische Filmtheorie«. *Psyche* 11, 48. Jahrgang (November 1994), S. 1088–1100.

Maltby, Richard, »The Politics of the Maladjusted Text«. In: *The Movie Book of Film Noir.* Hg. Ian Cameron. London 1992.

McBride, James, and Wilmington, Michael, *John Ford.* London 1974.

Metz, Christian, *Le cinéma ou l'homme imaginaire. Essai d'anthropologie.* Paris: 1956.

Mitchell, W. J. T., »Representation«. In: *Critical Terms for Literary Study.* Hg. Frank Lentricchia und Thomas McLaughlin. Chicago 1990.

Modleski, Tania, *The Woman who Knew too Much.* New York/London 1988.

Mulvey, Laura, »Visual Pleasure and Narrative Cinema«. In *Movies and Methods.* Band II. Hg. Bill Nichols. Berkeley 1985.

Mulvey, Laura, and Halliday, Jon, *Douglas Sirk.* Publikation für das Edinburgh Film Festival. Edinburgh 1972

Place, J. A., *The Western Films of John Ford*. New York 1974.

Polan, Dana, *Power & Paranoia. History, Narrative, and the American Cinema, 1940–1950*. New York 1986.

Rentschler, Eric, *The Ministry of Illusion. Nazi Cinema and its Afterlife*. Cambridge 1996.

Rothman, William, *Hitchcock – The Murderous Gaze*. Cambridge 1982.

Rushdie, Salman, *The Wizard of Oz*. London 1992.

Salisbury, Mark, *Burton on Burton*. London 1995.

Santner, Eric L., *My Own Private German. Daniel Paul Schreber's Secret History of Modernity*. Princeton 1996.

Sarris, Andrew, »You ain't heard nothin' yet«. *The American Talking Film. History and Memory, 1927–1949*. Oxford 1998.

Schrader, Paul, »Notes on Film Noir«. In: *Film Noir Reader*. Hg. Alain Silver und James Ursini. New York 1996

Sembach, Klaus-Jürgen, »Einleitung«. In: *Marlene Dietrich. Portraits 1926–1960*. München 1984.

Sennett, Ted, *Hollywood Musicals*. New York 1981.

The Great Hollywood Movies. New York 1983.

Silver, Alain, und James Ursini, Hg., *Film Noir Reader*. New York 1996.

Silverman, Kaja, *The Acoustic Mirror. The Female Voice in Psychoanalysis and Cinema*. Bloomington 1988.

Smith, Gavin, *Sayles on Sayles*. London 1998.

Sollors, Werner, *Neither black nor white, yet both. Thematic Explorations of Interracial Literature*. New York/Oxford 1997.

Stacey, Jackie, »Desperately seeking Difference«. In: *The Sexual Subject. A Screen Reader in Sexuality*. London/New York 1992, S. 244–257

Sternberg, Josef von, *Fun in a Chinese Laundry*. London 1965.

Studlar, Gaylyn, »Masochism and the Perverse Pleasures of the Cinema«. In: *Movies and Methods*. Band II. Hg. Bill Nichols. Berkeley 1985.

In the Realm of Pleasure. Von Sternberg, Dietrich and the Masochistic Aesthetic. New York 1988.

Thomas, Deborah, »How Hollywood deals with the deviant Male«. In: *The Movie Book of Film Noir*. Hg. Ian Cameron. London 1992.

Walker, Michael, »Film Noir. Introduction«. In: *The Movie Book of Film Noir*. Hg. Ian Cameron. London 1992.

Walters, Suzanna Danuta, *Material Girls. Making Sense of Feminist Cultural Theory*. Berkeley 1995.

Waswo, Richard, *The Founding Legend of Western Civilization. From Virgil to Vietnam*. Hanover, MA. 1997.

Weiss, Andrea, »›A Queer Feeling when I look at you‹. Hollywood stars and lesbian spectatorship in the 1930s«. In: *Stardom. Industry of Desire*. Hg. Christine Gledhill. New York/London 1991.

Wood, Michael, *America in the Movies*. New York 1989.

Žižek, Slavoj, »Roberto Rossellini. Die Frau als Symptom«. *Lettre International* (Frühjahr 1991), S. 80–88.

»Symptom«. In: *Feminism and Psychoanalysis. A Critical Dictionary*. Oxford 1992.

Looking Awry. An Introduction to Jacques Lacan through Popular Culture. Cambridge, Ma. 1991.

»I Hear You with My Eyes«. In: *Gaze and Voice as Love Objects*. Hg. Renata Salecl und Slavoj Žižek. Durham/London 1996, S. 90–126.

The Plague of Fantasies. London 1998.

Liebe deinen Nächsten. Nein, Danke! Die Sackgasse des Sozialen in der Postmoderne. Berlin 1999.

Danksagung

Für ihre kritische und gleichzeitig ermutigende Unterstützung auf der Reise durch diese Filmlektüren sowie für weiterführende Interventionen möchte ich Barbara Straumann, Jan Freitag, Ursula Sigg-Rinne, Muriel Gerstner, Susanne Huber und Benjamin Marius Schmidt danken. Mein Dank gilt auch Therese Lutz für das kritische Auge, mit dem sie die Fehler entdeckte, die sich in den Text eingeschlichen haben, und Peter Schneider für Hilfe beim Herstellen der Illustrationen. Ebenso danken möchte ich meinen Studierenden in Müchen und Zürich, die diese Filmlektüren als Vorlesungen hörten und mir überhaupt die Idee gaben, daraus ein Buch zu machen, sowie Hans Schmid, meinem Mitarbeiter bei einem Forschungsprojekt zu Film und Exil. Schließlich für ihre unermeßliche Hilfe beim Lektorat bin ich Nikolaus Schneider und Dietrich Simon beim Verlag Volk und Welt zutiefst verpflichtet.